CONRADO BONILLA

# PIRATERÍAS EN HONDURAS

ERANDIQUE
COLECCIÓN

**PIRATERÍAS EN HONDURAS**
CONRADO BONILLA

©Colección Erandique
Supervisión Editorial: Óscar Flores López
Diseño de portada: Andrea Rodríguez
Administración: Tesla Rodas
Director Ejecutivo: José Azcona Bocock

Primera Edición
Tegucigalpa, Honduras—Agosto de 2024

# ÍNDICE

# PIRATAS: UNA VIDA DISTINTA A LA DE JACK SPARROW

Los piratas siempre han ejercido una influencia magnética en la imaginación de las personas, en especial, de los niños. ¿Quién no se imaginó alguna vez que vivía aventuras en las embravecidas aguas de los mares, tomaba ron en la cantina de algún puerto, se agarraba a cañonazos contra el enemigo o perseguía barcos para robarles el botín, como lo hacían estos personajes barbados?

Pero una cosa es la imaginación, y otra, muy distinta, una historia que fue escrita con sangre, pólvora, ejecuciones con el filo de la espada, venganza y traiciones.

La piratería está muy lejos de ser cómica, como las películas de Jack Sparrow.

El arqueólogo, escritor e investigador hondureño Conrado Bonilla (1894-1954), nos entrega un libro con abundantes detalles de cómo la piratería puso de rodillas a los grandes imperios del mundo.

"La lucha valerosa, arrogante y con muchas cortesía, fue la que sostuvo en 1539 el sevillano Diego Pérez contra un corsario francés frente a Santiago de Cuba", narra Piraterías en Honduras.

"Pero convenido entre ambos capitanes que no se haría uso de la artillería ni de ballestas ni de arcabuces —agrega—, a punta de espada y a fuerza de puñetazo limpio tendría que resolverse la contienda".

El desarrollo de la crónica de esta batalla es alucinante…

Como curiosas eran las tablas de recompensas y de indemnizaciones…

Los barcos con la bandera negra y la calavera en el centro llegaron hasta estos rincones del mundo, atraídos por las riquezas de sus mares y montañas.

Hombres viciosos y sanguinarios, los filibusteros eran supersticiosos y fanáticos, cumpliendo a su modo los preceptos de la religión que profesaban —explica Conrado Bonilla.

"Antes del rancho, los católicos entonaban el Magnificat o el canto a Zacarías; los luteranos y calvinistas hojeaban el Sagrado Registro, recitaban un salmo y nunca combatían sin pedir a Dios que les diese la victoria y un buen botín", continúa contando.

¿Cómo fue la incursión del temido Olonés, apodado El Carnicero, a Honduras? ¿Y cómo fue su muerte?

Interesantes son los casos del "Robinson Crusoe peludo", encontrado en la costa de la Mosquitia, y la de Guillermo.

A pesar de su crueldad, los piratas, excepcionalmente, propiciaban lazos de amistad con los indios.

"Era curioso escuchar —señala un testimonio—, a muchos indios que hablaban inglés o francés, siendo también frecuente que un pirata hablara o entendiera el dialecto de los indios".

Piratas como Francis Drake, Eduardo Low y Guillermo Pit también aparecen en estas páginas.

¿Quién es el capitán Swan? ¿Es el mismo que dio nombre a las islas Santillanas?¿Fue de los piratas o filibusteros que dominaban el Mar Caribe?

Colección Erandique ha rescatado este libro de las profundidades del olvido. Que la lectura sea también un homenaje a la labor de Conrado Bonilla, un escritor poco conocido por los hondureños, a pesar de que dejó a la bibliografía nacional obras como Indumentaria Maya y La Numeración Maya.

**ÓSCAR FLORES LÓPEZ**
**Editor Colección Erandique**

# SECCIÓN PRIMERA

# LAS CAPITULACIONES

LA ESPAÑA que unificaron Isabel y Fernando —escribe don Antonio Maura— se estremece con hervores de adolescencia, consciente de su robustez, ansiosa de expansión, pero desorientada y vacilante ante el enigma de lo futuro. La posteridad, cuya visión cuenta ya con el auxilio de la perspectiva, ha podido señalar la providencial coincidencia que hace de 1492 la fecha más refulgente de la historia patria. Sabemos nosotros que, a los pocos meses de realizarse, con la conquista de Granada, el que había sido ideal nacional durante casi toda la Edad Media, se inaugura, con el primer viaje de Colón, la epopeya del Descubrimiento, la conquista y colonización del Nuevo Mundo, bastante por si sola para requerir, absorber y agotar fecundamente en el curso de toda una Edad, las energías de toda una raza.

Ningún pueblo —proclama sin reticencia Cecilio Jane— cumplió con más fervor que el pueblo español una serie incontable de hechos, guiado, o, mejor dicho, ungido, por un santo proselitismo evangelizador. Atraer a miles de pueblos a la civilización, pero ante todo convertir. Colón tremola el estandarte de los Reyes Católicos; pero se adelanta con la cruz alzada, y de rodillas da gracias a Dios por haber descubierto tierra, y a la primera isla encontrada llamó San Salvador.

"Religiosa por temperamento y ortodoxa por tradición y por educación, la raza española era, en general, fiel al credo que profesaba e inclinada por hábito a doblegarse ante los legítimos exponentes de aquel credo". Así, el primer cuidado de doña Isabel fue la conversión a la Fe de los naturales de las islas y tierras firmes que se hallasen. La obra de conversión se inicia y emprende con sinceridad, y se lleva a cabo con gran éxito.

Empero, el pueblo español, minado por las guerras de la Reconquista y cuyo destino estaba celosamente acechado por las finanzas judeo—árabes, no podía dejar de ser seducido, como todos los demás pueblos, por el espejismo del oro. Por esto hubo en los Reyes Católicos, y en cada español, un punto de vista cristalizado en el deseo de apoderarse de las fuentes de donde salían oro y plata, mirra e incienso y, era los primeros tiempos de los descubrimientos, de las ricas telas de púrpura y sedas brocadas, armas damasquinadas y marfiles trabajados, especias raras, en fin todo lo que el continente asiático arrojaba entonces hacia las costas de Arabia y de Siria para ofrecerlo al occidente de Europa por intermedio de genoveses o de venecianos.

En Santa Fe, frente a Granada y su poética vega, a 17 de abril de 1492, fueron estipuladas de común acuerdo por don Juan de Coloma, secretario de Estado por parte de los soberanos, y el padre Juan Pérez, guardián de la Rábida, como apoderado de Cristóbal Colón, las memorables Capitulaciones, cada una de sus cláusulas con la mención Place a sus Altezas con la firma del secretario, sin que el genovés rebajase un ápice de cuanto había exigido antaño al rey de Portugal y hacía días a los mismos reyes de España.

De este documento sobran las copias auténticas. Tres proceden del diplomatario de Colón: una, la copia enviada a Génova y publicada en la Raccolta; la segunda, del llamado códice de París, y la tercera, la del archivo de Veragua, conservada hoy en el de Indias.

El famoso documento es relativamente corto y fray Bartolomé de las Casas en su Historia de las Indias, lo transcribe con fidelidad; "no así Hernando Colón". La primera cláusula refiérese al título que ostentaría el descubridor: "... hagan desde ahora al dicho Don Cristóbal Colón su Almirante en todas aquellas islas y tierras firmes que por su mano e industria se descubriesen o ganaren en las dichas mares Océanos para durante su vida y después de él muerto a sus herederos". Para ello concedíanle las mismas prerrogativas que a los Almirantes de Castilla y dábanle copia de los privilegios de don Alonso Henríquez, que se insertan en los cedularios colombinos.

Aquí no copiamos sino tres de las cláusulas, a saber: Item, que todas o cualesquier mercaderías, siquiera sean perlas, piedras preciosas, oro y plata, especiería y otras cualesquier cosas o mercaderías de cualquier especie, nombre y manera que sean que se compraren, trocaren, hallaren, ganaren y hubiesen dentro de los límites del dicho Almirantazgo que desde ahora Vuestras Altezas hacen merced al dicho D. Cristóbal, y quieren que haya y lleve para sí la decena parte de todo ello, quitadas las costas que se hiciesen en ello, por manera que de lo que quedare limpio y libre haya y tome la decena parte para sí mismo y haga de ella su voluntad, quedando las otras nueve partes para Vuestras Altezas. Place a sus Altezas. Juan de Coloma.

Otro sí, que si a causa de las mercaderías que él traerá de las dichas islas y tierras, que, así como es se ganaren y descubrieren, o de las que en trueque de aquéllas se tomaren acá de otros mercaderes, naciere pleito alguno en el lugar donde el dicho comercio y trato se tendrá y hará, que si por la preeminencia de su oficio de Almirante le pertenece de conocer de tal pleito, plega a Vuestras Altezas que él o su teniente y no otro juez conozca del pleito y así lo proveen desde ahora. Place a sus Altezas: si pertenece al dicho oficio de Almirante, según lo tenía el dicho Almirante D. Alonso Enríquez y los otros sus antecesores en sus distritos, y siendo justo. Juan de Coloma.

Item, que en todos los navíos que se armaren para el dicho trato y negociación cada y cuando y cuantas veces se armaren que pueda el dicho D. Cristóbal, si quiere contribuir y gastar la octava parte de todo lo que se gastare en el armazón, y que también haya y lleve el provecho de la octava parte de lo que resultare de la tal armada. Place a Sus Altezas. Juan de Coloma.

Este móvil u obsesión de fabulosas riquezas que, según opinión general, aparecerían en las islas y tierras firmes que se buscaban, habrían de servir tanto en colmar las arcas reales siempre exhautas de don Fernando y de doña Isabel cuanto en la difusión de la Santa Fe Católica y, por pensamiento de don Cristóbal, para la generosa empresa de rescatar Jerusalén y el Santo Sepulcro de manos infieles. Sobre la pobreza de los Reyes Católicos en el Memorial de Agravios, y confirmado en el testamento de don Cristóbal, aparece "S. S. A. A., no gastaron ni quisieron gastar para ello, salvo un cuento de maravedís...".

Es decir, igual a 25.000 pesetas españolas de antes de la guerra mundial de 1914, equivalente a un millón de maravedís. Por otra parte, los planes que Colón proponía a los Reyes tenían no sólo una importancia científica, sino también podían tener una gran trascendencia política para España y el mundo. Se creía que en aquellas tierras lejanas gobernaba un poderoso rey llamado el "Gran Khan", que quiere decir el Rey de reyes: del cual se decía que era cristiano o al menos amigo de los cristianos, por haber sido sus tierras misionadas en los tiempos primitivos por el Apóstol Santo Tomás.

"Poniéndose en contacto con él, se podía, pues, concertar una alianza con su pueblo, contra los turcos y moros, servidores de Mahoma, cogiéndolos así entre Asia y Europa, por detrás y por delante, aplastándolos y librando de este peligro a la humanidad".

Al postre, de todo cuanto consiguieron los españoles con sus empresas descubridoras y colonizadoras, una parte considerable pasó a las manos de los llamados herejes y extranjeros, pues, como veremos más adelante, los famosos tesoros de las Indias iban de tránsito por España, como intermediaria, para derramarse principalmente en las naciones del norte y noroeste de Europa. Con perfecta razón, Enrique IV de Francia solía decir que no necesitaba tener minas mientras las tuviesen los españoles, que eran sus deudores y tributarios.

De esta forma, desde fines del siglo XVI, Francia, Holanda e Inglaterra, como seminarios de piratas, alcanzarían notable desarrollo económico a expensas de los españoles y de los indios, para luego convertirse en formidables competidores de España en el comercio ultramarino y en las empresas colonizadoras.

**LA BUSCA Y** rebusca de las especias señalaría desde el primer momento los empeños de castellanos y extranjeros.

Lo que se pedía de preferencia en la Europa de aquella hora eran especias y por ello la primera expedición colombina exaltaría la imaginación de frailes y mercaderes. Los europeos estaban entonces sedientos de renacimiento, de expansión, de renovación de los valores humanos; pero también se hallaban con hambre de especias. Consérvase aún una canción popular que dice:

Con pimienta y canela,
toda cosa es buena.

Los hombres del llamado Renacimiento, que salían de la aspereza de la época precedente, la muy calumniada Edad Media, y querían volver a los refinamientos antiguos de Roma y Grecia se habían apoderado con vehemencia de los polvillos fuertes y refrescantes de las especias, que parecían traerles una vida nueva, o nueva aurora...

El uso de las especias consideradas como preventivo contra todas las enfermedades y trastornos de la digestión, era exigido a causa de que los alimentos eran detestables, sosos y sin deleite, incluso los que llegaban a la mesa de los ricos. Lo que hoy entendemos por dietética proscribía las frutas, que, con su acidez se reputaban más nocivas para el estómago que las pesadísimas tortas, primor de la indigesta repostería en aquellos tiempos.

Dícese que la alimentación habitual era pescado secado al sol, puerco salado, carne seca y unas cuantas legumbres. La caza y la montería eran el gran lujo y esto explica las graves penas que se imponían a los cazadores furtivos. Alfonso X, el Sabio, o su nieto Alfonso XI, otro Sabio, a quienes indistintamente se atribuye la paternidad de El Libro de la Montería, ganaron bien lograda fama como coleccionistas de curiosa información acerca de las clases de perros, lugares de caza, etcétera, que eran comunes entre los monteros de la Edad Media.

Las comunidades agrícolas de Europa, antes del siglo XVII al menos, padecían un déficit crónico de forraje de invierno para ganado, y gran cantidad de bestias tenía que ser sacrificada cada otoño, y su carne conservada para el consumo invernal, salándola o adobándola. Esto implicaba una constante e inagotable demanda de especias para el condimento y la conservación de la carne. Pero, las especias preservadoras se producían todas en zonas tropicales: la pimienta, la especia más común, en las Indias orientales y, una clase muy inferior, en el África occidental; la canela, en Ceilán, y la nuez moscada y la macis, en Célebes y otras islas de las Indias orientales, de donde salían por el puerto de Macasar.

El jengibre es un producto chino, aunque una clase inferior también se da en Malabar. El clavo, la más preciada de las especias preservadoras, venía de la más reducida área productora, unas cuantas islas pequeñas del grupo de las Molucas, que comprende Tidore, Ternate, Amboina y Banda.

Para completar la lista de mercancías orientales, es conveniente añadir a las especias algunos productos que alcanzaban altos precios en Europa, y que venían por las mismas rutas: seda china, tela de algodón hindú, ruibarbo de la China, y piedras preciosas de varias clases: esmeraldas de la China, rubíes del Tibet y zafiros de Ceilán.

Sabemos por una Ordenación de un antiguo rey ibérico, que las carnes servidas en su mesa eran la de vaca, cerdo, carnero y, con menos frecuencia, la de cabrito y ciervo, y todo esto como regalo de sus súbditos. En aquélla se precisan los derechos de los servidores palatinos, así: al mayordomo se asignan los cueros de las vacas regaladas al rey que se consuman en su mesa; al cocinero mayor, los cueros de esas mismas vacas, los cuellos y rabos de los cerdos, las cabezas, cuellos e hígados de los cerdos salados, y las pieles y menudillos de los carneros que se regalen al soberano; al copero, los corazones de las vacas; al cebadero, lo que sobre de los platos de vaca, tocino y ciervo, después de servidos eh la mesa del rey, y la cabeza de toda  vaca regalada que se consuma en palacio. Cuando enumera las provisiones que deberá allegar el escriba de ración cita, además el cabrito. Entre los pescados sólo menciona el congrio, cediendo al cocinero mayor, de esta especie y de las demás grandes las colas. Entre las aves incluye a la gallina; pero dice que los tres plateros del rey tomarán las cabezas, los cuellos, los estómagos, las patas y las plumas de toda volatería que se consuma en palacio, salvo la de los pavo reales, porque el plumaje de estos últimos se usaba como adorno para presentarles a la mesa. Al repostero manda que entregue a diario salsa, miel, aceite, sal, quesos secos, manteca, frutas, azúcar y confituras en cantidad suficiente para las necesidades de la real cocina y permita al mayordomo mayor tomar de la despensa de palacio una onza diaria de pimienta.

Combinando estos elementos con la leche, la harina, los huevos, el haba, la judía y la lenteja, lucharían en Burgos, los cocineros del emperador don Alfonso con los de Luis VII de Francia, adobando los manjares en forma compatible con la escasez de vajilla y cubiertos habitual entonces, es decir, en asados y empanadas rellenas, abusando para condimentarlos del ajo y de la cebolla. Las hortalizas y demás productos del cultivo de regadío, no abundarían ciertamente en. la capital castellana; la alcachofa, el espárrago, el tomate y la berenjena no eran aún conocidos; el aceite de oliva escaseaba mucho y se elaboraba mal, y los de adormidera y nuez eran detestables. La bebida española por excelencia fué siempre el vino, puro o con agua, porque hasta el siglo XIV no se introduce en España el trago final de vino aromático con especias.

El paladar de los alemanes menos exigente que el de los otros europeos, permitía una mayor variedad, tolerando viandas tan extrañas como el alcaraván, el cisne, la cigüeña, el grajo y la grulla, aún cuando gustase de disfrazar su sabor, no sólo con la pimienta y el azafrán, como en los países. meridionales, sino por medio del jengibre, la canela, la nuez moscada y clavo de olor".

Las Capitulares de Carlomagno citan varias legumbres cultivadas en los huertos reales, entre otras: el hinojo, la cebolla, el ajo, la achicoria, el perejil, el berro, la lechuga, la zanahoria, la col, la lenteja, la remolacha, el cardo, la judía, el haba y el guisante. Pero la carne seca era lo principal, singularmente la de cerdo, que este animal, sobre criarse fácilmente, realizaba gratis el servicio de la limpieza exterior, y, no teniendo apenas desperdicios, podía conservarse en muy diversas formas.

Enrique III de Inglaterra, vanidoso, dilapidador y sin huertos reales, recurrió al expediente de convidarse cada día, con su mujer, Leonor de Provenza, su primogénito, el príncipe Eduardo, y un selecto grupo de cortesanos, a comer y cenar en la morada de algún mercader de Londres. Y si designó la ciudad de York para celebrar las bodas de su hija Leonor con Alejandro III de Escocia, lo hizo con ánimo de que el arzobispo de esa Sede sufragase, no sólo el importe de las comidas, en una de las cuales se consumieron 600 bueyes, sino el de todas las fiestas.

Cuéntase que Gonzalo o Francisco Jiménez de Cisneros, arzobispo de Toledo, gran canciller de Castilla y proclamado ya Regente de los reinos de la Corona de Castilla, mientras se hallaban encerrados los componentes del Consejo en su cámara desde las cuatro dela tarde hasta las once de la noche, discutiendo encarnizadamente sin que cesaran sus interminables discursos, muchos de aquellos nobles tenían ya una hambre devoradora y bostezaban pensando en las suculentas viandas que les esperaban en sus hogares.

Al dar la medianoche entró su mayordomo, y en voz baja, le dijo que la comida que se hallaba preparada para los delegados consistía solamente en carne seca. ¿Qué podría hacerse, ya que, habiendo dado las doce, era viernes, y no se encontraría pescado a esas horas? Cisneros miró a su sirviente con ironía y contestó: "Sirve ahora la cena, no pueden ser más que las once".

Carlos V, toda su vida demostró preferencia por la pesada comida flamenca, platos condimentados y buenos vinos. En algunas ocasiones el Emperador se contentaba con un asado, un pedazo de cabeza de ternera u otra cosa análoga; pero el vino lo sorbía hasta la última gota, tomando aliento dos o tres veces.

Autores dignos de crédito refieren que en la Edad Media una pulgarada de pimienta valía más que la vida de un hombre. Pimienta y canela, jengibre y nuez moscada, áloe, clavo y azafrán, eso era lo que se codiciaba. Los mercaderes de especias se encerraban en cuartos misteriosos, con todas las puertas y ventanas cerradas para que el viento no se llevara ni una chispa de sus tesoros que pesaban y medían en finísimas balanzas. La renta de un gramo de pimienta en aquellos tiempos era cosa fantástica. Es un "saco de pimienta" se decía de un hombre rico. Hoy podría decirse: es un miligramo de uranio. Pero, entonces los europeos no tenían té, azúcar, café, cacao, maíz, camote, papa, tomate, limones, tapioca, piña, plátanos, etcétera, ni toda esa serie de apetitosas frutas que hoy gozan hasta los más pobres, ni alimentos deshidratados...

El hecho de que el Asia occidental sufriera o no indigestiones y sus males conexos, por ingerir alguno de esos alimentos, como el repollo, arroz, coliflor o nabo, puede ponerse en duda, pero lo que sí es cierto es que muy lejos, en el este de China, en el último cuarto del tercer milenio antes de Cristo, es decir, alrededor del año 1,700, al ruibarbo se le describía en un herbario donde se le daba el lugar de una droga importante. Siglos más tarde y viajando hacia el oeste en las caravanas, cuando el comercio de la China con el poniente se encontraba ya bien afianzado, el ruibarbo llegó hasta el río Indo y al Golfo Pérsico pasando al Mar Rojo, de allí a Alejandría y luego, a través del Mediterráneo, a Europa.

A causa de su naturaleza perecedera y del elevado costo que exigía llevarlo intacto hasta su último mercado, el ruibarbo se convirtió en una de las drogas más caras de toda la farmacopea de la antigüedad, y en cierta época fué diez veces más costoso que la canela'. Y, conste, que la canela tenía tal reputación, que en tiempo de Plinio el Viejo costaba cincuenta veces más que hoy, y los acaparadores que la monopolizaban, para hacerla subir de precio, hacían creer que para recogerla era preciso luchar con dragones alados y bestias feroces que la guardaban.

¿Qué de extraño había cuando don Cristóbal Colón, seducido por el espejismo de las tierras del Nuevo Mundo, al recorrer las costas de las islas del Caribe, inquiriése sí existía en ellas ruibarbo, pimienta o canela?

"...y tanta cantidad de aromas, de algodón, almáciga que se encuentran sólo en Quio, y tanta de liñáloe (áloe)..."

Sabemos muy bien que fué lo que hallaron aquellos hombres que dejó en el fuerte de la Navidad...

Lástima grande que la idea utilitaria del Almirante no corriera parejas con sus conocimientos botánicos ya que tratando de tintes, drogas y esencias, el mismo dice: Mas yo no los conozco, de que llevo grande pena. Y, líneas más adelante... que estoy el más penado del mundo de no conocer…

**A PESAR DEL** esfuerzo tenaz de los Reyes Católicos, y sus inmediatos sucesores, de organizar sus colonias en el Nuevo Mundo conforme a un régimen exclusivista y restrictivo, ora por razones religiosas, ora por motivos económicos, es lo cierto que no pudieron eliminar en el comercio ni quitar a los extranjeros e indeseables de toda participación en oficios y beneficios.

Ya en el primer viaje de los descubrimientos se colaron, además del propio Colón, cuatro marineros que no eran castellanos ni aragoneses: Jácome el Rico, genovés, llamado Jacobo por Hernando Colón y las Casas, Antón o Antonio Calabrés, criado de Martín Alonso Pinzón, Juan Vecano, veneciano, y Juan Arías de Tavira, portugués.

"Esta noticia ha venido a echar por el suelo los orgullos nacionales de ingleses e irlandeses tan halagados por la idea de que hubo en aquella gloriosa chusma un súbdito de cada una de las dichas naciones". De suerte que hoy está casi demostrado que un tal Guillermo Ires, natural de Galway, en Irlanda, y un cierto Tallarte de Lajes, inglés, incluidos en una lista publicada por don Martín Fernández de Navarrete, entre los asesinados por los indios de la Española en el fuerte de la Navidad, llegarían allí a poco del regreso de Colón a España, o bien se filtraron en sus naves como polizones.

Por la respuesta que los Reyes Católicos dan a una carta de don Nicolás de Obando, se tiene noticia que ya entonces había en la Española quince extranjeros, a los cuales se les hace merced para continuar allí, por razón de los servicios que habían prestado a Sus Altezas.

En lo que toca a los extranjeros —dice el rey don Fernando a Diego Colón— mi voluntad es que ningún mercader ni otra persona extranjera de estos Nuestros reinos pueda estar ni esté en esas dichas Indias, salvo Bernardo Grimaldo, o su factor que allá tiene o tuviere, no embargante cualesquier cartas o licencias Nuestras que tengan para ello; por ende Yo vos mando que no concentáis ni déis lugar que ningún extranjero esté ni resida en esas dichas Indias si no que guardaréis lo que sobre ello tenemos mandado no embargante de las dichas Nuestras cartas y licencias.

Continúa: "En lo que toca a lo de los conversos es Nuestra merced y voluntad que ningún reconciliado ni hijo ni nieto de condenado (por el Tribunal de la Santa Inquisición) no pueda pasar ni estar en esas dichas Indias y así vos mandamos que lo hagáis guardar y cumplir sin ninguna falta".

En busca, pues, del triunfo total de las ideas cristianas y de justicia, imperantes en aquellos tiempos, los reyes de España habrían de dictar una larga serie de providencias, como sigue:

"Que no pasen extranjeros a Indias. Que no pasen a las Indias ningunas personas sin licencia. Que no ande en la navegación de las Indias ningún extranjero. Que ningún extranjero trate en las Indias. Que se tomen por perdidos los navíos y mercaderías de extranjeros que pasan a Indias. Que los extranjeros que pasaren sin licencia los echen de las Indias, y la hacienda sea para la Cámara. Que no pasen a las Indias navíos extranjeros. Que se castiguen los extranjeros que hubieren pasado ocultamente a las Indias. Que se tenga cuidado de saber qué extranjeros cargan para las Indias. Que los vecinos de las Indias no traten con corsarios, y que no sean pilotos, maestres ni marineros extranjeros. Etcétera".

Sin embargo, esta doctrina prohibitiva o selectiva, no cerraba de un modo absoluto a los extranjeros (en un principio se consideraban como tales a los mismos peninsulares que no eran naturales de Castilla y de León) toda posibilidad de acceso a los territorios del Nuevo Mundo, ni les impedía totalmente tomar participación en actividades comerciales. En una historiografía inglesa por Ricardo Hakluyt de los viajes a las Indias occidentales figura un tal Tomás Tyson, inglés, que residía en una de las islas antillanas por 1526, como agente de mercaderes británicos. ¡Y, Tyson no sería el único!

Aún en el más estrecho y vedado campo de lo político, un fraile holandés Nicolás Whitte, escribía a Carlos V, en 1552, sobre la conveniencia que diese con autonomía las Indias a un príncipe de su misma sangre. Proposición esta que, juntamente con la del misionero español Toribio de Benavente, el incomparable Motolinia, y de otros religiosos españoles, coincidía como temprano anticipo con los planes de Pedro de Bolea, conde de Aranda, y de Manuel Godoy Álvarez de Faria, llamado príncipe de la paz.

La prohibición para la entrada de los extranjeros en los años iniciales de la colonización se justifica fácilmente, y no era superflua ni estaba fuera del pensamiento religioso y económico de aquella hora en que, con mayor crudeza que en el actual momento, se aceptaba que los puertos del reino eran "las puertas del rey", que éste podía abrir o cerrar a su capricho para sustentar su política real. Eran, pues, medidas que buscaban negarle facultad de comerciar en las Indias e impedir perturbaciones en materia de la Fe por personas que hubiesen admitido el protestantismo o por dudosos en la religión del Estado, tales como herejes, judaizantes, moriscos, gitanos o marranos, nombre derivado de las palabras judías *mar a natha,* que significan: el Señor vendrá.

El alto sentido misional que doña Isabel quiso imprimirle a la colonización la llevaría también a dictar disposiciones prohibitivas para el pase a las Indias de frailes y sacerdotes, tanto castellanos como extranjeros, que no fuesen observantes ni estuviesen debajo de la obediencia que eran obligados a tener como buenos religiosos, "porque si a ello se diese lugar sería gran estorbo a la instrucción de los naturales de aquellas partes, y su conservación a Nuestra Santa Fe Católica".

En vela siempre porque la religión fuese la base del nuevo régimen en las tierras colonizadas, habría de disponerse lo siguiente:

Que en las doctrinas no se provean sino a quien sepa la lengua de los indios. Que ningún clérigo tenga dos beneficios. Que no dejen pasar a ningún clérigo que no constare estar examinado. Que no puedan venir clérigos a estos reinos sin licencia de sus prelados. Que ningún fraile lleve en su compañía a ninguna deuda ni hermana. Que los clérigos no anden vagando. Que los clérigos no traten ni contraten, y que se castiguen los clérigos que trataren por manos de legos. Etcétera.

Cumplida la obra de doña Isabel, como justicia, como gobernadora, como capitana, como misionera y como regidora, vienen las cruzadas que emprenden Carlos V y Felipe II frente a los peligros y horrores de la herejía, para salvar a España y sus colonias de los usos introducidos aún en la propia Iglesia, pero sin tocar el credo ni salirse de la observancia del Papa.

Al comienzo de las Advertencias, escritas por Carlos V, como expresión de la norma del cristiano, y para enseñanza de su hijo y sucesor, Felipe II, figura este párrafo:

Por principal y firme fundamento de vuestra gobernación debéis siempre concertar vuestro ser al bien de la infinita benignidad de Dios y someter vuestros deseos y acciones a su voluntad, lo cual, haciendo, con temor de no ofenderle, alcanzaréis certísimamente su ayuda y amparo y acertaréis en todo, y por todo.

El efecto inmediato, afirma D. B. Wyndham Lewis, fué situar a Carlos V en un lugar análogo al de Carlomagno, como defensor único de la Fe Católica, extendiendo sus dilatadas responsabilidades por Austria, España y Alemania, los Países Bajos y las recientes Américas, lugares todos poblados de seres bien distintos y divididos además por las nuevas luchas.

Y se cuenta que, después de que el Emperador hubo juramentado a su hijo Felipe II para erigirle en defensor de la Fe, de la Paz y de la Justicia, se dejó caer sobre unos cojines arrasado por la fatiga.... Tres años después, recoleto, prepara su alma y fallece, murmurando en español: ¡Ay, Jesús!

No obstante, a don Carlos se le acusa de haber sido partidario de extender, por fuerza, la dominación de un Estado sobre otro u otros, y de haber intentado la resurrección del Imperio de Carlomagno, quizá, por aquello de que no en balde había sido coronado y subido al trono del hijo de Pipino el Breve.

Pobre Emperador, —consigna Bartolomé Sastrow—, gasta toneladas de oro en las guerras y sufre la lluvia por amor de un birrete de terciopelo. Esto, porque ante Naumburgo, le sorprendió un aguacero, y don Carlos se quitó el gorro y resguardándolo bajo el brazo, mandó que de la ciudad le trajesen otro más usado.

Con diadema germánica a un lado, corona española al otro, Carlos V, sólo podía aspirar a una monarquía universal ungida de religiosidad católica". Por esto, cuando Solimán, rey de treinta reinos, escribía con arrogancia a su aliado el Rey Cristiano Francisco I de Francia: Yo soy el emperador de los emperadores, dispensador de tronos a los monarcas del mundo, sombra de Dios sobre la tierra, entre todos los príncipes llamados cristianos, solamente don Carlos, exclamó: Ahora creo que Dios quiere que todos sean turcos; pero yo seré el último.

Siempre pensando y buscando una unión permanente de las colonias con la madre patria, don Carlos manda dar en 1520 la provisión siguiente.

"...Por cuanto según lo que por Nos está jurado y repetido a los Nuestros reinos, y señoríos de Castilla y León al tiempo que fuimos recibidos y jurados reyes y señores de ellos, y de las Indias, islas y tierra firme del mar Océano, que son, o fueron de la Corona de Castilla, ninguna ciudad ni provincia, ni isla, ni otra tierra anexa a la dicha Nuestra Corona real de Castilla, puede ser enajenada ni apartada de ella, y así es Nuestra intención y voluntad de lo guardar y cumplir para siempre jamás".

Mas, del dicho al hecho hay gran trecho: un año antes de haber mandado dar la carta en cuestión ocurre la exaltación de don Carlos al trono imperial de Alemania, como Carlos V, y esto no sólo produce graves trastornos en la orientación política de España, sino que le crea al nuevo emperador compromisos económicos concretos y exigibles.

Don Carlos, era, por su padre, nieto del último emperador, Maximiliano, el cual acababa de morir sin hijos. Don Carlos podía muy bien ser elegido; pero la soberanía del Sacro Imperio Germánico estaba librada a la decisión de siete grandes electores tudescos: los arzobispos de Trier, Maguncia y Colonia, el rey de Bohemia, el duque de Sajonia, el conde palatino del Rhin y el margrave de Brandeburgo, siendo famosas las componendas y cohechos a que daba lugar la designación de cada emperador.

En esta ocasión se presentan tres rivales: Francisco I de Francia, Enrique VIII de Inglaterra y Carlos I de España. Como hoy reza en las crónicas del deportismo, la fibra y calidad de los pretendientes y la complicada situación de tal campeonato internacional, dio lugar a que la intriga y el soborno alcanzaran como nunca grados mayestáticos. Las ofertas y los regateos se hacían públicamente. La Banca de Augsburgo se declara por el rey de España, y resuelve el asunto finalmente. Después del acostumbrado juramento hecho por los electores declarando la pureza de sus votos, y la limpieza de sus manos, fue elegido don Carlos.

El costo total de la elección fué de 852,000 florines. La Casa Függer, los Fúcares, le habían prestado 500,000. Este dinero provenía de los cofres de Jacobo II, cabeza reinante de la cuarta generación de la dicha dinastía de banqueros —eslabón entre los Médicis y los Rothchild— y fundada por Juan Függer, tejedor de Grauben, cerca de Augsburgo, casi siglo y medio antes. Bajo los nietos de Juan: Andrés y Jacobo I, la casa comercial se hizo poderosa; cuando pasó a manos de sus hijos y sobrinos, Jacobo II, Lucas, Ulrico y Jorge, no sólo era la primera casa de banca en Europa, sino que tenía el gobierno de las minas de plata del Tirol, de las de cobre en Hungría y un extendido comercio internacional de especias, seda y lana. Jacobo II, y su sobrino y sucesor, Antonio, habían de continuar ayudando a Carlos V, prestándole dinero en sus constantes necesidades, explotando sus minas, rigiendo y administrando las rentas de las Ordenes de Santiago, Calatrava y Alcántara para el Tesoro español y, en general, manifestando esa lealtad al Emperador y devoción a la Iglesia, por las que se hicieron célebres los Fúcares.

Para conseguir el resto del dinero y lo necesario para su viaje a la sede de las competencias, don Carlos se ve forzado a reunir las Cortes de España, y como los representantes de los pueblos se negaran al principio, el Rey tuvo que hacer todos los esfuerzos imaginables para lograr su deseo. En Segovia, a la vuelta de los "procuradores" que habían ido a las Cortes, hubo un serio motín, acusándoles de haber sido comprados por el Rey. Uno de los procuradores fué ahorcado en la plaza pública.

Luego vendría lo más grave: había que pagar los 500,000 florines adelantados y otros tantos miles que el gran aspirante a emperador, "siempre entrampado e incapaz de organizar la administración de sus dominios", tenía recibidos de los hermanos Antonio y Bartolomé Wélser, los no menos renombrados Belzares, de Augsburgo: De este modo, en salvaguardia de sus intereses e inversiones, Fúcares y Belzares, intervienen las finanzas españolas y se apoderan del comercio de ultramar.

Coincide esta penetración económica con los grandes viajes hacia las Molucas y con las brillantes conquistas llevadas a cabo por Cortés, Pizarro y Jiménez de Quesada. Los banqueros tudescos vislumbran las enormes perspectivas mercantiles que se abrían fuera de Europa y quieren participar directamente, y no sólo como prestamistas o armadores, en las empresas de las Indias.

Los Fúcares, vinculados —como hemos visto— al comercio de la especiaría y, principales importadores de guayaco, echaron el ojo a las tierras firmes e islas descubiertas por Hernando de Magallanes. Por intermedio de uno de sus agentes en España, Vido Heril, obtienen del Consejo de Indias una fabulosa concesión territorial que, de haber prosperado el negocio, los habría hecho dueños de gran parte de Sudamérica.

Tocante al guayaco, guayacán o palo santo, sabemos por obra del cronista Gonzalo Fernández de Oviedo y Valdés y del humanista Ulrico de Hutten, que entonces era el remedio favorito de los médicos en el tratamiento de la sífilis, considerada como castigo divino de emperadores, reyes, príncipes, nobles, legos y eclesiásticos.

Curiosas son las noticias de Oviedo y Valdés, y vamos a transcribirlas: "Muchas veces en Italia me reía, oyendo a los italianos decir el mal francés, y a los franceses el mal de Nápoles; y a la verdad, los unos y los otros, le acertaran el nombre, si le dijeran el mal de las Indias, y que esto sea así la verdad, entenderse ha por este capítulo y por la experiencia grande que ya se tiene del palo santo, y del guayacán, con que especialmente esta terrible enfermedad de las búas mejor que con ninguna otra medicina se cura e guarece; porque es tanta la clemencia divina, que adonde quiere que permita por nuestras culpas nuestros trabajos, allí a par de ellos quiere que estén los remedios con su misericordia. De estos dos árboles se dirá...ahora sépase cómo estas búas fueron con las muestras de oro de estas Indias, desde esta isla de Haití o Española".

Rodrigo Ruiz Díaz de la Isla, médico sevillano del primer tercio del siglo XVI, publicó en 1539 un libro sobre la sífilis, y opina como el cronista Oviedo y Valdés. Afirma que la primera aparición de la enfermedad fué en Barcelona el año 1493, al regreso de Colón de las Indias. Escribe Isla: "En Castilla le llamaban bubas, y en Portugal le impusieron mal de Castilla, y en la India de Portugal le llamaron los indios mal de los portugueses; los indios de la isla Española antiguamente, así como acá decimos bubas, dolores y apostemas y úlceras, así llaman ellos esta enfermedad guaynaras y hipas y taynastizas; yo le pongo morbo serpentino de la isla Española...".

A pesar de que los Fúcares fomentaron como nadie la teoría del origen americano de la sífilis y lo evidente que una enfermedad del

Nuevo Mundo podía curarse mejor con una droga del mismo origen, el negocio fracasó, y fracasó porque los banqueros alemanes pidieron, además las Molucas, y como el Emperador rechazó algunos puntos de su petitorio, los Fúcares, como ofendidos, abandonaron la negociación en espera de hacerse pago de los dineros prestados en forma distinta.

Los Belzares fueron más prácticos por el conocimiento real que tenían del Nuevo Mundo, pues, sus agentes en España y en las Antillas, los mantenían al corriente de la marcha de las conquistas y les indicaban las zonas de positivo rendimiento. Se interesaron por la costa de la actual Venezuela, famosa por las perlas y los esclavos que de allí se sacaban. Además, ese territorio se hallaba a las puertas de Castilla del Oro y, según la confusa geografía de aquella hora, podía llevarlos al Mar del Sur, obsesión de todos los buscadores de riquezas.

La capitulación con los Wélser, en cabeza de Enrique Ehingery Jerónimo Sayler, se firmó el 27 de marzo de 1528: "Dióseles la población de Coro (puerto al oeste de Venezuela, fundado en 1527) desde el Cabo de Vela o desde el fin de los límites y términos de la gobernación de Santa Marta hasta Marcapana, este, oeste, norte y sur de la una mar a la otra, con todas las islas de la costa, excepto las que tiene el factor Juan de Ampués, y se les dieron doce leguas en cuadra".

Dieciocho años justos duró el gobierno de los Belzares, con sus gobernadores Ambrosio Ehinger (Alfinger le llamaron los españoles), Bartolomé Sayler, Han Seissenhoffer, llamado Juan Alemán, Jorge Hohermuth (de Spira) o Jorge Spira y Nicolás Fidermann, empleados en su totalidad en largas, sangrientas y estériles correrías por la región de Los Llanos y por las escabrosidades de la cordillera Oriental de Venezuela.

La pasión ambulatoria fué la nota dominante de los gobernadores tudescos. Carecieron de habilidad o no tuvieron interés en fundar poblaciones. Su objetivo exclusivo era dar con el Dorado y pagar los gastos de las expediciones con el producto de los indios cautivados".

Los alemanes que participaron de la conquista de América eran aficionados a describir los países que recorrían y a consignar sus observaciones e impresiones de viaje. Mercaderes y técnicos en su mayoría, estaban habituados a manejar la pluma con relativa desenvoltura".

Pero, como conquistadores o colonizadores, por muchas hambres que padecieron v muchos indios que mataron, eran, de los que las gentes dicen: Que van a sus aventuras.

**QUISIERA VER,** —decía Francisco I de Francia, — la cláusula del testamento de Adán que me excluye del reparto del mundo. Y, agregaba: El tráfico y cambio de mercancías, es de todos los derechos, uno de los más naturales y autorizados.

El tiempo andando, y cuando el embajador de España protesta con energía ante las depredaciones de Francisco Drake, la reina Isabel de Inglaterra, responde que, puesto que los españoles se arrogaban el derecho de dominar en todo el mundo con exclusión de las demás naciones europeas, prohibiéndoles que llevasen a aquellos países sus buques, ni aún para el comercio legítimo, era muy natural que ellos buscasen la forma de proporcionárselo por medios violentos.

Estos clásicos e irónicos razonamientos juntamente con las agresiones y robos por parte de franceses e ingleses, nacían, naturalmente, de las ansias de aniquilar un imperio al que todos miraban con una mezcla de temor y celos, y se dirigían a las celebérrimas bulas alejandrinas y la codiciosa organización creada por los reyes de España y los grandes mercaderes peninsulares, con el fin de centralizar y reservarse con régimen monopolista el comercio y navegación con las colonias indianas, todo conforme a las ideas económicas y políticas en aquellos tiempos....

Como hace observar Ricardo Levene, para englobar la comprensión del tema referente a los títulos de los reyes de España a la dominación del Nuevo Mundo, corresponde tener presente los principios del Derecho canónico, la teoría jurídica que negaba al Sumo Pontífice poder universal temporal, y el punto de vista de las Leyes de Indias, que admiten la concesión pontifical, pero afirman la existencia de otros legítimos derechos.

Sabemos ya que el europeo en la Edad Media tenía una fe universal común a todos ellos, una misma civilización y una idéntica comunidad en la moral y en las ideas sociales, y como miembro de una liga de las naciones del espíritu, antes que ciudadano del Estado en que hubiera nacido, le fue corriente mirar al Pontífice romano como señor natural del orbe, Dominus Orbis, árbitro de la Cristiandad y distribuidor de feudos, extendiendo su jurisdicción sobre tierras de infieles hasta poder disponer del dominio político de las mismas.

Las sanciones espirituales y temporales, que en muchos casos eran extremadamente efectivas, imponían el cumplimiento de los mandamientos de la Iglesia. Los creyentes, —dice Edmundo Whittaker, — que consideraban su vida terrenal como una situación pasajera que se vería seguida por una eternidad bajo la custodia de la Iglesia, penetraban y se mantenían en el recto sendero por temor de incurrir en graves penas en el otro mundo. La condenación al fuego eterno era un castigo ante el cual palidecen hasta la insignificancia la mayoría de las sanciones civiles que conoce la actual generación. Las medidas religiosas pudieron ser muy eficaces en la vida terrenal gracias a la fidelidad que se tenía para con la Iglesia. La excomunión era un arma eficaz inclusive contra reyes, y al desobediente se le castigaba tanto en sus tratos comerciales como en sus relaciones de carácter social. Es más, al pasar el tiempo, las sanciones religiosas fueron reforzadas por las penas civiles, pues varios gobernantes cristianos promulgaron leyes destinadas a hacer cumplir las normas de conducta que habían recibido su aprobación.

Inocencio III (Lotario di Conti di Segni), que predicó la primera cruzada contra los herejes en el sur de Francia, o albigenses, definiendo el poder de la Iglesia, escribía:

"El Creador ha fundado en el cielo de la Iglesia dos dignidades: la mayor, que es el Papado, gobierna a las almas como el sol los días; la más pequeña, la monarquía, rige los cuerpos, como la luna las noches. El Pontificado es tan superior a la realeza como el sol a la luna. Dios encargó a San Pedro no sólo del gobierno de la Iglesia universal, sino también de regir el mundo. Así como todas las criaturas del cielo, de la tierra y de los infiernos doblan la rodilla ante Dios, así deben todos obedecer a su Vicario, para que no haya sino un rebaño y un pastor".

Y, Bonifacio VIII (Benedetto Caetani), que se haría famoso por sus luchas con Felipe Augusto el Hermoso, rey de Francia, le decía a éste: "Oye, hijo mío, las palabras de un padre amante. Guárdate de creer que no tienes superior y que no estás sometido al Jefe de la Jerarquía".

El conflicto entre Felipe Augusto y Bonifacio VIII, a juicio de Carlos Castiglioni, puede considerarse como la última fase de la grandiosa lucha medieval entre la autoridad secular y la eclesiástica. Felipe pretendía afirmar la autoridad del Estado sobre la de la Iglesia, privando a ésta de todos los privilegios y derechos de jurisdicción e inmunidad que ejercía desde tiempo inmemorial. Sin contar el problema de sus amores ilegítimos con la encantadora Inés de Merania, a Felipe más que nada le apuraban las necesidades económicas, sobre todo a causa de las continuas guerras, y por esto gravó con extraordinarias gabelas los bienes de los eclesiásticos, los cuales recurrieron al Papa contra las vejaciones de los exactores reales. Para conseguir dinero, el Rey había recurrido hasta el cercenamiento de la moneda y, claro está, no podía resignarse a las prescripciones pontificias. Luego manda publicar un decreto en el que se acusaba al Papa de haber violado los derechos soberanos del rey, y de rechazo prohíbe a sus súbditos enviar a Roma dinero alguno bajo cualquier concepto de donativo.

De conformidad con los sagrados cánones, fué lanzada excomunión contra los que impidieran a los obispos ir a Roma, y se difunde la bula Unam Sanctam (18 de noviembre 1302), que proclama con mayor claridad las pretensiones del Papado al dominio universal y su preeminencia sobre todos los poderes profanos.

Después de esto vendría el traslado de la residencia de los papas a la ciudad de Aviñon, y uno de los siete pontífices aviñoneses, Clemente V (Beltrán de Goth), deseoso de granjearse la protección del monarca francés, condesciende en gran parte y tiene palabras halagüeñas y lisonjeras para Felipe Augusto: "Grande y muy vivo es el afecto de nuestro dilectísimo hijo Felipe, ilustre rey de los franceses, a Nos y a la Iglesia romana; las eximias dotes de sus antecesores, el puro y sincero amor de sus súbditos reclaman para él y para su reino favores señalados. En consecuencia, queremos y mandamos que las disposiciones de la bula Unam Sanctam del papa Bonifacio VIII, predecesor nuestro de feliz memoria, no le causen perjuicio alguno ni lo sometan en mayor grado que antes a la Iglesia romana, sino que todo permanezca en el estado en que antes se hallaba en lo tocante a la Iglesia, al rey, al reino y a sus habitantes".

Ampliando las doctrinas sobre el absolutismo del Vicario y el principio de no pertenecer al rebaño de Cristo el que no quiere ser apacentado por Simón, hijo de Jonás, o San Pedro, el cardenal arzobispo de Ostia, Enrique de Segusa o de Suza, llamado el Ostiense, proclama que, Dios, eligió a San Pedro y sus sucesores en carácter de ministro o pastor de todos los hombres en lo tocante a la vida espiritual, confiriéndole los poderes necesarios para el engrandecimiento y dirección de la universal Iglesia. Podía también el Pontífice romano, por los mismos principios, repartir las tierras en poder de los infieles para la propagación de la Fe Católica, correspondiendo a los príncipes seglares realizar solamente los actos de descubrir lugares e informarse de sus gentes. Si los infieles niegan acatamiento y pleitesía al poder universal y supremo del Vicario, es lícito privarles del mando y haciendas, quedando ambas al arbitrio de la tolerancia del pastor de todos los hombres. De manera que éste vendría a poseer potestad no sólo sobre los cristianos sino también sobre los infieles, ya que la facultad recibida de Cristo sería plenaria.

Y, Santo Tomás de Aquino, afirma: "La infidelidad por sí misma no repugna a la soberanía y dominio, pues el dominio proviene del Derecho de gentes que es el Derecho humano y la distinción entre fieles e infieles mira al Derecho divino que no destruye el Derecho humano...ni pertenece a la Iglesia castigar la infidelidad de los paganos que nunca abrazaron la Fe, según aquello del apóstol: ¿Qué me toca a mi juzgar de las cosas de afuera? Por consiguiente, impedir la predicación podía ser causa de guerra justa: Es la razón por la que los cristianos hacen frecuentemente la guerra a los infieles, no para obligarlos a creer...sino para obligarlos a que no impidan que otros crean...".

Otros graves autores entienden que la jurisdicción de las tierras, por Derecho divino, natural y de gentes, competía a los infieles y a los fieles antes de la venida de Cristo; pero después de tal acaecimiento la Iglesia ejerce aquella suprema jurisdicción, de suerte que, los infieles podían ser con justicia despojados de sus tierras si no reconocían la Fe Católica.

Contrariamente, insignes maestros hispanos recusan desde un principio el valor arbitral de las bulas alejandrinas, haciendo notar que su papel jurídico sería firme durante los tiempos medievales cuando los pontífices romanos podían alegar derechos a las tierras que antes había detentado el Imperio de Roma, del cual se sentían descendientes; pero, que fué absurdo extender dicho significado a las tierras del Nuevo Mundo.

Entre otros, el cardenal Juan de Torquemada, sostiene que no podía el Papa ejercer en las cosas temporales una potestad omnímoda como la que le corresponde en las espirituales de la Iglesia; que, por lo que hace a los infieles, sólo podía mover contra ellos la guerra y castigarlos cuando perturbaren la paz de los cristianos o les invadiesen sus tierras, o escarneciesen la Fe de Cristo, o impidiesen su predicación.

Conforme a la tesis del padre Francisco de Vitoria, el Papa no es señor temporal del mundo. Y no podía hacer semejante donación territorial a los reyes de España, teniendo en cuenta que los indios eran verdaderos dueños, pública y privadamente. El Sócrates alavés, concluye diciendo: "Cuando el Señor dijo a San Pedro: Apacienta mis ovejas, muy claramente muestra que trata de dominio espiritual, no de dominio temporal. Más aún: El Señor dijo que al fin de los tiempos se hará un solo rebaño bajo un solo pastor; de donde sobradamente se ve que ahora no somos todos ovejas de un solo pastor".

Según algunos autores, corresponde al gran americanista de la Compañía de Jesús, el padre Pedro Leturia, haber dado a conocer que el primer teólogo que planteó el problema de los títulos reales a la conquista de las Indias occidentales, fué el escolasta escocés, Juan Mair, al que los humanistas llamaron vulgarmente Joanes Maior o Maioris (Scotus),puesto que él al comentar el libro IV de las Sentencias de Pedro Lombardo, consigna un principio que habría de tener posterior resonancia en el establecimiento y solución del problema indiano. Mair, dice: El Papa no es señor de todo el mundo en lo temporal. Sin embargo, al escocés, no pugna con tal afirmación el concederle cierta potestad política sobre los reyes bautizados; pero, en contra de muchos canonistas que con ello trataban de justificar la ocupación de tierras de infieles, Mair, negó inclusive la supremacía política del Pontificado sobre todo el orbe.

El problema, comenta Vicente D. Sierra, que se presenta a Mair, en 1510, es diverso al que 25 años más tarde conduciría al padre Vitoria a redactar sus *Relectiones* (Relecciones sobre los Indios y el derecho de guerra), determinando con ellas las llamadas Leyes Nuevas de Indias, de 1542; pero constituye un valioso antecedente de la identidad del pensamiento escolástico hispano, sobre todo si se tiene en cuenta que Mair fué discípulo del español Jerónimo Pardo.

Maioris sería, pues, el primero que trató de justificar las conquistas sin basarse en el concepto de Dominus Orbis, sino en motivos de carácter misional. Así como Vitoria los buscaría, más tarde, en fundamentos sociales.

Para Leturia también el sentido de las bulas alejandrinas era misional, puesto que, por tradición medieval de la Curia en una larga serie de documentos pontificales sobre las Cruzadas contra infieles, ya fueran mahometanos o de otra religión, siempre el primer pensamiento de los pontífices fué, en aquellos siglos el de la evangelización, y a ella subordinan todas las concesiones, como si fueran zonas de influencia destinadas a propagar la Fe, encargando esta misión a una nación determinada, a la que se dirige la bula.

En cualquier coyuntura, las susodichas bulas alejandrinas no constituyen un hecho insólito en la vida de relación del Pontificado con los príncipes seglares. Como veremos a continuación los papas en la Edad Media no sólo dispusieron de territorios susceptibles de labor evangelizadora, sino también de reinos cristianos.

Inocencio IV (Sinibaldo Fieschi), determinó fuera rey de Portugal el conde de Bolonia, Alfonso III, en contra de los derechos soberanos de Sancho Capelo, depuesto por una bula.

Martín IV (Simón de Brie), desposeyó a Pedro III el Grande, rey de Aragón, para entregar la corona a Carlos de Valois.

Adriano IV (Nicolás Breakspear), el único Papoa de nacionalidad inglesa hasta esta hora, concede a Enrique II de Inglaterra, la antigua Hibernia, Irlanda, con el cargo de convertirla a la Fe, y obligación de pagar cierto tributo a la Iglesia.

El Pontificado había intervenido en la discusión por los derechos sobre las islas Canarias desde el siglo XIV, en tiempos de Alfonso IV de Portugal y su yerno Alfonso XI de Castilla. Finalmente, Clemente VI (Pedro Roger de Beaufort), dirime el pleito dando la investidura a don Luis de la Cerda, el famoso infante Fortuna, que muere en la batalla de Crecy, sin haber tomado posesión del archipiélago.

Martín V (Otón Colonna), concede al rey de Portugal el dominio de los descubrimientos desde el cabo Tormentoso, o de Buena Esperanza, hacia las Indias orientales.

Eugenio IV (Gabriel Condulmaro), con motivo de la expedición de Alfonso V de Portugal contra los infieles de Tánger, resuelve, con

34

el parecer del Consistorio Vaticano, que, sí los infieles ocupaban tierras de cristianos y habían transformado las iglesias en mezquitas, o habían hecho mal a los cristianos, o eran idólatras y pecaban contra natura, se les podía hacer guerra justa, aunque con piedad y discreción....

Por último, Nicolás V (Tomás Parentucelli), en virtud de su autoridad apostólica, permite al mismo rey de Portugal, y a sus sucesores, atacar y poner en servidumbre a los sarracenos y otros infieles enemigos de Cristo, tomándoles sus tierras y sus bienes muebles e inmuebles.

Consecuentes, pues, con los solemnes principios mantenidos por los juristas adictos a la Curia, una reina y un rey "tan precavidos como doña Isabel y don Fernando", comprendiendo además cuánto significaba para el porvenir de los recientes hallazgos colombinos o coloninos la bendición del Pontífice, y con el debido sigilo, porque los portugueses y su rey tenían concedidas, desde antes, para ellos, las tierras que descubrieran en sus navegaciones hacia el oriente, y se tenía duda si eran las mismas a que había llegado don Cristóbal, confían a sus representantes en Roma impetrasen de la Santa Sede una bula donde se reconocieran sus derechos a tan apartadas regiones. Don Bernardino de Carvajal, obispo de Badajos, y don Juan Ruiz de Medina, obispo de Astorga, actúan con suma diligencia, y en 3 de mayo de 1493, el papa Alejandro VI (Rodrigo Lanzol Borja, o Borgia), aseglarado pontífice, como lo califica el padre Leturia, expide la primera bula, Inter coetera, ultimada en Roma en 17, y, probablemente, en poder de los Reyes Católicos antes del 28 de ese mismo mes en momentos en que se redactaban las instrucciones para el segundo viaje de Colón. Esta Bula expresa claramente que otorga el Papa las dichas tierras con el deber de evangelizarlas.

Varios historiadores anotan que, a poco de haberse dado a conocer esta Bula se advirtió la falta de una línea que demarcase las zonas de acción exploradora de castellanos y portugueses, y así fué como al día siguiente se publica la segunda concesión, denominada también Inter coetera, evidentemente, antidatada por Alejandro VI, o bien como un caso de retrogradación muy conocido por los hábitos de la Curia, y que confiere a los Reyes Católicos, y sus sucesores, el soberano imperio y principio sobre "las tierras firmes descubiertas y por descubrir, halladas y por hallar hacia el Occidente y Mediodía, fabricando y constituyendo una línea del Polo ártico, que es el Septentrión al Polo antártico, que es el Mediodía, ora se hayan hallado islas y tierras firmes, ora se hayan de hallar hacia la India o hacia cualquier parte, la cual línea dista de las islas que vulgarmente se llaman de las Azores y las de Cabo Verde cien leguas hacia el Occidente y Mediodía, y que se descubrieren desde dicha línea hacia el Poniente o Mediodía que por otro rey cristiano no fuesen actualmente poseídas hasta el día del Nacimiento de Nuestro Señor Jesucristo próximo pasado del cual comienza el año presente .... cuando fueren por vuestros mensajeros y capitanes halladas algunas de las dichas islas..."

Este segundo documento, o sea la renombrada "Bula de la Demarcación", que luego constituiría el punto de arranque de la división del Nuevo Mundo entre castellanos y portugueses, contiene una expresión a la que también le faltaría sentido sin tener presente las pretensiones del rey de Portugal, don Juan II, para que el repartimiento se hiciera por un paralelo y no por un meridiano. Don Juan II, en efecto, no sólo proponía por intermedio de su embajador Ruy de Sande ante los Reyes Católicos, que se le reservase toda la parte austral, desde las Canarias, sino también que preparaba una escuadra que debía capitanear Francisco de Almeida, porque mantenía dudas después de su entrevista con Cristóbal Colón, sobre la pertenencia de lo descubierto por éste en su primer viaje.

Los Reyes Católicos, por su parte, enviaron un embajador a Lisboa para atajar tal propósito, y aprestaron su escuadra para enfrentar cualquier tentativa portuguesa contra su soberanía, enviándose, mientras tanto, una nueva embajada ante la Santa Sede a fin de obtener, como sabemos, una nueva Bula que otorgara a Castilla todo lo que se descubriera en lo sucesivo de acuerdo a una línea convencional, porque aplicándose las bulas de Nicolás V, de Calixto III y de Sixto IV, la libre acción de los descubridores portugueses podía legítimamente tenderse, no sólo al oeste y noroeste, sino también al sudoeste.

Como aclara Carlos Pereyra, esta fué la razón por la cual en la segunda Inter coetera se puntualiza el indicado derecho de un modo que sin el antecedente dicho parecería absurdo, comprendiendo "todas las islas y tierras firmes halladas hacia el Occidente y Mediodía, fabricando y constituyendo una línea del Polo ártico, que es el Septentrión al Polo antártico, que es el Mediodía...". Y cuando adelante dice la Bula que se refiere a las tierras del occidente y sur de la línea, "no debe entenderse al sur de un meridiano, sino la parte meridional situada al occidente de esa raya, lo que es muy diferente".

"La Bula también fija una fecha, y esto tiene interés, pues, al decir: que, sí las islas o las tierras firmes, encontradas o que se hallasen, no estaban en posesión de un príncipe cristiano antes del día de Navidad próximo anterior, serían de Castilla, indica que considera vivos los derechos de Portugal, respecto de los pueblos orientales".

Hubo una tercera Bula, que se considera como réplica de las anteriores. Pero, como la línea imaginaria que habría de servir para la separación dejaba implícitamente a la Corona Portuguesa el derecho de alejarla cuanto quisiera desde el extremo más occidental del más occidental de los archipiélagos de las Azores y de Cabo Verde, pues, como hoy sabemos, entre la más oriental de las islas de éste y la más occidental de aquél, hay sobre 80 grados de longitud, doña Isabel y don Fernando, también piden al Papa que no se excluya tierra alguna de sus descubrimientos, y esta demanda queda satisfecha con la cuarta bula, Dudum Siquidem, llamada "Bula de extensión y donación apostólica de las Indias", de 23 de septiembre de 1493, por la que se extiende la concesión hecha a los Reyes Católicos, a todas y cada una de las islas y tierras firmes, "ya estuviesen en las partes occidentales o meridionales, u orientales, y de la India...".

Este último documento, no es muy extenso, define los derechos de Castilla, hasta los descubrimientos en la India, e impone, además, a los Reyes el "destinar a las tierras e islas susodichas varones probos y temerosos de Dios, doctos, instruidos y experimentados para adoctrinar a los indígenas y moradores dichos en la Fe Católica e imponerles en las buenas costumbres, poniendo toda la debida diligencia en lo que habéis de enviar...".

Esa línea ideal en dirección del meridiano que, pasando por ambos polos, cortaría el mar a una distancia de cien leguas de las islas Azores, o de las de Cabo Verde, sin designarse especificadamente, ninguna, dejaba el hemisferio occidental que resultaba de esta división a favor de los castellanos, y el oriental a los lusitanos. Pero, como el punto de partida era vago y las diversas islas Azores y de Cabo Verde, según sabemos, se hallan en longitudes distintas, resultaría prácticamente imposible fijar la delimitación señalada y desde su origen las dichas bulas quedarían de hecho sin efecto.

Por una frase de los Reyes Católicos contenida en carta del 5 de septiembre, que dice: "La raya que vos dijisteis que debería venir en la Bula del Papa...". Se tiene noticia que don Cristóbal Colón a tuvo mucho que ver en la determinación de la famosa "línea agónica", a cien leguas al poniente de las Azores y de Cabo Verde, sin contar que el Almirante, después del regreso a España del primer viaje, atribuía gran importancia a esa "raya", desde la cual, según su Diario, se comienza a encontrar un cambio grande en las estrellas, en el aspecto de la mar y en la temperatura del aire, donde la aguja imantada no presenta variación, donde se altera la esfericidad de la tierra, donde el océano se cubre de yerbas y donde el clima, en la zona tropical, es más fresco y suave . . .

La pugna entre ambas coronas peninsulares se mantuvo firme hasta el último momento, como lo patentiza, entre otros, Pedro Mártir de Anglería, en una de sus cartas:

"Pues el rey de Portugal decía públicamente que le tocaba a él descubrir lo que había oculto por allá; pero el Sumo Pontífice Alejandro VI concedió al Rey y a la Reina de las Españas, por Bulas con sello de plomo, que ningún otro príncipe se atreviese a tocar aquellas regiones desconocidas, trazando, para quitar la causa de disensiones, una línea recta de cien leguas, y, por fin, en virtud de arreglo, de trescientas setenta, del Septentrión al Austro, fuera del paralelo de las islas que se llaman de Cabo Verde. Estas islas creemos que son las Hespérides, pertenecientes al Rey de Portugal, y desde allí sus marinos, descubriendo todos los años nuevas playas, siempre a la izquierda, al otro lado de África, por los mares de los etíopes, volvían las proas al oriente, y nunca los portugueses habían navegado aún de las Hespérides a Mediodía ni al Occidente".

Viviendo Juan, rey de Portugal, cuñado y predecesor del actual rey Manuel, se originó contienda entre castellanos y portugueses acerca de este descubrimiento. Argumentaba el portugués que se le debían dejar a él todas las navegaciones del Océano, porque antes que nadie, y casi de inmemorial, se había atrevido a explorar el Océano.

Pero los de Castilla oponen que desde el principio fueron comunes a los hombres todas las cosas que Dios crio en la tierra por magisterio de la naturaleza y que, por tanto, podía cualquiera ocupar lo que hallara sin habitantes cristianos. ¡En esta declaración podría verse la fuente donde bebieron Francisco I de Francia e Isabel I de Inglaterra, para alimentar sus luchas contra el poderío hispánico!

"Cuando así se trataba en confuso el asunto, convinieron ambas partes en que el Sumo Pontífice resolviera lo que fuera derecho, comprometiéndose unos y otros a obedecer la determinación pontificia. Regía entonces las cosas de Castilla con su marido aquella gran reina Isabel, porque eran su dote los reinos de Castilla; la Reina era prima de don Juan, rey de Portugal, y por eso se compuso más fácilmente el negocio".

"Así, pues, el Sumo Pontífice Alejandro VI, con asentimiento de ambas partes, mediante Bula con sello de plomo, les trazó una línea diametral de Septentrión hasta Mediodía, fuera de los paralelos de las islas que llaman de Cabo Verde, con diámetro de cien leguas al Occidente porque en el pontificado de Alejandro VI se había puesto en litigio este asunto".

Por el texto anterior se ve que los Reyes Católicos, querían a toda costa, concluir con las pretensiones del primo portugués, para tener la vía expedita en las exploraciones a las Indias sin el obstáculo continuo de unas reclamaciones diplomáticas o los peligros de una guerra, y buscaron un "amigable componedor". Los lusitanos, por su parte, encomian la energía de su rey equipando una flota y apercibiendo un ejército de tierra preparado a todo evento. No es que temiesen Fernando e Isabel —responden los españoles— más consideraban desagradable el no mantener buenas relaciones con un vecino cortés, pero decidido.

Sabemos, pues, que don Juan II, en desacuerdo, pedía el paralelo de las Canarias, lo que sólo hubiera dado a España la porción Septentrional de Norteamérica. No accedieron los monarcas españoles y prepararonse también para la guerra. Mas, las negociaciones de Tordesillas permitieron que se trazara al poniente de las islas de Cabo Verde, no a cien, sino a 250 leguas más la línea demarcativa, "si hasta el 20 de junio de 1494, Colón, que había emprendido su segundo viaje, no encontraba, más allá, tierras nuevas". Cumplido este plazo y no esta circunstancia, serían 370 leguas siempre al occidente.

En marzo de 1494 partían de Lisboa los embajadores de Portugal; eran estos Ruy de Sousa, su hijo don Juan y Aires de Almada. Como es sabido se reunieron en Tordesillas con los representantes castellanos, don Enrique Enríquez, mayordomo mayor del Rey, don Gutierre de Cárdenas, comendador mayor de León, y el doctor Rodrigo Maldonado. Los principales asesores técnicos —como hoy diríamos— en la conferencia, fueron por España el catalán Jaime Ferrer de Blanes, y por Portugal, Duarte Pacheco Pereira, muy superior en todo al catalán, por haber navegado los mares en disputa.

Según se dice, las 370 leguas fueron propuestas por el lusitano. Firmóse el tratado el 7 de junio y lo aprobó el Rey de Portugal en Setúbal en 5 de septiembre de ese mismo año. A 2 de julio lo habían aprobado en Arévalo don Fernando y doña Isabel. Y, esta vez, el Papa Julio II, dijo: "Amén".

En esta forma el Sumo Pontífice pudo evitar una guerra, como habían impedido sus antecesores otras muchas, porque los hombres de aquellas benditas edades se sometían, en muchos casos, al juicio de ese Poder más alto, en el que todos los cristianos veían la representación de Cristo en la tierra.

La cláusula más esencial del tratado de Tordesillas, es la siguiente: ...otorgaron y consintieron que se haga y señale por el dicho mar Océano una raya o línea derecha de polo a polo, conviene a saber, del polo ártico al polo antártico, que es de norte a sur, la cual raya o línea se haya de dar de izquierda y de derecha, como dicho es, a trescientas y setenta leguas de las islas de Cabo Verde hacia la parte poniente, por grados o por otra manera, como mejor o más presto se pueda dar, de manera que no sea más, y que todo lo de aquí adelante se hallase y descubriere por el dicho señor rey de Portugal, y por sus navíos, así islas como tierra firme, desde la dicha parte del levante, dentro de la dicha raya a la parte de levante o del norte o del sur dellantado (sic), que no sea atravesado la dicha raya, que esto sea y finque y pertenezca al dicho señor rey de Portugal y a sus sucesores, para siempre jamás, y todo lo otro, así islas como tierra firme halladas y por hallar, descubiertas y por descubrir por los dichos señores rey y reina de Castilla y de Aragón, y por sus navíos, desde la dicha raya, dada en la forma susodicha, hacia el poniente o el norte o el sur de ella, que todo sea y finque y pertenezca a los dichos señores rey y reina de Castilla y de León y a sus sucesores para siempre jamás.

Nuevamente, la raya ideal tendría que pasar a 370 leguas del archipiélago o islas de Cabo Verde, compuesto de 14 islas, frente a la costa de África, hacia la altura del río Senegal y del mismo Cabo Verde. Se nota en seguida la modificación considerable de este importante extremo comparando la Bula de Demarcación otorgada por Alejandro VI. Esta última línea había de ser trazada por una comisión mixta de castellanos y portugueses; pero, evidentemente, lo modificado redundaba en provecho de Portugal. Lo acordado constituía un positivo triunfo lusitano. Así se comprende que Juan II recibiera gozoso a sus enviados que se habían conducido con un tesón y habilidad dignos de toda loa por parte del soberano portugués.

Los Reyes Católicos también se mostraron satisfechos con los suyos por haber resuelto de una vez aquel asunto engorroso. Seguramente, la "pareja ideal" no sabía (¿quién podía decirlo?) lo que había perdido o ganado. A Fernando e Isabel sólo les parecía que los portugueses se aquietaban, y que el mundo era bastante ancho (y luego sería ajeno) para que ambos copartícipes tuvieran suficientes tierras para saciar su mutua ambición. Y tanto que, en carta a Colón, de 16 de agosto desde Segovia, le dicen: "...con Portugal acá se tomó cierto asiento con sus embajadores, que nos parecía que era más sin inconveniente".

Aquel desconocimiento de la grandeza del orbe hizo que lo ganado por los portugueses de un lado lo perdieran por otro, porque si la famosa raya —según los modernos cálculos hechos— debía de pasar al poniente de la desembocadura del Amazonas y la punta extrema de Terranova; en cambio, les privaba de la posesión de las Molucas, es decir, las islas de la especiería tan ansiadas por los lusos antes de su llegada a la India, y con más apetencia después de su arribo a Calicut que, de cierto, no es Calcuta.

El plazo fijado para el arreglo definitivo del asunto era muy corto y la demarcación no se había hecho en mayo de 1495. Del 7 de ese mes, desde Madrid, hay un documento de los Reyes por el cual designan los astrónomos, pilotos y marineros que, en dos carabelas, de una como de otra parte, dentro de diez meses debían ir a precisar la raya de límites a 370 leguas de las islas de Cabo Verde. Debían juntarse en la línea. Para ello se prorroga el lapso señalado de los diez meses y se acuerda que la Junta sea dentro del próximo septiembre. En 27 de julio escriben los Reyes al obispo de Badajoz: "Sabéis lo asentado con el rey de Portugal, que para fin del próximo septiembre envíasenos ciertos astrónomos, pilotos y marineros a Badajoz y él a Yalves, para que juntos en la raya, platicasen sobre la partición del Océano. Os escribimos tiempo a que enviaseis acá un astrónomo, dos pilotos y dos marineros, y no habéis dado respuesta. Buscadlos luego, y si os parece que debe venir Pinzón el que fue la primera vez".

Como tantos otros "papeles mojados", el tratado de Tordesillas no tuvo efectividad y sería incumplido por los contratantes, principalmente por los portugueses. Entre otras razones hay que advertir la falta de instrumentos suficientemente perfectos para determinar la línea convenida, no se había resuelto el asunto de la variación de la declinación magnética y en el dicho tratado no se indicaba la medida de las leguas, admitiéndose entonces leguas de 14 y un sexto, 15, 16 y dos tercios, 17 y un medio y 21 y siete octavos por grado del Ecuador. Finalmente, las bulas alejandrinas, base del convenio, no tenían el carácter de solemnes, a juicio de muchos entendidos. Eran brevia bullata, es decir, cartas acompañadas de bulas, emanadas de la Cámara apostólica, mientras aquéllas proceden de la Cancillería. El tiempo andando fray A. Carrión, diría con mucha fisga: ¡Magnífica bula de composición para los hurtos y rapiñas de los cristianos contra los infieles!

En 1524 decidió el rey de Portugal, con el intento de adueñarse de las Molucas, o sea del grupo de islas situadas al oeste de Jilolo, que el punto de partida de la demarcación fuera la isla de la Sal, que entre las de Cabo Verde es la que cae más al oriente; y en 1682, cuando ya nada tenía que esperarse de las Molucas, los portugueses piensan en la isla de San Antonio, que es la que está más al poniente para poder atribuirse más dilatadas regiones sudamericanas.

Don Manuel I, llegaría a situar el Brasil a 400 leguas de donde se halla para incluirlo definitivamente dentro de la esfera de influencia de Portugal, arrebatándoselo a Castilla. Y en este juego con la "raya", los límites lusitanos se llevarían hasta los 45grados de latitud sur, y vendría a considerarse Buenos Aires la última ciudad portuguesa, por la parte meridional, Pero, esto no es todo, en 1669, aparece una carta geográfica en la que se trazaba la línea demarcativa por el territorio de Tucumán, sin hablar de algunos mapas en los cuales el cerro de Potosí figura entre las posesiones de Portugal en el Nuevo Mundo.

Cuando fué asestado aquel martillazo en la puerta de una iglesia de Wittenburgo por Martín Lutero, y se dió la señal para el desmoronamiento del secular bien público cristiano, o para "atacar y destruir el privilegio aparentemente divino de la Iglesia medieval", algunos herejes para sustentar su opinión contraria sobre la validez de las cartas pontificias se prenderían aún del hecho de la nacionalidad española de Alejandro VI, y como tal —dicen— quiso dar ventajas a su patria, "aúnque sin apasionarse sinceramente por la conquista espiritual de los indios".

El famoso Rodrigo Borja o Borgia, padre de César y de Lucrecia, nacido en 1431, en Játiva, español, por tanto, de nacimiento, soldado antes de ser sacerdote, mucho más príncipe que Papa, mucho más político que sacerdote, amigo del pueblo, enemigo de los grandes, pero protector de los reyes, que celebró la toma de Granada con una corrida típica de toros en Roma y que otorgó a don Fernando y doña Isabel, por aquella victoria, el dictado de Católicos.

Y, Herman Kesten, adornaría los labios de doña Isabel con esta nítida flor:

—En vano envié importantes sumas a nuestro embajador en Roma, en vano rogó Fernando a su primo Ferrante de Nápoles que comprara los cardenales. Rodrigo Borja era más rico que nosotros, el desvergonzado, y compró la tiara... Es un español, pero un español que no quiere a España.

Ningún pueblo, ningún príncipe se mostró indiferente a la toma de Granada, y si se cree a Walter Starkie, esta es su relación:

Toda la Cristiandad recibió jubilosamente la noticia de la conquista de Granada, porque comprendía que los cruzados españoles, triunfantes sobre el infiel en el oeste, vengaban así la pérdida de Bizancio. En Nápoles, el famoso poeta Sannazaro escribió y publicó una pieza alegórica, describiendo la consternación de Mahamed ante el intrépido ataque de Fernando, el gran león de Castilla. En Florencia, durante el tiempo de Carnaval, se cantaba por las calles la canción del moro de Granada, que, arruinado por la guerra, veíase obligado a suplicar misericordia a las encantadoras damas. Inglaterra recibió la noticia con un entusiasmo no menor; según relatos contemporáneos, el rey Enrique VII ordenó a todos sus nobles, prelados y regidores que se reunieran en la catedral de San Pablo de Londres, donde, después de solemne Te Deum, el lord canciller anunció al pueblo cómo los monarcas españoles Fernando e Isabel adquirieron honra imperecedera al reconquistar de los moros el grande y rico reino de Granada, "donde esperamos que ellos ganen, no sólo nuevas tierras, sino infinitas almas para la Iglesia de Cristo".

Y, entre tanto, el rey moro, paseando por su jardín, suspiraba: ¡Ay de mi Alhama! En el romance queda la estampa de las caravanas de moros huyendo de Alora, "la bien cercada":

> Las moras llevan la ropa,
> los moros harina y trigo,
> y los moritos pequeños
> llevan la pasa y el higo.

# LOS INTRUSOS

**MUCHA TINTA Y** erudición se ha gastado sobre los orígenes del hombre americano y acerca de quiénes fueron, desde el punto de vista, los primeros intrusos y, probablemente, nunca se conocerán las respuestas exactas.

Descontamos, por tanto y en ambos aspectos del problema, a los tartesos (medio españoles), fenicios, cartagineses, chinos, judíos, melanesios, polinesios, normandos, irlandeses, vascos, genoveses, catalanes y bretones, etcétera, aún cuando textos antiguos exhumados en tiempos recientes tienden a establecer que marinos normandos, catalanes, vascos y bretones, mucho antes que Colón, descubrieron las tierras americanas en la porción septentrional como Groenlandia, Labrador, Terranova y Nueva Escocia, cuya posición corresponde con Hellulandia, Marklandia y Winlandia y con la isla Scorafixa o Stocafixa y, para mayor abundamiento, con la Stockfich o bien de los Bacalaos o Bacallaos.

Gastronómico y comercialmente, la carne y las barbas de ballena eran objeto de pingüe tráfico, y los clérigos de los puertos euro peos del Atlántico se comían las primicias del cetáceo antes del nacimiento de don Cristóbal Colón. Mas, los catalanes, vascos y bretones, acostumbrados lo mismo que hoy a pescar en el mar, a bordo de sus embarcaciones. luego a tratar y salar su pescado, igualmente a bordo, no parece que dieran ninguna importancia a las cosas de la tierra del Nuevo Mundo por aquellos tiempos.

Ya contra los intereses económicos de los castellanos, los primeros intrusos serían sus primos portugueses. Aún está en el misterio la causa, el por qué los inteligentes lusitanos pusieron en Tordesillas tanto empeño en las famosas 370 leguas de la Demarcación. Algunos historiadores insinúan que el Brasil ya estaba descubierto por ellos en una navegación clandestina, de tantas que se hicieron guardando el sigilo necesario para evitar competidores. Otros estiman que el tratado de Tordesillas, en todo evento, representa un esfuerzo de la diplomacia portuguesa para atenuar los efectos de las bulas de Alejandro VI, y en este sentido, cuanto más se alejara la línea demarcativa, más favorecidos resultarían los intereses lusitanos en el mar Océano ...

Volviendo sobre el grandioso Descubrimiento, no faltan historiadores que aseguren que Colón, cuando halló la isla de Guanahani, luego de vestir el traje de grana de los almirantes de Castilla, tomó la posesión de ella sin detenerse a considerar si procedía o no conforme a las bulas otorgadas con anterioridad a los reyes de Portugal para sus exploraciones marítimas.

Por su parte, don Fernando y doña Isabel, en la petición que hicieran al Sumo Pontífice, tendrían cuidado de asentar que doctos letrados eran de parecer que no precisaba ninguna confirmación de sus derechos, y que si se dirigían a él era para hacerle presente su deferencia y su obediencia. Más tarde, sin desvelo por la decisión del Vicario, los Reyes Católicos negocian directamente con el primo lusitano en Tordesillas. Y, por último, la Real cédula por la que se declaran incorporadas las Indias occidentales o del mar Océano a la Corona de Castilla y de León, reiterada en diversas ocasiones, comienza diciendo: "Por donación de la Santa Sede Apostólica y otros justos y legítimos títulos, somos señor de las Indias occidentales, islas, y tierra firme de la mar Océano, descubiertas y por descubrir...

En su oportunidad las primeras misivas de don Cristóbal Colón, y la divulgación del Descubrimiento acentuada por Pedro Mártir de Anglería, serían leídas con fruición y complacencia por los reyes y príncipes de toda Europa y por el Papa y sus cardenales. Gratamente se recreaban cuando pasaban los ojos sobre aquel sugestivo y pintoresco final de la epístola de Colón para su protector Luis de Santángel, escribano de ración, descendiente de un judío llamado Noha o Noé Chinillo, cuyo hijo Azaria se convierte al cristianismo, adoptando el nombre de Luis de Santángel, que se repite en los demás varones de la familia.

"Así que pues Nuestro Redentor dio esta victoria a nuestros ilustrísimos Rey y Reina y a sus reinos famosos de tan alta cosa, adonde toda la Cristiandad debe tomar alegría y hacer grandes fiestas, dar gracias solemnes por tanto ensalzamiento que habrán ajuntándose tantos pueblos a Nuestra Santa Fe, y después por los bienes temporales que no solamente a la España más todos los cristianos tendrán aquí refrigerio y ganancia, esto según ha hecho ser muy breve".

Y aquélla dirigida al tesorero de Aragón, Gabriel Sánchez, rico converso, y su gran valedor, que termina con estas palabras:

"Así pues el Rey, la Reina, los Príncipes y sus reinos felicísimos, como toda la Cristiandad, tributen gracias a Nuestro Salvador Jesucristo, que nos concedió tal victoria y prósperos sucesos. Celébrense procesiones; háganse fiestas solemnes; llénense los templos de ramas y flores; gócese Cristo en la tierra cual se regocija en los cielos, al ver la próxima salvación de tantos pueblos, entregados hasta ahora a la perdición. Regocijémonos, así por la exaltación de Nuestra Fe como por el aumento de bienes temporales, de los cuales no sólo habrá de participar la España sino toda la Cristiandad".

Pronto los traductores y la imprenta propagarían por la Europa civilizada las peregrinas noticias de las cartas de don Cristóbal y las no menos afamadas de Pedro Mártir de Anglería. De éste ya en 1504, un tal Trurgiano haría la versión al dialecto veneciano de las descripciones de los tres primeros viajes de "cierto Cristóbal Colón de la Liguria". Juan Rufo de Foril, arzobispo de Cosenza, sería de los primeros que reciben las tres Décadas impresas por Antonio de Nebrija. A poco aparecen traducciones de las mismas e n francés, alemán e inglés.

Gabriel Sánchez encarga a un impresor barcelonés la publicación en catalán de la carta que le había enviado el Almirante de la mar Océano y permite al aragonés Leandro Coscón o Cosco, otro converso, que la vierta al latín. Esta traducción daría a conocer en Italia el Descubrimiento, expandida la nueva por el poema de Giuliano Dati, titulado, *Questa e la hystoria de la inventione delle diese Isola de Cannaria*. Luego se imprimen otras ediciones de la traducción de Cosco en Roma, París, Amberes y Basilea. En Alemania la carta colonina se traduce al tudesco, y la imprimen las prensas de Estrasburgo en 1497. En Francia se publican pequeños impresos en prosa y en verso inspirados en el Descubrimiento. En los Países Bajos no se habla en un libro especial del acontecimiento hasta el año 1525, en el poema francés de Julien Fossetier. En Inglaterra se nombra el suceso en una versión inglesa del libro de Brandt.

En el encadenamiento lógico de los hechos, al ser conocido en Europa el valor económico de las Indias occidentales, como no podría menos de suceder, los demás pueblos que, como el francés, inglés y holandés, con sus costas bañadas por el mar Océano, juzgándose con suficientes fuerzas materiales y voluntad de competir con los iberos en la obra piadosa de adueñarse de las impresionantes y no menos fantásticas riquezas del Nuevo Mundo, tirarían por la borda las cartas pontificias, los llamados tratados internacionales y aún la "indignación del Omnipotente Dios, y de los Bienaventurados apóstoles Pedro y Pablo", a fin de lanzarse a la lucha cruel por las últimas rutas marítimas sometidas al dominio de los castellanos y portugueses.

Oficialmente, en 1492. por orden de Juan II, rey de Portugal, un cierto Pedro de Barcelos y un tal Juan Fernández Labrador, ambos azoreanos, salen de la isla Terceira en un viaje de exploración que dura tres años con dirección al noroeste y suben las costas americanas hasta cerca del estrecho de Davis. Aún discútese si la palabra Labrador expresaba oficio, apodo o apellido. Dícese que en un mapa de la Biblioteca Ducal de Wolfenbuttel (¿año 1534?) aparece esta leyenda: "Tierra del Labrador. La cual fué descubierta por los ingleses de la villa de Bristol y porque el que dió el aviso era labrador de las Azores le quedó este nombre".

Juan Fernández Labrador, fallecido el monarca portugués en octubre de 1495, vendió en ese mismo año al rey de Inglaterra el extraordinario secreto de la empresa en que había colaborado, como se ve confirmado por un párrafo del cosmógrafo e historiador Alonso de Santa Cruz, en su Islario General, en el que escribe: "Fué dicha tierra del Labrador porque dió de ella aviso e indicio un labrador de las islas de los Azores al rey de Inglaterra, cuando él la envió a reconocer por Antonio (en vez de Juan) Gaboto, piloto inglés (nacido en Génova y naturalizado en Venecia), y padre de Sebastián Gaboto, piloto mayor que fué de vuestra majestad". La tierra de que dió informe Juan Fernández y que llevó a Gaboto, en su primera expedición, dícese que era Groenlandia y el nombre de Labrador se aplicó más tarde a la península bajo la impresión de formar parte de la dicha isla.

Autorizado también por una carta patente (1500) el piloto Gaspar Corte Real, de noble cuna, se hace a la vela y alcanza "una tierra muy fría y de grandes bosques", que se cree fuera la parte occidental de

Terranova. Al año siguiente vuelve a dicha tierra, de la que nunca regresaría, y, según documentos de la época, parece que llegó a la punta sur de Groenlandia, derivando hacia el Labrador y acaso visitando las costas del nordeste del continente americano. En 1502 Miguel Corte Real equipa otra expedición de tres navíos para buscar a su hermano, y tampoco regresa. El rey don Manuel, condolido por la pérdida de estos navegantes, flota dos carabelas (1503) para tratar de hallarlos. Fué inútil. Nunca pudo saberse cómo ni dónde perecieron. En recuerdo suyo todos los mapas portugueses de aquellos tiempos dieron a Terranova el nombre de Tierra de los Corte Real. Por este tiempo se creía en general que el Labrador estaba en el sector portugués según la demarcación de Tordesillas y así figura en 1502 en el mapa de Cantino. La costa era estéril a juicio de los españoles y portugueses para fines de colonización, pero estos últimos, desde principios del siglo XVI, comenzaron a explotar la pesca de los bancos de Terranova.

"A los pocos años, el bacalao llegaba a Portugal en cantidades suficientes para que un impuesto de importación sobre el mismo mereciera la pena. Los portugueses se anticiparon así a los franceses y a los ingleses, y nunca dejarían de ser sus fuertes competidores".

\*\*\*

En la época en que los españoles hacían esfuerzos por avanzar desde las Antillas hacia el sur y el oeste, Enrique VII, de Inglaterra, el 5 de marzo de 1496 libra una carta patente a su "bien amado" Giovanni o Juan Cabot, y sus tres hijos (Luis, Sebastián y Sancho), para "ir a todas partes, regiones y costas orientales y septentrionales del mar". Esta orden se disimula un tanto añadiendo que los únicos descubrimientos válidos serían aquellos "de islas paganas y de regiones hasta entonces desconocidas de los cristianos, situadas en la latitud de Inglaterra".

Según algunos historiadores ingleses, Juan Cabot, en uno de sus viajes por el Mediterráneo, hizo una visita a La Meca y allí se informó de la procedencia de las ricas mercancías que llegaban en grandes caravanas desde las regiones del noreste del Asia. Versado como era en el conocimiento de la redondez de la tierra concibió la idea de que tales productos podrían llevarse a Europa por un camino más corto a través de la mar Océano. Con este proyecto de abreviar el camino a las Indias y a las tierras de Cipango y de Cathay (China y Japón), trasladóse a Inglaterra con su familia en 1484 o 1485 en busca de apoyo financiero por parte de algunos de los ricos mercaderes de la villa de Bristol. Las noticias que circularon entre los ingleses en el verano de 1493 del éxito de Colón con su descubrimiento de un nuevo camino hacia las Indias, le permitieron encontrar ayuda económica entre los comerciantes aventureros de Bristol juntamente con la autorización de Enrique VII para llevar a cabo su empresa. Provisto de la carta patente antes referida, Cabot sale de Bristol con su hijo Sebastián el día martes 2 de mayo de 1497 en el barco Mathew (Mateo) y una tripulación de 18 hombres. En 24 de junio divisa tierra por primera vez y creyendo haber llegado al imperio del Gran Khan, aún cuando en realidad se hallaba en la costa del Labrador, la denomina Tierra de primera vista, haciendo un desembarco en la isla de Cabo Bretón, y con la bandera desplegada al viento, toma posesión de ella por el rey de Inglaterra, Enrique VII. Costea parte del continente descubierto y llega a Bristol de regreso en agosto del mismo año.

Posteriormente, el rey le concede seis navíos para continuar sus exploraciones y en 1498, visita Lisboa y Sevilla para reclutar marineros expertos; en Lisboa, conoce a Juan Fernández, llamado Labrador, quien le habla de Groenlandia, parte de Asia, según ellos, adonde, al parecer, había ido desde Islandia en 1492. Decidido Cabot a llegar a Groenlandia, continúa su viaje, y arrastrado hacia el norte por la corriente del Golfo toca la costa oriental de aquella isla, que llama Tierra del Labrador, por haber sido Fernández quien primero le hablara de este país; con la esperanza de encontrar un paso, sigue la costa hacia el norte, pero en vista de que el frío y los hielos aumentaban, la tripulación se amotina y tiene que dirigirse hacia el sur. Dobla el cabo Farewell, explora la costa sur de Groenlandia, atraviesa el estrecho de Davis y alcanza la Tierra de Belle Isle, que toma por una bahía, y cree que Terranova era parte continental de Asia. Dobla el cabo Race, visita la región explorada en su primera expedición, sigue hacia el sur, por la costa y llega hasta el paralelo 38. Vuelto a Inglaterra en el otoño, murió al poco tiempo.

Estas exploraciones de Cabot si bien no dieron resultados prácticos de momento más tarde servirían para que Inglaterra tuviera derecho legal que ofrecer sobre las tierras entonces visitadas. Otras expediciones que se dice fueron organizadas por el Rey también fracasaron o no se llevaron a efecto, pues Inglaterra era entonces un país muy pobre que no había logrado recuperarse de los estragos causados por la guerra llamada de las Dos Rosas.

La idea contenida en la carta patente anterior de considerar legítimo poseer tierras al otro lado del mar Océano con tal de que estén situadas en la misma latitud, recuerda, invertida, la concepción jurídica portuguesa de la "contra costa", es decir, que todo descubridor de una costa podía reivindicar el interior de sus tierras hasta encontrar la nueva orilla. Es el caso de Angola y de Mozambique; pero, como es bien sabido, Cecilio Rhodes, el famoso Napoleón del Cabo, creador de las Rhodesias, puso un obstáculo al proyecto lusitano.

El plan de navegar bajo una misma latitud para encontrar tierras nuevas obedecía a dos nociones muy sencillas: la de la facilidad para los pilotos encargados de conducir los navíos, y la de hallar tierras "idénticas'" o "semejantes" por el camino más corto. Así, Colón busca la latitud más al sur de las costas españolas, la isla de Gran Canaria, y viaja a partir de allí, rumbo al poniente. Lo mismo hace Jacques (Jacobo) Cartier al desembocar en el Océano, navega al oeste para encontrarse al fin con Terranova.

Los viajes de los ingleses a las costas de Norteamérica no serían continuados sino dos generaciones más tarde o sea en la época isabelina. Sir Hugo Willoughby, en 1553, tratando de hallar el Paso Nordeste perece con todos sus hombres en una terrible invernada en Arzina, en las costas de Laponia.

El intrépido navegante Martín Frobisher, con dos bergantines de 20 a 25 toneles y una pinaza de 15, se hace a la vela en junio de 1576 en demanda del ansiado paso a las Indias orientales, sin más guía que la famosa y, desde luego, inexacta carta marítima de los Zeno. Al poco tiempo arriba a la costa superior de Groenlandia con una sola de sus naves, la Gabriel, pasa después adelante del cabo Farewell y arrastrado por las corrientes navega al noroeste, cruza los estrechos de Hudson y liega a la bahía que hoy lleva su nombre (Bahía

Frobisher), que supone ser el célebre "fretum ad Molucas", o paso para las Molucas. Vuelve a Inglaterra con la noticia de su imaginario hallazgo; llevando como evidencia de haber tomado posesión de las tierras descubiertas, un pedazo de piedra negra de reflejos metálicos que, según el químico Agnelo, que la analizó en Londres, contenía pequeñas cantidades de oro. Con esto, naturalmente, se forma enseguida una compañía minera para explotar aquellos supuestos filones auríferos, la Compañía del Cathay. Frobisher emprende nuevas exploraciones que resultan ruinosas, pero en la de 1578, las tempestades arrojan uno de sus barcos hacia los estrechos de Hudson, que descubre involuntariamente. A la muerte de este navegante, en 1594, las costas por él visitadas toman el nombre de "Meta incógnita".

Los derroteros septentrionales de Frobisher fueron seguidos por el temerario marino de Darmouth, Juan Davis o Davys, que hace tres viajes a las regiones polares, llegando en el primero de ellos, junio 1585, hasta los 66 grados 40 minutos de latitud norte, y penetrando por el estrecho que hoy lleva su nombre.

Quince años después, Enrique Hudson, hace cuatro viajes al norte. En el último (abril de 1610) entra hasta la actual bahía de Hudson, donde imposibilitado por los hielos de continuar, y después de una espantosa invernada, fué abandonado por su tripulación con su hijo y seis marineros.

En 1616 Guillermo Baffin, costea el occidente de Groenlandia, entra por el estrecho de Davis, y explora la actual bahía o mar llamado también de Baffin.

Ninguno de estos célebres marinos británicos encontraría el codiciado Paso Noroeste, ni las tierras donde abundaba el oro, incienso y mirra; pero con sus arriesgados viajes desvanecerían antiguos prejuicios e ilusiones geográficas, y darían a conocer los mares polares dos siglos antes de que los Ross, Juan y Jaime, iniciaran la larga serie de las expediciones árticas.

\*\*\*

A la verdad, el derecho de los reyes hispanos basado en los pergaminos con sello plúmbeo, no halló hasta la víspera de la retirada estratégica o abdicación de Carlos V, mayor oposición que la humanitaria y apasionada discusión planteada por fray Bartolomé de las Casas, y otros meritísimos españoles, unos veinte años después de que Colón hubiera puesto su planta en la isla de Guanahani.

Así, en 1534, el embajador español en París, hacía presente a Carlos V, que Francisco I, le declaraba formalmente que no reconocía la "plenitud o potestad" pontificia, ni el tratado de Tordesillas, y que no renunciaba a sus derechos sobre las Indias occidentales.

Esto —según muchos historiadores peninsulares— podría explicar los grandes esfuerzos de don Carlos por dominar sobre la misma Francia no sólo por su anhelo de supremacía en el viejo continente y su lucha por el conservadorismo frente a la desintegración, sino también por conjurar el peligro que suponía el que los franceses se introdujeran en el Nuevo Continente, porque hay que suponer que Carlos V, "intuyó que las Indias eran la columna vertebral de su imperio".

Francisco I y Enrique VIII —apunta un historiador francés— soñaban tal vez, uno y otro, en nombre de Europa, con realizar en el Atlántico un nuevo mare nostrum: primera evolución de la Carta del Atlántico, según la cual el norte del Nuevo Mundo iba a caer en manos de los franceses e ingleses en tanto que el sur seguiría en poder de los españoles y portugueses. Indudablemente, con estos Cuatro Grandes América se convertiría en la réplica de Europa.

Para construir los cimientos de esta "Nueva Europa", la primera expedición francesa, oficial, que menciona la Historia fué la del navegante florentino Giovanni da Verrazano o Verrazanus, al servicio de Francisco I. Verrazano o Verazzano, conocido también por Juan Florentín o Florín de Dieppe, costeó de enero a julio de 1524 la actual Carolina del Norte y entró en la bahía de Nueva York y en el río Hudson, llegando hasta Terranova. No se sabe nada preciso acerca de los incidentes de su viaje; pero a su regreso a Dieppe cargado de ilusiones y grandes promesas se le recibió triunfalmente. A poco volvería Verrazano a la mar, siendo capturado y ahorcado como pirata por los españoles, como veremos más adelante.

Diez años transcurrirían antes que Francisco I volviera a enviar nuevas expediciones y, quizá, hubiera olvidado semejantes aventuras marítimas juntamente con la Carta del Atlántico, si su favorito el Almirante de Francia, Felipe Brion de Chabot, no le instase a seguir los derroteros de Verrazano, en busca de oro y del paso hacia Cathay. A instancias, pues, de Chabot que, muy pronto, habría de oponerse al tercer viaje de Cartier y aparecería como un traidor vendido a la causa portuguesa, comisiona el rey al propio Cartier, hábil navegante de Saint Malo para descubrir un estrecho entre los dos océanos que facilitase la llegada a las Indias orientales.

El 20 de abril de 1534 sale Cartier de Saint Malo con rumbo norte con dos navíos y 61 hombres en busca del Paso del Noroeste. Llega a Terranova el 10 de mayo y entra por el estrecho de Belle Isle conocido entonces por los pescadores con el nombre de bay de los Castillos. Mientras se hace un aprovisionamiento de agua y leña en el puerto de Belles Amours en la parte norte del estrecho, en lanchas se descubre que la costa más al oeste era montañosa, árida y nada prometedora. En vista de esto Cartier continua su navegación el lunes 15 de junio hacia el lado sur del estrecho y recorre frente a la costa occidental de Terranova. Cerca de la bahía de San Jorge una tempestad lanza las naves en el golfo y al poder continuar su rumbo alcanza las Rocas de Bird y a la isla que está al sur de aquéllas le da el nombre de Isla de Brion.

Explora el golfo de San Lorenzo y descubre otra isla que llaman de Anticosti. En mayo del siguiente año emprende nuevo viaje explorando cuidadosamente el río de San Lorenzo y llegando luego a una pobre aldea de hurones, llamada Stadacone, edificada cerca de la histórica roca sobre la que hoy se levanta Quebec, con tierras "tan buenas como las mejores que puedan verse, llenas de muy hermosos árboles de naturaleza y fuerza lo mismo que en Francia, tales como encinas, olmos, fresnos, nogales, cedros, bajo los cuales se cría tan buen cáñamo como el de Francia, que aquí se da sin siembra ni labor.....". Continua luego por el San Lorenzo, hasta Ochelaga u Hochelaga, desembarca allí y después de trabajosa marcha a través de los bosques llega a avistar un ingente promontorio que denomina Mont—Royal, Monte Real, al pie del cual años más tarde siguiendo las órdenes de Francisco I, había de fundarse la ciudad de Montreal. Impedido Cartier por las cascadas de Lachenes de seguir más adelante por el San Lorenzo, retrocede hasta San Carlos, en la confluencia del río de este mismo nombre y el San Lorenzo, donde, bloqueado por los hielos, inverna de noviembre a marzo. El 16 de julio puede regresar a

Francia. Animado Francisco I con este viaje de Cartier, decide mandarlo nuevamente a colonizar la Nouvelle France y Hochelaga que, según dice la Capitulación formaban "la extremidad occidental del Asia".

Esta vez, Cartier prepara una escuadra de cinco navíos, una corbeta y tres barcos desmontables, con una dotación de 120 a 150 hombres. El Rey, además, nombra a Juan Francisco de la Rocque de Roberval, virrey del Canadá y "teniente general, jefe, director y capitán de la dicha empresa, conjunto de todos los navíos y barcos de mar", que debía comprender cuatro naves y alrededor de unos 100 a 120 hombres de tripulación.

En 1541 sale Cartier de Saint Malo, arriba a Stadacone, donde construye un fuerte, explora las cataratas cercanas a Hochelaga, y espera en vano a Roberval, que no llegaría hasta la primavera siguiente (abril de 1542), cuando Cartier, impotente para mantener su colonia, la abandonaba y volvía a Francia. Ordena Roberval a Cartier que permanezca en Stadacone; pero, fuese por una razón o por otra, no le obedece, dejando solo al virrey con los suyos a los riesgos del invierno ártico. Nada se sabe de lo sucedido a Roberval y a su gente después de la partida de Cartier, aún cuando es evidente que la proyectada colonia no prospera, ni vuelve a pensarse en ella hasta las exploraciones de Samuel de Champlain, el verdadero fundador de la Nueva Francia, donde los geógrafos españoles creyendo haber entendido la palabra "kanathna" de la lengua de los hurones, habían escrito en sus mapas del Nuevo Mundo, "Acá nada", que, por contracción formaría Canadá.

Los viajes del corsario Verrazano y de Cartier, y en especial los del primero, contribuyeron a extraviar el juicio de los geógrafos y navegantes de la época. En efecto, en el mapa hecho por Jerónimo de Verrazano, cartógrafo (1529) de los territorios por su hermano descubiertos, la península de la Florida figura unida con la llamada "Tierra de Verrazano" por un estrecho istmo que divide el hemisferio en tres masas continentales, y con sus costas occidentales bañadas por un mar imaginario o "mar de Verrazano". El mapa de Munster (1540) inspirado en el anterior, coloca al Zipanqui (Japón) muy cerca de Méjico y, aúnque ya concibe su cartógrafo al continente americano como un todo independiente del asiático, sitúa su extremo septentrional en la misma latitud de la India oriental, sugiriendo claramente la facilidad de llegar a ella por el supuesto mar de Verrazano. Fué tan persistente en los geógrafos y marinos esta falsa idea de la forma del continente americano, que hasta el célebre navegante Enrique Hudson, ya entrado el siglo XVI, creía poder penetrar en el Océano Pacífico por el río de su nombre.

No obstante, con una Francia medio unificada y potente, Francisco I, ya podría sacar partido de la amistad de Juan Le Veneur, cardenal de Marsella, con el cardenal Hipólito de Médicis, sobrino de Clemente VII, hasta lograr que este último diera una declaración especificando que la bula "que repartía los nuevos continentes entre las Coronas de España y Portugal no concernía sino a los continentes conocidos y no a las tierras últimamente descubiertas por otras Coronas.

Con esta sutil enmienda quedan, pues, a salvo los derechos franceses sobre la Nueva Francia, y el Cristianísimo Francisco, dispone de campo libre y una total facultad de acción en el mar Océano. En esta forma queda sin efecto la prohibición "bajo pena de ex—comunión" impuesta en una de las bulas de Alejandro VI, a quien quiera que intentare acercarse a los dominios de los reyes de España, y sus sucesores; pero la predicción del primer Almirante de la mar Océano relativa a que no sólo las Españas habrían de participar de los bienes temporales de las Indias se mantiene firme...

**DOÑA ISABEL** consigna en su testamento que corresponde a sus súbditos, "el trato o provecho de las Indias... descubiertas y conquistadas a costa de estos mis reinos". A juicio de varios historiadores la última declaración no es exacta, porque Aragón había hecho posible el Descubrimiento con tantos o mayores títulos que Castilla.

La necesidad de fomentar en las colonias el ejercicio de ciertos oficios y profesiones, principalmente, las mecánicas, dió lugar a que los reyes de España diesen su autorización a la entrada en ellas de extranjeros hábiles en tales menesteres, mediante examen de capacidad y prestación de fianza, garantizando que seguirían en los dichos territorios los oficios en que habían acreditado su pericia. Al amparo de estas autorizaciones hubo de cometerse frecuentes extralimitaciones, que originaron medidas restrictivas· No obstante, los oficiales mecánicos, los médicos y los religiosos continuarían entrando casi libremente.

En 1501 se había eximido de gravámenes a todas las mercancías que se cargasen o descargasen para las Indias. Pero en atención a que, desde un principio, se habían dedicado a este tráfico algunos extranjeros de los establecidos en la misma España, dos años más tarde, don Fernando, en contestación a consulta de algunos funcionarios, les permitía a los extranjeros que mandasen mercaderías (salvo armas, caballos, esclavos, oro y plata) a condición de que lo hicieran en compañía de españoles y con agentes de esta misma nacionalidad. Empero, la prohibición para los extranjeros en sentido estricto, persistió por algún tiempo incluso para aquellos europeos que tuvieron que reconocer en ocasiones la soberanía política de los monarcas españoles, como flamencos, portugueses, habitantes de las Sicilias y del Milanesado.

Don Rafael Altamira y Crevea, señala, que una de las cuestiones más batallonas y complejas de la política económica en aquellos siglos fué la de los extranjeros. Dos principales intereses encontrados luchaban en esta esfera: el de los productores y comerciantes españoles, a quienes perjudicaba la concurrencia de los extranjeros en su propio suelo, y el del fisco, que, dependiente de los banqueros alemanes e italianos, veíase precisado a halagarlos y concederles ventajas que ellos mismos no se descuidaban en pedir, a parte de las que se estipulaban en los tratados de paz y alianza, a que los asuntos políticos internacionales obligaban.

"El conflicto venía a complicarse por dos razones procedentes de la inferioridad económica de España relativamente a la prosperidad de Italia, Alemania y otros países, a saber: la imposibilidad en que se hallaron ya los capitales españoles para proveer a los empréstitos que necesitaba el tesoro real, no obstante los donativos frecuentes del comercio y las ciudades; y la dificultad con que, naturalmente, se defendían de la absorción de los negociantes y trabajadores extranjeros, más activos o adinerados que los españoles".

Pero esa incapacidad legal de comerciar podía subsanarse obteniendo la carta real de naturalización cuyos requisitos y efectos jurídicos cambiaron según los tiempos y las circunstancias. En un principio bastó para conseguir la naturalización haber vivido diez años con casa abierta, es decir, domicilio y también despacho o escritorio del que ejerce una profesión, industria o arte, y estar casado con mujer natural del reino de Castilla. Los abusos que en este orden de cosas se cometieron, falseando las informaciones exigidas, y el incremento peligroso que tomó el comercio de los extranjeros fácilmente naturalizados al amparo de tales disposiciones, motivaron nuevas restricciones. Se llevó a veinte el número de años de residencia previa, se exigió la posesión de bienes raíces y se determinó que solo el Consejo de Indias, y no como antes la Casa de la Contratación de Servilla, pudiera entender en la concesión de cartas de naturalización.

Semejantes restricciones existían aún para los españoles en general, y una Cédula de 1505, interpreta la frase: "los naturales de estos reinos", por la de casados que tuviesen bienes raíces y llevasen de residencia diez o veinte años en Sevilla, Cádiz y Jerez, y los hijos de ellos. Es de suponer, "que tal restricción no se mantuviera en la práctica; pero sí la hubo durante algún tiempo, para los aragoneses, catalanes, valencianos, qué en vida de doña Isabel, se consideraron sus provincias como conquista de Castilla, no de Aragón". Fué también a partir de 1596, cuando lograron ser iguales a los castellanos a los efectos del comercio los otros peninsulares.

Por último, quedó siempre la posibilidad de la licencia individual, conseguida por algún título destacado concurrente en el favorecido, tal como promesa de explotar algún aparato de su invención útil para intensificar el laboreo de minas, las granjerías de perlas o las labores del campo. Y, como recurso supremo, la compensación o pago de una cantidad por la obtención de permiso para continuar viviendo en las Indias aquellos extranjeros que habían entrado a ellas de manera clandestina. Los expedientes de compensación se resolvieron con criterio de mayor amplitud, de acuerdo con las necesidades del fisco, pues no hay que olvidar que "todas las empresas de España las malogró la pobreza".

Entre las licencias otorgadas desde muy temprano, figura la que mandó el rey Fernando, en 1504, al aragonés Juan Sánchez de la Tesorería, para que pudiese llevar a la isla Española, "las mercaderías y otras cosas que pueden llevar los vecinos y mercaderes de estos Nuestros reinos, según las provisiones que para ello mandamos dar, no embargante que no seáis natural de ellos".

Hay que advertir, que estas prohibiciones del comercio no siempre fueron meros trámites carentes de eficacia y castigo, como lo demuestra entre otros mandamientos, uno fechado a 4 de febrero de 1501 en Granada, contra Francisco Riverol y Juan Sánchez de Mercadería, por haber mandado, contra los mandamientos y prohibición, "dos carabelas desde el puerto de Sanlúcar, y así presos los tengáis a buen recaudo, y no anden sueltos ni fiados hasta que veáis nuestro mandamiento en contrario, y haced ejecución en sus bienes muebles si los hallareis, si no en bienes raíces, vendiéndolos en pública almoneda, según fuero y derecho, hasta en cantidad de 200,000 maravedís, que serán menester para fletar y fornecer un navío y dos carabelas para enviar a buscar las dos carabelas...".

Luego de haberse levantado las hogueras de la Santa Inquisición y después de la expulsión de los judíos y moriscos, las Cortes se quejaban de que los genoveses eran los dueños de los grandes negocios y que hacían fuertes préstamos por los que cobraban crecidísimos intereses. La industria del jabón (que no sería la de mayores beneficios) y el tráfico de la seda granadina, les pertenecía casi por entero. Las minas de azogue de Almadén y las de plata de Guadalcanal, estaban arrendadas a los Fúcares, desde 1523, y once años más tarde obtenían los mismos banqueros el privilegio de acuñar moneda. Algunas aduanas estaban en manos de los genoveses, los cuales también poseían casas de banca en Medina del Campo, Medina de Rioseco y Villalón.

En 1548 las Cortes dicen que los genoveses monopolizan el comercio de los cereales, la lana, la seda, el acero, y otros muchos artículos. A comienzos del siglo XVII, no pocos de los trabajadores de las fábricas y del campo eran de procedencia extranjera. Dícese que había por entonces en España 150,000 extranjeros y entre ellos, 10,000 genoveses. Esto quizá podría ofrecerse como una prueba más sobre la propia nacionalidad de don Cristóbal Colón. Muchos de los barcos mercantes no eran españoles e igual cosa ocurría con los marineros de las famosas flotas y galeones de Indias, los cuales, naturalmente, no tendrían mayor empeño de luchar abiertamente contra los piratas que los asaltaban....

A mediados del mismo siglo la mayoría de las manufacturas estaban en poder de los italianos; así como los trabajos del campo en manos de los franceses. Los extranjeros sacaban anualmente de España, según cálculos moderados, unos veinte millones de ducados, aproximadamente, cuarenta y seis millones de dólares, moneda de los Estados Unidos de Norte América, antes de la primera guerra mundial, obtenidos en el comercio de telas, pescados, madera, etcétera. Y, "como más diligentes que los españoles, usan en España casi todos los oficios, de modo que lo poco que ha quedado que trabajar lo trabajan ellos".

Los armadores franceses de Saint Malo llevaban profusamente a Cádiz manufacturas de su país, que recibían sus corresponsales allí establecidos, que llegaban a representar un valor de más de veinte millones de ducados. Los hamburgueses, dedicados a los algo—dones y telas de color, enviaban todos los años de doce a quince navíos, y los holandeses, ciento y cincuenta. Los ingleses obtuvieron por los tratados de 1665 y 1667, el permiso para establecer en España casas y almacenes, y de tener un juez privativo de comercio: a Cádiz llevaban estameñas, medias de lana, telas de color carmesí (la conocida escarlata), plomo, estaño, etcétera. Empleando para esto de veinte a treinta y cinco barcos cada un año.

Los beneficios de los extranjeros se aumentaron con la importación en Cádiz de productos manufacturados en el exterior y que, una vez allí, por mediación de los mercaderes peninsulares o no, establecidos en la ciudad, corresponsales de los fabricantes de otros países, se reembarcaban para las Indias. Los industriales franceses, cuyos artículos eran singularmente apreciados para la exportación a las colonias, vendían telas, encajes, sederías y paños de oro, sombreros y confecciones de París, juntamente con otras muchas mercancías que, a fines del siglo XVII, representaban varios millones de ducados.

En cambio, como productos y manufacturas nacionales, España mandaba a sus colonias, pólvora, naipes, cordobanes, alumbre, estaño, azogue, vino, aceite, aceitunas, pescado, harina, etcétera. Pero algunos de estos artículos estaban estancados o monopolizados y, a la vez, sujetos a una serie numerosa de impuestos sobre el tráfico en general. Singularísimo era el negocio de objetos piadosos como rosarios, santos, reliquias y libros en que se hallan contenidas las oraciones y preces de una novena, que pasaban de las manos de los misioneros a las de los indios, no obstante, que Carlos V, había declarado que el leer y escribir eran habilidades sin las cuales podían muy bien pasarse los habitantes de las colonias españolas....

Para complacer a las Cortes que pedían repetidamente que no se permitiera comerciar a los extranjeros en forma alguna, Felipe II, resolvió suspender las consignaciones a prestamistas extranjeros para evitar la salida de dinero, siguiendo los prejuicios de su época. Con esta medida el comercio se quebrantó tanto que el Rey revocó su anterior mandamiento en vista de que si los flamencos y genoveses se llevaban el oro también lo introducían para conseguir en España las materias primas. Otras resoluciones dictadas por el mismo soberano, que tendían a satisfacer apremiantes necesidades de la Corona, prepararon la destrucción del comercio español. Tal fué la consecuencia del aumento triplicado del almojarifazgo y la alcabala. Con los sucesores de Felipe II, se realiza una política contradictoria: mientras por una parte se prohibía el comercio con Holanda, imponiéndose un gravamen de 30 por ciento cuando la mercadería venía de ese país, por otra, se firmaban tratados de libre comercio con las ciudades hanseáticas, con Inglaterra, con Dinamarca y Portugal, que provocaron las protestas del empobrecido comercio hispano.

"No es necesario llamar la atención acerca de que el monopolio comercial, beneficioso para un país en próspera situación industrial, entrañó la ruina de España que venía precipitándose, sin producción e industria, hacia una decadencia económica irremediable". Sin embargo, conviene advertir que a la adopción de tal sistema también influyó en mucha parte los constantes robos y asaltos de corsarios, piratas, filibusteros y bucaneros franceses, ingleses y holandeses.

La fundación de las colonias dió gran impulso en el primer momento a la industria en España; pero los pedidos que se le dirigían a los pocos años fueron tan numerosos que no hubo medio de satisfacerlos. Acerca de este fenómeno, César Cantú, fustigando a los españoles, dice:

"Pero cuando aumentaban los pedidos de las colonias España se imaginó que era bastante rica: y corriendo a buscar oro a nuevas regiones, dejó a los demás países de Europa que le proporcionaran víveres y telas. Sin duda los rechazaba y los declaraba prohibidos, pero como era un mal necesario, no conseguía más que manifestar su impotencia, y la prohibición se eludía cubriendo el cargamento con nombres de mercaderes españoles".

La cuestión del comercio extranjero en España —concluye Altamira y Crevea— vino a relacionarse íntimamente con la del mismo en las Indias, y el interés económico de las naciones europeas que luchaban por ventajas materiales se dividió en estas dos órdenes de aspiraciones: MANTENER LA EXPORTACION INDIRECTA Y LOGRAR LA DIRECTA.

Al final de la empresa descubridora y colonizadora, políticos y moralistas españoles en su empeño de hallar la causa o causas de la decadencia de su patria, enumeran como denominador común las siguientes: la ociosidad del pueblo; la abstención de la nobleza en las guerras; el abandono de la agricultura; el desprecio del trabajo manual; la abundancia de universidades y colegios y de congregaciones religiosas; el afán de medro fuera de España; la codicia de allegar oro y plata y, para colmo de los colmos: LAS MISMAS RIQUEZAS QUE IBAN DE LAS INDIAS.

Como es bien sabido, la obra de España en América ha sido tratada y juzgada desde dos puntos de vista diametralmente opuestos y que, como una visión panorámica, integran lo que ha venido llamándose la leyenda negra y, la leyenda rosada. Pero, encerrado en el fecundo campo de los hechos brilla —como dice Miguel de Cervantes— la angosta senda que no es terreno de la ambición soberbia, ni de la adulación servil y baja.

Quizá desde tan cumplido punto de vista, David R. Moore, escribe lo siguiente: "El sistema colonial español con su complicada organización y minuciosa reglamentación, poseía indudablemente muchos méritos. Aspiraba a proteger a los indios contra la explotación despiadada de los españoles, promover el progreso de la Iglesia, la cual teóricamente era un dechado de todo lo elevado y bueno, y a desarrollar la Cultura. Si se cometían abusos, como sin duda ocurrió, el gobierno español sólo en parte tenía la culpa de ello. La extensión de los territorios, la mezcla de tantas razas, algunas de ellas atrasadísimas, la escasez de medios de comunicación y transporte, la imposibilidad de excluir siempre de los puntos de responsabilidad a personas sin escrúpulos, la pérdida del dominio del mar, el saqueo de los buques mercantes, el decrecimiento de las riquezas de España y la tentación consiguiente de buscarlas en las colonias: estos y otros factores deben tenerse en cuenta antes de criticar a España por no haber establecido asambleas representativas locales, seguido una política comercial más ilustrada y suprimido el exceso de reglamentación y el expediente en general".

Con mucha zumba, Hendrick Willen Van Loon, se pregunta: ¿Cuál es el secreto por el cual España pudo mantener su posición como Imperio Mundial?

Y se le anuda la garganta al querer formular la respuesta:

"De un modo u otro pudo subsistir, casi tanto como cualquier otro imperio infinitamente mejor dirigido, aquel singular reinado de grandes y de paupérrimos. Desde luego, hasta hoy sobreviven los marcos cultural, religioso y social de España (en sus antiguas colonias americanas), mientras que sí los ingleses abandonaran mañana la India, nada quedaría para revelar su prolongada permanencia en aquella península abrazada por el sol, salvo unos pocos miles de millas de mohosos rieles, cierto número de claudicantes muelles e interminables hileras de edificios vacíos, abandonados a merced de los leones y chacales de Omar Khayyan".

**ES YA UN LUGAR** común en la Historia, que los árabes y los españoles de religión mosaica habían llevado en España las artes de la civilización a un punto que se hallaba muy por encima del de los otros pueblos cristianos contemporáneos.

Los primeros constituyeron en la península poderes regulares y reinos verdaderos, con su comercio, una industria, un arte organizados y mantuvieron con los judíos y la población visigoda relaciones constantes y frecuentemente cordiales. En premio a su ayuda en la conquista de los territorios, los judíos disfrutaban de ventajas legales y se les encargó de la guarda de algunas ciudades. Dedicados después al comercio, por la protección de los califas llegarían a España en mayor número y ocuparían un lugar muy importante en la Corte como diplomáticos y hombres de ciencia.

Por toda África y por Levante, los árabes derramaban los productos de las minas, de las fábricas y de la agricultura, sirviéndose de los judíos y berberiscos como intermediarios en el comercio, y de los últimos, principalmente, para actos de piratería, pues, con Abdal Rahman III, se crearía una escuadra de guerra que dominaría en el Mediterráneo, con Almería como puerto central.

Los árabes, gente del estado llano en su mayoría, sencilla y trabajadora, apropiándose el sistema de riego de los hispanos—romanos, fueron los primeros en introducir en las fértiles llanuras del Al—Andalus, Andalucía, los cereales, frutales, plantas aromáticas, textiles y, sobre todo, la vid, a pesar de estarles prohibido el uso del vino. Introdujeron especies exóticas, como el arroz, caña de azúcar, higuera chumba, ganado, azafrán, morera, algodonero, plátano y el gusano de seda, etcétera, Dedicaronse, asimismo, a la ganadería. sirviéndose principalmente de los pastos de las islas de la desembocadura de Guadalquivir. A partir del siglo XII mejoraron el ganado lanar por la importación de nuevas especies, merinas.

Entre las industrias que adquirieron gran incremento figuraban las agrícolas (arrocera, azucarera, de mieles, vinos, uvas, pasas, etc.); las textiles (tejidos de algodón, lienzos de lana, alfombras y, principalmente, tejidos de seda de imponderable valor y belleza); las de curtidos (cordobanes y el marroquín;) la papelera, las de cerámica, cristalería, orfebrería, etcétera. Entre todas ellas, destacaba la minera, explotándose minas de oro, plata, hierro, cobre, rubíes y lapislázuli, muchas de estas conocidas desde los tiempos de la dominación romana.

A fines del siglo XV, la artesanía musulmana, judía y cristiana, había llevado las villas y ciudades de España a un alto grado de prosperidad, y por toda Europa eran famosos los productos de sus fábricas y manufacturas. La seda ocupaba cientos de talleres en toda la península, y sus artesanos se contaban por millares.il Los ingleses enviaban entonces a España sus vellones para recibirlos lavados e hilados. Las lanas españolas substituían a las lanas inglesas en los mercados de los Países Bajos. Andalucía contaba en ese siglo con varios miles de operarios de todas clases. Medina del Campo, Avila y Sevilla, producían paños y lanas excelentes. Aún hoy se recuerda las armas de Toledo, Vizcaya y Asturias, los arcabuces madrileños y, además, bombardas, cerbatanas, mosquetones, batemuros, culebrinas y cañones.

Mas, la lucha de siglos entre árabes y reyes cristianos por la supremacía de la península consumiría las mejores energías de ambas partes, y sería causa principal de la decadencia en el progreso material y espiritual de España.

Varios historiadores castellanos explican cómo antes y después de la toma de Granada, los árabes continuaron formando una nación dentro de otra, en unión de los judíos. La esperanza contínua de que los turcos habían de venir un día u otro, a auxiliarlos, les mantenía envalentonados. La libertad peligrosísima que se les había concedido de comerciar e ir y venir a África, mantenía un eficaz servicio de espionaje. Y, por todos conceptos su1 presencia en España creaba una situación llena de peligros, aún después de haberse intentado de convertirlos.

Era menester cortar por lo más fino, y los Reyes Católicos, en el mismo año de la toma de Granada, el annus mirabilis, firman el edicto de expulsión de todos los españoles de religión mosaica que no se hubiesen convertido dentro de un plazo determinado. Esto —aducen los cristianos— lo hicieron los Reyes por altísimos motivos religiosos y patrióticos, nunca por una cuestión de odio de raza, que ya no podía existir. La prueba es que los que de veras se convertían, para nada se les molestaba. El Rey Católico tenía su corte llena de judíos convertidos, muchos de los cuales desfilan como valedores de don Cristóbal Colón, que eran amigos y consejeros de Fernando. Otra prueba es que muchos hombres de sangre israelita llegaron a ser estimados en España e incluso ser elegidos obispos, como Alonso de Cartagena y Alonso de Madrigal, y el no menos célebre fray Luis de León, considerado como primer lírico español.

Para los recalcitrantes se decretó que, después de tres meses de gracia que se les concedía para arreglar sus asuntos, no se permitiría a ningún cristiano darles alimento, agua, ni abrigo, bajo el castigo de acusárseles de proteger herejes. Los Reyes, sin embargo, permitieron a los judíos disponer de su propiedad y recoger el producto de la venta en letras de cambio, o en mercancías, pero no en oro, prohibiendo su exportación. De forma que, como dice Andrés Bernáldez:

"Ovieron los christianos sus faciendas muy muchas, e muy ricas casas e deredamientos por pocos dineros, e andaban rogando con ellas, e no había quien se las comprase, e daban una casa por un asno, e una viña por un poco de paño e lienzo, porque no podían sacar oro ni plata".

Después de un negocio tan ventajoso y que resultaba a medida del deseo de los cristianos, vendría a ser confesor de doña Isabel un fraile franciscano, alto, flaco, de negros ojos penetrantes, que dormía en el suelo, llamado Gonzalo y luego Francisco Jiménez de Cisneros, quien, como secretario y regente, más tarde, preparóse a terminar —en lo posible— una empresa política y militar, tradicional para la independencia de España, cual era extender al norte de Africa la frontera española y propulsar la formación de la Marina del Estado que tanto había de contribuir a la grandeza marítima de los siglos XVI y XVII.

Hombre enamorado como pocos de la Cultura y de los buenos libros, Cisneros, dio primero que nadie en Europa una ley protegiendo la Imprenta, que acababa de inventarse, y por su mandado se compuso e imprimió esa obra colosal que fué la Biblia políglota complutense, en cinco idiomas.

Pero, en otra ocasión, en la plaza principal de Granada, hizo una gran hoguera y, "¡Ta, ta! —dijo el Cura", y en ella convirtió en ceniza los libros peligrosos de los moros. Más tarde, a fin de que la limpieza fuera completa: echó de España a los moros que pudiesen o no haberlos leído, o que fingiéndose o no cristianos, vivían entre los cristianos.

Corriendo por la misma cuenta, en Inglaterra, los judíos eran vasallos de realengo, lo cual quería decir que solo el rey los esquilaba, sin perjuicio de enajenarlos, temporalmente, en caso de apuro económico, como los vendió Enrique III a su hermano Ricardo de Carnualles por 5,000 marcos de plata, dinero que salió en primera y última instancia, de las arcas de los propios hebreos. Conste que éstos, dedicados, como siempre, al préstamo usurario, en una época en que 20 por ciento mensual era el interés módico del dinero, pagaban cualquier tributo por elevado que fuera, resignados, ya que no gustosos, a trueque de obtener la protección de algún magnate. Pero tras las exacciones vendrían las matanzas, como la de Lincoln y la de Londres, y tras las degollinas, la expulsión de los sobrevivientes...

Y nunca dejará de ser chistoso que los ingleses cuando sufrieron en carne viva los efectos de la piratería de los berberiscos, y el cautiverio de su gente, pasasen el rato presentando a la Cámara de los Comunes proyectos ingeniosos con que resolver el problema doble que los tenía tan atormentados. Felipe Gosse, apunta que, "el autor anónimo de uno de éstos, después de tratar de demostrar que los judíos de Argel eran la causa principal de aquellos males, puesto que eran los capitalistas que financiaban los barcos piratas y los que recibían la mayoría de los esclavos, propuso una ley, según la cual toda pérdida sufrida por los ingleses a manos de los corsarios habría de ser reparada a expensas de la propiedad de los judíos establecidos en Inglaterra. Sostenía la idea, que todavía prevalece en algunos lugares, de que todos los judíos del mundo formaban una asociación y que el castigo infligido a los judíos ingleses pondría freno a sus correligionarios de Berbería".

En Francia la condición de los judíos no era más lisonjera, pues se les imponían humillaciones como la de ser públicamente injuriados y aún abofeteados, el Viernes Santo, sencillamente, porque "reír siempre es lo más humano". Y, las juderías eran periódicamente saqueadas por el populacho, y donde los monarcas decretaban confiscaciones parciales que, ascendían al quinto del capital

Tocante a las prácticas exclusivistas y prohibitivas que tanto se censuran a España, conviene tener presente que, en Francia, no sólo se quitaba a los extranjeros de la participación en oficios y beneficios, sino también de disponer testamentariamente de sus propios bienes, los cuales quedaban en forma automáticamente confiscados por el Estado.

¿Y qué decir de la "alegre Inglaterra"? Allí se acusaba a los mercaderes extranjeros de llevarse el oro de la nación con baratijas "y otras cosas tan curiosas para embaucar majaderos, que no duran aún el tiempo que nos sacan los dineros". En Londres y otras ciudades y villas hubo persecución contra los extranjeros en casi todos los reinados, no siendo pocos los españoles que en ello dejaron la vida y la bolsa....

Macauley Travelyan, escribe: En épocas medievales se sentía normalmente hostilidad contra los naturales de una ciudad, condado o villa vecina. Esta hostilidad disminuyó conforme el patriotismo ensanchó los espíritus y señaló al francés o al español como el verdadero "extranjero".

Y, consigna G. K. Chesterton: Los judíos llegaron a ser tan poderosos como impopulares. Y cuando Eduardo I, los expulsó de sus tierras, el pueblo lo consideró, más que nunca, a la vez como un caballero andante y como un padre amoroso. A los ojos del pueblo, el antisemitismo no parecía una excusable falta de caridad, sino simplemente un sentimiento de caridad. Chaucer pone la maldición del hebreo en boca de una dulce priora que lloraba cuando veía un ratón en la trampa.

En el reinado de Enrique VII, el enviado veneciano notaba que: "Piensan que no hay más hombres que ellos, ni otro mundo que Inglaterra; siempre que ven a un extranjero hermoso, dicen: que parece inglés; y que es una lástima que no sea inglés.

A mediados de la ponderada época Tudor, un visitante francés, escribía: La gente de esta nación odia mortalmente a los franceses como sus antiguos enemigos, y siempre nos llaman: francés bribón; perro francés.

Finalmente, en el reinado de Isabel I de Inglaterra, por muchas razones, estos sentimientos de odio se volvieron contra los españoles.

## LA CASA DE CONTRATACIÓN

**SI EN UN PRINCIPIO** fue Cádiz el punto de partida hacia Indias, al crearse la Casa de Contratación de Sevilla, pasa esta ciudad a ser puerto único en la expansión hispana en el Nuevo Mundo. Pero las realidades iban imponiendo a Cádiz como lugar complementario del puerto sevillano y el tiempo andando vendría a substituirlo en gran parte.

Para establecer, regularizar y perpetuar el comercio con los nuevos territorios descubiertos, determinan los Reyes Católicos, crear en Sevilla una casa para la contratación de las Indias y en 10 de enero de 1503 firman las primeras ordenanzas para su régimen, que comprendían veinte capítulos. Diez días después dan una extensa instrucción para el establecimiento de esta casa en las Atarazanas, de donde se traslada luego por mandado de la Real cédula dada en Alcalá de Henares el 5 de junio del mismo año, al viejo Alcazar, "y Quarto que dicen de los Almirantes, con edificio proporcionado a la calidad del ejercicio y negociación, bueno, llano, y durable".

En 14 de febrero siguiente se nombra a tres funcionarios a cuyo cargo correría la nueva institución: un tesorero, doctor Sancho de Matienzo, canónigo de la Santa Iglesia de Sevilla; un contador y secretario, Jimeno de Briviescas, y un agente o factor, Francisco Pinelo, jurado, y fiel ejecutor de la dicha ciudad. El genovés Pinelli, Pinello o Pinelo, había garantizado ya un préstamo de cinco millones de maravedís que facilitó a los Reyes, don Enrique de Guzmán, duque de Medinasidonia, y luego el mismo Pinelo prestó a los soberanos un millón de maravedís para transportar al último rey de Granada a tierra africana. Pinelo no fué tan solo amigo y consejero de Santángel, sino también íntimo y fraternal paisano de Colón. Interviene activamente en la preparación del segundo viaje colombino, facilitando los fondos necesarios, y aparece con Matienzo y Colón en el año 1505, para definir algunas modalidades de los marineros que vendrían en el cuarto viaje.

Como genio inspirador de la Casa de Contratación se menciona a don Juan Rodríguez de Fonseca, Deán de la Iglesia de Sevilla, y más tarde obispo de Burgos, en cuyas manos quedaron mucho tiempo los asuntos de Indias. Poco tiempo después dase mandamiento para la creación en la Española de una Casa de Contratación, correspondiente de la principal de Sevilla.

En 30 de junio de 1503, se manda por otra Real cédula que todo lo que se llevase de Indias, Canarias y Berbería, así oro como plata y otras mercancías, lo entreguen al tesorero de la Casa de Contratación en cumplimiento de las dichas ordenanzas. En la misma fecha, y con el mismo fin se ordena que toda persona en cuyo poder estuviesen cualquiera cosa que se hubiesen llevado de las Indias, acudan con ellas a los oficiales de la Casa. En 4 de ese mes y año, se expiden dos Reales cédulas que forman verdaderos reglamentos en que se desarrollan los preceptos contenidos en las ordenanzas: por uno se establece el orden que habían de tener los oficiales de la Casa de Sevilla para entender en los negocios de Indias; y por otro, repitiendo que había de haber en ella un factor o agente, un tesorero y un escribano.

Dispónese también que las mercaderías que el tesorero reciba, sea ante el agente y el escribano, y de la manera que por las ordenanzas estaba mandado, y que los patronos de las naves llevasen certificaciones de las cosas que transportasen. En 28 de julio siguiente, siempre en cumplimiento de lo que disponían las ordenanzas, se expide Real cédula a los oficiales de la Casa de Sevilla para que se labrase todo el oro procedente de las Indias u otros lugares, con el objeto de destinar la moneda así acuñada al pago de los libramientos que sobre aquellas cajas se mandasen para los gastos de las cosas de las nuevas regiones ultramarinas y aún para otros menesteres.

La existencia de la Casa de Contratación de Sevilla y del Consejo de Indias, que en su origen fué una especie de Comité del Real Consejo de Castilla y se convierte luego en un organismo distinto, no dejó de crear un constante conflicto de jurisdicción en la labor general de la alta dirección de la administración en las posesiones hispanas. Mas, la Casa de Contratación de Sevilla fué el primer cuerpo administrativo formado para cuidar de los recientes descubrimientos, y, como lo indica su nombre, era esencialmente un establecimiento comercial.

En realidad, la Casa de Contratación no fué una invención de los Reyes Católicos, ni de Rodríguez Fonseca. Había preciosos antecedentes que imitar. En Portugal existía desde 1481, la organización llamada Casa da Guiné e da Mina que, a raíz del viaje de Vasco de Gama, se convierte en Casa da India, donde eran equipados los buques, y vendidos o almacenados a voluntad del rey, los cargamentos procedentes de las costas orientales. Los lusitanos tomarían esta idea de los genoveses, con su Casa de San Giorgio, o de los venecianos que, por su verdadero estatismo comercial, llegarían a convertirse en los "señores del oro de la Cristiandad".

Muy al comienzo se permitiría en Portugal a veces a súbditos del rey, y aún a mercaderes italianos y alemanes, que concurriesen mediante naves auxiliares y envió de sus propios agentes para la compra de las especias, pero la acción fué siempre muy limitada. A poco el precio mínimo de compra en Oriente y el precio de venta en Lisboa eran a fijados por el gobierno, para evitar la competencia con el Real monopolio y, desde 1512, aunque los portugueses en lo particular obtenían todavía licencia para ejercer ese comercio, de modo exclusivo el negocio de especias pertenecía al rey, quien disponía de sus depósitos por contratos con grupos o corporaciones de mercaderes organizados para ese fin específico.

Poca novedad hubo, pues, en que don Fernando y su ilustre cónyuge, tuviesen un negocio parecido al de sus primos lusitanos. Además, el Rey Católico no era menos astuto que su contemporáneo Enrique VII de Inglaterra, y como éste recurriría a manejos mercantiles para ver de alimentar un fisco por lo regular raquítico, pero sujeto a la succión de una política en extremo ambiciosa. Tocante a doña Isabel, sabemos todos que no era menos perspicaz que su marido, y cuidaba de los beneficios del monopolio con tanto esmero que, advertido por ella que, mientras se alistaba don Nicolás de Obando a salir para la Española, iban con él algunas personas que se habían "aderezado con trajes y otros artículos más allá de lo que era menester, presumiblemente con el propósito de venta o trueque", manda que se proveyese cómo fuera de justicia...

Conviene también tener presente que el monopolio fué de corta duración, y mientras subsistió era natural y humano, puesto que los Reyes Católicos tenían derecho de buscar la manera de resarcirse de los gastos hechos, en parte, por el Real Tesoro en equipar la primera expedición colombina, aún cuando aquello de "las joyas de la Reina" no se realizase efectivamente, por la sencilla razón de que ya estaban empeñadas en aquel momento.

A deducir por el tenor de las susodichas ordenanzas, la Casa de Contratación de Sevilla se destinaba a ser un centro para fomentar el trato de la Corona con las colonias del Nuevo Mundo. Debía recoger en sus vastos almacenes mercancías y abastos navales de toda clase, requeridos para el tráfico ultramarino, y recibir en ellos todo lo que se llevara en cambio a España. Sus funcionarios debían mantenerse en comunicación con los agentes reales de las colonias, para estudiar con esmerada atención las necesidades de los nuevos establecimientos, las cosas más propias para embarque, y los navíos que fuese necesario despachar. También era parte de sus atribuciones observar la situación del mercado: comprar y vender sólo cuando en ello hubiera mayor ventaja para la Corona, y llevar registro sistemático y pormenorizado de todas sus transacciones.

A continuación, figuran las ordenanzas sobre libertades y estatuto que debía gozar la Casa de Contratación de Sevilla, en 1505:

1. —Primeramente que se junten los oficiales en esta casa dos veces al día, en la mañana a las 10 a 11 horas, y a la tarde a las 5 a 6 horas; y los que tuvieren que negociar acudan a las dichas horas.

2. —Que todos los despachos que se hicieren en esta casa, vayan firmados de todos los tres oficiales, salvo estando alguno de ellos ausente o doliente.

3. —Que los que llevaren cartas o despachos de Sus Altezas para las Indias las registren en esta casa.

4. —Que ninguno pase a las Indias, oro, ni plata, ni monedas, ni caballos, ni yeguas, ni esclavos, ni armas, ni guanines, so las penas de la pragmática; y habrá la tercia parte el acusador.

5. —Que no pasen a las Indias ningunos extranjeros, so las penas de la pragmática.

6. —Que ninguna persona de cosa alguna a cambio para las Indias a ningún maestre de nao, ni menos lo pueda tomar el dicho maestre sin licencia de los dichos oficiales, so pena de perder lo que así dieren, y so las penas de la ordenanza.

7. —Que ninguno vaya a las Indias, sin licencia de los dichos oficiales; y si alguno quisiere poblar o hacer partido para alguna tierra de las descubiertas, acuda a los dichos oficiales.

8.—Que ninguno meta, ni venda br asil en estos reinos, salvo de las Indias, como está ordenado, so las penas de la pragmática; y el acusador habrá la tercia parte.

9.—Que ninguno traiga de las Indias oro por marcar, ni por registrar, so pena de perderlo, y el cuarto tanto de sus bienes; y el acusador habrá la tercia parte.

10.—Que ninguno compre el dicho oro por marcar, so la dicha pena; y la tercia parte habrá el acusador.

11.—Que ninguno registre en las Indias oro ajeno por suyo, so la dicha pena; y la tercia parte habrá el acusador.

12.—Que del oro que se embargare a pedimento de parte, tengan los dichos oficiales en un arca de tres llaves, hasta determinar la justicia.

13. —Que de lo que llevaren a las Indias o trajeren de allá, no paguen derechos, almojarifazgo de Sevilla.

14.—Que de lo que llevaren a las Indias o trajeren de allá, no paguen derechos, mostrando certificación de los dichos oficiales.

15. —Que del oro, plata y otros metales que se sacaren de la isla Española, paguen a Sus Altezas la quinta parte y no más, en cuanto fuere la voluntad de Sus Altezas.

16.—Que los cristianos que hicieren guerra a son de costas a los indios, que se rebelaren, hayan las cuatro partes.

17.—Que no puedan tomar en las carabelas por esclavos, los que fueren con licencia de Sus Altezas.

18.—Que los maestres que quisieren fletar para las Indias, no vayan sin licencia de los dichos oficiales, y sin hacer primero las diligencias; so las penas de la ordenanza.

19.—Que lleven registro firmado de los dichos oficiales, de todo lo que llevaren a las Indias, so pena de perderlo todo, y más la pena de las ordenanzas, y habrá la tercia parte el acusador.

20.—Que los maestres traigan a los dichos oficiales copia firmada de los oficiales de las Indias, del oro y otras cosas que trajeren en los navíos.

21.—Que después de visitados los navíos, no tomen los maestres más carga de lo que determinaren los dichos oficiales, so pena de perder la parte del flete que a los dichos oficiales pareciere.

22.—Que no vendan armas ni ninguna maña de metal a los indios, so las penas que se dicen, ni a otras personas de fuera de estos reinos, so las penas de la pragmática.

23.—Que los maestres o los que trajeren bienes de difuntos que mueren en los viajes de Indias, que entreguen a los dichos oficiales para ponerlos en tarca de tres llaves conforme a la ordenanza, para que los manden publicar y entregar a sus herederos.

24.—Que los bienes de los que mueren en las Indias, los oficiales de allá envíen a los de acá para entregar a sus herederos, conforme a la ordenanza.

En un principio a los oficiales de la Casa de Contratación de Sevilla, se les permitía alojarse en el dicho local; pero en octubre de 1519 (mes y año sonados en los anales del inquilinato), Carlos V, les manda perentoriamente desalojarlo porque, según la ordenanza, el viejo edificio no estaba destinado a morada de nadie, sino a centro de reunión para los negocios con las colonias y recibir en sus almacenes oro, plata y los otros efectos ultramarinos.

El carácter y atribuciones de la Casa de Sevilla tendrían siempre a crecer en importancia y a concentrar una mayor participación en el manejo de los asuntos coloniales de la que correspondía al Consejo de Indias, en especial para el espíritu que predominó a partir del reinado de Carlos V, en el que llegarían a conseguir tan grande influencia los jurisconsultos.

Por Real cédula de 6 de junio de 1511, ya se faculta a Hernando de Ibarra, juez de la Audiencia de Grados de Sevilla, para que asistiese en dicha junta, como primer asesor letrado que tuvo; y en 10 de ese mes y año se nombra otro. En 16 de julio de 1546, se concede título de fiscal al licenciado Jerónimo Becerra, y parece que "fué el primero que hubo en ella". En 22 de julio de 1588, se expiden los títulos de jueces letrados de la Casa de Contratación a los referidos asesores.

Paralelamente al desarrollo que tomaba el comercio con las Indias, fueron ampliándose las atribuciones de la Casa, que llega a ser también escuela náutica y cartógrafa y departamento de emigración. Por ella pasan todos los nombramientos; allí se perfeccionan las cartas geográficas y los instrumentos de navegación, que también allí se construían, desde fundir los metales hasta la total terminación. Allí se estaba al tanto de todas las comunicaciones marítimas y terrestres de las nuevas comarcas y se fiscalizaba y ordenaba, en fin, toda expansión siempre creciente.

A medida que las necesidades lo exigían se fueron creando cargos y pronto hubo un agente que aseguraba las comunicaciones, organizando las flotas, así como un capitán y superintendente de las maestranzas, para los aprestos técnicos de las expediciones. El receptor de averías se ocupaba de los gastos de las armadas, la recaudación y administración del respectivo tributo. Luego creáronse los llamados jueces de contratación, para resolver sumariamente cualquier diferencia o pleito entre armadores o expedicionarios.

La Casa de Contratación estuvo directamente supeditada al Poder real, ejercido primero por medio de los secretarios Rodríguez de Fonseca, y Lope de Conchillos; y luego al Consejo de Indias, creado en 1528. Fué deliberada práctica de los que tuvieron a su cargo organizar la gobernación de las colonias la de no consentir a ningún funcionario por alto cargo que ocupase, libertad de acción ni aún en su propia provincia, y de hacer que toda autoridad estuviese de algún modo subordinada a otra autoridad o corporación, de suerte que todo dependiese, en definitiva, del rey. "En el reinado de un monarca tan laborioso como Felipe II, se podía confiar en que la apelación o el asunto sería atendido; pero en los reinados de sus sucesores se multiplican las tardanzas y aplazamientos y era cada vez más difícil llegar a una resolución definitiva.

Por razones de técnica comercial, Carlos V, dispone se habilitaran nueve puertos peninsulares para el trato con las Indias, además de Sevilla. Felipe II, sin embargo, no sigue esa política de tendencia liberal y bajo su reinado los únicos puertos calificados fueron Sevilla y Cádiz, y en tal forma continuarían las cosas hasta la segunda mitad del siglo XVIII.

## UNIVERSIDAD DE MAREANTES

Alrededor de la Casa de Contratación, y en la que sirvieron todos los hombres que se iban destacando en toda clase de funciones ultramarinas, se crearon también otras instituciones menores que ayudaban la función de aquélla. Tales como la Universidad o corporación de cargadores, encargados de vigilar el crédito de los comerciantes, y la Universidad de mareantes, verdadera asociación de las gentes de mar, formada por los dueños de navíos, pilotos, maestres, contramaestres, guardianes, marineros y grumetes, la cual tenía por objeto la protección y defensa de los intereses y derechos de todos ellos, colectiva e individualmente, tanto respecto a los tratos y contratos de cargamento celebrados con los comerciantes o los particulares, como de los privilegios y prerrogativas que por concesión real les correspondían y gozaban. Formaban parte también de esta asociación muchos nobles, a cuyo mayordomo y diputado se les concedía asiento en la misma sala donde se reuniese el tribunal de la Casa, al lado izquierdo de los mismos jueces, encima de las gradillas, esto es, en lugar de preferencia, cuando dichos mayordomos o diputados tuviesen que asistir con motivo de sus negocios o de los de alguno de sus asociados.

## CONSULADOS

Dependiente de la Casa de Contratación se hallaban los Consulados, que tenían autoridad en todo lo relativo a precios, mercados y otros asuntos mercantiles.

A los consulados de Barcelona, Valencia, Zaragoza, Bilbao y Burgos, se añaden en 1543 los de Madrid y Sevilla. Si bien la naturaleza especial del comercio marítimo establecía cierta diferencia entre los consulados de mar y los de plazas mercantiles del interior del país, en lo general unos mismos principios regían para ambas clases.

Hasta la institución del Consulado de Sevilla todos los litigios civiles, inclusive los juicios por quiebra, que surgían del tráfico con las Indias, se habían ventilado en la Casa de Contratación de Sevilla.

Los priores y cónsules tenían jurisdicción para conocer en primera instancia de todos los asuntos de carácter mercantil. Fallaban con arreglo a sus propias ordenanzas y de sus fallos se podía apelar al Corregidor que actuaba en estos casos con el asesoramiento de dos mercaderes del consulado. En el siglo XVIII, el Corregidor fué sustituido por el Intendente. Si la sentencia dictada en apelación confirmaba la pronunciada en primera instancia, el fallo quedaba firme; en caso contrario podía interponerse recurso de suplicación ante el propio Corregidor o Intendente, para que asesorado esta vez por dos mercaderes distintos conociese del asunto en grado de revista.

La nueva sentencia dictada en virtud de esta suplicación era firme; pero su ejecución quedaba a cargo de las autoridades ordinarias por mandato del prior y cónsules.

En las sentencias ejecutoriadas por el Consulado de Sevilla podía recurrirse ante el Consejo de Castilla, o el de las Indias, según la naturaleza del asunto. Las Audiencias no tenían en estos casos ninguna intervención. El procedimiento seguido en estos pleitos de carácter mercantil era breve y sumario, sin forma de juicio y sin la lentitud de tramitación del procedimiento ordinario.

## CONSULADO DE GUATEMALA

Posteriormente, se crearon en las Indias los Consulados de Méjico, Lima, Buenos Aires y Guatemala. Este último por Real cédula expedida en San Lorenzo, a 11 de diciembre de 1743, y estaba formado de un prior, dos cónsules, nueve consiliarios, un síndico con sus respectivos tenientes, un secretario, un contador y un tesorero. Para mayor facilidad en los asuntos había en toda la Capitanía General de Guatemala, jueces diputados en Ciudad Real, Quezaltenango, San Salvador, San Miguel, Sonsonate, San Vicente, Santa Ana, Granada, León, Segovia, Comayagua, Gracias, Trujillo y Tegucigalpa.

Este Consulado estaba constituido, además, por un Tribunal encargado de los asuntos comerciales y de una Junta en pleno con todos los funcionarios del propio Consulado y cuya misión era no sólo judicial, sino también de carácter político y administrativo. El Tribunal conocía privativamente de los pleitos y diferencias surgidos entre comerciantes, conforme a las ordenanzas de Bilbao, las Leyes de Indias, o en su defecto, las de Castilla. La Junta tenía por fin el fomento de la agricultura, el perfeccionamiento de los cultivos y beneficios de los frutos, la introducción de máquinas y herramientas más útiles, la facilidad en la circulación interior de todo el territorio, la construcción de buenos caminos, el incremento de la navegación y el establecimiento de rancherías en los despoblados, para la mutua comunicación y comodidad de los transportes. Todo ello con vista al desarrollo y ennoblecimiento de la Capitanía General; pero en la práctica todo vendría a ser pura filfa...

En los pleitos de cuantía que pasase de mil pesos, cabía recurso de apelación del Consulado ante el Tribunal de Alzadas, integrado por el decano de la Real Audiencia y uno, o dos vecinos de suficiente caudal, prácticos e inteligentes en materia de comercio y de buena opinión y fama, que proponía cada parte litigante.

**OJO, SEÑOR, A LAS** Indias, que es la parte de donde viene el dinero, y con él también la sustancia de esta Monarquía, y considérese que aquellas riquezas del oro y plata que se sacan es negocio temporal, y que se van acabando, y que nos han de venir a faltar sus riquezas y no por eso los vicios...

Esto es de aquel célebre secretario y favorito de Felipe II, el bribón de Antonio Pérez, quien por haber popularizado en París el uso de los palillos de dientes un autor francés le ha atribuido la invención del escarbadientes, y quien desde muchos años antes de huir de España, condenado por la Inquisición, estaba en tratos secretos con Enrique, el príncipe de Bearn, futuro Enrique IV, y autor más tarde de unas Memorias, que dieron origen, en parte, a la leyenda negra y sirvieron de base para campañas infamantes contra su patria.

El oro era la gran ilusión. Ya Juan de la Cosa había oído decir en alta mar al enfermo y doliente don Cristóbal Colón, dirigiéndose al Rey Católico:

Señor, dineros, que el dinero en todo es el maestro, el norte, la derrota, el camino, el ingenio, la industria y la fuerza, el fundamento y el mayor amigo.

Ante todo hay que insistir en que la política y el sistema económico adoptados por los reyes de España en las Indias eran consecuencia de la doctrina mercantilista imperante en Europa en la hora de los grandes descubrimientos geográficos, y dos fueron sus principios reguladores: el exclusivismo colonial y la teoría de los metales preciosos, que tan raros habían llegado a ser en el viejo continente a fines del siglo XV y principios del XVI, tanto por las pocas y no ricas minas explotadas, como porque los desórdenes de la Edad Media habían hecho desaparecer y dispersarse gran parte de los tesoros metálicos.

Jorge Lefranc, tratando acerca del mercantilismo, dice: Colbert lo ha formulado en todo su rigor; más, a partir del siglo XVI, el espectáculo de la grandeza española, las necesidades crecientes de oro y de plata que sienten las monarquías en vías de organización mueven a creer que la posesión y aumento creciente de una abundante existencia monetaria constituyen el medio y el signo de todo poder.

¿Cómo conseguirlo? Pueden encontrarse en el territorio de la metrópoli o de las colonias minas que serán celosamente explotadas: esta es la solución española. Puede impedirse que salga el oro de las fronteras del reino y hacer que entre oro mediante una hábil política comercial e industrial: esta es la solución francesa.

En lugar de desarrollarse libremente como en la Edad Media, el comercio internacional se organizará de aquí en adelante siguiendo las cuatro siguientes reglas:

1.—Restringir e incluso prohibir la entrada de los productos fabricados en el país.

2.—Dejar libre salida e incluso favorecer la de los productos fabricados en el país.

3.—Restringir o prohibir la salida de las primeras materias indispensables a la industria nacional, y

4.—Dar libre entrada o favorecer la de las primeras materias cuyo monopolio detenta el extranjero.

Estas eran las reglas del hombre de tierra; el hombre de mar agregó el monopolio del comercio para el pabellón nacional. Así nacieron las actas de navegación (como en Inglaterra) y las tarifas protectoras, como instrumentos de una política mercantil.

En virtud de estos principios, la metrópoli tiende a organizar, en provecho propio, el comercio en sus colonias: ningún comerciante extranjero podrá adquirir en ellas artículos agrícolas o primeras materias; ningún comerciante extranjero podrá vender los productos fabricados. Nadie podrá establecer fábricas, introducir mercancías ni tampoco sacarlas si no es bajo pabellón de la metrópoli. En cambio, ésta recibe gratuitamente o a cambio de ligeros derechos los productos de las colonias.

España lanzó esta concepción. Francia e Inglaterra la aceptaron. Por espacio de tres siglos, aúnque en verdad atenuada por la práctica del contrabando, ella "dicta los tratados comerciales de Europa con las otras partes del mundo. Tal es el régimen denominado Exclusivo o del Pacto colonial.

Basados, pues, en estos principios (empleados primeramente por los monarcas de Portugal) los reyes de España declararon los territorios de las Indias coto cerrado, abierto sólo a los vasallos de la Corona de Castilla, al principio, y siempre vedado a los súbditos de potencias extranjeras. El intervencionismo del Estado español en sus colonias se acusó con un proteccionismo manifiesto hacia las actividades mineras para fomentar el envío a la metrópoli de los metales preciosos "con menoscabo evidente de las explotaciones agrícolas e industriales'".

El oro y los demás metales preciosos fueron considerados como la base más sólida y positiva de riqueza en sí y no como lo que realmente eran (y son), meros símbolos de bienestar económico o instrumentos de cambio muy codiciados y valiosos. Se intensificó por todos los medios su producción y transporte a España y se procuró su retención allí prohibiendo su exportación a las otras naciones europeas.

"Las consecuencias de esta política —equivocada en todo caso y más en un país como Castilla, de economía pobre y de industria tan rudimentaria— no tardaron en hacerse sentir. La producción industrial española, que no bastaba para hacer frente a las exigencias del consumo interior, mal podría cubrir las necesidades cada día aumentadas de sus mercados coloniales. Hubo fuerza de acudir a otros centros de producción europea y, en este obligado intercambio de productos, España hubo de ceder, al cabo, su mercancía más preciada: el oro importado de las Indias".

René Gonnard, expone que, si es posible hablar de un mercantilismo español es porque se tiene convenido en que el crisohedonismo y el estatismo son dos obras maestras del mercantilismo. El espíritu "mercantil", en el sentido de "comercial'", apenas ha caracterizado los conceptos españoles más que como elemento importado y sin éxito durante mucho tiempo. Por eso talves valga más designar las doctrinas específicamente españolas de los siglos XVI y XVII con el nombre de bullonismo, que implica una idea de defensa directa y vigilante, por procedimientos autorizados de reglamentación, del precioso metal extraído de las minas de Indias.

Dueña de las minas peruanas y mejicanas, importadora en Europa de masas metálicas, que un siglo nada más multiplicaron por ocho la existencia de oro y de plata con la cual vivió la Edad Media, y que engrosaron más aún los siglos siguientes, España se hallaba ante un problema muy sencillo aparentemente: defender aquella existencia de metales, impedir que se derramara por fuera, conservar su oro, considerado como la riqueza por excelencia, ¡causa y muestra de su poderío y de su prosperidad"!

Para lograr su objeto recurrió al principio a los procedimientos que tenían que ocurrírseles antes a los hombres sin cultura económica y convencidos, por otra parte, de la omnipotencia de la ley positiva, pero ignorantes de la existencia de leyes naturales. Les pareció lo más sencillo prohibir la salida de numerario y de lingotes. Los reyes de España no habían esperado al siglo XVI para hacerlo. Cuando el aflujo de oro americano congestionó los canales de la circulación en España, al punto que las propias colonias españolas productoras de oro y de plata sufrieron con frecuencia penuria de metal, fueron levantadas dichas prohibiciones, y de esta manera se creyó que se remediaba el alza de los precios, provocada por la plétora monetaria.

Se legislaba, pues, para impedir la exportación del metal, con tanto más empeño cuanto que con ello imaginaban que se enriquecían y al mismo tiempo conseguían que descendieran los precios, que habían subido tanto que en 1555 eran triples que en los últimos años del siglo XV. Luego cayeron en la cuenta de que el oro salía, a pesar de todo, para pagar las mercancías extranjeras, ¡traídas por altos precios que reinaban en España, y vino la prohibición...de exportar mercancías españolas! Nuevo contrasentido, cuyo resultado fué agravar una balanza comercial desastrosa. Después, más lógicamente, pero siempre con desgracia, se implantó un régimen prohibitivo contra las mercancías extranjeras; al mismo tiempo, falsificaron las monedas para impedir su salida: tan pronto se las depreciaba como se les atribuía un valor más alto. Se dió a las monedas extranjeras del mismo peso más valor en las tarifas de equivalencia, creyendo que así las atraían, y sin comprender que, a causa de aquella disposición, que no lograba tal propósito, emigraban al mismo tiempo las monedas nacionales.

En último extremo, para impedir que se marchara el oro de España, que sin producir consumía, se recurrió a medios más refinados. Se intentó reglamentar la cotización del cambio y fijar el precio de la letra de cambio a la par.

Los metales preciosos arrancados en cantidad de las minas de las Indias occidentales conmovieron el orden existente, rompiéndose violentamente toda relación entre la moneda, que representa la riqueza, y la riqueza misma. Todas las clases sociales sintieron los efectos del envilecimiento de la plata. La nobleza, sobre todo, la pequeña nobleza cuya renta se componía de intereses pagados en plata a un interés perpetuo e inmutable. Al contrario, la burguesía comerciante (de todos los países europeos) se enriqueció por la elevación de los precios como por la actividad de sus negocios.

El oro afluye a España a partir de 1532; la plata llega en cantidades todavía superiores después de iniciada la explotación de las minas de Potosí, y el recurso de la amalgama, asombroso invento del español Bartolomé de Medina. Hacia el año 1550 entra en España plata en cantidad seis veces mayor que el oro; a finales del siglo la proporción asciende a 187; el metal blanco tiende, pues, a sufrir una depreciación en relación con el metal amarillo.

Consecuencia lógica de tanta riqueza: los precios aumentan. El alza de éstos y el aumento del jornal, de la mano de obra y de los materiales, contribuyó a arruinar las fábricas de España. Las naciones vecinas, aúnque también sufrieron los efectos de tal revolución monetaria, mantuvieron sus industrias en gran parte, en virtud de la demanda que los españoles les hicieron para abastecerse y negociar con las colonias.

A juicio de muchas almas piadosas y conocedores de las flaquezas humanas, en el fondo los grandes descubrimientos geográficos se derivan de causas puramente comerciales, salvo en el caso de Enrique el Navegante, cuya curiosidad científica quizá constituyó un móvil suficiente para comprobar el grado de verdad de aquellas terroríficas descripciones de las zonas terrestres y marítimas vedadas aún a la planta humana, y también respecto de la lucha emprendida por los españoles contra el Islam y, con las salvedades del caso, los empeños de Isabel de Castilla de evangelizar indios en las Indias...

Fuera de estos casos, las consideraciones comerciales han tenido en todo tiempo un lugar preponderante, cuando no único en tales empresas. Para no remontar hasta las primeras edades: los portugueses quisieron descubrir un camino nuevo hacia el país o países de las especias que les permitiera sacudirse el monopolio egipcio—veneciano, y evitar la multiplicidad onerosa de los trasbordos; los españoles desearon limitar el monopolio lusitano; los holandeses, franceses e ingleses, lucharon con todas las armas posibles para librarse de los monopolios de España y Portugal, sin contar que también pelearon entre si por las mismas razones y, esta cadena no parece habrá de tener fin.

La intensidad del intercambio entre las economías nacionales nacientes a partir de la época de los grandes descubrimientos geográficos, los gastos acrecentados que implican ya los armamentos (luego vendrían las bombas atómicas y de hidrógeno), a cargo de los Estados, reclamaría cada vez más instrumentos monetarios. Al hambre de las especias en la Edad Media se uniría la sed del oro en la Edad Moderna. Al comenzar ésta por todas partes y, sobre todo, en la Europa central, se reanudaría con resultados insuficientes la explotación de minas abandonadas desde la antigüedad, y la urgencia de nuevos métodos para elevar el rendimiento de metales preciosos. Y, sin embargo, todo el oro de Europa antes del descubrimiento del Nuevo Mundo no constituía más que una masa de proporciones muy ridículas: ¡los expertos estiman que sería un cubo de dos metros de lado!

Sabemos, pues, que a fines del siglo XV el poder adquisitivo del oro y el de la plata siguen muy elevados, y esto habría de constituir un poderoso aliciente para los aventureros que en tierras lejanas esperaban hallar a la vez oro y especias, puesto que, según creencia de la época, esas cosas eran inseparables y maduraban al mismo tiempo. Como expresión de este loco empeño surgiría este cantar:

> Gracias a Dios que ya tengo
> Dos camisas que ponerme,
> Una que pienso comprar
> Y otra que piensan venderme.

Por ello cuando el país de El Dorado se desvanece del escenario fantástico que se ofrecía para que el hombre mostrase su condición flaca y miserable, su ambición y avaricia tomarían rumbos distintos en el Nuevo Mundo:

Vender negros en las colonias, matar españoles e indios, desbalijar los galeones cargados de oro, eran a juicio de Francisco Drake, obra del elegido de Dios.

Mas, con todo el oro de las Indias ¿cuántas camisas pudieron comprarse los españoles? No es fácil dar una respuesta exacta. A la manera de don Gonzalo Fernández de Córdoba bien podría responderse así:

"En naufragios de barcos, tantos millones; en buques apresados o hundidos por los piratas, tantos millones, y en navíos que lograron arribar a puerto español, tantos millones...".

Tratándose tan sólo de los tesoros que llevó don Cristóbal Colón en su "tornaviaje", aún se discute su cuantía. Sabemos ya que una de sus convicciones era el haber encontrado las especias, cuyo comercio constituía la riqueza de los venecianos. Asimismo, estaba en la creencia de que las primeras islas descubiertas producían gran cantidad de especias. En Saometo don Cristóbal cargó la carabela de diez quintales de una substancia que él pensaba era áloe, llamándola "liñaloe". Se engañó: no era la renombrada goma de las hojas de especie de áloes, sino una madera odorífera cualquiera. Si otro día no cree en el hallazgo de la canela, que un marino portugués decía haber encontrado, en cambio, aseguró que en aquellas islas se producía el mástic, que Colón denomina almáciga, y tan abundante, que en cada localidad podría recolectarse hasta mil quintales en cada un año. Lo mismo le sucede, con el mirto o arrayán y el ruibarbo...

Entre todas las ilusiones, la de mayor entidad fué la relativa a Cipango y el Cathay. En esta última palabra cristalizaba la idea fija tanto del Almirante como de los Reyes Católicos y sus vasallos, pues, todos a una voz comenzaron a llamar Indias a las tierras descubiertas, e indios a sus habitantes.

Pero, ni las especias eran especias, ni los indios eran indios. Hasta ese momento lo único efectivo que vió Colón en el Nuevo Mundo fueron guanines, metal de tan baja ley que casi se sintió defraudado al tasarlo, y dos o tres loros vistosos con plumas de mil colores que logró llevar con vida a España, y el relato de las maravillas de las tierras lejanas.

Según Bernáldez, el Almirante llevó también diez indios en su tornaviaje, "de los cuales dejó en Sevilla cuatro y llevó a Barcelona, a enseñar a la Reina y al Rey, seis". Estos fueron bautizados en Barcelona, y de la fiesta da cuenta fray Bartolomé de las Casas de esta forma: "pocos días antes que de Barcelona se partiese (Colón), los

Reyes mandaron que se bautizasen los indios que había traído, que ya estaban bien instructos (sic) en las cosas de la fe y cristiana doctrina, en la cual los Reyes mandaron, luego como llegaron, fuesen enseñados, y en ello se pusiese mucha diligencia, los cuales de propia voluntad pidieron el bautismo. Quisieron los católicos Príncipes ofrecer a Nuestro Señor las primicias de aquesta gentilidad, con mucha fiesta, solemnidad y aparato, favoreciéndolas y honrándolas con su real presencia; para efecto de lo cual, quisieron ser padrinos el Rey Católico y el serenísimo Príncipe Don Juan, hijo de Sus Altezas, legítimo heredero de los Reinos de Castilla. Uno de los cuales quiso el Príncipe que quedase en su casa en su servicio, el cual, desde a pocos días, se lo llevó Dios para sí, porque tomase posesión el primero, según piadosamente se debe creer, de la bienaventuranza que muchos de estas naciones habían después, por la divina misericordia, de alcanzar y para siempre poseer".

Faltan noticias si los funerales de este indio serían también con tanta solemnidad.

Oviedo y Valdés, cuenta que seis indios fueron bautizados, y sólo cuatro permanecieron en España. Bernáldez, asegura que siete de ellos partieron de nuevo para las Indias, de los cuales murieron todos, excepto dos. Uno de los supervivientes fué el indio Diego, que prestó grandes servicios en el segundo viaje colonino. El mismo cronista Oviedo afirma que de los que permanecieron en España al uno le dieron el nombre de Fernando de Aragón y al otro el de Juan de Castilla y éste debió de ser el primero en alcanzar de la bienaventuranza.

Desde luego, el capítulo del oro ha merecido más consideración que el de los papagayos. Según Argensola, el primer oro de las Indias sirvió para dorar los techos y artesones del palacio zaragozano de la Aljafería. Ballesteros Baretta, explica que, lo escrito por Argensola, responde a una tradición continuada, pero quizá ese oro no provenga de lo que llevó Colón a la vuelta de su primer viaje, y sea producto de expediciones posteriores.

Otro texto, publicado en la Colección de documentos de Indias, se refiere a Toledo y expresa lo siguiente: "Los Reyes Católicos dan, como en primicias, a la Santa Iglesia de Toledo un pedazo de oro de veinte mil escudos, que fué lo primero que don Cristóbal Colón trajo de las Indias; hizóse de la custodia de oro, en que se lleva en procesión el Santísimo Sacramento, dentro de otra muy grande de plata".

Pero todavía hay una tercera versión, la cual refiere que los Reyes Católicos regalaron ese primer oro al Papa Alejandro VI, y éste lo empleó en dorar la soffita, o sea la techumbre de la gran basílica romana de Santa María la Mayor.

La cuantía de los tesoros indianos derramados en España, que servía de puente de oro, y que fueron a enriquecer principalmente a holandeses, franceses e ingleses, se fija de manera caprichosa no sólo por parte de los españoles, sino también por los extranjeros. Entre los primeros y para dar idea de las exageraciones que se han cometido al respecto, basta recordar que un historiador sevillano, en 1587, escribía, que con los caudales que habían entrado hasta entonces podría empedrarse las calles de aquella ciudad, "y que era cosa de admiración, no vista en otro puerto alguno, las carretas de cuatro bueyes que en tiempo de flota acarreaban la suma riqueza de oro y plata en barras, desde el Guadalquivir a la Casa de la Contratación". En cambio, en la provincia de Honduras, los pocos españoles avecindados en la villa de Tegucigalpa, no quedaban en figura de bocas abiertas, cuando don Antonio Tranquilino de la Rosa, cubría un buen trecho de calle con barras de plata para que sobre ellas pasasen desde su morada a la iglesia los invitados al bautizo de alguno de sus hijos.

Fray Benito Peñalosa, dice: "De ningún reino del mundo se puede decir, ni imaginar, que haya tenido más oro y plata que España, así de la cosecha y fruto de su tierra, como de lo que le ha venido de las Indias".

Jacinto de Salas y Quiroga, afirma que, a causa de la ignorancia que presidía en los Consejos españoles, "América no era más que una posesión estéril, que a lo sumo servía tan sólo para halagar el amor propio nacional". Según este autor, todo lo que sacaba España de sus posesiones de ultramar se reducía a cinco o seis millones de duros al año, cantidad apenas suficiente para el pago de una numerosa marina militar, que los celos de las demás potencias de Europa hacían indispensable para defenderla contra sus ataques. A renglón seguido Salas y Quiroga, indica que las sumas que América envió al tesoro de Madrid, en diferentes épocas, son: "...en tiempo de Felipe II,

8,600,000 de reales; en el de Felipe III, 22,000,000, y en el de Felipe IV, 38,500,000. En el de Carlos III, asegura el conde de Gausa, ministro, sólo se recibían de Nueva España, 30,000,000 de reales. Campomanes, calculaba los rendimientos anuales de América en 60,000,000. La suma media aritmética en el reinado de Carlos IV, asciende a poco más de 145,000,000 de reales. En 1793, recibió el tesoro 131,933,864 de reales.

Don Francisco de La iglesia, "examinando los libros de la Casa de Contratación y las cuentas en ellos estampadas por cada uno de los tesoreros que ejercieron dicho cargo de 1505 a 1555, ha demostrado la falsedad de los asertos que acerca de este punto se consigna en casi todos los libros que tratan de este particular, poniendo de relieve que los caudales de Indias, durante la primera mitad del siglo XVI, ni tuvieron la importancia que se ha querido darles, ni constituyeron, como también se ha sostenido, la base de la política imperial".

De los datos registrados por La iglesia, resulta que el término medio anual de lo ingresado en la Casa de Contratación de Sevilla, en oro, plata y piedras preciosas, es el siguiente:

| Años de: | 1509 | a | 1514 | 135,445,820 | maravedís |
| " " | 1516 | " | 1523 | 86,252,975 | " |
| " " | | " | 1525 | 288,518,350 | " |
| " " | 1526 | " | 1529 | 128,268,604 | ", |
| " " | 1530 | " | 1540 | 423,081,709 | " |
| " " | 1541 | " | 1546 | 329,098,096 | " |
| " " | 1547 | " | 1550 | 165,642,712 | " |

En cambio, otros datos del mismo historiador acerca del número de barcos que salieron para las Indias y regresaron de éstas en el mismo período, contribuyen a demostrar que el comercio entre España y sus colonias consistía en algo más que en los famosos caudales:

| Años: | Barcos que salieron: | Barcos que regresaron |
|---|---|---|
| 1504 a 1511 | 162 | 101 |
| 1512 a 1519 | 334 | 258 |
| 1520 a 1529 | 495 | 289 |
| 1530 a 1539 | 659 | 402 |
| 1540 a 1549 | 783 | 616 |
| Totales: | 2,433 | 1,666 |

De acuerdo a las minuciosas investigaciones por el doctor E. Hamilton, la importación en oro y plata para la Corona, entre los años 1503 a 1560, ascendió a 117,386,086de pesos, y para los particulares, en el mismo período, 330,434,845. Como punto sobresaliente, este autor señala que la mayor adquisición en metales preciosos la hizo España precisamente en los años que siguieron a la tan decantada victoria inglesa con la destrucción de la armada de Felipe II.

Cecilio Jane, manifiesta que el poder de España sobre Méjico y el Perú, y en general sobre el continente americano, no se vió nunca seriamente amenazado, y en ningún caso destruido. Y vale la pena de tenerse en cuenta que la misma víspera de su disolución final, el dominio español en América alcanzó su máxima extensión territorial recibiendo de Francia la Luisiana, y recobrando de Inglaterra la Florida, después de la guerra de Independencia de los Estados Unidos de Norte América.

España —prosigue Jane— conservó, además, un imperio en circunstancias en que se hubiera creído imposible conservarlo. En todo el curso de la Historia difícilmente se presenta un fenómeno tan curioso como el de que aquí se trata. Una nación que se iba hundiendo por bajo el nivel de una potencia de segundo orden, mantuvo intacta su posición imperial, y la mantuvo, no por ningún poderoso esfuerzo, ni por las fuerzas de las armas, ni por una afortunada inmunidad al ataque, ni por la ayuda de poderosos aliados, sino tan sólo porque las provincias que componían el imperio no sentían deseos de cortar las ligaduras que las unían con la madre patria, y aún los sentían menos de substituir por la dominación de otro país la de aquel por el cual habían sido conquistadas y pobladas.

Hablando con claridad, el imperio colonial de España, se mantuvo a base de dos refranes: Más vale ruin conocido que bueno por conocer; y más cerca está la camisa de la carne que el jubón.

El profesor C. H. Haring, escribe: En el siglo XVI, el tesoro que vino de las Indias para la real hacienda, parecía ser la esperanza y seguramente la salvación de la política de la casa de Austria. Es verdad que bajo Carlos I el dinero que vino para el rey de las colonias de ultramar lo fué en cantidad pequeña y aumentó lentamente. En 1516, el año en que el emperador subió al trono, importó este tesoro real la suma de 35,000 ducados; y si bien es cierto que en 1518 se había elevadlo esta cifra hasta los 122,000 ducados, no lo es menos que en 1521, cuando Carlos I inició sus guerras interminables con Francia hubo un descenso importante hasta llegar a los 6,000 ducados solamente. 1538, año excepcional debido a la vuelta de la primera de las grandes flotas, los cargos de la Casa de Contratación acusan un ingreso de 930,000 ducados, pero en los diez años siguientes, la suma anual ingresada de América llegó solamente a ser de unos 165,000 ducados. Sólo en los años que siguieron a 1550, cuando la carrera del emperador empezaba ya su melancólico crepúsculo, subió la renta anual de las Indias a la alta cifra de un millón de ducados, es decir, una cantidad igual a la que producían sus reinos de Flandes. Durante los cincuenta años siguientes, los tesoros de las Indias aumentaron gradualmente hasta llegar a los dos o tres millones de ducados anuales. En el siglo XVII la cantidad recibida en Sevilla bajó un poco, pero con el aumento de la prosperidad en América bajo los Borbones, subió el total anual de unos seis o siete millones de pesos fuertes.

Por su parte, Enrique See, dice: Los conquistadores saquearon sin escrúpulos los tesoros acumulados por los indios; sólo el tesoro de los Incas dió millones a Pizarro y a sus compañeros... El descubrimiento de la mina de plata de Potosí acrecentó notablemente la cantidad de metales preciosos y su producción anual era de 300,000 kilogramos (10,000,000 onzas troy). Méjico, Nueva Granada, Perú y, en menor escala, Chile, derramaban sobre Europa metales preciosos. En un siglo la producción de éstos aumentó de un modo fantástico, particularmente la plata, que, en 1520 a 1620, casi se quintuplicó.

Ahora bien, el "Testimonio de la Acta del Repartimiento del Rescate de Atahualpa otorgado por el Escriba Pedro Sancho", el conquistador Pizarro, "poniendo a Dios ante sus ojos, señaló a cada una persona los marcos de plata que le parece que merece y ha de haber de lo que el dicho cacique ha dado", y la cantidad repartida fué 971,125 en pesos de oro. En carta de Hernando Pizarro a Su Majestad avisándole su llegada a España y el motivo de su viaje, le daba la grata noticia que conducía de "sus quintos cien mil castellanos y cinco mil marcos de plata; vienen en cántaros e ollas, e otras prendas que son de ver".

A juicio de Fausto Elhuyar y de Suvisa, la explotación de los metales preciosos por los primeros colonos y por los pobladores que les siguieron, no obedeció a la codicia y ansia de enriquecerse, sino a una necesidad imperiosa. Las Indias no podían proporcionarles instrumentos, utensilios, artífices, bestias de carga y tiro, ganado vacuno y lanar, semillas, etcétera, y hubieron de valerse del oro y la plata como único recurso para tales adquisiciones tanto en España como en los otros países de Europa.

En busca de reducir, aproximadamente, las distintas cifras anteriores, se dispone de los cálculos hechos de acuerdo a la legislación monetaria de 1475 y 1497, sobre monedas españolas de la época de Colón, y sus equivalentes en dólares antes de 1934, que acompaña Samuel Eliot Morison, a su libro El Almirante de la Mar Océano, así:

| En maravedís: | Valor en dólares: |
| --- | --- |
| Un maravedís (cobre) | $ 0,007 |
| Un real (plata): 30 maravedís | $ 0,135 |
| Un ducado (oro): 375 maravedís | $2,32 |
| Un castellano (oro): 435 maravedís | $3,025 |

El marco fué una medida de peso equivalente a 230,04 $^{1/2}$ gramos.

Armando Alvarez Pedroso, al discutir la unidad monetaria corriente en España, en la época de Colón, consigna: el maravedí con el equivalente $ 0,007, moneda norteamericana anterior a la devaluación de 1,934, no significa nada, "pues es imposible comparar el valor que tenía la moneda en aquella época y el que representa en nuestros días".

"Para que podamos formarnos una idea estimativa de la misma, debemos señalar el valor de adquisición que proporcionaba hace cuatro siglos y medio; lo que significaba para los hombres de aquellos días; la capacidad económica que brindaba en aquel momento. A este fin, presentando algunos ejemplos del precio de las cosas, en monedas de la época, podrá formarse el lector un juicio muy aproximado del valor representativo del maravedí, en vida de Colón".

Luego cita al Inca Garcilaso de la Vega, cuando dice: En esta ciudad de Córdoba, un hombre noble que falleció en ella, pocos años antes que se descubrieran las Indias, en su testamento entre otras cosas manda que se haga cierta fiesta a Nuestra Señora y que la misa sea cantada y que predique en ella un religioso de la orden del Divino San Francisco y que se les dé limosna para que coma aquel día el Convento, treinta maravedís. De suerte que, con 30 maravedís —concluye Álvarez Pedroso— se podía alimentar, todo un día, a los frailes de un convento, que, por pocos que fueran, sumarían cinco o seis.

"El mismo Garcilaso, dice: Los Reyes Católicos, don Fernando y doña Isabel, tenían tasado el gasto de su mesa y plato en doce mil ducados cada año. Por consiguiente, cuatro millones quinientos mil maravedís, al año costaba a los Reyes los gastos de palacio, incluyendo el considerable número de personas agregadas al séquito real como caballeros, continos, escuderos, pajes, soldados, criados, sirvientes, etc".

¡Y, el Potosí! Cifra y resumen del enriquecimiento fabuloso. Valer un Potosí. Luego salta esta copla:

Diera yo porque me dieras
de tu linda boca el sí,
las alfombras de Turquía,
las minas de Potosí.

Pero, Wáshington Irving, hablando de la secular y casi endémica pobreza del pueblo español expresó ya con exactitud admirable —según Salvador de Madariaga— cómo el desprecio del dinero es uno de sus sentimientos más difundidos. La literatura popular española ha señalado también el mismo pensamiento en coplas como esta:

Si me quieres de amores,
Toda soy tuya;
Pero si es por dinero,
Cosa ninguna.

Por más que se quiera, las coplas no ponen ni quitan nada al rendimiento de las minas americanas, y la prueba es que, por gracia o por dinero, el rey otorgaba com10 favor pingüe la merced del derecho de escobilla, que era el de barrer y aprovecharse las limaduras y residuos que caían entre el polvo en las funciones y casas de moneda.

Finalmente, ¿de qué provecho fueron para España los caudales que recogió de las Indias?

Los españoles mismos nos ofrecen la respuesta.

Don Baltazar Gracián no duda de que, sin los desaguaderos de Flandes, las sangrías de Italia, los sumideros de Francia y las sanguijuelas de Génova, todas las ciudades de España estuvieran enladrilladas de oro y muradas de plata.

Don Francisco de Quevedo y Villegas: Ahora veo que los franceses sois los piojos que comen a España por todas partes, y que venís a ella en figura de boca abiertas, con dientes de peines y muelas de aguzar.

Don Baltazar de Álamos y Barrientos: Porqué dígame cualquiera más cursado en estas materias: si Inglaterra no roba, ¿qué han de hacer, en qué se han de ocupar, ni de qué han de vivir?

Don Cristóbal Suárez de Figueroa, veía con malos ojos los dominios: Las Indias, para mí, no sé qué tienen de malo, que hasta su nombre aborrezco. Todo cuanto viene de allá es muy diferente, y aún opuesto, iba a decir, de lo que en España poseemos y gozamos. Notables sabandijas crían los límites antárticos y occidentales.

Y, don Gaspar de Guzmán, conde—duque de Olivares, advierte que los enemigos de España se han enriquecido a costa de la nación, "y que no corriendo por su cuenta el despacho de los galeones gozan en ellos incomparables sumas de las que iban para Su Majestad y sus fieles vasallos".

"Pues, qué cosa nació en España buena a ojos de otras naciones, ¿ni qué crió Dios en ella que a ellas les pareciese obra de sus manos?"

**NO OBSTANTE** —dice Altamira y Crevea— las muchas guerras por mar que hubo de sostener España, y lo necesario que era mantener la comunicación con sus posesiones y colonias distantes, ni el gobierno se preocupó en general de robustecer la marina de guerra, ni la hubo propiamente oficial en mucho tiempo después del descubrimiento del Nuevo Mundo. Se hacía uso entonces del sistema de los arrendamientos, o contratando buques, ya construidos en España por armadores particulares, que con esto se lucraban bastante, ya obtenidos del extranjero, particularmente de las repúblicas italianas.

En los contratos o asientos se consignaba el número de barcos que suministraba el armador, sus condiciones, el precio del arrendamiento y servicio, y, a veces, el plazo de éstos. Este sistema dió buen resultado naturalmente cuando las naciones enemigas de España carecían aún de escuadras importantes; pero así que éstas se formaron en Holanda, Francia e Inglaterra, se puso de manifiesto el perjuicio que había en no tener España astilleros oficiales que proveyesen a las necesidades, en vez de esperar a que los armadores ofrecieran o pudieran ofrecer navíos bastantes y útiles.

En tiempo de Carlos V, se construyeron algunos buques por cuenta del Estado; pero aún esos se recibían por sueldo convenido a quien los armara y mantuviera en pie de guerra. Sin embargo, España era entonces el primer poder marítimo de Europa y también ocupaba el primer puesto en las artes de la navegación y de la construcción naval. Sus navegantes habían aprendido cruzando el Atlántico a utilizar la corriente norte ecuatorial en sus travesías al occidente, y la corriente del Golfo en sus viajes de retorno. Observaron los vientos y los anotaron en sus cartas, guardando cuidadosamente sus secretos de navegación. Los carpinteros de ribera españoles construían ya galeones y carracas de gran tonelaje y ponían plomo en sus quillas, empleando clavos de cobre y cadenas de hierro. Los nombres de los cosmógrafos españoles Martín Fernández de Enciso, Alonso de Santa Cruz, Andrés de Poza y Martín Cortés, juntamente con Pedro Salaciense Núñez, portugués, pueden figurar dignamente con algunos otros extranjeros entre los precursores de Mercator y de Wright. El

Breve compendio de la esfera y del arte de navegar, por Cortés, durante mucho tiempo fué el texto preferido por los ingleses. A los franceses, holandeses e ingleses les costó casi un siglo igualar las proezas españolas. Cuando Enrique VIII de Inglaterra comenzó a construir una marina real de combate sobre principios modernos, contrató carpinteros españoles para sus astilleros y empleó marineros españoles, "porque eran los más hábiles en el manejo de los grandes navíos".

En el siglo XVII, el gobierno de España compró algunos buques en el extranjero; pero ni se abandonaron los asientos ni en las naves construidas exprofeso para el rey predominó (aún a fines del siglo XVIII) la forma de administración, sino la de contrato con armadores particulares. En los casos de arrendamiento propiamente dicho (lo más usado en el siglo XVI), al inconveniente ya citado se unía la codicia de los armadores o capitanes que, a más de escatimar lo necesario en el equipo o armamento, la artillería solía ser de cuenta del rey, como se ve por el asiento de Carlos V con Juan Andrea Doria, y, naturalmente, acostumbraban evitar los combates para disminuir los riesgos, como se diría del propio Doria en su lucha contra el pirata Khair—ed—Din, alias Barbarroja, o como aconteció con algunos de los navíos de la famosa escuadra que armó Felipe II, y la cual nunca él llamó la Invencible.

Adoptóse siempre en escala creciente el embargo de los barcos mercantes, en caso de apuro. Pero el resultado final de esta medida fué destruir la marina mercante y de pesca, y arruinar a los mismos armadores que, como quiera, habían prestado servicios de gran importancia.

Hay constancia de que había en España en 1580 más de mil barcos de alto bordo, de los cuales unos cuatrocientos eran vizcaínos, montañeses, asturianos y gallegos, que iban a la pesca de Terranova, o transportaban mercancías a Flandes, Francia e Inglaterra; y más de mil pinazas hasta de ochenta o noventa toneles en la costa de Vascongadas y Santander. Todo esto se aniquiló, "pues —así dice un memorial de los últimos años de Felipe II— embargados los navíos y la gente, al cabo de muchos años nunca se acaban de fenecer las cuentas, y cuando se les libra y paga sus alcances, es a tiempo que la mayor parte de los hombres son muertos y todo se consume en costas y salarios de los que solicitan".

Para remediar este daño no fueron eficaces las quejas continuas de los armadores y los comerciantes, y las formuladas en Cortes. En tiempos de Felipe II y de Felipe III, fué preciso fijar primas de construcción a los fabricantes de barcos de más de trescientas toneladas, para restaurar la industria, apurada y consumida, "por los daños que han sufrido los dueños de las naos, cansados de los perjudiciales e inoportunos embargos". Entre los que reclamaban así figuraban grandes señores, como el duque de Osuna y el de Lerma, y aún obispos, como el de Palencia y el de Mallorca. En 1633 se procuró nuevo remedio, estimulando el armamento de barcos de particulares, siguiendo un sistema de premios y poniendo los astilleros bajo una autoridad central para mejorar naves y métodos de navegar.

Con el empleo de los sistemas de arriendo, construcción oficial o por cuenta del Estado, compra y embargo, se llegaron a reunir en España, algunas veces, escuadras considerables organizadas con fines de guerra. Como escuadras de particulares al servicio nacional, son de citar: la del duque de Lerma, de cuatro galeras, para cuyo armamento obtuvo merced perpetua; y la del duque de Osuna que, en cierto modo, era corsaria, por más que el corso estaba entonces prohibido en España y a él fueron por mucho tiempo contrarios los reyes, no obstante verlo usado por naciones enemigas y saber cuán grande auxilio prestaría en las guerras y para combatir a los piratas.

Carlos V, había permitido el corso para contrarrestar las piraterías de los franceses y de los mahometanos del norte de África sobre las costas del sur de España, con merced de un quinto del botín. Esta autorización la renovó Felipe III, y con más amplitud Felipe IV, en atención a que los embargos de navíos eran medio casi agotado por la ruina y el desaliento producido en los armadores. Respecto a las Indias, se mantuvo durante más tiempo la negativa del corso, por temor de que se abusara contra el monopolio del comercio. Pero al cabo se permitió y prestó grandes servicios principalmente en la lucha contra los filibusteros que invadieron el Océano Pacífico.

Consideróse y discutióse mucho durante la época del filibusterismo la conveniencia de emplear contra el sistema de guerra inventado por los "herejes" un procedimiento semejante. "Esto es, se quiso que España autorizara el corso contra el corso, la piratería contra la piratería. Para ello hubiera bastado con expedir licencias a los armadores particulares a fin de que enviaran sus naves a los mares americanos a combatir, por su cuenta y riesgo y mediante determinadas ventajas, a los enemigos de la Corona. Esta se mantuvo por mucho tiempo negada a autorizar la represalia en esta forma, aunque, como asegura Haring, "semejante recurso hubiera sido a la par eficacísimo contra los bucaneros y económico en grado sumo, porque habría llenado los mares americanos de bajeles armados sin gravamen alguno para las arcas reales; pero a ello se oponían abiertamente la Casa de Contratación y los mercaderes de Sevilla, temerosos de que tales comisiones condujesen a una infracción del monopolio mercantil".

Don José de Veitia Linaje, en su Norte de la Contratación de las Indias Occidentales, se extiende considerablemente en la exposición de este asunto, al que estaban vinculadas razones de mucha más fuerza que las señaladas por Haring.

Por su parte, Manuel Arturo Peña Batlle, comentando esta materia dice que, además de todo cuanto adujo aquel competente funcionario contra las demandas de autorización para el corso, finalmente acogidas desde 1674, podrían formularse otras razones en favor de la persistente actitud del gobierno español. "La España de la Contrarreforma, la que puso sobre sus espaldas todo el peso de la cerrada lucha que inició el Concilio de Trento contra los movimientos reformistas, no podía adoptar los mismos sistemas realistas y nuevos de sus enemigos...No se concibe a Carlos V, ni a Felipe II, ni aún a sus sucesores inmediatos, haciendo guerra de corso, ni alentando con sus propios recursos la piratería y el robo marítimo. En momentos en que los grandes pensadores españoles como Vitoria, De Soto y Suárez echaban las bases doctrinarias del nuevo Derecho internacional y en el que los grandes teólogos como Laínez, Salmerón, Melchor Cano y otros muchos construían, en las reuniones del Concilio, el imponente edificio moral de la Contrarreforma, no es posible pensar que sus grandes hombres de Estado, propulsores los más esforzados de este profundo movimiento de ideas, se dedicaran a la práctica sediciosa de quienes combatían, precisamente, el éxito de aquellos principios y doctrinas...España cumplió a plenitud una misión trascendental, planetaria, sólo porque no permitió una sola rajadura en su armazón ético por donde se infiltrara el virus de la Reforma".

Por el triunfo de un programa moral de convivencia, de carácter ecuménico, se mantuvo en guerra España durante siglos. Indudablemente, para Carlos V y Felipe II, el problema era salvar, fuera como fuera, todo lo que se pudiera de Cristiandad. Hoy, Shakespeare, quizá diría: Salvar la democracia, esa es la cuestión.

Don Felipe II, llegaría a revelar todo su pensamiento cuando dijo que no consentiría que se atacara en nada la Fe Católica, "aunque se pierdan los Estados". Sentimiento que Santa Teresa de Jesús, pondría en estas palabras: Por un punto de aumento en la Fe y de haber dado luz en algo a los herejes, perdería mil reinos y con razón.

Por todo esto, Calderón de la Barca, enhiesta ve la Cruz que marca el camino de los voceros del imperio español:

Pues nadie habrá que la vea
que no diga: Aquí llegaron
españoles. Que ésta es muestra
del celo que los anima
y la fe que los alienta.

Volvamos sobre las cosas terrenales. Un autor inglés dice que, los españoles aún cuando se pusieron a construir en serio una flota de guerra oceánica, fueron estorbados por los ideales feudales y militares que calaban su vida social, y por las tradiciones mediterráneas de su marina, adornada siempre con los laureles de Lepanto.

Desde 1535, los vecinos de los puertos del Mar del Sur, esto es, de la costa sudoeste, sur, sudeste y este de Sudamérica, tenían licencia concedida para fabricar navíos como a bien tuviesen, y desde 1551, todos los buques grandes y pequeños que en esos parajes existían podían cargar libremente, y los mercaderes y tratantes transportar sus mercancías en barcos de toda suerte de cabida, como mejor les pareciese.

Con motivo de la guerra que España venía sosteniendo con Francia y Holanda, y con el propósito de vigilar también los intereses continuamente sometidos a los asaltos de los piratas de aquellas naciones, se organizó en 1620 una escuadra especial que se llamó la

Armada de Barlovento, organización marítima que funcionó con mucha irregularidad e intermitencia, subordinada a los virreyes de la Nueva España. Veitía y Linaje, se refiere a esta Armada y da cuantas informaciones pudo lograr sobre su funcionamiento, muy escaso por cierto. "Duró poco en las Indias—dice el eminente comentarista—el buen logro de los trabajos y dificultades que en la formación de esta Armada se vencieron, sucedióle lo que en otras muchas cosas reconoce la experiencia en los efectos humanos, que llegándose a poseer lo que falta y se desea, es consiguiente la desestimación, puesto que apenas se vió en aquellas Provincias, cuando se dificultó por el virrey de la Nueva España la posibilidad de sustentarla, y se ponderó su mucha costa, y lo que ésta minoraría los envíos de la Real Hacienda, consideración que obligó a que se enviase orden el año de 669,para que la Capitana y Almirante volviesen a España trayendo la hacienda Real de aquel año, y que el Gobierno con las otras dos naos quedase a cargo del Almirante D. Alfonso de Campo, como se ejecutó, y el General D. Agustín de Diustegui, y el Gobernador D. Antonio de Laiseca, surgieron en la bahía de Cádiz a 2 de enero de 1669".

Reorganizada, pues, la Armada de Barlovento en 1667, "en contemplación de lo que crecían los clamores de las Indias por ella', a poco fué necesario disolverla, como queda ya indicado.

La Armada de Barlovento, pagada por las colonias, parece que se compuso al principio de catorce navíos, y con ella consiguió el gobernador de Cuba, don Lorenzo de Cabrera, en 1625 y 1630, arrojar a los bucaneros de las islas de San Bartolomé y San Cristóbal.

La Real Audiencia de Guatemala recibió mandamientos en el mismo año de la creación de la susodicha escuadra para cobrar un derecho, también denominado de Barlovento, en esta forma: 4 reales por cada zurrón de tinta añil que se sacara de la Capitanía;2 reales sobre cada arroba de grana; 1 real por cada cuero de ganado vacuno, por cada petaca de brea y por cada arriba de zarzaparrilla. El comercio continuó, sin embargo, en las mismas condiciones desfavorables que antes de la formación de esta flota, y se vió interrumpido casi por completo en más de una ocasión pese al pago de estos derechos con toda regularidad. Así las cosas, el gobierno envió a España un procurador para que gestionara por los intereses de las provincias de la Capitanía, con instrucciones de hacer ver que los piratas habían causado ya la pérdida de unos cuantos millones de ducados, y también sobre la conveniencia de que todos los años viniese por lo menos dos galeones de la dicha armada a los puertos de Honduras, con la condición de que se haría la entrega de los dineros del tributo en Trujillo, o en Santo Domingo. En caso contrario, se pedía del gobierno metropolitano una autorización para que los oficiales competentes de Guatemala pudiesen destinar aquella suma de dinero en la defensa de los puertos de la Capitanía General.

Como es bien sabido, la galera fué el tipo de barco más usado en un principio en España, y otros países, que si bien cayó en desuso a fines del siglo XV por ser impropia para la navegación en mares profundos, recobraría su prestigio para hacerle frente a la marina de remo de los piratas turcos y berberiscos, en cuyas manos la galera de guerra logró su mayor perfección.

Este buque dependía principalmente del esfuerzo muscular de sus tripulantes con los remos como sistema de propulsión y sólo utilizaba la vela si las condiciones de mar y de tiempo eran favorables. La tradición marinera de los romanos tuvo, según se dice, parte en la concepción de las líneas de la galera, que se remonta cuando menos hasta los tiempos de los egipcios y del imperio cretense. Cuando los primeros alcanzaron el dominio del mar, la hicieron evolucionar hasta el birreme, pero conservaron la proa baja, la alta popa, las líneas rectas y el espolón. A su vez los griegos elevaron la potencia de propulsión empleando hasta cuarenta remos. Esto, a juicio de los cursados en la materia, originó su propia muerte, porque la galera dejó de ser práctica y económica.

Entre los cristianos, los mercados de esclavos y las guerras contra los infieles proveían mano de obra con amplitud para sus galeras hasta que los últimos volvieron la oración por pasiva y pegaron a los cristianos a los remos de las galeras hasta que reventaban.... Mas, habría también que anotar en el haber del esclavista mahometano el hecho de que, aún cuando consideraba a su cautivo cristiano como un animal, semejante al caballo, y aún le tenía igualmente por infiel y le llamaba perro, por lo menos le cuidaba y alimentaba para que trabajase mejor. En cambio, los cristianos siempre consideraron a sus cautivos peor que herejes endemoniados y los dejaban morir de hambre muy pronto. De haber procedido los islámicos igual que los cristianos, el mundo de éstos hubiera perdido al glorioso San Vicente de Paul, que fué capturado en 1605 durante un viaje de Marsella a Narbona, como también al no menos excelso Miguel de Cervantes Saavedra, antes de escribir Don Quijote de la Mancha, apresado a bordo del Sol, galera al mando de Gaspar Pedro, el 28 de septiembre de 1575, a la altura de un lugar llamado "Las Tres Marías" sobre la costa francesa, por tres galeras turcas que comandaba un renegado albanés, Arnaute o Dali Mami.

La galera de guerra sobrevivió a la invención de la pólvora a causa de su poderoso espolón y durante siglos llevó un formidable armamento de cañones en s castillo de proa. Para los viajes lejanos de entonces la galera llevaba generalmente dos palos: el más pequeño iba a proa y el mayor en el centro de la nave. Este tipo de barco no sirvió en el mar Océano, porque las tierras que lo bordean carecían de mercados de esclavos como los del Mediterráneo, las distancias eran mayores y no era posible cargar alimentos suficientes para la oficialidad y tripulación.

¡Mas, oh portento! La galera continuaría usándose a pesar de que resultaba un anacronismo después de los grandes descubrimientos geográficos. Y sobreviviría porque, según sapientísima opinión de San Francisco de Asís, "el hombre es inhumano para el hombre". Por ello la galera degeneró de ser un buen buque de guerra a ser una celda penitenciaria: ¡A las galeras! Tal era la sentencia pronunciada corrientemente en tiempo de Luis XIV de Francia, y de otros muchos cristianísimos monarcas....

El galeón, hijo bastardo de la galera, bajel grande de vela, semejante a la galera y con tres o cuatro palos en los que orientaban, por lo general, velas de cruz, fué el rey del Océano desde mediados del siglo XVI hasta que vino a destrozarlo el velero de muchas troneras de Drake, Nelson y Suffren.

Uno que conoce la materia dice que, los españoles conservaron sus galeones hasta mucho después que las demás naciones marítimas habían evolucionado hacia tipos de buques más pequeños e infinitamente más rápidos. Esta porfía para no cambiar de ideas, a pesar de todos los informes en contrario, fué probablemente la causa principal de la pérdida de su poderío naval. Aquellos pesados buques, verdaderas fortalezas flotantes, habían sido un gran éxito en las aguas comparativamente serenas del Mediterráneo; pero en las tempestuosas del Atlántico y del Pacífico, en donde no les era posible abrir sus portalones y usar sus pesados cañones, resultaban simples blancos indefensos. Cierto que una certera andanada de cientos de cañones era fatal para los mucho más pequeños navíos de los piratas que trataban de cazar esos flotantes portadores de tesoros que usaban los españoles; pero los listos marineros herejes dieron luego en el truco de maniobrar sus barquichuelos tan velozmente dentro de la zona de peligro en que podían ser castigados, que en menos de un suspiro lograban situarse donde las pelotas lanzadas por los castellanos pasaban por sobre las cofas de sus mástiles, asegurándose al mismo tiempo que cada uno de sus propios tiros daría con certeza en el blanco.

"Lo mismo si estaban sobre una galera de remos que en galeón velero, el instinto español en el mar era navegar derecho a vela o remos para acercarse y pasar por ojo o abordar al enemigo. Los españoles, en resumen, como los griegos, romanos y venecianos, antes que ellos, querían hacer la guerra naval tan parecida a la terrestre como los elementos lo permitieran. Atestaban sus barcos de soldados, que despreciaban a los marineros y les daban órdenes, como si ellos fuesen galeotes'. Los marineros —escribe otro autor—no son sino esclavos para el resto, para bregar día y noche, y son pocos y malos, y no les sufren que duerman ni se cobijen bajo cubierta.

"Fueron los ingleses los que guiaron al mundo en la evolución de un nuevo tipo de guerra en el mar, decidida por cañones disparados desde las troneras de los costados del navío. Los cañones de Drake no eran mucho más pequeños, aúnque si menos numerosos, que los que iban a bordo de los barcos de tres puentes de Nelson. Para servirles era más importante el marinero que el soldado, porque el éxito del fuego de cada boca dependía de maniobrar el barco a posiciones favorables para enfilar al enemigo y de apuntar los cañones con instinto de marino para calcular el balanceo de los buques. Para sir Francis Drake el buque de guerra era una batería móvil; para el duque de Medina Sidonia (que se mareaba lastimosamente a bordo) era una plataforma para transportar a la acción a sus soldados de espada y mosquete".

En 1550, don Álvaro de Bazán, primer marqués de Santa Cruz, había de celebrar con el rey de España un asiento sobre una armada para llevar el oro y plata del Perú, y acerca de algunas innovaciones en galeones y galeazas:

"Otrosí, fué asentado que lo que está dispuesto en una de las ordenanzas sobre que no lleve carga en la segunda cubierta se entienda solamente para los navíos usados que ha de traer, y que para los otros de la nueva invención y las galeazas no se entienda sino para postrera cubierta, que es la más alta donde van los cuarteles y han de pelear... Nos, mandamos a los dichos oficiales que atento que los navíos del dicho don Álvaro son de nueva invención y las galeazas son diferentes que pueda llevar en ellas los pasajeros que le pareciere que puedan ir sin inconvenientes".

"Otrosí, porque el dicho don Álvaro dice que ha hecho y piensa hacer en los dichos galeones y galeazas algunas nuevas invenciones y así mismo en las velas y otras cosas de ellas y nos ha suplicado le hagamos merced que por el tiempo de quince años no pueda ninguna persona de nuestros súbditos en todos los nuestros reinos hacer otra como ellas, siendo cosas que no se hayan hecho en ninguna parte, y si lo hicieran otros extranjeros no puedan cargar ninguna ropa en los nuestros reinos, tenemos por bien que el dicho don Alvaro goce de esta merced y privilegio....y que los dichos quince años comiencen a correr desde el día que comenzará el tiempo de este asiento, y para ello se le dan las cartas y provisiones necesarias".

Don Álvaro de Bazán —de acuerdo con Fernández Duro— fué el primero que empleó en la navegación de las Indias, grandes galeones de su propiedad para el transporte de mercancías y caudales. Ideó un nuevo tipo de galeón, e imitó de genoveses y venecianos la "galeaza'", para cuya construcción obtuvo patente exclusiva. Se le pidió que suministrara en el término de dos meses seis galeones con desplazamiento en conjunto de 2,000 toneladas; tres del nuevo modelo y tres del antiguo; luego debía comenzar a construir seis galeazas, tres de las cuales reemplazarían a los tres galeones del viejo tipo, terminándolas tan pronto como fuese posible, de modo que al fin pudiera haber tres nuevas armadas de dos galeazas y un galeón cada una. Estas armadas harían la carrera de Veracruz, Nombre de Dios y Santo Domingo, respectivamente, y a las cuales se les otorgaba el monopolio y privilegio de transportar de las Indias los caudales del rey. Se les permitía embarcar todos los artículos que los comerciantes particulares quisieran encomendarles, quedando sujetas a los reglamentos ordinarios que regían el tráfico americano, bien que no se les obligaba a escoltar otros navíos, pues eran dueñas de ir y venir independientemente de otras naves. El rey prometió contribuir con 1,800 quintales de artillería y otro tanto de municiones, proveyendo don Álvaro lo restante del equipo; el monarca contribuía también con 3,200 ducados para cada viaje; pero se reservaba el derecho de requisición sobre cualesquiera de los bajeles de Bazán, o sobre todos, para aplicarlos a otros servicios.

A don Álvaro —como hemos visto— se le concedió por quince años el título de capitán general de la navegación de las Indias, y en caso de morir en este espacio de tiempo dejando un hijo mayor de edad, éste podía heredarlo en el cargo. Tanto el Consulado como el Consejo de Indias se mostraron muy opuestos a semejantes condiciones, especialmente por la exención del servicio de guardia o escolta; pero el asiento fué confirmado finalmente.

Podría pensarse que las "nuevas invenciones" de don Álvaro no darían mayor velocidad a los galeones ni a las galeazas, cuando en la batalla de Lepanto, veinte años más tarde, el capitán general no pudo darles caza a las galeras de Eluch—Alí, a pesar de haberlas seguido con todo empeño y tan sólo porque eran "más rápidas" y se perdieron en la lejanía...

Posteriormente, se inventan en Europa nuevos tipos, ya de vela: galeoncetes, filibotes, escorchapines, que procuraban, aumentar las con adiciones de ligereza de los anteriores y substituir a algunos de éstos, como los escorchapines a las carabelas; ya mixtos tratando de hermanar las ventajas de las galeras y las naos (galeazas y galibrazas); pero estos últimos tuvieron escaso éxito.

En tiempo de Felipe III, se puso en manos del almirante general Diego Brochero la dirección total de los negocios navales, y con ello se logra mucho en mejorar la técnica de construcción, aúnque sin variar sustancialmente los tipos ya conocidos, y en el sentido de combatir el desdén con que antes se veía el servicio marítimo. Brochero, a quien se dio asiento en el Consejo de Indias, y por ordenanza de noviembre de 1666 "para las armadas del mar Océano y flotas de Indias", introdujo reformas encaminadas a crear orden y sistema, sobre todo en las flotas americanas.

También se usaba la vieja carraca, tarda en navegar, hasta de 400 toneladas de desplazamiento, alto castillo a la popa, redonda, pero verdadero almacén flotante. El patax o patache, antigua embarcación de vela, de dos palos enterizos, usado como buque de guerra y destinado por los españoles para llevar avisos, reconocer costas y guardar la entrada de puertos. El bergantín de dos palos y vela cuadrada o redonda, muy apropiado para la ofensa y también para la...huida. Respecto a este nombre desde el siglo XIV se habla de bergantín o bregantín, nave ligera usada por los piratas, "y por eso su nombre procede de brigancios o bergantes, tropas fuera de la ley.

Creciendo cada vez la capacidad y fuerza de los buques de guerra, llegaron a construirse hasta de 120 cañones, con triple cubierta. A la vez se rebajaron los castillos, se corrió la cubierta alta y se aligeró en general el navío, naciendo el tipo fragata, que de día en día fué propagándose, junto con los llamados "barcos longos", embarcaciones antiguas, largas y estrechas, de dos palos y muy veleros.

En 1642, se introdujeron en España los galeones de fuegos, o brulotes, cargados de materiales combustibles e inflamables, que se dirigían contra las naves enemigas para incendiarlas, siempre que la mecha no se apagara, que con éxito usaban los holandeses, ingleses y franceses; pero en manos de los españoles dieron escaso resultado o fueron empleados raras veces porque, a juicio de éstos, no era de gente bien nacida hacer arder un barco enemigo desde larga distancia.

Quizá no sea del todo ocioso entre aquí en la significación de tonelaje en 1492 y en los años subsiguientes. El tonelaje no era ni el peso ni el desplazamiento del navío ni su capacidad de peso muerto. Tonelaje significaba simplemente la capacidad cúbica en toneles de vino. La tonelada castellana o el tonel portugués eran, en realidad, una cuba de vino, equivalente en volumen a dos pipas, o "el de ocho codos cúbicos medidos en el codo Real lineal de 33 dedos, de los que una vara castellana tiene 48..." En otras palabras, la tonelada de Castilla era igual en peso a veinte quintales, y se consideraba que en las naos españolas de los siglos XVI y XVII equivalía a un espacio de algo mayor de cincuenta y seis pies cúbicos. Como el vino era un cargamento común, y tanto las candiotas como los toneles lo eran, la capacidad de carga de un buque bajo sus cubiertas en toneles se hizo práctico índice de su tamaño. Según Samuel Eliot Morison, el tonelaje de un barco en 1492 indicaba el número de toneles o dos veces el de pipas de vino que podía estibar. El tonel o tonelada, siendo caprichosamente más a menos equivalente a 40 pies cúbicos, hizo que esta cifra se transformara con el correr del tiempo en la unidad de carga para los buques. Del siglo XVII en adelante comenzó la costumbre de marcar el tonelaje oficial de un navío por la fórmula compuesta de su largo, ancho y profundidad, lo que daba una aproximada medida de su capacidad.

Las carabelas —escribe Carlos Pereyra— tuvieron panegiristas exaltados, pero no les faltaron censores que llegaron hasta la diatriba.

Las carabelas españolas y portuguesas del siglo XV —dice J. H. Parry—, eran fuertes, fáciles de manejar y marineras. No eran las tinas o cascarones de la historia popular, y todas, aún las más pequeñas, estaban completamente cubiertas.

Por su parte, Morison proclama que la carabela de 1492, tanto en aparejo como en la forma de su casco, era el resultado del feliz enlace, en el infante don Enrique, de la sabiduría matemática con la habilidad marinera práctica de medio siglo de experiencia en viajes al África, de veinte años de comerciar con Guinea y la constante experimentación en los astilleros portugueses y andaluces. "De suerte que, si Colón hubiera tenido a su disposición toda la flota mercante de Europa para elegir, no hubiera podido hacer nada mejor que seleccionar las carabelas lusitanas o andaluces".

Ballesteros y Baretta, con la edición de Gregorio López, prueba que en las Partidas del Rey Sabio se mencionan las carabelas, así: "e dizenles nomes por que sean conocidas, como Carraca, Nao, Galea, Fusta, Balener, Leño, Pinaca, Carauela e otros barcos". Mientras López de Mendonca emite su parecer inclinándose a su derivación árabe o marroquí; de caravo procedería la denominación carabela o caravela, como de gale, galeota y de batelao, batel., Todo parece indicar, además, que en el siglo XIII se aplicaba el nombre de carabela a ciertas embarcaciones de pescadores y también a una especie de navíos mercantes. Mas, respecto a las carabelas todavía no terminan las discusiones suscitadas al tratarse de su origen y arquitectura. Para algunos historiadores de náutica la carabela tenía una forma larga y angosta con tres palos sin cofas, una sola cubierta, popa llana y velas latinas. Otros sostienen que la carabela era más alargada que la nao y no tenía castillo a proa, sino en todo caso tilla, como los actuales botes y lanchas de guerra. Mientras los especialistas de arquitectura naval resuelven este problema, conviene tener presente que los portugueses usaban preferentemente la carabela en sus primeros viajes de altura y cuando los de Palos tuvieron que contender con ellos por sus pretensiones a las Canarias, emplearon las mismas embarcaciones que sus adversarios y de esta manera en la costa meridional andaluza se habituaron a emplearlas.

La costumbre apellidó carabelas a los tres buques de Colón, pero carabelas eran solamente la Pinta y la Niña, construidas en los astilleros de Palos. En cuanto a la Santa María era nao, embarcación de más porte, fabricada en los astilleros del norte de España. "Las Casas, que no era marino sino fraile y poco entendía de marinería, llama a veces carabelas a las tres, cuando habla por su cuenta, pero al copiar el Diario de a bordo no se equivoca, porque nombra navíos a todos los de la flota, nao a la Santa María y carabelas a las otras embarcaciones".

Van Loon, afirma que, dos malos barcos de pesca, tales como la Pinta y la Niña, "no hubiesen franqueado jamás la distancia que separa Tenerife de Guanahani, en sólo treinta y siete días, sin seguir la corriente ecuatorial del norte; y al regreso la corriente del Golfo y los vientos del oeste, que los llevaron a las Azores... viaje que no ofrecía dificultad alguna siempre que no se desviasen del rumbo y fuesen a toparse con las calmas del Mar de los Sargazos".

En conclusión: ¡siguiendo corrientes marinas y dejándose llevar muellemente por los vientos, el propio Van Loon hubiera hecho el descubrimiento del Nuevo Mundo!

**SIENDO LA** artillería el arma más necesaria para el ataque, los Reyes Católicos, con el mayor afán se decidieron al aumento y perfección del arte tormentaria. Hacían llegar ingenieros de Italia, Francia y Alemania, que llevasen la "última palabra" en materia de artillería; pero el jefe de todos era un caballero español, "el famoso ingeniero don Francisco Ramírez de Madrid, valeroso y entendido capitán, que dirigía hábilmente los ataques y solía ser el primero en los asaltos".

Además de la antiquísima pólvora española, bassora, los Reyes se abastecían de este explosivo de Valencia, de Barcelona, de Portugal y de Sicilia, que depositaban para su conservación en subterráneos hechos a propósito. En su tiempo se multiplicaron los cañones, se mejoró su construcción, se dió más conveniente proporción a los calibres, se aminoró el peso de los cuerpos arrojados, las baterías hacían ya mucho mayor número de disparos y con más empuje que antes, se lanzaban mixtos y cuerpos incendiarios.

Así, un buen día, aparece Isabel sobre un caballo, vestida de blanco y oro, y relumbran frente a las murallas moras las nuevas "lombardas" que arrojan balas de mármol y de hierro. También van a ensayarse unas nuevas máquinas infernales, abuelas lejanas de las bombas incendiarias de hoy, que tiran pelotas de estopa y pez, haciendo arder casas enteras.

En cuanto al uso de la artillería en el mar no consta con evidencia hasta 1369, año en que don Pedro de Castilla se presenta delante del puerto de Barcelona con naos y galeras, y en la defensa de aquél jugó "una lombarda desde la nao surta frente al convento de San Francisco". Los historiadores extranjeros contemporáneos aseguran que, en la batalla de la Rochela, ganada a los ingleses en 1371, llevan artillería las naves castellanas. También se sabe que en los últimos años del siglo XIV los barcos mercantes castellanos embarcaban bocas de fuego para su defensa, "y lógico es admitir que los buques de guerra las llevaran también para ofensa". Es difícil decir quién, y cuándo, introdujo primero la artillería naval. Probablemente —agrega Parry— fueron los venecianos los primeros en usarla en el siglo XIV, en sus incesantes peleas con los genoveses.

A principios del siglo XVI comenzó a aligerarse la artillería; pero como eran las piezas muy numerosas y desiguales se las clasificó en tres grupos, según el servicio a que se destinaban y efectos que producían. En el primero se comprendían las de más longitud y alcance, culebrinas, medias culebrinas, pasavolantes, falconetes, áspides, sacres y otras. Los del segundo eran piezas destinadas a batir murallas, que se distinguieron con los nombres de cuarto de cañón, medio cañón, cañón sencillo, cañón común, reforzado, bastardo, doble cañón y basilisco. Al tercero correspondían los morteros y las piezas de braga, utilizadas todas en la defensa de las costas para batir los buques; empleaban generalmente balas de piedra o pelotas, como entonces se decía.

Al terminar el siglo continuaba la confusión de los calibres de bocas de fuego. A 160 subían las diferentes especies y subespecies de piezas, y tal diversidad había que, para servir las solas piezas del Castillo de Milán, se necesitaban más de 200 juegos de armas diferentes. Basta decir que había, además de las piezas antes citadas, dragones, serpentinas, pelícanos, gerifaltes, ribadoquines, esmeriles, pasadores, despertadores, siflantes, crepantes, berracos, pedreros, refusados, compagos, batemuros, quebrantamuros, despachacaminos, parasusos, cerbatanas, mosqueadores, tentadores, visitantes, fingadores, etcétera, y, además muchos de estos cañones podían ser reforzados, comunes, encampanados y de relex, de caña sencilla y encamarados.

Don Cristóbal Lechuga se propuso reformar en España esta inverosímil artillería, y a principios del siglo XVII, Felipe III, dispuso que no se fundieran más piezas que las de las cuatro clases siguientes: cañón de batería, medio cañón, cuarto cañón y cañón de campaña. Estas piezas fueron adoptadas en otras naciones, y por mucho tiempo se las conoció con los nombres de cañones de España.

En la primera mitad del siglo XVI aparecieron las armas portátiles de fuego. A la culebrina de mano, servida por dos hombres, substituyeron los arcabuces, y a éstos el mosquete de carga y calibres dobles de aquéllos.

Para ofender al enemigo el tipo ideal era la culebrina, pieza larga y de poco calibre, que fué la de mayor alcance en su época. Era de hierro batido y de un solo cuerpo y, el tiempo andando, fundida y taladrada. Existían cuatro variedades, según su calibre: culebrina propiamente dicha, media culebrina, cuarto de culebrina, y octavo de culebrina o falconete.

De la culebrina se derivaron, además, el dragón o doble culebrina, el esmeril, mosquete y el mosquetón. De éstos había ordinarios. reforzados, sencillos y bastardos, que se llamaban: áspid, pelícano y basilisco. Los extraordinarios tenían otros nombres, tales como pasamuros, gerifaltes y tirantes. En España, los arcabuces tenían también el nombre de culebrinas, y llamaban a los proyectiles viratones o virotones. El peso del proyectil bajaba hasta ser de tres cuartos de onza en el tipo ligero, y pasaba de ocho onzas en otros tipos. La culebrina se usó en España desde mediados del siglo XV, y como arma portátil, simplificada para servicio de la caballería; para la infantería la culebrina era un cañón corto, sujeto con abrazaderas a una caja terminada en punta. Para disparar se usaba mecha suelta o botafuego.

El mortero era el tipo ideal para echar a pique embarcaciones, aunque se usaba también para sitios. De esta pieza pequeña de artillería vienen las bombardas o lombardas, los pedreros, los trabucos, las piezas de braga, los petares y los parafusos. Estas armas se hacían primeramente de duelas y cinchas y, más tarde, de hierro colado o batido. Los proyectiles ordinarios pesaban de una a tres libras: eran de hierro, de plomo, o simples piedras calcáreas, y tenían poca regularidad, sobre todo en los morteros y bombardas, que llevaban calibre de más de cincuenta centímetros.

Había un arma, denominada órgano, una especie de ametralladora, que disparaba hierros, regatones de lanza y hasta cuadrillos gruesos.

Digno de mención en el progreso alcanzado en aquellos tiempos fué no solamente la fundición de las piezas, sino en el aligeramiento de las cureñas, en el sistema mejorado de cañas para fijar la puntería y el invento de las asas.

El arcabuz se diferenció según su empleo. El de la caballería fué aligerándose hasta convertirse en el pedreñal o petriñal y en pistolete. El arcabuz ordinario, destinado a la infantería, era aún arma muy pesada, como la culebrina, y debía apoyarse sobre una horquilla, que servía también de baqueta. Para cada boca de fuego se necesitaban dos hombres. El arcabucero tomaba debajo del brazo la culata, que tenía forma muy arqueada para ello, y se llamaba gancho. El arcabuz de posición (de posta o de muro) se sujetaba con gancho en el parapeto, a fin de fijar mejor la puntería. El peso de estas armas era hasta de treinta kilogramos.

El arcabuz —consigna Manuel Orozco y Berra— era arma de fuego semejante a nuestros fusiles actuales; se diferenciaba en que el cañón era más largo, de mayor calibre, sin bayoneta, y se disparaba por medio de una cuerda encendida que estaba fija en el serpentín. La cazoleta no estaba cubierta con el rastrillo, sino con una pieza que se movía horizontalmente y servía para impedir que se derramara la pólvora puesta allí; el serpentín, semejante al martillo de nuestras actuales armas de percusión, estaba colocado después de la cazoleta, de modo que la curvatura quedaba vuelta a la cara del tirador: en el extremo superior del serpentín se colocaba la mecha o cuerda encendida, y tirando del gatillo, la punta inflamada de la cuerda se acercaba a la ceba y le daba fuego. Tenía el arcabuz el defecto de ser muy pesado y por lo mismo poco manuable; para atender a este defecto, el arcabucero llevaba el horcón u horqueta, palo delgado y cilíndrico armado de un regatón en un extremo, por el cual se hincaba en la tierra, y un hierro en figura de medialuna por el otro extremo, destinado a sostener el arcabuz en el acto de apuntar o encarar el arma.

Alonso Martínez Espinar, describe la ballesta del siglo XVII, enumerando todas las partes que formaban su complicado mecanismo y dando explicaciones de los diversos lances o clases de tiros que disparaba. También había ballestas para lanzar balas de plomo, piedras redondas y pequeñas, y bolas de tierra cocida llamadas bodoques.

No obstante, la pica y la ballesta eran preferidos al arcabuz y al mosquete. Dícese que los ingleses fiaban más del arco que de las bocas de fuego y aún de las mismas ballestas. Pero los españoles de aquellos tiempos iban más lejos, pues, apegados al sentimiento del honor de los caballeros de la idealidad medieval, consideraban la artillería como indigno y cobarde, porque mataba desde lejos, y la empleaban en el mar sólo para desarbolar los buques enemigos, y no para perforar sus cascos. De suerte que, su táctica se basaba principalmente en abordar los navíos adversarios para que los soldados combatieran al arma corta.

A su vez, Felipe II, no confiaba en el abordaje ni en las armas cortas, y en su lucha contra Inglaterra mandó llenar las naves de su Armada de agua bendita, estandartes sagrados, crucifijos, escapularios, imágenes de los santos, sacerdotes y frailes, lo cual convirtió a su inmensa flota en una especie de claustro. Todo esto, por obra de los elementos naturales, no podría evitar que los barcos en su primera salida, igualmente que, en aquella muy renombrada de Don Quijote, combatidos por una serie de tempestades en las costas de Portugal, Galicia y Vizcaya, con las costuras abiertas y las arboladuras desvencijadas, buscasen refugio donde pudieran hallarlo, señal anticipada del desastre final que les esperaba....

Por lo claro, los españoles no siempre pelearían en tales condiciones. Mas, los enemigos de España, aleccionados por Juan Hawkins y Francisco Drake, también adoptarían un nuevo sistema de combate sumamente sencillo, que tendría por base librarse del abordaje y utilizar la superioridad de su propia artillería para echar a fondo los buques de los hispanos, sin pararse a considerar si en ello se portaban o no como hidalgos de ejecutoria.

Las medias culebrinas, sacres y falcones, llamados falconetes en las ordenanzas españolas, eran cañones de bronce con calibre relativamente pequeño y muy largos, pues medían de veinticinco a cuarenta veces el diámetro de la boca. Las medias culebrinas, por regla general enumeradas individualmente, pesaban de 3,000 a 4,000 libras; lanzaban un proyectil de 7 a 12 libras; poseían un alcance como de 3,000 pies, y eran las piezas más grandes que se utilizaban por lo común en el siglo XVI a bordos de barcos que hacían la navegación de las Indias. Los sacres pesaban de 1,700 a 2,400 libras y sus proyectiles, de 5a6 libras, con un alcance como de 2,700 pies; los falcones, de 700 a 900 libras, disparaban un proyectil de 2 a 4 libras, como a 2,100 pies. Para disparar estos cañones se empleaba una cantidad de pólvora más o menos equivalente al peso de la bala, y en caso de ser más fina la pólvora, cerca de la mitad de aquella cantidad. La otra artillería mencionada consistía en cañones de hierro más pequeños, siendo las lombardas relativamente cortas, de gran calibre y construcción algo primitiva, y los versos y pasavolantes muy largos y livianos, montados sobre ejes y con proyectiles de 4 a 8 onzas.

También se habla de falconetes que pesaban 600 libras y lanzaban proyectiles de $1^{1/2}$ a 2 libras; y de medio sacres de 1,000 a 1,400 libras que disparaban balas de $2^{1/2}$ a 3 libras. Las culebrinas enteras disparaban un proyectil con peso de 14 a 25 libras, pero en el siglo XVI se las consideraba demasiado largas y pesadas para los bajeles. También había otra serie de armas llamadas cañones, que diferían de las ya mencionadas por ser más cortas y pesadas. Los mayores pesaban 5,500 a 6,000 libras y lanzaban un proyectil de 40 libras más o menos. Los cañones más pequeños eran designados con los nombres de medios o pelícanos, tercios y cuartos, según el calibre de cada uno. Además, se daba el nombre de basiliscos a grandes cañones que sólo se montaban ocasionalmente en fortalezas y algunos de los cuales podían lanzar proyectiles de 100 libras. Habitualmente se llamaba bastardos a las piezas de artillería, cuyo tamaño era mayor o menor que el acostumbrado en su correspondiente tipo.

Desde los comienzos del gobierno, Carlos I, de España y emperador de Alemania con el nombre de Carlos V, prescribió de modo minucioso lo concerniente al equipo, armamento, abastecimiento, carga y tripulación de todos los bajeles que hacían la carrera del Nuevo Mundo. La primera serie de ordenanzas especialmente relacionadas con tales materias, fué con probabilidad la del 14 de julio de 1552. Cada navío de 100 toneladas debía conducir por lo menos quince marineros incluyendo un artillero; ocho grumetes o aprendices y tres pajes, o mozos de abordo, suministrándose a cada hombre un peto, y otra armadura. El bajel había de contar también con una batería de cuatro grandes cañones de acero y veinticuatro pasavolantes y espingardas; cada cañón de grueso calibre estaría provisto de tres docenas de cartuchos, y cada pasavolante de seis docenas, fuera de los moldes de plomo para fabricar balas de espingarda. Requeríanse también dos quintales de pólvora, diez ballestas con ocho docenas de saetas, cuatro docenas de lanzas cortas, ocho picas largas y veinte rodelas.

Cada navío debía llevar una red para tenderla de popa a proa sobre los puentes en momentos de combate, a fin de evitar la caída de armas arrojadizas, y asimismo reparos que se armaban con el objeto de prevenir el abordaje y que habían de poseer troneras para disparar ballestas, arcabuces, y artillería liviana. Requeríase también un completo equipo de atacadores, cureñas, moldes de hacer balas de plomo, etcétera, y una cámara especial a proa, bajo los puentes, para depósito de pólvora.

**EL RECLUTAMIENTO** de la marinería en España se hizo generalmente por enganche voluntario, aúnque también se puso en práctica, con mal resultado, las levas forzosas de vagabundos. En 1607, se instituyó la matrícula obligatoria, "ordenando que no pudiera salir a pescar el que no estuviere matriculado, ni los matriculados a viajes largos sin licencia del corregidor del rey"; pero se levantó tal clamoreo contra esa novedad que hubo de abandonarse, por entonces, hasta que en tiempo de Felipe IV, se estableció con carácter permanente en todas las costas.

Formaban parte también de las fuerzas de mar los caballeros de Hábito de las Ordenes Militares, a quienes las ordenanzas de 1633, imponían el servicio obligatorio por seis meses. Para el servicio de remo en las galeras se usaban cautivos y sentenciados a penas corporales, cuya conmutación por aquel menester ya había dispuesto Carlos V.

Las ordenanzas de 1533 comprendían, bajo el nombre genérico de chusma, a estos galeotes y contándose entre ellos, moriscos, esclavos negros y turcos, renegados y gente de mal vivir recogida en levas.

En 1554, los sueldos eran de 800 maravedís al marino; 535 a los grumetes; 266 a los pajes y 2,500 al maestre o al capitán. Un siglo más tarde era de 4 escudos y 4 reales al marino; 2 escudos y 2 reales a los pajes; el capitán de la capitana, 40 escudos, y los de—más, 30. "No hay para qué decir que esas pagas eran nominales muchas veces, por lo desorganizado de la administración de la marina como la del ejército".

El profesor Haring, tratando sobre esta materia, consigna los datos siguientes: Parece que el aumento de los salarios pagados a los marineros españoles no guardó mucha relación con el alza de precios ocurrida en la península el siglo XVI. En 1550, lo mismo que en 1500, se pagaba al marinero o soldado raso un promedio de treinta maravedís diarios, o sea algo más de dos ducados mensuales, además de alimentación y bebida, calculada en doce maravedís, o un ducado mensual extra. A juzgar por el código de ordenanzas promulgado para la flota de 1633, los salarios de los marineros aumentaron de modo considerable en el siglo XVII. Cada marinero de las armadas recibiría mensualmente cuatro escudos con cuatro reales, o cerca de cincuenta y un maravedís por día. La remuneración de los capitanes y pilotos de las armadas revela un incremento más rápido y notable, pues a principios del siglo XVI los pilotos percibían de 1,000 a 2,000 maravedís mensuales, según el porte de la nao; y cincuenta años después devengaban de 1,500 a 3,700maravedís, mientras en el siglo XVII el estipendio ascendía como a veinte ducados, o 7,000maravedís. Por ser los más viejos y prácticos en su carrera, los pilotos mayores que navegaban en la capitana, percibían a menudo de 50 a 100 por ciento más. Los capitanes de las naos de gran porte (300 a 400 toneladas), pagados en época de Colón a razón de 30,000 maravedís por año, recibían de 60,000 a 100,000 maravedís en 1550, y de 126,000 a 168,000 en 1633. A los comandantes de barcos más pequeños (100 toneladas o menos) se les reducía la paga en proporción, así: en el año 1500, de 15,000 a 20,000 maravedís anuales; en 1633, cerca de 65,000. Los aristocráticos generales de las flotas de Indias, desde Blasco Núñez Vela en 1537, hasta fines del reinado de Carlos V, recibían seis ducados por día o sea algo más de 2,200 ducados por año. En tiempo de Felipe II, se les daba con frecuencia al fin del viaje una "ayuda de costa", equivalente a 500 ducados. En el siglo XVII devengaban 4,000 ducados, y 2,000 los almirantes.

Sabemos que en el reclutamiento de las tripulaciones de las tres pequeñas naves de Colón fué menester que Martín Alonso Pinzón se cuidara personalmente de hacer la propaganda para decidir a que los hombres se alistaran:

"—¿Cómo estáis por ahí, quietos como troncos? ¿Nadie irá con nosotros a las islas del Gran Khan? ¿No os importan los palacios de mármol con remates de esmeraldas?"

"—Amigos todos, andad acá. Tímidos que sois y preferís ir misereando. No dudéis más y haced esa jornada, que, según fama hemos de hallar las casas con tejas de oro y volveremos ricos y felices".

Con esos tres anzuelos —tantos como los navíos de la expedición— y las respuestas preñadas de esperanzas, se cambiaría la hostilidad y desconfianza de la gente marinera de Palos, y de las localidades vecinas, que se mostraban poco dispuestas a seguir a don

Cristóbal, "al que apenas habían visto y no les ofrecía ninguna garantía seria cuando hablaba de tierras que no había visitado nunca".

Las dificultades que Colón encuentra para organizar su primer viaje no eran consecuencia del temor que los marineros del Odiel tuvieran de avanzar demasiado lejos por aquel piélago que los mapas de la hora llamaban aún Mar Tenebroso y pintaban lleno de monstruos y dragones, para significar el horror de lo desconocido, según rancias tradiciones conservadas todavía como empeño de pretender enaltecer innecesariamente al inmortal genovés. Los valores esenciales de la Historia indican otra cosa. Durante los siglos XIV y XV, muchos navegantes se lanzaron incansables a la exploración del Océano, persiguiendo la sombra de las tierras orientales. En realidad, aquellas terroríficas descripciones de las zonas marítimas y terrestres vedadas a los europeos ya no espantaban a nadie en aquella España de 1492 tan preparada como Portugal, para comprender "las cosas del cielo y de la tierra". Medio siglo hacía que las carabelas lusitanas que surcaban el mar Océano hasta las Azores y hasta el golfo de Guinea, llevando a bordo muchos marinos españoles, habían expulsado de él los monstruos de que la imaginación de los antiguos lo había poblado, y unos pocos años antes de aquel viaje de Colón, ya había llegado Bartolomé Díaz al cabo de las Tempestades, que pronto sería denominado cabo de Buena Esperanza.

Indudablemente, la desgana de los españoles nacía del conocimiento que tenían de otras empresas no cumplidas, del descontento en la villa de Palos al tener que armar dos carabelas cumpliendo la real orden, no se sabe "si por delito o por subsidio", y porque la gente había "visto deambular por las calles a aquel extranjero, pobre, mal vestido, sin recursos de ningún género, que comía de limosna lo que le daban en el Convento de la Rábida, y no creyeron en la transformación, ni las cédulas reales trocaron su manera de pensar; ellos no entregarían sus vidas y haciendas a los desvaríos de un extranjero enajenado, que hablaba de tierras que no había visto". Así lo exponen las declaraciones de Fernán Yánez de Montilla, de Alonso Vélez Allid y otros más. Por ello, Alonso Pardo, notario, aseguraba que, si la expedición se hacía con naves embargadas y tripulantes tomados a la fuerza", tenía a Colón por muerto desde el momento en que se embarcara".

Sería indispensable, pues, la intervención del mayor de los Pinzones, con todo su prestigio de gran marinero, ayudado por sus hermanos, parientes y amigos, para vencer una oposición que también tenía su raíz en las condiciones marineras de los buques suministrados a Colón para una navegación de altura, es decir, a la desproporción entre la insignificancia de los medios y la grandiosidad de la misma empresa. Sentimiento este que Shakespeare señalaría admirablemente sin quererlo, cuando dice: Los barcos son solo tablados, ¡los marineros nada más que hombres!

Por mandado de los Reyes Católicos, las naves de Colón estaban armadas con artillería ligera: lombardas de cuatro pulgadas que podían lanzar pelotas de piedra y espingardas para proyectiles de plomo. Con las provisiones bélicas se temaron vituallas para doce meses de navegación: "...a cada hombre por día, una libra de biscocho y una azumbre de vino; o de carne y pescado a tres hombres dos libras; y como quiera que algunas veces pueden pasar con queso y cebollas y legumbres, y semejantes cosas de que los navíos deben ir siempre mucho fornecidos, no olvidando el aceite y vinagre, que son dos cosas mucho necesarias en el mar". También se cargaron provisiones para luz, leña, material de velamen y cordaje, medicinas y menudencias para el trato.

Hay que tener presente que los barcos de aquella época eran demasiado pequeños para travesías transatlánticas. Estaban faltos de las comodidades y conveniencias más elementales, hacían agua y el bombeo parece haber sido rutina diaria de los vigilantes de la mañana. Durante el mal tiempo no había probablemente espacio seco alguno en el buque. El timón era exterior, situado en el centro de la popa, sujeto con herrajes y hebillas, encajándosele en su parte superior para manejarlo una palanca denominada "la caña del timón", que servía para gobernarlo desde cubierta. Con piedras, además de la carga, completaban en los navíos el lastre necesario. Cada nave tenía un batel, o barca, para servicio de carga y descarga, y, además, una chalupa o lancha pequeña, para utilidad personal; la barca se llevaba casi siempre a remolque. Cada buque tenía en el castillo de popa una cámara o chupeta para el capitán o jefe de la nave, sobre la cual estaba la toldilla. La cámara era en extremo pequeña y llevaría una mesa para dos personas, un sillón, una silla de tijera, la litera y el armario o arcón para guardar ropa y papeles. Los marineros, grumetes y demás personas a bordo de la embarcación, dormían sobre las cubiertas de escotilla como mejor podían, y si había mal tiempo abajo, usando el traspuntín, colchoncillo o camastro, liado durante el día en esterillas de esparto y almacenado en la bodega; de noche cada quien extendía su colchoneta donde menos estorbase. La cocina se hacía en un hornillo, en la proa, cuyo fondo estaba lleno de arena, y protegido del viento por paraván metálico. Durante los siglos XVI y XVII la ración ordinaria de marineros y soldados en los bajeles españoles constaba de biscocho, vino, puerco y pescado sal presos, habas y guisantes, aceite, vinagre, arroz, y queso y carne algunas veces; casi todo esto por lo general estropeado y rancio. El agua salobre y nauseabunda, excepto cuando se recogía de lluvia.

Los marinos comían en platos grandes de madera, bebían en escudillas y tazas de vidrio, que los españoles llamaban galletas y que llevaban siempre consigo para que les sirvieran en ellas a la hora del rancho vino todavía sin aguar, chipichape. Salvo los que estaban de turno y guardia, los tripulantes se apiñaban en el puente al momento de cenar. "Proeles y marineros forman corros alrededor de las ollas. Al frente de cada grupo hay un contramaestre, o un guardián, o un lombardero, o un calafate. Unos en cuclillas, otros sentados en el suelo, sobre sus piernas o con los pies adelante. Aquellos, recostados sobre montones de cuerdas y maderos. El jefe de cada grupo bendice la pitanza y todos a una sacan sus cuchillos y comienzan a engullir".

Los marinos españoles llevaban cubierta su cabeza con un bonete rojo, fabricado generalmente en los talleres de Toledo, y para la defensa de la lluvia una clavina corta, con capucha. De cintura para abajo se cubrían con las calzas marineras o calzones, siendo azul el color predilecto de ellos. Iban descalzos la mayoría de las veces, usando otras borceguíes de cuero.

De noche, aparte del farol de popa, no había más luz en las embarcaciones que la del timonel, que era encendida y velada por los pajes, para impedir se apagara. En los barcos españoles, en el momento de encenderla, entraban los pajes cantando:

La guarda es tomada;
La ampolleta muela;
buen viaje haremos
si Dios quiere.

A la hora del alba, cantaban también los pajes:

Bendita sea la luz
y la Santa Veracruz,
y el Señor de la Verdad,
y la Santa Trinidad:
Bendita sea el alba
y el Señor que nos la manda;
Bendito sea el día
y el Señor que nos le envía.

—Pater Noster. Ave María. ¡Amén! Dios nos de buenos días. Buen viaje; ¡buen pasaje!

La Salve era el último rezo que hacía la tripulación, reunida.

A los tormentas y desventuras de los navegantes de aquellos tiempos, además de las ratas y cucarachas, se sumaba la muerte por escorbuto que, como es sabido, se debía y debe a la falta de alimentación de legumbres y de jugos cítricos, que contienen la llamada hoy vitamina C, o factor antiescorbútico. Los anales del mar abundan en tragedias relacionadas con esta enfermedad como también de datos interesantes de casos que permitieron encontrar medios de evitar el escorbuto mucho antes que se aislara la renombrada vitamina.

Ahí están, entre otros, el caso de Cartier que, en 1536, mientras exploraba el San Lorenzo, en el Canadá, toda su tripulación cayó enferma y 26 de sus hombres murieron de escorbuto. Varios marinos más se hallaban en estado tan desesperante que hubo de mandarlos a tierra a morir. Pero algunos días más tarde, al desembarcar el capitán, los encontró milagrosamente curados. Los indios de la región les habían dado una infusión de agujas de abeto. En 1600, un velero inglés permaneció libre de la temible enfermedad, gracias al empleo del jugo de limón. En 1720, un médico llamado Kramer escribía: "Ni la medicina ni la cirugía tienen valor en el escorbuto; pero si se pueden obtener verduras frescas, si se dispone de naranjas, limones, o su pulpa o jugo, y se administran dosis de tres o cuatro onzas de jugo, no se necesita otra cosa para curar esa terrible enfermedad".

Fué Ives José de Kerguelen—Trémarec, un noble bretón, quien descubrió en el año 1772, unas dos mil millas al sureste de Madagascar, una isla tan grande, tan elevada y tan difícil de explorar, que le hizo recordar a Noruega. En el centro de ella había numerosas montañas, algunas de las cuales se elevaban hasta seis mil pies sobre el nivel del mar y estaban parcialmente cubiertas de glaciares y campos de nieve. El explorador la llamó Isla de la Desolación, aunque hoy lleva el nombre de su descubridor. En el corazón mismo de esta isla se producía una clase de repollo, el famoso repollo Kerguelen, o Pringlea antiescorbútica, que era y es uno de los mejores remedios contra la mencionada enfermedad. Mas, también sería un europeo quien tendría un día la refulgente idea de introducir conejos en ese pedazo de tierra para que sirvieran de alimento a los marineros que cruzaran por aquellas latitudes y los conejos se comieron los repollos. De lo contrario, a esta hora, quizá habría en la isla por lo menos un enorme y completo laboratorio para la preparación del Kerguelenol; y cúrese usted el escorbuto tomando Kerguelenol. Magnífico reconstituyente indico.

Los marineros de aquellos tiempos, fueran o no españoles, eran desesperados, ignorantes y supersticiosos, gente reclutada en los barrios bajos de los puertos y localidades vecinas. Los viajes se hacían sin cartas de marear comprobadas, con instrumentos primitivos de navegación, sin saber en la mayoría de las veces hacia donde iban ni en donde estaban en alta mar y cualquier eventualidad era motivo suficiente para despertar en los marinos el demonio del asesinato o llevarlos a la sublevación y el motín. Si naufragaban o el barco era capturado por piratas no quedaba esperanza alguna para nadie. "Nada tenían salvo su fe en ellos mismos y en su propósito, y su coraje que les obligaba a no desistir de la empresa, fueren cuales fueran las dificultades que a ella se opusieran, los peligros y las desilusiones".

A pesar de los muchos millones de ducados en valores que afluían al Tesoro real procedente de las Indias y de otras partes, los soldados y marineros españoles no recibían paga con regularidad; se les alimentaba de mala manera; no disfrutaban de ninguna protección médica y mientras la tripulación se moría de hambre o sufría toda clase de aflicciones, los capitanes generales, almirantes y sus oficiales de mayor categoría se arrogaban siempre el mando supremo: los marinos eran considerados entonces como meros conductores de los soldados al lugar donde se había de entablar la batalla o al sitio de donde partirían las nuevas exploraciones en tierras vírgenes. Sin embargo, de un modo u otro, siempre se hallaban tripulantes, quizá porque la vida en tierra era más miserable que en las cubiertas de los buques.

El mal no era sólo en España. Ricardo Hawkins, en su relación de "viaje a las islas del Japón, las Filipinas y Molucas, al reino de China y las Indias Orientales por el camino del estrecho de Magallanes y del mar del Sur", en 1593, da la medida de cómo era en los gloriosos tiempos isabelinos, la chusma que se enganchaba en los puertos de la "dulce Inglaterra": "Muchos de ellos se despidieron de sus familiares y amistades y nunca se presentaron a bordo; otros se emborracharon de tal modo que hubo que llevarlos en peso a los barcos; otros se fingieron los enfermos para no dar cumplimiento a su palabra; varios estaban en deudas pendientes en las tabernas y hubo que pagárseles, y a casi todos fué menester adelantarles dinero para que sacaran de las casas de empeño sus camisas, calzones, espadas y otras pertenencias personales necesarias para emprender la travesía. Por último, a muchos a quienes di sumas considerables de dinero en pago anticipado de sus servicios, jamás se presentaron a bordo. Con tantos bribones, esto se ha vuelto escandaloso".

Acúsase a maestres, capitanes y oficiales hispanos de haber usados de medidas represivas severísimas para sofocar a bordo hasta el más insignificante rumor de motín y descontento entre su gente de mar; pero los códigos de disciplina entonces en rigor en las otras naciones europeas, no eran más suaves ni menos temibles.

El fustigar a un hombre era espectáculo diario, porque bastaba un ligero retraso en subir a la arboladura, cuando se daba la orden, para ser sometido a la pena de ser azotado. También se usaba el mismo castigo por una maldición contra un compañero o por desaseo. Dos o tres chapuzones seguidos eran la condena para el que amenazaba con su cuchillo a un compañero o descuidaban la limpieza de sus armas, o para el que se permitía tocar el barril del agua o del vino destinado a la tripulación. Cuando, entre los ingleses, se extendió el vicio de fumar, todo el que se dió al tabaco era castigado si era hallado con el cigarro en la boca después de la puesta del sol. La flagelación con el látigo llamado gato de tres colas, a lo cual los británicos decían aplicar la ley de Moisés, era tan corriente a pesar de que la víctima podía irse tranquilamente al otro mundo, que todas las mañanas se azotaba a los grumetes con ruego a Dios para tener una feliz y venturosa navegación.

Cuando la falta era tan grave que la zambullida o la azotaina se consideraban sanción insuficiente, o el culpable era un "recalcitrante', éste era condenado a ser amarrado de pies y manos y pasado por debajo de la quilla de una a otra banda del barco por medio de una cuerda. Lo que saliese del penado, pues, en algunas ocasiones volvía muerto a la superficie del mar o desangrándose por las heridas y desolladuras producidas por los clavos y las asperezas de los fondos o del roce contra los moluscos adheridos a la obra viva, era entregado al médico, quien, en el mejor de los casos, lavaba las heridas con una mezcla de agua y ron, y lo abandonaba a su suerte, porque aquel que hacía el oficio de médico, boticario, cirujano y cocinero, ya sabía y repetía las piadosas palabras de Ambrosio Paré: Le vendé y cuidé hasta el fin, y Dios le curó o le mató.

Si había riña entre marineros con derramamiento de sangre, el que la provocaba quedaba clavado por una mano al palo mayor con el mismo cuchillo con que había herido a su enemigo hasta que lograba desprenderse por sí mismo, porque era terminantemente prohibido por las "ordenanzas", que alguien le ayudase en tal sentido. Aquel que daba muerte a su contrincante era amarrado junto con el cadáver y arrojados ambos por la borda. Únicamente existía otra pena de muerte, que era la horca, y ésta se aplicaba con tanta frecuencia que no era raro ver en los extremos de las vergas que se usaban para la ejecución doce o más cuerpos balanceándose dulcemente por la tarde al rumor de la brisa marina. La cobardía y el motín se castigaba con la horca como también a los que se enganchaban con varios capitanes a la vez para cobrar igual número de sus sueldos prometidos.

La severidad que prevalecía en Francia se considera como la causa principal de la falta o escases de marinos dispuesto en aquellos días a lanzarse a los azares de la navegación. Un edicto de Richelieu, en el que se disponía fuese ahorcado todo marinero que se atreviese a quejarse por escrito de la conducta de sus superiores, da una idea de la vida de la chusma a bordo de los navíos franceses.

Una carta famosa ya en todo el mundo de un oficial harto celoso en el reclutamiento de gente del interior del país y dirigida a las autoridades navales de un puerto francés en los esplendorosos años de Luis XIV, comienza y termina como sigue:

"Ya tengo aquí los cien voluntarios que me ordenasteis reunir y que os prometí enviar. En el caso de que necesitéis otro ciento, también puedo conseguirlo, pero en tal evento tened la bondad de regresarme los grilletes".

En los Países Bajos el régimen disciplinario a bordo corría parejas con todo lo expuesto anteriormente; pero en sus vasos flotantes los marineros por lo menos disfrutaban de limpieza. No fué la forma de nuestros navíos —dice Nicolás Witsen, escritor holandés del siglo XVII— la que hizo a Holanda poderosa en el mar; nuestra habilidad en su manejo con una dotación relativamente reducida, la sobriedad de la misma cuando estaba a bordo y la innata limpieza de nuestra gente fueron las causas de que las embarcaciones tuviesen una vida más larga que las de cualquiera otra nación.

Con todo, ¿qué recompensa había en general para los humildes marinos de todas las naciones que con su intrepidez y astucia marcaron las rutas de los llamados Siete Mares? Aquél que se libraba de la horca, de la pena de ser azotado, de ser pasado por debajo de la quilla, si no moría de escorbuto, tifus, disentería, malaria, bubas o el beriberi, aún le quedaba la esperanza de terminar sus días en el asilo de su pueblo natal o de volverse pirata:

Y del trueno
al son violento
y del viento
al rebramar,
yo me duermo
sosegado,
arrullado
por el mar.

**LA PRIMERA NAVEGACIÓN** —consigna don Antonio de Herrera— que por más cursada se llama Carrera de las Indias se divide en dos: una para el puerto de San Juan de Ulúa, en Nueva España, hasta donde, desde Sevilla, se navegan como mil y setecientas leguas, en dos meses y medio; y la otra para Nombre de Dios, y ahora para Portobelo, que es en el reino que llaman de Tierra Firme, de mil cuatrocientas leguas, en dos meses largos, y entre ambas van por una derrota hasta llegar a las islas del mar del Norte, desde San Lúcar de Barrameda, de cuya barra no se puede salir sin piloto diestro en la canal, viento a propósito, corriente de aguas vivas, y la luz del día, o de faroles, para ver las marcas de la barra.

Los tiempos para comenzar estas navegaciones, son diferentes. Para Nueva España, pasado el invierno, desde principios de abril hasta pasado mayo, después de agosto, cuando reinan los nortes y comienzan los huracanes, que son tormentas desechas de refriegas de vientos contrarios. Y para Tierra Firme, es la navegación antes de entrar el invierno, en todo agosto y septiembre, porque se puede llegar a Portobelo de noviembre adelante, cuando por comenzar los nortes, ya es aquella costa menos enferma.

La flota de Nueva España va en demanda del cabo de San Antón (Antonio) que es la parte última y más occidental de la isla de Cuba, hasta donde se navegan como quinientas leguas, en veinte días, de ordinario, a la vista de San Juan de Puerto Rico y de la Española, a dos leguas del puerto de Santo Domingo, corriendo la costa por la punta de Nicao, y por entre las islas de Cuba y Jamaica, junto al medio de la costa de Cuba, adonde se han perdido muchos navíos pasando después a la vista de la isla de Pinos y Cabo de Corrientes, doce leguas antes del cabo de San Antón, desde donde hay dos derrotas para el puerto de Veracruz, entre ambas de diez a doce días, una, que llaman por dentro, de doscientas y cincuenta leguas, para en tiempo de verano, desde mayo hasta septiembre, cuando no hay norte, que son travesía en la costa de Yucatána, por donde se pasa; y otra, que llaman por de fuera, algo más metida en altura; y la mayor navegación para ir al puerto de San Juan de Ulúa es arrimarse a la costa de la Florida y Llanos de Almería, porque a cualquier viento que le detiene abierto el puerto de San Juan de Ulúa, y se hallará a barlovento de él.

Las flotas que van a Honduras y Guatemala, navegan en conserva con las de Nueva España, hasta el Cabo de Tiburón, lo más occidental de la Española, desde donde prolongando la isla de Jamaica, por la banda del norte, hasta la Punta del Negrillo, al último de ella, salen en demanda del Cabo del Camarón, principio del Golfo y Provincia de Honduras, desde donde se va a surgir a Trujillo, quince leguas al poniente del Cabo, adonde se descargan las mercaderías que han de quedar allí, y las demás pasan al Puerto de Caballos (hoy Puerto Cortés), y al Golfo Dulce, costa a costa, por el Golfo de Honduras, para llevarlas a Guatemala.

No es el camino de mar —escribe José de Acosta— como el de tierra, que por donde se va por allí se vuelve...En la mar no es así: por un camino se va y por otro se vuelve...Los primeros descubridores de Indias occidentales y aún de la oriental, pasaron gran trabajo y dificultad en hallar la derrota cierta para ir y no menos para volver, hasta que la experiencia, que es la maestra de estos secretos, les enseñó que no era navegar por el Océano, como por el Mediterráneo a Italia, donde se van reconociendo a la ida y vuelta unos mismos puertos y cabos.

En el mar Océano, en ciertos parajes no hay esperar otro viento; ya se sabe que el que corre ha de correr más o menos; en fin, el que es bueno para ir no es para volver, porque en pasando del Trópico y entrando en la Tórrida, señorean la mar siempre los vientos que vienen del nacimiento del sol, que perpetuamente soplan, sin que jamás den lugar a que los vientos contrarios por allí prevalezcan ni aún se sientan; de donde hay dos cosas maravillosas: una, que en aquella región que es la mayor de las cin.co en que dividen al mundo, reinan vientos de oriente que llaman brisas, sin que los de poniente o mediodía, que llaman vendavales, tengan lugar de correr en ningún tiempo de todo el año...

Esta pues, es la causa de ser mucho más breve y más fácil, y aún más segura la navegación que se hace yendo de España a las Indias occidentales, que la de ellas volviendo a España. Salen de Sevilla las flotas y hasta llegar a las Canarias, sienten la mayor dificultad, por ser aquel golfo de las Yeguas, vario y contrastado de varios vientos.

Pasadas las Canarias, van bajando hasta entrar en la Tórrida y hallan luego la brisa, y navegan a popa, que apenas hay necesidad de tocar las velas en todo el viaje. Por eso llaman a aquel gran golfo el golfo de las Damas, por su quietud y apacibilidad. Así llegan hasta las islas Dominica, Deseada, Marigalante y otras que están en aquel gran paraje, que son como arrabales de las tierras Indias. Allí las flotas se dividen, y las que van a Nueva España, echan a mano derecha en demanda de la Española, y reconociendo el cabo de San Antón, dan consigo en San Juan de Lúa, sirviéndoles siempre la misma brisa. Las de tierra Firme toman la izquierda y van a reconocer la altísima sierra de Tairona, y tocan en Cartagena y pasan a Nombre de Dios, de donde por tierra se va a Panamá, y de allí por la mar del Sur al Perú. Cuando vuelven las flotas a España, hacen su viaje en esta forma: La del Perú va a reconocer al cabo de San Antón, y en la isla de Cuba se entra en la Habana, que es un muy hermoso puerto de aquella isla. La flota de Nueva España viene también desde Veracruz o isla de San Juan de Lúa a la Habana, aunque con trabajo, porque son ordinarias allí las brisas, que son vientos contrarios.

En la Habana, juntas las flotas, van la vuelta de España buscando altura fuera de los Trópicos, donde ya se hallan vendavales, y con ellos vienen a reconocer las islas de Azores o Terceras, y de allí a Sevilla. De suerte que la ida es en poca altura y siempre menos de veinte grados, que es ya dentro de los Trópicos, y la vuelta es fuera de ellos, por lo menos en veinte y ocho o treinta grados.

Las líneas de navegación regularmente frecuentadas a fines del siglo XVI eran tres: la de España a Tierra Firme o Nueva España; la que establecía la comunicación entre las costas pacíficas del virreinato del Perú y la Nueva España; y última, la que desde la Nueva España enlazaba América con las islas del poniente.

Según práctica del tiempo de Felipe II, la navegación más usual era, indudablemente, la de España—Antillas, que se hacía en el viaje de ida aprovechando los alisios del noreste, y en el de regreso valiéndose de los vientos suroeste, del anticiclón atlántico.

**DE SAN LUCAR A LA DESEADA Y DOMINICA:** Desde España se navegaba por el golfo de las Yeguas hasta Canarias en ocho o diez días. De allí, aprovechando los alisios del noreste, se navegaba hasta la Deseada o Dominica. En un principio se hacía el viaje con rumbo constante 14 suroeste, pero más tarde, por apartarse algo más del centro anticiclónico del Atlántico septentrional, se navegaba más al suroeste, con lo que se aprovechaban más las brisas.

En esencia: para este viaje, las flotas españolas siguieron, durante cerca de tres siglos, el derrotero que trazó Colón en su segundo viaje: navegar con los alisios del noreste, y evitar las calmas del anticiclón noratlántico, y, sobre todo, el Mar de Sargazos.

La navegación desde Canarias hasta la primera isla que se tocaba duraba unos veinte y cinco días, pero era frecuente hacer el recorrido en mucho menos tiempo. "Al mi acaeció —escribe el padre Acosta— pasando a Indias, verme en la primera tierra poblada de españoles en quince días después de salido de Canarias, y sin duda fuera más breve el viaje si se dieran velas a la brisa fresca que corría". Desde la Dominica o Deseada se dime; por eso, si los barcos para uno y para otro destino habían venido desde España, el DE LA DOMINICA A LA NUEVA ESPANA: Los navíos destinados a la Nueva España hacían su viaje desde la Dominica a la vista de las Islas de Barlovento. Sin embargo, hubo un tiempo que no tenían escala fija, por razones marineras, sino en el puerto de Ocoa, en la isla Española, y no en Santo Domingo ni en Santiago de Cuba; por eso, tratando de este último lugar, dice Juan López de Velasco, que "llegó esta ciudad a tener en tiempos pasados mil vecinos españoles que se han ido despoblando hasta venir a los treinta...por no venir mercaderes a contratar a esta isla".

Al llegar al cabo de San Antón, las flotas podían seguir rumbos diferentes: en verano solían navegar próximas a la costa septentrional del Yucatán, cuidando de evitar los bajos de los Alacranes, Arenas, Triángulo, y rumbo suroeste— arribaban a Veracruz. En el invierno, para apartar con más seguridad los peligros de la anterior navegación, tomaban mayor altura y llegaban a Veracruz desde más al norte. En este viaje se tardaban de veinte y ocho a treinta días. En Veracruz "se descargaban y aparejaban los navíos, quitándoles los mástiles y jarcias, y los amarraban con buenos cables por los nortes, que suelen ser muy recios en este puerto, donde estaban hasta el mes de marzo, que se partían para España".

**DE LA DOMINICA A CARTAGENA Y NOMBRE DE DIOS:** Desde la Dominica se navegaba en demanda del Cabo de la Vela, aprovechando las brisas, y allí, costeando, con cuidado de salvar la gran corriente del Río Grande, se llegaba a Cartagena, desde donde continuaban viaje hasta Nombre de Dios con rumbo poniente, cortando el golfo de Darién. En la travesía total desde Dominica a Nombre de Dios se invertían quince a dieciséis días. Llegados al Nombre de Dios, se descargaban y aparejaban allí los navíos, y estaban desde noviembre, que es cuando el puerto está menos enfermo, hasta febrero, que se partían para España.

Las flotas de Tierra Firme y las de Nueva España, que habían seguido navegaciones distintas desde su llegada a las islas, iban a reunirse en el puerto de la Habana para emprender su regreso, esperando el momento propicio para iniciar la navegación de vuelta.

**DE LA VERACRUZ A LA HABANA:** La navegación con que iniciaban el regreso las flotas de la Nueva España era trabajosa, por tener muy frecuentes vientos contrarios; sobre todo, tenían que precaver, en las proximidades del canal de Bahama, los vientos sudsudeste y sudeste, porque "si se enseñan en la costa de la Florida, no se puede salir de ella por los vientos sureste, frecuentes en julio principalmente". Por tanto, la travesía presentaba su mayor dificultad en el inmediato acceso a la Habana, y en toda ella se tardaba nueve o diez días y se hacía, generalmente, por el mes de marzo.

**DE NOMBRE DE DIOS Y CARTAGENA A LA HABANA:** Reunidas las flotas de Tierra Firme en el puerto de Cartagena, navegaban hasta dar vista a la isla de Pinos. Sin llegar a esta isla, doblando el cabo de San Antón, se iba a las Tortugas y de allí a la Habana, con las mismas dificultades que se presentaban en la navegación de Veracruz a la Habana. De Cartagena a La Habana se invertían dieciséis o dieciocho días.

DE LA HABANA A ESPANA: Juntas en la Habana las flotas de Tierra Firme y Nueva España, se emprendía el regreso hacia el Viejo Mundo por dos rutas: una de verano y otra de invierno. Hasta salir francamente del canal de Bahamas, el recorrido era el mismo en las dos estaciones: partían de la Habana aprovechando los vientos terrales de la mañana, hasta entrar en la corriente del canal, que, gracias a su intensidad, arrastraba a los navíos, a pesar de ser contrarios los vientos predominantes en esta parte. La ruta de verano aprovechaba mejor los vientos del sudoeste, pues subiendo más en latitud se beneficiaba del giro poniente que toman los vientos que corren al norte del anticiclón atlántico. En invierno se seguía un camino más corto que en verano, pero se tardaba más, porque los vientos no eran tan favorables ni las corrientes atlánticas ayudaban tanto.

En las Azores volvían a coincidir los derroteros de las navegaciones de invierno y verano, que, con brisas contrarias, tenían que ganar la costa de España.

Generalmente se tardaba de la Habana a las Azores unos veinte y ocho o treinta días, y de las Azores a España, aúnque el camino era mucho más corto, se empleaban, por la razón expuesta, quince y hasta treinta días.

**OTRAS NAVEGACIONES DEL MAR DE LAS ANTILLAS:** En el Mar de las Antillas había, además de las descritas, algunas otras navegaciones de interés local o poco frecuentadas que diferían en sus derroteros de las dos grandes que hemos mencionado y que cubrían, precisamente, los puertos de la Capitanía General de Guatemala.

"Para servir a las poblaciones de la gobernación de Honduras, e incluso a otras de la Audiencia de Guatemala, había barcos de la flota de Nueva España, que, en llegando al cabo Tiburón de la Española, se separaban de la derrota general y, dejando a la banda norte la isla de Jamaica, navegaban hacia el este hasta ganar la costa de Honduras, y por ella, Trujillo y Puerto Caballos".

"La gobernación de Nicaragua, que tenía su población a la banda del Pacífico, se comunicaba con el Atlántico navegando a través de los lagos de Managua y Nicaragua y del río San Juan; desde la desembocadura de éste, costeando, llegaban a Nombre de Dios y de allí a Cartagena de Indias".

**NAVEGACIONES DEL MAR DEL SUR:** El Pacífico enlazaba entre sí diversas Audiencias del continente americano, y, a través de éstas, a España misma con las islas del Poniente, Moluco, Filipinas, Ladrones, etc.

**DE LA NUEVA ESPAÑA AL ESTRECHO DE MAGALLANES:** Desde los puertos mejicanos del Pacífico se hacía una navegación a lo largo de las costas del continente, que llegaba hasta las australes de Chile, enlazando así todas las tierras occidentales del Nuevo Mundo. Esta navegación era, sin embargo, lenta, pues en una de sus direcciones (norte a sur), constantemente tenía brisas contrarias: los ponientes o alisios del sudeste, que en verano e invierno pasan de la equinoccial, mientras que los alisios pacíficos del nordeste apenas ayudaban el viaje de Navidad a Acapulco.

La navegación de la Nueva España a Chile se hacía siempre junto a la costa, aprovechando los vientos terrales y 'no hacían cada día más que dar su bordo a la mar, otro a tierra y surgir en la costa, y así están toda la noche, a cuya causa tardaban un año y más en llegar a Chile". La navegación de Chile a la Nueva España era tan rápida como lenta su contraria, y así, en menos de dos meses, podía hacerse el camino de sur a norte.

Las flotas que circulaban por el Atlántico eran las más frecuentes y numerosas. En plena epopeya ultramarina, Carlos V, dispuso que los navíos fuesen siempre de dos en dos; que en cada uno hubiese abastecimientos para un año, con dos timones y los aparejos necesarios; dos pilotos, y dos sacerdotes para que entendieran en la conversión de los indios.

Como veremos más adelante, los corsarios franceses amenazaban y capturaban barcos españoles en la carrera de las Indias desde la época de don Fernando el Católico, y por ello se mandó a los oficiales de la Casa de Contratación de Sevilla, que enviasen dos carabelas a vigilar las costas de Cuba para garantizar la navegación. Pero el peligro creció mucho desde 1520 con el comienzo de las largas guerras entre Carlos V y Francisco I, "y mientras la fama de las riquezas encontradas en Méjico por conquistadores excitaban la codicia no sólo de marinos aventureros y armadores de buques, sino también de negociantes y señores de fortuna agotada".

En la primavera de 1521, como subsistía aún la amenaza de los franceses, equipáronse tres carabelas al mando de Domingo Alonso de Amilivia, las cuales custodiaron hasta las Canarias once barcos en viaje a las Indias. "Al propio tiempo y por iniciativa de los mercaderes, propúsose la creación de una armada permanente, a fin de vigilar las aguas entre España y las Azores, la cual debía sostenerse mediante un impuesto regular, semejante a la contribución de los años precedentes, establecido sobre todo el comercio con las Indias, las Azores, Canarias, Madera y costa de Berbería. Encomendóse el proyecto al contador de la Casa de Contratación, Juan López de

Recalde, y a representantes de los exportadores de Sevilla, facultándoseles para tasar y percibir los fondos necesarios (tasa buques, fijar salarios y proveer artillería, municiones y abastos; el producto de todas las presas se destinaba al mantenimiento de la armada".

Advierte Haring, que no se sabe a punto fijo cuánto tiempo se mantuvo la armada de la carrera de las Indias establecida en 1522; pero existen ciertos indicios de que fuera disuelta tres años más tarde, aunque de ser así, se crearía de nuevo en 1528, porque en mayo de ese año y debido a la vuelta de los corsarios franceses, celebróse otro contrato con los mercaderes para el sostenimiento de una escuadra destinada a proteger la navegación indiana y a guardar las costas de Andalucía.

De cualquier forma en los primeros años del reinado de Felipe II, se reguló toda la navegación a las Indias, según el régimen de flotas y galeones. La travesía tenía que hacerse yendo los barcos en conserva, armados y pertrechados de conformidad a las reglas establecidas por la Casa de Contratación de Sevilla. Estas ordenanzas fijaban un tonelaje mínimo de ochenta toneles para cada nave; disponían que llevase armas para ofender y defenderse en caso preciso, tales como cañones, espingardas, armaduras para los tripulantes, y señalaban otras condiciones importantes.

A veces, navegaban juntos varios buques, formando una flota. Este sistema se convirtió pronto en oficial y obligatorio, por la inseguridad que la abundancia de corsarios y piratas, más las guerras con holandeses, ingleses y franceses producían, tanto en los mares de las Indias como en las costas españolas.

Las mismas guerras trajeron algunas irregularidades en el servicio de flotas. El número de barcos que componían las flotas era variable y el cargamento de ambas no pasaba nunca de 27,000 toneladas, que resultaba ser menos siempre de lo que reclamaban las necesidades de las colonias, las cuales por lo mismo se proveían de las mercancías de contrabando que introducían los extranjeros. Cuando se conocieron los efectos de tal irregularidad el gobierno español quiso suprimirlo imponiendo la pena de muerte a los contrabandistas, o encargando la persecución del delito al Tribunal de la Santa Inquisición.

Es bien conocida la forma de ese trato calificado de ilícito. Por lo general las embarcaciones extranjeras llegaban con pretexto de arribada forzosa frente a la costa, o a cualquier puerto, echaban su ancla, enviaban a tierra una lancha o canoa, y acudían los españoles a la playa y se hacía allí el trato. Los holandeses preferían tabaco en cambio de sus mercancías; los ingleses el palo de mora y guayacán; los dinamarqueses los cereales y el café, y todos, algunas reses vacunas y cuantas mulas podían conseguir. Con este comercio de contrabando se les proporcionaba a los colonos la oportunidad de cualquier encargo a los países de origen de los contrabandistas, los cuales eran en esto muy puntuales y atendían los reclamos o quejas de sus clientes por el interés que les resultaba de mantener ese tráfico. Los colonos promiscuaban con los "herejes sin ningún miramiento, bebían y se emborrachaban con ellos, les daban a bautizar sus hijos, algunos recibían biblias luteranas y todos mantenían un comercio que por productivo los enriquecía y colocaba en holgura económica.

Hemos visto ya que los mercaderes radicados en España no pudiendo conseguir en su patria todos los productos que habían de exportar a las Indias, y para burlar las leyes, que prohibían todo tráfico con otros que no fueran los españoles, de acuerdo con los exportadores prestaban a ingleses, holandeses, italianos y franceses sus nombres y sus naves, y bien pronto el comercio de exportación al Nuevo Mundo no fué más que un inmenso sistema de contrabando. Pero los defraudadores extranjeros creciendo poco a poco en atrevimiento, y deseosos de substraerse de toda clase de tributo, dejaron de servirse de la bandera y de las naves españolas, y enviaron sus mercancías directamente a las colonias indianas. Al principio fueron ayudados en esta empresa por los portugueses. Muchos centenares de barcos, cargados de mercaderías inglesas y holandesas, partieron de Lisboa, Oporto y Lagos y de otros pequeños puertos del Brasil.

En 1537 llegaban a treinta las naves de las flotas españolas, más las de escolta; otra de 1625, constaba de treinta y tres con ocho galeones de guardia, con destino a los puertos de Santo Domingo, Puerto Rico, Jamaica, Margarita, Habana, Cartagena, Campeche, Veracruz y Trujillo (Honduras), con carga de vino, higos, uvas, aceite, aceitunas, telas, lino, hierro, azogue y otros artículos.

Entre los años de 1564 a 1566, quedó establecido que anualmente partieran de Sevilla dos flotas distintas: una, para la Nueva España, y otra, para Tierra Firme. La primera, con barcos no sólo para Veracruz, sino también para los puertos de Honduras y de las Antillas. La segunda, con destino al istmo de Panamá, Santa Marta y otros puertos de la costa septentrional de Sudamérica.

Don Felipe II, en Aranjuez, a 18 de octubre de 1564, manda que la flota que hubiere de salir para Nueva España esté aprestada a primero de abril de cada un año en la barra de Sanlúcar, y el juez oficial de la Casa de Contratación, que hubiere de ir a la visita, y despacho, esté en Sanlúcar a los quince de marzo para el dicho efecto, y los navíos salgan a primero de abril, aunque estén a media carga, y no se detengan más; y asimismo salgan en su conserva y compañía las naos de Honduras.

A principio del siglo XVII las armadas enviadas a Tierra Firme debían constar de ocho galeones, con capacidad mínima de 600 toneladas cada uno, y de tres pataches, uno de cien toneles para embarcar las perlas de la isla de Margarita y dos de 80 para resguardo de la flota; habían de conducir como 900 soldados, 1,100 marineros y artilleros. Al renovarse el asiento en 1633 aumentóse de ocho a catorce el número de galeones de Tierra Firme, y de 6 a 12 por ciento la tasa de avería. Los barcos destinados a Honduras debían ser de 500 toneladas cada uno, con una tripulación de 100 hombres.

Don Felipe IV, en Aranjuez, a 14 de mayo de 1622, dispone que los oficiales del sueldo de la carrera de Indias, al tiempo que hicieren las listas de la infantería y gente de mar, que hubiere de ir en las naos de Honduras, avisen al que fuere por cabo de ellas, el cual asista y esté presente a las listas con los dichos oficiales.

El mismo Rey, en Monzón, a 15 de marzo de 1626, manda al gobernador de la Provincia de Honduras y a los alcaldes mayores de los puertos de Trujillo y Santo Tomás, "que no detengan las Naos, antes compelan, y apremien a los Cabos a que salgan a primero de Febrero, para que estén en la Habana al dicho tiempo, y allí aguarden la Flota que llegare de la Nueva España, y vengan todos en una conserva".

En Madrid, a 15 de septiembre de 1632, don Felipe IV, da también el mandamiento siguiente: "Porque los vecinos de la Ciudad de

Truxillo, de la Provincia de Honduras, son molestados de los Cabos, Capitanes, y gente de guerra de las Naos, que van a ella el tiempo que asisten allí, y los cuerpos de Guardia, que forman, solo sirven de impedir a las Justicias Ordinarias el uso de su jurisdicción, y hacer violencias a los vecinos: Mandamos a los Cabos y Capitanes, que si Nos tuviéremos por bien de enviar algunos Navíos a aquellas Provincias, se abstengan de cometer, y consentir cualesquier excesos, y tengan bien disciplinada, corregida, y quieta la gente de Mar, y Guerra de su cargo, y no consientan que se hagan extorsiones a los vecinos, en que cumplirán con nuestras órdenes, y obligación de sus puestos; y de no cumplirlo nos habrémos por deservido, y se les hará cargo particular, en sus visitas, o residencias".

En lo que toca a los navíos de aviso, don Felipe III, en Ventosilla, a 9 de octubre de 1612, había mandado que el presidente, y oidores de la Audiencia de Guatemala no despacharan avisos a España "si no fuere en tan precisa, e inexcusable ocasión, que obligue a ello".

Con el nombre de Tierra Firme, los conquistadores hispanos comprendían las tierras continentales del norte de la América meridional, en oposición a las islas del Mar de las Antillas, es decir, a las costas de Venezuela y de Colombia en el dicho mar. Especialmente se aplicó esta denominación a las provincias del sur del istmo de Panamá. La expresión de los ingleses Spanish Main, significaba propiamente aquella parte de la tierra continental del nordeste de la costa de Sudamérica que se extiende desde el Orinoco al istmo de Caribe. Pero con frecuencia se usaba, indistintamente, en conexión con los filibusteros del propio Mar Caribe.

El sistema de flotas no se siguió rigurosamente a lo largo de la dominación española. A las diferentes colonias continuaron enviándose barcos sueltos llamados avisos, que tenían como función especial conducir el correo oficial, y a los cuales se autorizaba para cargar algunas mercancías. A veces, los mismos buques de guerra conducían azogue de España o llevaban a ella oro y plata. Por su parte, los mercaderes eludían en lo posible la reglamentación de las flotas, —como hemos visto— enviando expediciones sueltas que procuraban desembarcar en puertos indianos, ya ocultamente, ya pretendiendo que los temporales y huracanes los habían hecho arribar.

El sistema de flotas trajo muchos inconvenientes, el principal de los cuales era el acaparamiento a que daba lugar la larga periodicidad del arribo de ellas y de celebración de ferias. Conocedores los comerciantes de que en muchos meses no volverían a importarse ciertos productos, trataban de comprarlos en grandes cantidades para venderlos luego a precios elevados. Además, la organización de las flotas fué empeorando a medida que avanzaba el siglo XVII: primero, por los cuantiosos gastos que era menester hacer para lograr el permiso (derechos de la Casa de Contratación de Sevilla, etc.), a los cuales se unieron más tarde préstamos forzosos al Real tesoro; segundo, porque esto mismo que exigía gran poder económico en los concesionarios, produjo la consecuencia de rebajar la importancia militar de las armadas y de ponerlas en manos de las gentes de negocio, que procuraban los permisos a fuerza de intrigas y dádivas.

En 1554, el prior y los cónsules de Sevilla, proponen varias disposiciones relativas a la ida y vuelta de las flotas, y modo de protegerlas durante la guerra con Francia:

"A Vuestra Alteza hemos escrito estos días dando cuenta cómo cada día se esperaba la armada que fué a las Azores, y por general de ella don Juan Tello de Guzmán, para traer oro y plata que allí había de Su Majestad, y de particulares, y cómo al servicio de Su Majestad y bien de estos reinos convenía que el dicho don Juan con la dicha armada luego como llegase a San Lúcar, saliese a guardar estas costas e ir a las Azores a guardar las naos que de Santo Domingo se esperan cada día, y a la plata que vendrá de Nueva España y Tierra Firme, que traerá Cosme Rodríguez Farfán, porque en esta costa no hay de presente ninguna armada de Su Majestad, que resista a los corsarios franceses, y al presente hay más necesidad que nunca, porque diez leguas de Cádiz, una goleta francesa que dicen que trae trescientos hombres de guerra, demás de otras presas que ha hecho, ha tomado una urca que iba de Cádiz a Flandes, harto rica, de más de seiscientos toneles, sin otros algunos corsarios, que dicen que están al Cabo de San Vicente; y cada día se juntarán más a aguardar las naos que vienen de todas partes de Indias".

"Y, así suplicamos a Vuestra Alteza mandáse a los oficiales de la Contratación, que proveyesen la dicha armada de mantenimientos y de otras cosas necesarias para cuatro meses, para que, sin salir la gente a tierra, volviese a salir el dicho don Juan a limpiar la dicha costa, para ir a las Azores a lo susodicho. Y porque cosa que conviene al servicio de Su Alteza, tornamos a suplicar a Vuestra Alteza, lo mande proveer con brevedad, porque la gente de la dicha armada no salte en tierra, y después no se pueda haber con brevedad, y en él entre tanto se podrá recibir gran daño".

"Vuestra Alteza a suplicación del prior y cónsules que fueron el año pasado, mandó dar una cédula, de que va aquí la copia, para que durante la guerra con Francia se hiciese septiembre, y que con cada flota fuesen cuatro naos de armada, y que la costa de ellas se echase por avería como la de Carreño y Farfán, y en mandar que en cada año, por los dichos tiempos, vayan dos flotas para las Indias, es cosa de gran utilidad, así para los que están en las Indias como para estos reinos, porque habiendo dos flotas cada año, las Indias serán proveídas y los que están en ellas no padecerán las necesidades que han padecido estos años, y los tratantes en ellas podrán negociar, y las mercaderías de estos reinos se gastarán, y las flotas irán más seguras a la ida y a la vuelta y traerán el oro y plata de Su Majestad, y de particulares, a mejor recaudo. Y habiendo tiempo señalado en que parten las flotas, sabrán cuándo han de venir, y en todos cabos de Indias se juntarán en la Habana para venir en conserva; y las armadas de Vuestra Majestad que anduviesen por estas costas socorrerán y acompañarán a las dichas flotas cuando vinieren desde las Azores; de manera que en lo que se suplicó a Vuestra Alteza que hubiese dos flotas cada año en los dichos tiempos, que está muy bien pedido".

"Este año presente, no se ha podido gozar de esta cédula, porque como Vuestra Majestad sabe, en fin del mes de enero pasado, salió Cosme Rodríguez Farfán con todas las naos que para todas partes de Indias había, que ninguna quedó a lo cargar, y después no ha venido ninguna nao de ningún cabo de Indias, y que aúnque algunos mercaderes han querido comenzar a cargar para hacer flota, no ha habido ni hay dinero con que hacerla ni despacharla, por haberse Vuestra Alteza servido de lo que vino a mercaderes, de cuya causa no se ha podido aprestar"

"Y no estando presta para este tiempo, parece que no se puede aderezar para que salga antes de enero del año que viene, porque con lo que viniere, que está en las Azores, y con lo que Su Alteza pagará, irán los mercaderes haciendo poco a poco sus cargazones y acabarán de hacerlas del todo cuando, placiendo a Dios, venga Farfán, que será en todo octubre y en esto se podrán aderezar para que salga la flota por el mes de enero".

"Cuanto lo que se suplicó a Vuestra Alteza que con cada flota fueran cuatro naos de armada, una que se apartase desde las islas de las Indias con las naos de Santo Domingo y fuese y viniese con ellas a la Habana, y otras dos naos fuesen con las de Nueva España hasta el cabo de San Antón y allá las dejase ir y las dos naos se fuesen a la Habana a esperar las de todos los cabos de Indias y se viniesen en conserva, todo esto se ha comunicado de presente con esta Universidad, y se hallan algunos inconvenientes, que son: Que para armar cuatro naos para cada flota, del porte y con la gente necesaria para guardar las naos de mercaderías ala ida y traer el oro y plata y mercaderías a la venida, sería menester para cada nao o armada, para un año que tardará en ir y estar y venir, veinte mil ducados, sin los intereses de traer los dineros a cambio; y tentando de dónde se puede sacar tanta suma de dinero no se halla de donde, ni cómo se puede hacer por avería, y también porque lo más de lo que se gastará se ha de traer de cambio, mientras vuelven las armadas, y no hay persona que quiera ni pueda traer tanta suma de dinero a cambio".

"Asimismo parece que, armar dos naos para dos flotas que vayan y vuelvan con las naos de Santo Domingo, que costarán de principal, sin los intereses, cuarenta mil ducados, que es cosa que no conviene, porque poco más puede valer todo cuanto puede venir de Santo Domingo con las naos de armada; y los de Santo Domingo y Tierra Firme no querrían pagarla por ellos ni es justo lo paguen".

"De manera que la nao, para ir y venir con las de Santo Domingo, parece no se debe hacer ni se podrá conservar, y que el trato de aquella isla no tiene ningún otro remedio sino que Vuestra Alteza mande que vaya una armada a guardar aquella isla de Santo Domingo y las demás, pues cada día van allá mucha cantidad de corsarios franceses y les hacen mucho daño, y tienen gran necesidad de aquellas islas de que haya en ellas armada que las guarde; y que acá en estas costas de España haya armada de Su Majestad, que tenga limpia la costa para que, cuando las naos de Santo Domingo vengan a reconocer a España estén seguras.

"Cuanto a las naos que fueren a Nombre de Dios y Nueva España, lo que a esta Universidad conviene y parece se podrá sustentar, en el entre tanto que Su Majestad lo mandara guardar, es que cada año haya dos flotas en los mismos tiempos, y que con cada flota vayan dos naos y un patax de armada, como la que llevó Farfán; y estas dos naos y patax de armada, vayan de aquí en acompañamiento de todas las naos que fueren para todas partes de Indias, y así vayan hasta las islas de las Indias, y que de allí se aparten las de Tierra Firme con una nao de armada, y las demás vayan su derrota hasta dejar las de Santo Domingo junto a su puerto y las de Nueva España y Honduras vayan juntas hasta el cabo de San Antón, y de allí se partan las que fueren a Honduras, y las de Nueva España vayan su viaje con la otra nao de armada y patax hasta la Veracruz; y de esta manera parece que a la ida acompañándose unas a otras irán seguras".

"Cuanto a la vuelta, la nao y el patax, que fueren con las naos de Nueva España, han de llevar por instrucciones de no estar en dicho puerto más de cincuenta días, en los cuales han de tomar todo el oro y plata de Su Majestad, y de particulares, y venir con ello a la Habana, donde estarán ya las naos de Tierra Firme con su nao de armada o llegarán luego; y los que llegaren primero, aguardar a los otros, de suerte que los de Nueva España y Tierra Firme se junten allí, y sabido en los otros cabos de las Indias se recogerán allí las naos y se juntarán y aderezarán para venir en conserva; y el oro y plata que trajere la nao de armada y patax de Nueva España lo repartirán en la otra nao de armada de Tierra Firme, y en las demás naos que vinieren de Tierra Firme, que son siempre buenas naos y bien aderezadas; para que lo que viniere de Nueva España, se reparta por toda la flota y no venga todo en la nao y en el patax, porque las naos que fueren a Nueva España con mercaderías con la nao de armada y patax por lo mucho que allí tardan en descargar no pueden venir con la dicha nao y patax, y han de quedar descargando para venir después con la armada que fuese con otra flota".

"Así que lo que parece que conviene es que Vuestra Alteza mande que en fin de este año o en principio de enero se haga una armada de dos naos y un patax y que con ella salgan las naos que estuvieren prestas para cualquier puerto de las Indias; y que para fin de agosto o principio de septiembre del año que viene, mande se guarde la misma orden".

"Y lo que se gastare en ambas armadas en cada año, se reparta por avería en lo que fuere y viniere en las naos en cuyo acompañamiento fueren y vinieren las dichas armadas; a la ida a dos y medio por ciento; y a la vuelta, lo que faltare por cobrar, a como saliere; y que esta orden se guarde en los años adelante, mientras Vuestra Majestad no mandare otra cosa".

"Para hacer estas armadas, como Vuestra Alteza, es notorio, son menester muchos dineros, porque aunque se saque una parte de ellos del avería que se cobrará a la ida, mientras ésta se cobra, es menester ponerlos, y mientras vuelve la armada que fuere, que tardará un año en ir y venir, es menester traer lo que faltare a cambio, porque, como es mucha suma, no se podrá hallar de otra manera. Y por esto es menester que Vuestra Alteza, de licencia para que los dineros que fueren menester se tomen a cambio o baratas para proveerse las dichas armadas, y que el daño que en traerlas a cambio hubiere, se reparta junto por avería. Esto es lo que parece a esta Universidad que conviene, así al servicio de Su Majestad, como al bien y conservación de las Indias y trato de ellas, como al de esta Universidad. Vuestra Alteza mande lo que fuere su servicio, porque los que hubieren de hacer tengan cuidado de ellos".

"Asimismo, Vuestra Alteza, debe mandar al virrey de Nueva España que con toda brevedad despache a las naos que van a la Veracruz, porque en todo ha habido y hay mala orden, que cada año se comen allí de broma ocho o diez navíos, y los que se despachan vienen tales, que en el camino se pierden o no son más para volver y los echan al través, porque más quieren perderlos, que gastar allá tanto tiempo como les detienen con ellos. Y por esto Vuestra Alteza, debe mandar que con mucha brevedad se despachen las dichas naos, y que el virrey no consienta que, sobre los fletes y averías y cosas anexas a las naos, haya pleitos ni apelaciones, sino que con toda brevedad sean despachados los maestres...De Sevilla diez de julio de mil quinientos y cincuenta y cuatro años. Besan los reales pies y manos de Vuestra Alteza, el prior y cónsules de Sevilla. —Alonso de Illescas. —Fernando de Castro. —Francisco de Escobar".

En 1526, las Autoridades de la Española, en vista de las constantes represalias y desafueros que hacían los corsarios y piratas, propusieron al gobierno de España que se designase un puerto indiano como lugar de confluencia de todos los navíos que viniesen de la metrópoli, y de los que saliesen de las Indias para allá, a fin de que tomasen desde sus respectivas derrotas bajo la seguridad y protección de los unos a los otros. En esa petición se indicaba como punto de reunión de las naos alguno de los puertos de la misma Española. Este proyecto, como hemos visto, no fué puesto en práctica sino muchos años más tarde.

A continuación, copiamos parte de una carta de Carlos V, de septiembre de 1553, dirigida a Blasco Núñez Vela, y la respuesta de éste, sin fecha ni lugar:

"Después de vuestra partida habemos tenido aviso que en Diepa (Dieppe), que es en Bretaña del reino de Francia, estaban aderezando cinco navíos gruesos, y se aparejaban otros ocho, que son trece, en que pensaban poner tres mil hombres con determinación de ir a la Habana que es en la isla de Cuba, y de allí al Nombre de Dios y costa de Tierra Firme, y saquear los pueblos de ella y aguardar allí el oro y plata que saliere, y tomarlo; y como quiera que según la confianza que yo de voz tengo, y la armada que llevasteis ser tan buena y tan bien proveída, es bastante para resistir y ofender a los dichos corsarios; pero para más seguridad de nuestros súbditos y de la comisión principal que llevasteis, habemos acordado  que la armada que habemos mandado aderezar para la guarda de la costa, se vaya luego en seguimiento vuestro, derechamente al Nombre de Dios, y donde quiera que vos topare, la persona que la llevare a cargo, que será el capitán Miguel de Pérez, vos la entregue y haga lo que vos de nuestra parte le mandaras, porque desde entonces todos han de estar de vuestra gobernación; luego que llegaren las dichas naos las recogeréis y haréis poner en orden".

"Y porque podría ser que cuando ésta recibáis no sea venido del Perú a la ciudad de Panamá nuestro oro y plata por lo poder recibir y traer como lo llevasteis por instrucción, y al tiempo que habéis de estar en el puerto del Perú...vos ocupar en hacer algún fruto, dando una vuelta a buscar los corsarios y también porque las naos estando surtas en el puerto reciben más daño de la broma, que navegando, vos mando que si no tuviereis nueva que el dicho oro y plata está en Panamá, o que vendrá muy presto, allí vos, con nuestra armada deis una vuelta hacia la isla de Cuba al puerto de la Habana, donde se halla, que más pronto acudirán los corsarios, y a otras partes donde tuviereis algún aviso que andan; y procederéis a tomarlos o hacerles el daño que fuere posible, teniendo siempre intento de deteneros en ello lo menos que pudiereis, para que volváis al dicho puerto de nombre de Dios al tiempo que tengáis seguridad que el oro y plata sea venido allí, porque como el traer con seguridad el dicho oro y plata ha de ser vuestro principal intento no perdáis en ello un punto de tiempo".

"Yo escribo a todos los nuestros gobernadores y otros de esas islas dándoles aviso de la dicha nueva que se tiene de Francia porque estén a recaudo y para que siempre vos provean de lo que hubiereis menester...".

A esta carta del Emperador don Blaco Núñez Vela contestó como sigue:

"La orden que me parece que debe tener debajo de parecer de otro que más experiencia tenga, para que los navíos que contratan en las Indias naveguen con seguridad de enemigos, y sin ser molestados los señores de los tales navíos y los que en ellos carguen, gastando supérfluo pan, avíos de mercaderías demás de lo que conviene para que la gente que ordinariamente suele navegar los dichos navíos para poderlos mandar y gobernar, es esta:

"Los navíos que ordinariamente acostumbran a hacer aquella navegación, suelen ser los mayores de hasta ciento y cincuenta toneladas o hasta doscientas; y éstos, tengo yo por los más seguros para aquella navegación, y no los de mayor porte por muchas razones".

"Un navío para ser medianamente armado y poder ofender y resistir a otra fuerza de otro navío armado, tiene necesidad de llevar por dos toneladas un hombre; pero esto sería muy costoso para nao mercante y aún embarazoso; y para solo defenderse, parece que si el navío de doscientas toneladas, o para abajo, llevase por cada tres toneladas y medio un hombre que iría fuerte y que ningún otro navío no le podría sojuzgar sin recibir muy grande daño; y la dicha gente que así fuere en la dicha tal navío ha de ir en este orden:

"El navío que al respecto de las dichas toneladas hubiese de llevar cincuenta hombres, han de ser tres artilleros que entiendan de la artillería; y por cuatro hombres, ocho grumetes y servidores de la nao que sean desde quince años hasta veinte, para que éstos sirvan a estos artilleros a callar y cargar la artillería en tiempo de necesidad, sin que la otra gente se ocupe en aquello; y los artilleros parécenme pocos, pero siempre los marineros o muchos de ellos son algo prácticos de la artillería de fierro, y por esto bastarán los tres para que aquel sea su principal cargo, porque la artillería vaya siempre muy en orden.

"Diez arcabuceros y diez ballesteros; y que éstos lleven cada uno el arcabuz y ballesta propio suyo, y cada arcabucero cien pelotas para el dicho arcabuz, y el ballestero cada uno una docena de pasadores bien acondicionados; y estas ballestas han de ser fuertes y llevar para estos dichos arcabuceros y ballesteros los dichos arcabuces y ballestas ...no conviene por muchas razones, que por ellas aquí sería prolijidad en las hacer llevar a los dichos ballesteros tres cuerdas cada vez que una avancuerda para poderla echar las cuerdas cada vez que uno quiera; por manera que conviene que cada hombre sea señor de su arcabuz y de su ballesta, para que los tenga en la orden que conviene como está dicho.

"Ha de llevar la persona a cuyo cargo fuese el tal navío de repuesto doce docenas de pasadores y alguna cantidad de pelotas que vengan a los dichos arcabuces que bastará llevar hasta quinientas para dársele a los dichos arcabuceros y ballesteros el día del menester, y si lo que ellos llevan fuese gastado, y no de otra manera.

"Los otros veinte y tres hombres serán marineros, y sobresalientes en este número, no ha de entrar ningún pasajero, sino personas que caigan muy en grave pena sí dejasen el tal navío, hasta volverlo en España; y a este respecto se podía armar de más o menos toneladas, teniendo respecto a que por tres toneladas y medio ha de haber un hombre repartidos como dicho es.

"La artillería para este navío serán tres tiros de bronce, un sacre o media culebrina de hasta treinta quintales, y ésta vaya en sus ruedas algo altas, porque alcance sobre la cubierta principal de la nao para que sirva a todas partes y dos falconetes de hasta quince quintales cada uno más o menos, y antes más que menos; cada uno de éstos ha de ir en sus ruedas bajas sobre la cubierta de popa a cada banda, una para cada tiro; de éstas treinta pelotas de fierro siempre de repuesto y para si alguna vez quisiera tirar algún tiro para algún efecto que no sea con enemigos, lleven algunas pelotas de piedra.

"Cuatro tiros de fierro de peso de veinte quintales hasta treinta con cada tres servidores; y para cada uno treinta pelotas de piedra y una docena de linternas de perdigones siempre en orden; han de estar estos tiros, el uno sobre la cubierta principal donde se dice que ha de ir el sacre, y los dos en el castillo de popa donde anda el cabestrante y más debajo de cubierta con dos portañolas en los costados de la nao para que éstas jueguen a la parte que quieran.

"Veinte y cuatro versos de fierro con cada tres servidores; para cada una dos docenas de pelotas de plomo con sus dados de fierro; éstos han de ir puestos en las bandas de la nao sobre sus chapas de fierro: cuatro docenas de medias picas, más que medias o no muy largas; ocho docenas de dardos y gorgonas; dos docenas de rodelas; cincuenta alcancías de fuego artificial bien acondicionadas, y que vayan en tal guarda que siempre estén enjutas y conservadas, para que aprovechen al tiempo del menester.

"Armas de coselete se conservan muy mal si no es teniendo mucho cuidado de ellas; sería bien que este navío llevase treinta petos con sus escarcelas o celadas, todo esto muy bien barnizado en sus cajas con mucha paja menuda en ellas entre los unos petos y los otros, para que se conserven; y no se ha de tocar en ellos sino el día del menester.

"Ha de llevar en una bota vieja trescientos o cuatrocientos guijarros pelados redondo, de peso de libra o libra y media cada uno, para repartirlos el día de necesidad por las estancias de la nao, para que todos puedan aprovecharse de ellos y otros cien guijarros desde cuatro hasta cinco libras cada uno de peso para llevar en la gavia.

"El navío que fuese de ciento y cincuenta toneladas abajo hasta ciento y ciento y veinte y treinta bastarle ha cuatro tiros de artillería; pero ninguno que sea de este porte no vaya sin un tiro de bronce que sea sacre, algo largo, que alcance, porque viendo el enemigo que lleva artillería que alcanza, pónenle temor porque le tiene por navío armado; este tal navío desde cien toneladas hasta ciento y treinta, siendo como ha de ser de mercadería, y no de armada y la jornada de la calidad que es, bastaría a sus treinta y cinco hombres de pelea, repartidos por la misma orden.

"Ninguna de estas naos no se ha de permitir sin jareta desde proa a popa muy bien armada, con sus matescos y muy buena pavesada porque estos hace muy fuerte el navío; y viéndole de esta manera el corsario que no es muy poderoso, y sintiendo en ella resistencia muchas veces holgara de dejarla y otras veces le pesará de haber llegado a ella, porque verá la ganancia dudosa y que no se puede haber sin riesgo. Yendo las naos en este orden v navegando siempre a la ida y a la vuelta seis navíos, y más llevando su capitán a quien obedeciesen que tuviesen personas, yo les tendría por muy seguros de navíos de corsarios, y que no se podría perder si no fuese topado con gruesa armada, pero tengo por muy dificultoso para el trato de las Indias naos poder ir siempre en conserva ni seguir a un capitán, porque cada una lleva su derrota por donde tiene su contratación.

"Parece que la mayor seguridad que para estas naos puede haber, habiendo de andar de trato en viajes tan largos, y donde muchas veces se ofrece necesidad de bastimentos, es ponerlas en este orden.

"Y si la guerra estuviese tan rota que se tuviese nueva que en Francia se armaba cantidad de navíos para dar corso, para toda seguridad de las dichas naos habiendo una armada de hasta nueve navíos, que ninguno pase de doscientas toneladas y los tres de ellos han de ser pataxes muy buenos de los de Vizcaya, y éstos todos que anden debajo de un general de esta armada, dividirse, que lo haga, y mi parecer sería, que las más veces no teniendo nueva que había muchos navíos de enemigos juntos, estos nueve navíos anduviesen divididos en tres partes, y en cada una dos navíos y un patax andando siempre arando las derrotas, y de esta manera yo tendría muy seguras las naos que fuesen a la dicha navegación, porque para la parte de las Indias tengo por fuerza ir los navíos en la dicha orden para resistir, porque aquellas partes los corsarios que llegan no llevan naos grandes ni les convendría llevarlas, y verse ya pocas veces arriesgarse a ir a aquellas partes muchos corsarios juntos; y de estas nueve naos que digo, podrán las tres hacer un viaje a las partes de las Indias cada año en tiempo que pareciere o se tuviere sospecha que allá pasaban corsarios, y acudirían a la Habana por venir· con los navíos que allí se juntasen teniendo avisados a los puertos de las Indias para qué tiempo estarían allí, para que los navíos que hubiesen de venir pusiesen diligencia en juntarse; y aunque esta ida allá estos dichos tres navíos creo no habría mucha necesidad, aprovecharía mucho para quitar la avilantez a los enemigos, que no fueren a hacer daño en aquellas partes.

"Lo que parece que convendría hacer en los lugares y puertos de las Indias que yo anduve para fortificarlos, que los que yo anduve son San Juan de Puerto Rico y Santo Domingo y Santa Marta y Cartagena y Nombre de Dios y la Habana, es lo siguiente:

"La primera es, que es imposible a lo que parece que en aquellas partes puedan estar las fortalezas en tan buena orden como conviene, así de artillería, en orden, armas y municiones y personas que lo sepan mandar y entender por la calidad de la tierra y trato de ella, porque si no son esclavos, hay poca gente que se asoldade, ni se podría haber en aquellas partes si de acá no se enviasen personas que supiesen tratar y entender de artillería y limpiar y aderezar las armas, para en poco tiempo todo se perdiese por la gran humedad de la tierra, que ninguna arma de artillería ni de otra calidad que no fuese de metal, dejaría de perderse en muy breve tiempo, y lo mismo la pólvora si no hubiese persona que lo entendiere para visitarlo siempre y traerlo y asolearlo para tenerlos conservados; y ya que de acá se quisiesen enviar las dic has personas hábiles, sería excesivo el gasto por los grandes salarios que para aquellas partes es menester dar, y el efecto a mi parecer podría resultar más en daño que en provecho... por estar los dichos lugares poblados de gente de calidad, que es más para sus tratos y mercancías, que no para saberse dar manera a defenderse de gentes de guerra.

"Presupuesto que el enemigo que fuere a aquellas partes no vaya con intención de señorear sino sólo de saquear y robar, digo que en siendo en cantidad de trescientos hombres de guerra, no hay ninguno de los dichos lugares que sea fuerte para resistir.... y si hallasen hecha fortaleza y en ella recogida mucha gente y bienes, esta codicia de haberlos y tener por cierto que están seguros que no ha de venir socorro a los cercados, les hará allí detener todo el tiempo que los cercados no se diesen o les hiciesen tal partido que les den todos los bienes que se hubiesen recogido a la dicha fortaleza.

"Recomiendo el adiestramiento de los vecinos en el uso de las armas, que cada hombre debe tener, y que haya en cada población por lo menos un armero que limpie los coseletes y un ballestero que sepa hacer ballestas, y que sepa hacer las cureñas de ellas, y que entienda asimismo de adiestrar las llaves y cureñas de los arcabuces.

"Es bien que haya tres piezas de artillería en sus carretones, que sean de treinta hasta cuarenta quintales, puestos en un baluarte en la parte que más parecía que pueden hacer en el puerto; y de tal manera sea este baluarte, que viendo que los enemigos toman tierra se desampare y quiebren las ruedas y ejes en que está la artillería, y este baluarte no ha de tener más de una fuerza hacia la mar con sus travesías a trechos, para que la gente que mandase esta artillería esté segura de la que se tirara de la mar, ha de quedar abierto todo o a la parte de tierra, y este baluarte se hará lo más cerca que sea posible de arcabucos espesos, porque si los enemigos quisieren venir por la artillería, no puedan, por el daño que se les hará desde los arcabucos, por arcabuceros y ballesteros".

En una Junta que se tuvo el año de 1677 en la posada del duque de Medinaceli, Presidente del Consejo de Indias, sobre cosas de las colonias, para ver algunos puntos que proponía don Gabriel Fernández de Villalobos, después marqués de Barinas, a que concurrió con su voto especial el marqués de Mancera, que había sido virrey de Nueva España, ponderándose los perjuicios de las arribadas fraudulentas de los extranjeros a los puertos de las Indias con pretexto de temporales y falta de bastimentos, aunque Villalobos propuso excluirlas absolutamente sin distinción de causas, a la Junta pareció inhumanidad este medio, porque podría haber casos en que fuesen necesarias estas arribadas, "y no era justo que padeciesen la inocencia a cuenta de la culpa". Y se propuso que el remedio era buenos gobernadores y ministros sin beneficio, y que la Cámara de Indias los buscase de esta calidad, castigando con severidad a los que fallasen a su deber.

Sobre punto de fortificaciones se dijo que en las Indias no convenía que hubiesen más que aquellas que se podían guarnecer, porque donde la gente era lo que más faltaba, dañaba más que defendía la sobra de las fortificaciones.

Respecto a los comercios de la costa de Honduras en corambre, cacao, grana, zarza, añil, jalapa, achiote, sebo y otros muchos frutos, no se propuso otro remedio que estrechar las órdenes prohibitivas del comercio con extranjeros, y cometer la averiguación y castigo de cualquier leve desorden a un oidor de Honduras o al obispo de Comayagua. Díjose que por el puerto de Guayaquil se cometían fraudes, por lo que se llevaba a las provincias de Nicaragua, Guatemala, Realejo y Sonsonate, puerta de la Nueva España, y que sería mejor permitir el comercio de estos reinos por la dicha parte y de sus frutos, pues el inconveniente de que no pasasen por este medio desde Nueva España al Perú los géneros de China en perjuicio de los de Europa, se podía evitar sin que cesase el comercio de los frutos provinciales.

La minuciosa y exclusivista reglamentación del comercio entre España y las Indias tuvo su complemento en las medidas restrictivas promulgadas para el trato y cambio intercolonial entre los distintos puertos del Nuevo Mundo. Se prohibió que el comercio entre Europa y las colonias de la América del Sur se hiciera por vía de Buenos Aires (que era un foco importante del tráfico clandestino) y que el cambio con los puertos del Pacífico se realizara por el estrecho de Magallanes. Dificultóse, en suma, por todos medios, el comercio directo entre unas comarcas y otras de las propias Indias, sobre todo cuando se trataba de artículos que pudieran hacer la competencia a los que España exportaba.

A consecuencia de esta política monopolista en una España de capacidad productiva insuficiente, tanto más entraron la metrópoli y las colonias en la dependencia de la importación extranjera, y, en la segunda mitad del siglo XVII, el contrabando tomaría dimensiones gigantescas. Mas, a lo largo del siglo XVIII, por impulso de nuevas doctrinas económicas y por el resultado de guerras sostenidas por España con Inglaterra, desgraciadas para la primera, se implantó poco a poco un sistema de comercio más liberal en su contenido. Este asunto, sin embargo, cae ya fuera del marco que motiva nuestro trabajo y sólo podemos tratarlo aquí de modo breve.

En los últimos años de la dominación española se substituyó el viejo régimen de flotas y galeones por el sistema de navíos sueltos, como en los primeros tiempos de los descubrimientos, que se registraban aisladamente para los distintos puertos americanos. Se organizaron compañías mercantiles en varios puertos del norte de España, con privilegios importantes para dedicarse al comercio de ciertos géneros en diferentes comarcas del Nuevo Mundo. Se crearon correos marítimos mensuales entre España y sus posesiones ultramarinas. Se habilitaron para el comercio varios puertos peninsulares. Se permitió el trato intercontinental entre Perú, Nueva España, Nueva Granada y Guatemala. Se autorizó, igualmente, el comercio entre Buenos Aires y Chile y las poblaciones del interior. Y, por último, sin contar con que ya sonaban los claros clarines de la Independencia, se promulgó el Reglamento y Aranceles reales para el comercio franco entre España y sus colonias americanas.

# SECCION SEGUNDA

**NO OBSTANTE,** las sutiles restricciones que imponían los preceptos e ideales del cristianismo medieval a la economía del lucro, el hacer dinero fué considerado como la más grata a Dios de las ocupaciones seculares, aún antes de que los calvinistas comenzarán a predicar, basándose en el texto adulterado, aquello de "no busques tu riqueza sino la de tu prójimo". Martín Lutero, pese a su doctrina fundamental que sólo la fe salva, y el hombre no necesita de buenas obras, no fomentó mucho el capitalismo naciente ni la bonanza del oro y en lo económico continuaría siendo católico medieval, sin elogiar las virtudes del ahorro y la acumulación pecuniaria.

En uno u otro caso —según Werner Sombart— las naciones europeas se han enriquecido porque pueblos y razas enteros han muerto por ellas; por ellas se han despoblado continentes enteros. Así las cosas, el comercio colonial de los europeos había de consistir sobre todo en la explotación de pueblos llamados por ellos salvajes, que no podían defenderse contra las lombardas y falconetes de los invasores. Los mercachifles aventureros de Europa, mediante verdaderos actos de piratería, obtenían enormes ganancias, que, en ocasiones dícese que excedían del 200 o del 300 por ciento. Y no menos lucrativa sería la práctica del trabajo que imponían en sus colonias y factorías a los pobres infieles.

Cuando los turcos emprenden su marcha siempre victoriosa a través de la Tierra Santa, y levantan su fortaleza a dos leguas de Constantinopla, en la catedral de Santa Sofía retumban las voces de los aterrados cristianos, gritando: ¡El día del Juicio ha llegado! Con este peligro tan grande y apremiante, el mismo nombre de turco llegaría a ser sinónimo de brutalidad y salvajismo en las lenguas de los cristianos. Mas, fumar tabaco turco siempre ha sido un deleite.

La caída más tarde de Constantinopla en poder de los infieles, aunque bien pudo haber sido un castigo impuesto a los bizantinos por haber "negado la verdadera doctrina sobre el Espíritu Santo", y vendría a marcar la fecha en que comienza la Edad Moderna, tendría para los cristianos una consecuencia fatal: el camino con el Oriente quedaba cerrado al beneficioso comercio de las especies y demás baratijas orientales. El avance luego de los hombres de la media luna por enseña a través de Siria, fué otro golpe terrible para la Cristiandad: se agarrotaban lentamente las rutas comerciales, ahogando el tráfico con Palestina. El trato ahora sólo podría pasar libremente por el camino de Alejandría y el Mar Rojo; pero Venecia lo monopolizaba en virtud de un privilegio concedido por los mamelucos, por lo cual los productos orientales que llegaban a las ciudades europeas eran escasos y de precio muy elevado.

Los turcos hacen después la conquista de Egipto y el único camino que aún quedaba fué cerrado. Aunque los mahometanos de buena gana hubieran negociado tratados con los cristianos, sus condiciones serían tan onerosas que no pudieron aceptarse. Veamos: ¡cómo iban los cristianos a dejar que los infieles se quedasen con los mejores provechos de aquel comercio y menos en convertirse en agentes suyos! Empero, hay que anotar que los genoveses se asociaron al emperador cismático de Constantinopla para establecer el comercio exclusivo en la parte del Mar Negro, por Tartaria y Persia, cuando los árabes hubieron anulado totalmente el tráfico del Mar Rojo. Por su parte, los venecianos, aliados del sultán de Egipto, se apoderaron del negocio de los genoveses cuando el mismo sultán, luego de haber sojuzgado a los árabes, abrió de nuevo el camino del Nilo.

En tales condiciones el precio de los artículos del Oriente, originalmente muy bajo, se subía hasta las nubes como resultado de los gastos de transporte y de los riesgos que se corrían, ya en el Mar Rojo, ya en los desiertos, además de la ganancia con que se quedaban aquellos por cuyas manos pasaban. Sabemos por un tal Bartolomé Florentino, mercader, que residió veinte y cinco años en la India, a fines del siglo XV, que "pasaban por doce manos diferentes antes de llegar a Europa, y que cada uno de los intermediarios ganaba el décuplo por lo menos; pero sobre todo el monopolio elevaba excesivamente el precio".

Después los descubrimientos geográficos realizados por los portugueses y los españoles, que llenaron el final del siglo XV y el XVI, pensando más en Cipango y Cathay, no sólo darían a los demás europeos una noción más amplia de la existencia de un mundo más grande fuera de las Columnas de Hércules y del cabo de Buena Esperanza, sino también promoverían el desarrollo del capitalismo guiado por el mercantilismo. Como intérprete de esta venturosa situación del hombre blanco el poeta y dramaturgo inglés, Juan Dryden, católico por excelencia, proclamaría triunfalmente:

Navegarán barcos para enriquecer el comercio,
Por el cual se enlazan las regiones distantes;
Que hace del universo una sola ciudad,
Donde todos pueden ganar y todos ser proveídos.

En su idioma original esta profecía quizá resulte más fulgurante; pero, lo cierto es que las naciones mejor proveídas serían aquellas que ejercieran la piratería colectiva o nacional.

# LOS "BANDEIRANTES"

**ANTES DE TERMINAR** el siglo XV, los portugueses habían hecho mucho para disipar el terror que solía inspirar el Océano y serían los primeros europeos en realizar viajes marítimos lejanos y en llegar a lo largo de las costas africanas a las tierras orientales, "abundosas de todas mercancías".

El infante católico don Enrique de Portugal, Gran Maestre de la Orden de Avis, que le proporcionaba recursos para organizar sus expediciones, y llamado el Navegante, a pesar de que él nunca emprendió un viaje largo por mar, fué un precursor. Su interés científico por todo lo que se relacionaba con la náutica le llevó a coleccionar todos los datos que consideraba útiles, que guardaba con mucho sigilo, y a reunir en torno suyo a los marinos que pudieran darle informes. De este magnífico príncipe se ha dicho que unía los motivos comerciales con el celo de un misionero y una hostilidad profunda respecto a los mahometanos; pero su obra fué de un carácter completamente moderno y de hombre de negocios. Tanto es así cuanto que don Enrique se rodeó aún de mahometanos, árabes y judíos, entendidos en matemáticas, para que le enseñasen y colaborasen con él en la fabricación de instrumentos náuticos y la elaboración de cartas marinas. No le alcanzó la vida a ver realizados sus sueños de que su patria fuera la potencia mayor de Europa, pero creó discípulos. De 1497 a 1499 Vasco de Gama tiende la primera unión marítima entre Portugal y la India y regreso, alcanzando así, según la expresión de su rey, las "riquezas orientales que han hecho potencias comerciales a Venecia, Génova y Florencia".

Posteriormente, los lusitanos cercan el acceso al Mediterráneo oriental: Albuquerque ocupa Socotora, Ormuz y Aden. Esto hace que las galeras venecianas ya desde 1503volvían sin cargamento de Beyrut o de Alejandría, y las especias valían en Lisboa cinco veces menos que en Venecia. Con esta ciudad, también son heridas en su prosperidad Génova, Marsella y Barcelona. El tiempo andando la fortuna había de favorecer a los puertos occidentales y sobre todo a Sevilla, Palos y Cádiz, y a sus muelles, igualmente que a los de Lisboa, afluyen las especias y las drogas.

Los portugueses hacen sus establecimientos en los territorios conquistados solo para comerciar y, por consiguiente, se limitan como los holandeses, franceses e ingleses, a ocupar algunos puertos y a fortificarlos. El tráfico que realizan con las mercancías levantinas no fué muy extenso y se conformarían como buenos marranos, vendiendo caro a vender mucho. Sus posesiones en las costas de África eran penitenciarias y mercados de esclavos donde se hacía la trata de negros. A la cuenta, este sistema de explotación les producía poco y era dispendioso. Un inglés que fué a la India, enviado para establecer relaciones comerciales, escribe: "A pesar de sus hermosas residencias, los portugueses están reducidos a la mendicidad por el sostenimiento de sus soldados".

Lisboa, sin embargo, llega a ser la plaza comercial, más grande de aquella época. Por ella se despachan el vino de las islas y costas del Mediterráneo, como el dulce y fragante Malvasia, y otros muy apreciados en la India, y la demora en la travesía marítima se encargaba de mejorar la calidad del artículo. Los paños de Inglaterra, los lienzos de Flandes, los cereales de Francia, el hierro de Vizcaya, se acumulan en Lisboa con los glastos de las Azores (grandes cantidades de los cuales pasaban a Inglaterra), con el azúcar, el ámbar y los palos de tinte, y el oro, que, en San Jorge de la Mina, se cambiaba para el rey, y ante todo con los productos del mundo oriental. Todos los años, por marzo, salían de Lisboa varios barcos de propiedad del rey con flete pagado por los particulares, que además de los productos mencionados llevaban cantidades de dinero en plata y, especialmente, en cobre por cuenta del soberano. Pero en el viaje de ida y vuelta se invertía año y medio. Esto, lógico y comercialmente, haría que la política de expansión del gobierno luso girase en el sentido de abrir el otro camino hacia Levante por los golfos de Persia o de Arabia para fijar entonces los precios de las mercancías a su antojo.

En Amberes, que había eclipsado definitivamente a Brujas, la colonia de portugueses desempeñaba un papel muy importante en la vida económica de su patria y tenía dos cónsules con jurisdicción amplia y suficiente, sin mencionar que disfrutaba de notables privilegios como la exención de ciertos impuestos. El rey de Portugal tenía su propio representante para la administración de los negocios personales. Por los muelles del puerto pasaban las mercancías de los italianos; los paños y lanas de los ingleses, y los artículos de los alemanes. Los mercaderes de España llegan a su vez a partir de 1510. Pero, ni Portugal ni España, disponen de los medios indispensables para sostener financieramente sus propias flotas y asegurar la redistribución de las mercancías. De suerte que, los unos y los otros, no eran sino simples agentes de casas comerciales de otros países. En Levante, los reyezuelos indígenas serían impelidos a comerciar por la fuerza o por la astucia, obligados a expulsar a otros mercaderes y a reservar todos sus productos a los portugueses. A los competidores europeos se trataba de alejarlos multiplicando las leyendas pavorosas sobre el viaje, o en caso contrario, las carracas lusitanas eliminaban por las armas a los audaces que se aventuraban a penetrar en el Océano Indico. Por ello, sin alardes, el rey luso en toda su gloria y esplendor, solía proclamarse: Rey de los mercaderes, ¡o portentoso rey del ruibarbo la pimienta y el jengibre!

Mas, los días de florecimiento económico de Portugal estaban contados. A juzgar por las prácticas del sistema mercantilista con todas sus modalidades que se desarrollaría con más o menos universalidad a partir de 1500, y que rigió, según los técnicos, el comercio y la industria hasta mediado el siglo XIX, pues, hoy la cosa lleva otro nombre, Portugal estaba condenado a perder su posición en la producción, circulación y consumo de la riqueza frente a otras naciones de mayor población y dueñas de recursos naturales más efectivos. Contrariamente a lo expuesto, habría de ser uno de sus reyes el que se encargaría de precipitar la ruina del país.

Con motivo de las cuestiones dinásticas que surgieron en el reino de Marruecos, el rey de Portugal, don Sebastián, pensó que se presentaba la ocasión de abrir el anhelado camino por los golfos de Persia o de Arabia. Pero todo le salió al revés.

Los dos hermanos que habían fundado aquel reino hacía unos cincuenta años, convinieron que, vacante el trono, los hermanos serían preferidos a los hijos. Sin embargo, Abdallah, que lo gobernaba con gran prestigio, se apartó de lo pactado y dio la herencia a su hijo Mohamed. Con esto, Muley Moluk, legítimo heredero, conforme a lo concertado, para hacer valer su derecho solicitó apoyo del Sultán Selím II, quien, con mucha piedad, se inclinó a concederle todo su auxilio. Al frente de un ejército de 7,000 soldados, turcos y moros,

Muley invadió Marruecos, y, según los historiadores turcos, debido al mejor entrenamiento y valor de sus compatriotas venció a su sobrino en tres batallas sucesivas derrocándole del trono.

A todo esto, los portugueses cavilaron que, si los turcos se apoderaban también de Larache, a lo largo de la costa oceánica, se convertirían para ellos en un peligro tan grande como lo eran ya en el Mediterráneo. Y, don Sebastián, que comulgaba todos los días y que sólo respiraba hazañas guerreras y planes bélicos, organizó militarmente su reino, y llevó sus hombres a la lucha contra Muley.

El rey de España, don Felipe II, prudentemente (quizá desde entonces le llamarían el prudente), le advirtió a don Sebastián que, caso de arriesgar la empresa, no tomara personalmente parte en ella, sino que se casara primero para asegurar la sucesión al trono. Mas, el luso contestó que, para no dejar pasar la ocasión no había tiempo que perder y de lograrse la "cruzada", tenía que estar él mismo presente, pues, de sobra conocía sus súbditos y sabía que nada harían sino bajo la insignia de su soberana0.

¡Cuán feliz y afortunado se miró don Sebastián una espléndida mañana al frente de 14,000 hombres de a pie y 2,500 de a caballo, reclutando en Portugal, además de las tropas auxiliares de italianos y alemanes, en número de 10,000!

Hay noticia que, Muley Moluk, temeroso al principio del ataque de un ejército tan considerable, propuso a su adversario condiciones aceptables de paz, incluso el conceder a los presidios portugueses en suelo marroquí una faja de tierra de mayor extensión de la que carecían. Fracasados los intentos, armó, a costa de grandes penalidades y sacrificios, una tropa tres veces mayor que el "combinado" lusitano y seguro de que, "el que no cae en el campo de batalla, cae en las garras de la enfermedad y de la decrepitud', en el combate de Alcazarquivír derrotó completamente al joven y belicoso nieto de Carlos V. De la hueste cristiana sólo 300 hombres se libraron de la muerte o del cautiverio. Al rey de Portugal se le intimó a la rendición para salvar su vida; pero éste contentó con arrogancia: Un rey pierde la libertad sólo con la vida. Así, este ardiente defensor de la fe católica, y noble paladín de "la libertad de los mares", habría de confeccionar una hermosa frase más para las generaciones venideras. A los pocos años de este acontecimiento su país fue incorporado al carro triunfal de Felipe II, quien, por la magia de la política casamentera de los Reyes Católicos, tenía sangre portuguesa, "y mucha más que de otra ninguna parte".

En las tierras que baña la mar Océano las cosas pasan en esta forma. Pedro Álvarez Cabral, al frente de la segunda armada que el rey de Portugal envía a la India, después de la de Vasco de Gama, compuesta de diez naos y tres pequeños navíos con 1,500 hombres, luego de una navegación hacia el poniente de las islas de Cabo Verde, que se hace elevar a 670 leguas, en la tarde del 22 de abril de 1500, encuentra un refugio para la flota, y el 24 del citado mes y año desembarca en un territorio que llama Tierra de Vera Cruz, que se supone corresponde próximamente al lugar que hoy ocupa Puerto Seguro; nombre que don Manuel de Portugal reemplaza por Santa Cruz; pero estos nombres no logran generalizarse, siendo sustituidos muy pronto por el de Terra de Brasil. La voz "brasil", que también se escribía brassill, brasily, brasile, etc., se usaba en la Europa medieval para designar maderas tintóreas en general y también para la madera de la Caesalpinia echinata, que se da en la costa "brasileña", y que al principio era casi su único producto de exportación. Después de unos días de permanencia en Puerto Seguro, habiendo desembarcado y tomado contacto con algunos indios tupís, que se mostraron mansos, Cabral envía en un pequeño navío a Gaspar de Lemos para que dé noticia al rey del hallazgo. y el primero de mayo parte con su armada para la India. Gaspar de Lemos explora la costa al norte de Puerto Seguro, antes de tomar la dirección de Lisboa. El escribano de la armada Pedro Vaz de Camiña, escribe al rey dándole informe circunstanciado y anotando los dos méritos del descubrimiento: aguada en el camino de la India e infinitas almas que salvar.

En 1501, Gonzalo Coelho parte de Lisboa con una expedición compuesta de tres navíos para explorar la costa de la Terra de Santa Cruz, y el 17 de agosto llega al frente del cabo de San Roque, y "fueron explorando la costa hacia el sur, por lo menos hasta el cabo de Santa Marta, en el actual estado de Santa Catalina, lo que aparece ya indicado en el mapa de Cantino de 1502..." En esta expedición tomó parte Américo Vespucio, que estaba al servicio de Portugal, y en ella venía como simple piloto; pero la narración que Vespucio hizo de sus viajes ha dado lugar a que se le considere por algunos historiadores como el jefe de ellos, particularmente de los dos realizados al servicio del gobierno lusitano. Continuaron la navegación hacia el sur hasta el 7 de abril, en que después de varios días de temporal llegaron a una tierra inhabitable, que unos afirman ser la Patagonia, otros una de las islas Malvinas, y otros, finalmente, la Georgia.

El físico de la armada de Cabral, maestre Juan, dice en su carta al rey de Portugal que, "mande traer mapa mundi que tiene. Pero Vaz Bisagudo y por ahí verá el sitio de la tierra". Duarte Pacheco Pereira, en su Esmeraldo, escribe que el rey había mandado descubrir en1498, "la parte occidental pasando allende el mar océano, donde es hallada y navegada una tan grande tierra firme". Esteban Froes, desde Santo Domingo, en junio de 1514, también escribía al rey luso: "Vuestra Alteza poseía estas tierras ha veinte años y más..."

Grandemente discutido ha sido y es aún, sí el Brasil fué descubierto por Cabral, si ello se debió al azar, o sí, por el contrario, se tenía ya noticia de este territorio por viajes anteriores. "Acaso los portugueses habían estado, antes de Colón, en el actual Pernambuco y en la América Central y Cabral fué tan sólo el descubridor oficial del Brasil".

"Desde los primeros años del siglo XVI comerciantes franceses solían presentarse en viajes regulares en la costa brasileña, y aún hay motivos para suponer que estos viajes ya se efectuaban antes de la llegada de Cabral; el caso es que de 1503 a 1532 los franceses eran los únicos europeos que ejercían una influencia cultural en la planicie de la costa. Sus agentes estaban establecidos en las aldeas de los indios, adaptándose al modo de vivir de ellos de tal manera que algunos llegaron a ser incluso antropófagos".

El primer sistema de colonización que adoptó el gobierno de Lisboa (1531), por consejo de Diego de Gouveia, fué el de bandeiras o capitanías, que no eran otra cosa que concesiones hechas a unos pocos nobles privilegiados a quienes se otorgaba una faja de tierra de unos 200 kilómetros con derecho de colonizar y gobernar vastas haciendas feudales. La base de cada hacienda había de ser de preferencia la agricultura, y para esto se mandaban hombres de diversas razas y condiciones, a quienes solían acompañar sus mujeres, hijos y ganado, de tal modo que a veces constituían verdaderos pueblos ambulantes.

En el transcurso del siglo XV los portugueses habían introducido la caña de azúcar en las islas Madeiras, Azores y de Cabo Verde, habiéndose convertido en los abastecedores más importantes de azúcar para toda Europa. Después de la conquista de Siria y Egipto por los turcos (1517), estos dos países quedaron eliminados como productores de azúcar, y los precios de este artículo subieron de tal manera en Europa que valía la pena de hacer experimentos con su cultivo en el Nuevo Mundo. "Muy pronto los portugueses se dieron cuenta de que las condiciones naturales para el cultivo de la caña de azúcar eran mucho más favorables en el Brasil que en cualquiera otro de los países que hasta entonces habían producido azúcar". Y, los plantíos de la Capitanía de los Ilheos fueron los primeros en desarrollarse satisfactoriamente, porque se logró establecer relaciones amistosas con los tupiniquín.

Los renombrados bandeirantes, llenos de osadía y arrojo, muchos de ellos deportados de Portugal a causa de los crímenes que cometieron allí, y su incontable prole mestiza, los mamelucos (nombre aplicado también a los mestizos de franceses con indias), permanecían desunidos y en lucha los unos contra los otros, en constante peligro de caer en las garras de otras naciones europeas, pues, como hemos visto, tanto los franceses como los holandeses ya rondaban por la costa del Brasil, cometiendo entre otras actividades actos de piratería, o de ser aniquilados por los belicosos aimorés, que muy pronto invadieron la costa, expulsando a los tapuyas y tupinambas, y demás tribus tupís, y destruyendo los plantíos de los portugueses.

Aquellos portugueses conquistadores de tierras, cultivadores de caña, fabricantes de azúcar y exportadores de palo "como brasa", se harían famosos por su sobriedad, valentía y crueldad inauditas, hasta convertirse en terror de los indios y causa de alarma para los españoles. Pero trajeron al Nuevo Mundo una novedad: se hacían acompañar de misioneros que fascinaban a los indios con sus instrumentos de música, sus estandartes, sus ornamentos, sus enramadas, sus cirios y su incienso. De tal suerte que, los bandeirantes, inventores de la samba, no han podido ser superados como evangelizadores ni por la congregación del "Ejército de Salvación" o Salvation Army.

# LOS "COUREURS DES BOIS"

**PARA CHARLES** Seignobos, la acción directa de los grandes descubrimientos geográficos sobre los franceses no fué de naturaleza material. "El conocimiento de continentes nuevos y de razas de hombres desconocidos, los negros de África, los amarillos de Asia, los pieles rojas de América transformó su concepción de la tierra y de la humanidad. Derrumbó su fe en la tradición, presentándoles la extremada diversidad de costumbres y de religiones que dió tema a las reflexiones de Rabelais y de Montaigne". Agregando que las nuevas plantas descubiertas en América y en Asia, maíz, patatas, tabaco, quinina, café y cacao, no penetraron en los cultivos y el consumo de Francia sino dos siglos después.

Pero, una vez que los cocineros franceses conocieron las papas, se aumentaría en el mundo el número de las tortas, sin contar las papas doradas, fondantes, vidriosas, al gratén y en nieve. Por ello, Van Loon, acepta que los franceses tienen muchas cualidades admirables, pero se teme que entre ellos no figure el don de colonizar. "Hasta en los más remotos rincones del mundo, saben ingeniarse para proporcionar al hambriento peregrino una comida que le hace olvidar esa interminable procesión de mal cocinados guisos de repollo".

Sin quitar, pues, a los franceses ni una chispa de su alado espíritu y su poco apego a las cosas materiales, conviene recordar que su cristianísimo Francisco I, en sus guerras con "el buen emperador" Carlos V, por la supremacía de Europa, llegaría a celebrar una alianza con el sultán de Turquía y éste, para ayudarle en todo lo posible, le manda nada menos que a Barbarroja con una flota pirática.... Mas, el temible Kheyr— ed— din, que conocía su oficio muy bien, de vez en cuando enviaba un escuadrón a molestar a los españoles, de acuerdo con los términos de su comisión, y a más de esto, el resto del tiempo lo pasaba en Tolón "perezosamente ocupado en vaciar las arcas del rey de Francia".

A principio del siglo XVI, lo más importante del comercio de Francia se hacía con aquellos países más inmediatos y, como queda dicho, encontraba su mejor mercado para las exportaciones en España y buscaba sus importaciones de mayor volumen por Italia. Esta floreciente situación, que tantas ilusiones hacía concebir para la prosperidad económica de la nación, se derrumbó por los empeños de los franceses de conquistar el reino de Nápoles o el Milanesado, como también por las guerras religiosas de fines de ese mismo siglo. De sus conquistas en Italia, los franceses sólo conservarían una reina, la magnífica y rumbosa Catalina de Medici o Médicis, que introduciría en París las modas y las costumbres de Florencia, juntamente con la astrología, el empleo de los venenos, la esgrima y los espadachines.

Mientras tanto el tráfico y cambio fué mermado por los competidores extranjeros y atacado por los piratas que infestaban las costas de Francia. Hacia el año 1600 había casi desaparecido del Atlántico la marina mercante; habían cesado los viajes a puertos lejanos, e incluso el comercio de cabotaje había pasado a manos de los ingleses, flamencos y holandeses. Afirma un autor francés, que el tráfico de su patria por entonces con los países europeos beneficiaba más a éstos que a Francia misma. "No existe nación en Europa donde los franceses encuentren mayor número de dificultades para introducir sus negociaciones y donde sean más hostigados que en Inglaterra, y, en cambio, nadie recibe y trata de modo más favorable a los ingleses que los franceses". Todo ello porque el gobierno inglés, con el fin de proteger las manufacturas propias, gravaba con derechos prohibitivos los artículos franceses y sólo permitía la entrada de algunos productos agrícolas siempre que fuesen conducidos en barcos ingleses.

A partir del momento en que las minas de las Indias occidentales comenzaron a derramar oro y plata en Europa, la afluencia de estos metales fué cada vez más intensa en Francia, y esto trajo una disminución en el peso de la libra de Tours, que servía de unidad monetaria. En 1577, el gobierno trató de impedir la circulación de monedas de otros países, sobre todo las españolas que, cosa rara, eran inferiores en denominación y en valor y, como consecuencia, las monedas propias huyeron del país.

Tal copia de metales preciosos y la especulación en los cambios provocaron un alza de precios de las tierras, de los cereales y en muchas materias valiosas y en los productos manufacturados. Apareció entonces una clase de mercaderes—agricultores que en ocasiones llegó a ser suficientemente rica para comprar numerosas fincas y aún feudos de nobles, mientras éstos, arruinados por el alza de los precios, vendían sus tierras y descendían a situación inferior si el favor de la Corte no les ayudaba a "redorar sus blasones".

Luego Francia se vió perturbada por una serie de guerras civiles entre católicos, reformistas y los llamados políticos. Eran éstos un grupo de hombres que, en un principio, obraban influidos por motivos políticos más bien que religiosos, los cuales a pesar de permanecer fieles al credo católico y tomar las armas para defender el roi, siempre que se llegaba el caso, eran opuestos a toda coacción en materia religiosa. Las guerras terminarían al fin por un convenio que vendría a ser más desastroso que las matanzas de la noche de San Bartolomé: "los protestantes franceses, en número casi de medio millón y siendo los más valiosos elementos industriales de la población, fueron expulsados de Francia como se expulsó de España a los judíos y los moriscos". La pérdida que experimentó el país puede medirse por lo que ganaron otras naciones, como Inglaterra, Prusia y Holanda, donde los refugiados hugonotes dieron origen a importantes empresas manufactureras. Esas luchas llevaron a Francia a un estado de impotencia tan grande, que el Ministro L'Hospital, cabeza de los políticos, diría unos años más tarde: Con los hombres que hemos perdido en estas guerras podríamos haber arrojado a los españoles de los Países Bajos.

En esta opinión el francés no andaba equivocado del todo, pues, como señala Constantino Bayle, España conservaba sus bríos de gigante, más en su recia armadura se veían siempre piezas falseadas. Una de éstas y, quizá, la más chistosa, fué la aceptación por parte del rey de España de la conversión de Enrique IV al catolicismo, y la firma del Tratado de Vervins, que le franqueaba al gascón el predominio en Europa con menoscabo de España.

Una cláusula secreta del dicho convenio propendía a la expansión colonial francesa en las Indias occidentales. Es aquella en que se autoriza el combate y captura, sin originar fricción entre las dos naciones, de cuantos buques de una y otra estuviesen al sur del Trópico de Cáncer y al oeste del meridiano de las Azores. El "Cerco de las Amistades", recibe por nombre esa línea que legalizaba los asaltos en el Océano y en las posesiones de España en el Nuevo Mundo y que, a la manera de guerra florida azteca, aprovecharían sin tardanza los armadores y navegantes normandos y luego los piratas de las potencias enemigas de los españoles.

Otra pieza falseada: Bajo el dictado de Richelieu, el gobierno hispano acepta el vergonzoso Tratado de Saint—Germain en Laye, que declaraba lícita la piratería más acá del meridiano de neutralidad, fijando éste en la Isla de Hierro, la más occidental y meridional de las Canarias. Con este acuerdo, los dominios españoles en las Indias quedarían a merced de los bucaneros y filibusteros, establecidos ya en las islas de la Tortuga, San Cristóbal y Martinica, y dispuestos a hacerse dueños de otros territorios en el Mar Caribe.

Técnica y geográficamente, el famoso "Cerco" era una especie de ángulo recto formado por el meridiano que pasa por la Isla de Hierro y aquella porción del Trópico de Cáncer que corre hacia el oriente del dicho meridiano y sin tocar para nada con la línea ecuatorial. Pero esto lo ignoraban los piratas y corsarios de todas las naciones enemigas de España y para ellos la "línea de paz" sería campo ilimitado para ejercer el derecho del más fuerte. Empero, desde el reinado de Francisco I de Francia, venía ya considerándose como principio internacional que las presas que se hiciesen fuera de esta demarcación, sin necesidad de bula, se tendrían tan legítimas como sí se hubiesen hecho en estado de guerra. En virtud de la grande amenaza que tal principio constituía para sus posesiones en las Indias occidentales, el gobierno de España siempre se interesó por borrar esta práctica en defensa de sus derechos; pero, tanto los gobernantes de Francia como los de Inglaterra, se harían los sordos a tales reclamaciones y en los distintos arreglos diplomáticos que suscribieron con España, se mantendría absoluto silencio sobre la navegación en las regiones del Nuevo Mundo.

Cuando le toca su turno a Juan Bautista Colbert, como Inspector general de las finanzas, hace esfuerzos desesperados por transformar a Francia, de país agrícola como había sido hasta entonces, en nación industrial y mercantil, y nace la fábrica jurídica y se desarrolla el comercio a base de medidas tan proteccionistas como las empleadas por los reyes de España. Se multiplican novedosamente las renombradas Manufactures du Roi, fábricas—tipo creadas y dirigidas por el Estado y las empresas particulares sostenidas en parte por él mismo y conocidas por el nombre de Manufactures royales, que se dedican a toda clase de nuevas industrias, desde la fábrica de tapices de los Gobelinos hasta los plantíos de moreras para gusanos de seda. Estas empresas se orientaron conforme al principio colbertiano: Todo el comercio consiste en eximir de impuestos a las mercancías que se utilizan en el interior del reino y en cargar de gravámenes a las que entran ya fabricadas.

En aplicación de dicho principio la tarifa de 1667 duplica los impuestos a los paños finos de Holanda y de Inglaterra y, asimismo, el relativo al azúcar refinado. Tras haber pretendido discutir en vano, Holanda responde el desafío imponiendo a los artículos de lujo extranjeros un 50 por ciento de gravamen; a la sal de cocina, un 25 por ciento, y prohibiendo la entrada en el país de los vinos y aguardientes franceses. Colbert, a su vez, carga con más fuertes derechos los arenques, las especias, el azúcar, los paños, y prohíbe la exportación de vinos y aguardientes en navíos holandeses.

De esa lucha entre tarifas y por arenques, vendría la guerra con Holanda, que era lo que Colbert quería demostrar. Entre otras razones, porque de los veinte mil y tantos barcos que había entonces en Europa dedicados al comercio, quince o dieciséis mil eran holandeses, tres o cuatro mil ingleses y solamente quinientos o seiscientos franceses.

A pesar de la formación en 1669 de la Compañía del Norte, que se ocuparía del comercio exterior, los mercaderes franceses continúan confiando sus productos a los agentes extranjeros y no logran establecer relaciones directas en ninguna parte. Las mismas transacciones con España se realizan sirviendo los holandeses como intermediarios, aún cuando a puertos hispanos llegan muchos barcos de Francia.

La Compañía de Levante tampoco rinde los frutos previstos sino después de haberse declarado a Marsella puerto libre, con lo cual se aumenta notablemente el tráfico de las mercancías del Oriente y algo más de quinientos navíos se dedican al transporte desde los puertos del Imperio Otomano donde hay cónsules y mercaderes franceses.

En las Indias occidentales, Enrique IV, Richelieu y Colbert, conceden la explotación y el comercio exterior de la Nueva Francia a compañías privilegiadas. Estas fueron sociedades locales. La que finca los primeros colonos en Acadia estaba formada por mercaderes de París y de Dieppe. Este territorio, que luego tomaría los nombres de Nueva Escocia y Nueva Brunswick, ya en el siglo XVI aparece en los mapas con la denominación de Larcadia, Lacadia o La Cadie y abarcaba las provincias marítimas del Canadá. Se cree que el nombre se deriva de la palabra *micmac kade,* que los franceses solían pronunciar anteponiéndole el artículo femenino. La importancia económica de Acadia se basaba al principio exclusivamente en la abundancia de peces en las aguas someras de la costa. En 1612, Samuel de Champlain organiza una empresa con capitales normandos; pero surgen rivalidades, disfrazadas bajo pretextos religiosos, por razón de que algunos de los asociados eran hugonotes y fué necesario un proceso judicial para reducir la oposición de los bretones. De 1628 a 1663, el Canadá cae bajo el dominio de la Compañía de los Cien Asociados, creada por Richelieu con tanto entusiasmo, que él había de figurar entre los primeros accionistas. Pero los Cien Asociados, cuyo número en realidad fué mayor porque el Cardenal hizo que todos los funcionarios del gobierno tomasen acciones, terminaron debatiéndose contra dificultades financieras. En 1663 son inhabilitados y su privilegio pasa a la Compañía de las Indias occidentales, formada por Colbert con acciones de carácter obligatorio entre todos los empleados y funcionarios del gobierno. Esta compañía no tiene más éxito que las que le precedieron y es abolida en 1674. Hasta mediado el siglo XVIII habían de sucederse incontables compañías explotadoras del Canadá, que sería demasiado largo enumerarlas aquí.

Pese a las seis mil libras francesas que el rey manda poner a disposición de Jacobo o Jaime Cartier, en 1534, para "un viaje que va a emprender hacia las Tierras nuevas para descubrir ciertas islas y países donde dicen que ha de encontrarse gran cantidad de oro", la Nueva Francia no resultó rica en minas. Pero sus bosques amparaban millares de animales cuya piel era mercancía de precio en Francia y el resto de Europa. Además del castor (Castor canadensis), había en los bosques septentrionales otros animales de pelaje fino que eran de importancia económica, como la marta cebellina (Mustela canadensis), la rata almizclera (Fibe zibethicus), el zorrillo (Mephitis putorius), el tejón, y de las zorras, la zorra plateada. "La pesca, caza y el comercio de pieles serían, pues, las bases naturales de la colonización francesa. "Tal es la condición imperiosa para una colonización de los capitalistas metropolitanos; para mantener esta colaboración se avanzará cada vez más en el interior con el fin de comprar las pieles a los indígenas; explotando el Canadá como los españoles el Perú, y los holandeses la Insulindia, solamente que por sus valores de exportación, los mercaderes franceses, inconscientemente, impulsan a la dispersión a los coureurs des bois o voyageurs: primeros capitanes de salvajes de la América francesa; en otras palabras, vagabundos y condenados, principalmente". Con esto también retardarían la toma de posesión del suelo por el arado, tal como Champlain y otros precursores franceses lo habían deseado.

El privilegio de las diversas sociedades se asentaba sobre la llamada compra de pieles en el Canadá y su venta en Francia. Todas las pieles que salían de la Nueva Francia debían pasar por las oficinas y los navíos de cada compañía; éstas debían adquirir toda la mercancía de buena calidad que les fuese presentada, pero la recolección de pieles en la colonia misma estaba regida por disposiciones locales. El beneficio del rey de Francia consistía en un derecho del 25 por ciento sobre los castores y del 10 por ciento sobre las otras pieles; además, existían comarcas en las que la caza estaba exclusivamente reservada a los agentes del fisco.

"El castor era entonces, por lo general, comprado a los mercaderes por los agentes de la compañía, los cuales deducían los derechos del rey, los intereses de los adelantos concedidos, y el precio siempre muy aumentado de los efectos de importación vendidos. Estas exigencias eran tan insoportables para los habitantes, que muchas veces trataron de suplantar a los agentes y de hacer de la colonia misma un intermediario menos interesado entre los proveedores y compradores; pero jamás fueron capaces de organizar prácticamente ese servicio comercial; su raza, rica en aventureros y más tarde en labradores, carecía por el momento de hombres de negocio".

Los coureurs des bois o corredores de los bosques, peleteros, cazadores y traficantes, también eran soldados liberados en la colonia, antiguos criados o enganchados, hijos de pobladores, con frecuencia campesinos, que empleaban de esta manera los ocios invernales de su vida agrícola, por cierto, muy irregular, abandonados al capricho de las fantasías individuales. Estos aventureros partían de Montreal hacia fines del otoño, cuando los ríos estaban helados, en grupos de dos o tres camaradas, vestidos de pieles, los pies calzados con mocasines indígenas, provistos de raquetas para marchar en la nieve reciente, ganaban los lugares conocidos de antemano, adonde los indios concurrían con sus pieles. Al lado del almacén ordinariamente emplazado a la orilla de un río, los franceses levantaban una cabaña para instalar el popular cabaret sauvage, donde los indios se proveían de armas y aguardiente. Todas las transacciones se hacían, naturalmente, por trueque, procedimiento que producía a los más hábiles, ganancias escandalosas en su trato con clientes que ignoraban el valor verdadero de los objetos intercambiados. "Por fusiles, pólvora, cuchillos, telas livianas llamadas escarlatas y, todo, por aguardiente, los indígenas entregaban fardos de pieles de castor".

La llegada de una banda de indios era ocasión de francachelas desenfrenadas. Pobres banquetes en los que la carne asada, rociada con aguardiente, hacía todo el gusto.

Después de beber se entregaban a danzas guerreras, con esgrima de hachas y de rompecabezas. Conforme a la moda introducida en París por la reina Catalina, y transplantada ya en el Canadá, las indias no serían menos ardientes en el uso del florete y más de una se quedaba, después del torneo, a vivir con un francés durante la estación, y de estas uniones, raras veces consagradas por la bendición del misionero, nacían los primeros canadienses.

Según los misioneros llegados al Canadá en el siglo XVII, pertenecientes casi todos al clero regular, recoletos, jesuitas y sulpicianos, este tráfico de pieles significaba la libertad de embriagar, robar y corromper a los indios, de ahí su encarnizamiento para restringirle, ya que noles era posible abolirle. Para los mercaderes franceses, en cambio, la Nueva Francia no era otra cosa que un vasto "depósito de castores".

En 1669, el obispo de Quebec, escuchando al fin los lamentos de los misioneros, decidió prohibir este trato haciendo de él un "caso reservado", es decir, que los sacerdotes no dieran absolución de ello sin autorización especial. Cediendo a las peticiones del clero, el rey, prohibió en 1676 al gobernador de la Nueva Francia otorgar permisos para el tráfico de pieles bajo ningún pretexto y señaló a Quebec, Tres Ríos y Montreal, como únicos mercados de la colonia con libertad para el comercio con los indios.

A juicio de algunos críticos, esta medida sacrificó todas las relaciones de los franceses con los indios del "alto país", que en lo sucesivo quedaron a merced de las influencias y ex plotación por parte de los ingleses de la Nueva Inglaterra. El gobernador francés protestó, por cierto, y en Francia hubo sabias y prolongadas discusiones sobre el principio de la venta de bebidas espirituosas en las posesiones de ultramar. Se consultó a la Sorbona y a la Universidad de Tolosa, que se pronunciaron en sentido contrario. Pero en el Canadá una reunión de notables se declaró por gran mayoría favorables a la "libertad de comercio". Al fin todo queda tal cual estaba desde un primer momento. Se hace silencio acerca del caso reservado, o bien los franceses se morían sin absolución, y para quitar esta desesperada situación, el rey termina por acordar amnistía general a los infractores y derecho al gobernador para conceder anualmente sólo veinte y cinco permisos de comercio creando así un nuevo privilegio irritante para los cazadores de castor y los traficantes en pieles.

Sin embargo, en la segunda mitad del siglo XVII, el comercio con Acadia y demás territorios canadienses, Santo Domingo o Haití, Martinica y Guadalupe, alcanza mucha importancia, especialmente, con las dichas islas, a donde se llevaban vinos, aguardiente carnes salpresas, bacalao, arenques, aceite, queso, hierro, telas de lana, de lino, mercería, etcétera, que, a su vez, entraban en gran parte como artículos de contrabando en las posesiones de España; y se importaba café, algodón, azúcar y tabaco. Este cambio de productos en forma lícita o no, unido al más pingüe negocio de la trata de negros, enriquece a los mercaderes franceses, los cuales harían todo lo posible para reservarse el monopolio con las "islas de América". Pero los ingleses y los holandeses, que, no podían humanamente renunciar al comercio natural y legítimo, ni a los beneficios del ébano negro, cada uno por su parte, burlan las medidas y disposiciones monopolistas adoptadas por el gobierno de París.

En el terreno de las libertades civiles los colonos no tenían derecho para administrar sus asuntos, sino que un intendente dotado de omnímoda autoridad, como los de Francia, resolvía hasta las cuestiones más insignificantes. El gobierno metropolitano introduce también a sus colonias en el Nuevo Mundo la previa censura y la persecución religiosa. Además, se crean diezmos a favor del clero y señoríos para los nobles. En resumen, la libertad política y religiosa de los colonos era tan limitada como la de los otros súbditos del rey. Por razón de los privilegios otorgados a la Compañía de las Indias occidentales, tenían que comprar sus artículos manufacturados en Francia, donde se valían de la ocasión para vender a los colonos objetos de desecho y a precios muy elevados, no pudiendo traficar sino con los agentes de la dicha compañía.

Finalmente, por cuestiones de límites entre las distintas zonas de explotación, habría de producirse en 1690 la guerra entre Francia e Inglaterra, y estas hostilidades con diversas alternativas, llegan hasta 1763, en que los franceses se ven forzados a abandonar sus derechos de primeros ocupantes y ceden a Inglaterra la Acadia, la Nueva Escocia, Terranova y las tierras contiguas a la bahía de Hudson. Más tarde, como a Francia se une España, los ingleses toman también la Habana en 1762. La guerra termina con el Tratado de París que otorga a Inglaterra toda la América del Norte, del Misisipí al septentrión del Atlántico y todo el Canadá. España recobra la Habana en trueque de la Florida, mientras Francia se queda en la Luisiana con la margen occidental de la desembocadura del Misisipí que, Napoleón I, vendería más tarde a los Estados Unidos de Norte América a precio de quema.

**QUIZA —DICE** Olive Dey— sintamos la tentación por la lucha de los holandeses frente a la opresión española, de atribuirles un amor a la libertad mayor del que sentían en realidad. Mas, el gobierno que ellos mismos establecieron se distinguió por graves defectos, como la tiranía y la corrupción, y su política comercial fué casi tan corta de vista como la de España. La exclusión de los extranjeros del comercio con sus posesiones lejanas era natural en esa época, pero ni los mismos holandeses tenían libertad para comerciar a su gusto.

Los holandeses y zelandeses habían formado su marina yendo a pescar arenques a los mares del norte y desde allí los enviaban a todas las desembocaduras de los ríos que vienen de los países meridionales, desde el Vístula hasta el Sena. Ellos mismos transportaban el arenque río arriba por el Rin, el Mosela y el Escalda. Sus renombradas urcas navegaban hasta Chipre para buscar lana, y hasta Nápoles para cargar seda. De este modo las costas de los antiguos fenicios eran tributarias de los "pordioseros", que reunían las mayores existencias de los más variados artículos del comercio en su tiempo.

Amberes contaba en 1566 con más de mil casas de comercio extranjeras y entre ellas, muchas de españoles que obtenían allí mejores ganancias que en su patria. Cuéntase que en Amberes se hacía entonces en un mes más negocio que en Venecia en dos años con todo que ésta última tenía fama de ser una plaza de primera. En los almacenes de Amberes en 1610 vió Contarini, cien mil sacos de buen trigo y otros tantos de distintos cereales. Gualterio Raleigh, asegura que allí tenían siempre una existencia de 700,000cuartillos de granos, de forma que los holandeses, con sus 20,000 barcos, podían socorrer a sus vecinos en el caso de una necesidad urgente, no sin una gran ganancia, pues un año de penuria de éstos equivalía para ellos a siete buenos años.

Por mucho que a los habitantes de los Países Bajos se les haya llamado despectivamente "carreteros del mar", porque llevaban y redistribuían las manufacturas y las materias primas de un país a otro, no hay que olvidar que ellos también reelaboraban el producto del trabajo extranjero. Solamente de Inglaterra importaban al año más de ochenta mil piezas de paño sin teñir que luego aparejaban para el uso diario, obteniendo así una gran utilidad por su venta. En unas pocas palabras, los carreteros hacían negocio con todos los productos del mundo y la ciudad de Amsterdam, que empuñaba el cetro del mar, sería conocida por la "Nueva Jerusalén', en virtud de que el elemento israelita realizaba allí su misión más libremente que en otros lugares de la tierra.

"Mientras que los Países Bajos —escribe un historiador flamenco— soportaron la mayor parte de los gastos de la monarquía española, estuvo Castilla libre de esa carga; aquéllos prosperaron, sin embargo, y ésta vivía en relativo bienestar. Pero desde que los Países Bajos se alzaron, todo el peso de la monarquía cayó sobre Castilla, y si aquéllos fueron conmovidos por la guerra y agotados, pronto florecieron en nuevo bienestar, pero Castilla se hundió".

Por su parte, un autor anónimo español —citado por el duque de Maura—, próxima a plantearse la opción entre renovar la tregua claudicante, pactada por doce años con los holandeses rebeldes, o romper de nuevo las hostilidades en los Países Bajos, hace observaciones a este tenor:

"Siendo Flandes el cuchillo de España y de esta monarquía, quien la tiene desierta sin gente, sin defensa, desmantelada y odiosa, debía Su Majestad en la ocasión presente, donde el continuar la guerra por tierra es cosa tan larga y dudosa y de tanto coste en tan gran falta de dinero, tomar partido de una vez para siempre con ellos, dejándolos con algún tributo perpetuo y procurando sacarles algún donativo por la libertad pacífica y cesación de la guerra, conmutando lo que gasta (o parte de ellos) en la conservación de Flandes y lo que le llevan genoveses por pasar allí el dinero, en hacer grandes armadas, con que tendría defendidas sus costas, seguras las flotas de las Indias, y podría, si quiere, por este camino apurar más a los holandeses, retirándoles nuestro dinero, estorbándoles sus contrataciones y presas; que a los insulanos (los ingleses) se les ha de hacer la guerra, y a los que les viene la prosperidad por la contratación, impedírsela, empleando el cuidado que se pone en Flandes en lo importante, que es España, Italia y las Indias, que quien con esto no se contente, no sé qué le ha de bastar".

En realidad —como lo rememoran los siguientes versos de Quevedo— la prerrogativa política de Castilla se costeaba con una muy onerosa carga económica:

En Navarra y Aragón
no hay quien tribute un real:
Cataluña y Portugal,
son de la misma opinión,
sólo Castilla y León
y el noble reino andaluz
llevan a cuestas la cruz.

Mas, por llevar a cuestas la cruz de los Países Bajos, todos los españoles que se preciaban en algo iban, alguna vez, a "poner una pica en Flandes". Empero, Carlos V, cuando logra el matrimonio de su hijo Felipe con María Tudor, acepta que en el contrato respectivo se estipule, a pedimento de María, que los Países Bajos sean incorporados a la Corona de Inglaterra, asegurándolos para sus hijos.

El malestar que pronto se nota en Flandes contra Felipe II, en apariencia parecía producido nada más que por la protesta contra los españoles que ocupaban cargos de gobierno, es decir, algo así como una réplica de lo que había ocurrido en España contra los flamencos que rodeaban a Carlos V. Pero don Felipe —según sus panegiristas— comprendió el enorme problema en toda su amplitud: la inquietud de los flamencos estaba ocultamente movida por los protestantes ingleses y franceses, y con su ardorosa fe católica y su auténtico nacionalismo español, se decide a librar la lucha hasta el final. En este punto hay que tener presente que don Felipe no gustaba de la caza ni tampoco de las armas; pero de todos modos llevó a cabo sus vastas empresas siempre con el deseo de que España conservase la preponderancia civil y militar en el mundo, aunque personalmente habría de mantenerse lejos de los campos de batalla. Movido, pues, de su fe católica intentaría aplastar el movimiento protestante a que se habían unido los flamencos y haría, como sabemos, el comienzo de la célebre bancarrota de la monarquía española.

El tiempo andando los flamencos se rebelarían abiertamente y terminarían por proclamar su independencia. Las naciones enemigas de España se apresuraron a confirmar su acción y una esplendorosa mañana—dicen—se vió por primera vez en Europa el sistema de Estados nacionales y la existencia de la soberanía nacional.

Previo a estos sucesos la anexión de Portugal a la Corona de España favorecería de un modo indirecto al comercio marítimo y la empresa colonial de los carreteros del mar, porque incapacitados legalmente de obtener especias y mercancías del Levante que acostumbraban comprar en Lisboa, se verían forzados a ir a conseguirlas en los mercados de origen.

Aprovechando mapas marinos españoles y portugueses, secretamente adquiridos, dispuso el geógrafo holandés Pedro Plancio, en 1592, un mapa del mundo, según el modelo de Gerardo Mercator, y tres años después apareció la obra de Juan Huygen van Linschoten, que contenía indicaciones prácticas valiosísimas para los viajes a la India. Ya en 1594 algunos ricos comerciantes de Amsterdam habían fundado una sociedad de comercio y de navegación llamada Compagnie van Verre, que armó cuatro naves que el 2 de abril de 1595 emprendieron el viaje bajo la dirección de Cornelio de Houtman, y el 23 de junio de 1596, después de difíciles trabajos, llegaron a Java. Aún cuando la empresa produjo muy poca ganancia tuvo importancia por haber mostrado que podía realizarse.

Brotaron en todas las ciudades holandesas y zelandesas las compañías de comercio a la India, "que comenzaron a hacer una despiadada guerra de comercio en el Oriente y que se perjudicaban gravemente unas a otras. Fué necesario intentar armonizar y reunir a las sociedades comerciales que se combatían furiosamente y fundirlas en una sola empresa. Juan de Oldenbarnevelt, aprovechando hábilmente el movimiento de concentración que se producía en Amsterdam y en Zelandia, logró vencer, después de muchos trabajos, la tenaz resistencia de los particulares y llevar a cabo a obra de unificación.

El 20 de marzo de 1602 fué creada la Compañía unida de las Indias orientales. La nueva corporación comercial obtuvo un privilegio, una especie de otorgamiento, que consistió en el derecho exclusivo para veintiún años de comerciar en todos los territorios al este del cabo de Buena Esperanza hasta el estrecho de Magallanes, pudiendo hacer la guerra, concertar alianzas y construir

182

fortificaciones en los territorios conquistados. Con la creación, pues, de la Compañía de las Indias orientales, y del Banco de Ámsterdam, los pordioseros se fueron adueñando poco a poco de los sitios de contratación y de las colonias portuguesas y, finalmente, suplantarían a España y Portugal en un negocio tan lucrativo.

Parece que, aleccionados por el fracaso de los lusitanos en el tráfico con los países orientales, los holandeses, al principio, siguieron un sistema de explotación completamente opuesto; pero, más tarde, el trato colonial queda en manos de grandes y absorbentes accionistas a los cuales se les concede oficialmente el monopolio que regulan con extremada minuciosidad. La Compañía de las Indias orientales llega a tener una organización sumamente complicada que impide la eficiencia y sufre del uso indebido de la influencia personal y política. Emplea su fuerza para hacer que los pueblos amarillos le suministren sus acaban con casi todos los naturales de las Molucas; destruyen bandas enteras de chinos en Java e impulsan al reyezuelo de Ternate a la rebelión, por obligarlo a descuajar en todo su territorio el árbol que da el clavo de olor para evitar la concurrencia.

En el Nuevo Mundo los viajes holandeses acontecen en el último decenio del siglo XVI. Por cuenta de casas comerciales españolas, o por encargo de mercaderes holandeses, o por propia cuenta, los hijos de las siete provincias navegaban al África occidental, al norte del Brasil y a las islas de la sal. Las escuadras que aparecían en el Mar Caribe y en las costas de Sudamérica ponían, desde luego, todo su empeño en perturbar el comercio entre las Indias y España. Apresar las flotas de la plata, a las que se daba el nombre de "almas de Hiobe, porque Dios permite tentarlas, pero no hundirlas", o substraerles una parte de su valioso cargamento, tal fué el anhelo de todos los holandeses que hacían el viaje a las Indias occidentales.

"Cuando en Holanda se formaron pequeñas sociedades para la explotación de las Indias occidentales y las escuadras por ellas armadas comenzaron a hostilizarse unas a otras en vez de reunir sus esfuerzos contra el enemigo común, eleváronse voces que propusieron seguir el ejemplo de la Compañía de las Indias orientales y reunir en una sola compañía, fuerte y rica, todos los negocios con América y el África occidental. Entonces sonó la hora del comerciante Guillermo Usselinx, que huyendo de Amberes se había refugiado en el norte. Desde 1591 esforzábase por entusiasmar a los más influyentes hombres del gobierno y del mundo comercial en pro de sus planes. Creando una poderosa compañía proponíase conmover la posición de España en el Nuevo Mundo, desviar la corriente de la plata hacia Holanda y fundar en suelo americano establecimientos holandeses que hicieran el comercio con los indios y propagaran entre ellos la palabra de Dios".

De palabra y por escrito luchó Usselinx en defensa de su proyecto, y habiendo vencido extraordinarias dificultades, quedó fundada el 3 de junio de 1621 la Compañía de las Indias occidentales, que obtuvo un monopolio comercial de veinte y cuatro años para las costas occidentales de África, para toda América y para las islas del Océano Pacífico al oriente de Nueva Guinea.

A fines de noviembre de 1621 despliega velas una fuerte escuadra de la Compañía para iniciar la guerra de presas contra los españoles. Al jefe de la armada se le había señalado Bahía como punto apropiado para llevar a cabo el ataque. Con inesperada prontitud consiguieron los holandeses apoderarse del poblado en 28 de abril de 1624, pero lo perdieron al año siguiente. Simultáneas empresas contra San Pablo de Loanda, contra Elmina en la costa de Oro y un ataque sobre Puerto Rico y otros puntos resultan infructuosos. Y como la guerra de corsarios no daba los resultados esperados, cundió la inquietud entre los directores y los accionistas de la Compañía, que había comenzado sus operaciones con algo más de siete millones de florines. Pero a estas preocupaciones puso término el Almirante Piet Hein, que apresó frente a Matanzas en 1628 la flota española de la plata con un valor aproximado total de 15,000,000 de florines y los accionistas de la Compañía se sintieron como recién nacidos. Mas, los subsiguientes descalabros que sufren los holandeses en varios otros lugares los lleva a renunciar a las grandes empresas y viéndose dueños de una pequeña colonia en la Guayana y de las islas de Curazao y San Eustaquio, que servían de bases para el contrabando con las posesiones de España, terminan por dedicarse únicamente a esta clase de actividad y al entorpecimiento de la navegación española con actos de piratería en las costas americanas de ambos océanos.

En tales condiciones la Compañía pudo pagar en ciertos casos dividendos elevados que no se obtenían por las operaciones ordinarias del comercio y la colonización, sino por captura de los galeones que conducían los tesoros del rey de España y los de sus leales súbditos. Puede apreciarse, pues, el carácter corsario de tal asociación por el hecho de que se opondría abiertamente a que se concluyera la paz entre Holanda y España. En la exposición de motivos o censuras que formula en 1633, expresaba: "... que los servicios que se le pedían para el bienestar de la madre patria y la destrucción de nuestro enemigo hereditario, no podían alcanzarse por el escaso comercio con los indios, o el lento cultivo de regiones inhabitables, sino, en realidad, por actos hostiles contra los barcos del rey de España y de sus vasallos".

# LOS "PEREGRINOS"

**UN DISTINGUIDO HISTORIADOR** inglés hace burla de aquellas personas que todavía comulgan con la creencia de que los británicos llevan en la sangre el don marítimo y la capacidad colonizadora.

En verdad, la Gran Bretaña, Britania, Albin o Albión, durante la Edad Media, quedaba fuera de las grandes rutas marítimas. Pero ya tenía una ventaja de la que había gozado desde la época pre—romana: el monopolio de la producción de estaño. Y, a fines de la misma Edad sumaría a éste otro más importante: el de los pelos de las ovejas y de los carneros. Desde aquella fecha para lo venidero, los ingleses raramente irían por lana para volver esquilmados. Naturalmente, que en otras partes de Europa también había ovejas; pero la industria de quitar la lana no pudo prosperar en ellas por falta de condiciones políticas estables y pacíficas.

Ayudados, pues, por un largo período de paz interior y por la supresión de los portazgos feudales, los británicos se hacen ricos durante los siglos XIV y XV con la exportación de paños. Esta manufactura estaba, además, protegida mediante la prohibición estatal de llevar fuera del país la materia prima y por la limitación a determinadas clases sociales de usar pieles de abrigo para que fuese mayor la demanda local de los géneros de lana.

Por mucho tiempo, no obstante, la casi totalidad del comercio de artículos ingleses fué patrimonio de los italianos, los neerlandeses y, sobre todo, los hanseáticos, cuya Corte de Acero había conseguido amplísimos privilegios. Los hanseáticos y los venecianos llevaban a Britania todos los productos que ésta necesitaba de lejanas tierras y allí los vendían al precio de que nos habla Shakespeare: por onzas de carne tomada del corazón. Los llamados Mercaderes del Staple en su mayoría eran extranjeros que gozaban de un monopolio legal para la exportación de las materias en bruto más importantes suministradas por los ingleses al comercio exterior, tales como cueros, plomo y estaño. Con el tiempo tal derecho y privilegio pasaría a manos de los verdaderos ingleses.

Entre otros factores de gran importancia que se mencionan y que ayudaron al desarrollo de la industria y el comercio figuran la habilidad diplomática de los soberanos de la casa Tydder o Tudor, que logran magníficas prerrogativas para los mercaderes insulanos en otros países, y la energía desplegada por la Compañía de los comerciantes aventureros, creada por Enrique IV, en 1406, que, al cabo de pocos años después de la expulsión definitiva de Londres de la Liga Hanseática teutónica, logran establecerse en Hamburgo y se adueñan en una parte considerable del cambio con Alemania. Los comerciantes aventureros eran todos ingleses de pura cepa y se dedicaban a exportar artículos manufacturados, especialmente, paños y, como su nombre lo indica, llevaban sus mercancías hasta los mercados distantes. Hay que advertir que tal corporación no era tan firme como las compañías por acciones que se formarían más tarde; pero, desde luego, disponía de recursos monetarios suficientes y de notables privilegios para la defensa de los intereses del comercio nacional. En todo caso, los viajes a plazas extranjeras que hacían los comerciantes aventureros no constituían, por lo arriesgado, un medio verdadero de negocio; pero lo que buscaban con ellos era más bien descubrimientos geográficos y botín. Ya en este último renglón nada sería tan fecundo y lucrativo como los actos de piratería contra España y Portugal.

Dícese que fué primeramente en Inglaterra donde se puso de manifiesto el Estado nacional dinástico con la llegada de un monarca de dientes podridos y cutis malsano, voluntarioso, sagaz, cauto y de gran sentido económico, en la persona de Enrique VII, hijo de la enana Plantagenet. Fuera de esta circunstancia sólo en la Gran Bretaña sería la nobleza feudal tan desprendida y amable como para labrarse ella misma su propia ruina mediante una guerra: la Guerra de las Dos Rosas. Esa desastrosa contienda en sus treinta años de duración de acuerdo a un cálculo moderado costó un millón de combatientes muertos y dejó, finalmente, en libertad a los reyes para empuñar por algún tiempo el cetro del absolutismo.

Para vencer definitivamente a los nobles feudales, Enrique, robustece a los caballeros del campo, a los propietarios rurales y, preferentemente, a los comerciantes aventureros, que habían de llevar a su rey a decir: el porvenir de mi pueblo está en el mar. Además, con el empleo de procedimientos tan ingeniosos como la condena y el encierro, el monarca colma con libras esterlinas las arcas reales hasta el tope; lleva los aristócratas rebeldes y recalcitrantes ante el tribunal de la Cámara Estrellada; fomenta el comercio exterior con tratados tan ventajosos como el Intercursus Magnus y subvenciona a los Cabot para que inicien exploraciones geográficas. A su muerte dejaría el reino con un mediano tesoro de 1,800,000 libras esterlinas, si bien había "procurado a Inglaterra la tranquilidad exterior a precio de la dignidad nacional, la calma interior en el despotismo, las extorsiones y el abatimiento de la aristocracia".

Su hijo, Enrique VIII, fué un espléndido mosaico de cualidades y defectos: libertino, culto, caballeroso, generoso y cruel, un virtuoso del laúd, buen poeta y como jinete podía cansar en una sola jornada diez caballos de caza. Deportista y teólogo, glotón y lujurioso, pero de niño asombraría a Erasmo por su inteligencia. Como boxeador, en cierta ocasión, en juego entre caballeros, le dió a Francisco I de Francia un formidable derechazo que dejó al francés con una quijada parecida a la de Carlos V. Mas, en el segundo asalto, Francisco le hizo la zancadilla y lo echó al suelo.

Los momentos culminantes de la vida de Enrique VIII, bien podrían incluirse en este sumario: Se casa con Catalina de Aragón, viuda de su hermano mayor Arturo, que tenía que haber gozado la dama y el reino. Escribe la Assertio septem sacramentum, contra Martín Lutero, y el Papa León X, le da el dictado de Fiel defensor, que entonces valía tanto como lo de Católico. Rompe con la Santa Sede, y la Asamblea Eclesiástica Inglesa reconoce a Enrique como Jefe Supremo de la Iglesia de Inglaterra. Se casa con Ana Bolena, y ésta es ejecutada por adulterio. Se casa con Juana Seymour, y ésta... muere. Se casa con Ana de Cleaves, y la Asamblea Eclesiástica, anula el matrimonio. Se casa con Catalina Howard, y ésta es ejecutada por inmoralidad. Se casa con Catalina Parr, y ésta tiene la suerte de verlo expirar....

Como cosa de espanto se cuenta que Enrique rompió con el Pontificado por cuestión de su primer divorcio y la serie de sus matrimonios. Los ingleses se ponen malhumorados y replican que la ruptura con Roma era un asunto que se había estado preparando durante siglos en Inglaterra. Años más tarde del cisma de Inglaterra, el embajador veneciano diría, con amargo desdén, que, si se lo pedían sus soberanos, la nobleza británica estaba dispuesta a declararse judía o mahometana. Pero sigamos. Hablando estrictamente —dice un escritor inglés— no era en absoluto una cuestión de "divorcio"; técnicamente, era una cuestión de si Enrique había estado jamás casado debidamente con Catalina de Aragón. Un papa anterior había concedido una dispensa para el matrimonio de ella con Enrique; pero ahora se pedía a Clemente VII, que declarase que este matrimonio nunca había sido válido y que el Rey era aún un soltero lleno de vigor. Como la generalidad de los monarcas de aquella era, y de otras muchas eras antes y después, Enrique hubiera estado perfectamente contento con Ana Bolena como amante, cosa que fué pronto, de no haber deseado un heredero varón legítimo para asegurar a Inglaterra una sucesión sin disputa y un gobierno fuerte después de su muerte. No podía ya esperar más hijos de Catahna, la española, y la princesa María era su solo heredera. "Nunca había habido una reina reinante en Inglaterra, y la idea desacostumbrada de una sucesión femenina parecía amenazar al país con una guerra civil o el gobierno de un príncipe extranjero como consorte".

La negativa del Sumo Pontífice a dejar libre a Enrique —concluye el historiador arriba citado— no se debió a escrúpulos: acababa de divorciar a la hermana de Enrique, Margarita, reina de Escocia, con una excusa menos razonable, y sus predecesores habían liberado monarcas como Luis XII de Francia, cuando desearon divorciarse sin más motivo que la razón de Estado. La verdad era que Clemente VII no podía complacer a Enrique, porque después del saqueo de Roma estaba en poder de Carlos V, que era sobrino y celoso protector de Catalina.

Soltero, viudo, casado o divorciado, Enrique VIII no pecó jamás de fanático: lo mismo quemó protestantes que colgó y descabezó católicos. A éstos por ser contrarios a una resolución de tipo religioso—dogmático sobre la transubstanciación, la inutilidad de la comunión bajo las dos especies, la validez de los votos de castidad y la excelencia del celibato religioso.

Hay un hecho, sin embargo, en la historia de este monarca que le hace benemérito al comercio inglés: el infatigable cuidado que puso en conseguir la prosperidad de la marina nacional. Enrique VIII fundó un colegio de almirantazgo dedicado a las cosas navales. En Deptford, en Hull y en Newcastle estableció comisarios encargados de formar buenos pilotos, de enseñar la náutica, de vigilar las costas y los faros, los fondeaderos y los puertos; amplió y mejoró los arsenales de Woolwich, Portmouth, Erith y Deptford. Hizo construir varios buques dotados de grandes cañones y totalmente diferentes a los de la marina mercante, entre otros, el Harry Grace a Dieu, popularmente conocido como el Gran Enrique, con cuatro mástiles, equipado con 126 cañones de bronce y de más de 1,000toneladas, echado al agua como cimiento de la Marina Real Británica. Preparó, pues, al país para su lucha contra España, que ya era profundamente odiada en Inglaterra, por ser católica y por tener ricas minas en las Indias occidentales....

A su muerte viene como entreacto el breve reinado de Eduardo VI, y luego el interludio ejecutado por María Tudor y su príncipe consorte, don Felipe.

María restaura la ley contra la herejía y hace prender trescientas hogueras de suplicio en Smithfield que, "ardieron como antorchas que jamás se apagarían en Inglaterra". Ya cuando esto parecía próximo a suceder, Isabel las avivaría para servicio exclusivo de los católicos.

Con Felipe como marido de una reina sumisa —protestan algunos ingleses— Inglaterra fué durante tres años vasallo de la monarquía española. Mientras María vivió y amó, toda idea de una política exterior que se opusiera en cualquier parte a España tuvo que dejarse a un lado, junto con toda esperanza de comercio con las Indias occidentales, que Felipe prohibió estrictamente a sus súbditos isleños, y con todos los sueños de colonización y poder marítimo. Los términos del real matrimonio eran sumamente injuriosos para los británicos. Y, como queriendo enardecer las cosas un poco más el embajador veneciano les decía públicamente, que "la reina no se ocupaba más que de hacer a los españoles dueños de su reino".

Pero, como no hay mal que dure cien años, la toma de Calais por los franceses en una guerra hecha por María para complacer a Felipe, se sumaría a la pesada carga de su impopularidad. Sin hijos después de todo, odiada por su pueblo que le daría un apodo nefando, Bloody Mary, María la Sangrienta, desairada por su marido cuyo favor ya se estaba volviendo hacia la hermana que debía sobrevivirla y sucederla, temerosa de que Isabel arruinara rápidamente su obra religiosa, "la más honrada y mal aconsejada de los Tudor se alejó para morir".

Aparece en escena Isabel Tudor, caprichosa y violenta, que no sería gobernada nunca y que se aprovecharía en forma maravillosa de la obra y las piadosas enseñanzas de su ilustre padre, y de las de su egregio abuelo, cuyo reinado sería testigo de las primeras grandes expresiones culturales del nacionalismo inglés y de los albores del poderío naval y colonial de Inglaterra. Don Felipe, para enamorarla, pues ya intentaba llegar a su tercer matrimonio, dejaba a ratos su impasible inmovilidad y grave seriedad y para mostrar toda su dulzura, regalaba a Isabel una leve sonrisa, d'un picolo di suo riso, como dice Niccolo Tiépolo. Sonrisa que de nada le valdría porque la "reina virgen de los whigs" no tuvo nunca verdadera intención de echarse semejante dogal al cuello.

A pesar de todo, don Felipe protegería el ascenso de la nueva reina y extendería su protección durante años después de que hubo colmado sus peores temores en materia de religión, siquiera porque el heredero inmediato del trono inglés era María, sin duda una celosa católica, pero casada con el Delfín de Francia.

Cuando Isabel sube al trono, el país no estaba en condiciones de resistir a un invasor extranjero. No sólo se hallaba dividido por fieras contiendas religiosas, sino también falto de recursos de guerra y una milicia en el nivel más bajo. Mas, sería la rivalidad de las dos grandes potencias católicas, Francia y España, la que salvaría a Inglaterra de la conquista, y la que daría base para llamar a Isabel, "la hija de las circunstancias". Ninguno de los dos rivales podría permitir que la isla fuera subyugada por el otro. Isabel tenía por sabido esta circunstancia y por ello enviaba dinero y hombres para mantener vivas la rebelión de los Países Bajos contra España, y las guerras religiosas en Francia.

"Comprendiendo la sagaz reina que, para emancipar al comercio británico del monopolio del Hansa, era preciso proceder por grados, distrayendo la atención de los traficantes extranjeros, haciéndoles concebir grandes esperanzas, contemporizar hasta tanto que las empresas nacionales hubiesen llegado a ser lo bastante fuertes para obrar por su cuenta, y entonces, pero sólo entonces, asestar a la Liga el golpe mortal. Fiel a este programa, declaró que, sin confirmar los antiguos privilegios del Hansa, hacía gracia a éste de la mitad de los derechos de importación y exportación de las tarifas inglesas que pagaban las naciones más favorecidas, y que en general, los comerciantes alemanes serían tratados al igual que los ingleses. Al propio tiempo pidió, en beneficio de los ingleses, a las ciudades hanseáticas el libre comercio estipulado en el Tratado de Utrecht de 1473. La Compañía de Comerciantes aventureros recibía entre tanto favores y subsidios de la Corona, disponiéndose así poco a poco a sostener la concurrencia con los hanseáticos. Estos, acudiendo a las intrigas y a las cábalas diplomáticas, trataron de cambiar los concejos de la reina, y no habiéndolo conseguido, arrojaron de Hamburgo a los Comerciantes aventureros. Isabel aprovechó la ocasión para quitarse la máscara: en 1578 abolió los últimos privilegios de los orgullosos extranjeros; les prohibió la exportación de las lanas inglesas, de las cuales obtenían extraordinarias ganancias tiñéndolas, aprestándolas y trabajándolas en sus manufacturas. Recurriendo a las represalias, la Liga, en una dieta celebrada en Luneburgo en 1579, decretó imponer un recargo de 7 y medio por ciento sobre todas las importaciones inglesas en sus ciudades; a lo que Isabel contestó prontamente con un recargo igual sobre las importaciones de los hanseáticos. Declaró, además, que no permitiría en adelante a los mercaderes de la Liga llevar a España, gran enemiga de Inglaterra, cereales y municiones de guerra; y rechazando a estos traficantes delante de Lisboa, les hizo secuestrar por su flota sesenta naves cargadas de riquísimas mercaderías y de ellas envió dos a Lubeck, como portadoras de tan desastrosa noticia.

Libres de la abrumadora influencia de los extranjeros que les compraban y revendían las primeras materias, los fabricantes nacionales se dedicaron a perfeccionar las industrias, principalmente la de la lana.

Francia, Holanda, Inglaterra y aún Alemania, como sabemos, llevaron a cabo la ocupación y colonización de territorios en el Nuevo Mundo por empresas o sociedades particulares, que procedieron con el consentimiento y en algunos casos con la protección y ayuda de sus respectivos gobiernos; pero independientemente de éstos, sin la responsabilidad de los mismos, sin que a la acción particular siguiese inmediata y directamente la acción del Estado. Análogamente conviene anotar aquí que no todos los actos realizados por los llamados extranjeros en las regiones de las Indias occidentales fueron de carácter pirático, porque junto a esta realidad hubo la forma más noble de la emulación descubridora y colonizadora.

Asimismo, es bueno señalar que los intentos de intervención en el tráfico oceánico de España por parte de los ingleses ocurrieron antes del reinado de Isabel y, según los británicos, eran para vengar las piraterías de los españoles al mando del terrible don Pero Niño, conde de Buelna, en 1406, que culminaron con la desolación del importante puerto de Poole en Dorset, o las de Sánchez de Tovar, cuyas atrevidas empresas (1377) sembraron el terror en el litoral de Dóver, Folkestone y Plymouth, o los hechos navales de Rubín de Bracamonte, Pérez de Ayala, González Moro y de los almirantes Gil Bocanegra y Díaz de Rojas.

Así las cosas, durante el propio reinado de María Tudor sus naves apresaron a Pedro Killigrew, quien confesó que, en unión de piratas holandeses, había asaltado barcos españoles y flamencos. El embajador de España reclamó ante la Reina y aún cuando por parte de ella se hicieron las oportunas diligencias para castigar a los marinos ingleses culpables, no se logró nada de provecho y, en cambio, quedó bien patente el malestar que producía en toda Inglaterra la veda o castigo de aquel oficio y negocio.

La antigua familia de los Killigrew por hallarse estrechamente ligada por lazos de sangre con Guillermo Cécil, ministro de la reina Isabel, merece un párrafo especial. De generación en generación los Killigrew fueron los magnates incomparablemente más grandes de la piratería británica: entre ellos hubo muchos soldados, políticos y diplomáticos distinguidos, que contribuyeron al surgimiento de una verdadera oligarquía de capitalistas corsarios. El solar de la familia estaba en Arwenack, Cornualles, y su cabeza en tiempo de Isabel era sir Juan Killigrew, vicealmirante de Cornualles y gobernador real hereditario del castillo Pendennis, quien hacía algo así como administrador de los negocios de la familia. Juan había sido pirata, y su tío Pedro recorrió el Mar de Irlanda en su juventud con el mismo oficio. Aún lady Killigrew habría de ser juzgada por un tribunal por delito de piratería. "Uno de sus parientes, sir Juan Wogan, vicealmirante del sur de Gales, atendía a los intereses de la familia en aquella costa; también él fué juzgado una vez como pirata. Otro pariente, Juan Godolphin, hacía de agente en su propio distrito de

Cornualles, mientras que la importante base de Irales, en Irlanda, estaba a cargo de un antiguo amigo y vecino de sir Juan, el vicealmirante de Munster y miembro del Parlamento por Liskard. Varios otros primos atendían a las ramificaciones del negocio a lo largo de las costas de Devon y Dorset. Entre sus asociados estaba el lord irlandés, Conchobar O'Driscoll, el famoso sir Finian de las naves, o "el terrible Juan Piere", que trabajaba en sociedad con su madre, la famosa bruja de Cornualles". Es decir, la genealogía de los Killigrew era tan clara como la luz del sol, y por línea directa, vendría del primer pirata capaz de haber asaltado el arca de Noé.

Bajo el reinado de Isabel, encubridora de pillajes, las incursiones inglesas se dirigían de preferencia en un principio hacia la ruta portuguesa de Guinea. Sin duda por considerarla de más fácil acceso y como adiestramiento para el posterior ataque al tráfico de los españoles. Atento a que el rey de Portugal no tenía embajada acreditada en la Corte de Londres, y por razón de las íntimas relaciones existentes con el monarca de España, era el representante de este país el encargado de velar por los intereses lusitanos.

En enero de 1559, navíos ingleses cargados con oro y especias robadas arribaron a puerto británico y Felipe II, ordenó al punto a su embajador que reclamase ante Isabel con la máxima energía. En el mismo mes y año se tiene noticia en Madrid que los capitanes Enrique Stranke, o Stranwick y Guillermo Wilfort, armaban dos barcos de 140 toneladas en el puerto de Plymouth, con cabida para cincuenta gentilhombres con sus criados, y quinientos soldados, con el propósito de ir en corso hacia la isla de Madera. Las reclamaciones del embajador español tampoco fueron atendidas y no sólo salió la expedición, sino que, cuando vuelve, la Reina se limita a encerrarlos por mero formulismo, acabando por ponerlos en libertad, repartiéndose el botín entre los asociados y el "almirante". Este título de lord almirante, significaba entonces algo muy distinto de lo que hoy se entiende con la palabra almirante. Era un cargo cuyo titular tenía toda clase de lucrativos derechos relacionados con el mar y, seguramente, el principal de ellos era el derecho a los llamados restos de naufragio. En aquella ocasión el almirante era Tomás Seymour, supuesto primer amante de la Reina Virgen, y casado con la ex viuda Catalina Parr.

En el verano de 1561, una nave del rey de España con rico cargamento, procedente de las Indias occidentales, fué apresada por corsarios ingleses cuando se dirigía a puerto español. En el pillaje habían intervenido Tomás Champneys y Juan Poole que, estando prisioneros en una de las islas Canarias desde el año 1556, se habían logrado fugar en las Pascuas siguientes, mientras toda la población se hallaba en la función religiosa, alzándose con un barco del puerto. Al volver de las Indias la flota del Perú se le había dado orden de capturar a los piratas escapados y rescatar el navío perdido. La armada española sólo logró encontrar otra inglesa compuesta por cinco barcos, que hizo prisioneros, acusando sus tripulaciones de cómplices de haber entregado armas y municiones a Champneys y Poole. En Londres el hecho produjo airadas protestas, a pesar de haberse probado la complicidad, y la Reina no castigó a los malhechores cuando arribaron a la isla de Man.

En vista de que nada efectivo se hacía en Inglaterra contra tales atropellos, Felipe II, se decidió a tomarse la justicia por su mano: las mercaderías inglesas que estaban en las Canarias fueron decomisadas sin que con esto se provocara ningún serio conflicto internacional.

Este acto de mansedumbre de Isabel ha dado pie para que algunos críticos opinen que ella se preocupó formalmente de acabar en aquellos principios con la piratería reinante. Según Gosse, Isabel quiso seriamente reprimirla, hasta el punto de que los piratas que actuaban aisladamente pronto tuvieron que huir para no caer bajo el poder de la justicia, a las costas meridionales de Irlanda, a las montañas de Escocia, y aún a las de Berbería. Mas, la gran piratería, que tenía sus cómplices entre los hombres que desempeñaban los más elevados puestos de la marina y de los tribunales ingleses, pudo más que la Reina en este caso único.

Entre los muchos asociados o protectores de los piratas, señálase a sir Francisco Walsingham como principal inspirador ante la Reina de estimular los actos de piratería para salvarse del cerco que lentamente le tendía Felipe II. A poco los ingresos personales de Isabel y los haberes privados de sus súbditos ricos se volcaban en las empresas piráticas de grandes vuelos, y con ello quedaría demostrado, una vez más, que la sangre y los muertos mandan... Eran cosas de la tradición de pictos, jutos o iutos, sajones, normandos y escandinavos.

Por ese rumbo sé tiene noticia de un marino que llegó a ser un muy honorable alcalde de Winchelsea, a poco de haber apresado y saqueado una nave inglesa. En 1313, seis barcos que habían sido armados para proteger a Verwick contra piratas británicos y extranjeros, asolaron a su vez los poblados de las propias costas de Inglaterra. Un siglo más tarde, un abad de Canterbury sería convicto de saqueo de una embarcación inglesa cargada con vino. Los marinos de las naves de la Liga de los Cinco Puertos, que comprendía al principio las ciudades de Hastings, Ronney, Hythe, Dover y Sandwich, a las cuales se unieron más tarde Winchelsea y Rye, enganchados precisamente para reprimir la piratería en la costa del Canal de la Mancha, empleaban los días de ocio en asaltar y robar a lo largo de las playas británicas.

Antes y después de Isabel, "todo barco inglés que salía del estrecho círculo de la Europa civilizada se dedicaba más que nada al contrabando, a raptar gente (incluso ingleses), al robo y al crimen. Juan Hawkins compartía con Isabel los beneficios que le producía el comercio de esclavos africanos, y para que se recordaran sus proezas añadió con orgullo a su escudo de armas un moro atado con una cuerda".

Como hemos visto, ya en el siglo XV aparece la asociación de Comerciantes aventureros, formada para un solo viaje, dedicada a la compra en común de las materias primas y a la venta en agencias comunes, en el extranjero, que lograría eliminar a los venecianos y a los hanseáticos y penetrar en el país de las especias por el noroeste y noreste. A partir de 1554, fué fundada la Compañía de Moscovia (Muscovy Company), para la compra de maderas, pieles y cáñamo, que conducía y dominaba todo el tráfico desde Arcángel hasta el golfo pérsico, y que se considera como la primera gran sociedad por acciones. La Compañía del Este (East India Company), creada en 1660 y conocida popularmente por los nombres de Compañía de Juan, o Compañía del Honorable Juan, que, al principio alquila cinco barcos y luego obtiene de Isabel un monopolio para el comercio con la India y el Extremo oriente, y que tendría tanta participación en la colonización del Nuevo Mundo. El privilegio de que gozaba fué impugnado por los demás mercaderes, pero la Reina no prestó ninguna atención a tales reclamos. La Compañía de Juan fué organizada por el gobierno inglés como respuesta del monopolio que ejercían los holandeses, que habían elevado el precio de la pimienta de 3 a 8 chelines cada libra. En ese mismo año se constituye la famosa Compañía de Caballeros de la ciudad de Londres para la explotación del Amazonas (London Company), que buscaba entre otras finalidades "los beneficios inestimables que se ganarían para Inglaterra en caso de guerra tanto para el asalto fácil de las posesiones de España en las Indias occidentales cuanto para servicio de los hombres de mar". Luego aparece la Compañía de Levante (Levant Company), que logra internarse hasta Goa en la India, construye una flota de fuertes, sólidos y bien armados navíos, capaces de hacer astillas las galeras españolas y portuguesas. Y, para no citar otras, la Companía de la Bahía de Hudson (Hudson's Bay Campony), que todavía existe como una sociedad mercantil ordinaria y que lograría con el tráfico de pieles pingües ganancias.

Entre las características de esas compañías —Olive Day, destaca— que el monopolio que disfrutaban hacía que fueran impopulares, ya que el público creía que se aprovechaban de él para obtener beneficios excesivamente elevados, y aún más impopulares por lo que respecta a los comerciantes particulares, a los cuales impedían participar en el comercio. "Esos comerciantes que no podían ser admitidos en las compañías, por falta de capital, o por estar demasiado alejados de Londres, formaban una clase de "traficantes sin licencia", o contrabandistas, que comerciaban dentro de los territorios acotados por las compañías. Hacia finales del siglo XVII la aversión contra esas compañías se hizo tan fuerte que se las obligó a reformarse; se rebajaron los derechos de entrada o se suprimieron los privilegios exclusivos y se abrió el comercio a todos".

En conclusión, las tales asociaciones privilegiadas eran una especie de servicio público que el gobierno no pagaba; cobraban derechos de aduanas y entendían en el comercio exterior liberando al Estado de responsabilidades y gastos. En cuanto al trato atlántico, por espacio de dos siglos, se caracterizaría por los viajes llamados triangulares.

"Buques de 150 a 300 toneladas parten de Londres, Liverpool, Bristol y Hull, hacia la Guinea, transportando carga de cristalería, quincallería, tejidos, armas y aguardientes, que se cambian por esclavos en los dominios de los reyezuelos negros. Un segundo viaje lleva "la madera de ébano" a las Antillas o a las colonias españolas e inglesas de Tierra Firme. Pues los ingleses practican un comercio de contrabando, llamado comercio prohibido, en que les hacen vigorosa competencia hasta el Tratado de Utrecht los mercaderes de Saint—Malo; a partir de 1663, sobrepasan a los holandeses; en 1713 el Tratado de Utrecht les concede el monopolio de la importación de esclavos a las colonias españolas. Tercer viaje: los barcos arriban a Europa cargados con los géneros coloniales que tienden a ser las especialidades del Nuevo Mundo: ron de Jamaica, azúcar de las Antillas, tabaco de Maryland, arroz de la Carolina y algodón de las islas".

# TÚ TAMBIÉN, ÁFRICA

**SI LOS PINTORES** pintasen angelitos negros en el cielo, o el curso de los acontecimientos fuese considerado con mayor espíritu de justicia, ya tendríamos como verdad histórica refulgente la noción de haber sido los negros de África los principales colonizadores del Nuevo Mundo siquiera en su significación material. Inquieto y borrascoso, el cafre aportó, además, desde el primer momento, su insubordinación, y más tarde, figuraría entre los primeros libertadores americanos.

Muchos siglos antes del feliz hallazgo de las llamadas Indias occidentales ya existía un artículo del tráfico en el cual el intercambio era recíproco: eran los esclavos. Desde Europa se llevaban esclavos al gran mercado de El Cairo, y se importaban desde Asia occidental y de África. Los romanos poseían esclavos negros que llegaban por el Nilo o a través del Sahara. Los mamelucos, conquistadores de las costas del Mediterráneo, incrementaron esta costumbre y la introdujeron en Italia y España. Pronto los mercaderes de Sevilla comprarían oro en polvo y negros en barras en la costa occidental de África y la histórica ciudad sería un emporio del mercado español de esclavos.

Por bula del Papa Nicolás V, el humanista Tommaso Parentucelli, para quien todo lo que servía para el culto había de ser bello, precioso, digno verdaderamente de la Divinidad, los portugueses venían dedicándose al tráfico negrero desde 1455 y realizaban la caza de hombres en la costa oriental del continente africano, al sur del cabo Blanco y llegando hasta Mozambique. Pero sería dentro de la vasta región de la Guinea donde se obtendría la mayor cantidad de esclavos. Los navegantes lusitanos comenzaron por raptar negros para venderlos en Portugal y en España, como curiosidad exótica de las tierras por ellos descubiertas. Más tarde, viendo los considerables beneficios que reportaba esa mercancía, se formaron compañías financieras con el objeto de intensificar y regularizar el negocio. Se crearon factorías en Lagos, con el solo propósito de la trata de negros que se trasladaban a las islas de Cabo Verde como prisión segura por los tiburones que infestaban las aguas que las rodean y que alejaban todo intento de fuga de los cautivos.

Los portugueses fueron, sin disputa, los primeros europeos que transportaron africanos al Nuevo Mundo en grande escala; pero, oficialmente, fueron introducidos en 1501.en virtud de un Decreto real de 30 de septiembre, que permitía sacarlos de España hacia la Española para servicio de los cristianos, atento a que aquellos negros ya eran católicos, apostólicos y romanos. Don Antonio de Herrera, empero, escribe que los africanos vinieron a las Indias desde 1498, y su transporte se había generalizado tanto que, don Nicolás de Ovando, destacado propietario y traficante de esclavos indios, prohíbe en 1503 el desembarco de negros para evitar la concurrencia. Esta prohibición fué ratificada por el Rey Católico en 1508; pero la entrada de cafres no se interrumpió. Cuatro años más tarde, el mismo Rey hace una remesa de cincuenta con destino a la Española.

Ante los apasionados reclamos de fray Bartolomé de las Casas, el gobierno español concede autorización para el tráfico de negros como único medio, es decir, la teoría del mal menor, de salvar y remediar a los indios, que no resistían los trabajos a que los forzaban los españoles, ni las enfermedades que para ellos traería también la colonización. Parece que don Fernando tuvo escrúpulos en tal ocasión; pero doña Isabel, haciendo uso del clásico "Tanto monta..." no anduvo con remilgos y para salvar a sus indios, dió el permiso.

Fray Bartolomé vuelve a España en 1515 para poner nuevamente de manifiesto la terrible situación del indio frente al español, y con la relación que presenta lleva una ilustración a colores sobre la cruel realidad de sus quejas hecha por el indígena Guamán Poma, en la que se figura un indio implorando clemencia, rodeado de un dragón, de un puma, de un jaguar, de una rata, de un perro y de un gato, como símbolos respectivos del cacique, el español de tránsito, el cura y el escribano, contra los cuales el pobre natural ve con desesperación que está indefenso.

Con tales alegorías y por virtud de los aprietos económicos que atormentaban, como siempre, a Carlos V, el consejo bien intencionado de Las Casas entraría como función importantísima del gobierno imperial. A la vuelta de unos pocos años el propio fray Bartolomé se juzgaría culpable de la introducción de esclavos negros en las Indias occidentales, llegando a escribir: "Este aviso dió el primero el clérigo Casas, no advirtiendo la injusticia con que los portugueses los toman y hacen esclavos, el cual después cuando cayó en ello no lo diera por todo el oro del Mundo".

Los borgoñones y flamencos, entonces todopoderosos en España, sostendrían ardientemente la proposición de fray Bartolomé por tener grandes intereses económicos en las compañías que hacían aquel comercio y, por consiguiente, el primer asiento o concesión de traer negros a las Indias occidentales se otorgó a un tal Laurent de Gorrevod, Gouvento o Gobenet, quien vendió inmediatamente el permiso a los genoveses y a través de éstos el tráfico pasaría a los holandeses. Luego los Wélser, Alfinger y Sayler, y el voraz Gómez Reynel, portugués, que sobrepujaría a todos los esclavistas juntos, se dedican al dicho negocio. Y, con el consejo de Las Casas también tendría su recta aplicación el refrán que comúnmente dice: Fraile que pide por Dios, pide para dos.

El asiento antes referido sería seguido de otros más otorgados por el gobierno de España a distintas compañías extranjeras, y gracias al reconocimiento de Felipe V por parte de Inglaterra, por el Tratado de Utrecht, los ingleses se hacen del derecho de transportar un número prácticamente ilimitado de negros al Nuevo Mundo y de mandar anualmente un "navío de permisión" a Portobelo. Ese barquichuelo se convierte en una especie de tonel sin fondo: de sus bodegas inagotables saldrían bajeles y bateles repletos de negros y de mercaderías de toda clase. Durante treinta años Inglaterra llega a vender en las posesiones de España, legalmente, un término medio de 4,800 negros cada año. En compensación el rey de España participaba de 30 pesos y tercio por cada negro o negra vendidos. En cuanto al capital necesario para tan piadosa empresa un cuarto era del mismo soberano, otro del monarca inglés y dos cuartos de la compañía de mercaderes británicos que se organiza exprofeso.

Los cargamentos de ébano humano procedían de todas las regiones africanas y aún de Madagascar. Los ingleses hicieron de Sierra Leona su centro principal de aprovisionamiento, aún cuando también adquirían negros en todos los puntos del Alto Níger, en Sahara, en Senegal, en el lago Chad, en el sudoeste africano, en el delta del Sambeze y en la costa del sudeste de África.

El tráfico español se concentra en Angola y en su puerto de Loanda o Luanda, unos cuantos jesuitas se encargaban de instruir a los negros en los misterios de la religión cristiana unos pocos días antes de ser embarcados al Nuevo Mundo. Don Enrique de Gandía refiere que, un solo loyalista bautizaba hasta trescientos o cuatrocientos cafres todos juntos. Los ponía en fila en la playa y a cada uno le iba diciendo: Tú te llamas Pedro; tú, Juan; tú, Francisco, etcétera. Y para que no olvidasen su nombre se los daba escritos en un papel. Luego comenzaba de nuevo y a cada negro o negra les echaba un poco de sal en la boca. En la tercera vuelta les rociaba agua con un hisopo para no perder tiempo.

Un intérprete se cuidaba de aconsejarles lo siguiente: Mira, ya vosotros sois hijos de Dios, vais a la tierra de los españoles, donde aprenderéis las cosas de la fe; no os acordéis más de vuestras tierras, ni comáis perros, ratones ni caballos; id de buena gana. Por su parte, los negros pensaban que trataban de hechizarlos para que los pudiesen comer los españoles, y los más creían que los preparaban para convertirlos en pólvora.

Por desgracia, los documentos sobre la esclavitud no permiten a los estudiosos determinar con precisión los lugares de origen de los negros importados a las Indias occidentales, porque habiendo sido capturados en tantos focos para ser embarcados en puertos de la costa de África, donde se reunían esclavos de diversas tribus, el nombre o marca de fábrica que traían al Nuevo Mundo era casi siempre el de tales puntos de embarque. A esta confusión hay que añadir el interés de los negreros de ofrecer su mercancía como artículo de primera calidad, y siendo que los negros desde un principio se distinguieron los unos de los otros por su mayor o menor capacidad para el trabajo se tendría buen cuidado de ocultar los lugares de procedencia menos favorecidos en tal sentido. Arturo Ramos, apunta que, respecto a sus caracteres antropológicos físicos, ya podría el más lince de los compradores ponerse a distinguir entonces, y en la actualidad, entre negros de las llamadas naciones yolefes, fulas, mandingas, lucumis, dahomeyanos, congos o mozambiques. Y, puestos en las Indias y transformados en cosa, los negros al ser preguntados sobre su sitio de origen, contestaban invariablemente: somos de don Alonso, o de don Francisco, etc.

Tratando acerca del conglomerado africano de Haití, dícese que aquellos esclavos fueron traídos de no menos de treinta y ocho grupos del África. Don Fernando Ortiz, tan sólo para Cuba (y esto comprende, en parte, a Centro América), ha podido establecer más de ochenta diversas procedencias con nombres tan rumberos como abalo, abaya, acoqué, bambarará, bondó, bosongo, cabenda, cambaca, dahomé, elugo, embuyla, esola, orumbo, popó, etc.

Esos y los otros negros, entre otras novedades africanas, trajeron la rumba y la lengua del tambor, este último como sabemos utilizado en África para la transmisión de mensajes a distancia, y en esta América nuestra, recientemente, para hacerle acompañamiento a la marimba. Al cabo de algunos años la conversión de los negros era tan completa que, por ejemplo, el día de Reyes, después de pasear una boa artificial por las calles de la Habana, se detenían en el patio del palacio del gobernador y empezaban a danzar y a cantar:

> "La calebra se murió
> Sángala mulequé
> ………."

A esto y a otras cosas muy peregrinas algunos llaman folklore o supervivencias de los indios americanos. Otra noticia: Los diablitos, que aún perduran entre los ñañigos de Cuba con el nombre de irimes, o sacerdotes danzantes vestidos con un ropaje muy singular de origen bantú, existieron además en Méjico, en Antioquía (Colombia), y en el Perú, donde se les denomina diablos danzantes. Y, como el diablo anda suelto, pues, no sería extraño que hubiese venido también a Santa María de Comayagua….

Según el Reverendo padre Juan Bautista Labat, quien fué uno de los grandes azucareros esclavistas de su tiempo, cuatro eran las especies de negros aptos para la esclavitud: los criminales sentenciados a muerte por reyezuelos africanos, a los cuales se indultaba la pena por la de destierro perpetuo, vendiéndolos a tal fin a los mercaderes de esclavos; los prisioneros de guerra, una guerra que se hacían entre sí las tribus africanas, que no tenía otro propósito que estos robos y raptos de personas y que hacían por sorpresa sin llegar casi nunca a la guerra abierta; los negros que eran vendidos a los blancos y, por último, las personas que se robaban, sea por orden o con el consentimiento de los reyezuelos, o por ciertos ladrones llamados mercaderes que eran "verdaderos salteadores de caminos, que no hacían más que robar por todas partes, sobre todo de noche, para dar con alguna presa; si topaban con alguno, se le echaban encima, se apoderaban de él, atándole las manos a la espalda, y le ponían una mordaza en la boca, si era hombre o mujer, para que no gritara; a los niños, los metían en un saco; y al caer la noche, se llevaban a los unos y a los otros a las factorías de los europeos, que al instante los marcaban a fuego y los trasladaban a sus navíos".

Los desdichados —continúa Labat— arrancados así violentamente de su tierra natal, tenían que pasar por la tortura de una travesía en aguas tórridas (de la costa de África a las Antillas, duraba de seis a diez semanas), aherrojados dos a dos por los tobillos, sufriendo hambre y sed, en las calas obscuras y pestilentes de sus cárceles flotantes, viendo de cuando en cuando ya un niño, ya una mujer, ya hasta a un hombre sucumbir a tan atroz martirio. Se calcula que cada año se exportaban de África, por lo menos, unos diez mil esclavos; centenares de ellos al enfermar cerca de la costa africana, los echaban vivos al mar para evitarse el seguro marítimo. Por ir almacenados en tan poco espacio muchos de ellos morían en la travesía, y en el llamado período de aclimatación la cifra de mortalidad resultaba pavorosa.

J. B. Moreton, hace una tétrica descripción de la llegada de un barco negrero a una de las islas antillanas en posesión de los ingleses:

"Hasta el día de la venta, tienen que quedarse a bordo; durante ese tiempo, el patrón, el sobrecargo y el médico, ponen en juego todas las artes que pueden para presentar a los esclavos bajo el aspecto más atrayente: se corta y afeita el pelo gris de barbas y cabello de los viejos y viejas, y se les frota la piel, y la de todo el cargamento humano con aceite de palma y otros, de modo que los compradores poco entendidos se lleven a algún esclavo viejo tomándolo por joven, a algún adolescente enfermo creyéndolo sano y fuerte. A eso de las ocho o nueve de la mañana se convoca a todos los negros a cubierta, obligándolos a saltar y bailar y dar voces durante lo menos media hora, obedeciendo a los marinos, que castigan a palos a los perezosos. Todos los días mueren algunos de estas pobres gentes, desesperados ante el destino; y para evitar que circule la noticia, en perjuicio de la venta por dar al cargamento reputación de mala calidad, se ocultan los muertos en la bodega hasta la noche, y en la obscuridad se arrojan a los tiburones, que se los tragan de un bocado; cuando hay muchos barcos negreros en el puerto, los tiburones comen bien Don Juan de Solórzano, tratando de la esclavitud en las Indias occidentales, dice: A lo cual no contradice la práctica, que vemos tan asentada, e introducida de los esclavos negros, que se traen de Guinea, Cabo Verde, y otras provincias, y ríos, y pasan por tales sin escrúpulos en España, y en las Indias. Porque éstos vemos con buena fe, de que ellos se venden por su voluntad, o tienen justas guerras entre sí en que se cautivan unos a otros, y a estos cautivos los venden después a los portugueses, que nos los traen, que ellos llaman pombeyros, o tangomangos.

"Aúnque por otras (cédulas), según lo han ido pidiendo los tiempos, y ocasiones, por ir faltando los indios se han dado órdenes, y permisiones para lo contrario (introducir negros por esclavos)".

"Hoy está establecido el "asiento" de negros, y a Inglaterra se le concedió en la última paz por treinta años, que comenzaron a correr el año de 1713. Y han establecido muchas factorías en las Indias con gran perjuicio del comercio, y convendría que este asiento fuese a cargo de alguna compañía de españoles, y apartar a los extranjeros".

Según queda indicado, los ingleses luego de burlar las cláusulas del tratado sobre el límite de las mercancías que podrían introducir a las Indias y lo relativo al tráfico de negros, con la excusa de cuidar amorosamente de ellos hasta el momento de su venta, algunos mercaderes se radican en los puertos de importación y como era de humanos dar alimentación y alojamiento temporal a los africanos, compran tierras, edifican barracas y se cultivan algunos campos. Poco a poco en los dichos puertos iría desarrollándose un comercio que sólo tendría una vaga conexión con el tráfico legal de negros y ello sería causa de una guerra entre España e Inglaterra, que pronto se convertiría en una contienda general en Europa.

Con la implantación del mercado de esclavos negros de distintas procedencias se introducen a las posesiones de España núcleos considerables de africanos que, cuando muchos de ellos alcanzan su manumisión, habían de llegar a constituir en las ciudades y villas grupos de población negra libre cuya situación jurídica se hizo necesario definir…

Esta condición —según José María Ots Capdequí— quedaba enmarcada en los siguientes términos:

Dispónese que los negros libres paguen tributo "y que éste sea un marco de plata en cada un año, más o menos, conformen a las tierras donde vivieren, y le paguen cada uno en las granjerías que tuviere; debiéndose cobrar este derecho por repartimiento entre ellos, el cual repartimiento no podrá ser igual, sino conforme a la hacienda de cada uno, de que habrán de ser libres los pobres y en el personal los viejos, niños y mujeres que no tuviesen casa ni hacienda". Los hijos de negros libres o esclavos, habidos en matrimonio con indias deben tributar. Para lograr la mayor eficiencia en estas disposiciones, se ordena que los mulatos y negros libres, vivan con amos conocidos para que se pudiesen cobrar sus tributos.

Ante la urgencia de hacerse de trabajadores para el laboreo de las minas, se ordena: "...que los negros y mulatos libres, trabajen en las minas y sean condenados a ellas por los delitos que cometieren".

Restríngese su libertad matrimonial ordenando: "... que se procure que los negros casen con negras y los esclavos no sean libres por haberse casado".

Para evitar abusos muy probables, se prohíbe: "... que los negros y negras libres o esclavos ... se sirvan de indios ni indias".

Ordénase también que: "... se mira por el tratamiento de los morenos libres ...que no siendo labradores se ocupan en la agricultura, y todas las veces que hay necesidad de tomar las armas... proceden con valor"; y que "a los soldados de la compañía de morenos de Tierra Firme se les guarden sus preeminencias".

Esa lealtad para salir en defensa de los intereses del rey de España, muchas veces fué ficticia. Sin contar los alzamientos de negros, morenos y mulatos en las colonias españolas, cuando asomaba el corsario o el pirata, lo corriente era un verdadero revuelo de esclavos. Así, cuando aparecen los navíos de Francisco Drake frente al Callao, los negros escaparon de sus casas y se dirigieron a la costa, tratando de llegar a las naves del inglés para favorecerlo en el ataque. Los negros de Panamá, hábilmente agitados por Juan Oxenham, teniente de Drake, se sublevan en la segunda mitad del siglo XVI, poniendo en serias dificultades a los españoles. Y otro tanto sucede cuando las incursiones de Ricardo Hawkins, de Tomás Cavendish y en el asalto de Enrique o Juan Morgan contra Panamá. Por lo general, los negros y sus descendientes serían los mejores amigos y auxiliares de todos los adversarios de España y en la provincia de Honduras ya tendremos ocasión de tratar sobre este mismo tema.

Por los medios indicados ya los mercaderes portugueses, holandeses, franceses, ingleses y españoles, muy pronto cubrieron de negros los distintos puertos de las islas y de Tierra Firme, de donde eran redistribuidos en las plantaciones de azúcar, café, algodón y tabaco, en las minas y en todos los trabajos materiales en villas y ciudades indianas. A fines del siglo XVIII, según las imperfectas estadísticas de entonces, había en las colonias españolas no menos de un setenta por ciento de pobladores entre indios y negros, que constituían los verdaderos y directos productores de la riqueza que disfrutaban españoles y criollos.

Adrien Dessalles, y otros historiadores más, señalan que la trata de negros no adquirió auge hasta que los ingleses comenzaron sus plantaciones en Virginia y los franceses en algunas de las islas antillanas, aún cuando unos y otros preferían la mano de obra de los blancos esclavizados. Mas, a base del sistema colonial adoptado por Crómwell y Colbert, los negreros lograron imponer el tráfico de africanos por ser de todas sus empresas lo que daba los mayores beneficios. Con la complicidad del clima y el relajamiento extremado de los hábitos y costumbres de los colonos blancos muy pronto vieron que podían disfrutar de una vida más desahogada gracias al trabajo de los negros y en tales condiciones los traficantes pudieron colocar su ganado humano desde Virginia hasta los pueblos de la costa del Brasil.

Ante los escrúpulos de Luis XIII de Francia para dar autorización a este tráfico los negreros aducen compasivamente que los naturales de África estaban expuestos a vivir y morir en las tinieblas del fetichismo, mientras no fueran conducidos a las "islas de América" y confiados al cuidado de amos blancos que se dedicasen a instruirlos en los misterios de la religión de Cristo, y con ello el piadoso monarca cae vencido de una vez por todas.

Más tarde, Colbert multiplica los reglamentos del tráfico y llega a elaborar un Código Negro, considerado hoy como la pieza más luminosa del fariseísmo. En el preámbulo puede leerse que el rey de

Francia informado por sus funcionarios de lo que se esperaba de "su autoridad y de su justicia para mantener en las islas de América la disciplina de la Iglesia Católica, apostólica y romana, y para reglamentar lo que concierne al estado y condenación de los esclavos", convendría y al efecto conviene en la promulgación del famoso código.

Reglamentado el asunto de la religión de los negros, Colbert estima que la trata era recomendable para el progreso de la marina mercante nacional y establece sus condiciones en una época en que tal comercio estaba menos organizado legalmente en Holanda o en Inglaterra. Con vistas a estimular a los armadores particulares, una resolución del Consejo de Estado suprime un decreto del 5% percibido por la Compañía de las Indias occidentales sobre los negros que ella no transportaba. Las mercancías de trueque destinadas a la adquisición de africanos en las costas de Guinea son exentas de tasas a su salida, y se acuerda una prima de 10 libras por cabeza para el desembarco de esclavos en las colonias francesas.

Cuando la Compañía de las Indias occidentales se disuelve, Colbert, la reemplaza en cuanto a la trata de negros por otras sociedades privilegiadas, antes que confiarla a iniciativas particulares. La Compañía del Senegal es investida expresamente de un derecho de monopolio y, más tarde, reciben igual prerrogativa la Compañía del Cabo Verde y Costa de África, la Compañía Real de Santo Domingo y, en forma exclusiva más tarde, la Compañía de Occidente.

A los ojos de Colbert, que eran los ojos de Francia, disputar a los holandeses la trata de negros era un bien público, y durante la guerra con Holanda, se darían instrucciones a d'Estrées de recuperar Arguin y la isla de Gorea o Goree, factorías senegalesas de las cuales se habían apoderado las fuerzas del enemigo. Y por este camino muy pronto figuraría Luis XIV, asociado en el beneficio negrero con el perezoso rey de España, Felipe IV.

Al principio del siglo XVIII el flete pagado a los cargadores metropolitanos era el ingreso principal que percibían los franceses y los ingleses dedicados al tráfico de negros. De suerte que, las personas interesadas no descuidaban nada para mantener en constante actividad su comercio, aún cuando con ello viniese la despoblación del continente africano y se implantase un régimen falso y perjudicial del trabajo en el Nuevo Mundo.

En relación con la trata de negros hay que anotar que la exclusión de los "extranjeros", como punto cardinal en la política de las naciones europeas empeñadas en la colonización y explotación de las Indias occidentales, no sería pecado que sólo España cometería. Sin entrar en mayores detalles, los ingleses llevarían las restricciones hasta el grado de prohibir a sus propios connacionales el comercio y el establecimiento en territorios donados a determinados grupos de privilegiados, o imponer gravámenes tan altos que su monopolio sería total y efectivo. En Virginia, como sabemos, la primera de las colonias de la Corona británica, la exclusión de los extranjeros sería tan extremada que los colonos sufrirían por esta causa calamidades sin cuento hasta que lograron vencer la resistencia de los metropolitanos en cuanto a la importación y consumo de tabaco. Pese a todas las medidas de carácter restrictivo adoptadas, los holandeses lograron meter en Virginia los primeros esclavos negros. En 1623, el gobernador Francisco Wyatt, escribía a Juan Ferrar, pidiendo instrucciones acerca de lo que debería hacer con los navíos de Holanda que arribaban con cargamentos de africanos. Un año más tarde se da orden prohibiendo que los holandeses condujesen tabaco a Inglaterra so pena de confiscación de sus barcos. En otras palabras, se les permitía introducir negros en Virginia siempre que no se llevasen el principal producto de la colonia.

Algunos años más tarde se plantea en Inglaterra el problema de averiguar si el bautismo confería la liberación a los negros, como lo pretendían los misioneros. Los negreros obtienen de dos altos magistrados un dictamen que se decide por la negativa. "Poco les importa que los pastores continúen o cesen de ejercer su apostolado en las colonias: conversos o no, los negros siempre eran buenos para la venta".

Los alegatos elocuentes de Guillermo Wilberforce contribuyen, en gran parte, a que el gobierno inglés optase por la supresión de la trata de negros en 1807 y, a partir de 1811, cualquiera que fuese sorprendido en este infame negocio, era tratado como felón y condenado de por vida a Australia. Sin embargo, esta medida de emancipación no sería votada sin que tuviese obstinada oposición.

Los miembros del Parlamento por Liverpool, después de hacer grandes alabanzas del proyecto de ley y de proclamar que tan ignominioso trato nunca debió haberse permitido, concluyen presentando una sombría visión de Liverpool una vez abolida la esclavitud, ya que eso sería la ruina de la ciudad, cuyos armadores hacían el tráfico de África a las Indias occidentales. "La prosperidad de Liverpool estaba fundada en comerciar con cargas humanas". Bristol también se había enriquecido con la esclavitud. El negocio prosperaba desde los benditos tiempos de Isabel y en tales proporciones que, sólo en el año 1780, los barcos ingleses transportaron de África a América unos 60,000 esclavos negros. Entre 1783 a 1793, los negreros de Liverpool condujeron a las Indias occidentales negritos por un valor de quince millones de libras esterlinas.

Cuando las trece colonias inglesas en la América del Norte se resuelven por la Independencia y celebran su Primer Congreso, caprichosamente llamado Continental, Tomás Jefferson, propone una frase que debía incorporarse en la "Constitución", y según la cual el gobierno inglés, protector y usufructuario del comercio de negreros, estaba señalado por "atentado cruel contra la naturaleza humana". Los delegados sudistas logran que tal expresión fuera tachada e insisten para que la Constitución no tuviese nada concreto contra la importación de negros. Después de muchas discusiones, se les concede permiso para realizar ese tráfico bajo condición resolutoria hasta una fecha que fué fijada en 1808. En esas deliberaciones los negreros del Sur fueron apoyados por los representantes de Nueva York, ciudad de mercaderes que, desde luego, consideraban la trata desde el mismo punto de vista que todos los demás esclavistas europeos. El mismo Patricio Henry, apóstol de la Emancipación, que pasaría, además, a la posteridad por aquello de dadme libertad o dadme la muerte, nunca mostraría mayor indignación ante el pensamiento de vivir en un mundo lleno de esclavos. Y, lord Darmouth, portavoz de los metropolitanos, sostendría que no se debía permitir a las colonias "trabar o descuidar en grado alguno un comercio tan fructífero para la nación".

Acerca de esta materia Nicolás Murray Butler, ha escrito lo siguiente: "El siguiente paso que precipitó el desenvolvimiento del sistema de partido y consolidó la oposición, se produjo cuando los cuáqueros de Filadelfia y la Asociación de Pennsylvania para la abolición de la esclavitud solicitaron del Congreso la prohibición del tráfico de esclavos. No era ésta una petición que prácticamente podía hacerse, puesto que la Constitución expresamente negaba al Congreso toda autoridad para prohibir, antes de 1808, la migración o importación de personas que cualquiera de los Estados existentes al momento de su adopción estimara propio admitir. De este modo la cuestión de la esclavitud se inyectó en la política desde los comienzos del nuevo gobierno: aunque se había hecho toda clase de intentos para llegar a un compromiso favorable cuando se discutía la Constitución. En su forma original la cuestión de la esclavitud era sólo un problema social y ético sin ninguna interferencia regional. Más tarde, por razones climatológicas y económicas, y en alguna forma, políticas también, los Estados del Sur se hicieron defensores del sistema de la esclavitud, aunque Jefferson mismo y muchos otros jefes de la opinión pública en aquellos Estados se oponían a ella".

Antes de ver si en las colonias francesas y en la Capitanía General de Guatemala, había también razones climatológicas que favorecieran la esclavitud de los negros, conviene referirse a otra forma de explotación humana denominada por los ingleses spiriting (espiritualizar), pero en todos los otros idiomas del resto del mundo: trata de blancos.

Como los colonos o plantadores británicos pedían brazos y, a la vez, ponían de manifiesto su desconfianza contra los negros, la oligarquía rural y mercantil que nació entonces llenaba esa demanda por medio de organizaciones de emigración a base del sistema de los enganchados, o criados obligados. Mas, como en aquellos tiempos no existían ninguna de las asociaciones religiosas que hoy recogen almas descarriadas por las calles de villas y ciudades al son de tambores y saxófonos, en Bristol y Londres, principalmente, los agentes reclutadores recorrían los barrios bajos buscando desocupados, los emborrachaban, embarcaban y amontonaban en las calas de los barcos de las compañías interesadas en el negocio y los conducían a las colonias de la "dulce Inglaterra" en las Indias occidentales. Algunos de los salvadores de almas con menos respeto a los "derechos del hombre", practicaban reclutamientos furtivos, operación a la que se daba precisamente el precioso y espumante nombre de spiriting. Los beneficios de tal cacería eran lo bastante jugosos para exponerse al riesgo de tener que pagar una pequeña multa cuando la víctima era persona de alguna consideración y venía algún reclamo ante la autoridad por parte de sus familiares, pues, un hombre cuyo transporte costaba de 6 a 8 libras esterlinas, era vendido entre 40 y 60 a los colonizadores ingleses en el Nuevo Mundo. En la prisa por proveer mano de obra, se calcula que, en un solo año, 1680, desaparecieron en Inglaterra más de diez mil personas, entre hombres, mujeres y niños.

Bajo el evangélico gobierno del "Protector de las Repúblicas de Gran Bretaña, Irlanda y Escocia", se hicieron cacerías por todas las islas de condenados, disidentes y mujeres de mala vida para enviarlos a las posesiones en las Indias occidentales. So capa de catequizar a los levantiscos irlandeses, el hijo mismo de Crómwell, por recomendación expresa de su ilustre progenitor, estuvo a punto de limpiar de pobladores a la verde Hibernia. La trata de blancos estuvo en vigor hasta muy avanzado el proceso de la colonización inglesa y no había desaparecido aún en el siglo XVVIII, cuando fué denunciada por Benjamín Franklin.

Posteriormente, la limpieza de criminales, y aún de dirigentes obreros, se haría en Inglaterra arrojándolos en las playas de Australia, sobre todo en Botany Bay, o Sydney, donde eran sometidos a una vida de tales horrores y privaciones, que muchos deportados preferían asociarse a las tribus de salvajes de la isla.

La vida y trabajo del llamado criado obligado estaban sujetos a reglas muy estrictas. No podían casarse sin el consentimiento del amo, ni dedicarse al comercio, ni rechazar la faena que se les encomendara, mientras duraba el tiempo del contrato. El amo podía castigar con diez latigazos al enganchado indócil; para faltas más graves, debía presentar su queja ante el juez de paz, el cual ordenaba aumentar el número a 39… Las colonias se daban garantías mutuas de extradición de fugitivos, y se prohibía a los capitanes de barcos levar anclas antes de haber prestado juramento de que no conducían ni escondían a bordo ningún blanco que hubiese roto el contrato. Las colonias también efectuaban tratados con las tribus indígenas en virtud de los cuales éstas se obligaban a perseguir, capturar y entregar los blancos que llegasen a sus territorios en calidad de escapados y en premio recibían, generalmente, algunas mantas.

Después de la emancipación de los negros en las posesiones británicas, aparece el no menos condenable tráfico de culíes (peones chinos e hindúes) que desde sus países de origen eran traídos al Nuevo Mundo para trabajar al precio de esclavos. Este negocio lo hacían de preferencia los capitanes de navíos de la costa del Pacífico en los Estados Unidos de Norte América y aquéllos de las Indias orientales hasta mediado el siglo XIX.

No obstante, ninguno de los pueblos europeos llegaría a tener tanto éxito en la empresa negrera como los franceses, pues, solo ellos pudieron dar origen a una nación de morochos en el Nuevo Mundo, donde con la tersura del francés criollo aún suele decirse: a un negro rico se le considera un mulato; pero un mulato pobre no es nada más que un negro.

Bajo la égida de los reyes y de los republicanos, Haití progresó considerablemente: sus plantaciones se elevaron a cerca de ocho mil y su población llegó a 600,000 habitantes; pero, como de éstos sólo la sexta parte eran ciudadanos, se mantuvo constante un serio conflicto que no sería solucionado sin derramamiento de sangre.

Teóricamente, por el artículo 59 del Código Negro, cuando un esclavo obtenía su libertad, ya fuera mediante compra en efectivo o por concesión de su amo, o padre blanco, quedaba considerado como ciudadano francés, con todos los derechos inherentes a la calidad de tal.

Sin embargo, Luis XV, no tomó medida alguna para hacer cumplir las liberales disposiciones del mencionado Código, y antes bien favoreció la aprobación de leyes discriminatorias. Los afranchis o libertos haitianos verían desaparecer uno a uno los derechos que les había otorgado Colbert, y muy pronto ya no desempeñaban ningún puesto de responsabilidad en los tribunales o en la milicia, porque con ello se "elevaban por encima de los blancos". También les fué prohibido el ejercicio de aquellos oficios que pudieran enriquecerlos tanto como a los blancos, ni profesiones como la medicina y el arte farmacéutico en razón de que podrían dar muerte a los blancos, entre los cuales era creencia muy generalizada de que los negros eran duchos por "instinto" en magia y encantamiento.

La crueldad y el egoísmo que predominó desde entonces en Haití condujo a los negros por el camino de la violencia y de la insurrección. Embrujados los africanos y sus descendientes por la fanfarria de los gritos de "libertad, igualdad y fraternidad", lanzados en Francia, cuando la Asamblea Constituyente declaró el tráfico de negros y sólo anuló las diferencias entre blancos y hombres de color, dejando subsistentes la de libres y esclavos, los negros volvieron a la rebelión, cometiendo toda clase de excesos, destruyendo las plantaciones, incendiando a Puerto Príncipe y cometiendo asesinatos en masa. Esta insurrección —anota un historiador de aquellos acontecimientos— devolvió diente por diente y ojo por ojo a los colonos franceses todas sus anteriores crueldades. Los negros destripaban a los niños y violaban a las mujeres de los blancos. A su vez, los blancos les rompían los huesos a los negros que capturaban, les echaban aceite hirviendo en los oídos y los desollaban vivos. "El Reino del Terror en Francia era benigno comparado con lo que ocurrió en Haití". Aquel que se quiera desmayar que lea las horripilantes crónicas del barón de Vastey.

En América Central todo parece confirmar que don Pedro de Alvarado y Messía, se hizo acompañar de algunos negros a la conquista de Guatemala y, posteriormente, en sus correrías por Honduras. Consumado el sojuzgamiento de los indígenas no tardaría en llegar más esclavos negros a Guatemala. El número de los que se sabe ingresaron en los primeros tiempos no fué muy elevado y una parte se quedó en el actual Departamento de Izabal, y la otra fué absorbida en los valles de San Jerónimo y Salamá del Departamento de Baja Verapas.

Don Francisco de Paula García Peláez consigna los siguientes datos. En 12 de marzo de 1568, el Ayuntamiento de la ciudad de Santiago de los Caballeros escribía carta en la que solicitaba que el rey de España hiciera merced que se mandasen mil negros que, de cierto, ofrecía pagar a razón de ciento veinte ducados por cada una pieza. Esta petición no fué atendida quizá por haberse pensado en Madrid que los conquistadores de Guatemala no estaban en capacidad de pagar tanto dinero.

La demanda de africanos había de continuar cada día con mayor urgencia. En Cabildo de 27 de noviembre de 1587 se resuelve que todo lo que rentare el Golfo Dulce en cuatro años consecutivos se destine a la compra de negros para que arreglasen los caminos. Poco después el Cabildo envía un memorial a la Audiencia pidiendo quinientos negros para las labores del añil, comprometiéndose a pagarlos dentro de cuatro años plazo. La Audiencia manda esta súplica en traslado al rey, no ya por quinientos, sino por un navío entero cargado de madera humana. El procurador responde en 13 de junio de 1594, que, "pretender que el rey envíe a su costa algún negro a esta u otra provincia es tiempo perdido; que había dos años y medio que los portugueses ponían diligencia en hacer un "asiento", obligándose a traerlos a su costa a las partes que el rey ordenáse, y no lo habían conseguido".

En acuerdo de Justicia de 3 de mayo de 1613, se consigna el arribo a Santo Tomás de Castilla de un navío cargado de negros, a que se oponía el oidor Solís, dando por razón la muchedumbre de africanos que había en estas provincias, y el riesgo de que aumentándose su número se podrían sublevar, "como lo habían pretendido hacer en México".

Agrega el doctor García Peláez, que, no se halla en el resto del mismo siglo más acuerdo de Justicia en materia de arribo de barcos con negros, de forma que para obtener—los en el transcurso de este tiempo se esfuerza la solicitud por dos mil de ellos en Cabildo de 6 de octubre de 1665; y hasta el 3 de julio de 1708, es cuando se ve acuerdo sobre la llegada con negros de don Oliverio de Cubillas.

Sabemos que a medida que se aumentaba el número de negros en todas las comarcas del Nuevo Mundo también se multiplicaba el de fugitivos, que dispersos en los montes, y sacudiendo el yugo de sus amos, se coligaban para hacer resistencia a la justicia. y en ocasiones para volverse poderosos auxiliares de los piratas. Contra los negros alzados o cimarrones se dictaron órdenes reales para su captura y escarmiento, mandándose en ellas levantar fuerza armada, proceder en la sedición contra los cabecillas sin forma de juicio, y disipadas las partidas, restituir los esclavos a sus dueños, y aplicar a la Hacienda real los mostrencos.

Así, en Cabildo de 29 de abril de 1617 se manda dar aviso al Presidente de muchos negros que se han huído, y "se van poblando en el camino del Golfo Dulce y otras partes". En otro de agosto de

1627 aparece el gasto de 4,030 tostones hecho en una entrada contra los cimarrones del camino del mismo Golfe.

Lo que más recelo suele causar en el tránsito de estas montañas —escribe por 1638Tomás Gage, cura renegado— es la presencia de dos a tres cientos negros cimarrones, que se han escapado de Guatemala y otros lugares por los malos tratamientos que recibían...donde viven con sus mujeres e hijos y se aumentan todos los días, de suerte que todo el poder de Guatemala no es capaz de sujetarlos.

Como toda otra mercancía el precio de los negros no fué siempre el mismo en las provincias de la Antigua Capitanía General de Guatemala. En inventario de Alonso Morcillo —citado por García Peláez— practicado en la villa de San Miguel, a 3 de enero de 1539, se halla por tercera partida un esclavo indígena en 25 pesos de oro, al paso que, por auto acordado en Justicia de 17 de abril de 1589, se da sentencia en una partición de bienes en que salen dos esclavos negros en 232 pesos cada uno. En reparos de cuentas de alcabalas de los años 1606, 1609 y 1610, se menciona la venta de 35 esclavos, en esta forma: Negros: uno en 300 tostones, otro en 350, cuatro en 400, uno en 479, otro en 625, otro en 650, otro en 700, dos en 800, uno en 830, dos en 900, uno en 950, y otro en 1,000; negras: una en 800, otra en 900, otra en 950, cuatro en 1,000, y una en 1,002. De que aparece igual precio en los siglos XVI y XVIII, y mayor en el siglo XVII; y que en éste valían más los negros que los mulatos, y más aún las hembras que los varones.

En la ciudad de Vallid (Valladolid), en lengua de indios Comayagua, en 24 de agosto de 1677 —citado por el doctor Eduardo Martínez López— don Alonso Grajeda de Galdo, ponía un aviso que decía:

"VENDO MI ESCLAVA

Hesta mi esclava se bende en el precio tanvajo de dos cientos y cincuenta pesos de ocho reales, de edad como de veinte años la que es libre de ypoteca con todos los vicios y defectos; y enfermedades públicas y secretas sin asegurarla de ninguna, save coser planchar y cosinar si no hay quien la compre prevengo desde ahora queda libre después de mis días, el que tenga interés se verá conmigo".

Y, en la ciudad del Real de Minas de San Miguel de Tegucigalpa, en 6 de diciembre de 1749, el bachiller don Manuel Isidro Artica, clérigo presbítero, Domiciliario de este obispado, vende a don Agustín Jiménez, como apoderado de don Silvestre de Villa Alta y Guzmán, regidor y vecino de la villa de Nicaragua, una mulata esclava llamada Sebastiana Artica... por precio de doscientos y cincuenta pesos de ocho reales.

Atento a que muchos negros en las colonias de España conseguían libertad, fuese que la recibieran, la redimieran o prescribieran, el rey don Felipe II, en Cédula de 27 de abril de 1574, manda: ". ... muchos esclavos y esclavas, negros y negras, mulatos y mulatas que se han pasado a las Indias, y otros que han nacido y habitan en ellas, han adquirido libertad, y por vivir en nuestros dominios, y tener costumbre los negros de pagar en sus naturalezas el tributo en mucha cantidad, tenemos justo derecho, para que nos le paguen . ... y que éste sea un marco de plata, en cada un año, más o menos, conforme a las tierras donde vivieren".

En la Capitanía General de Guatemala se trató, por consiguiente, de imponer el tributo a los negros, más no en tanta cantidad. En informe que da el tesorero de la Hacienda Real a virtud de auto acordado en 16 de mayo de 1585, expresa que los mulatos y negros libres podrán pagar al rey de tributo 5 tostones los hombres, y 3 las mujeres... Pero en el acuerdo que se dictó a continuación, se tasaron los varones 4 tostones, y las hembras 2.

Tal como hemos visto en el caso de la mulata Sebastiana Artica, y como lo señala Alejandro de Humboldt, el siervo tomó muchas veces el apellido de la familia de sus amos "y todavía llevan hoy muchas familias indias apellidos españoles, sin que se haya mezclado jamás su sangre con la Europea. Con los negros ocurría lo mismo".

Sin músicas y cantos llenos de emoción y colorido local, ni leyendas y novelas hondamente humanas, como "La cabaña del Tío Tom", en términos generales la esclavitud no fué cruel en las provincias de la Capitanía General de Guatemala, y al decretarse la libertad de los siervos, la mayor parte de ellos no quisieron dejar a sus antiguos "amitos". Las negritas —consigna Antonio Batres Jáuregui— se ataban la cabeza con pañuelos de colores, llevaban cuentas y corales en el cuello y usaban enagua y rebozo. Los negros gustaban mucho del traje blanco y eran devotos de San Benito. Ya por 1630, se les ve incorporados en los gremios de los artesanos españoles cuando sabían algún oficio, siendo preferidos a los indios y mejor tratados. Fray Francisco Jiménez, refiere que en la ciudad de Guatemala había en su tiempo veinte gremios de negros que adornaban cada uno un ángel, y llevaban en andas con mucho número de luces y acompañamiento en la procesión del Santo Entierro que salía de la iglesia de Santo Domingo el Viernes Santo.

En lo que atañe a ingreso de negros en la provincia de Honduras, el dato más antiguo disponible hasta el momento se halla en la solicitud hecha por los vecinos, Justicia, Regimiento y capitanes de la villa de Trujillo, en 1526, pidiendo al rey de España, entre otras mercedes, licencia para "pasar quinientos negros sin pagar derechos algunos a esta dicha villa..."

Bernal Díaz del Castillo, cuenta cómo yendo él con otros castellanos en compañía de Francisco Marmolejo, en 1526, desde Naco a Trujillo, a saber, si Cortés era embarcado de regreso para la Nueva España, en tierras de Olancho se toparon con dos españoles y un negro, pertenecientes a la gente del gobernador de Panamá, Pedrarias de Ávila.

Por su parte, don Francisco de Montejo, el viejo, se hizo acompañar en 1539 a la gobernación de Honduras de un negro llamado Marquillo, y en carta que luego dirige al rey le pide negros para abrir caminos. El licenciado don Alonso de Maldonado desde Puerto de Caballos (hoy Puerto Cortés), a 15 de enero de 1545 también escribe indicando que, "conviene que S. M., mande abrir los caminos de Gracias a Dios a este puerto de Caballos y de Comayagua al puerto, y de las minas de Ulancho al puerto, y esto no se puede hacer con indios porque hay pocos. Hay necesidad que S. M., haga merced de esta gobernación para este efecto, de cuarenta negros que podrán abrir los caminos; y los oficiales de V. M., tendrán cuidado de estos negros, como cosa de V. M., y los venderán cuando se acaben los caminos, que se harán en poco tiempo...". "Las minas de Ulancho han aflojado algo, pero todavía se saca mucha cantidad de oro. Saca cada esclavo medio peso por día y a ducado. Hay mucha cantidad de negros ya en ellas, que serán hasta mil y quinientos con los que allá hay, y están en este puerto, para ir...".

El licenciado don Alonso López de Cerrato, defensor decidido de los indios, escribe al rey desde la ciudad de Gracias a Dios, en 1548, como presidente de la Audiencia de los Confines, que los funcionarios anteriores de ese Tribunal no habían cumplido con su deber y que tenía informe que "de esta costa del Sur, se han llevado al Perú más de seis mil indios libres, vendidos por esclavos; por manera que han despoblado esta costa....y si el Presidente y Oidores han estado aquí, es porque el Presidente se servía de cuatro pueblos de indios y los Oidores ahorraban su salario, y desde aquí proveían sus minas y negros..

En acuerdo de Justicia de 16 de agosto de 1618, se menciona el arribo de una embarcación de negros llegada a Trujillo, que fué admitida a petición de los mineros de Tegucigalpa. Arribando después dos naves cargadas de negros al propio puerto, el Ayuntamiento de Guatemala, en 4 de septiembre de 1620, resuelve oponerse a su admisión por ser más de los que se necesitaban. En acuerdo de 22 de octubre de 1622, se declaran perdidos y se mandan amonedar los del navío de Domingo Simón. En otro acuerdo de 23 de diciembre de 1624, se habla de una arribada de navío con negros esclavos, en que los visitados fueron 182, y fuera de visita resultaron otros 212, que se mandaron embargar contra la protesta del oidor Solís, por estar, dice "la tierra llena de negros".

Además, entre 1641 a 1652, la provincia de Honduras había de recibir un contingente numeroso de negros que llegaron a la costa después de haber dado muerte al capitán y a los tripulantes del negrero en que eran conducidos para ser vendidos en los establecimientos de Tierra Firme. "Algunos autores dicen que esos negros procedían de la costa de Guinea y eran llevados al Brasil por el capitán portugués Lorenzo González, o Goncalles. En alta mar se sublevaron y se hicieron dueños de la nave luego de haber dado muerte a los blancos; más, ignorantes en el arte de la navegación el barco fué fácilmente arrojado por las corrientes marinas y el viento frente al Cabo de Gracias a Dios, y allí naufragó. Los negros que lograron llegar a tierra fueron apresados por los indios y hechos sus esclavos. Más tarde, les permitieron mezclarse con las mujeres de la comarca y sus hijos quedaron libres.

El año de este naufragio y la procedencia del barco han dado tela para una serie de opiniones encontradas entre los primeros cronistas que han tratado del asunto. Jorge Henderson, dice, que los negros venían de Somba, en África occidental, y que el navío era holandés. Courtenay de Kalb, refiere que el naufragio tuvo lugar en 1650, y que los negros eran de la isla de Somba, frente a la desembocadura del río Cassiri, en Senegambia. Santaella Melgarejo, en su informe de 3 de abril de 1715, expone que el navío era inglés y que se hundió en 1652 frente a Cajones o Cayos Tiburones, al este del Cabo de Gracias a Dios. Los negros al principio se instalaron en una región al sur de dichos Cayos (probablemente en Cayos Mosquitos), por temor de los indios y al hacer amistad con ellos se trasladaron a vivir en Cabo de Gracias a Dios.

El caballero Ravenau de Lussan, en sus Memorias del Viaje al Mar del Sur, con los filibusteros de América, refiere que el Cabo de Gracias a Dios estaba habitado (1685 a 1686) desde hacía muchos años por negros y mulatos, tanto hombres como mujeres, los cuales se habían aumentado considerablemente desde que un navío español procedente de Guinea con sus antecesores a bordo, se perdió allí al haberse acercado mucho a la costa por ser peligrosa esa zona. Los negros que se salvaron del naufragio fueron humanamente acogidos por los indios "moustique", que vivían en la comarca, los cuales se alegraron mucho de ver la pérdida de la nave y de los españoles sus enemigos. Los indios luego concedieron a los negros que construyesen chozas en una preciosa sabana que se dilata a cinco o seis leguas de la desembocadura del río; les dieron maíz, bananas y cazabe, y les enseñaron a preparar una bebida muy nutritiva llamada hoon, "hecha de una fruta que crece en la copa de una especie de palmera silvestre".

Acerca de este asunto fray Benito Garret y Arlové, dice que uno de aquellos negros, ya muy viejo, llamado Juan Ramón, vecino de la ciudad de Granada, en Nicaragua, le contaba que solamente como una tercera parte de sus compañeros había sido capturada por los indios y reducida a esclavitud; el resto se acogió a los montes cercanos donde libraron guerra contra los indios obligándolos a huir hacia el interior del país.

En 1796 los ingleses hacen el traslado de la isla de San Vicente a Roatán de dos a cinco mil caribes negros y a instancias del gobierno de Comayagua se establecen en Trujillo y en otros puntos de la provincia. En el correr del tiempo sus descendientes se han desparramado por toda la costa norte desde Stann Creek, en Belice, hasta Río Tinto o Negro y hoy se les conoce con las denominaciones de garif o caribes. Casi todos los etnólogos están de acuerdo en cuanto al origen sudamericano de tal gente y, según tradiciones suyas arribaron a algunas de las islas del grupo de las Pequeñas Antillas como un siglo antes del descubrimiento del Nuevo Mundo. Por su parte, don Cristóbal Colón se ocuparía de divulgar que los caribes eran grandes y temibles piratas. Y, quizá por aquello del oficio, los caribes negros nunca se llevarían amigablemente ni con los ingleses, ni con los franceses ni con los holandeses que, desde 1625, comienzan a ocupar las islas de San Cristóbal, Nevis, Santa Lucía, Barbados, Monserrat, Antigua, Guadalupe, Martinica, Marigalante, Dominica, Granada y San Vicente, en las cuales fueron casi exterminados. Los pobladores de San Vicente, sin embargo, estaban divididos a la llegada de los europeos en dos grupos llamados caribes negros y caribes amarillos, que vivían en constantes guerras. Los primeros eran, según algunos historiadores, descendientes de unos cuantos negros africanos conducidos en un barco que había naufragado en 1675 frente a las costas de aquella isla y que luego se mezclaron con las indias caribes. Como medida de salvarse de su odio y fuerte hostilidad los ingleses primeramente los deportaron a la isla de Balliceaux, frontera de San Vicente, y un año más tarde a Roatán.

Comenta García Peláez, que, entre los indígenas emigrados de la tierra adentro, que mediado el siglo XVI entraron a habitar la dilatada región de Tologalpa y Taguzgalpa, desiertas entonces con el saltamiento que hacían los españoles de sus antiguos moradores, se hallan los habitadores de la costa que tomaron a fines del siglo XVII el nombre de zambos mosquitos. "Mosquitos, acaso por los arrecifes, así llamados, próximos al Cabo de Gracias a Dios, pues el nombre primitivo de su país, visitado por Colón, es Cariay. Zambos, sin duda, porque comerciando Jamaica con negros, y abundando en la isla su tráfico, fugitivos de ella, y refugiados en esta costa, se mezclaron con hembras naturales de la tierra, y su descendencia tomó este distintivo,

223

específicamente suyo, que no inspira a su raza civilización alguna. Los negros de que proceden eran provocados a la fuga con la libertad que hallaban en sus dilatados bosques, declarada asimismo para los prófugos de dominios ingleses y holandeses en Cédula de primero de julio de 1704, que les aprovechó poco, no siendo acatado el nombre español en el distrito".

Tirando por línea curva, Napoleón Buonaparte también vendría a ser otro apóstol de los indios y de los negros. Pues, cuando al corso se le ocurrió hacer la invasión de España con sus tropas se pondrían de manifiesto la "imbecilidad" de Carlos IV; la "crueldad y pereza" de Fernando VII; la "abdicación de Bayona", las "Cortes de Cádiz"; el rey José, "Pepe Botella", como le pusieron los españoles al hermano del Emperador, a pesar de no haber sido ningún campeón de la clase de los empuñadores, y, por último, la famosa "Constitución", la "Pepa".

Porque aconteció que los peninsulares al verse con el agua hasta el cuello comenzarían a proclamar aquello de "La Política de buena vecindad", o a gritar primero que nadie en el mundo: Americanos todos. En tal virtud la asamblea denominada "Cortes de Cádiz" se formaría por cuatro clases de diputados: de las ciudades que tuvieron voto en las Cortes anteriores; de las Juntas Provinciales nuevamente constituidas; del pueblo, que elegía un representante por cada grupo de 80,000 almas, y de América, uno por cada 100,000 habitantes blancos.

Un historiador español hace de tal Asamblea el siguiente comentario: "Pero, en el fondo, aquello no era más que lo que siempre han sido en España los Congresos de Diputados: una gran tertulia política, donde se decían bonitos discursos y se divagaba sobre todo lo humano y lo divino".

De suerte que, la Constitución que se decretó en 1812 contenía estos puntos fundamentales: soberanía de la nación; monarquía constitucional; separación de los poderes del Estado; igualdad de derechos entre españoles y americanos: abolición de derechos abusivos sobre los indios, y negación de la ciudadanía a los negros y sus mezclas.

Esta exclusión fué combatida por algunos delegados del Nuevo Mundo poniendo de manifiesto la fidelidad, servicios eficientes que habían prestado los negros y su capacidad para el desempeño de cargos y puestos de responsabilidad. También se adujo que muchos negros habían sido ya ordenados, que otros ejercían oficios y profesiones honorables y que un elevado porcentaje de ellos se dedicaban a la minería y a los trabajos del campo.

En cambio, el doctor don Antonio Larrazabal, Canónigo Penitenciario de la Santa Iglesia Metropolitana, diputado por la provincia de Guatemala y asesor técnico, o jurídico, de la Embajada centroamericana, guiado por su propio modo de pensar, o siguiendo lo asentado por el Consulado en 1810, mantendría la incapacidad de los negros y sólo pidió para ellos el derecho de sufragio.

El tiempo andando vendría el descontento, la verdadera "rebelión de las masas" y.... la Independencia de las colonias de España en las Indias occidentales.

El 17 de abril de 1824, la Asamblea Nacional Constituyente de las "Provincias Unidas del Centro de América", a iniciativa del diputado presbítero don Simeón Cañas y Villacorta, expidió el decreto en que se declaró abolida la esclavitud en Centro América. "Cupo la honra de firmar el decreto como Presidente de la Asamblea, al Diputado por Honduras don Juan Miguel Fiallos".

Mientras se resuelve y da sentido al enrevesado problema denominado panmixia, o se determinan las ventajas o desventajas de la mezcla del negro con todas las demás gentes de la tierra, habría que consignar en tablas de bronce que los negreros también han contribuido al acrecentamiento y esplendor de los idiomas cultos. De no haber sido por ellos en la lengua castellana, para el caso, no existirían estas palabras: mulato, morisco, salta atrás, chino, lobo, jíbaro, albarrazado, cambuyo, calcamulato, tente en el aire, no te entiendo, y allí te estás.

# SECCIÓN TERCERA

# CORSARIOS, FORBANTES, PIRATAS, BUCANEROS Y FILIBUSTEROS

**HUELGA DECIR** que la piratería es tan vieja como el comercio marítimo, o que la guerra, el comercio y la piratería forman una trinidad indivisible. Al comerciante siguió el pirata, y en muchas ocasiones ambos oficios se confundían, pues los mercaderes solían hacer de piratas. Estos procedían de todas partes y por mucho tiempo no hacían distinción para sus robos, y lo mismo atacaban y saqueaban barcos no sólo de otras banderas, sino también de la suya o de su misma nacionalidad. Con frecuencia un navío mercante se convertía en pirata si se topaba con otro buque más débil procedente de algún pueblo distante y del cual no hubiera que temer represalias.

En tiempos antiguos —anota un escritor griego— tanto los helenos como los bárbaros (extranjeros) cuyos hogares estaban en las costas de la tierra firme o de las islas, cuando comenzaron a encontrarse en el mar, recurrieron a la piratería. Cuando la navegación se hubo hecho general y se comenzaba el acopio de riquezas, se construyeron y fortificaron pueblos en la orilla del mar; también las penínsulas fueron ocupadas y amuralladas con vistas al comercio y a la defensa contra tribus vecinas; pero las ciudades más antiguas de las islas y del continente fueron levantadas tierra adentro, para protegerse contra la piratería.

Entre los primitivos griegos no sólo era general la piratería y el tráfico de esclavos, sino que ambas ocupaciones las ejercían como una empresa lícita y, ciertamente bastante lucrativa en todos los tiempos. Algunos de los personajes homéricos, legendarios o no, al dar el parabién a sus amigos, preguntan con toda naturalidad si viajan como mercaderes o como piratas. Ulises (Odiseo) mismo, héroe de la guerra de Troya, que al dramatizar Homero sus aventuras, adquiere aureola sobrehumana, refiere que había sido pirata antes que navegante. Menelao, rey de Lacedemonia, el hombre más rico de Grecia en aquellos días, confiesa públicamente que su gran fortuna era debida a la piratería, la cual había ejercido durante muchos años. Néstor, rey de Pilos, pregunta a Telémaco y sus compañeros:

—Forasteros, ¿Quiénes sois? ¿De dónde llegasteis, navegando por húmedos caminos? ¿Venís por algún negocio o andáis por el mar, a la ventura, como los piratas que divagan, exponiendo su vida y produciendo daño a los hombres de extrañas tierras?

Era claro que los actos piráticos no podrían efectuarse sino por una pandilla o asociación de malhechores. Sabemos, pues, de comarcas y pueblos enteros que se dedicaron a esta clase de robo, como la Pisidia e Isauria, y entre sus jefes principales son famosos los nombres de Lidio y Panfurio, que tanto dieron que hacer contra las tropas enviadas por los emperadores romanos resueltos en dominarlos y arrancarles de sus nidos o guaridas.

Renombrados en la Historia son también los marinos escandinavos, llamados comúnmente wikingos, o vikingos, nombre que se tradujo durante mucho tiempo como aplicado a reyes del mar; pero su verdadero significado, según las modernas investigaciones filológicas, procede de viking, en antiguo noruego vikingar, que era una denominación que se daba a los piratas de Escandinavia. Esos aventureros, que se reían de las tempestades y seguían el camino de los cisnes, como en sus poemas nombraban al mar, comenzaron a infestar las costas de Europa occidental durante la Edad Media, alcanzando su mayor poder hacia el siglo XI y arrebatando, finalmente, a los demás pueblos una cadena de territorios que se extendía desde el río Iweed al estrecho de Mesina. Los vikingos, o viquingos, no obstante, eran más que bandidos, pues, estaban organizados por caudillos cuya autoridad no excedía los límites de su competencia militar, poseían cierta cultura y un código de leyes estricto, por el cual se regía el reparto del botín y se ejecutaba el castigo por deserción, traición o robo entre los asociados.

Dícese que sus embarcaciones eran largas, estrechas, de poco calado, de extremos puntiagudos, impulsadas a remo, pero llevando un mástil y una gran vela redonda que se izaba cuando el viento y el temporal lo permitían. Aunque hoy se consideran poco marineras, los viquingos hicieron en ellas viajes 'argos no sólo al interior del Mediterráneo, sino hasta las costas del continente norteamericano más de quinientos años antes de Colón. Esos navíos al principio no llevaban más de diez remos a cada lado, con una tripulación de sesenta hombres, que se turnaban a los remos. Más tarde, cuando construyeron otros mayores, llegaron a emplear hasta sesenta remadores a la vez. A diferencia de las galeras del Mediterráneo, los buques de los viquingos sólo eran tripulados por hombres libres, cada uno de los cuales era un guerrero bien instruido. Hasta que se asentaron a disfrutar de sus presas y conquistas, los viquingos fueron el terror de los habitantes de todas las costas de los países europeos cristianos y éstos agregarían a sus letanías la fervorosa oración:

Del furor de los normandos, libranos Señor.

Así, entre los antiguos daneses, noruegos y suecos, aún las mujeres ejercían el oficio de pirata y, hay que reconocer que lo desempeñaban con notas de más profundo sentimentalismo que una tal María Read, Ana Bonney, o cierta Ana Dieu le Veut.

Alvilda, hermana del rey Sinardos, opuesta a consumar el matrimonio con el príncipe Alf, hijo de Sigaros, rey de Dinamarca, a quien ella consideraba un apocado y miedoso, mandó a aparejar un navío tripulado solamente por muchachas vestidas de hombre y comenzó a surcar el mar. En la primera salida hubo de saltar en tierra y allí se halló con una banda de viquingos que había perdido su capitán en reciente lucha, y no pudiendo llegar a un acuerdo en la nueva elección, optaría por escoger a la gallarda y valiente Alvilda, a quien los piratas tomaron por varón.

Esta partida de salteadores llegaría a ser tan temible que, Alf en persona tuvo que salir como capitán de una escuadra en su busca con ánimo de aniquilarlos. En el golfo de Finlandia se topó con los enemigos y logrado el abordaje de su barco, el príncipe dió muerte con su mano a muchos de los más valientes compañeros de la princesa. Obstinada y arrolladora como un torrente se libró la pelea entre ambos capitanes, más la suerte quiso que Alvilda fuese vencida y al quitarse su yelmo, el príncipe, al verla tan linda, cayó de rodillas ante ella. El ardimiento y valentía de Alf en aquella jornada encendió de amor el corazón de la princesita, y todo terminaría en un casamiento a bordo del barco que tantos males había causado. Y, como en los versos de Lope de Vega:

Merezca que le pidas
al bien que eterno gozas,
que a dónde estás, me lleve,
más pura y más hermosa.

Andando el tiempo vendría la Liga Hanseática, una de las más famosas instituciones de la Edad Media, organizada —según algunos historiadores— por un grupo de mercaderes en conexión con piratas, que luego vendían las mercancías por estos robadas. De acuerdo a otros, la Liga nació por la unión de comerciantes de Colonia, Lubeck, Hamburgo, Bremen y otras ciudades alemanas para protegerse, precisamente, contra los ataques de los ladrones del mar, que acechaban a la entrada de los ríos de Alemania que desembocan en el Mar del Norte y en el Báltico.

Los hanseáticos dominaron todas las rutas del mar, excepto el Mediterráneo y, prácticamente monopolizaron su tráfico cerca de tres siglos. Tenían su estación central en Wisby, Gotlandia, y en sus factorías salaban y secaban el pescado que distribuían con grandes beneficios para ellos entre la Cristiandad, sin contar el negocio que hacían con toda clase de productos forestales. Sin embargo, los hanseáticos no salían personalmente al mar y como simples intermediarios, mientras Portugal y España, trataban de hallar las grandes vías oceánicas, ellos incrementaban sus flotas, ensanchaban sus industrias, compraban, vendían y creaban monopolios. Contrataban sus tripulantes por sueldos mezquinos entre los suecos y dinamarqueses y, puesto que los marineros de la Edad Media, solían desempeñar toda clase de papeles en el mar, y la tentación a desviarse de la estrecha línea de la lucha y del comercio era irresistible, la chusma hanseática terminó por donde había comenzado, volviéndose a mitad del siglo XIV famosa por sus piraterías, sobresaliendo entre sus hombres un tal Godekins y un cierto Stertebeker, cuyo nombre significaba, libremente traducido, "empinacodo". Estos caballeros terminaron rebelándose contra sus patronos y poniéndose a trabajar por su cuenta. A ellos se unieron Moltke y Mantenfel (hombre— diablo) y todos juntos dieron vida a una banda que denominaron "Los Hermanos de las Vituallas", cuya divisa era: Amigos de Dios y enemigos del mundo. Esta hermandad, de círculo cerrado, siguiendo en parte la organización de los Caballeros Templarios, reclutaba su gente de la hez de todas las ciudades de la costa báltica y cada año se volvía más poderosa y amenazante. Hacia 1392 era ya bastante fuerte para saquear y quemar a Bergen, que figuraba entonces como la principal ciudad de Noruega.

La constante amenaza a la vida y al comercio se hizo tan grave, que se mandaron varias expediciones reales para ponerle fin a los vituallistas. La primera, equipada por la reina Margarita de Suecia, con la cooperación de Ricardo II de Inglaterra, fracasó de pleno. La segunda, despachada en 1394 por las ciudades de la propia Liga Hanseática, y compuesta de treinta y cinco barcos de guerra y tres mil hombres, logró un triunfo muy escaso contra sus competidores y émulos. Finalmente, bajo la dirección de Simón de Utrecht, la flota de Hamburgo logró desbaratarlos. Se dijo entonces que el palo mayor de la embarcación del capitán de la pandilla era hueco y que se hallaba relleno de oro derretido, y tan grande fué la cantidad de este metal que, cuando se vendió produjo lo suficiente no sólo para pagar el costo total de la expedición, indemnizar a los comerciantes por todo lo que habían perdido, sino también para hacer una corona de oro para el capitel de la iglesia de San Nicolás, en Hamburgo, patrono de los marineros.

La piratería —conforme a la exposición de Gosse— ha pasado por ciertos ciclos bien definidos: primero, unos pocos hombres entre los habitantes de las más pobres tierras costeras, se unían en grupos aislados para capturar solamente a los barcos mercantes más débiles. Estos hombres se hallaban incluidos en la categoría de bandidos, a los cuales se podía dar muerte a primera vista. Viene luego el período de organización, cuando los grandes piratas se atraen a los pequeños o los desplazan del negocio. Más tarde, esta asociación, habiendo alcanzado virtualmente la categoría de un Estado independiente, se ve obligada a confederarse sobre una base de reciprocidad con otra entidad análoga para luchar contra un enemigo común. Al fin, la victoria de unos desbarata la sociedad de los otros, y las partes componentes de las fuerzas vencidas vuelven a quedar reducidas a simples bandas de criminales.

Las grandes organizaciones de tales bandidos llegaron a ser tan poderosas que ningún grupo de barcos mercantes, aún de los mejor armados, se hallaba seguro contra sus asaltos y robos. Durante la guerra llamada de los Cien Años entre Francia e Inglaterra, "a pesar de los cuernos y las cadenas de los vigilantes y de las señales, casi todos los poblados de la costa meridional británica fueron saqueados e incendiados por los piratas franceses. Incluso en Londres las calles que daban al río estaban defendidas por cadenas, para impedir el desembarco dentro de la ciudad y se imaginó construir altas torres de piedra en ambas orillas del Támesis, con una cadena tendida entre ellas, para defender las naves propias de ataques nocturnos".

Piratas, según la ley de las naciones—dice Riquelme—son aquellos que corren los mares por su misma autoridad y no bajo el pabellón de un Estado civilizado, para cometer toda clase de tropelía a mano armada, ya en paz, ya en guerra, contra los buques de todos los pueblos. Kent, define la piratería como una rapiña o violenta depredación cometida en alta mar sin autoridad legítima para ello, hecha animo furandi, y con el espíritu o intención universalmente hostil. Phillimore, llama piratería al acto de asaltar barcos que están navegando en alta mar cometido animo furandi, tanto si se consumó o no el apresamiento o violenta depredación, cuanto si se acompañaron o no a tales actos asesinatos y violencias personales. Geffoken, dice, que el pirata que ejerce violencia en alta mar contra personas extranjeras o contra la propiedad extranjera, sin estar autorizado por un poder político determinado, carece de nacionalidad. Como ningún gobierno puede permitir semejantes crímenes, el pirata sólo puede haberse procurado los documentos de a bordo por medio de fraude y enarbolar un pabellón por falsificación. Hall, define la piratería después de varias sagaces observaciones sobre la verdadera índole de este delito, así: "Los actos de violencia cometidos en el Océano o en tierras habitadas o dentro del territorio de un Estado, pero viniendo del mar, por una reunión de hombres que obran independientemente de toda comunidad política organizada políticamente".

Posiblemente, ningún Estado civilizado haya promulgado mayor número de leyes contra la piratería que Inglaterra. Al respecto —dice Gosse— que hasta el siglo XIV los casos de piratería eran vistos en Inglaterra por los tribunales civiles; pero desde 1340, cuando el rey Eduardo III destruyó la escuadra francesa en Sluys y se proclamó "Soberano de los estrechos de Mar" se establecieron los Tribunales del Almirantazgo, que tenían poder para juzgar todos los casos de piratería y cualesquiera otros crímenes cometidos dentro de las aguas jurisdiccionales.

Más tarde, los reyes Enrique VII y Luis XII hicieron un tratado por el cual ambos monarcas se comprometían a tomar medidas para extirpar la piratería de entre sus propios súbditos, y a lo largo de sus costas.

En 1536 Enrique VIII aprobó la primera ley de la piratería, que creaba un nuevo cargo oficial, el de vicealmirante de las costas, cuya misión era "entender en asuntos de piratería... según los mandatos de la ley". Pero muchos de estos vicealmirantes, como hemos visto al tratar de la familia Killigrew, no fueron otra cosa que verdaderos piratas o asociados y protectores de ellos.

En la República de Honduras, el Código Penal, Libro II, capítulo IV, consigna lo siguiente:

Artículo 137. Son considerados piratas:

1°—Los que perteneciendo a la tripulación de un barco mercante cualquiera, apresaren a mano armada alguna embarcación nacional o de otro Estado amigo que navegare en el mar, o cometieren actos de depredación o violencia sobre el cargamento o contra las personas que se hallaren a su bordo.

2°—Los que, constituidos en banda o cuadrilla, asaltaren y se apoderaren, por la fuerza, de una embarcación cualquiera, ya se halle ésta navegando en aguas territoriales de la República, o surta en sus puertos y bahías, o cometieren los actos de depredación o violencia mencionados en el inciso anterior.

3°—Los que sublevándose contra el capitán o patrón de una embarcación a cuyo bordo navegaren, se apoderen de ésta o de su cargamento.

4°—Los que en tiempo de guerra hicieren el corso sin la patente legítima del Gobierno, con patentes de distintos Gobiernos.

Artículo 138. —El delito de piratería será castigado en esta forma:

A los capitanes, patronos o jefes de cuadrilla, se les impondrá la pena de muerte.

A los demás culpables se les impondrá la de prisión mayor en su grado máximo.

Cuando el delito vaya acompañado de homicidio, de lesiones graves, de atentados contra la honestidad, o cuando se haya dejado a algunas personas sin medio de salvarse, el capitán, patrón o jefe será castigado con la pena de muerte, y los demás piratas con presidio mayor en su grado máximo.

Artículo 139. —Además de las penas establecidas en el artículo anterior, se decomisarán las embarcaciones de los piratas siempre que sean apresadas.

Artículo 140. —Los que residiendo en la República traficaren con piratas, conocidos como tales, serán castigados como encubridores.

Por "Decreto Número 87.—El Congreso Nacional, Considerando: que la última Asamblea Nacional Constituyente puso en vigor la Constitución Política de 1894, que prohíbe en absoluto la pena de muerte, establecida en el Código Penal vigente, existiendo, por tanto, contradicción entre los dos cuerpos de leyes citados. Considerando: que las penas de presidio mayor y menor deben por su carácter esencial llevar como accesoria la interdicción civil, Decreta: Artículo 1°. —Se reforman los artículos... del Código Penal, debiendo leerse así: . . . Artículo 138. El delito de piratería será castigado en esta forma: A los capitanes, patronos o jefes de cuadrilla, se les impondrá la pena de presidio mayor en su grado máximo. A los demás culpables, se les impondrá la de presidio mayor en su grado medio. Cuando el delito vaya acompañado de homicidio, de lesiones graves, de atentados contra la honestidad, o cuando se haya dejado a algunas personas sin medio de salvarse, el capitán, patrón o jefe será castigado con la pena de presidio mayor en su grado y término máximo, y los demás piratas con presidio mayor en su grado máximo.

Finalmente, en la Constitución Política, vigente, de 28 de marzo de 1936, figura el Artículo 31, que dice: "La pena de muerte queda abolida en Honduras; pero mientras se establece el sistema penitenciario, se aplicará en los casos determinados por la: ley, solamente a los autores de parricidio, asesinato y traición, cuando ésta se cometa en servicio activo y en campaña".

En los tiempos antiguos, y por una especie de acuerdo internacional, era sumarísimo el proceso con que se juzgaba al pirata: se le colgaba del palo mayor de la nave instrumento de sus crímenes.

A ello el pirata respondía con estos versos de Espronceda:

Y si caigo,
¿qué es la vida?
…………..
¡Sentenciado estoy a muerte!
Yo me río:
No me abandone la suerte,
y al mismo que me condena,
colgaré de alguna antena,
quizá en su propio navío.

La etimología griega de la palabra pirata, peiratés, (de peirán, ensayar, emprender) explica el significado del término que, quiere decir: ladrón del mar. Isabel Tudor, quien a juicio de sus panegiristas fué un pozo de sabiduría clásica, traducía: perro del mar, y muchos de sus lindos falderillos fueron ennoblecidos luego de haber repartido con ella la mejor parte del botín.

Matizando este enjambre de crímenes y robos entran los corsarios y los forbantes. En cuanto al primero de estos nombres todos convienen que se originó del latín currere, correr, o de cursus, carrera, corrido. Según la Enciclopedia Espasa, es corsario el que, en caso de guerra entre dos Estados, se dedica con autorización (carta de marca o patente de corso) de uno de éstos, a perseguir y capturar los barcos mercantes del otro. Los precedentes del corso se hallan en la Edad Media, en la que, por virtud del Derecho del puño (Ley del más fuerte), los particulares apresaban los buques mercantes enemigos; más tarde, los Estados se aprovecharon de ello, pero exigiendo la carta de marca para que los ladrones no fueran considerados como piratas.

Mas, como en la Edad Media la guerra marítima era realmente una lucha entre corsarios, cuando las hostilidades cesaban se publicaba el ban, o bando de paz, que prohibía el corso y declaraba fuera de bando, hors—ban, e imponía castigo al corsario que en lo sucesivo persiguiera y apresara barcos de que había sido enemigo. Los que no obedecían y continuaban la persecución se llamaban forbantes. Por extensión se aplicó el dictado a los piratas que en la Edad Moderna rondaron los mares de varias regiones y saquearon naves y pueblos de España en el Nuevo Mundo, aún cuando no se consideraban necesarias las patentes de corso para justificar los asaltos de barcos privados contra navíos mercantes enemigos.

Según la mayoría de los autores, la palabra bucanero se deriva de la voz caribe bucan, boucan o bucacui, que se refiere a un asador de madera, parrilla, en el cual los indios asaban la carne y el pescado, y también a la carne asada o ahumada. Pues se llamaron bucaneros los caribes de las Pequeñas Antillas, porque tenían afición a comer tasajo preparado a la barbacoa o barbaco, como se decía en las lenguas indígenas de Tierra Firme. Esta forma de asar carne sobre un brasero a fuego lento era también usada por los naturales del Brasil. Se sabe que los caribes aguardaban muchas horas a fin de comer la carne en su punto de cocimiento a pesar del hambre que los dominase. En el siglo XVI se daría este nombre a los aventureros franceses que se establecieron en la parte occidental de la isla de Santo Domingo, dedicados a cazar reses y a hacer tasajo; después se aplicaría el mismo nombre a los ingleses y holandeses, que reunidos se entregaron al saqueo de los dilatados dominios españoles, aún cuando los hispanos preferían llamarlos matadores de toros, y, por su parte, los ingleses se hacían llamar cow killers, es decir, matadores de vacas.

Otros autores apuntan que la palabra bucanero es de origen francés. En el bajo latín que se habló en Francia en los primeros siglos de la Edad Media, el substantivo hircus, macho cabrío, fué sustituido por la voz buccus, de la que los franceses hicieron el substantivo bouc. A principios del siglo XVI dejaron de usarse estas palabras en Francia; más se conservaron en algunos lugares de la costa de Normandía, y a mediados del siglo XVII tomaron nuevo sentido con ocasión del establecimiento de los franceses en Santo Domingo o Española. Estos vivían en cabañas o casuchas, en cuyo inmenso hogar o fogón colocaban una parrilla de madera para asar o ahumar las carnes y secar las pieles. El humo espeso que llenaba estas viviendas, el olor insoportable que exhalaban carnes y pieles, las groseras costumbres de los mismos colonos, todo contribuyó a que se diese a tales cabañas el nombre de boucon; al método que usaban para preparar las carnes y pieles, boucaner, y a ellos mismos, boucaniers, bucaneros.

El término filibustero ofrece mayor diversidad de opiniones en cuanto a su origen y derivación. Algunos lo traen de fly—boat, de filiboat, o de vlieboat, con significación de barco que vuela, o barco mosca, embarcación ligera parecida a la urca, con dos palos y popa redonda y alterosa, aduciendo que los franceses que se asentaron entonces en las Indias occidentales adquirían sus buques por compra de los holandeses, que los llamaban fly—boat. Esta derivación, a juicio de otros, no parece ser muy correcta, primero, porque fly—boat es más bien una versión inglesa del vocablo holandés, fluyt y, último, porque las naves holandesas de este nombre no eran del todo apropiadas para el oficio pirático.

Roque Barcia, luego de dar la definición de la palabra en cuestión, agrega: "Etimología: holandés: vrijbuiter; de vrij, libre, y buiter, botín; alemán: freibeuter; inglés: free booter; ginebrino: flibuster; francés: flibustier; italiano: filibustiere. El vrij holandés equi—vale al free inglés y al frei, alemán; así como buiter, equivale a booter y beuter. El inglés booter, que entra en free—booter, representa booty, botín".

Emilio Littre, sin andarse con tapujo, confiesa que no sabe ni conoce el origen de la palabra flibustier; pero, al final, la deriva del holandés, del alemán y del inglés.

Daniel Wébster, en su clásico diccionario inglés, quizá para remacharla mejor contra los españoles, deriva filibuster de la palabra castellana filibote; y free—booter, de la voz alemana, freibeuter.

En cambio, los aventureros y desalmados a los cuales se aplicaron estos distintivos, incluso los de mohatreros y pechelingues, hoy se burlarían de todos los filólogos habidos y por haber, si ellos compareciesen redivivos, porque los franceses preferían el dictado de filibusteros y de bucaneros, los ingleses, siempre que por sus hazañas no llegasen a conseguir el título de chavelier o de sir, respectivamente. Solamente los holandeses, como más apegados a las cosas de su tierra se llamaban a sí mismos zee—roovers, para indicar sin ambages lo que eran: ladrones del mar.

Esto no quiere decir que tales piratas a una voz, no reclamaran hoy—como dice Alberto Sánchez—la parte que les correspondió desempeñar en la revolución emancipadora de las colonias americanas.

La ley decía: "Aquí no debe haber sino católicos e infieles susceptibles de catequización, tales como indios y negros"; y el pirata contestaba: "Henos aquí representando civilizaciones que no están de acuerdo con la Iglesia católica, pero, no por eso, menos civilizados que las católicas".

La ley ordenaba: "Las Indias no tienen más mercado que España"; y el corsario rectificaba con su presencia: "Existen mercados posibles, cerrados por arbitrario decreto del monarca y sus consejeros, pero dispuestos a cooperar con vosotros".

La ley dejaba entender: "Sólo hay un amo de los mares: España"; y la caterva de navíos, bateles y barquichuelos piratas, replicaban: "Conoced a Holanda, Francia e Inglaterra y sabréis que existen potencias más poderosas que España en el señorío del Océano".

Finalmente, la ley decía: "Es poco recomendable soñar; nadie lea obras que excitan la fantasía"; y los "caballeros de los mares" traían consigo en sus actos una pintoresca y riesgosa incitación a la aventura, abrían las puertas del ensueño, tentaban carne y espíritu".

# CABALLEROS DE LOS MARES: CRISTÓBAL COLÓN, COLOMBO, COLONI O COLOM

**EN LOS LLAMADOS** "rincones de la Historia" yacen algunas noticias interesantes. Cuéntase para el caso, de una flota de galeras venecianas que yendo hacia el norte fué atacada frente a Lisboa, en 1485, por una banda de piratas con seis navíos bajo el mando de un tal Pynyng, que tenía su campo de acción hasta las costas danesas y quien figura también como gobernador de Groenlandia. Los asaltantes mataron e hirieron a más de cuatrocientos hombres y tomaron un enorme botín. Sobre Cristóbal Colón y su hermano Diego, pesa la inculpación de haber pertenecido ambos al grupo de tales bandidos.

Además, con el mismo propósito que tuvo su padre, Hernando, o Fernando Colón, en el intento de aclarar los remotos orígenes de su ilustre linaje paterno consigna: "Por cuanto una de las cosas principales que pertenecen a la historia de todo hombre notable es que se sepan su patria y origen, puesto que suelen ser más estimados quienes proceden de grandes ciudades y de generosos progenitores, algunos querían que yo me ocupase en declarar y decir cómo el Almirante procedía de sangre ilustre, aunque sus padres, por mala fortuna, hubiesen venido a estar en gran necesidad y pobreza; y que hubiese mostrado cómo procedían de aquel Colón, de quien Cornelio Tácito cuenta al principio del libro duodécimo de su obra que llevó prisionero a Roma al rey Mitrídates, por lo cual dice que le concedió el pueblo romano las dignidades consulares, las águilas y el tribunal o tienda consular".

Y, al hablar de la llegada de Colón a España y de lo que le sucedió en Portugal, que fué causa del descubrimiento que hizo de las Indias occidentales, dice don Fernando: "Fue principio y causa de la venida del Almirante a España y de haberse dedicado a las cosas del mar, un varón destacado de su nombre y familia, llamado Colombo, muy nombrado por la mar con motivo de la armada que condujo contra los infieles y enemigos de su patria, tal que con su nombre espantaba a los niños en la cuna. Cuya persona y armada es de creer que fuesen muy grandes, puesto que en cierta ocasión apresó cuatro galeras gruesas venecianas, cuya grandeza y fortaleza no habría creído quien no las hubiese visto armadas. Este fué llamado Colombo el Mozo, a diferencia de otro que antes había sido hombre famoso en el mar. Del cual Colombo el Mozo, escribe Marco Antonio Sabélico, que ha sido un segundo Tito Livio de nuestros tiempos, en el libro octavo de la década décima, que cerca del tiempo en que Maximiliano, hijo del emperador Federico III, fue elegido Rey de Romanos, fué enviado desde Venecia a Portugal, por embajador, Jerónimo Donato, a fin de que en nombre de aquella Señoría diese gracias al rey don Juan II porque a toda la chusma y hombres de dichas galeras gruesas, que regresaban de Flandes, los había vestido y socorrido, dándoles ayuda para que pudiesen regresar a Venecia. Porque aconteció que habían sido vencidos cerca de Lisboa por Colombo el Mozo, famoso corsario, que los había robado y echado en tierra".

Volviendo al principal propósito, digo que mientras el Almirante navegaba en compañía de dicho Colón el Mozo, lo cual hizo durante mucho tiempo, sucedió que al saber que las dichas cuatro galeras gruesas venecianas regresaban de Flandes, salieron a su encuentro y las encontraron entre Lisboa y el cabo de San Vicente, que está en Portugal.

Donde venidos a las manos combatieron con furor y se acercaron hasta aferrarse con tanto odio y coraje que pasaban de un barco a otro, matándose e hiriéndose sin piedad, tanto con armas de manos como con alcancías (ollas con materias inflamables que se arrojaban a los navíos enemigos) y otros ingenios. De tal manera, que habiendo combatido desde la mañana hasta la hora de vísperas, y estando ya muerta y herida mucha gente de ambas partes, el fuego prendió entre la nave del Almirante y una galera gruesa veneciana, que como estaban trabadas con garfios y cadenas de hierro, instrumentos que los hombres de mar usan para este efecto, no pudo ser atajado por ninguna de las partes, por lo trabadas que se hallaban y por el espanto del fuego, que en poco espacio había crecido tanto que el remedio fué echarse al agua los que podían. Pero siendo el Almirante grandísimo nadador, y viéndose dos leguas o poco más apartado de tierra, agarrando un remo que la suerte le deparó, y ayudándose con él a ratos, y otros nadando, plugo a Dios, que para mayores cosas lo tenía reservado, darle fuerzas para que llegase a tierra, si bien tan cansado y fatigado por la humedad del agua que tardó muchos días en reponerse.

El entronque de don Cristóbal con el primero de los Colones citados ya fué despachado en cuatro palabras: el Colón a que se refiere Tácito, según Fernando, se llamaba Cilo o Cilón, caballero romano que hizo prisionero a un descendiente de Mitrídates, y el yerro dimana de una mala lectura de los Anales del historiador romano. Lo de las águilas es también confusión con el nombre de Julio Aquila.

Tocante a los "dos ilustres Colones" o Colombos, no tuvieron parentesco entre sí, ni con don Cristóbal. Pero éste si no pirateó con ambos, que fueron sus contemporáneos, tuvo mucho que hacer con uno de ellos por lo menos.

El mayor de estos personajes se llamaba Guillermo (Guillau(me) de Casenove y era un segundón de Gascuña, pirata de renombre, terror del Mediterráneo y del Atlántico, que fué conocido con el apelativo de Coullon, que los italianos tradujeron Colombo y después los franceses denominaron Colomb. Esta paloma comenzó sus fechorías el año 1469 capturando galeras venecianas. Para entonces ostentaba ya el cargo de Vicealmirante de Normandía y de Esquier d'escurye de Luis XI de Francia. Entre los años 1470 y 1475 se verifican las hazañas de este Colón o Coullon. Interviene en los incidentes de la guerra de Cataluña (1467—1475). Escolta con sus barcos la nave que conduce a Alfonso V de Portugal a Francia. Merodea por las costas de Vizcaya y de Galicia y en aguas de Lisboa, en el que se halló don Cristóbal, según afirma su propio hijo, don Fernando. Después de esto Colón el Viejo cierra su carrera marítima.

El menor se llamaba Jorge Byssipat o Jorge Paleólogo, de esta ilustre familia bizantina. Colombo Junior, nombrado así por Sabélico, era bien conocido de los venecianos y el historiador citado le califica de "pirata ilustre". Después de 1453 aparece en Francia vizconde de Falaize. En 1473 le conceden el palacio señorial de Burdeos. En 1474 le nombra el monarca capitán de Lisieux y de Orbee, y al año siguiente es capitán de nave real. En adelante figura en todas las campañas marítimas a las órdenes de Guillaume de Casenove. Luis XI le confía la persona de Alfonso V en su viaje de regreso a Lusitania (1477). En el año 1483 Byssipat realiza una expedición a la Isla Verde; por último, es el héroe del combate del 21 de agosto de 1485 contra unas naves venecianas. Pero en este tiempo Cristóbal Colón estaba ya en España como es sabido de todos.

Con estos antecedentes queda explicado que algunos piratas franceses al divisar a don Cristóbal mientras realizaba su segundo viaje a las Indias occidentales sólo le dijesen desde lejos: ¡A la vuelta nos veremos, hermano! Por ello el Almirante cuando regresa del tercer viaje da cuenta de haber salido de la isla de Madera por una nueva ruta con el propósito de salvarse de una flota francesa que le amenazaba cerca del cabo de San Vicente.

En 1501 una Ordenanza real prescribía la construcción de carracas para la persecución de los piratas y ofrecía un premio importante para aquellos que las hicieran con capacidad mayor de 150 toneles. Unos pocos años más tarde el rey don Fernando le manifiesta su descontento y sorpresa a su primo el monarca de Portugal por haber consentido en sus puertos buques franceses que andaban a caza de naos españolas que volvían de las Indias, y para proteger una de sus flotas manda que dos barcos armados salgan rumbo a las Canarias. Después el rey Católico tiene otro enredo con el lusitano que se había incautado tesoros conducidos por naves de la Carrera de las Indias que huyendo de los franceses buscaron refugio en puerto portugués.

Por Real cédula de 1513 se manda a los oficiales de la Casa de Contratación de Sevilla, que aderecen dos carabelas para salir a vigilar las costas de Cuba y garantizar la navegación constantemente amenazada por piratas franceses. Con motivo de la guerra entre Carlos V y Francisco I, los súbditos de este último hacen la captura en 1521 de dos naves cargadas con valiosas mercancías. A pedimento de los mercaderes de Sevilla se despacha luego un reducido escuadrón a las órdenes de don Pedro Manrique para patrullar las aguas frente al cabo de San Vicente.

De suerte que, el descubrimiento del Nuevo Mundo habría de plantear desde un principio un problema de muy fácil solución: España, dueña de las riquezas indianas no podía ser criadero de piratas; en cambio, Francia, Holanda e Inglaterra, tenían que apoderarse de aquellos tesoros por medios violentos.

Esta regla o pauta, expuesta paladinamente por un escritor inglés, no tiene jamás excepción. Así, cuando los españoles se convencen que han llegado a la pobreza extrema, algunos de ellos como don Pedro

Gibert, un catalán de los buenos, y varios compañeros suyos, incluso don Bernardo de Soto, habían de ser convictos de piratería en 1855 en uno de los juzgados de la ciudad de Boston, por haber apresado y saqueado el Mexican, que había salido de Salem, Massachusetts, cargado con ricas mercaderías. Con excepción de don Bernardo y del negro cocinero de a bordo, Antonio Ferrer, cubano, los malhechores fueron ahorcados sin remisión. Gibert, cuando le ponen el lazo al cuello, exclama: ¡Morimos como valientes españoles! Y, el cura, un tal Varela, que les dió el último adiós, exhortándolos cristianamente, les dice: Españoles, subid al cielo.

El hijodalgo de don Bernardo no subió en tal ocasión a la corte de los ángeles porque la esposa suya le pidió clemencia al presidente de los Estados Unidos de Norte América. Y, mister Andrés Jackson, que tenía entendido que los compatriotas suyos no podrían lanzar bíblicamente la primera piedra, le salvó la vida. También ocurrió que el general era romántico y sensitivo, como hubo de probarlo en el asunto mejicano y, de manera especial, batiéndose en duelo a pistola sobre la ribera izquierda del río Potómac con un caballero y amigo suyo que se había atrevido a calumniar a la primera dama de la nación tildándola de liviandad y de fumar cigarro puro.

# GIOVANNI VERRAZANI O VERAZANI

**FRANCISCO I** —escribe don Antonio de Herrera— movido de las persuasiones de algunos vasallos suyos, y de la emulación del emperador Carlos V, debajo de cuyo auspicio, Dios Nuestro Señor mostraba cada día nuevas tierras, para mayor servicio suyo, por ventura cebado de las muestras de las riquezas de las Indias, que llevaban los corsarios a su Corte, diciendo: "Que no había criado Dios aquellas tierras para solos los castellanos", determinó de enviar un capitán llamado Juan Verazzano Florentín, a descubrir, porque los cosmógrafos de todas las naciones se conformaban, que había otro paso del Mar del Norte al Mar del Sur, de cuyas riquezas corría grandísima fama. Partió, pues este capitán de Diepa (Dieppe), a diez y siete de enero de este año, habiendo bien abastecido un navío, se encaminó con él la vuelta de la isla de la Madera, proveído para ocho meses.

Y navegando por poniente con viento levante, corrió quinientas leguas en veinte y cinco días, y a los veinte de enero les sobrevino una gran tormenta, pero sosegada, continuó su viaje por poniente, cargando hacia el norte, y en otros veinte y cinco días caminó cuatrocientas leguas; y descubrió una tierra, que hasta entonces no había sido vista... Fueron corriendo la costa hacia el norte y la hallaron mejor, más abierta, y sin bosques, con grandes montañas adentro; y continuando por la ribera cincuenta leguas, descubrieron cincuenta y dos islas muy pequeñas, cerca de la tierra, muy deleitosas; y caminando ciento y cincuenta leguas más adelante, llegaron a cincuenta grados, y porque se les acababa la vitualla, determinaron de volverse a Francia, habiendo descubierto setecientas leguas de costa, y dejando a esta tierra por nombre la Nueva Francia.

Con excepción de don Cristóbal Colón que hasta el día de su muerte creyó que tenía alcanzado el Cathay, y que al regreso de su segundo viaje da cuenta de haber estado a cerca de cien leguas de Hang—Tcheou, los otros exploradores que le siguieron inmediatamente ya tuvieron la impresión de la continuidad de las tierras descubiertas y que ellas cerraban la ruta al país de las especias. De ahí la idea y los empeños de los navegantes de aquellos tiempos de franquear o contornear la barrera para llegar al Asia. Por razones climatológicas, indiscutiblemente, los portugueses y los españoles buscan un "paso" marítimo hacia el sur, mientras los franceses y los ingleses tienden sus exploraciones hacia el norte.

Según la crónica del obispo Eusebio de Cesarea, con Juan Ango, o Anco, rico armador de Dieppe, comienza en 1508 por parte de los franceses la serie de sus expediciones marítimas destinadas al descubrimiento del ansiado estrecho hacia las tierras orientales por la vía del poniente. Al mismo Ango se adjudica la idea de llevar a Francia, a bordo de La Pensee, indígenas de Terranova con objeto de enseñarles la lengua francesa para que pudiesen después servir de intérpretes en el transcurso de posteriores exploraciones.

El hijo de Ango, heredero de la inmensa fortuna de su padre, dilapidada en gran parte por Francisco I, organiza también una expedición para encontrar el paso hacia el Cathay. El capitán elegido fué el navegante florentino Giovanni Varrazani, Giovanni da Verrazano o Verrazanus, conocido también por Juan Verazzano, o Juan Florín de la Rochela, que había sabido captarse las simpatías de Francisco I, y persuadirle de que él habría de hallar tierras nuevas que nada tuviesen que ver con las descubiertas ya por los portugueses y los españoles.

El Cronista mayor de las Indias, Herrera, pone de manifiesto los motivos que hubo para la mutua simpatía que se dispensaron el rey de Francia y el pirata: Andaba en aquel tiempo por la mar un famoso corsario francés que había nombre Juan Florín, el cual había diez y ocho años que andaba robando a españoles y venecianos y a italianos y a todos los enemigos del rey de Francia, el cual le daba en cada año 4,000 coronas porque asegúrase sus naves o hiciera guerra a sus enemigos.

Esta vasta expedición montada con el apoyo del rey "cristianísimo", el concurso de los mercaderes italianos de Lyon y la autoridad de Ango, sale de Dieppe en 1523 y tras un fracaso de reconocimiento náutico hacia el levante por Escandinavia y Siberia, Verazzano, escarmentado por un naufragio y la pérdida de varios barcos vuelve a tomar rumbo poniente. Poco se sabe de este primer viaje del florentino; pero a juicio de los franceses a él se debió la denominación Nueva Francia, aplicada al Kamatha de los indios hurones, como se demuestra por un mapa que publicó Jerónimo de

Verazzano en el que se lee: Galia Nova, sobre un "país en el que hay tres banderas francesas", y, además, por otra carta publicada en 1538 por Batista Agnese, y que lleva la leyenda: "El viazo de franza", que recuerda más bien los viajes de Verazzano que los de Cartier.

Para la segunda expedición del mismo navegante se arma una flota de cuatro navíos; pero tres de ellos con sus tripulaciones lo abandonan sin motivo conocido antes de salir de aguas europeas. Con solo el Dauphine (Delfín), Juan Florentino acompañado de cincuenta hombres zarpa de una isla próxima a la de Madera en 17 de enero de 1526, y después de un recorrido de cuarenta y nueve días llega a la costa del Atlántico de los actuales Estados Unidos de Norte América por la latitud 34°, luego de haber navegado como 900 leguas. De allí corre con rumbo sur cincuenta leguas más; cambiando hacia el norte, y costa a costa, llega hasta Terranova de donde se regresa a Francia, surgiendo en Dieppe en julio de ese mismo año, sin que su descubrimiento tuviera por entonces mayor importancia. Algunos autores aceptan como límite de esta exploración la vecindad del cabo Remain en la Carolina del Sur; otros, tomando en cuenta que el propio explorador refiere maravillado haber visto algunas palmeras en las tierras que visitara, suponen que no pasaría más allá de la Florida. Por lo general se acepta que Verazzano logró completar el reconocimiento de toda la porción oriental de la costa de Norte América, con excepción de una corta e indefinida distancia entre la Carolina del Sur y Georgia y hasta donde habían alcanzado Ponce de León y Vásquez de Ayllón, pasando por la bahía de Nueva York, la desembocadura del Hudson y la bahía de Narrangazett. Corre también la noticia que el dicho explorador suministró a Enrique VIII de Inglaterra una carta de marear que fué aprovechada por Lock para hacer un mapamundi publicado en la colección de Ricardo Hakluyt, en 1582, y algunos datos a un geógrafo italiano que hizo otro mapa en el cual figura, quizá por primera vez, la costa oriental de Norte América sin solución de continuidad de norte a sur.

Mas, la proeza grande del florentino, y la que llenaría de contento el corazón de Francisco I, fué de carácter pirático y consistió en la captura de dos naves que conducían el preciado tesoro recogido por Cortés al tomar la ciudad de Tenochtitlán, después de la muerte de Moctezuma.

Hicieron fundición —refiere Francisco López de Gómara— de los despojos de México. Hubo ciento y treinta mil castellanos, que se repartieron según el servicio y mérito de cada uno. Cupo al quinto del rey veinte y seis mil castellanos. Otras cosas enviaron, pero esto es lo substancial; y muchos enviaron dineros a sus parientes, y Cortés envió cuatro mil ducados a sus padres con Juan de Rivera, su secretario. Trajeron esta riqueza

Alonso de Ávila y Antonio de Quiñónez, Procuradores de México, en tres carabelas. Pero tomó las dos carabelas que traía el oro Florín, corsario francés, más acá de las Azores, y aún tomó entonces otra nao que venía de las Indias, con setenta y dos mil ducados, seiscientos marcos de aljófar y perlas, y dos mil arrobas de azúcar.

Sabemos que Cortés envió a los capitanes Alonso de Ávila, Antonio de Quiñónez, Diego de Ordás y Juan de Rivera, como mensajeros a Castilla con aviso de sus victorias y con instrucciones que le suplicasen al rey, que hiciera merced de confirmar los oficiales que habían sido nombrados por el común, y también como portadores del quinto real, "juntamente con muchas cosas de las más ricas de las sobredichas, y además de ellas envió al rey una esmeralda fina, como la palma de la mano, quebrada, que remataba en punta como pirámide, y una gran bajilla de oro, y plata, en tazas, jarros, platos, escudillas, ollas, y otras piezas vaciadas, como aves, peces y diversos animales; y otras en forma de frutas, y flores; muchas manillas, orejeras, zarcillos, bezotes, y otras joyas de hombres, y mujeres, y algunos ídolos, y cerbatanas de oro, y los colmillos de hueso fuera de los labios; vestiduras de sacerdotes, mitras, palios, frontales, y otros ornamentos de pluma, y algodón, y pelos de conejo, bien matizados; huesos de gigantes, que se hallaron en Culuacán...

Estiman estos regalos —dice Pedro Mártir de Angleria— en precio de unos doscientos mil ducados; pero no han llegado aún aquí aquellos navíos; se han detenido en las islas Casitérides, que sus dueños los portugueses llaman las Azores, no sea que cayeron en manos de los piratas franceses, como el año pasado otra nave que venía de la Española y de Cuba con la suma de setenta y dos mil ducados de oro y seiscientas arrobas de azúcar. Los españoles llaman robo a la arroba de veinte y cinco libras de a seis onzas. Además, muchos llevaban particularmente muchas cosas, y todo fué presa de los piratas. Se ha enviado una flota armada que traiga con seguridad aquellas dos carabelas desde las Casitérides. Cuando escribo esto, aún no han llegado.

Traían aquellas naves, según Benavides, tres tigres criados desde pequeños, cada uno en su jaula, de buenos palos ajustadas, dos en una nave y en la otra el tercero. En la que llevaba dos, con las sacudidas del navío por las tempestades, una de las jaulas se abrió un poco de modo que se pudo salir el tigre; y al salirse de noche, no con menos rabia fué saltando por la nave que si jamás hubiera visto a ningún hombre, se ensañó por todas partes, hirió a siete hombres; a uno le quitó un brazo, a otro la pantorrilla, a otros los hombros; a dos mató, a uno que huyendo se subía al mástil, le cogió de un salto; a éste le auxiliaron ya medio muerto los compañeros, y no murió. Todos los que habían acudido con las picas, espadas y toda clase de armas, y acosándole con muchas heridas, le hicieron saltar al mar. Y para que el otro no hiciera otro tanto, le mataron en la jaula. El tercer tigre, dice Benavides que le traen en la otra jaula.

Cuidando de aquellos barcos se han quedado dos capitanes de guerra de aquellas tierras, Antonio Ávila y Antonio Quiñónez, éstos traen, para entregarla al rey, la parte que le ha regalado el pueblo, y la parte de Cortés la cuida Juan Rivera, secretario del propio Cortés, y desde el principio compañero de todos sus trabajos.

Recientemente se ha tenido noticia de haberse visto vagar por el Océano quince navíos de piratas franceses, con ánimo de coger estas naos como cogieron otra, pero las tempestades los han arrojado al África y echado a pique la mayor parte.

En una de las dos naos que traían los regalos desde las Casitérides ha venido un familiar amanuense de Cortés, que se llama Juan Rivera, quedándose la otra nao, por temor a los piratas franceses, esperando a los navíos auxiliares con el tesoro, del cual, a más del quinto correspondiente al Real fisco, Cortés voluntariamente da una parte de sus riquezas adquiridas con su trabajo, y otra sus principales compañeros de armas. Este Juan Rivera trae orden de entregar al rey, en nombre de su amo, Cortés, los regalos por éste designados.

Pero lo que trae la nao detenida es un caudal muy grande que se le a de entregar al rey. El oro fundido y hecho barras sube a la suma de treinta y dos mil ducados; pero lo que se podrá sacar de los anillos, joyas, escudos, yelmos y otros objetos que traen, si se tasara, dice (Rivera) que asciende a ciento cincuenta mil ducados. ¡Pero corre por ahí no sé qué rumor de que los piratas franceses han olido ya esas naos, Dios nos saque con bien!"

Juan Rivera, dice que su amo, Cortés, tiene preparados trescientos mil pesos para enviárselos al rey; pero que, escarmentado de tantas naves que han cogido los piratas franceses, no se atreve a enviarlos.

Acerca de proteger esas naves, deliberándose en nuestro Consejo de las Indias el partido que se debiera tomar para poner remedio, se determinó, y el rey a propuesta nuestra proveyó o mandó, que cada una de ellas, con las cosas que hayan recogido, acudan a la Española, capital de aquellas tierras, se forme una poderosa armada, con la cual pueda defenderse con seguridad de la injusticia de los piratas si les salieren al encuentro. Lo que la suerte tendrá deparado, que queda en los arcanos de la Providencia Divina.

¿Dicen que está triste (Carlos V) por los inmensos tesoros que pillaron hace tres años los piratas franceses, que se los enviaba él (Cortés) al rey, entre los cuales había ornamentos maravillosos de los templos, que ellos (los aztecas) sacrificaban a sus dioses junto con las víctimas humanas, y qué diremos de las joyas y piedras preciosas? A parte, de otras, había una esmeralda de la base de una pirámide, casi tan ancha como la palma de la mano de un hombre, cuál nunca ojo humano logró ver otra, según nos lo han referido en el Consejo a nosotros y al rey. Dicen que el almirante francés se la compró por un precio increíble al que robó la presa. Y se están ensañando inhumanamente (los franceses) contra el desgraciado capitán de la nave, Alonso de Ávila. Es un joven de noble alcurnia; pero no rico; le tienen preso y encerrado en oscura cárcel, fundándose únicamente en que le había sido confiada a su lealtad semejante joya y los otros tesoros. Creen que si quisiera redimirse le podrían sacar veinte mil ducados, los que conocen la joya, piensan que no se puede comprar con ninguna cantidad de oro, y que es diáfana, limpia y de admirable brillo.

Con estos datos Germán Arciniegas hace una interesante y muy cómica relación del atraco de las naves hispanas que, en parte, corre así:

"Con viento próspero salen de Veracruz las naves. Sólo se registran a bordo los pequeños incidentes que siempre hacen de cada viaje un drama popular de treinta días, en que alternan el rezo y los puñetazos, las alegrías y los sustos. Por asunto de faldas, al capitán Quiñonez le abren de un espadazo la cabeza y muere: lo arrojan al mar. En la tormenta, uno de los tigres se sale de la jaula: corren los soldados a alistar lanzas y espadas; en la función quedan muertos el tigre y un soldado, fuera de cuatro heridos. En fin, cosas de poca monta. Pero de pronto: ¡Corsario a la vista! Es Verrazano que se lanza al asalto. Estocados, unos cuantos muertos, y al final dos naves, las que llevan el gran tesoro, quedan en manos del pirata. Con tan espléndido botín entra en la Rochela....Muy leal, el pirata se apresura a informar al rey Francisco, y a entregarle su parte del botín".

Dicho y hecho. El "Muy Cristiano Rey" de los franceses, que tuvo tratos y amistad con el sultán de Turquía y con el pirata Barbarroja, quizá lloraría al tener aviso de la muerte del florentino, pues por larga experiencia sabía que no era lo mismo un italiano como asociado que un renegado, aunque ambos fuesen piratas....

En la Historia del Mundo en la Edad Moderna, puede leerse que, Giovanni da Verrazano fué ahorcado en Sevilla como pirata y enemigo público de las gentes. Otros autores consignan que murió a manos de los indios caribes en su segundo viaje al Nuevo Mundo.

Uno de los grandes cronistas de Carlos de Gante —Alonso de Santa Cruz— refiere: ".... y 3 de octubre se juntaron en cabo de San Vicente seis galeones de vizcaínos con el corsario Juan Florín, y como reconociesen el armada del dicho corsario acordaron de embestirle y pelear con él, y aferradas las naves de los unos con las de los otros fué entre ellos una tan denodada y reñida pelea que duró desde las ocho de la mañana hasta las dos después del mediodía, ofendiendo y defendiéndose mucho el corsario Juan Florín, más al fin como era llegada la hora de su infeliz fortuna echaron el galeón en que él venía al fondo y a él le tomaron preso, y puesto en la cárcel confesó haber robado y echado a fondo 160 naos y galeras y galeones y zabras y bergantines, y que una vez tomó una nao del Emperador que venía de las Indias con más de 30,000 pesos de oro. Luego que fué el Emperador avisado, envió a mandar que le justiciasen, y como ya venían con él los que le habían prendido en el Colmenar de Arenas, a cuya causa fué en aquel lugar degollado en la plaza, y al tiempo que le leyeron la sentencia dijo estas palabras: "Oh Dios qué tal has permitido; oh fortuna qué a tal punto me has traído; ¿es posible que habiendo yo muerto a tantos, a manos de un hombre solo tenga yo de morir? Ofrecía 30,000 ducados por el rescate de su vida. Mas el buen Emperador más quiso dar fin a sus maldades que codiciarse de sus dineros".

**OTRO CORSARIO** francés —escribe Oviedo y Valdés— desde ha poco tiempo o en el siguiente año (1526), so color de venir a tratar en la isla de Las Perlas, vino a ella guiado por un español, natural de la villa de Cartaya, llamado Diego Ingenio, el cual como piloto guió a los franceses; pero no supo darles aviso de lo que en semejantes casos tiene proveído la Cesárea Majestad para guarda de sus Indias, demás del gentil esfuerzo de sus animados españoles y naturales, y fué así: Un hidalgo que vivía en aquella isla, llamado el capitán Pedro Ortiz de Matienzo, y otros hidalgos y vecinos de la Nueva Cádiz, supieron de un vecino suyo que venía de la isla Margarita en una canoa, que había habido habla con este armado, el cual traía una nao grande y una carabela rasa portuguesa que había tomado en la costa del Brasil, y un batax; y preguntando qué nao era aquella dijeron los franceses que era la nao del Zarco, y que venían de Sevilla. La nao del Zarco era venida ocho o quince días antes, y así los de la canoa vieron que aquello era falso y que debía ser pirata, y convidaban a los españoles que entrasen a hacer colación en la nao para prenderlos y hacer lengua del estado de la tierra; pero no lo hicieron así, antes se desviaron con mucha diligencia, y se fueron a la ciudad y dieron noticia de esto y pusiéronse en vela. Y luego otro día amaneció el corsario a par de la costa, y equipados los bateles quiso saltar en tierra con su gente; pero fué resistido valerosamente de tal forma que no pudiendo salir con su propósito, y comenzaron a bombardear la ciudad, y los de la ciudad a los enemigos; y diéronse tan buen recaudo los castellanos que armaron sus bergantines y barcas en número de treinta o más, y con indios flecheros proveídos de aquella hierba mortal que por acá hay y con algunos tiros de pólvora, fueron a combatir la carabela, y aúnque tenía mucha artillería, y muchas pelotas de alquitrán, diéronle tanta prisa que de la carabela mataron dos de los castellanos y de los franceses murieron trece. Y con esto cesó el combate por entonces, no cesando de andar en tretas los corsarios, pensando con sus formas gálicas engañar los españoles; pero salieron tres o cuatro vizcaínos y navarros que traían contra su agrado, y fuéronse a tierra y dieron noticia cómo aquellos franceses eran ladrones y venían con pensamiento de apoderarse de aquella isla.

Lo cual, entendido, acordaron los de la ciudad de morir o echar a fondo aquellos navíos, y con mucha diligencia salieron en sus bergantines y bajeles y combatieron el patax, y tomáronle por fuerza de armas, con valor de más de mil quinientos ducados de ropa y con los prisioneros primeros. Fueron por todos treinta y cinco hombres muertos y presos de los contrarios.

Hecho esto, la nao no osó atender, y siguieron la hasta perderla de vista; la cual se fué a la isla de San Juan y quemó el pueblo de San Germán (Antonio de Herrera, dice que el dicho pueblo fué saqueado e incendiado en 1540), y de allí se fué la nao a la isleta de La Mona, donde pensó repararse y allí soltó la carabela de los portugueses, la cual se vino a esta ciudad de Santo Domingo y dió noticia de todo lo que es dicho e incontinenti armaron aquí una nao y una carabela, y fueron a buscar estos ladrones y halláronles y pelearon con ellos dos días consecutivos, y aunque se fué a causa del tiempo y de la noche, se cree que por ir abierta se anegó en la mar. De esta manera se perdieron estos corsarios y se perderán cuantos acá pasaren de los tales y muy mejor al presente, porque está ya todo proveído de otra manera y con mayor recaudo y vigilancia.

Las incursiones de los franceses a las posesiones de España en el Mar de las Antillas venían realizándose desde mucho antes de este ataque y, según una crónica consagrada a don Juan III de Portugal por Francisco de Andrade, hubo también tentativas por parte de Francisco I para apoderarse del Brasil en 1523—1524, Además, en 1504 Pommier de Gonneville, corsario francés, había tomado posesión en nombre del rey Luis XII, de la "Tierra de los loros", que parece corresponder a los territorios actuales de Río Grande y de San Pablo.

En cuanto al poderío de los españoles para defenderse de sus enemigos hay constancia que no salió acorde con la profecía de Oviedo y Valdés, porque los corsarios franceses no sólo atacaban en las Indias, sino que se aventuraban frente a las costas de Andalucía, y por ello el rey manda al Asistente de Sevilla, que alistase una flota de cinco o seis buques y que procurase que la Casa de Contratación, ayudase para el gasto de ella, "pues, se hacía para su provecho, y que pidiese artillería prestada para guarnecer las naves y los diques de Medina Sidonia, Arcos y de los marqueses de Tarifa y Ayamonte".

En efecto, los galeones no conducían entonces ni la mitad de la plata y el oro que los crecientes apuros buscaban en las regias arcas. Las armadas de Indias venían y regresaban con menguado equipo de víveres, municiones y soldados; los puertos y poblados en la costa del Atlántico estaban sin guarnición ni artillería.

De forma que muchas de las renombradas hazañas de los piratas hubieran sido tronchadas en flor si las posesiones y establecimientos de los españoles hubiesen dispuesto de mejores medios para su defensa. Entre los muchos casos que podrían citarse al respecto ninguno quizá más significativo que lo sucedido en el puerto del Callao cuando años más tarde fué atacado por Francisco Drake, sin hallar resistencia, en virtud de que "en la ciudad de los Reyes no había un grano de pólvora, ni gentilhombre lanza que tuviese lanza, ni gentilhombre arcabuz que tuviese arcabuz, por habérselos comido y no haberles pagado lo situado por el marqués de Cañete".

Como resultado de las intrusiones de los extranjeros y del tráfico subrepticio que hacían, el gobierno de España manda a los capitanes de los barcos de guerra y de los guardacostas, que destruyesen sin piedad ni misericordia a cuanto navío extranjero avistasen por los mares de las Indias.

Entre tanto, los señores de la Audiencia, el licenciado de la Gama, Ramírez de Vargas y Baltasar de Castro, desde la ciudad de San Juan de Puerto Rico, a 15 de junio de 1529, escribían al rey lo siguiente:

En una flota que por el mes de abril llegó a este Puerto recibimos una carta que Vuestra Majestad nos mandó escribir, que era en respuesta de otra que nosotros habíamos escrito a V. M., al tiempo que la nao inglesa anduvo en estas islas, en la cual suplicábamos mandase V. M., proveer se hiciese en este Puerto alguna defensa o se proveyese de artillería y otras armas necesarias . . . Por el mes de noviembre enviamos a Juan de Castellanos, Procurador de la ciudad, a la Corte de V. M., a negociar ciertas cosas que por los capítulos e instrucciones que llevó, V. M., habrá visto que convienen mucho al servicio de Vuestra Majestad, y bien de la isla; y escribimos a Vuestra Majestad de cómo un corsario francés había andado por entre estas islas, y de lo que había hecho, en especial de cómo asoló y quemó la villa de San Germán; y si no fuese por el aviso que de esta ciudad les dimos, hiciera mucho más daño, porque tomaron a los vecinos en sus casas, pacíficos, sin tener pensamiento que franceses habían de venir a estas partes. Suplicamos a V. M., mande despachar al dicho Procurador con toda brevedad, con el recaudo que convenga para la seguridad de la isla y de los que en ella habitan, y mire V. M., cuanto conviene tener segura esta isla que es la llave de todas, por ser el paraje que es como por otras hemos informado a Vuestra Majestad y cada día se van los vecinos de ella y otras personas; y convenía que V. M., haga merced y de libertades a los vecinos para animarlos a que pueblen y como en esta isla no hay otra granjería sino son las minas que con mucho trabajo se coge el oro y a mucha costa, porque los que lo cogen son con esclavos negros; y para esto, si fuese Vuestra Majestad servido hacer mercedes a los vecinos que tuviesen casas pobladas en la ciudad o villa con que sean de teja y no de paja que puedan libremente traer de esos Reinos los esclavos que hubieren menester para sus haciendas y granjerías sin pagar las licencias ni otros derechos ... y el provecho que redundaba a los vecinos haciéndoles V. M., esta merced, es que con los dineros que compran aquí tres negros de los mercaderes que los traen, comprarían en Castilla diez, con que se podrían muy bien remediar.

A su vez, las autoridades de la Española proponen al rey, en 1529, que se designara un puerto indiano como lugar de confluencia de todos los navíos que viniesen de España y de los que volviesen a ella bajo la seguridad y protección de los unos a los otros. Mas, este plan defensivo no habría de ser puesto en práctica sino muchos años después como hemos visto en páginas anteriores.

**TORNEO A BORDO**

**GONZALO DE GUZMÁN,** en carta de 8 de abril de 1537, escrita para la Emperatriz, ofrece preciosos detalles de la pelea contra un corsario francés que, en noviembre anterior, había capturado frente al Chagres, en Panamá, un barco español cargado con caballos procedente de la Española, echado al fondo el cargamento y huido con la nave vacía. Pocos días después el mismo corsario se presenta frente a la Habana, y como a la sazón había cinco embarcaciones de España surtas en el puerto, los vecinos reclaman de sus capitanes para que acometan la captura del intruso, mediante promesa de pagarles los navíos en caso de perderse. Tres de aquellos valientes capitanes salieron al ataque, y por varios días dispararon su artillería sobre el enemigo, el cual por ser un velero de poco calado su capitán lo había conducido muy cerca de la costa y fuera del alcance de las pelotas que le arrojaban los adversarios. Al cabo se vió que el corsario hacía intento de huir a fuerza de remos y velas. Una de las naves castellanas se lanzó a perseguirlo; pero habiendo hallado mar gruesa y vientos contrarios fué abandonada de su tripulación que pudo ganar tierra en botes. Desamparadas de sus dotaciones las otras dos, por la misma razón, el francés se aprovecha del sesgo favorable de la suerte, vuelve a penetrar en la bahía y con gran facilidad se apodera de los tres buques puestos a la deriva. Quema dos de las presas y armando la tercera se hace a la vela rumbo al estrecho de la Florida en busca de los barcos hispanos que regresasen de las Indias a España.

En su relación Guzmán no dice ni una palabra relativo al pago de las naves perdidas tal como se había ofrecido, conste.

Lucha valerosa, arrogante y con muchas cortesías de gente de calificada nobleza, fué la que sostuvo en 1539 el sevillano Diego Pérez contra un corsario francés frente a Santiago de Cuba. Cuando el galo entra en la bahía el sevillano se apresta para la batalla. Se lanzan de una y otra parte unas cuantas pelotas como señal de combate. Ambos navíos estaban bien artillados y sus capitanes y tripulaciones con ánimo resuelto. Pero que convenido entre ambos capitanes que no se haría uso de la artillería ni de ballestas ni de arcabuces. A punta de espada y a fuerza de puñetazo limpio tendría que resolverse la contienda. Peleando de tal guisa, como cosa de

259

hombres enteros, los vecinos tendrían la oportunidad de contemplar desde la playa este torneo naval.

Iníciase la batalla: dura todo un día con ligeros descansos para pasar unos sorbos de vino, tragar unos cuantos biscochos y aplicarse trapos empapados de vinagre en las heridas. Al llegar la noche los capitanes se ponen nuevamente de acuerdo y esta vez para retirarse a descansar, pues, a la luz de los faroles nadie sabría a quien golpea. De esta forma luchan por cuatro soles consecutivos con unos cuantos muertos y heridos por cada bando, aún cuando a las claras se veía que el barco francés iba tiñéndose más de sangre y aparecía en peores condiciones cada nuevo día.

Cuando amanece para el quinto, Pérez alista sus armas y con sus hombres, espada en mano, busca por todos lados al pirata. Cobarde y vil, el francés había escapado el bulto........

Los vecinos de la Habana reciben a los fieros caballeros con arcos triunfales. ¡Piratas como ese fementido canalla—decía Pérez— ya pueden venir a las Indias todos los días!

Y así era, cualquier capitán sevillano los pondría a correr como liebres. Y, ¿qué decir si topaban con vizcaínos? "Vizcaíno por tierra, hidalgo por mar, hidalgo por el diablo, y mientes que mira si otra dices cosa".

Y, unos cuantos años más tarde Diego Pérez pediría que se le diera escudo de armas en reconocimiento de sus relevantes servicios.

En Cartagena de Indias el propio día del patrón Santiago las cosas ocurren al revés en 1544. Trescientos piratas, ingleses y franceses, guiados por un compatriota de éstos, penetran en la ciudad antes del amanecer; someten a los castellanos tras breve defensa y en la que cuatro de ellos pierden la vida y su gobernador sale herido varias veces. Pillan la ciudad y se apoderan de 3,500 pesos en oro y plata. Después de incendiar la ciudad la cuadrilla zarpa rumbo a la Habana; pero allí encuentran preparados a sus vecinos, que la obligan a largarse con baja de quince hombres. La victoria fué de los castellanos; pero los piratas muertos salieron indudablemente a muy alto precio.

Con una escuadra de diez barcos se presenta en 1555 frente a la Española y luego en Puerto Rico, donde hace de las suyas, Francisco le Clerc, el famoso Pie de palo, nacido en Saint—Vaast—la—

Hougue, Normandía, íntimo amigo del almirante Gaspar de Coligny, y a quien hacía cuatro años que el rey de Francia había ennoblecido con mención de "haber sido siempre el primero en las luchas de a bordo, herido de gravedad varias veces, perdido una de sus piernas, lesionado en uno de sus brazos y, sin embargo, manteniéndose firme y constante en el servicio de la marina". En la misma ocasión, su teniente, el protestante Jacobo de Sorés, con una partida de trescientos hombres cae sobre la ciudad de Santiago de Cuba, la ocupa durante treinta días, se lleva más de ochenta mil pesos; de a ocho y, porque Dios es muy grande, no se quedó para siempre jamás como dueño de la isla.

Como queda dicho en páginas precedentes a mediado del siglo XVI fué cuando se dió a la navegación de las Indias la organización que se mantuvo con pocas variantes en toda la época de los Habsburgos. De conformidad a las ordenanzas dictadas entonces las dos flotas anuales debían pasar el invierno en las Indias. La armada se componía regularmente de unos cuantos barcos mercantes mejor dotados de cañones, artillería y soldados que el resto de las naves que habían de conducir mercancías. Pero, los maestres y capitanes para lograr mayores beneficios cargaban tanto de mercaderías y demás efectos los llamados buques de guerra que éstos no servían de gran cosa cuando había que luchar contra los piratas.

Va el capitán general —apunta López de Velasco — en la nao de la armada que llaman capitana.... es la primera que sale y entra en los puertos, y va siempre delante guiando la flota, y para ser conocida, de día lleva la bandera en el mástil mayor, y el farol a popa para de noche; hácenle salva y llegan a saludarla dos veces cada día todas las naos, una por la mañana y otra por la tarde. El almirante va en otra nao, con su bandera en el mástil de proa, y va siempre recogiendo la flota, porque no se quede atrás ninguna, sino que vayan en conserva, juntas cuanto no pueden chocar las unas con las otras. No pueden saltar en tierra ni entrar en puerto ninguno de Portugal a la ida ni a la vuelta porque no metan mercaderías ni saquen el oro que traen de las Indias.

A causa del constante y siempre peligro creciente de los enemigos en 1579 se fija la regla de que ningún barco entrase ni saliese de puerto bajo la obscuridad. Si una embarcación arribaba después de puesto el sol, debía quedarse fuera y anunciarse por medio de una pinaza. Cuando una flota llegaba a la vista de la fortaleza, o a la boca de un puerto, la capitana hacía un disparo de cañón, si venía una armada, y dos si llegaba una flota, en señal de que eran bajeles amigos. Los buques aislados disparaban dos cañonazos al acercarse a un puerto, y cuando no traían artillería, saludaban arriando la gavia.

La falta de medidas semejantes había dado lugar en años anteriores a que algunos puertos fuesen cerrados a los propios castellanos, como le ocurrió en Santiago de Cuba nada menos que a don Hernando de Soto, que muy cerca estuvo de ser tratado como enemigo.

Era claro que estas precauciones no impedirían en lo absoluto que los enemigos no se valiesen de tales consignas para lograr la entrada a puertos españoles fingiéndose amigos, y en algunas ocasiones enarbolando pabellón hispano para realizar mejor sus actos de hostilidad, como lo hicieran los ingleses frente al Castillo de San Fernando de Omoa en la provincia de Honduras.

En todo evento hay que repetirlo: las defensas de las colonias fueron defectuosas desde el principio hasta el final de la dominación española. En julio de 1548, el prior y los cónsules de Sevilla se quejaban de que las ciudades de las Indias, especialmente Santa Marta, Cartagena, Nombre de Dios y la Habana, o bien carecían de protección, o sus defensas eran tan débiles que resultaban inútiles. En ese mismo año las autoridades de Santa Marta, manifestaban al Emperador que la colonia sería desamparada salvo que se les proveyese pronto de un fuerte y artillería. Al año siguiente la Audiencia de la Española, dispone que se armase una flotilla de pequeñas carabelas para custodia de las costas de la isla, equipada con remos forrados de plomo y con artillería de bronce, "pues la de hierro con los soles y la humedad se pierde pronto en Indias".

**EN ESTE ENSAYO** no es posible abarcar la paulatina evolución que hubo de preparar el campo para que se mostrase la enemistad entre ingleses y españoles, que se mantuvieron amistosamente aún mucho después de iniciada la llamada Reforma. Pero conviene repetir que el acercamiento de ambos pueblos era, en parte, una consecuencia del odio implacable que contra ellos había siempre mostrado la nación francesa que, todavía por 1558,cae vencida en la batalla de Gravelinas a manos de los españoles ayudados por doce naves inglesas que corrían la costa por aquella parte y dispararon sus armas contra el ala derecha de los franceses, y aún cuando sus tiros produjeron poco daño, aterradas las tropas del mariscal de Thermes por la aparición de aquel nuevo enemigo, se desbandaron en espantosa confusión.

Era claro que, al nacer la enemistad entre Inglaterra y España, el estallido se presente en el mar, pero no en el viejo Mediterráneo, sino en el mar Océano que conduce a las tierras abundosas de las Indias occidentales.

Aúnque parezca increíble fué bajo el reinado de María Tudor, cuando los ingleses comenzaron a interesarse por obra y gracia de don Felipe, de la geografía del mundo y de la existencia de riquezas en las colonias españolas, como también que tales tesoros estaban mal vigilados.

Pero, en tanto ingleses, franceses y holandeses llegan a conjurarse para robar en el mar y en los dominios lusitanos y españoles, don Felipe II, habría de labrar esta eximia pieza de su orfebrería: "Que por la sola conversión de un alma de los que habían hallado, daría todos los tesoros de Indias, y cuando no bastaren aquéllos, daría todo lo que España rendía, de bonísima gana ... porque a él y a sus herederos la Santa Sede Apostólica les había dado el oficio que tuvieron los apóstoles de predicar el Evangelio".

Mas, otro apóstol, el almirante Coligny, jefe del movimiento protestante en Francia, que también había recibido el oficio de dar a conocer la ley de Dios y el bien más excelente del calvinismo, acepta la ayuda de Isabel de Inglaterra, siempre deseosa de oír misa luterana sin ser molestada, y por la cual la Reina mandaría guarniciones de tres mil hombres a los puertos del Havre, Dieppe y Rouen, y se comprometía a auxiliar a los hugonotes con toda clase de protección.

Así comienza la guerra religiosa en Francia y la alianza de calvinistas y luteranos en ambas riberas del Canal de la Mancha. Como primer resultado de ella en el Hayre hubo dos gobernadores: uno francés y otro inglés. Desde allí los piratas sorprendían no sólo a las naves de los Guisa, sino a las españolas y portuguesas. Provistos los marinos ingleses con patentes de corso que les daba el gobernador francés, hacían de este modo imposible la protesta legal de España ante Inglaterra, que se escudaba afirmando su gobierno que no tenía ningún poder sobre las autoridades de aquel puerto galo.

Tales subterfugios eran innecesarios, desde luego, porque los consejeros de Isabel declaraban ya formalmente el derecho de Inglaterra de mezclarse en la ruta "hacia Etiopía y tierras descubiertas por los portugueses", como también que no podían "quitar a sus súbditos la libertad que tenían de ir a procurar su provecho donde lo hallasen". A parte de los consejeros, en aquel provecho figuraban también los grandes traficantes de las ciudades inglesas, que comerciaban en géneros robados, los altos oficiales de la Marina, los lores tenientes y aún los alguaciles de los pequeños condados. Pero ello ya no tiene ninguna importancia. Lo sensible y doloroso es no poder identificar el primer pirata inglés que se presenta en las Indias occidentales; porque Guillermo Hawkins, "para mayor descrédito de Inglaterra, no fué pirata sino negrero".

Entre tanto, hay que conformarse con saber que, probablemente, un tal Juan Rut fué quien arribó frente a San Juan de Puerto Rico y Santo Domingo, en noviembre de 1527, como capitán del María de Gilford, o del Sansón, naves suministradas por Enrique VIII para que despabilara en las Indias a los castellanos y pescara bacalao en la bahía de San Juan, Terranova, en compañía de los normandos.

Refiere don Antonio de Herrera, que: Partidas las naos que llevaban el oro, las perlas y las ordinarias mercaderías, estando en la bahía de San Juan una carabela de Santo Domingo, cargando de cazabe (por lo visto, la tortilla caribe figuraba ya de preferencia en la ración ordinaria de los castellanos), llegó una nave de tres gavias de porte de 200 toneles. Salió a ella el maestre de la carabela con su batel, creyendo que era castellana; descubrió una pinaza con veinte y cinco hombres armados de coseletes, ballestas y arcos, con dos piezas de artillería en la proa, dijeron que eran ingleses, y que la nao era de Inglaterra, y que aquella y otra se habían armado para ir a buscar la tierra del Gran Khan, y que un temporal las había apartado, y que siguiendo esta nao su viaje, dieron en un mar helado, y que hallaron grandes islas de hielo; y que tomando otra derrota, dieron en otra mar caliente, que hervía como el agua en una caldera; y porque no se les derritiese la brea, fueron a reconocer a los Bacallaos (Terranova) adonde hallaron cincuenta naos castellanas, francesas y portuguesas, pescando, y que allí quisieron salir en tierra, para tomar lengua de los indios, y les mataron al piloto, que era piamontés, y que desde allí habían costeado hasta el Río de Chicora; y que desde este río atravesaron a la isla de San Juan.

"Y preguntándoles lo que buscaban en aquellas islas dijeron que las querían ver, para dar relación al rey de Inglaterra, y cargar de brasil. Pidieron al maestre de la carabela, que se llamaba Ginés Navarro, que pasase a su navío, y que les mostrase la derrota de Santo Domingo; vió en el navío cantidad de vino, harina y otras vituallas, y much0S paños, lienzos, con otras muchas cosas de rescate; llevaban mucha artillería, y fragua, y carpinteros para labrar navíos, horno para hacer pan, y serían sesenta hombres".

"Dijo asimismo Ginés Navarro, que el capitán de aquella nao le quiso mostrar la Instrucción que llevaba de el rey de Inglaterra, si pudiese leer, y que en la isla de La Mona echaron gente en tierra, y en la isla de San Juan rescataron algún estaño".

"Pasó esta nao al puerto de Santo Domingo y envió la barca a tierra, diciendo, que quería rescatar, y allí se entretuvo dos días. El alcaide del Castillo (don Francisco de Tapia) envió, en llegando, a decir a los oidores, que le diesen orden de lo que había de hacer; y porque nunca le respondieron, disparó contra la nao una pieza de artillería, por lo cual se dió prisa en recoger su barca; y luego se largó, y volvió la vuelta de la isla de San Juan, donde se entretuvo poco tiempo, rescatando con los vecinos de la villa de San Germán, y nunca más pareció".

Los oidores, diciendo que el alcaide debiera aguardar su respuesta, le prendieron, y avisaron al rey de este caso, y del estado de la fortaleza, para que en la fortificación de ella se diese algún orden, y la mandase proveer de gente, artillería y municiones.

Este navío inglés —prosigue Herrera— dió mucho en que pensar, porque hasta entonces (1527, según Oviedo y Valdés; 1517 o 1518, para otros autores) no se había visto ninguno de aquella nación en aquellas partes, y así el rey, como los de la isla, estaban en cuidado. Quisiera el rey que en Santo Domingo se hubiese procedido de otra manera, y que por la fuerza o con maña se hubiese procurado de tomar aquella nao; porque se tenía por cosa peligrosa, que, ya que los franceses daban en Castilla tanta molestia, hubiesen comenzado a descubrir el camino de las Indias; y por esto se iba mirando el remedio que se podría poner, para los inconvenientes, que se conocían que podría haber de la navegación de esta nación a las Indias. Y cuanto a la prisión del alcaide, mandó el rey a los oidores, que le soltasen, para que pudiese asistir en la fortaleza; y que en la causa procediesen de justicia, y avisasen de lo que determinasen, y que si otros navíos acudiesen a la isla, procurasen siempre de tomar lengua de ellos, y haberlos a las manos, de manera que no se les fuesen, como lo había hecho éste; o a lo menos, prendieren la gente, o parte de ella, o haciendo otras demostraciones, fuesen tan escarmentados que mirasen como volvían.

El profesor Haring, estima que Oviedo y Valdés, retrasa diez años la llegada de la nave de referencia, puesto que sir Tomás Pert, había acudido a Santo Domingo por los años 1516,1517y 1519. Con esto, Pert le quita la primacía a Rut.

Por su parte, F. A. Kirkpatrick, consigna que el primer buque inglés arribó al puerto de la Española en martes 25 de noviembre de 1527. Según su relación, los ingleses pretendían haber salido en busca de un paso hacia Tartaria; pero se aprovecharon de la ocasión para rescatar con paños de lana y otras mercancías. Los oidores acogieron a los extranjeros con muestras de mucha cortesía, que fueron muy correspondidas, y mientras ingleses y castellanos se hallaban cenando juntos a bordo del pirata, resonó un fuerte cañonazo y una pelota de las más pesadas pasó silbando tan cerca del palo mayor, que vino a dar al traste con la tranquilidad de los intrusos, los cuales después de mandar a tierra a sus huéspedes, se hicieron a la vela con toda prisa. A los cuatro días volvieron al puerto y echando en tierra treinta o cuarenta hombres armados, saquearon y robaron cuanto pudieron haber y luego desaparecieron dejando tras sí una estela de ominosas amenazas....

Para mayor abundamiento, en una carta datada en Santo Domingo en 9 de diciembre 1527, se dice que los ingleses cuando regresaron a tomar venganza hicieron su desembarco a corta distancia de la ciudad y no sólo robaron las gallinas y los huevos de propiedad de los indefensos moradores, sino que les llevaron la ropa que éstos tenían encima.

# ¡NEGREROS A LA VISTA!

EN la familia de los Hawkins, los Aquines, Esquines o Achines, de las crónicas de los castellanos, hubo tres titanes: Guillermo, Juan y Ricardo.

Guillermo tendría la gloria imperecedera de haber presentado en Whitehall, el viejo palacio de Londres, los primeros indios vivos oriundos del Brasil. Por virtud de su oficio de contrabandista y de negrero entre las costas africanas y las brasileñas, llega a ser el hombre más rico de Plymouth. Los pacíficos vecinos lo eligen dos veces alcalde de la ciudad y luego ingresa al Parlamento.

Su primogénito, Juan, se había unido, mediante su boda con Catalina Gonson, hija del tesorero de la Marina Real Británica y asociado de la Compañía de Caballeros de la ciudad Londres para la explotación del Amazonas, con altos personajes del gobierno, tales como Guillermo Winter, inspector de la Marina, Leonel Docket y Tomás Lodge, y también a un poderoso grupo de mercaderes interesados no sólo en la trata de negros, sino en el comercio con las Indias occidentales en artículos como cueros, azúcar, oro, plata y perlas.

El primer viaje que Juan realiza a las Indias en los años 1562—1563, sería desastroso desde el punto de vista económico. Parte en octubre con los buques, Salomón de 120toneladas, Swallow, de 100, y Jones, de 40. La tripulación de los tres navíos era en total de 100 hombres. En la primera parte del crucero Hawkins se dirige a las Canarias, ruta que él conocía no sólo por los informes suministrados por el padre suyo, sino también por su propia experiencia, puesto que había navegado ya diversas veces hasta las Afortunadas, donde tuvo la fortuna de enterarse que había gran demanda de negros en las Indias occidentales.

Desde las Canarias se dirige a Sierra Leona, donde se hace de 300 negros y llenas las bodegas de sus naves con este cargamento, toma rumbo hacia la Española. Una vez que llega a la villa de Santa Isabela se halla con que el gobernador español no sabía si negar la venta de los africanos o permitirla bajo la base de que la "buena reina Bess" aún seguía llamándose "hermana" de Felipe II. Mas, a la seriedad de este problema se añadía el anzuelo de la tentación, pues Hawkins ofrecía sus negros en venta a un precio mucho más barato que los negreros portugueses o españoles. Como hemos visto, la Audiencia de Santo Domingo no hacía mucho que se lamentaba del alto precio en que los colonos tenían que comprar los negros que llegaban de Castilla, mientras Hawkins casi los regalaba sin tomar muy en cuenta que su reina siempre los consideraría como "optimi generis".

Al fin se admite la venta de 200 esclavos negros; pero dejando los otros cien en rehenes hasta que llegasen instrucciones de Madrid. Hawkins accede a esta condición, y aún invierte su dinero en cueros, parte de los cuales envía a España con su asociado Tomás Hampton. Don Felipe manda el decomiso de los 100 negros dejados en Santa Isabela como prenda, así como los cuatreros, y el incauto de Hampton a duras penas se libra de ser procesado por el Tribunal de la Santa Inquisición. Hawkins implora, maldice e incluso amenaza para que le fueran devueltos cueros y negros, aúnque todo fué en vano. La propia reina de Inglaterra intercede por el negrero escribiéndole a su excuñado una cartita en latín; pero el rey de España contesta en griego para decir que no devolverá ni un cuero ni un negro.

A la cuenta este viaje sería funesto para ambas partes: Hawkins y sus asociados pierden las pingües utilidades del negocio; y Felipe II, deja que los ingleses puedan comprobar que las Indias no eran coto cerrado para nadie como venía diciéndose.

En julio de 1564, el embajador de España en Londres, don Diego Guzmán de Silva, informa a la princesa Margarita de Parma, hija natural de Carlos V, regente de los Países Bajos, de cómo Juan Hawkins se apresta para salir nuevamente desde el sur de Inglaterra con cuatro navíos armados, y que se decía que el objetivo de su expedición era volver a las costas de Guinea. Guzmán de Silva, además, pide audiencia a la reina Isabel y le hace constar que aquel desusado armamento no podía menos de inquietar en la Corte de Madrid; la apremia para que se tomasen medidas de seguridad que evitasen, mediante fianza, que Hawkins se dedicase a la piratería, y aún mejor que no permitiese sin su permiso la salida de la flota. A los cinco días Isabel da una respuesta al embajador por medio de Guillermo Cécil, era el sentido de que no había motivo de alarma, puesto que Hawkins no llevaba ninguna mala intención.

En este segundo viaje Hawkins ya no iría como simple capitán de una flota de mercaderes, sino que figuraba nada menos que como asociado con la Reina, que había dado en la empresa su barco el Jesús de Lübeck, un viejo bodegón flotante de 700 toneladas, adquirido por Enrique VIII de la Liga Hanseática. Siguiendo el ejemplo de Isabel varios de los cortesanos participaban también como accionistas, entre otros Felipe Herbert, conde de Pembroke, y Roberto Dudley, favorito de la Reina.

La pequeña escuadra se hace a la vela el 18 de octubre de 1564. integrada por cuatro barcos que, además del indicado ya, eran el Salomón, el Tigre y el Swallow, muy bien artillados y avituallados. Entre los "caballeros aventureros" que acompañaban al negrero se contaban Juan Chester, hijo de Guillermo del mismo apellido, uno de los principales accionistas de la Compañía de Caballeros de la ciudad de Londres para la explotación del Amazonas, Jorge Fitzwilliam, Tomás Woorley, Eduardo Lacie, Antonio Parkhurst y Juan Sparke, éste como cronista de la expedición y cuyo Diario se halla entre la renombrada Colección de Viajes de Ricardo Hakluyt.

El embajador de España se mantiene en constante desvelo durante un año para seguir el itinerario de Hawkins. Primero hubo informe de que había llegado a la Florida, donde se decía que había librado combate con los franceses. Más tarde, tuvo conocimiento de que se había dirigido, antes que nada, a la costa de Guinea para recoger la correspondiente carga de negros; desde allí a Santo Domingo, donde había logrado un espléndido negocio con su tráfico de mercancía humana.

Sin embargo, sería desde Amberes, desde donde Guzmán de Silva, podría dar a su rey el informe completo sobre la expedición del caso: ".... lo que he podido entender, con la diligencia que ha sido posible, del viaje que hizo Achines, es que después que salió de Galicia, a do tocó, fué a Guinea y allí trató con portugueses de los que rescatan negros y hubo de ellos alguna cantidad y por tomar más echó gente a tierra, y tomó algunos, pero matáronle nueve soldados; entre los que hubo de portugueses y por la fuerza me dicen fueron 400, pero en la cuenta que dan no son sino 370".

Con esta carga y con la mercancía de paños y lienzos que llevaba, se dirige Hawkins a la Dominica y desde ésta a la Deseada, donde se abastece de leña y agua; sigue a la Margarita y de allí a Tierra Firme, pasando por los lugares Cumaná y Santa Fe, en la costa de la actual Venezuela, y de allí a la villa de Barbureta, frontera a la isla de Curazao. "Y en llegando el gobernador salió con gente a saber quién venía en las naos; respondiéronle que ingleses que deseaban contratar con ellos; fuéles respondido que allí no podían, porque por S. M., está prohibido la contratación so pena de muerte".

Hawkins da a entender al gobernador que era el más fuerte y que no podría contener a sus soldados para que saltasen a tierra e hicieran daño, si no se les daba permiso para contratar y hacer su comercio libremente. "Difícil era la situación del gobernador; de un lado la orden expresa de su señor prohibiendo aquel tráfico; de otro, el peligro inmediato

que suponía la soldadesca de Hawkins, contra la que se encontraba impotente". Era preciso contemporizar, "... y así vino a platicar con él y que entre ellos se había concertado que otro día echase gente en tierra y comenzase a querer ir al lugar y hacer daño, y que él saldría y que, porque no lo hiciese, le dejaría hacer su contratación. Lo cual se hizo así y puso en tierra 200 hombres y ciertas piezas de artillería, los cuales comenzaron a tirar".

Narra el embajador de España toda la farsa que siguió: "... y salió a ellos el gobernador y comenzaron a pelear, pero luego cesó y por bien de paz les dejaron negociar, habiendo pasado entre ellos algunas cosas por escrito de requerimientos, como se había concertado". Hawkins vende por esta forma 140 esclavos negros y cierta cantidad de paños, hecho lo cual pasa a la isla de Curazao, "donde dicen que no hallaron sino dos españoles que tenían cantidad de cueros". Hawkins les compra mil quinientos y después de aprovisionarse de carne, sigue su ruta hacia el Cabo de la Vela y Río Hacha, "adonde pasaron lo mismo con el gobernador que habían hecho en Barbureta". Allí vende el resto de los negros y gran parte de las otras mercancías. "Quisieron tocar en la Habana, pero el viento contrario les empujó hacia el canal de Bahama, y a lo largo de la costa de Florida, adonde hallaron los franceses a los cuales dió quince barriles de harina y vendió un navío en que se volvieron a Francia".

Todos estos informes se los facilitó a Guzmán de Silva, uno de los que habían acompañado a Hawkins en su jornada. "Avisa este mismo, que anduvo todo el viaje que Aquines, que hubo de un navío de portugueses a un piloto castellano, con cuya ayuda se ha hecho la travesía, el cual dicen que queda en la nao secretamente". Este piloto sabemos que se llamaba Juan Martínez, conseguido por Hawkins gracias a las amistades con que contaba en las Canarias, pues el negrero había hecho diversos viajes a estas islas, abiertas al comercio inglés y donde su fuerte personalidad le atrajo amigos por todas partes. El gobernador de las Canarias, don Pedro Ponte y su hijo Nicolás eran tan buenos amigos y proveedores de Hawkins, que, en su segundo viaje, al hacer cala en Tenerife, los marinos ingleses fueron agasajados de un modo extraordinario.

A la vuelta de este viaje, Hawkins habla personalmente con el embajador de España en Londres y le da una general relación de su expedición; "pero ocultando la forma en que había negociado". Sin embargo, el negrero le asegura que todo lo había hecho con la licencia de los gobernadores de los puntos en donde había estado. Le da también noticia sobre la Florida y los franceses. "Y que Pedro Menéndez no hallaría hombres de ellos allí y que había habido entre ellos diferencias'.

La expedición había de proporcionar a Hawkins un 60 por ciento de ganancias, y eso daría como resultado incitarles a nuevas empresas. El cronista Sparke, escribe: "Arribamos a Padstow, en Cornwall, con pérdida de veinte hombres en todo el viaje, y con mucho provecho para los aventureros de dicha expedición, como también para todo el reino, por haber traído mucho oro y plata, perlas y otras joyas de piedras preciosas". Por su parte, Hawkins no tiene recato en decir a Guzmán de Silva que, "tenía el tráfico de negros desde la Guinea a las Indias, como muy buen negocio".

El ministro Cécil que, socarronamente, condenó este comercio ilícito, afirmaría al embajador de España, que le habían ofrecido una participación, no aceptando "porque no le contentaban semejantes negociaciones". Pero Isabel no tenía estos ni otros escrúpulos y, como andaba bastante mal de dinero, se apresuró a tomar su parte de botín.

En primero de octubre de 1567 desde Plymouth zarpa un grupo de seis barcos. Dos de ellos pertenecían a la reina de Inglaterra. El Jesús de Lubeck, que iba con 80 piezas de artillería, de éstas 16 de bronce y 64 de hierro, sirve de capitana, más adelante van el Minion, el

273

William and John (como quien dice, el padre y el hijo: Guillermo y Juan), el Swallow, el Judith y el Ángel.

Al principio esta expedición que comanda Juan Hawkins, sólo hace la presa de dos pequeñas carabelas portuguesas y como iban sin cargamento de negros, hubo necesidad de ir a las costas de Guinea en busca de ellos. Allí los ingleses realizan un desembarco y en una pelea que sostienen con los africanos, que los reciben con flechas envenenadas, Hawkins estuvo a punto de irse al otro mundo de un flechazo. Días más tarde presta ayuda de soldados a un reyezuelo que se hallaba en guerra con una tribu vecina, el cual le da en pago 200 esclavos entre hombres, mujeres y niños. Luego los ingleses hacen la captura de otra embarcación lusitana, la Gracia de Dios, que Hawkins incorpora a su flota para conducir los esclavos. En posesión ya de cuatro mensajeros de salvación: Jesús de Lubeck, Ángel, Judith y Gracia de Dios, el negrero toma rumbo hacia el poniente.

Como fuentes inmediatas para el conocimiento de este tercer viaje se dispone de los relatos del embajador de España, Guzmán de Silva, de una relación escrita por el propio Hawkins y de las narraciones de dos de sus hombres que cayeron en manos de los españoles, publicadas recientemente.

Juan Hawkins dice que luego de haber traficado pacíficamente en las islas de los españoles y en sus establecimientos de Tierra Firme, navegando con destino a Inglaterra, al encontrarse cerca de la punta occidental de Cuba le sorprendió un terrible huracán que mandó al fondo el William and John, y arrastró el resto de la flota internándola en el Golfo de Méjico, forzándole a refugiarse en el puerto de San Juan de Ulúa.

Naturalmente, las autoridades del puerto no aceptan esta supuesta arribada forzosa, entre otras razones, porque Hawkins se había valido ya del mismo pretexto en otros puntos de las Indias y, además, porque al salir de Cartagena, que había bombardeado ligeramente, sus barcos contenían aún mercancías por valor de unas doce mil libras esterlinas sin contar 57 negros. "No cabe, pues, la menor duda de que había ido deliberadamente a San Juan llevando la misma falsa excusa en sus labios y el mismo determinado propósito de forzar el comercio en su corazón". Hawkins —agrega la información española— "era incapaz de volverse a Inglaterra antes de vender su último esclavo".

A su llegada frente a San Juan de Ulúa hubo algo realmente chistoso: el negrero fué vitoreado por la gente desde la playa. Todos creían que aquellos navíos eran la flota en que venía el nuevo virrey, don Martín Enríquez de Almanza. Muchos gachupines se hacen conducir en lanchas a la capitana con el fin de presentar su respeto y obediencia al virrey. Mayúzculo sería el susto que se llevan los fieles vasallos del rey de España cuando se ven frente al traficante en ébano negro; pero éste los recibe gentilmente y luego se aprovecha de ellos para tener un acuerdo con don Martín.

Al día siguiente aparece una escuadra de trece galeones y dos buques de guerra de nuevo tipo en el horizonte, mandada por el capitán general don Francisco de Luján, y la cual echa anclas a escasas tres millas de la playa.

Hawkins afirma que con los cañones que había emplazado en la fortaleza de San Juan de Ulúa y colocando sus buques de suerte que obstruyesen la entrada del canal, hubiera podido impedir el acceso a los castellanos; pero que hubo temor que, si saltaba viento norte y naufragaban las naves hispanas, su Reina, le habría pedido cuentas por haber causado un mal tan grande a la marina de una nación con la que venía sosteniendo buenas relaciones de amistad.

El nuevo virrey y el capitán general, que sabían la peligrosa situación de sus navíos si se quedaban fuera, tras algunas rápidas negociaciones, llegaron a un acuerdo con el intruso. Los barcos españoles fueron recibidos sin resistencia en el puerto, después de reconocerse a los ingleses como amigos y de permitirles que continuasen en San Juan de Ulúa.

Una vez dentro del puerto, ni Enríquez ni Luján, parece que se creyeron obligados moralmente a cumplir la palabra empeñada a unos cuantos "luteranos", hombres a quienes ambos tenían además por piratas y que habían cometido un acto de agresión adueñándose de la fortaleza. Previendo, pues, futuras contingencias el virrey da providencia de que le sean enviadas desde Veracruz algunas tropas, las cuales se llevan luego a bordo de sus barcos en la obscuridad de la noche.

Hay que anotar que don Martín, antes de cursar el convenio arriba dicho, sintiéndose incómodo y medio deshonrado por la presencia y actitud de aquellos importunos visitantes, hubo mandado a preguntar al jefe de la armada sobre quién era y con qué derecho se hallaba en puerto del rey de España, agregando como bravucona prevención, que llevaba mil hombres dispuestos a la lucha. A esto Hawkins le contesta que ellos eran ingleses en busca de aprovisionamiento y de medios para vender algunas mercancías, añadiendo que, eran representantes de la Reina de Inglaterra y que, en todo evento, disponía de pólvora y balas suficientes para tantos soldados como se decía.

Así las cosas, todo parece indicar que don Martín sintiese alguna repugnancia y algo de temor de quebrantar lo pactado; pero don Francisco, hombre de mar, no tuvo asco en tal sentido y tan presto como el virrey hubo salido en 'tierra para encaminarse a la capital de Nueva España, desembarca un fuerte contingente de hombres armados en la isla, que desalojan a los ingleses de la fortaleza, y manda dirigir el fuego de todas sus baterías sobre los buques ingleses.

Los navíos españoles, superiores en número y dentro de un puerto cerrado donde no era posible maniobrar, sojuzgan fácilmente a los piratas. Uno de sus barcos se va al fondo y tres son apresados, incluso el Jesús de Lubeck. Con un centenar de hombres Hawkins salta a bordo del Minion, y huye del teatro de la lucha, siguiéndole los talones a su pariente Francisco Drake que comandaba el Judith. Pues, en esta ocasión, como en otras más, el Drac parece que no hizo otra cosa que buscar la salida del puerto lo más ligero que pudo hacerlo. Hawkins mismo había de acusarlo de no haber cumplido con su deber en San Juan de Ulúa. Con las naves apresadas quedan también los beneficios de la expedición, los 57 negros, el capitán don Agustín de Villanueva y dos frailes que habían sido capturados por Hawkins en un pequeño velero frente a la costa de Campeche.

Durante la primera noche después del desastre el Judith y el Minion se apartan para no volver a reunirse en toda la travesía. Drake hace el viaje de regreso de la mejor manera posible y llega a su patria en 20 de enero de 1569. Hawkins, viendo que el Minion conducía una tripulación excesiva y que no contaba con víveres suficientes, ni posibilidad de procurárselos, deja en la costa mejicana unos 112 de sus hombres, dándoles algún dinero, ropa y sus acostumbrados consejos de servir a Dios y de amarse los unos a los otros. Con su gente casi aniquilada por el hambre y las enfermedades, arriba a la bahía de Mount, Cornwall, en 25 de enero de 1569, gracias a los servicios que le prestan algunos marinos ingleses que logra enganchar en Vigo.

Dícese que los ingleses hechos prisioneros en Veracruz hallaron en sus amos españoles trato generoso, hasta que la Santa Inquisición de Méjico los llamó a cuentas, llevando a: tres de ellos a la hoguera y castigando otros con varias penas. Sin embargo, uno de tales hombres por el hecho de ser un hábil pastelero entra muy pronto al servicio del virrey, pues, don Martín era muy aficionado a los pasteles, tortas, bizcochos y panecillos de colación.

El taimado de Hawkins concluye la relación de este viaje con estas palabras: "Si todas las miserias y desgracias de esta desventurada jornada hubieran de ser escritas, haría falta un hombre piadoso que dispusiera de todo el tiempo necesario para detallar la vida y muerte de los mártires".

Inmediatamente que la reina de Inglaterra tuvo noticia del acontecimiento en San Juan de Ulúa, muy indignada exclama: ¡Jesús! Era claro que para referirse a su vieja embarcación. Para calmar a Bess, los palaciegos interesados en la misma expedición le aconsejan que se apodere de los dineros que conducían algunos barcos del rey de España destinados al pago de los tercios que luchaban en Flandes y que perseguidos por corsarios franceses y una escuadra semipirática del alcalde de Plymouth, sir Williams Hawkins, se habían refugiado en puerto inglés.

El consejo no sería echado en saco roto y poniéndolo en práctica la Reina mató tres conejos de un solo tiro: ingleses y españoles quedaron en paz o cuenta con pago; con la substracción de los ducados de Felipe II, el duque de Alba se vería más que forzado a establecer en los Países Bajos el odiado y odioso impuesto del diez por ciento, y con esta medida al recrudecer la insurrección llevaría a los flamencos a la libertad de su patria.

La forma empleada por la Reina para adueñarse de los quinientos mil ducados que mandaba el rey de España es bastante instructiva. Ese dinero —decían los ingleses en las calles de Londres— habrá de servir para el pago de los españoles que están matando hugonotes y luteranos; Dios no puede ver con buenos ojos un crimen semejante.

Piadosamente, el obispo de la ciudad recoge la impresión del pueblo y se lo comunica a Isabel.

Yo —declara el vicealmirante, Arturo Champernowne— simplemente le advertí al capitán español: "No temáis por vuestro dinero y vuestros barcos. Mientras estos guardias estén aquí está de por medio el honor de mi Reina".

Ahora bien, cambiando los guardias y trasladando los ducados a otra parte, ¿quién dudaría que las palabras del vicealmirante quedaban sin valor?

Ordénase, pues, que los dineros vayan por tierra hasta Londres bajo la custodia de las tropas especiales de la Reina, y allí descubre Cécil, que aquel tesoro lo había tomado en préstamo el rey de España de banqueros genoveses y mientras no se hiciera su entrega en Flandes, no podía considerarse de propiedad de don Felipe.

La Reina prorrumpe: ¡Dios sea alabado, qué casualidad! Quinientos mil ducados es justamente la cantidad que yo necesito. A seguidas se entrega a la lectura de su Biblia, y cuando termina de leer un capítulo entero, cae de rodillas para darle gracias al Todo poderoso, que la había puesto en el camino de ayudar a la salvación de los carreteros del mar.

En cuanto a Juan Hawkins, la Reina le nombra tesorero de la Marina e individuo del Consejo del Almirantazgo, lo que no le impide volver a embarcarse en la escuadra inglesa y distinguirse en otros combates navales. El tiempo andando recibe nombramientos, primero de contraalmirante y, último, de vicealmirante. | Más tarde, la Reina le concede título de nobleza por su valiente conducta en la lucha contra la Invencible. Mas, como Hawkins quieren tomar desquite contra los españoles en las Indias, toma parte en el ataque contra Puerto Rico y de un arcabuzazo vuela de este mundo en 12 de noviembre de 1595.

Corre la noticia de que Juan Hawkins, antes de su tercer viaje a las Indias, se había ofrecido para acudir con tres de las naves suyas y quinientos hombres, en defensa del monarca español en su lucha contra los turcos y berberiscos. Dícese también que había pretendido vender sus barcos a los españoles mismos antes del formidable y nunca visto encuentro de los galeones de Felipe II con los veleros de Isabel de Inglaterra.

Indudablemente, el hombre tuvo pliegues y repliegues. Era un inglés de su época, tan admirablemente caracterizado por Francisco I de Francia en este famoso epigrama:

> Es un inglés tan sutil,
> que si protesta amistad,
> habrá que ponerse en guardia.

# EL BENJAMÍN DE LA FAMILIA

**RICARDO HAWKINS,** el Richarte de los españoles, aprendió las primeras letras del oficio al lado de su tío Guillermo, hermano de Juan, y más adelante bajo las órdenes de su padre, el magistral Juan Hawkins. Muy joven lucha en varios combates navales contra los hispanos y en ellos descubre que llevaba en su mochila el bastón de pirata.

Y cuando se resuelve a hacer por su cuenta un viaje alrededor del mundo, hay que oírle:

"Resolví hacer un viaje a las islas del Japón, las Filipinas y las Molucas, el reino de China y las Indias orientales por el camino del Estrecho de Magallanes y del Mar del Sur. El objetivo principal de mi peregrinación era hacer un perfecto estudio y descubrimiento de todas las regiones a donde llegase, con determinación de sus longitudes, latitudes, la configuración de sus costas, sus puertos, ciudades y pueblos, sus sistemas de gobierno y sobre las comodidades que ofrecen esos países y aquéllas que les faltan".

No obstante, nadie sabe por qué razón el caballero Luis Antonio de Bougainville hubo de cometer la injusticia de no incluir a Richarte entre los primeros argonautas que cruzaron el Estrecho de Magallanes.

Con la protección de Isabel, y en la capitana The Dainty (La Linda, nombre dado al velero por Su Graciosa Majestad), después de muchos días de navegación el prestigioso capitán arriba en el puerto de Santos, en el Brasil, en busca de víveres y no pudiendo conseguirlos allí toca en otros puntos de aquella costa, logrando un día la captura de un barco portugués cargado de vituallas. Después se ve forzado a quemar uno de sus navíos. Durante una tempestad a la altura del Río de Plata lo abandona el capitán Ricardo Tharinton, que había hecho ya la misma jugada a Tomás Cavendish, en su primer viaje.

Reducido a una sola nave, La Linda, en 2 de febrero de 1594, Hawkins llega frente a las islas llamadas Malouines por el navegante francés Bougainville, Las Malvinas de los españoles, o Falkland de los ingleses, y de las cuales se atribuye su descubrimiento, exactamente igual que Juan Davis, dos años antes.

En 29 de marzo de ese mismo año entra en el Mar del Sur, después de establecer en la navegación del estrecho un récord, a juicio de algunos escritores británicos, no obstante, de haberlo cruzado en cuarenta días escasos. Antes de mucho fondea cerca de la isla de La Mocha. Con 75 hombres valerosos y resueltos, contando con buenos cañones, llega de improviso a Valparaíso y en el puerto se apodera de cuatro barquichuelos cargados con vino, frutas y gallinas. Esto lo hace Richarte para estudiar no sólo la configuración de aquel puerto, sino también para conocer íntimamente el alma oculta en el pecho del ave.

Ignorando la presencia de los piratas en el puerto arriba un barco procedente de Valdivia conduciendo una remesa de oro en polvo y muchos cajones con manzanas para llevar al Perú. Inmediatamente los ingleses se adueñan de la embarcación y de su cargamento, destrozando con ansia loca las cajas con manzanas pensando hallar en ellas un tesoro más importante. Los armadores de los bajeles apresados entran en arreglos con el capitán Hawkins, y éste retiene solo uno de aquéllos en que confiaba encontrar una enorme riqueza escondida. Incondicionalmente suelta otro de los navíos y devuelve los demás por un rescate de dos mil quinientos ducados. También pone magnánimamente en libertad a todos los marineros apresados con excepción del piloto Alonso Pérez Bueno, para valerse de sus conocimientos prácticos en la navegación de aquella extensa costa.

En 4 de junio siguiente a la altura de Chincha se topa con tres barcos hispanos, mandados por don Beltrán Castro y de la Cueva y don Miguel Ángel Filipón, quienes, muy seguros de su fuerza, tratan de empeñar el combate; pero Richarte lo evita hábilmente, y aprovechándose de la obscuridad de la noche y de una tempestad, se retira rumbo al norte. Empero, Hawkins había cometido la imprudencia de poner libre a Pérez Bueno en el puerto de Huanchaco, y el piloto, como bueno, suministra al virrey preciosa información acerca de los recursos militares del pirata, con lo cual don Beltrán no vacila de salir en su persecución.

En la tarde del primero de julio, al doblar una puntilla, los españoles descubren el pirata en la bahía de Atacamas, e inmediatamente se traba la pelea, pero la noche viene a interrumpirla después de los primeros cañonazos. Renovase a la mañana del día siguiente y cuando el inglés ve que ha sufrido grandes destrozos en su nave y toda resistencia parecía imposible, acuerda de rendirse juntamente con sus compañeros a condición de ser tratados según las reglas de la guerra, es decir, con seguridades para sus personas.

Trece de los ingleses apresados con Hawkins, luego de reconciliados y admitidos por la Iglesia como penitentes, abierto un caso prima facie por el Tribunal del Santo Oficio de Lima, el fiscal pide el arresto de los acusados, pero éstos fueron puestos en libertad por orden del rey de España. Sobre este mismo asunto, A. S. Turberville, dice que muchos de ellos fueron enviados a Lima, reclamados por la Inquisición, y encerrados en sus mazmorras. Ocho de tales ingleses comparecen en un auto de fe en diciembre de 1594; todos expresan su conversión y quedan reconciliados, menos Guillermo Leigh, que sería condenado a seis años de galeras, debiendo cumplir después la condena de prisión perpetua. Ricardo Hawkins, por estar herido y enfermo no tuvo el placer de llevar en esa función su hábito de sambenito, pero de todos modos fué condenado a muerte. Defendido noblemente por don Beltrán que lo conduce a España, al recobrar su libertad se traslada a Inglaterra completamente arruinado y, como en los cuentos de hadas, su madrina Isabel, le nombra miembro de su Consejo privado ...

**SIR FRANCIS DRAKE:** "Hijo de perdición y hombre perdido", así le llama un poeta español; "más grande que Vasco de Gama, Colón y Magallanes", tal le proclama un historiador inglés.

La leyenda ha querido que, como Drake murió en el mar, naciera también sobre la cala de un pequeño navío. No es así. Nació cerca de Tavistock, condado de Debon, probablemente, en 1545, como apuntan algunos de sus biógrafos, o en 1539, según creen otros. Fué su padre un campesino de mediana fortuna llamado Edmundo Drake, que había de sufrir constante persecución por su ardoroso luteranismo bajo el reinado de María Tudor. En la época de Isabel obtendría primero la capellanía en un barco y, último, el vicariato en Medway. Francisco fué el mayor de doce hermanos, y queda desde muy niño confiado al patrón de una pequeña barca que hacía el tráfico hasta los puertos del Golfo de Vizcaya, y quien antes de morir, le deja a Drake la embarcación como una herencia. También "púsose a servir muchacho —dice el padre Alonso de Zamora— y como paje de la condesa de Feria, mujer del embajador de España en Londres (don Gómez Suárez de Figueroa) vino a la Península y aprendió muy bien nuestra lengua'". Mas, de tan humilde cuna fue cosa de pocos años a convertirse en el azote de los españoles, que no gozarían de ninguna tranquilidad mientras él vivió.

Al lado de un pariente suyo, el descomunal de Juan Hawkins, el joven Francisco adquiere los conocimientos teóricos más esenciales del arte de navegar; pero al final de su deslumbrante carrera pirática, se ha pretendido adornarlo con dotes de un profundo humanista, quizá porque aún se conserva en la Universidad de Oxford un sillón que se hizo con parte de los tablones del Golden Hind.

A la edad de veinte y dos años hace un viaje a las costas de Guinea en el empleo de teniente. En 1565, arriesga todas sus economías en un negocio en compañía del capitán Juan Lovel, con tan mala suerte que, al llegar al Río de la Hacha, las autoridades castellanas se apropian del cargamento. Arruinado económicamente por segunda vez con el famoso arrasamiento sufrido en San Juan de Ulúa, pero no desalentado, Drake sirve por algún tiempo a varios armadores ingleses. En estos años hace diversos viajes a las Indias occidentales y en ellos aprende lo esencial en aquellos tiempos para todo marino británico: un conocimiento de puertos, bahías, surgideros, ensenadas, rutas marítimas más frecuentadas por las flotas de los españoles y sobre los medios ofensivos y defensivos de ellas y de los pueblos que se levantaban en las costas atlánticas del continente dominado por España.

Más tarde, con el fruto de su oficio de bandolero, compra dos navíos, el Pasha, de 70 toneles, que pone al mando de su hermano Juan, y el Swan, (Cisne), de 250, dirigido por él. Con esas embarcaciones y tres pinazas en piezas para montarlas cuando fuera menester, llevando setenta y tres hombres con víveres y municiones para un año, Drake se lanza de nuevo al mar. Y para cumplir mejor su juramento de odio a los españoles se dirige al istmo de Panamá en busca de las recuas cargadas de oro y plata. Desembarca en Río Francisco con 150 hombres, marcha contra la villa de Nombre de Dios, se apodera del fuerte, saquea la población, y perseguido por un pequeño grupo de españoles armados logra llegar a nado hasta su navío salvando su preciosa vida, cobardemente. Poco después captura una nave hispana de 60 toneladas con un cargamento de vino y decide trasladarse con su gente a una isleta deshabitada de aquella latitud a tomar un breve descanso. En 13 de agosto de 1572 aparece frente a la plaza de Cartagena de Indias, donde apresa dos buques castellanos, adquiriendo también los víveres y municiones de dos fragatas.

Hallándose algún tiempo después en un abra en el istmo de Panamá, donde traba amistad con una partida de cimarrones encabezados por un tal Pedro, o Diego, sorprende tres recuas cargadas de oro y plata, llena sus naves con aquellos metales y deja en un arroyo cenagoso de la región quince barriles repletos de oro y plata sobrantes para volver por ellos más adelante. Dos días después incendia los almacenes de Venta Cruz o Cruces, causando con ello a los españoles una pérdida que se ha estimado en más de 200,000 ducados. Vuelve a Río Francisco y allí reparte su botín con sus hombres y la tripulación de un navío francés al mando de Guillermo le Testu, que le había secundado en sus dos últimas empresas.

Desde la cumbre de un cerro, subido cual el mono en la copa de un árbol, Drake divisa el Mar del Sur o de Balboa y resuelve llevar en lo futuro sus actos de pillaje sobre aquellas aguas, seguro del daño que causaría al rey de España y sus leales vasallos.

De regreso a la "dulce Inglaterra", arma tres fragatas con las cuales presta valioso auxilio como voluntario a Gualterio Devereux, conde de Essex, en su ataque a Irlanda, y muerto el conde, Drake vuelve a su patria.

Estas fechorías, desde luego, carecen de importancia y colorido, porque en aquellos años cualquier pirata pincho hacía ya otro tanto en las posesiones de España, desangradas y desguarnecidas y escasamente pobladas de católicos, "las infelices víctimas del Papado", que, a juicio de luteranos y calvinistas, tenían bien merecido el robo y aún el asesinato, si no se dejaban desvalijar.

Mas, el Draque tenía visión y atrevimiento. También se había enterado que los adormilados colonos españoles en el Nuevo Mundo creían de pies a cabeza que un cometa era un anuncio de castigos celestiales. Y con el cometa: un terremoto, o un pirata. El Drac sería para ellos las dos cosas. Fuera de esto y antes que nadie él había realizado una serie de notables y fecundos descubrimientos. A poco de venir ejerciendo su oficio pudo comprobar que los galeones de España eran más pesados que una catedral, es decir, carecían de movilidad y manejabilidad y sólo disponían de cañones en proa y popa. Regularmente navegaban a las colonias con mercancías de escaso valor y regresaban a la metrópoli transportando valiosos cargamentos al cuidado de numerosos soldados que, poco acostumbrados al vaivén de las olas, a la hora del menester, si no estaban mareados o enfermos, disparaban las pelotas tan solo para desarbolar los barcos enemigos, no a perforar sus cascos, porque el soldado español aún tenía a la "artillería por un arma innoble".

Por último y esto era de más trascendencia, el Dragón tenía entendido que a Isabel de Inglaterra le hacía falta un muchacho, y que ese muchacho era él. En efecto, la Reina no cabía ya en su trono a fuerza de los disparates de Felipe II. Afortunadamente para el pirata, lord Cristóbal Hutton o Hatton, que conocía a Drake muy bien, había de pintárselo a Isabel como el alma que criara el diablo tan solo para tirarle de las barbas a Felipe y arrancarle los escapularios del pecho………

Hay que advertir que en aquellos días la política inglesa respecto a España estaba dividida en dos bandos: los pendencieros, acaudillados por Roberto Dudley, favorito de Bessey, Francisco Walsingham, secretario de Estado, Guillermo Wynter, jefe del almirantazgo, y su asistente y asociado, Guillermo Hawkins, que juzgaban la guerra con España como cosa inevitable, y se obstinaban por todos los medios en llegar a las armas; y los pacifistas fingidos, que tenían por cabeza de león al nebuloso Guillermo Cécil, "un hereje pestilente de corazón, más peligroso porque no era fanático, que creía o aparentaba creer posible un arreglo amistoso". Por su parte, la Reina, que tenía su propio modo de pensar sobre aquel asunto, un día de tanto manda que le lleven a Drake a su presencia, y le dice:

—My deare pyrate: Me gustaría que me vengaran del rey de España por diversos insultos que he recibido. Dime, pues, ¿cuáles son tus planes?

Y, el "querido pirata", en su clásico inglés isabelino, responde:

—Smale good was to be done in Spayne, but thonly way was to anoy hym by his Indyes, que vertido al castellano quiere decir, más o menos, lo siguiente: Escaso provecho podría sacarse atacando directamente a España, lo aconsejable sería herirle en sus Indias.

A seguidas el Drake, desarrolla su proyecto consistente en llevar las operaciones piráticas al Mar del Sur, puesto que no valía ya la pena de seguir gastando pólvora sobre las costas bañadas por el mar Océano.

La Reina promete tomar una acción por valor de dos mil coronas en la compañía de aventureros que debía organizarse a tal fin y le pide al pirata que no diga ni una palabra a Cécil de lo tratado con ella. Drake jura guardar hasta la tumba los artículos de aquella caza partida, y entonces Isabel le regala una espada que tenía esta leyenda grabada: Whoso striketh at thee, striketh also at us. Y, así termina el primer acto.

El pirata sale a la calle resuelto a tragarse el Nuevo Mundo, pues, no en balde su nueva espada tenía estampado aquello de aquel que osare ofenderle de paso cometía ofensa con su reina.

Durante el tiempo en que Drake había seguido al conde de Essex en su desventurada expedición a Irlanda, se hizo de la amistad de Tomás Doughty, un soldado de mérito, gentil cortesano y verdadero renacentista, de quien el pirata no sólo aprendió unos cuantos latinajos, sino que se aprovechó de su influencia social y política. Por consiguiente, a Doughty le confía lo concertado con la Reina y éste, juntamente con otros amigos suyos, ayudan en la organización de la proyectada empresa.

Conforme al rito británico de aquella hora, se forma una compañía de mercaderes aventureros y con las coronas suministradas por Isabel, Dudley, Hatton, Walsingham, más la parte de Drake, la obra crece como la espuma. Cuando los arreglos del viaje se hacen públicos, los interesados en el negocio anuncian que la dicha expedición se dirigía hacia Alejandría, mientras enganchaban la chusma con destino a Irlanda.

En tanto se hacían los preparativos del caso del otro lado del Canal de la Mancha venía nutriéndose un grave peligro que amenazaba la tranquilidad del pueblo inglés. Don Juan de Austria, el galán joven de la familia reinante en España, que se hallaba en el gobierno de los Países Bajos, deseoso de ceñir una corona a sus cienes aureoladas con lo de Lepanto, estimulado por el Sumo Pontífice, estaba determinado de pasar con sus tercios a Inglaterra, sacar de la Torre de Londres a la vieja María Estuardo, reina destronada de Escocia, casarse con ella, y para que no hubiera duda de sus designios con respecto al trono británico, redacta un documento en virtud del cual renuncia de dicho derecho y cualquier otro territorio a favor del rey de España o de cualquiera de los parientes de éste a quien tuviese a bien escoger con el consentimiento del Papa. Felipe II, parece que hubo celos de las ambiciosas pretensiones de su hermanastro, y alegando que los flamencos eran a la sazón lo suficientemente fuertes para sacudirse la dominación hispana en la retirada de las tropas de don Juan, no estuvo de acuerdo en el casamiento y por ello Inglaterra se salvó de un formidable ataque.

Los asociados con Drake se aprovechan de los intentos de don Juan para hacer que la expedición saliera en 13 de diciembre de 1577 rumbo al Mar del Sur con cinco barcos y tres pinazas desmontables. El mayor de los navíos era el viejo Pelican, de 100 toneladas, rebautizado más tarde con el dictado de Golden Hind, para honrar a lord Hatton, que lucía una sierva de oro en su escudo de armas, que servía como capitana y en el que Drake navegaba en toda su gloria como capitán general de la escuadra. El Elizabeth, de 60 toneles, como barco vicealmirante, bajo el mando de Juan Wynter; el Marigold, de 20, y su capitán Juan Thomas; el Benedict, de 15, al mando de Tomás Moone, y el Swan, de 50, como barco de transporte, con su comandante, Juan Chester.

El Golden Hind (así lo llamaremos en esta relación) había sufrido un lujoso acondicionamiento, sobre todo, el camarote de su capitán, a la puerta del cual se mantenía siempre un soldado con la espada desenvainada en la mano. Mucho mejor que los otros, este buque ostentaba sus mascarones de proa con toda la belleza, la maravilla y el encanto de los decorados isabelinos. El Drake llevaba también una orquesta típica de su tiempo para que tocase las antífonas de Orlando Gibbons, y una comitiva de floridos caballeros, entre otros, el cimarrón panameño, y los hermanos Tomás y Juan Doughty. Cuentan que Felipe Sidney, poeta y nuevo favorito de Isabel, quiso tomar parte en la expedición; pero la Reina, celosa y pecaminosa, no se lo permitió, y Drake, gustosamente se ofreció a sacarlo de sus naves como si fuera un polizón. ¿Qué dirá la posteridad —pensaba Drake— si llevase un jilguero en mis naves?

Sus hombres debían de ser de condiciones excelentes: trabajadores, alegres, diestros en el manejo de las armas, inclinados a darse un hartazgo tres veces al día, cuando menos, y, sobre todo y por todo, absolutos creyentes de las exposiciones que él acostumbraba hacer de las promesas y profecías del Sagrado Registro. Pues hay que añadir que Drake no solamente era un buen curandero, sino que se jactaba de predicador. Con una chusma a su imagen y semejanza, "el ladrón mayor del mundo desconocido" se consideraba con poder bastante para echar abajo las puertas del infierno.

Frente a Cabo Blanco logra la captura de una carabela lusitana, que agrega a su flota, poniéndole por nombre Cristóbal en honor de lord Hatton. Allí mismo abandona el Benedict, por considerarlo inapropiado en tan larga jornada y, quizá, por aquello de llevar una denominación con olor pontifical.

Como escasearan las provisiones cerca de las islas de Cabo Verde, Drake da mandamiento a Tomás Doughty, que acompañado de algunos marinos fuese por ellas en una lancha. El noble aventurero regresa con las manos vacías y refunfuñando de verse tratado de menos por el pirata en una expedición organizada gracias a su influencia y valimiento.

En 4 de abril de 1578 llega a las costas del Brasil y veintiún días después entra en el Río de la Plata. Más tarde hace un desembarco en la Bahía de las Focas (Patagonia) y en 10 de junio sale a tierra en el puerto de San Julián, donde ahorca a Tomás Doughty, acusándole de insubordinación y otras graves faltas, como también para no quedarse con menos gloria que Hernando de Magallanes que, cincuenta y ocho años antes había hecho descuartizar en el mismo sitio al capitán Luis de Mendoza, por traición. En la Memoria del capellán Francisco Fletcher, que acompañaba a Drake en esta expedición, puede leerse: "En la tierra firme encontraron nuestros hombres un patíbulo derribado, hecho de un mástil de pino".

En el juicio abierto contra Doughty no sólo se mostraría el duro temple de Drake, sino que saldrían a relucir verdaderas preciosidades acerca del estado social y político en Inglaterra. Tomás Doughty y Tomás Drake, hermano de Francisco, se acusan mutuamente de haber robado parte del botín a bordo. Eduardo Bright, testigo, y enemigo personal reconocido del acusado porque éste se había permitido platicar sobre las liviandades de la mujer de Bright, no tendría empacho para declarar que él había oído decir a Doughty, en el jardín de la morada de Drake en Londres, que, "tanto la reina Isabel como los miembros de su Consejo privado eran susceptibles de ser sobornados", y otras cosillas por esta guisa.

Cuando el jurado da su fallo de muerte, Leonardo Vicary, hombre de leyes y amigo de Doughty, protesta a nombre de la Justicia contra aquel crimen. Drake, advirtiéndole que no metiera la nariz en aquel asunto, concluye por mandar al diablo a todos los abogados habidos y por haber, juntamente con "sus malditas leyes". No falta quien diga que la sentencia fué ejecutada por Drake en persona. Lo cierto fué que Tomás Doughty, dirigiéndose al verdugo, en tono humorístico y humanista, exclama:

—Hermano, recordando aquí a Tomás Moro, el profeta de la tolerancia, yo también puedo deciros que no te honras mucho cortando mi cabeza, pues, como ves, está unida al cuerpo por un cuello muy delgado.

"Esta fue —escribe Juan Harris— la acción más censurable y temeraria que el Almirante cometió en su vida". Naturalmente, ahorcar un inglés no era lo mismo que poner fuego a las casas de los españoles, achicharrar sus moradores, ¡ni divertirse colgando frailes en la horca o escupir imágenes de la Virgen María!

El día 21 de agosto el Dragón entra en el Estrecho de Magallanes, por el cual sale al Mar del Sur tras dieciséis días de navegación. Tempestades violentas a la altura del Cabo de Hornos dispersan su flota. El Swan fué presa de un incendio; el Marigold, se va al fondo, y el Elizabeth, con su capitán Wynter, se vuelve a Inglaterra.

Arrojado por el mal tiempo hasta los 57° grados de latitud sur, Drake logra finalmente anclar en la extremidad de una tierra que no está bien determinada aún su posición. Con estos trabajos y penalidades, llega a la isla de La Mocha en 29 de noviembre y avanza hasta las costas de Chile, donde apresa en la rada de Valparaíso un barco español que conducía 400 kilogramos de oro, 1,770 botijas de vino, piedras preciosas y algunas mercaderías.

En 8 de diciembre parte de Valparaíso; desembarca después en Coquimbo, de donde fué rechazado fácilmente por sus moradores. En el año siguiente llega al puerto de Arica y allí se apodera de los cargamentos de tres veleros, consistentes en lingotes de plata y ricas mercancías. Se presenta en febrero en el Callao, y corta los cables de doce naves para que se rompiesen contra la costa o se fuesen a pique. Hallándose en Payta tiene noticia de un barco ricamente cargado que se dirigía a Panamá y al cual persigue sin descanso. Logra capturarlo y halla que llevaba gran cantidad de perlas y otras piedras preciosas, ochenta libras de oro, veintiséis toneles repletos de plata en barras y tres cajas con plata amonedada, calculándose el valor de esta presa en 900,000 ducados.

Sin tratar aquí otros muchos incidentes de esta expedición, conviene a nuestro tema consignar los hechos siguientes:

Con el Golden Hind hecho una criba, Drake se detiene por algunos días, hasta el 24 de marzo de 1579, en la isla del Caño, al noroeste de la península de Osa, donde hizo las reparaciones más urgentes de su nave, y logra apresar un pequeño velero cargado de miel, manteca y zarzaparrilla.

En la fecha indicada toma rumbo norte y ese mismo día hace la captura del galeón Nuestra Señora de la Inmaculada Concepción, que conducía un cargamento de maíz y otras provisiones. A su bordo iba un piloto español de apellido Colchero, que se dirigía a Panamá enviado por el virrey de Nueva España y era portador de valiosas cartas de navegar y de importantes documentos oficiales del propio virrey y del rey de España para el gobernador de las Filipinas. Drake guarda a Colchero en calidad de prisionero por algún tiempo, y de él obtiene inapreciables datos acerca de las rutas a seguir por el Mar del Sur. Este piloto y el portugués Nuño de Silva, aprisionado frente a las islas de Cabo Verde, habían de ser para el pirata los mejores guías de su buena estrella.

"Con el mal tiempo no pudo Drake anclar frente al Realejo, según sus deseos". Por la misma causa hubo de pasar a lo largo del Golfo de Fonseca sin detenerse en ninguna de sus islas.

Los textos ingleses que hemos consultado hasta el momento y que versan sobre la única expedición realizada por Drake por el Mar del Sur, que tanta fama y riqueza le diera, no mencionan la Isla del Tigre y, en cambio, aparece que en su breve recorrido frente a las costas del Pacífico de las actuales repúblicas de El Salvador, Honduras y Nicaragua, el pirata no conquistó mayores glorias para su corona en virtud de no haber hallado en ellas ninguna resistencia militar y en cuanto a lo robado, solamente sirvió para "distracción y pasatiempo" de la chusma que lo acompañaba.

La noticia de que la isla llamada por los indios Ciualtepetl, y, posteriormente, del Tigre, fuera por algún tiempo la guarida predilecta de Francisco Drake, mientras efectuaba sus correrías por aquellas latitudes, parece que tiene su origen por obra y gracia de E. G. Squier, sin que este acucioso autor indique de dónde lo tomó. Después la fantasía de muchos escritores se ocuparía de poblar la susodicha isla de infinitos tesoros escondidos por el pirata, y aún de pretender derivar el nombre que actualmente lleva de su apodo, el Tigre, que, específico y particularmente, tampoco figura como aplicado a Drake en ninguna de las crónicas inglesas o castellanas.

Para mayor abundamiento de lo expuesto arriba, en el Diario debido a Juan Drake, primo de Francisco, y miembro de su tripulación, puede leerse que, a los once días de haber zarpado de la isla del Caño, o sea en 4 de abril, cerca de la costa de Guatemala, "al norte del puerto de Sonsonate', avistaron el barco en que viajaba don Francisco Zárate, sobrino del poderoso duque de Medina, y Caballero de la Orden de Santiago. Antes del anochecer Drake manda en un bote doce de sus hombres armados de puñales, espadas, escudos y flechas, a tomar posesión de aquella nave, y después se hace el traslado al Golden Hind de cuanto había en ella de provecho en forma tan cortés y gentil, que el español se quedaría maravillado de ello para el resto de sus días. Y, como a éste no le dejara el pirata más que el vestido que llevaba encima, don Francisco, pensando que, "nobleza obliga", todavía se quita una valiosa esmeralda engarzada en oro que le colgaba sobre el pecho para obsequiársela como recuerdo. El ladrón, con muchas genuflexiones y mil disculpas acaba por adueñarse también de los artículos de lana y lino y de algunos objetos de porcelana de uso personal de la mujer de Zárate, manifestando que todo ello sería para quedar bien con su cara mitad cuando volviera a Inglaterra.

Años más tarde, don Francisco de Zárate haría en sus Memorias el retrato físico y moral del pirata y, entre otras cosas, anota que tenía en la frente la cicatriz de un flechazo y una bala incrustada en una pierna, recuerdos memorables de sus robos y peleas en Nombre de Dios. Cuando el Drake se paseaba a lo largo de la cubierta de su nave los marineros, si se cruzaban frente a él, poníanse a temblar como niños, hacían un saludo militar encorvándose hasta tocar el suelo con la cabeza. En uno de los cañones de bronce del Golden Hind aparecía grabado una esfera del mundo iluminado por la estrella polar. Era el escudo de armas que había concebido y diseñado para el pirata la poetisa Isabel Tudor. A la hora de cenar Drake sentó a su mesa a Zárate: La orquesta dejaba oír sus mejores sinfonías y el castellano advierte que los doce nobles ingleses (tantos como eran los Apóstoles) que iban en su compañía no se cubren la cabeza mientras no lo manda el capitán general.

Drake continúa hacia el norte, y en 15 de abril de 1579, desembarca en Aguatulco, sobre la costa de Méjico, puerto conocido también por los nombres de Guatocolo y Guatulco, donde roba cuanto pudo hallar de valor y luego entrega la población a las llamas.

Con intento de volver a Inglaterra, pero temeroso de ser atacado por los castellanos en el Estrecho de Magallanes, busca un paso por el norte del continente americano. Llega hasta los 43° grados de latitud septentrional, y hallando sólo un frío extremo desciende a los 38° de la misma latitud. En 17 de junio ancla al norte de la actual California, en una bahía a la cual da su nombre y toma posesión de la tierra, que llama la "Nueva Albión", donde cree hallar "huellas de oro", y sigue su viaje en 23 de julio siguiente.

Como renuncia en la búsqueda del paso por el norte, se encamina hacia las Molucas y a donde llega en 14 de septiembre. Con rumbo sur y tras varias vicisitudes arriba al cabo de Buena Esperanza en los primeros días de junio de 1580, y al finalizar tres años de navegación, entra en la rada de Plymouth, en 26 de septiembre de ese mismo año, "luego de haber escrito su nombre en el libro de la Historia".

El caballero de Bougainville, en el Discurso preliminar de su libro Viaje Alrededor del Mundo, compendía la. obra de Drake en estas palabras: Drack, inglés, partió de Plymouth con cinco navíos el 15 de septiembre de 1577, y volvió con uno solo el 3 de septiembre de 1580. Fué el segundo que dió la vuelta al Globo. La reina Isabel comió a su bordo, y su navío, llamado el Pelícano, fué cuidadosamente conservado en Deptford, en una dársena, con una inscripción honorífica en el palo mayor. Los descubrimientos atribuídos a Drack son muy inciertos. Se señala en las Cartas en el Mar del Sur una costa bajo el círculo polar, más algunas islas al norte de la línea, y, también al norte, la Nueva Albión.

Cuando el Golden Hind o el viejo Pelican se inutilizó por completo y dejó de ser asombro del turista, con una parte de sus tablones el rey Carlos II mandó que se hiciese un sillón que aún se conserva en la Universidad de Oxford, como dijimos al principio, y en el que se posa el espíritu de Tomás Doughty, eternamente.

Por mandado de la reina Isabel, sir Francis Drake se hace construir otro globo terrestre, pero, esta vez, con una divisa que abarca una falsedad escandalosa: Tu primus circinvidediste me, y esta blasfema leyenda: Divine Auxilio.

Unos cuantos de sus enemigos le acusaron de haber efectuado sus robos cuando Inglaterra no estaba en guerra con España. Don Bernardino de Mendoza, embajador de España, entabla las más apremiantes reclamaciones contra el viaje de Drake que por más de un título merecía calificativo de pirático. Con la idea de apaciguar el enojo de Felipe II, la reina Isabel manda que se le devolviese una pequeña parte del botín a Pedro Libura, español, que se decía ser agente de los mercaderes a los cuales había desvalijado el Dragón. Mas, tan pronto como la Reina se entera que su ex—cuñado se había hecho el fuerte con los dineros devueltos, se decide a no hacer en lo futuro ninguna restitución de los tesoros tomados por sus cuarenta ladrones…

David Hume, tratando sobre esta materia, dice: Aquella atrevida y afortunada empresa hizo célebre el nombre de Drake, mas con todo eso, los que temían el resentimiento de los españoles procuraron persuadir a Isabel que desaprobara su conducta, le castigase y le hiciese devolver sus presas; pero la Reina, admirada de su valor y, seducida con la idea de repartir el botín, no quiso sacrificar a aquel valiente, y antes le nombró caballero y aceptó una fiesta que él le dió en Deptford, a bordo del mismo barco que había hecho tan memorable viaje.

Respecto a los beneficios que produjo a los aventureros que habían costeado la expedición, Juan Barrow, toma del Merchant Mappe of Comerce, por Sewes Roberts, e impreso en 1639, el siguiente dato: "Este viaje produjo a Drake, a los mercaderes de Londres, sus socios en la empresa, y a los aventureros que le acompañaron, según una cuenta formada a la vuelta, después de hechos todos los pagos y descargos, la cual cuenta yo ví escrita por su propia mano, 47 libras esterlinas por cada libra, de tal modo que los que aventuraron con él 100 libras obtuvieron 4,700, lo que dará idea del beneficio obtenido, aunque acompañado de sinsabores, dilaciones y peligros".

Por su parte, Elizabeth Douglas Fudler Eliot Drake, en su libro (en inglés) La Familia y Herederos de Sir Francis Drake, consigna una noticia que da idea de lo lista que era Isabel de Inglaterra.

"Los cofres de monedas y cajas de joyas que Edmundo Tremayne registró (mientras se llevaba a escena la farsa de hacer devolución a los españoles de los tesoros pillados), se depositaron primero en una torre cerca de Saltash, y luego en la de Londres; pero la suma que se ordenó a Drake tomara privadamente se dejó en Radford al cuidado de su amigo Cristóbal Harris. Se ha sugerido que en realidad estas diez mil libras fueron una compensación por las pérdidas que él, Hawkins y sus compañeros habían sufrido cuando la expedición comercial de 1569, cuando su cargamento fué traidoramente asaltado por el gobernador de San Juan de Ulúa. Si así fué, como la Reina había sido en esta ocasión uno de los aventureros, es probable que no poco de lo que se ocultó en Radford fuera a parar pronto y silenciosamente a sus reales manos".

Con la muerte de Francisco Drake, la piratería que daba partos que colmaban a los ingleses de maravilla y de ducados se vino por el suelo y, patrióticamente, los poetas británicos pondrían al excelso forjador de la riqueza nacional por los cielos con los acostumbrados sonetos y elogios más fulgurantes.

Empero, el norteamericano Hubert Howe Bancroft, opina que todas las producciones inglesas son pedestres y, tratándose de las extranjeras, solamente perdona La Dragontea por Lope de Vega, español, y porque contiene primores, como este:

Mirad la desventura y la ruina
De aquel hombre atrevido e indomable:
Mirad que triste género de muerte
Del cuerpo el alma a los infiernos vierte.

Pero el notable historiador pierde el sosiego y la serenidad de su espíritu, cuando al poeta se le ocurre decir que Drake murió envenenado por sus propios hombres, y le dedica este epitafio:

En sepultura de animales rudos,
y de Jerusalén la puerta afuera
que no en su templo con trofeos y escudos,
quedarás para siempre bestia fiera:
¡Qué bien te llorarán los peces mudos!
que roen en el fondo tu litera,
al lastre mismo de las tablas presos,
para gustar tus miserables huesos.

# "LOS TORTUGUENSES"

**MUY ILUSTRES** historiadores consideran el tratado de Vervins entre Felipe II y Enrique IV (1598), que cerró el gran ciclo de la preponderancia española en el mundo, como la base legal de las pillerías de los franceses en las aguas del Mar de las Antillas y, a la vez, del establecimiento de bucaneros, filibusteros y contrabandistas de distintas procedencias en algunas de las islas y en otros lugares del continente americano.

A parte, pues, de la siniestra doctrina del expresado convenio contenida en aquello de "nada de paz más allá de la línea", lo cierto era que las posibilidades de adquirir las riquezas naturales existentes en las Indias y el cebo del botín, estimularían a un gran número de aventureros franceses, ingleses y holandeses, principalmente, a posesionarse desde muy temprano de territorios insulares y continentales en el Nuevo Mundo. De ahí que hoy sea ya muy difícil, o punto menos que imposible, determinar cuándo, y quién o quiénes, fueron los primeros intrusos que arraigaron en las "islas inútiles" o sin vigilancia alguna del gobierno español, y donde con el correr del tiempo llegarían a formarse, como en otros puntos, focos de una empresa de rapiña que abarcaría desde la costa de la Florida hasta los paralelos brasileños.

Desflorada y mustia la leyenda de El Dorado, o Manoa, cuya fama no corrió tanto merced a los hispanos, "hambrientos de oro", cuanto a los empeños y escritos de Gualterio Raleigh, Ralegh, Rawleighe, o como quiera que haya sido este nombre, y por ello los extranjeros comienzan a formular los planes de colonización o de valoración de las tierras indianas para coger, poniéndose bien con Dios, y con el trabajo de los indios y de los negros, sus productos más tentadores y lograr un comercio permanente no sólo con los vecinos españoles, sino también con los demás pueblos de la tierra.

La Guaiana —escribe Raleigh— es el almacén de todos los metales ricos; como que una sola mina daría para cubrir toda Inglaterra; riscos, montes y llanos brillan con lo que los españoles llaman madre de oro (es decir, marcasita, que para nada sirve); el imperio de Guaiana tiene más oro que cualquiera otra región del Perú y más y mejores ciudades que aquél poseyó en la época de su apogeo.

"Ya, pues, que Enrique VII, desperdició la oferta de Colón, no repitamos el desaire a la fortuna que se nos mete en casa; yerran los capitanes ingleses que ceban su enemiga a los españoles en las presas del mar y saqueo de ciudades costeras; esas heridas no pasan de la piel: con apoderarnos de la Guaiana, llegaremos al corazón del Rey Católico, y tendremos riquezas con que combatirlo victoriosamente". "No desespero de ver en Londres una Casa de Contratación parala Guaiana más importante que la de Sevilla para las Indias occidentales'".

Poeta madrigalesco, Gualterio, quiere colgar en la cabeza de sus compatriotas otro mito: las amazonas. Pues las amazonas y los monstruos eran para él artículos de fé: las pone en las islas del Orinoco, sesenta leguas españolas de su desembocadura. Esto era una de las razones por las cuales los ingleses debían de emprender cuanto antes la conquista de la Guayana: las amazonas, por simpatías femeniles, pondrían sus ejércitos al servicio de la Azrabeta Cassipuna Aquerewane, como llamaban ya los indios a la Reina Virgen enseñados por el mismo Gualterio.

Tocante a los ingleses, y para cuyas actividades colonizadoras no se confinarían a las regiones septentrionales del continente americano, un poco antes de fundarse la Compañía de Virginia, en 1606, al comienzo del reinado de Jacobo I, Carlos Leigh establece un pequeño grupo de emigrantes en el río Oyapok, en la Guayana, y aún cuando el fracaso fué rotundo, siempre les quedaría a los ingleses la esperanza de adueñarse de esa región. Tomás Roe, que había de cosechar más adelante fama imperecedera entre sus paisanos como embajador de Inglaterra en la India, como creador de la doctrina del "comercio pacífico", realiza la exploración de la costa desde el Orinoco hasta el Amazones, y sin éxito, funda una pequeña colonia cerca de este río. Roberto Harcourt, en 1609, establece otra un poco más al norte de la anterior, y gracias al favor que le dispensa el príncipe Enrique, obtiene cuatro años más tarde una concesión sobre una vasta zona en el mismo territorio, pero sin resultado feliz.

Gualterio Raleigh, entre tanto, prisionero de Isabel en la Torre de Londres por razones que no viene al caso mencionar aquí, continuaba soñando en adquirir para su patria un imperio tan rico como los conquistados por Cortés y Pizarro. Después de la muerte de la Reina, y como una consecuencia de la hegemonía política del bando de ingleses adversarios descarados de los españoles, consigue la libertad y una licencia para colonizar en la Guayana, con la condición expresa de no atentar en ninguna forma contra los derechos del rey de España. El amplio proyecto de Raleigh, a la postre, se reduce a una sencilla y rudimentaria empresa minera, y por haber atacado a los españoles, vuelve a la Torre de Londres, y, finalmente, pierde la vida ejecutado de orden de Jacobo I.

En 1619 se organiza la rimbombante Gobernación y Compañía de nobles Caballeros de la ciudad de Londres para la explotación del Amazonas, como resultado de las gestiones del capitán Rogerio North, hermano del tercer barón de North, y con asociados tan poderosos como Roberto Rich, conde de Warwick. Esta empresa, que sólo duró cuatro años, abarcaba un fantástico plan de colonizar las regiones deshabitadas del Amazonas; pero habiendo intentado también expropiar a los españoles de las suyas, incluso del Perú, ante las reclamaciones del embajador de España en Londres, el rey ordena su disolución y el encarcelamiento del capitán North. Prevenido éste de los designios del soberano por Ludovico Stuart, conde de Richmond, uno de sus asociados, logra salir ilícitamente del puerto de Plymouth con tres o cuatro navíos con destino al Amazonas, a donde llega en mayo de 1620. Allí había de permanecer North algunos meses explorando a lo largo de la cuenca del caudaloso río, y cuando ve que se agotan las provisiones, decide volver a Inglaterra junto con algunos de sus hombres, llevando en la cabeza la imagen florida de aquel paraíso americano. Puesto en su patria el rey ordena su prisión en1 la Torre de Londres, de donde no saldría hasta ponerse de rodillas ante su soberano y dar pruebas inequívocas de haberse curado de tan extraño género de locura colonizadora.

Mas, uno de los compañeros de North en la expedición anterior, el capitán Tomás Warner, o Warnaerd, quien parece que tuvo noticia por un tal capitán Paiton de la existencia en el Mar de las Antillas de una pequeña isla llamada por los caribes Liamuiga, bautizada por Colón con el nombre de San Cristóbal y confirmada más tarde por los ingleses con el de Saint Kitts, en el crucero que hizo con North tendría la suerte de visitarla y aún de hacerse, según se dice, de la amistad de sus pobladores, los cuales indudablemente le rogarían con lágrimas en los ojos que volviese a su isla con algunos de los compatriotas suyos.

Warner organiza, pues, una compañía para la explotación y cultivo de tabaco en Saint Kitts contando con la cooperación económica de Rafael Merrifield y varios otros ricos mercaderes de Londres. Con la autorización de Jacobo I, a bordo del Marmeduke se presenta Warner en la dicha isla en 28 de enero de 1624 con quince ingleses dispuestos a sembrar tabaco y resueltos a quitar la posesión de Liamuiga a sus buenos amigos los caribes. Un año más tarde se le incorpora el capitán Juan Jeaffreson con otro reducido grupo de aventureros conducidos en el Hopewell. En la primavera de 1625 llegan al mismo lugar algunos franceses comandados por el caballero normando Pedro Diel, o Belain d'Esnambuc, o d'Enambuc, de la casa Vandroque Diel, muchos de los cuales habían sido recogidos en un naufragio y, según los historiadores ingleses, éstos aceptan de buena gana la propuesta de Warner de quedarse en la isla como colonos.

El caballero d'Enambuc, que venía pirateando de lo lindo en el Mar Caribe con Urbano de Roissey de Chardouville, vuelve a Francia en busca de apoyo de su gobierno para la empresa tabacalera en San Cristóbal y, sin mayor dilación, logra establecer la Associaron des Signeurs des Isles de l'Amérique (Asociación de señores de las islas de América), figurando entre los socios capitalistas el campanudo cardenal Richelieu. Después regresa a la isleta con carta oficial para "colonizar, y combatir, perseguir, abordar y atacar, someter, saquear y apresar con cualquier clase de armas y artificios de guerra a los piratas y a quienes pretendan impedir el tráfico y la libertad de comercio a los navíos franceses o de sus aliados". Con ello ingleses y franceses tienen el acierto de no disputarse el señorío completo de la isla, y de llegar a un acuerdo para dividírsela y establecer, cada quien, en su lado, centros permanentes de colonización, cuyas relaciones, con pocas alternativas, no fueron amistosas. Y, aduciendo recelos respecto a la amistad de los caribes con los españoles, que venían frecuentando San Cristóbal de tarde en tarde con fines de trato y cambio con sus primitivos moradores, una noche de tantas ingleses y franceses caen sobre ellos a mano armada dando muerte a cuantos pueden, incluso el cacique, y forzando a los pocos sobrevivientes a buscar asilo en otra parte.

Con la anuencia de sus respectivos gobiernos los colonos o plantadores de San Cristóbal enganchan más gente y su negocio marcha tan admirablemente que muy pronto hacen los primeros embarques de tabaco para Inglaterra. Tomás Warner, ennoblecido ya por su rey, cae en las redes de la cabellera de azabache de una india y a poco aparece el primer mestizo en la volcánica isleta: Eduardo Warner. En cuanto al tabaco, que llegaría a ser uno de los pilares más sólidos en la riqueza de Inglaterra, al principio encontraría obstinada resistencia entre la mayoría de los ingleses porque, según sus detractores, hacía o hace perder la memoria a sus consumidores y, consiguientemente, Carlos I que había heredado de su padre la tabacofobia, en 6 de enero de 1631, manda que la planta infernal debía "usarse solamente como droga y jamás quemarse como hábito o vicio propio de sibaritas".

Cuando las divergencias entre los ingleses y franceses llegan a un punto culminante, según el padre Pedro Francisco Javier de Charlevoix, por la desmedida codicia de los primeros, siendo inferiores en número fueron obligados por los segundos a salir de la isleta y buscar refugio en Nieves o Nevis, al sur de San Cristóbal y separada de ésta por un estrecho canal.

Esa ruptura de la conformidad de los dichos plantadores y piratas, pone por un momento en peligro la paz entre Inglaterra y Francia, cuando en ambos pueblos se tiene noticia de lo que había ocurrido en aquella isla.

Su pretexto de hacer la defensa de la isleta misma de un inminente ataque por parte de los españoles, el cardenal Richelieu, despacha una escuadra bajo el mando del caballero Cahuzac, y éste sin mayores contemplaciones, en el momento y en el lugar oportunos, echa a fondo unos cuantos veleros ingleses y con otros métodos tan suaves y convincentes logra que las dos pandillas vuelvan al bendito seno de la amistad.

A poco de haber zarpado los buques franceses se presenta frente a San Cristóbal una flota de treinta y nueve grandes barcos con don Fadrique de Toledo, marqués de Villanueva de Valdueza como capitán general, cuyos soldados se hacen dueños de la plaza sin mayor resistencia por parte de los franceses solos, pues Warner andaba entonces por Inglaterra, y el resto de los ingleses no prestaron ayuda en la lucha. El marqués, haciendo honor a su apellido, manda meter como sardinas en un pequeño velero a todos aquellos bribones con orden de abandonar su nido para siempre jamás. Y como el tiempo apremiaba se procede a una total destrucción e incendio de los plantíos de tabaco y otros bienes de los intrusos. Cuando esto acontece en aquel insignificante rincón de las Indias, España se hallaba en guerra con Francia, Holanda e Inglaterra, y don Fadrique se dirigía a pelear contra los holandeses, que poco antes se habían apoderado de Olinda y Recife, en Pernambuco. Así, pues, no bien dan la espalda los españoles, cuando los detentadores regresan a Saint Kitts para continuar en sus empresas con mayor vehemencia y santo ardor patriótico.

Los holandeses, como hemos visto, habían de realizar sus actividades en las Indias más como piratas y contrabandistas que como verdaderos colonizadores; pero en ambos campos lograron asestar a los españoles golpes de alguna consideración. Como bases de sus operaciones empleaban Curazao, Aruba, Buen Aire, Aves, Tabago, Saba y San Eustaquio o Statis. Con excepción de Curazao, las otras islas estaban habitadas por caribes y carecían de importancia para fines de una intensa colonización. Curazao, en cambio, por la fertilidad de sus tierras y sus ricas salinas, pronto se convierte en un centro productor de azúcar, tabaco y ganado mayor y menor, sin contar que de sus almacenes provistos de cuantos efectos se pueda imaginar, los holandeses hacían salir muchas embarcaciones ricamente cargadas rumbo a los puertos de españoles y donde se hacía el comercio de contrabando.

"Desde Curazao, así como Buen Aire y Oruba, los holandeses explotan solos el comercio de las costas de Venezuela, pues no yendo a ellas buques de España y estando prohibido el tráfico con las demás naciones, no tienen ningún competidor y con mercancías de contrabando sacan en cambio casi todo el cacao que el país producía, negocio pingüe que les duró hasta el establecimiento de la Compañía Guipuzcoana, en 1730".

A base, pues de usurpación, violencia y destrucción, tanto los ingleses, franceses, como los holandeses, llenan la necesidad de tener en el Nuevo Mundo puestos de aprovisionamiento, estaciones permanentes y avanzadas cercanas a las posesiones insulares y continentales de los españoles. No obstante, el historiador César de Rochefort, entre tantos otros, "con gálicas maneras", pretende que los franceses cuando dieron vida a sus colonias americanas no siguieron procedimientos de crueldad con los indios como lo hicieran los españoles.

En 1627, San Cristóbal, Barbados y las principales islas de Barlovento y Sotavento fueron cedidas por Carlos I a Jacobo Hay, conde de Carlisle. En los cinco años siguientes los ingleses se apoderan también de Nieves, Antigua y Montserrat. En todo caso, parece que los primeros británicos que tomaron tierra en Barbados en 1606 eran marinos escapados de un navío perteneciente a Oliverio Leigh.

La colonia mixta de Saint Kitts recibe ahora nuevos emigrantes tanto del viejo continente como de las otras islas caribeñas ocupadas por los ingleses y los franceses, principalmente.

El tiempo andando los aventureros de la dicha isla piensan en satisfacer la necesidad de tener un sitio más seguro contra los ataques posibles de los españoles, y para tal fin se posesionan de la Tortuga, isla denominada así, "porque vista a distancia semeja una gran tortuga de mar", que está situada al norte de la isla de Santo Domingo, y donde los españoles mantenían una guarnición de doce hombres que no pudiendo presentar ninguna resistencia, se ven forzados a vivir junto con los invasores por algún tiempo.

Según Juan, o Alejandro Oliverio Oexmelin, o Exquemelin o Esquemeling (padre y abuelo literarios de aquellos que, de una u otra manera, nos hemos metido a escribir acerca de las piraterías en América), "la parte septentrional de la isla de la Tortuga era insalubre, de rocas altas y tan escarpadas sus costas que se hacía poco menos que imposible arribar a ellas, en cambio, el sur además de ser tan llano, presenta un abrigado puerto con dos canales capaces de acceso para grandes barcos". En la época de que venimos tratando la porción habitada de la isla se dividía en cuatro sectores: Tierra Baja, al extremo meridional, donde se halla el puerto y considerada la principal por quedar allí el pueblo más importante llamado Cayona, residencia de los propietarios de las plantaciones; la zona conocida por Medio Plantage, con muy buenas tierras de cultivo; la sección denominada Ringot, y La Montaña, donde hicieron los franceses sus primeros cultivos.

Confiados en las condiciones naturales de la isla como medios de protección, los intrusos estuvieron por algún tiempo sin ninguna forma de autoridad entre ellos y sin erigir baluartes, de tal modo que, cuando a los españoles se les ocurre luchar con ellos no hallan mayor oposición. Como de costumbre hacen una espantosa carnicería de cuantos logran atrapar y los pocos que pueden salvar el pellejo, yéndose al interior de la isla, más tarde se trasladan en barcazas a la parte deshabitada de la costa frontera de la Española o Santo Domingo. Después de arrasar con los establecimientos de aquellos herejes, las autoridades españolas retiran la pequeña guarnición que solían tener en la Tortuga por suponer que ya era innecesaria.

Pero, como era cuestión de andar al daca y toma, a poco de este acontecimiento, los aventureros en número de trescientos se instalan nuevamente en la Tortuga, y se fortifican lo mejor que pueden. Por cierto, que su fuerte llamado El Palomar, construido por el caballero Le Vasseur, sería considerado en aquellos tiempos como una obra maestra de la ingeniería militar. Fué levantando en un alto farallón y el único medio de llegar hasta el pináculo era trepando por escaleras talladas en la piedra y subiendo escalas de hierro. La impugnabilidad de este baluarte se pondría a prueba cuando un escuadrón español se presentó involuntariamente en el puerto y fué recibido con tal fuego desde la fortaleza, que varios barcos zozobraron y los demás tuvieron que darse a la fuga.

Las noticias que circulan en Francia, Holanda e Inglaterra sobre el vil tratamiento que habían recibido sus gentes en la Tortuga a manos de los fanáticos papistas, despierta en todas partes un mayor sentimiento de odio y venganza, y llaman a las armas a hombres desalmados y sin ley para ir en defensa de sus respectivos compatriotas y lavar con sangre las manchas que habían caído sobre el "honor nacional mancillado".

Por su parte, los pundonorosos tortuguenses, en previsión de otra expedición punitiva, envían un mensajero a la isla de San Cristóbal con ruego al caballero Felipe de Lonvillier de Poincy, que figuraba como gobernador de aquella colonia y sobre la porción de la Española ocupada por algunos franceses, e incluso como intendente de la

Compañía Francesa de las Indias occidentales, que hiciese merced de nombrar un gobernador de la Tortuga a fin de organizar y estabilizar la nueva posesión. El caballero de Poincy que, desde hacía algún tiempo venía pensando sobre lo mismo, se apresura a complacer los deseos de sus nobles connacionales y manda en un buen barco con suficiente fuerza y artillería al caballero Le Vasseur. Y, este caballero, con un *voilá,* por aquí, y un vive le France, por allá, lanza fuera de la isla a los ingleses. Los llamados gobernadores ingleses en algunas de las islas del Caribe se tienen que tragar la medicina pasando por esta nueva ofensa, sin poder acudir en auxilio de su gente por razón de las diferencias de orden político que había en Inglaterra con las discordias entre el rey Carlos y el Parlamento, corto o largo.

Seguidamente el caballero de Poincy establece una guarnición en el sector occidental de la Española, y con este acto tan ingenuo tuvo su nacimiento Haití.

Según su vieja costumbre, los españoles de esta isla no prestan ninguna importancia a los soldados franceses; pero los galos muy pronto llevan sus correrías hasta los pueblos del interior de la Española y entonces comienza una guerra cruel entre los unos y los otros.

Convencidas al final las autoridades de la Española que no lograrían ya expulsar de sus dominios a los aventureros, el gobernador don Baltazar López de Castro, exhuma una cédula de Felipe III, de 6 de agosto de 1603, y procede a la destrucción de los pueblos del norte y del oeste de la isla, matando frenéticamente vacas, caballos, cerdos y perros vueltos monteses en ambas comarcas, que servían para el pingüe comercio de carnes y cueros que hacían los extranjeros, a pesar de que la cría y propagación de animales útiles había sido auspiciada por doña Isabel la Católica, como parte de su gloriosa política encaminada a mejor fomentar la población y la riqueza de los nuevos territorios descubiertos por don Cristóbal Colón. Esa medida tendría un resultado pasmoso: todos los aventureros se dedicarían al filibusterismo...

A consecuencia de los actos efectuados por el caballero de Poincy, ingleses y franceses quedan nuevamente sin concierto por algún tiempo para sus obras de bandolerismo en el Mar Caribe, y muchos de los primeros, desalojados de la Tortuga y de Haití, se trasladan a otras de las islas que estaban en poder de Inglaterra, y desde ellas siguen pirateando y contrabandeando a su entera satisfacción.

Durante la menor edad de Luis XIV, el Regente de Francia, nombra un nuevo gobernador general para los dominios en las "islas de América; pero el caballero de Poincy, trasladando a su lengua aquello de "se acata pero no se cumple", se niega con la decisión y auxilio de los colonos a hacer entrega del cargo, que había de continuar desempeñando por unos años más para el mayor prestigio de los franceses.

A su vez, el gobernador de la Tortuga se conduce como dueño y señor absoluto de la colonia hasta que la Compañía Francesa de las Indias occidentales, que tenía ya la concesión de la isla, manda como su intendente al caballero Bertrand d'Ogeron de la Bouere, quien lleva y conserva sus propios comisarios y servidores, plantadores y demás usufructuarios, mientras ejerce el cargo. Era la idea de la susodicha compañía establecer allí una factoría con vistas a negociar con los españoles como venían haciéndolo desde Curazao los holandeses; pero a la cuenta no lograría mantener comercio seguro ni con los mismos franceses de la isla. En busca de esto último el caballero d'Ogeron llega a firmar ciertos arreglos con los pobladores más antiguos en virtud de los cuales cada uno de ellos había de comprar a la compañía cuanto necesitase a base de un determinado margen de crédito. Pronto resulta que los colonos favorecidos se quedan con las mercancías y demás efectos sin dar cumplimiento a lo pactado y se hace forzoso el empleo de soldados para obligarlos al pago de sus deudas. Con este acto viene un descontento general y la flamante compañía tiene que proceder a liquidar su negocio vendiendo los criados que tenía para su servicio a razón de 20 y 30 piezas de a ocho por cabeza.

En descargo de los tortuguenses hay que apuntar que su proceder en tal caso descansaba en una razón muy clara: cuando se presentó el nuevo gobernador ellos habían manifestado solemnemente que lo ponían sobre sus cabezas como leales franceses si llegaba como verdadero representante del rey; pero no lo aceptarían jamás como agente de un grupo de nobles y mercaderes que intentasen prohibirles su libre trato con los holandeses y con los cuales "venían realizando comercio mucho antes de saberse en Francia que hubiese en la Tortuga o en la costa de Haití un solo francés".

Así las cosas, el caballero d'Ogeron, sin andarse con bobadas, se lanza como fiera con sus tropas contra los colonos en defensa de los intereses monopolistas que representaba y en la contienda muchos mueren a manos de sus soldados y otros abandonan la isla.

El tiempo andando, y como contra parte de la destrucción que hicieran los españoles de las especies productoras de carne y leche en algunas de sus islas, por sugerencia del d'Ogeron, el gobierno de París embarazado con el problema de la prostitución en los pueblos, villas y ciudades del reino, se resuelve a mandar cargamentos de mujeres recogidas por la policía en las calles y en los lupanares a sus dominios de la "Amerique". Con viento próspero y feliz había de llegar el primer contingente a la Tortuga. Y cada mujer, joven o vieja, se hallaría con su prometido a lo largo de la playa y allí se celebraban sus esponsales en una ceremonia llamada irónicamente "matrimonio fusil". Al tomarlas como esposas los aventureros decían estas palabras sacramentales:

—Tu pasado nada significa para mí, porque entonces aún no me pertenecías: perdono tus pecados, pero me debes dar tu palabra para lo futuro.

Y, agarrando cada novio con ambas manos el cañón del fusil, conocido también con el nombre de "bucanero", agregaban:

—Este me vengará de tu falsía.

Veamos ahora que pasaba en Inglaterra. Oliverio Crómwell, alma melancólica, a veces alucinado, para servir mejor a Dios, como "Protector" de las Repúblicas de Gran Bretaña, Irlanda y Escocia, tendría también una idea portentosa.

Entregado, pues, mister Crómwell con frecuencia a místicas meditaciones no hay duda que, en una de éstas, brotaría como manantial de agua pura y cristalina, su "Proyecto occidental", consistente en quitar a España todas sus colonias en el Nuevo Mundo para "derramar en ellas la luz del Evangelio y el poder de la verdadera Religión y grandeza de Dios".

Algunos críticos han pretendido injustamente despojar a Crómwell de la idea en cuestión, colgándosela a Tomás Gage, autor de un libro sobre las cosas de las Indias en el cual se ve patentemente que España no podía ya defender sus colonias ante los ataques de una potencia tan fuerte como Inglaterra. Mas, sin quitar a Gage la parte que haya tenido en ello, es de rigor reconocer también la contribución para lo mismo de Tomás Modyford, sobrino de Jorge Monk, soldado puritano, lugarteniente de Crómwell y duque de Albemarle, y de los puritanos de la Nueva Inglaterra, Juan Cotton, Rogerio Williams y Juan Winthrop hijo, quienes, no hallando muy benigno el clima de aquella porción del continente, querían para su gente lugares más placenteros del otro lado del río Bravo, sin pensar que, inventando la "Política del Buen Vecino", quedaría todo resuelto satisfactoriamente.

Así pues, Crómwell, aliado entonces a medias con Francia, después de orar un día entero, exige del gobierno de Madrid el libre comercio con las Indias, y el privilegio en España para los mercaderes ingleses de la Compañía de las lanas y, muy fresco, se presenta en su Parlamento y dice:

—Nuestro gran enemigo en el exterior es España: un enemigo natural: por la enemistad que tiene contra todo lo que es Dios.

(Aplausos).

Con órdenes de que ataque a Santo Domingo o Puerto Rico, y de allí se apodere de Cartagena de Indias o de la Habana se hace a la vela una expedición bajo el mando conjunto del almirante Guillermo Penn, padre de quien años más tarde haría la colonización del territorio de la actual Pensylvania, y del general Roberto Venables. El hombre de mar y el hombre de tierra, conducen 38 buques con 2,500 combatientes, en su mayoría irlandeses y escocianos, a los cuales se agregan en Barbados unos 3,000 ingleses desplazados en las plantaciones por la mano de obra de los negros y en San Cristóbal, como 1,200 colonos de los buenos.

Dícese que el hombre de mar y el hombre de tierra eran una nulidad metida en distintos cuerpos. Penn y Venables, no se ponen nunca de acuerdo en cuanto a la forma de conducir la lucha, y cuando se ven delante del gobernador de la Española, don Bernardino de Meneses Bracamonte, conde de Peñalva, éste, con unos pocos centenares de hombres mal armados y sin experiencia militar, a los nueve días de pelea, les propina una soberana paliza tan grande, que muchos historiadores británicos están contestes en que aquella derrota "no fué otra cosa que una desgracia nacional".

Con sus fuerzas destrozadas y el "Proyecto occidental" medio desbaratado, el almirante y el general, antes de volver a Inglaterra y perder allá lo poco de cabeza que ambos tenían, se lanzan sobre Jamaica.

La isla cuenta entonces apenas con unos mil quinientos españoles dedicados a sus labranzas y a la crianza de ganados, y escasamente la tercera parte de ellos podía empuñar el arma. Al cabo de siete días de heroica defensa el gobernador don Juan Ramírez se ve forzado a rendirse y hacer entrega de su mandato.

En 1658 los españoles tratarían de reconquistar aquella perdida joya de la monarquía, pero rechazados por los ingleses con mucho daño, abandonan su intento y renuncian a la posesión de Jamaica. Desde aquel mismo año la isla se convierte en foco del contrabando que sostenían los ingleses con Méjico y el Perú, principalmente, causando a España perjuicios económicos incalculables. Los mares se ven muy pronto dominados por las naves de Inglaterra, y los galeones de España sufren continuamente los ataques de los filibusteros, cuando no eran presas cargados de valiosos tesoros. El comercio de los españoles en Cuba y Tierra Firme queda interrumpido a causa de la persecución de los británicos y del contrabando que ejercen constantemente.

Bajo la dominación de Inglaterra la isla de Jamaica se convierte de la noche a la mañana en tierra de esclavos negros que, aún cuando se sublevan con frecuencia, para someterlos se les da caza como a fieras, valiéndose de perros y aún de los indios de la Mosquitia.

# LOS HERMANOS DE LA COSTA

**CON EL TRÁFICO** de negros, el trueque y contrabando de mercancías, la captura de navíos, y el saqueo e incendio de las poblaciones de los hispanos en las Indias, los Hermanos de la Costa, o Demonios del Mar, institución que remonta con alguna certeza al año 1629, vendrían a ser los continuadores de los bucaneros propiamente dichos, que de cazadores de reses se convierten en filibusteros, y en realidad no serían otra cosa que piratas consentidos por las naciones a que pertenecían y que compartían su odio contra España.

Esta nobilísima cuadrilla—dice un comentarista— no era ya la gran piratería que, con Francisco Drake, llevaba música de cámara y corte de caballeros, o que tenía como asociada a la reina de Inglaterra.

Los Hermanos de la Costa constituyeron un nuevo género de bandidaje marítimo reclutado entre gente de los bajos fondos y suburbios de las ciudades costeras de Europa, desertores de naves mercantes y de guerra, esclavos blancos fugitivos, cadetes de Gascuña, Normandía y Flandes, ingleses católicos o protestantes, escocianos e irlandeses puritanos, en fin, verdadera hampa que había de mantener en constante amenaza a los adormilados pueblos de españoles en las Indias. Su jefe lo mismo podía llamarse Brazo de Hierro, Pie de Palo, Mulato Negro, Pata de Palo, y, aún Jeremías "Rey de Mosquitos".

Naturalmente, entre los Hermanos hubo sujetos de noble alcurnia y aún tipos raros y extravagantes. El caballero Ravenau de Lussan, para el caso, pertenecía a la pequeña nobleza de Francia, y se vuelve pirata por una razón muy meritoria o sea para conseguir algunas piezas de a ocho con que pagar sus deudas; cuando solventa su crédito disfruta sus últimos años de vida rodeado placenteramente de amigos y nobles compañeros que no se hastían de alabar sus proezas. El fanático caballero Montbars, Mombar o Mombars, originario de Languedoc, comúnmente conocido por el Exterminador, cayó en pirata por haberse enfrascado tanto en la lectura de los escritos de fray Bartolomé de las Casas que, "rematado ya su juicio, vino a dar en el más extraño pensamiento que jamás dió loco en el mundo, y fué que le pareció convenible y necesario así para el aumento de su honra como para el servicio de su república" vengar con sus armas los crímenes que cometían los españoles en las Indias. Otros, como Guillermo Patterson, vinieron al Nuevo Mundo como misioneros protestantes y luego pensaron que matando católicos servirían mejor a Dios.

El cuadro social en que se desenvolvían los cientos de diablos de la Hermandad, ora como bucaneros, ora como filibusteros, era en términos generales el siguiente:

Andaban vestidos con camisas y pantalones de género ordinario, que los primeros empapaban en la sangre de los animales que mataban y, los segundos, en la de los españoles muertos en contiendas inauditas. El calzón ajustado, y la camisa de fuera. En la cabeza gorros redondos o la copa de sombrero español con un resto de ala, de unos cuantos dedos, cortado en punta sobre los ojos. Un cinturón de cuero crudo de buey les apretaba la camisa y en él por un lado una vaina con tres o cuatro cuchillos como bayonetas y por el otro una canana. Las botas sin costura y de una pieza: bota de potro, hecha con la piel de la pierna de un buey o de un caballo. Cada hombre entre los bucaneros tenía cierto número de perros y un fusil excelente, un Brachére de Dieppe o un Galin de Nantes, de metro y más de largo que lanzaba un par de balas de a dos onzas cada una y tan espantable como su dueño.

Por razones obvias al ingresar a la pandilla cambiaban su nombre de pila y adoptaban distintivos más en consonancia con su nueva ocupación o bien recibían apodos. Por mucho tiempo el idioma por la mayor parte de ellos usado fué el francés, aún cuando se valían también del inglés o del flamenco. Los bucaneros vivían en cabañas o casuchas, en donde había un inmenso fogón con una parrilla de madera para asar o ahumar las carnes y secar las pieles. Las cabañas estaban siempre abiertas, sin puertas, y cada cual tenía el derecho de tomar en casa del vecino lo que necesitase sin más obligación que advertirlo al interesado. Aislados en los sitios que habían escogido, hombres solos, sin mujeres (a principio) y sin hijos, se asociaban dos a dos, entre los compañeros había comunidad de bienes, y muerto uno el otro era dueño y propietario de todo. Pocas veces reñían; más cuando había disidencias, las resolvían a balazos. Mientras lo hicieron de bucaneros o cazadores no comían pan. Su alimento único era la carne asada sazonada con pimienta y jugo de limón. Cuando cada pareja había reunido suficiente cantidad de cueros y carne ahumada, todo lo vendían en algunos de los puertos o barcos de paso. Para estos menesteres procuraban tener esclavos sin hacer distinción entre blanco, negro, o indio, a los cuales hacían trabajar todos los días de la semana de sol a sombra. Al este respecto se cuenta de un bucanero inglés que, como uno de sus esclavos blancos le reclamase que diera cumplimiento al precepto: Seis días se hará obra, más el día séptimo os será santo, le replica:

—Hermano, de cierto os digo, seis días matarás y pelarás bueyes, mas el día séptimo llevarás los cueros al puerto.

Agotada la caza en los montes de la costa de la Española, como hemos indicado, los bucaneros envalentonados con los desastres de España y con la destrucción de su poderío marítimo, se atreven a mayores hazañas y se tornan filibusteros.

Estos formaban grupos de quince o veinte para sus correrías de menor importancia, imponiéndose en todo caso un deber absoluto de camaradería y de honradez a carta cabal los unos con respecto a los otros. Antes de hacerse al mar en canoas o en pequeños veleros celebraban una junta para discutir todos los aspectos de la salida; por juramento se obligaban a cumplir las cláusulas de un documento llamado cazapartida, nombre con que se conocía la propia empresa, que firmaban de cualquier modo el capitán y sus compinches y que contenía entre otros acuerdos, los siguientes: ciega obediencia al comandante, y la suma de dinero que recibiría cada uno por su servicio, pero con esta salvedad: si no hay presa no hay pago.

En el expresado documento se consignaban las recompensas o indemnizaciones que se pagarían a los que saliesen heridos o lisiados en el viaje, las cuales solían ser como sigue: Por pérdida del brazo derecho, 600 piezas de a ocho o seis esclavos (cada pieza de a ocho reales mejicanos, de a doce centavos y medio de peso por real, con valor aproximado hoy de un dólar moneda de los Estados Unidos de Norte América); por pérdida de la pierna derecha o del brazo izquierdo, 500 piezas o cinco esclavos; por la pierna izquierda, 400piezas o cuatro esclavos, y por un ojo, o por un dedo, 100 piezas o un esclavo.

Nótese —escribe Gosse— que los filibusteros hacían distinción entre la pérdida del brazo izquierdo y el derecho, mientras que las modernas leyes de compensación no hacen tal diferencia. Evidentemente, los Hermanos de la Costa estimaban los miembros derechos por encima de los izquierdos. En caso de la pérdida de un ojo, la compensación era menor que la moderna, porque no consideraban esta falta como impedimento grave, quizá en vista del gran número de piratas que, a pesar de ser tuertos, se mostraban capaces y afortunados.

El tiempo andando, Morgan o Morgant, Mansvelt, Grammont, Dulaien, y otros eminentes precursores en la defensa de los derechos humanos, aumentarían notablemente las indemnizaciones y como profundos legisladores del trabajo pondrían en vigor códigos de "Previsión Social'" que eran verdaderas joyas de la aspiración humana.

El remanente del botín se dividía proporcionalmente, reconociéndose al capitán cincos partes por cada una de un pirata de calidad común, y el contramaestre y los oficiales de a bordo recibían dos veces lo que un marinero. Salvo muy contadas excepciones, el reparto lo llevaban a cabo de una manera escrupulosa y hasta el más humilde grumete tenía su participación. Aquel que robase algo de la presa era tomado prisionero y luego lo dejaban en la primera costa en que tocasen a merced de su propia suerte.

Todos los asociados se prodigaban un trato cordial tanto en tierra como en el mar. No se admitía mujeres a bordo, ni muchachos menores de doce años, con el fin de quitar cualquier manzana de la discordia. El desertor era condenado a muerte cuando era habido. Hecho el reparto del botín cada cual se dirigía, por lo regular, a donde mejor podía gastar la parte que le hubiese correspondido.

Al apoderarse de una nave enemiga mandaban a la costa más cercana los prisioneros que se les antojaba reservándose, desde luego, a los que pudiesen pagar un buen rescate por su vida o su libertad. Cuando retenían algún prisionero para su servicio personal, éste no duraba más de dos años. Con ello se ve que los filibusteros fueron más humanos que las compañías inglesas o francesas encargadas de la colonización en las Indias, puesto que las primeras imponían a sus esclavos blancos hasta siete años de trabajo forzado, y hasta tres en los lugares donde lucía la flor de lis. Era claro que habría desalmados como Montbars, o el Olonés, que se vanagloriaban de no haber perdonado a ningún papista la vida.

Cuando un capitán estaba listo para emprender un viaje, a buena cuenta, cada uno de los que tomaba parte en la expedición era notificado del día y hora exactos de la salida. Todo asociado estaba obligado a llevar consigo su fusil y la cantidad de pólvora y balas que se le había indicado. Tan pronto como se veían a bordo se reunían en consejo de guerra para decidir, en primer término, el lugar de avituallarse con el fin de llegar de noche y caer sobre los guardadores de los corrales de propiedad de españoles, que forzaban su pena de la vida a entregarles tantas cabezas de ganado vacuno, o porcino, como necesitasen. También capturaban algunos pescadores de tortugas y llevándoselos a sus campamentos con tiempo, les hacían trabajar salando la carne del reptil a la que eran muy aficionados. Dueños de los alimentos volvían a su barco o barcos, donde durante dos días se hartaban cuanto les viniera en gana, sin diferencia de categoría, pues el mismo derecho tenía a ello el último de los grumetes como el comandante. Pasado aquel tiempo de holgorio, celebraban una segunda junta en la que decidían el rumbo a tomar, consignando por escrito las reglas que se sometían a cumplir y que formaban como un código sobre el cual cada hombre iba pasando la mano y jurando a su manera el exacto y fiel cumplimiento de lo contenido allí.

Hombres viciosos y sanguinarios, los filibusteros eran supersticiosos y fanáticos, cumpliendo a su modo los preceptos de la religión que profesaban. Los católicos antes del rancho entonaban el Magníficat, el Miserere, o el canto de Zacarías, principalmente, por aquello de tomarás pues plata y oro... Los luteranos y calvinistas hojeaban el Sagrado Registro, recitaban un salmo, y nunca combatían sin pedir a Dios que les diese la victoria y un buen botín.

Si la fortuna les favorecía y avistaban un barco adversario, cualesquiera que fuesen su porte, dotación y artillería, sin amedrentarse por asunto de tan poca monta, con astucia y disciplina trataban de hacer sus primeros movimientos en forma de evitar el fuego del enemigo. Se tiene noticia de muchos de estos hombres, que eran tan linces, que podían determinar con precisión hacia donde marcaba la puntería del contrario. Fuera de esto, salvo el piloto y los encargados de la maniobra, los demás se tendían boca abajo hasta lograr acercarse para ejecutar el abordaje.

Era una arriesgada tarea —dicen los cronistas— aquel último cuarto de hora en que los filibusteros necesitaban zigzaguear sus embarcaciones a través de por lo menos media milla en que estaban a merced de las balas del enemigo. Porque sabían que cualquier momento podía ser el postrero, ya que los sobrevivientes de la batalla eran rescatados de las aguas tan sólo para ser ahorcados o hechos cuartos sobre la cubierta de la nave que habían intentado apresar. Pero si tenían éxito y escapaban a la lluvia inicial de hierro encendido, estaban seguros de que lo demás sería cuestión de tiempo.

Primeramente dirigían su ataque hacia el mecanismo de dirección de la nave contraria, y después de haber destruido el timón, de manera que no pudiese ya maniobrar, atacaban su presa con la furia de un perro o la saña de un jabalí, y la perseguían a veces varios días, hasta que un disparo afortunado la hería en un punto capital, sin dejar a su tripulación otra disyuntiva que rendirse o irse al fondo. Cuando habían silenciado los cañones del adversario y limpiado de soldados las bordas con tiros de fusil, se lanzaban simultáneamente por varios puntos de la cubierta y era entonces cuando empleaban los cuchillos que, juntamente con el aire salvaje y su ferocidad acostumbrada, helaba la sangre del enemigo, y era milagro que no llegasen a dominar a los asaltados.

Con todas las posibilidades de triunfar eran infinitamente pequeñas y el total de fracasos fué muy elevado, por más que los españoles no hayan llevado esta cuenta. Sabemos, no obstante, que sus ataques menudearon tanto que contribuyeron a quebrantar la soberanía española en el mar Océano y también en el Pacífico.

**SANTA CATALINA** sería un retoño primoroso de la Nueva Inglaterra, y la historia de los Padres Peregrinos vendría a recordar el refrán que dice comúnmente que lo que la loba hace, al lobo le place.

La peripecia de los Padres Peregrinos es demasiado popular y está ya incorporada al acervo del conocimiento común de la gente. Bajo el reinado de María Tudor, los puritanos perseguidos, habían ido a establecerse, principalmente, en Ámsterdam y después en Leyden; pero ni aquí ni allá permanecieron mucho tiempo en paz, no pudieron, además, avenirse a las nuevas costumbres ni familiarizarse con las lenguas extrañas a la suya propia, de suerte que vuelven a su patria cuando Isabel ocupa el trono. En tiempo de los Estuardos, la persecución de la monarquía contra ellos se agravó de tal manera que dio origen a una serie de emigraciones puritanas.

Deseosos de observar en las Indias la pureza de su doctrina política y religiosa, el primer pensamiento de los Padres Peregrinos fué de establecerse en la Guayzna, daban pasos para la realización del proyecto, cuando se les presenta coyuntura de arreglo con la Compañía de Virginia, la cual autoriza la creación de una colonia dentro de su territorio. En número de cien, más o menos, hombres, mujeres, niños y criados contratados, parten de Plymouth en el barquichuelo Mayflower (Flor de mayo) en 1620, su travesía dura más de dos meses; por fin desembarcan, pero mucho más al norte de lo que habían pensado, cerca del cabo Cod (bacalao, abadejo), es decir, en tierras de la Compañía de Plymouth, que ya solo existía de nombre. Aislados en una costa escabrosa, azotada por un mar pocas veces clemente, mal provistos de víveres, pues habían emigrado con capital prestado, habiendo abandonado Europa en condiciones tales que hacían imposible el regreso, los puritanos se radican sobre el litoral, jurando sostenerse unos a otros, y defender la fe por la cual se habían exilado. El primer invierno se llevó casi la mitad de los colonos y los que sobrevivieron debiéronlo a su propio valor y paciencia asombrosos y a la indulgencia de la Compañía Holandeza de las Indias occidentales, que estaba empezando a colonizar en la desembocadura del Hudson y hubiera podido destruir a la colonia de Plymouth si lo hubiese deseado. Sus comienzos fueron penosos y modestos, carecían de todo, menos de coraje, un coraje de perseguidos, feroz y reconcentrado. Contraen alianza con los indios de Massaicot, a lo que otras tribus se opusieron, comenzando ahí las primeras guerras. No obstante, su esfuerzo anima a otros de su misma secta residentes en Inglaterra y pronto llegan algunas familias muy distinguidas juntamente con un desecho de las ciudades y pueblos británicos, vagos, gente arruinada que se decían caballeros, criminales, rateros, y convictos que preferían emigrar en cualquier forma antes que ser ahorcados por la justicia.

Pero no era posible que estos puritanos pudiesen prosperar únicamente con las bases de la pesca libre en corrientes frías y de las pieles que trocaban a los indios por el aguardiente que pronto elaboraron con melazas de las islas antillanas. Era, pues, preciso ir también a la piratería y a la trata de negros. En estas últimas actividades llegarían a ser óptimos. A juicio de Sombart, "las naciones de piratas por excelencia en el siglo XVII fueron Inglaterra y la Nueva Inglaterra, en América".

Como soldados del "baluarte contra el Anticristo", que propugnan por la vuelta del culto a su primitiva sencillez, los colonos llevaban las cabezas afeitadas (para que el diablo no pudiese agarrarlos de los cabellos) y las vestimentas obscuras y de corte burdo. Su oligarquía fué torpe y tiránica: su territorio estaba cerrado a todos aquellos llamados por ellos disidentes: episcopalenses, cuáqueros, católicos, etc. El jesuita que se aventuraba a llegar a la colonia era expulsado la primera vez, y condenado a muerte si reincidía. Como se creían una raza elegida, un verdadero pueblo de Dios, investido de una misión divina para reducir a sus enemigos, a los blasfemos se les horadaba la lengua con un hierro candente, y las mujeres charlatanas eran sumergidas en agua fría. Mas, en lo terrenal los puritanos saludaban "con dulce y meliflua armonía la venida de la rosada aurora", si la noche les sorprendía tazando el bien y el mal en rutilantes monedas.

Con un mejor conocimiento del Nuevo Mundo, adquirido en la búsqueda de la fantástica isla de Fonseca o Fonseta, una especie de Jauja con que soñaron los puritanos, uno de sus capitanes, Daniel Elfrith, que venía navegando por aguas tropicales en su meritoria ocupación de pirata bajo las órdenes de Roberto Rich, conde de Warwick y de Holland, da cuenta a Felipe Bell, gobernador de las

Bermudas, de haber hecho el descubrimiento de las islas de Santa Catalina y San Andrés, que tenían grandes encantos por estar cerca de Tierra Firme y en la ruta por donde pasaban los bajeles del rey de España. Mas, como los nombres castellanos de esas islas eran, y son difíciles de pronunciar por labios puritanos, tanto en Londres como en la Nueva Inglaterra, llaman a Santa Catalina, Providence y Henrietta a San Andrés. Por la misma razón los ingleses denominarían en la lengua suya Isla de los Puercos, o Association a la Tortuga.

Lógicamente, el gobernador Bell se apresura a dar la grata noticia del hallazgo a su patrón, urgiéndole que formase una compañía especial para la colonización de aquellas islas y hacia las cuales él había ya despachado a tomar la posesión a Elfrith y a un tal Cammock o Chaddock, probablemente, padre de Guillermo del mismo apellido, compañero del capitán Bartolomé Sharp, y quien murió frente a la costa de Chile de insolación y borrachera.

En 19 de noviembre de 1630, el conde de Warwick, reúne a sus mejores amigos y a diecinueve mercaderes de la ciudad de Londres en la morada de Cristóbal Brooke, y allí se formaliza la empresa bajo la razón social de Gobernación y compañía de aventureros de la ciudad de Westminster para la plantación de las islas de Providence, Henrietta y las islas adyacentes a la costa de América, con Juan Pym como secretario de dicha corporación.

A fines de febrero del año siguiente sale por el Támesis rumbo a Providence el primer contingente de noventa emigrantes a bordo del Sea—flower, de 200 toneladas, bajo el mando del capitán Guillermo Rudyerd. Coincidencia o milagro los primeros puritanos que llegan al Nuevo Mundo lo harían en naves con nombres floridos: Mayflower y Seaflower (Flor de mar o Anemone de mar). Como de costumbre los colonos estaban divididos en tres grupos: plantadores o labradores, que habían de tener parte en los beneficios de la compañía, artesanos, algunos de los cuales participarían también de las utilidades; otros que serían hospedados y alimentados por la empresa y con salario de cinco libras esterlinas por cada un año, y los imprescindibles siervos o criados blancos por contrato. Los noventa puritanos del caso estuvieron a punto de morir de hambre en la travesía, porque Juan Dyke, asociado y proveedor de la compañía, se robó casi todo el dinero que debía gastarse en víveres a fin de que el negocio empezara por casa...

En Providencia, bajo el gobierno de Felipe Bell, los puritanos se hacen vecinos de la Nueva Westminster, o sea unas cuantas casuchas que para ellos había levantado el pirata Elfrith y quien se ocuparía también de conseguirles frutas frescas y otros alimentos, mientras llegaba la hora de recoger las primeras cosechas de maíz, papas y camotes, pues la idea original de los empresarios era convertir la isla en un nuevo huerto del Edén, y evitar que sus moradores no tuviesen ocasión de pecar a base de influencias funestas por parte de aquéllos que aún seguían comiendo del árbol de la vida...

Por desgracia, el propio Bell se había hecho acompañar de algunos ingleses de Barbados y después entrarían a Providencia otros procedentes de Boston, enviados por lord Sa—ye—and—Sele, Juan Humfrey y otros puritanos de la Nueva Inglaterra, y todos juntos trabajan con misteriosa reserva por hacer caer en tentación a los providenciales o providencianos.

Con el correr del tiempo los colonos de la isla se hacen amigos de los tortuguenses y así van pasando los años con algún mediano provecho. Luego piensan en la conquista de la costa de la Mosquitia y el Darién, y desde Londres se imparten instrucciones al respecto.

La empresa del Darién no tiene éxito, sencillamente, porque unos cuantos años antes un pirata holandés había dado muerte a muchos indios para robarles sus collares y narigueras de oro, y la tribu entera hubo de cobrar un odio profundo a los hombres blancos.

En cambio, con los mosquitos, acostumbrados a negociar con Elfrith mismo y sus compañeros de oficio desde hacía algún tiempo, los puritanos de Providencia logran establecer un trato muy provechoso con henequén, algodón, añil y otros productos naturales.

Como era lógico, Providence seguía siendo para los españoles su Santa Catalina, por mucho nombre distinto que le hubiesen puesto los puritanos y como la isla en manos de aquellos herejes constituía un grave peligro para los intereses del rey de España, se buscaría su reconquista.

En 1630 el gobernador de Cartagena de Indias envía en una pequeña flota a don Antonio Maldonado y Tejada, con 800 españoles y 200 negros, a barrer de puritanos la isla de Santa Catalina, y éstos se defienden con tanta heroicidad que, después del combate, no queda español o negro prisionero con vida.

En 1641 de la misma Cartagena zarpa don Francisco Díaz Pimienta con 1,400 soldados en cinco grandes navíos y cinco pequeños veleros, y se da tan buena maña que logra la reconquista de la isla sin permitir que su tropa se diera gusto ahorcando ingleses o negros.

Mas, por este tiempo había resonado ya en el Parlamento británico la voz de Juan Pym, con estas palabras: "¿Por qué Inglaterra no ha de iniciar en Centro América un imperio como el que los holandeses están levantando en el Brasil?"

Y, en busca de ese imperio, y de otros más, en la Nueva Inglaterra renuevan la tradición de los Drake y los Hawkins, los piratas Tomás Too, Guillermo Mage, Juan Ireland, Tomás Wake y mil más. No obstante, entre todos ellos, el capitán Juan Avery o Enrique Every, conocido también por Benjamín el Largo, había de llevarse la palma y ser tenido como "dechado y flor de arriesgados marinos".

De estas flores vendrían a Honduras Butler, Hunt, Jackson y Walker y, colorín colorado que...los puritanos tienen ya la bomba de hidrógeno.

# SECCIÓN CUARTA

# EN HONDURAS: EL ÚLTIMO VIAJE COLONINO

SUELTO, libre, rehabilitado, destituido Bobadilla, Colón, sí bien viejo y agotado, mas lleno aún de misticismo y esperanza, intenta buscar ahora el estrecho que le permitiría pasar al océano Indico, llegar por fin a las Indias codiciadas...

Y sale de Sevilla y pasa a Cádiz, de donde zarpa el 11 de mayo de 1502, dispuesto a verificar el que califica de alto viaje. Más importante, según sus propósitos, que todos los anteriores. Las naves de la expedición son cuatro con 140 hombres, su hermano Bartolomé y su hijo Hernando. Colón pensaba en el rescate de los Santos Lugares y, como queda dicho, en buscar un paso para cruzar el Mar de la India. Se dirigió primero a Arcila, sitiada por los moros, y de allí a la Gran Canaria, a la que llegó el 20 de mayo. De la isla de Hierro en adelante empezaba como siempre la navegación de verdadera altura.

Don Cristóbal creía que tanto Cuba como Paria fuesen dos masas continentales de Asia. Y habiendo observado que la costa meridional cubana corría hacia el sudeste y que las corrientes del Mar Caribe se dirigían igualmente hacia el occidente, creyó que, entre las dos masas, que debían irse estrechando, se encontraría un estrecho o paso por el istmo actual de Panamá que desembocaba en el Mar de la India propiamente dicha.

El 15 de junio llega a Santa Lucía o a la isla Matinino, identificada con la actual Martinica. Toca luego en la Dominica (18 de junio) y pasa por la isla de Santa Cruz y la de San Juan (Puerto Rico), llegando después a la Española (29 de junio), donde los Reyes le habían prohibido desembarcar.

Con rumbo a tierra firme, llegó Colón a los Cayos del Morante y a la isla de Pozas. Luego, hacia el sudeste, divisa el grande y el pequeño Caimán, y entre el 24 y el 27 de julio aborda la isla baja de Cayo Largo. De allí navega hasta el Jardín de la Reina y en 30 de julio a la isla de los Pinos (Guanaja). Aborda después la punta de Caxinas (Cabo de Honduras), el 14 de agosto, el río de la Posesión (17 del mismo mes), el 12 de septiembre descubre la Desembocadura del río Segovia, en la costa de Honduras, el 15 de septiembre la Desembocadura de un Río Grande al que llamó Río de la Desgracia o del Desastre (Río Grande de Matagalpa), la costa de los Mosquitos

(Cariay), Quiribiri (isla de la Huerta) y la isla de Uva (frente a Puerto Limón).

El 5 de octubre llegaba a la Boca del Dragón y al puerto de Carabaro (Bahia del Almirante), y al de Alburema (laguna de Chiriquí). En 17 de octubre doblaba el Almirante el promontorio Valiente, y pasando frente a la isleta Escudo de Veragua, entraba en el golfo de los Mosquitos y fondeaba la flotilla en la desembocadura del río Chiriquí. Se detiene en la costa de Veragua hasta arribar a Portobelo (2 de noviembre), y de allí se trasladó a Nombre de Dios (Puerto de Bastimentos), Guiga y Retrete, donde se refugió cobijándose de una tempestad (26 de noviembre).

Sobreviene luego una espantosa tempestad, y los buques, destrozados y sin del año 1503.Aquí tuvieron que luchar con los indígenas y su cacique Quibián, adquiriendo positivas noticias de abundandia de oro en aquellas regiones. Regresó Colón maltrecho con rumbo a oriente, pasando de nuevo por delante de Portobelo, Retrete y las islas Mulatas, y ya en el Darién hizo rumbo a la Española con sólo dos barcos, pero las corrientes le condujeron a las islas de las Tortugas (10 de mayo de 1503) y al Jardín de la Reina. Toca en la costa de Cuba, y de arribada forzosa llega a Jamaica (25 de junio), a la bahía de Santa Ana, en la llamada hoy Caleta de Don Cristóbal, donde tuvo que encallar los dos buques que quedaban a la expedición, ya inservibles.

Por fin, el 28 de junio de 1504, fueron recogidos Colón v sus compañeros por una carabela y una carabeleta, una comprada por Diego Méndez y la otra enviada por Nicolás de Ovando. Llegaba el Almirante a la ciudad de Santo Domingo el 13 de agosto de 1504.En dos naves compradas a su costa salió Colón del puerto de Santo Domingo el 12 de septiembre de 1504, y después de una borrasca ultimaba su postrer viaje el 7 de noviembre de ese año, entrando en el puerto de Sanlúcar de Barrameda.

Sabemos que las fuentes para el cuarto viaje de Colón son varias y de un valor extraordinario, aunque ofrecen las dificultades que encierra cualquier conocimiento histórico y no todos los testimonios están acordes en los menores detalles.

Para el caso, en fecha reciente, don José Antonio Calderón Quijano expone que, en lo referente al cuarto viaje del Almirante, los cronistas están de acuerdo en que llegó a tierra firme en un lugar que él llamó Punta Caxinas, por existir en ella árboles que producían ese fruto. "Fijar el punto en que estaba situado dicho cabo o punta es un problema que creemos está aún por resolver. La mayoría de los cronistas, las relaciones y descripciones geográficas la sitúan en el actual Cabo de Honduras, que tuvo la denominación de Punta Castilla y Puerto de Trujillo antes de llegar a la de Cabo de Honduras. Es más, se pretendió que Punta Castilla era consecuencia de Punta Caxinas, y parece ser que esta fué quizás la única razón para afirmar su coincidencia. Pero sirviéndose de esta argumentación, más bien creemos que la identidad de nombre se halla entre Punta Caxinas y Cayo o Punta Casinas, situado en la desembocadura del Valis o Wallace (Belice), y que en la documentación española de los siglos XVII y XVIII se usa indistintamente con el de Cayo Cocina o Cocina".

Sobre el último viaje existe una sucinta Relación del viaje e de la tierra nuevamente descubierta por el Almirante Don Cristóbal Colón, debida a la pluma de Diego de Porras, "relato que ha de consultarse con mucho tiento a causa de su parcialidad, porque este Porras y su hermano Francisco capitanean en Jamaica una sublevación contra el Almirante". El mismo Porras redactó la Relación de la gente en navíos que llevó a Descubrir el Almirante Don Cristóbal Colón. Algunos comentaristas le atribuyen también la Relación del oro que se robó por rescate en toda esta costa de esta tierra descubierta, y la Relación del oro que trajo el Almirante de Veragua cuando trajo preso al Cacique e ciertas piezas de guani.

Hay una valiosísima carta escrita por don Cristóbal Colón a los Reyes Católicos, "Fecha en las Indias, en la isla de Jamaica, a 7 de julio de 1503 años". Menciona primeramente esta interesantísima epístola el erudito don Antonio de León Pinelo. Asegura que el licenciado don Lorenzo Ramírez de Prado la poseía manuscrita. Hernando Colón dice la envió su padre a los Reyes por medio de Diego Méndez de Segura. "El colombista Bossi afirmó que en 1505 había sido traducida por Constanzo Baynera e impresa en Venecia en esa fecha. Pinelo, en la Biblioteca oriental y occidental, refiere que estaba impresa en la librería de Juan de Saldierna. Aparece en la edición de Barcia, en el tomo II. Llegó a ser muy rara, hasta que el caballero Morellí, bibliotecario de Venecia, la publicó a comienzos del siglo XIX, ilustrándola con notas. Bossi la incluye en su obra con aclaraciones y comentarios". Hoy aparece incluida en Los cuatro viajes del Almirante y su testamento, edición y prólogo de Ignacio B. Anzoátegui (Colección Austral. —Espasa Calpe).

Las anteriores noticias las facilita en su colección Martín Fernández de Navarrete, que da a la estampa la famosa carta y manifiesta que la copió de un códice de letra de mediados del siglo XVI que pertenecía al Colegio mayor de Cuenca, en Salamanca. Sospecha Navarrete que sea el mismo manuscrito poseído por Ramírez de Prado, el cual legó sus papeles al citado Colegio. En tiempo de Navarrete pasó el preciado códice a la Biblioteca particular de Cámara del Rey".

"Lollis la publica en la Raccolta, copiada del manuscrito de la Biblioteca Real, sin duda el mismo que sirvió a Navarrete para su impresión. Las notas del competente colombista son de un gran valor".

"El año 1899 se publica en París la calificada de Lettera Rarissima. La publicación no tiene carácter científico y en ella se llama a Diego de Porras cronista oficial de la expedición. Se publica de nuevo el manuscrito de la Biblioteca de Palacio, garantizando la fidelidad de la copia y la firma del conde de las Naves, a la sazón bibliotecario real".

En esta carta y conducente a Honduras, Colón solamente dice: "En todo este tiempo no entré en puerto, ni pude ni me dejó tormenta del cielo, agua y trombones y relámpagos de continuo, que parecía el fin del mundo. Llegué al cabo de Gracias a Dios, y de allí me dió Nuestro Señor próspero el viento y corriente. Esto fué a 12 de septiembre".

"Los testimonios de Diego Barranco, Juan de Moya, Martín de Arrierau, Pedro de Ledezma y Juan de Queijo... no deben desdeñarse, pues añaden pormenores que no se encuentran ni en la Lettera ni en Méndez".

Pedro Mártir de Anglería da una impresión descriptiva muy apreciable en la tercera Década:

"En la Española, fuera por su voluntad, sea por amonestaciones del Virrey, se detuvo poco; siguiendo en derechura al Occidente, dejando hacia el Septentrión a mano derecha las islas de Cuba y Jamaica, escribe que fué a parar en una isla más al mediodía que Jamaica, llamada por los indígenas Guanasa, toda increíblemente verde y fértil".

"...A poco más de diez millas, encontró un territorio dilatado que en lengua de los indígenas se llamaba Quiriquetana, pero él le puso Ciamba. Hizo celebrar Misa en la playa y encontró el país lleno de habitantes desnudos...".

Además de las fuentes indicadas, se cuenta con la Historia de las Indias de fray Bartolomé de las Casas, y la Vida del Almirante Don Cristóbal Colón, escrita por su hijo Hernando. Y no debemos olvidar la Historia General y Natural de las Indias de Gonzalo Fernández de Oviedo y Valdés.

Como queda indicado, don Cristóbal en su carta desde Jamaica no menciona la Guanasa; pero Las Casas, que consultó con Pedro de Ledezma y, probablemente, tuvo a la vista el Diario perdido del cuarto viaje, dice:

"Al cabo, con grandes dificultades, peligros y trabajos inefables llegó y descubrió una isla pequeña que los indios llamaban Guanaja, y tiene por vecinas otras tres o cuatro islas menores que aquélla, que los españoles llamaron después Guanajas, todas estaban bien pobladas".

Hernando, relata: "... Luego navegando hacia tierra firme, por la ruta de Mediodía, llegaron a otras islas, aúnque no tomaron tierra, sino en la mayor, que se llamaba Guanaja, nombre que los que después hicieron cartas de marear, dieron a todas las islas Guanajas, que están doce leguas de tierra firme, cerca de la provincia que ahora se llama Cabo de Honduras, aunque el Almirante la llamó Punta de Casinas".

Porras en su Relación, aunque tampoco señala por su nombre la isla, consigna: "Sábado siguiente vieron tierra. Fué de una isla la primera tierra que descubrió; es pequeña, bojará 20 leguas, no tiene cosa de provecho; mostráronles a los indios oro en grano y perlas; maravilláronse de verlo y demandábanlo: es gente de guerra, son flecheros, son hombres de buena estatura".

El mismo Porras habla de una escala intermedia entre Caxinas y el Cabo de Gracias a Dios: ".....de esta punta comenzó a ir descubriendo por esta costa, y por ser los vientos contrarios anduvo muy poco; nunca de la costa de esta tierra se apartó día, y todas las noches venía a surgir junto con tierra; la costa es bien temerosa, o lo hizo parecer aquel año muy tempestuoso, de muchas aguas y tormentas del cielo; iba continuamente viendo tierra, como quien parte de cabo San Vicente hasta el cabo Finisterre, viendo continuamente la costa; 15 leguas adelante de esta punta hizo tomar la posesión en un río que salía grande de la tierra alta, y dícese el Río de la Posesión. Pasando de aquí adelante fué toda la tierra muy baja, de gente salvaje, y de muy poco provecho; hizo la tierra, ya casi al fin de la tierra baja, un cabo que hasta aquí fué lo peor de navegar, y púsole nombre de cabo de Gracias a Dios".

Navarrete opina que el Río de la Posesión es el Río Tinto o Negro, por la semejanza que tiene con el Río Tinto, en España, situado a inmediaciones del Convento de la Rábida; y que la tierra muy alta es la costa de Trujillo, y la Punta de Caxinas, la llamada hoy Puerto de Castilla y Puerto de Trujillo.

En la Raccolta figura una larga nota a las variantes de Bonacca. Las islas de Guanari o Guanajes las denomina Pedro Mártir Guanasa, Guanacca y Guanaxam. En la información de Bartolomé Colón la denomina Banassa. El Almirante, aparentemente, la llamó Guanacca, o Guanara; pero Diego de Porras la denomina Isla de Pinos, por los muchos que se encontraron.

Nuevamente, el historiador Calderón Quijano, manifiesta que hay error en aquello de pretender algunos que el Almirante denominó Isla de los Pinos a la mayor de las del Golfo de Honduras, "sobre todo si se tiene en cuenta que lo probable es que exista una confusión con la Isla de Pinos, situada al sudeste de Cuba, isla que fué siempre conocida con este nombre y no a la Guanaja, únicamente denominada de Pinos en algunas de las cartas hechas para trazar la ruta del último viaje colombino. Al aceptarse que la Isla de Pinos, inmediata a Cuba, fué por la que pasó Colón antes de dirigirse a tierra firme, ¿qué razones hay para afirmar que tocó en Honduras y no en Yucatán, cuando por las costumbres, ¿características, utensilios, etcétera de los indígenas que los visitaron hay una mayor semejanza con esta última tierra?"

Por su parte, don Lorenzo Hermoso de Mendoza, año de 1758, entre otras cosas que consigna en sus Memorias, dice:

"Comenzó a poseer la España esta Costa (desde Campeche hasta el Cabo de Catoche, y desde aquí toda la que hay en el Golfo de Honduras, las de Nicaragua, Costa Rica, etc.) el año de 1501 en que el Almirante Colón despúes de descubrir la Isla de Marinino (hoy la Martinica) navegó hasta la Costa de Campeche, y dejando a Yucatán a 30leguas de distancia se dirigió al Golfo de Honduras y encontrando las tres Islas que hay en él más nombradas de Roatán, Utila y Guanaja arribó a una de ellas donde desembarcó Bartolomé Colón, hermano del Almirante, tomó posesión de ella, y la nombró Isla de los Pinos por ser abundante de estos árboles. Esta Isla se llama hoy de Roatán, aunque algunos dicen que es la Guanaja".

En 30 de julio arribaron pues los castellanos a Guanaja y poco después a tierra firme. No hay duda del sitio donde aportaron. Apunta Las Casas: "Esta isla dista del cabo que ahora llaman de Honduras, donde está o estuvo la ciudad de españoles que llamaron Trujillo, y que ahora tendrá cinco o seis vecinos, obra de 12 leguas". Más adelante, dice: "La primera tierra que de la firme vió, y se llegó a ella, fué una punta que llamó de Caxinas, porque había en ella muchos árboles que producen unas manzanillas buenas para comer, que en la lengua de los indios de esta Española llamaban, según decía el Almirante, caxinas, aúnque yo, que supe algo de ellas, no me acuerdo que tal nombre oyese".

Fernández de Oviedo y Valdés, tratando de las frutas llamadas hicacos, icaco, jicaco o gicaco (Chrysobalanus icaco) las supuestas caxinas, escribe: "la fructa del hicaco es unas mancanas pequeñas; algunas son blancas ealgunas coloradas o roxas, e otras quassi riegras. No es de las muy buenas fructas, ni tampoco es mala, ni dañosa".

Observamos —concluye Antonio Ballesteros y Beretta— que Las Casas, como Fernando, se refieren a dichos o palabras del Almirante que no se hallan en la carta de Jamaica, pues en ella no habla de la punta de Caxinas, luego aluden ambos cronistas al perdido Diario de Colón.

"En cambio Porras, consigna: "De esta isla pareció otra tierra muy alta y cercana, fué a ella por el sur; estará de esta isla 10 leguas, de aquí se tomó un indio para llevar por lengua a esta tierra grande, y éste dijo algunos nombres de provincias de esta tierra; tomó puerto, al cual nombró el Almirante la Punta de Caxinas".

"El 14 de agosto de 1502 don Bartolomé Colón arribó a tierra por la mañana con los capitanes y mucha gente de la flotilla. Oyeron misa en la costa, con gran asombro de los indígenas. El miércoles siguiente bajaron de nuevo a tierra con banderas desplegadas para tomar posesión del territorio en nombre de los Reyes Católicos. Acudirían cien indios con bastimentos y empezó la pacífica transacción y los rescates. Iban los indios completamente desnudos. Su aspecto era rústico y llevaban las orejas agujeradas, por lo cual llamó el Almirante al país Costa de la Oreja".

Enrique Harrrisse sostiene que el mismo 30 de julio, sábado, o el domingo 31 tuvo efecto el desembarco en Caxinas. En cuanto a la fecha de llegada al cabo de Gracias a Dios, Samuel Eliot. Morison, en su cómputo, señala el 14 de septiembre en vez del 12 de don Fernando o Hernando Colón, Las Casas y la carta de don Cristóbal. Finalmente, Navarrete también fija el 14.

HONDURAS—escribe Rafael Heliodoro Valle—ha tenido, cronológicamente desde 1502, los nombres siguientes: Maia, Guaymura, Higüeras, Hibueras, Cabo de Higüeras, Figueras, Cabo de Honduras, Higueras y Honduras, Ygueras y Cabo de Honduras, Provincia de Honduras, gobernación de Comayagua y Honduras, al final.

La flota provista por los Reyes Católicos para el cuarto viaje de Colón consistía en cuatro carabelas. Su hijo Fernando los llama "barcos con velas cuadradas" indicando que estaban aparejados como la Santa María del primer viaje, con gavias mayores.

La capitana era la carabela por algunos llamada también Santa María, desplazaba 70 toneles y fué fletada por 9.000 maravedís mensuales. Morison consigna que el Almirante y su hijo Fernando, se embarcaron a su bordo, pero aquél, tal vez a causa de su edad avanzada y precaria salud no tomó el mando personalmente. Diego Tristán, un ex—compañero de navegación y leal servidor del Almirante, su mayordomo en el intervalo entre los viajes, fué nombrado capitán con un salario de 4,000 maravedís por mes, que era el doble del que percibía su maestre Ambrosio.

Sánchez o su hermano don Juan Sánchez, piloto en jefe de la flota, quien había sido piloto de Hojeda en 1499, llevaba catorce marineros (1,000 maravedís por mes), veinte grumetes (666 maravedís), un tonelero, un calafate, un carpintero, dos artilleros y dos trompas, oscilando sus salarios entre los 1,000 y los 1,400 maravedís mensuales. Entre los tripulantes estaban Martín de Arriera (tonelero), Domingo Vizcaíno (calafate), Diego Francés (carpintero), Juan Barba (lombardero), y Juan de Cuéllar (trompeta).

La Santiago de Palos, apodada Bermuda por su maestre y propietario Francisco Bermúdez, costaba a la Corona 10,000 maravedís por mes, más que la capitana, pero debe de haber sido más pequeña, puesto que llevaba menos tripulación. Y demostró ser tan inadecuada que Colón cambió su rumbo en la esperanza de desembarazarse de ella, Bartolomé Colón, el Adelantado, se embarcó en la Santiago y actuó como capitán virtual, sin paga. Francisco de Porras, su capitán titular, percibía 3,666 maravedís por mes y lo acompañaba su hermano Diego en calidad de auditor, jefe de personal y representante de la Corona, con un salario anual de 35,000 maravedís. La Santiago llevaba once marineros y un contramaestre, seis escuderos o caballeros voluntarios, incluyendo dos genoveses y el intrépido Diego Méndez de Segura, doce grumetes, un tonelero, un calafate, un carpintero y un artillero italiano. Entre los tripulantes de esta carabela figuraban Juan Noya (tonelero), Domingo Darana (calafate) y un tal Machín (carpintero).

El Gallego o La Gallega, "cuyo nombre real era el Santo tal o cual", fué fletada por 8,333 maravedís por mes. Comparando su tripulación con la de los demás navíos, desplazaba probablemente unas 60 toneladas, como la anterior, pero tenía cuatro palos (trinquete, mayor, mesana y mesana de fortuna en el coronamiento). Pedro de Terreros, su capitán, recibiendo 4,000 maravedís por mes, era uno de los oficiales mejor pagados. Juan Quintero, su maestre y posiblemente su propietario, recibió un salario mensual de 2,000 maravedís. La Gallega llevaba nueve marineros y un contramaestre, un escudero y catorce grumetes; pero no se mencionan oficiales, como decir toneleros o calafates, de los que mucho necesitó antes de terminar el viaje.

El Vizcaíno, o La Vizcaína (otro sobrenombre), la más pequeña de la flota, desplazaba 50 toneladas y costó fletarla 7,000 maravedís mensuales. Estaba al mando de Bartolomé Fiesco o Fieschi, un joven y aventurero miembro de una familia patricia genovesa que había amparado a la familia de los Colombos antes de que naciera Cristóforo. Su propietario y maestre, Juan Pérez, se la vendió a Colón en el curso del viaje. Llevaba ocho marineros, inclusive Pedro de Ledezma, un contramaestre, dos caballeros genoveses, otro de la casa del Almirante, nueve grumetes, un paje y un capellán, el franciscano fray Alexandre o Alejandro, quien figuraba entre los escuderos.

Finalmente, hay que anotar que en ninguna de las expediciones colombinas hubo tantos extranjeros como en el cuarto viaje, sobre todo, genoveses, pues figuraban: Guillermo Ginovés, Gregorio Ginovés, Andrea Ginovés, Diego Cataño, Juan Pasan Ginovés y dos con nombre de Batista Ginovés. Italianos eran, probablemente, Antón Donato, Martín Dati, Antón Chavarín, Pedro Gentil y Juan Jácome. De seguro lo era Bartolomé de Milán. Entre los grumetes aparecen como no castellanos, un Pedro de Flandes y un Gonzalo Flamenco. Abundan los vascos y gallegos, aunque predominan los castellanos y en especial los andaluces. Hay también un Juan de Valencia entre los marineros de la Santa María.

# PRIMEROS GOBERNADORES

**DESDE SU** fundación en 18 de mayo de 1526, la villa de Trujillo hubo de contar entre sus vecinos con muchos de los españoles de las parcialidades de los conquistadores Gil González de Ávila, Francisco de las Casas y Cristóbal de Olid, aparte de otros que "eran bandoleros de los que echaron de Pánuco".

Después vendría el horrible calvario a que la sometieron juntamente con el resto de la tierra las primeras autoridades que, "plugiera a Dios que nunca tales hombres enviaran, porque fueron tan malos y no hacían justicia alguna, porque además de tratar mal a todos los indios de aquella provincia, herraron muchos de ellos por esclavos y los enviaban a vender a la Española, y a Cuba, y a la isla de San Juan de Baruquen (Puerto Rico)".

No obstante, Hernán Cortés, durante su breve permanencia en Honduras realizó un gobierno bienhechor y en Puerto de Caballos, conocido entonces como Puerto de San Andrés, fundó el pueblo de la Natividad de Nuestra Señora, en atención a lo abrigado de la bahía y lo mucho que prometía la región. Diego de Godoy quedó al frente de la nueva municipalidad en unión de cincuenta vecinos cuando Cortés se trasladó por mar a Trujillo. En poco tiempo se comprobó que el sitio donde había sido asentado el pueblo era mala tierra, baja y anegadiza y de muchos mosquitos, de suerte que, al morir más de la mitad de la gente, Cortés dió su permiso para que los sobrevivientes se trasladasen al fértil y sano Valle de Naco, donde Gonzalo de Sandoval se hallaba firmemente establecido. En Trujillo después de haberse partido el Fiscal de la Audiencia de Santo Domingo, el licenciado Pedro Moreno, y efectuado la expulsión de Juan Ruano, los vecinos prestaron su obediencia a Cortés y todo marcharía bien bajo la superior jurisdicción del famoso conquistador español, quien despachó algunos navíos a Cuba y Jamaica en demanda de animales domésticos, plantas de cultivo y bastimentos. También bajo la tenencia de su primo Hernando de Saavedra, hubo sosiego y "los indios de paz acudían bien a los españoles" y vivían dedicados a sus labranzas, pese a las pretensiones de Pedro Arias de Ávila, y de algunos de sus conmilitones, de adueñarse de algunas partes de la tierra para proveer a Nicaragua de una salida más fácil al Mar Caribe que por el Lago de Nicaragua y el río San Juan o Desaguadero.

En este estado de cosas, el Rey, para resolver los conflictos de la provincia de Honduras y calmar las disputas que trastornaban la vida de la misma, otorgó, por Real Provisión de 20 de noviembre de 1525, el título de gobernador del Golfo de las Higüeras y Cabo de Honduras a Diego López de Salcedo; el cual, en virtud de la intención porque había sido proveído y porque en su título se decía "y sus provincias", tomó pie para alargar su mandato e incluir dentro de él la provincia de Nicaragua. "Y como además se le mandaba que tuviese la gobernación de todas aquellas provincias sobre las que había diferencias, Salcedo, en vista de que de Granada y León salían todos los alborotos y escándalos, decidió ocupar la Gobernación de Nicaragua, y presentándose en ella se hizo recibir por todos los Consejos. Toda la provincia le reconoció pacíficamente por gobernador; pues envió sus provisiones a todas las ciudades y villas, las que dijeron reconocerlas y hasta le favorecieron en las contradicciones que tuvo con Pedro de los Ríos, que fué echado por él y que a su llegada ostentaba el oficio de gobernador".

Diego López de Salcedo, a quien se considera como el primer gobernador de Honduras de nombramiento real, sin embargo, "entró con demasiado deseo de sacar sustancia, para pagar sus deudas, quitó a los primeros conquistadores las encomiendas de indios, y de ellas, unas se aplicó a sí mismo y otras distribuyó entre sus compañeros y servidores". Lleno de odio y rencor contra Saavedra, a quien mandó preso a la Española, y sus amigos, sembró el desorden y anarquía en todos los asuntos de su gobernación. Enterado, por otra parte, de las grandes riquezas que se decía que había en lo de Nicaragua, salió a tomar posesión de esa tierra.

Deseoso, pues, de llevar a cabo tal propósito, López de Salcedo, forzó a los españoles parciales con Saavedra, y a los indios, a que pagasen contribuciones exorbitantes o diesen servicios personales inhumanos, sin contar el tráfico con los indígenas que mandaba a las islas antillanas, despoblando así el país.

En su recorrido por tierras hondureñas para entrar en las de Nicaragua, el gobernador cometió tantas crueldades que los indios huyeron a las montañas y muchos prefirieron morir de hambre, antes que sembrar granos que los hombres de López de Salcedo les arrebataban. La penuria vino a ser tan pavorosa que algunos de los españoles que se habían quedado en la villa de Trujillo, se rebelaron contra el teniente de gobernador don Francisco de Cisneros, según varios autores, o don Diego Méndez de Hinestroza, como lo afirma Oviedo y Valdés.

En un documento inédito conservado en el Archivo General de Indias. —Sevilla. —Audiencia de Guatemala. —Legajo 49, y cuya copia obra en poder del historiador Ernesto Alvarado García, figura entre otras cosas muy interesantes que tienden a liberar a Diego López de Salcedo de las grandes responsabilidades históricas con que aparece como gobernador de las provincias de Honduras y Nicaragua, lo siguiente:

"...y cuando aquí llegó el gobernador que fueron a los diez y seis de febrero del año pasado (1529) halló que un Vasco de Herrera, que había sido regidor, y un Juan López de Gamboa, que asimismo lo era con los Alcaldes y regidores y otros de esta villa, y un Francisco Pérez, escribano del juzgado del teniente que aquí tenía el gobernador Diego López, se había levantado y alzado contra dicho Diego Méndez de Inestroza, su teniente de gobernador y justicia de esta villa, y lo habían preso y le tenían así preso en grillos y cadenas con sobrada tiranía y maltratamiento de su persona y opresión no vista ni pesada como gente que quería que muriese en la prisión pensando que el gobernador nunca había de venir como sabía que estaba y le tenía preso Pedrarias ....antes mucho tiempo habían andado en concilios y ayuntamientos y ligas y muy odios como parece por los procesos que sobre ello hay.... y llamándose teniente de gobernador y justicia mayor de esta villa usando el oficio de justicia y gobernador dando indios y repartimientos a las personas que los había prometido porque le favoreciese a este delito como parece por muchas cédulas del repartimiento que dió y anda firmadas de su nombre y quitando los dichos indios a otros vecinos de esta villa y de los conquistadores de estas partes que lo habían muy bien servido y trabajado y en todo haciéndose gobernador—esto duró siete meses o más hasta que el gobernador Diego López vino de Nicaragua y en este medio tiempo este Vasco de Herrera por complacer a los de su valía y que habían sido en seguir y efectuar el mal hecho por conseguir el efecto de su intención para que se habían movido y preso al teniente que era de meter la mano en la tierra que todos ellos fueron diez o doce personas de los principales en ésta ver aprovechado y tener usurpada la hacienda real hizo guerra en los términos de esta villa a muchos caciques sin haberles requerido ni hecho con ellos los autos y diligencias que vuestra majestad quiere que se hagan y aún sin muchos de ellos haber sido llamados ni saber que les querían los españoles y sin ellos haber dado la obediencia a su majestad, ni pudiendo ni precediendo las diligencias que para la guerra justa se requiere las cuales aúnque las hubiera hecho habían de tener la autoridad del príncipe como es a vuestra alteza notorio en esta guerra asolaron y destruyeron grandes pueblos e hicieron muchos esclavos que contrataron y vendieron y sacaron de la tierra demás que mataron muchos indios y pusieron toda la tierra en tanta turbación y alteración y miedo que están idos a los montes todos los más indios naturales de estas partes dejando sus asientos—está tan despoblada la tierra que en el pueblo que solía haber mil ánimas no hay treinta así por esto como porque fué tan fuera de orden la insaciable codicia de los vecinos que con la disolución tenía que pedír tantos esclavos a los caciques e indios que tenían encomendados que no lo pudiendo comportar se alzaron después de haber acabado de dar no solamente los esclavos— pero había muchos de los libres por esclavos como es notorio por contestar a sus amos de manera que viendo que ningún remedio tenían mío vieron se alzaron y en los reducir a sus casas el gobernador pasó después que vino mucho trabajo en vano.

.....y no dormía en este tiempo este Vasco de Herrera con los de su valía y por no estar despacio acordó de ir con tres navíos a la provincia de Naco y Puerto de Caballos con doscientos hombres o casi por seguir lo comenzado saltó en tierra con ellos y trajo de allí más de tres cientos indios con nombre de esclavos y otros rescates dejando robada la tierra y alzada sabiendo que el gobernador estaba determinado en viniendo de Nicaragua ir allí a poblar un pueblo por ser como es tierra muy poblada y gruesa de bastimentos y rica de oro y rescates y donde se tiene noticia y sabe de cierta ciencia que hay muy grandes minas de oro.....(En este texto hemos seguido la moderna escritura de las palabras).

Con vistas al progreso y ennoblecimiento de la provincia, sin embargo, los vecinos, Justicia, Regimiento y capitanes de la villa de Trujillo, pedían al rey en 1526, por medio de sus procuradores García López de Cabrera y Francisco de Licauz, entre otras mercedes, las siguientes:

Que porque la tierra se pueble, la contratación de ella no cese y los mercaderes vengan a ella con más voluntad, que Su Majestad, nos conceda y haga merced que no se pague almorifazgo ninguno en ella por el tiempo que lo hizo a la Nueva España, que fue por doce años.

Que por cuanto la tierra y vecinos de ella están muy adeudados de deudas que han hecho para conquistar y poblar y sustentar y atraer debajo del servicio de Su Majestad, nos haga merced que se suspendan las deudas por dos años, para que los deudores no paguen en el dicho tiempo porque no han habido hasta ahora provecho ninguno en la tierra.

Que Su Majestad, sea servido que se haga fortaleza en esta villa y lo que en ella se gastare se pague de los maravedís y pesos de oro de Su Majestad, y que el salario que Su Majestad, fuere servido de le mandar dar al dicho alcaide y escudero que han de guardar la dicha fortaleza.

Que Su Majestad, nos haga merced de los regimientos perpetuos o que vengan los nombres en blanco para que los provea el señor gobernador en las personas que le pareciere que convenga al servicio de Dios y de Su Majestad, y que sea hasta número de seis regidores.

Se ha de pedir a Su Majestad, que sea servido que las provincias de los Guanajes sean anexas a esta villa porque son de la jurisdicción de ella y no se den a persona que las despueble ni que no sea vecino de la tierra porque es muy gran daño de la tierra despoblarlas porque se han alzado los que vivían en la tierra firme viendo como los llevan en navíos a los de las dichas islas y por cuanto Su Majestad, ha hecho merced a Juan Bosco de Quejo de las islas lo cual es en mucho daño de la tierra que Su Majestad sea servido de mandar reponer la dicha provisión que en la dicha razón se ha dado por ser como es en perjuicio de la tierra porque para la ayudar a sustentar los tiene esta villa por amigos y sirven y han servido en tiempo de mucha necesidad que se ha ofrecido.

Que Su Majestad, nos conceda y haga merced que de los esclavos que dan los caciques no se pague quinto.

Que Su Majestad, nos dé el oro del diezmo.

Que Su Majestad, nos haga merced de nos dar los ganados que tiene en Jamaica para noblecer esta tierra y gastar en la pacificación de la tierra para que se nos pasen en los navíos de Su Majestad, a esta villa y a costa de Su Majestad.

Que nos haga merced Su Majestad, de mandar dar cédula firmada de su real nombre para que nos dejen hacer gente en la isla Española y en la isla Fernandina y en la isla de Jamaica para la pacificación y población de esta tierra sin que nos ponga ningún impedimento en ninguna cosa la justicia de las dichas islas.

Que nos haga Su Majestad, merced de nos dar licencia para pasar quinientos negros sin pagar derechos algunos a esta dicha villa.

Que Su Majestad, sea servido de nos mandar proveer de tiros y artillería y munición que sea hasta veinte piezas de fusilera y cédulas para los de la Casa de Contratación para que las den con pólvora y munición así para este puerto como para los demás que el señor gobernador en nombre de Su Majestad, poblare para guarda de la tierra y un artillero para cada puerto.

Que Su Majestad, nos haga merced de dar pasaje franco a mil hombres que vengan a esta tierra en servicio de Su Majestad, para poblar a esta parte y conquistar la tierra y hacer en ella ciertas villas y ciudades en ella en servicio de Dios y de su Majestad, de lo cual las rentas reales de Su Majestad, a los que se dé pasaje franco a costa de Su Majestad.

Pedir que no haya procuradores ni letrados en este nuevo reino de León porque se excusarán muchos pleitos y litigios y gastos de la tierra y vecinos del nuevo reino de León".

En este punto conviene tener presente que los vecinos y el cabildo de la villa de Trujillo, en, Memorial dirigido al rey en ese mismo año, pedían que con la provincia de Nicaragua, ciudad de León y de Granada, villa de Bruselas y las provincias de Guatemala y de Honduras se formara una sola gobernación bajo el dictado de Nuevo Reino de León, "porque de lo estar dividido se han recrecido los escándalos y bullicios y muertes de hombres".

Como un acto quizás justiciero, en el mismo petitorio se rogaba al rey que, si Diego López de Salcedo, enviara a pedir licencia para retirarse del cargo de gobernador de la provincia no se le mandase dar, sino que de premio le ordenara estar en la tierra con la gobernación, porque de otra manera viendo los naturales de la tierra y las comarcas de ella las novedades de los capitanes pasados y viendo cómo cada día hay nuevos gobernadores y capitanes "a les mandar no querrán cosa de lo que les dijeren y sería dar lugar a que la tierra nunca se acabase de poblar ni se conquistase ni se atrajese debajo del servicio de Su Majestad".

A su regreso de la desventurada expedición a lo de Nicaragua, la muerte sorprendió a López de Salcedo, o como piensan algunos, sus enemigos se ocuparían de que le sorprendiese, aún cuando consta que desde que vino a estas partes "casi no estuvo quince días hasta que murió, que pasaron tres años, sino acalenturado, purgado, sangrado siempre con bazo y con llagas tanto que tenía por el continuo mal gastada la virtud y aunque otros la llaman por otros nombres, yo la llamo ética por el continuo uso que tenía y costumbre de estar enfermo", como dice su albacea, quien también agrega que sus deudas "se cree que son muchas porque en la ida de Nicaragua pidió mucho y estaba y quedó necesitado no se en lo que quedará su hacienda pagado lo que debe y cumplida su ánima conforme al testamento que entiendo hacer".

Muerto Diego López de Salcedo, en 1530, el Regimiento escribe al rey, pidiendo por gobernador a Vasco de Herrera, "porque tenía entendido lo de la tierra y era bienquisto, y que no se les enviasen hombres nuevos, porque como poco experimentados los que venían de Castilla, y deseosos de enriquecerse, destruían la tierra". Asimismo, pedían que se les mandasen dos carabelas, de hasta treinta toneles para enviar a contratar y descubrir la costa, juntamente con doscientos negros, la mitad hombres, para trabajar en las minas, ofreciendo pagarlos del primer oro que sacasen, y ganados de todas suertes para hacer crianzas.

Con el fallecimiento de Diego López de Salcedo, de enfermedad consuntiva, da comienzo en la villa de Trujillo un nuevo zafarrancho por el cargo de gobernador de la provincia de Honduras. Y, cuando don Andrés de Cereceda logró hacerse del mando, luego de mandar ejecutar a Diego Méndez, que le disputaba la prevenda, sin más tiempo que perder, procede al desamparo del lugar, para salirse de aquel infierno, dejando en la villa solamente unos cuantos españoles viejos e inútiles para que, Dios mediante, se las arreglasen como mejor pudiesen...

Según don Antonio de Herrera, en este tiempo hubo en la provincia de Honduras tan gran pestilencia de sarampión que, pegándose de casa en casa, y de pueblo en pueblo, murió mucha gente; y "aunque la contagión tocó también en los castellanos, así de los que estaban en la tierra, como de los que llegaron con Diego de Albítez, ninguno murió; pero quedaron tan pobres con la falta de los indios, que no les pareciendo, que se podían conservar en Trujillo, determinaron, de común acuerdo, y parecer, de ir a poblar en el valle de Naco, donde fué la muerte de Cristóbal de Olid".

El mismo cronista refiere que, algunos años antes hubo tanta hambre en la provincia, de la cual sucedió gran mortandad, que muchos pueblos quedaron asolados, y en partes había que no se podía andar por los caminos del mal olor de los muertos, y muchos indios andaban con cruces en las manos, pidiendo de comer entre los castellanos, no pudiendo sustentarse en sus propias tierras; "y desde a dos años sucedió otra enfermedad muy general de dolor de costado, y de estómago, que también se llevó muchos indios".

"Determinados los de Honduras de desamparar a Trujillo no quisieron dejarla muchos viejos, y hombres buenos, por la conservación de aquel puerto, aunque la excusa que daba Andrés de Cereceda para pasarse a Naco, era la gran necesidad en que se hallaban todos, sin vino, aceite ni vinagre, ni cosa de regalo, y sin medicinas para los enfermos, sin zapatos, ni vestidos, sino camisas de algodón, valiendo un pliego de papel un peso de oro, y otro una aguja, y todo lo demás al respecto, sin médico, cirujano, ni barbero, y con sólo dos sacerdotes, sin vino, ni harina para celebrar; porque aúnque se había corrompido, por la diligencia de los sacerdotes, se conservó alguna hasta veinte días de esta partida".

Algunos años más tarde, don Francisco de Montejo, el viejo, hace relación al rey de haber trabajado en reformar la villa de Trujillo de tal manera que confiaba en Dios que pronto sería lo mejor que habría en las Indias, "porque se han descubierto tan grandes minas".

Esas minas eran, principalmente, las de Olancho que, en 1545, habían aflojado algo, "pero todavía se saca mucha cantidad de oro". Don Alonso de Maldonado, escribe, que cada esclavo sacaba medio peso al día, y aún ducado; agregando que, "... en toda aquella tierra hay mucho oro, y aunque faltase aquel río de Guayape, donde ahora lo sacan, hay ya descubiertos otros ríos; y como entra cantidad de negros, cada día han de descubrirse más".

Pero esas grandes cantidades de oro y de plata había que arrancarlas de las entrañas de la tierra o sacarlas de entre las arenas de algunos ríos y quebradas, y los españoles, como sabemos, no venían al Nuevo Mundo, en los primeros tiempos, a trabajar personalmente. De suerte que, los primeros gobernadores de Honduras—Higueras, luego de haber diezmado los indios, aún cuando su destrucción no haya sido tan terrífica como lo pretende fray Bartolomé de las Casas, ya escribirían al rey sobre la conveniencia de hacer merced a la tierra de negros y negras, porque los colonos sin ellos "pasan mucha penuria y tienen mucha pena de verse en tierra tan rica y ningún aparejo para gozar de ella". Por algo los indios mismos llegaron a considerar a los españoles vagos. Según Girolano Benzoni, hubo un español que hizo declaración en el sentido de haber visto en las Indias a muchos de sus connacionales morir de hambre antes que trabajar con sus manos. Y el propio declarante se quedó sumamente sorprendido en 1536, cuando vió en la provincia de Honduras a más de uno de sus paisanos trabajando por primera vez en su vida.

La minería era, pues, la fuente principal de energía económica de la provincia en las etapas iniciales de la colonización; pero, a base del negro, más fuerte y más activo, o del pobre indio que, bajo la preciosista denominación de naboría o naborio, prestaba servicios en todo y "de su voluntad", sacaba oro y plata para su amo. Por otra parte, la minería en Honduras desde la venida de don Pedro de Alvarado se convirtió en un pingüe negocio que realizaban las autoridades y los vecinos ricos de Guatemala y San Salvador, quienes mandaban sus propias cuadrillas de operarios y trasladaban los metales a dichas ciudades para ser refinados, sin dejar al tesoro de la provincia ni a sus colonos mayores beneficios. Esta situación cambió hasta cierto grado bajo el gobierno de Montejo, quien a pedimento de los vecinos de San Pedro y en atención a los males que se derivaban para la riqueza y el progreso de Honduras restringió las zonas mineras operadas por colonos de las dichas provincias y mandó que los metales preciosos sacados de las minas hondureñas debían fundirse y pagar el quinto de su gobernación. Con esta medida los españoles residentes en Guatemala y San Salvador retiraron en gran parte sus propias cuadrillas y con el consiguiente descenso en las explotaciones vendría el conflicto habido entre Montejo, Alvarado y las autoridades de Guatemala por razón de una mayor intervención en los asuntos y cosas de la provincia de Honduras. Pese a lo antes indicado y a lo aleatorio que fué la minería en Honduras, el rendimiento no sería tan pobre, cuando el rey, en 1549, pedía que los oficiales le mandasen 15,000 pesos en cada navío.

"Ya tengo —contesta gozoso el licenciado don Alonso López de Cerrato, presidente de la Audiencia de los Confines— en Puerto de Caballos (hoy Puerto Cortés) 30,000 pesos para enviar, y a causa que habían de pasar los navíos por las islas (las de las Antillas) las cuales andan llenas de corsarios; y por ser los navíos que aquí han venido muy ruines, y también porque espero que vendrá navío de armada para lo llevar no lo he consentido, y entre tanto se allegará más".

Para mayor abundamiento y de conformidad con un avalúo en maravedís de los tesoros reales conducidos en las principales flotas que salieron de las Indias, entre los años 1551 y 1553, publicado por Clarence H. Haring, los capitanes Sancho de Biedma, Francisco de Mendoza y Bartolomé Carreño, llevaron en oro de Honduras, 11,838,362 de maravedís; en plata, 3,189,017, y en oro y plata, 165,036.

Aparte de incrementar el rendimiento de las minas, el negro tuvo en la provincia de Honduras otra deleitosa misión: abrir caminos.

Yo he visto toda esta gobernación—escribe don Alonso de Maldonado, al rey—y hay pocos indios en ella, que les han dado más prisa de la que convenía, y así los han apocado, y una de las cosas que convienen para esto, es, que Vuestra Majestad, mande abrir los caminos de Gracias a Dios a Puerto de Caballos, y de Comayagua al Puerto, y de las minas de Ulancho al Puerto.... hay necesidad que Vuestra Majestad, haga merced de esta gobernación, para este efecto, de quinientos negros que podrán abrir los caminos... hay necesidad de abrir el camino de Guatemala a este Puerto de Caballos, y es cosa muy importante, y por esto se puede hacer con indios de Guatemala.

Pero nadie resolvería con mayor facilidad y amplitud el problema de los caminos en la provincia de Honduras como don Alonso López de Cerrato, quien dejaría pequeñitos a más de una docena de los presidentes constitucionales de la República en aquello de informar al Congreso Nacional acerca de la obra caminera por ellos realizada en cada un año. Don Alonso escribía en 1550: Se ha abierto el camino de Puerto Caballos para Gracias a Dios, y de Gracias a Dios para San Salvador, y de San Pedro Sula para esta ciudad (Guatemala), aunque no está acabado, que ahora se abre....

# CAMINO INTEROCEÁNICO

**VOLVIENDO SOBRE** la navegación y el comercio, es conveniente recordar que el acarreo entre ambos océanos fué desde un principio de gran interés tanto para el rey de España como para los particulares, y por ello, un año después del descubrimiento del Mar del Sur, al salir Pedro Arías de Ávila para las Indias traía ya por instrucciones fundar en el istmo de Panamá "tres o cuatro asientos en las partes que pareciere más provechoso en el golfo de Uraba, para atravesar y hollar la tierra de una parte a otra", o sea construir un camino desde Santa Marta del Darién hasta el golfo de San Miguel.

Antes del descubrimiento del Perú, el comercio con las islas llamadas de las Especias se hacía por el recién hallado estrecho de Magallanes con todos los inconvenientes del viaje. Por ello el gobierno de Madrid dirigió desde muy pronto la atención hacia la posibilidad de obtener los productos del Oriente a través del istmo de Panamá, como se desprende por los mandamientos expedidos en 1526 a Pedro de los Ríos, gobernador de Castilla del Oro que, en parte, dicen:

"Asimismo, porque... uno de los más principales medio por donde parece que puede conseguirse el trato y comercio de la especiería que cae dentro de los límites de vuestra demarcación es trayéndolo y navegándolo por la Mar del Sur por ser tan breve la navegación para las nuestras islas de Maluco y estrecho, que convendría mucho hacerse dos casas una en la ciudad de Panamá en la costa del sur, y otra en la costa del norte en la parte más apropósito y ser respondiente y cercana a ella para que las armadas que Nos enviamos y enviaremos a las dichas islas de Maluco y a otras partes de la especiería viniesen a descargar en la dicha ciudad de Panamá y allí descargase y se trajese la especiería en carretas o en bestia a la casa que estuviese para ello hecha en la dicha costa del norte y de la misma manera se podrían pasar de la costa del norte a la dicha Panamá las mercaderías y rescate que se hubiese de enviar de acá para contratar la dicha especiería y que las armadas que se despachasen para la dicha Panamá, y todos son de parecer que de esta manera se podría mejor y con más seguridad y a menos costa hacer, y porque esto esta importante cosa como véis para Nuestro servicio y para el acrecentamiento y ennoblecimiento de estos reinos Yo vos mando y encargo que luego como llegaréis vos y el licenciado Salmerón y Nuestros oficiales con mucho cuidado y diligencia como la grandeza del negocio lo requiere".

Dos años más tarde aún estaba el mismo proyecto en discusión. Los vecinos de Panamá pretendían que la vía era demasiado costosa para fines comerciales y que sería preferible transportarlos hasta la margen superior del río Chagre o Chagres para conducirlos en botes hasta el Mar Caribe; también aconsejaban que Nombre de Dios fuese trasladado hacia el poniente, cerca de las bocas de dicho río, y pensaban que una cuadrilla de cincuenta negros sería suficiente para conservar libre de troncos y otros obstáculos el curso de las aguas.

En 1527 se había explorado la navegabilidad del Chagres; y, en 1532, el Consejo de Indias propuso al Emperador estudiar "qué forma y orden se podrá dar para abrir la dicha tierra para que, abierta, se junte la Mar del Sur con el dicho río, de manera que haya navegación; y qué dificultades tiene, así por el menguante del mar como por la altura de la tierra".

En 1532 se fijó el trazado del camino que había de unir Nombre de Dios y Panamá. Este trazado sería el mismo que describe López de Velasco en 1574, el mismo que seguiría el ferrocarril construido en 1852, y el mismo, en esencia, que sigue el actual canal.

A instancias de la Corona se practicaron nuevas diligencias y estudios de la vía en 1531 y 1533. Un año después se ordenaba al gobernador de la provincia que gastase mil pesos en limpiar el río y construir un almacén donde el Chagres desemboca en el mar. No se sabe si dicho almacén fué hecho o no; pero en 1534, la Municipalidad de Panamá recibió autorización para edificar uno en Venta Cruz o Cruces, en el embarcadero de Chagres, y hasta el siglo XIX, sería la estación principal del viaje a través del istmo, o sea hasta cuando "Teodoro di Campo Rosso, vigésimo sexto presidente de los Estados Unidos, y, según informaciones difundidas por la Alemania nazi, descendiente de un judío italiano que vivió en los Países Bajos a mediados del siglo XVI y quien holandizó allí su nombre, convirtiéndolo en Roosevelt", mandó hacer la República de Panamá y a construir un canal que, "no es realmente un canal en el sentido corriente de la palabra".

En el reinado de Felipe II, se cobraba a los mercaderes un impuesto de almacén de un peso al día, y la ciudad de Panamá lograba un ingreso de nueve a diez mil pesos anuales, suma que se redujo a una tercera parte en el siglo XVII con la decadencia del tráfico de galeones.

El sevillano don Alonso Enríquez de Guzmán (citado por Haring, y otros autores), describe en 1536 este camino, y dice: "Viajé por tierra a Panamá, durante un trayecto de dieciocho leguas, cuyas siete primeras atraviesan el camino entre dos altas filas de colinas, densamente cubiertas de bosques, a lo largo de un río que está casi seco... y para los que viajan a pie este es un tránsito muy penoso. En las últimas once leguas el camino es mejor, aunque hay que pasar varios ríos. Existen tres posadas en el comino, una llamada Capira, la segunda La Junta y la tercera La Venta de Chagres, porque allí está el desembarco de otro río profundo llamado Chagres".

En aquel tiempo —escribe el padre don José de Acosta— "dan más costa y trabajo dieciocho leguas de tierra que hay entre Nombre de Dios y Panamá que dos mil y trescientas que hay de mar (hasta el Perú)". El itinerario era el siguiente:

De Nombre de Dios se navegaba hasta la embocadura del río Chagres, "río grande y caudaloso, dieciocho leguas del Nombre de Dios, por el cual se suben las mercaderías que se llevan del Nombre de Dios a Panamá, en barcos dieciocho leguas hasta la Venta de Cruces", llamada así por tres cruces que se hicieron como señales en troncos de árboles. Allí se descargaban estos navíos, de hasta cien toneladas, y con "arrias de quinientas o seiscientas mulas, que andan de ordinario en la trajinería", seguían hasta Panamá.

La navegación del Chagres, sin embargo, sólo era factible en los ocho meses del año cuando llueve, por los otros cuatro meses, que son enero, febrero, marzo y abril, cuando no llueve, no se podía navegar. Cuando se hacía el Chagres inútil para los barcos, había que andar entre Nombre de Dios y Panamá todo por tierra, y este camino era malísimo, de montañas, de árboles altísimos, y ciénagas y derribaderos, pues como dice López de Velasco, con la mucha que llovía se desbarataba luego, y además de todo, "los negros cimarrones que andan en esta provincia, que el año de 74 dicen que son tres mil arriba; andan en aquella parte y andan seguros, que no hay orden de poderlos debelar por la fragosidad y aspereza de la tierra, que es increíble".

Dejamos aquí lo del camino panameño. En 1524, don Andrés de Cereceda, tesorero de la armada que al mando del capitán Gil González de Avila que se ocupó de los descubrimientos del Mar del Sur, refería en la Corte de Madrid, que caminando por Nicaragua hacia el poniente, separados tres leguas de la costa, hallaron un mar dulce en altura de 13 grados (Lago de Nicaragua), que crecía y menguaba alternativamente, y se creía comunicaba con el Mar del Norte; siendo de tierra llana por andar con carretas dos de aquellas leguas, y las otras capaz de habilitarse o disponerse para transitar del mismo modo; que por aquella parte había en el Mar del Sur dos buenos puertos, y que si se comprobase haber salida a la del Norte, se lograría facilitar y abreviar el viaje desde España a la especiería.

El 30 de marzo de 1529, el licenciado don Francisco de Castañeda, en la relación que hace al rey sobre el estado en que encontró la provincia de Nicaragua, dice, entre otras cosas, que "a descubrir el Desaguadero fueron los capitanes Martín de Estete y Gabriel de Rojas, yo he hablado con el Gabriel de Rojas, que es venido, el cual se de cierto que es muy práctico en esta tierra y que está en ella desde que el gobernador Pedrarias vino, siempre con cargo de capitán o teniente de gobernador en pueblos de acá; ha informado que ha servido mucho a Vuestra Majestad, en todo el descubrimiento y trabajos de Castilla del Oro y de esta tierra; yo le dije que escribiese la relación de todo lo acaecido en el viaje del Desaguadero y de otra particularidad que me dice, por do cree que podría dar puerto a esta gobernación para el Mar del Norte sin tocar en la gobernación de Diego López de Salcedo".

En 25 de marzo de 1540, el Consejo, Justicia y Regimiento de la ciudad de León exponían ante el Rey, lo siguiente:

"Ya V. M., habrá sabido la mucha noticia que se ha tenido del Desaguadero y tierras a él comarcanas desde que esta provincia se descubrió, y de esta provincia han ido muchas veces a descubrir el Desaguadero que va de la Laguna Dulce de la ciudad de Granada a la Mar del Norte, y siempre los vecinos en los tiempos pasados han ido en esta demanda y hecho gastos. Especial del gobernador Rodrigo de Contreras, y los capitanes Diego Machuca y Alonso Calera, que han ido tres veces en esta demanda y han gastado mucha suma de pesos de oro por servir a V. M., y saber el secreto de aquellas tierras, y el año pasado fueron los dichos capitanes, aunque otras veces habían ido con dos bergantines y una barca grande y muchos españoles y cuarenta caballos, y fué Nuestro Señor servido que el capitán fué el río abajo del Desaguadero, y salió a la Mar del Norte, y según dicen no hay desde la Laguna de Granada por el Desaguadero y abajo hasta la Mar del Norte cincuenta leguas, y el capitán que salió a la dicha Mar del Norte con un bergantín y cierta gente fué al Nombre de Dios en pocos días y el otro capitán fué por tierra falto de comida y se tornó a Granada con la gente que llevaba…"

Por su parte, don Francisco de Montejo, padre, cuya gestión de gobernador de la provincia de Honduras fué, indudablemente, de gran aliento y mucho provecho; en carta para el Rey, datada en la ciudad de Gracias a Dios, a primero de junio de 1539, dice:

"Demás de esto, yo llegué (1536) a la vista de la Mar del Sur, y del Puerto de Fonseca, y desde una sierra descubrí el camino .... hasta la villa de Comayagua hay veinte leguas de buen camino, y podríase hacer mejor; y desde la villa de Comayagua hasta lavilla de San Pedro hay veinte y cinco leguas; y a poca costa se podría hacer el camino para recuas, y aún el tiempo andando, para carretas; que no ha sido poco descubrir tan buen camino en tan áspera tierra, y puertos tan provechosos para la Mar del Sur, así por lo dicho, como por ser la tierra muy sana y apacible, por donde se ha de contratar, porque la villa de Comayagua está en un valle muy hermoso y muy fructífero y muy sano; y la villa de San Pedro, aúnque el asiento que ahora tiene no es tan sano, yo trabajaré de mudarlo a otro asiento tres leguas de allí, más hacia la villa de Comayagua y hacia el valle de Naco, donde se apartan los caminos, que tiene muy hermoso asiento y muy sano; y todo el trato de la Mar del Sur, será por este pueblo, así por la seguridad de la mar como por la seguridad de la tierra y brevedad y bondad del camino, siendo Vuestra Majestad, servido de mandar se haga merced de esta tierra de gobernación de algunos negros, para abrir los caminos, porque la tierra es áspera y los indios pocos, no se podrá sufrir hacer ellos los caminos que todos no se destruyesen y se perdiesen, y sin ellos aprovecharía poco la bondad y riqueza de la tierra....".

Conforme, pues, a este proyecto se abandonaría la ruta del Darién al Perú por un camino abierto en la provincia de Honduras. Las naves del Mar del Norte llegarían a Puerto de Caballos, las mercaderías y demás efectos serían transportados por tierra hasta el Golfo de Fonseca y de allí conducidos por mar al Calao, o Guayaquil; las remesas destinadas a Veracruz, Pánuco, etc., también sería mejor enviarlas a Puerto de Caballos y de allí a Istapa, en Guatemala, y a Acapulco, en Méjico, por mar. La vía por Honduras se recomendaba por más segura y el Puerto de Caballos por más salubre que Nombre de Dios.

El cronista Herrera, opina que, Montejo dió toda su consideración a la capital de distrito que fundó por el año de 1536, a veinte y seis leguas del Mar del Sur, y a otras tantas del Mar del Norte, o sea Comayagua, donde hay un río que va espacio de trece leguas desde el Puerto de Caballos, que es navegable para canoas hasta un pueblo de indios, desde el cual, hasta el asiento de la villa de Comayagua, hay otras doce leguas camino cómodo para carretas. Esta comodidad— agrega Herrera—le sugirió ofrecer al Rey, que sería muy bueno para la contratación de los dos mares, y decía que se excusarían las muchas enfermedades y muertes y grandes trabajos que se pasaban de Nombre de Dios a Panamá, afirmando que la navegación del puerto que se había de tomar en el Mar del Sur, era más breve y mejor para la ciudad de Los Reyes, que desde Panamá. Don Pedro de Alvarado, en carta de 20 de noviembre de 1536 para el Real Consejo de Indias, sobre varios puntos concernientes a sus servicios y a la gobernación de Guatemala, y en la que hace mención de que no debía entrometerse por mandado de la Emperatriz, "en lo que toca a cosa ninguna de la tierra de Honduras, por cuanto se había proveído de aquella gobernación a Diego Albitel, consigna lo siguiente:

"Yo buscaré si hubiese puerto, y siendo de tal disposición que convenga poblar y que se puedan sostener varios españoles, yo poblaré una villa, y haciéndose, se hará una de las cosas más provechosas que en estas partes se haya hecho, por la buena navegación que hay desde las islas Española y Fernandina, y otras islas, a esta costa del Norte, y de ella a la Mar del Sur a donde se ha descubierto un muy buen puerto hondable y seguro en la boca del río de Lempa, donde se ha poblado una villa que se llama de San Miguel, donde se podrán proveer todos los navíos que allí aportaren y se puede dar carena y cargar; y de esta manera se comunicará con poco trabajo la Mar del Norte con la del Sur, y será de gran provecho para si se descubriera algo por allá".

Ese plan caminero fué revivido después por don Juan García de Hermosilla, quien interesó al Cabildo de la ciudad de Guatemala, siendo enviado luego a España como procurador a fin de gestionar el asunto con el gobierno de Madrid; pero la idea tuvo mucha oposición no sólo de parte de los colonos en Panamá, sino también de los de Nicaragua, Haring afirma que el legajo de memoriales que se conserva en el Archivo General de Indias, Sevilla, constituye un nuevo monumento de la crasa ignorancia de los españoles sobre la geografía de esas comarcas, pues el transporte de mercancías a Nueva Galicia, vía Honduras y el Pacífico, era tan practicable como a través del San Lorenzo y los Grandes Lagos. "Los obstáculos materiales de la ruta ístmica no podían compararse con los que implicaba el tránsito por Honduras y Guatemala".

Pues bien, y aunque parezca chanza, hay también otro monumento de gruesa ignorancia sobre la geografía de este pícaro mundo. "En 1902 el Momotombo hizo erupción, y con un sentido italiano de tarjeta postal, el gobierno de Nicaragua lanzó una estampilla de correos en que aparece al fondo el volcán como un Vesubio y, al pie, el lago y el ferrocarril". El ingeniero Felipe Buneau—Varilla. interesado en salvar el honor de Francia y meterse al bolsillo unos cuantos dólares, "compra en el mercado filatélico de Nueva York cuantas estampillas logra encontrar, y las adhiere a unas finas hojas de papel de esquela que coloca en el pupitre de cada senador en Washington, con una leyenda que empieza: Testigo oficial de la actividad volcánica en el istmo de Nicaragua. Y, sin más, el gobierno de Washington, aparte del famoso "intríngulis colombiano", determina la construcción del Canal de Panamá.

Como hemos visto, la idea del camino interoceánico a través del territorio hondureño parecía olvidada cuando llega a la ciudad de Santiago de los Caballeros de Guatemala, don Juan García de Hermosilla, quien tenía iniciadas gestiones en tal sentido desde 1559, y en Cabildo a 3 de enero de 1572, trata con los señores justicias y regidores sobre la mudada de la contratación de Nombre de Dios a los

355

puertos de la provincia de Honduras, "y se vieron unos autos y ciertos papeles que llevaba".

En 22 de ese mismo mes, "... habiéndose visto y tratado el negocio a que ha venido Juan García de Hermosilla, y que sólo pide poder de esta ciudad, para seguir dichos autos, y que esta ciudad informe de ello a Su Majestad y a Su Real Consejo de Indias, acordaron que se le de el dicho poder, y que, para informar, muestre el interrogatorio que tiene hecho, para que se vea en este Cabildo". Finalmente se otorgó el poder solicitado por García de Hermosilla, y en 3 de mayo de 1572 se acuerda proporcionarle a don Juan expensas para seguir el asunto.

A seguidas copiamos algunos de los puntos más sobresalientes del Memorial que dio García de Hermosilla a su Rey:

—Que yo he estado en las dichas vuestras Indias del Perú, Nueva España, y en Honduras, y en la provincia de Guatemala y Nicaragua, y Tierra Firme, y he residido en ellas muchos años en servicio de Vuestra Alteza.

—Que Vuestra Alteza debe mandar expresamente que las naos que salen de la vuestra ciudad de Sevilla para las vuestras Indias del mar Océano, de particulares, y en las flotas y en armadas de Vuestra Alteza, y van cargadas, y traen los vuestros tesoros, y de particulares, que las dichas naos que van a Tierra Firme, fuese Vuestra Alteza servido de mandar quitar y mudar la derrota y viaje que llevan al Nombre de Dios, y pasarlo a Honduras al puerto y bahía que se dice de Trujillo, que es un puerto muy limpio, y muy seguro, y muy abrigado, y donde puede surgir toda la flota y naos, y estarán todo el tiempo muy seguros y sin peligro, y donde no hay broma que les pare perjuicio a los cascos de los navíos, de que los navegantes se congojan y dicen que es una de las más particularidades y dañosas cosas que a los dichos navíos les hace agua, y desampáranlos los dichos navegantes, e irse al fondo, por no poderles agotar el agua que les hace meter esta y encubierta carcoma que hay, y está en mucha cantidad de ella en el puerto de Nombre de Dios; y por el dicho puerto de Trujillo y por la dicha provincia de Honduras se pasen las dichas mercaderías y navegación a la Mar del Sur, para lo llevar a las vuestras provincias del Perú, se lleva desde el Nombre de Dios a Panamá con grandes costas, que por las mismas y menos, con tanto trabajo, y por tierra sana y fresca y saludable y fértil de comida se llevarían y podrán llevar hasta el paraje de San Miguel, que está junto a la Mar del Sur que hay distancia de camino de sesenta leguas y menos de una mar a otra de muchos bastimentos y suficientes caminos, y por otras muchas partes en la dicha tierra de Honduras, y de allí se puede embarcar en navíos pequeños y en barcos grandes, y llevar las dichas mercaderías por la Mar del Sur al puerto de Realejo que se dice La Posesión y es villa poblada de vuestros súbditos, a donde se hacen muchos navíos, y hay mucha madera para ello, y maestros oficiales carpinteros que los hacen, y es muy fértil de bastimentos, y ganados, y hay de camino desde el dicho San Miguel al dicho Realejo por la dicha Mar del Sur veinte y cinco leguas de camino que se anda en una noche y un día; y Honduras, que es todo una tierra y una cosa; hay en este dicho Realejo una gran bahía y ensenada de puerto a donde pueden surgir 500 naos, y por medio del pueblo entra un hondo río que en aquellas partes es estero, que crece y mengua ordinariamente dos veces entre noche y día, y de que es lleno el dicho estero que tiene por la parte que menos tiene, cuatro brazas de hombre, al cabo de la parte donde no puede pasar el agua más arriba, porque no es más largo el trecho que tiene una legua grande de travesía por medio del pueblo...

—Conviene al servicio de Dios y descargo de la conciencia de Vuestra Alteza, que se mude la dicha navegación y derrota, como lo digo y pido, del camino de Nombre de Dios, y se pase a Honduras.... porque en el Nombre de Dios y Panamá mueren cada año mil personas cristianas, y desde arriba entre hombres y mujeres y niños, por ser la tierra enferma en demasía... hay en ella 800 negros alzados en aquellas partes les dicen cimarrones, que salen a los caminos a asaltar las mercaderías y matar a los mercaderes.

—Honduras es tierra de gran utilidad, muy sana y muy fértil de bastimentos y de ganados, vacas, carneros, corderos, cabritos y gallinas, y de todo género de aves y de volatería, perdices, y codornices y otras aves, y conejos y liebres y otras cazas y frutos de Castilla entre ellos uvas, duraznos, granadas, limones, membrillos, mucha azúcar, mayormente en la provincia de Chiapa que es en la comarca de las dichas Honduras, donde hay muchos ingenios de azúcar.

—Que en el dicho Nombre de Dios y Panamá vale una mula o mulo de recua 300 pesos de oro, que son 360 ducados, y en la tierra de Honduras vale 100, y menos, porque nacen y se crían en dicha tierra; y un caballo vale en el dicho Nombre de Dios, no muy bueno,100 pesos que son 120 ducados, y en Honduras vale 4 o 5 pesos.

La gestión de Juan García de Hermosilla no fué del todo inútil puesto que el Rey de España libra en 23 de noviembre de 1588 la siguiente Instrucción:

—Maestre de campo Juan de Tejeda Caballero de la Orden de Santiago.—Porque mi voluntad es que se ponga en ejecución las fortificaciones de los puertos de las Indias que por mi mandato fuisteis a ver y reconocer conforme (hay un roto) zas y relaciones que vos y el ingeniero Bautista Antoneli me disteis que para este efecto ambos volváis a dar orden en ello y que de camino vayáis a la provincia de Honduras a ver el Puerto de Caballos y Bahía de Fonseca y el camino que hay o puede haber de la una parte a la otra para que con la claridad que convenga se pueda tomar resolución en lo que se trata acerca de mudar allí la descarga de las flotas os mando que en vuestro viaje y ejecución de todo lo sobredicho guardéis la orden siguiente:

De aquí pasaréis a la provincia de Honduras, vos y don Francisco de Valverde, el ingeniero, Juan García de Hermosilla y el capitán Pedro Ochoa de Leguízamo, considerando bien a la ida la navegación y la facilidad y dificultad de ella hasta llegar al Puerto de Caballos.

2.—Llegado a la dicha provincia y juntamente con los sobredichos don Francisco de Valverde y el ingeniero veréis y reconoceréis muy atentamente el dicho Puerto de Caballos y haréisle sondar en vuestra presencia a la entrada de él y en medio y de allí prosiguiendo hasta las orillas muy precisa y puntualmente, examinando y mirando muy bien los surgideros y si en ellos pueden abordar los navíos con la tierra porque de no se poder hacer esto en el Nombre de Dios y haberse de andar en el agua hasta los pechos para la carga y descarga de las mercaderías han resultado la mayor parte de las enfermedades de los allí han muerto.

3.—Asimismo miraréis y haréis sondarla muy bien la caldera (hoy llamada Laguna de Alvarado) del dicho puerto, advirtiendo a las comodidades de la dicha carga y descarga y veréis si está defendida y abrigada de todos los vientos para poder estar en ella los navíos con seguridad (hay un roto) y está descubierta de alguno y de cuál y con qué riesgo y si puede fortificarse y defender la entrada y en qué forma y con qué costa, cuántos navíos pueden estar en él, si son allí los aguaceros grandes y por qué tiempo y si se comen en él los navíos del broma o qué otras incomodidades tiene por los tiempos o por la naturaleza de la tierra y temple de ella y si es enfermo el sitio averiguándolo por las poblaciones del contorno.

4.—Los dichos Juan García de Hermosilla y capitán Pedro Ochoa de Leguízamo han afirmado que el camino del dicho Puerto de Caballos a la Bahía de Fonseca es muy bueno y por donde pueden andar bestias de carga y que con mucha facilidad y poca costa se podrá hacer que anden carros y puentes y barcas y los ríos y porque como podréis considerar ésta es una de las más principales partes que se requieren para el efecto de lo que se trata, hecha la diligencia referida en el dicho Puerto de Caballos pasaréis el camino sobredicho con el dicho don Francisco de Valverde y el ingeniero, llevando por guías a los dichos Juan García de Hermosilla y capitán Pedro Ochoa de Leguízamo y miraréis si es camino seguido y hollado o se ha de abrir de nuevo, si es fragoso, por sierras o arcabucos u otros malos pasos o si es pantanoso o hay en él alguna ciénaga o qué incomodidades tiene, qué ríos se han de pasar, si son caudalosos o de acogida que puedan tener grandes crecientes o si en ellos hay puentes o barcas o son bandeables en todos tiempos, si se podrá disponer para que anden los carros por él y con qué costa y en qué tiempo

5.—Habéis de advertir a que se tiene mucha noticia y larga experiencia de que los caminos de aquellas provincias son muy trabajosos y poco durables y que el licenciado Landecho y después Villalobos y ahora Valverde, presidente de la Audiencia de Guatemala, han abierto caminos con gran costa y han salido tan malos que o no se tratan o perecen en ellos las bestias, y que si el trabajo y costa han salido infructuosos y porque el vuestro no lo sea conviene que os recatéis de la gente de la tierra y por sus intereses os facilitarán lo muy dificultoso y que vuestra persona y las de los sobredichos lo examinéis todo sin remitirlo a ninguna otra información y diligencia y que con los azadones en las manos se vaya tentando la tierra y con la sonda la hondura de los ríos mirándolo y considerándolo una y muchas veces de manera que ninguna cosa de importancia quede sin averiguarse y saberse cumplidamente como lo requiere el intento de negocio en que tanto ve.

6.—Asimismo consideraréis las poblaciones de españoles e indios que hay en el dicho camino y su comarca y si son sanas y bien situadas y abundantes de mantenimientos y puede haber los necesarios en el dicho Puerto y Bahía y a qué precios.

7.—Si se crían y hay en ellos bestias en abundancia para las cargas y para el pasaje de los caminantes y a qué precios valen corrientemente, si hay maíz, hierba y lo demás necesario para su mantenimiento.

8.—En el dicho Puerto y Bahía habéis de mirar si hay agua dulce para el sustenta y provisión de las armadas y navíos, piedra bastante para los tremedales, y cáñamo, clavazón y los demás materiales y pertrechos para fabricar o aderezar los dichos navíos, cal, yeso, madera y piedra para los edificios y donde se podrán hacer las poblaciones del dicho Puerto y Bahía con más comodidad y buen asiento, advirtiendo a la sanidad de los sitios y todo lo demás necesario para el sustento de tanta gente como la que va y viene en las flotas y concurre al trato y comercio y para hacer provisión para la vuelta y a que tengan leña, hierba, ejidos, pastos y abrevaderos para los ganados.

9.—Entre las demás cosas que se apuntan a propósito de esta mudanza se dice mucho bien de la comarca de la dicha Bahía de Fonseca y que está en muy buen paraje para el Perú adonde se va en mucho menos tiempo y con más seguridad que desde Panamá y para la Nueva España y para ir desde allí a las islas Filipinas y a la India y China, y porque es cosa conveniente que todo se apure y se sepa muy al cierto haréis en la averiguación de esto la misma diligencia que en lo demás.

10.—Asimismo se ha referido que algunas personas de la dicha provincia de Honduras se obligan de pasar las mercaderías del dicho Puerto de Caballos a la Bahía de Fonseca por menos de la mitad de lo que cuesta del Nombre de Dios a Panamá y que ofrecieron dos pesos de cada carga para aderezar los caminos y que con menos de lo que esto montase en un año se podría hacer sin que en su conservación fuese menester gastarse adelante cosa alguna y me podría yo servir de aquello que sería cantidad y que los mercaderes, marineros y pasajeros serían muy rebelados de gastos con que crecería la contratación y mis Rentas reales y porque es necesario saber bien lo que hay en esto os informaréis qué personas hicieron la dicha obligación y (hay un roto) y si son vivas y lo podrán cumplir y si aquel precio más o menos como se concertase siendo para ellos de conveniente ganancia podría ser durable sin que con este cebo del barato de algunos años viniese después a encarecerse y dar en el mismo inconveniente de carestía que en Tierra Firme.

11.—Asimismo he sido informado que en toda aquella tierra hay muchas minas y muy ricas que se dejan de labrar y beneficiar por la pobreza de los vecinos y que si se hiciese esta mudanza se poblaría toda y se labrarían de que resultaría mucho provecho y se cultivaría la tierra que es muy buena y fértil y que en cualquiera ocasión de enemigos podrían defenderla los vecinos comarcanos y ayudar a todo lo que conviniese y que también por el mismo medio se podría descubrir camino para pasar desde allí y por la costa del Mar del Sur a Popayán y Nuevo Reino de Granada, que sería de mucha importancia y se podrían descubrir y allanar algunas tierras que hay en medio donde se entiende que hay mucha riqueza.

12.—Informaréis muy particularmente de personas que tengan mucha noticia de aquella costa y sean desinteresadas de los vientos que suelen correr en ella y en qué tiempo y qué impedimento suelen causar a la navegación desde allí a la Habana o si es fácil y segura y qué derrota pueden traer para que de todo se pueda tener la noticia que conviene.

13.—En todo lo cual procuraréis entender y examinar muy particularmente lo que hay y cómo se podía encaminar y las utilidades que de ello se podrán seguir y la facilidad o dificultades que hay o pueda haber en poner en ejecución y hecho de todo muy larga relación y los diseños de lo que hubiere menester demostración para entender mejor y con los pareceres vuestros y de los dichos don Francisco de Valverde y del ingeniero Bautista Antonelly, juntos en lo que estuviereis conformes y aparte en lo que cada uno de por sí discordare me lo enviaréis cerrado y sellado con el dicho don Francisco de Valverde para que habiéndose visto y oído su relación se provea lo que pareciere que más convenga.

Concluido y acabado esto que habéis de hacer en Honduras y dado orden en la vuelta del dicho don Francisco de Valverde y de Juan García de Hermosilla si quisiere venirse y en que el dicho capitán Pedro Ochoa de Leguizamo se vaya a su alcaldía mayor de Nicoya para cuyo efecto y de que no goce del salario más tiempo de lo que fuere necesario su asistencia le licenciaréis luego que os haya guiado y mostrado el camino que él ha asegurado que es cual conviene diciendo que le han dado y vos os embarcaréis con el dicho ingeniero para la isla de Cuba y en caso de que Nuestro Señor fuese servido de llevaros en el viaje o que por otro cualquier suceso no lo pudieseis proseguir el dicho don Francisco de Valverde ha de continuar y hacer la diligencia que aquí se ordena en lo de Puerto de Caballos y lo demás concerniente a ello con el dicho ingeniero y las otras personas que van a ello y para este efecto se le ha de entregar esta instrucción y despachos que en el dicho caso de no poder vos cumplir lo contenido en ella mando que él continúe lo que faltare hasta que tenga completo efecto.

.... de Madrid a veinte y tres de noviembre de mil y quinientos y ochenta años. —Yo el Rey—por mandato del Rey nuestro señor. — Juan de Ibarra.

En la parte conducente de su informe para el Rey, el ingeniero Bautista Antonelly,

dice:

—Señor

Con un navío de aviso que salió de este Puerto (la Habana) avisé a Vuestra Majestad de nuestra llegada de Honduras, que fué a quince de septiembre pasado (1589) y como quedaban sacando las trazas y relaciones en limpio, así los de Honduras como los de Nueva España.

............................................

Honduras,

Puerto de Caballos,

Bahía de Fonseca.

Desde México fuimos a la provincia de Honduras por tierra como V. M., nos lo mandaba, y ví el Puerto de Caballos y la Bahía de Fonseca y el camino que hay de la una parte a la otra con el cuidado que en semejante negocio se requería no me fiando de las personas de aquellas provincias, sino viéndolo ocularmente porque en muchas cosas apurando la verdad se hallaban muy diferentes, así que hay muchas personas a quien se pueda dar crédito, porque todos tiran a sus intereses y no al servicio de V. M., ni al bien común y he tenido particular cuenta en ver la disposición de la tierra como está de presente y cuan pocos naturales tiene en sí y los grandes gastos que se le han de ofrecer a V. M., en abrir setenta leguas de camino que hay de una mar a otra y hacer puentes sobre ríos y muchas alcantarillas y también los gastos que se habían de ofrecer en poblar la tierra que todo habría de ser a fuerza de dinero que habría V. M., de hacer cuenta de poblar unas tierras nuevas sin naturales y el fortificar los puertos y sustentar en ellos galeras que no se podrían excusar y sustentar los presidios ordinarios, y visto los pocos provechos que se le seguirían a V. M., y la larga dilación del tiempo como más largamente V. M., verá en sus Relaciones así que me parece que no es cosa a su Real servicio de V. M., ni al bien común de sus vasallos por las cuentas que refiero en las Relaciones.

... . y Nuestro Señor guarde la católica persona de V. M., largos años como la cristiandad ha menester, y de la Habana a diez de febrero de mil y quinientos y noventa años. —Bautista Antonelly.

"Con un navío de aviso que salió de este puerto escribí a V. M., de cómo habíamos acabado de visitar lo de Honduras y cómo quedaba sacando las trazas en limpio, las cuales van con ésta juntamente con sus Relaciones.

".... Camino desde el Puerto de Caballos a la Bahía de Fonseca.

"He visto el camino que hay de este Puerto de Caballos a la Bahía de Fonseca y su calidad y muchas veces lo he considerado como en semejante negocio se requiere, así en las dificultades como en otras cosas y no me fié en personas de estas provincias porque en muchas cosas los he hallado muy diferentes de lo que decían, así que no hay que dar fe a muchas personas de estas partes, si V. M., quiere saber si es así vea la información que en treinta y cuatro años ha hech1o Juan García de Hermosilla muy pocas cosas se han hallado verdaderas y es porque todos tiran a sus intereses. Muchas dificultades se han hallado en este negocio para que viniese a tener el efecto que se deseaba así de gastos como de casos que me parece a mí que son imposibles. De las tres dificultades diré aquí a V. M.:

"La primera es la larga distancia que hay de este Puerto de Caballos a la Bahía de Fonseca y setenta leguas de camino y como lo habían prometido para carretas lo cual es imposible y ser menester para pasar las mercaderías de una mar a otras catorce mil mulas de carga sin otras muchas que son menester y será imposible que en un año pueda pasar tanta ropa de una mar a otra las dichas catorce mil mulas han de hacer seis caminos cada año y no siendo los tiempos tales no podrán hacer los dichos seis caminos que sería gran daño para los mercaderes.

—La segunda es que esta provincia no tiene bastimentos para poder sustentar tantas mulas y personas que hubiesen de frecuentar estos caminos ni tampoco los tienen las provincias comarcanas a ella y la causa no tener la dicha provincia naturales que contienen las tierras y de presente con gran dificultad se podrían sustentar quinientas mulas de recua que anduviesen en los caminos y esta es la verdad y no se hallará otra cosa si Su Majestad no mandase poblar estas provincias de labradores de España y esto habría de ser con grandes gastos y mucho discurso de tiempo que se habría de hacer cuenta de poblar unas provincias nuevas sin naturales y va mucha diferencia de haberlo visto a oírlo por relación.

—La tercera no es de menos consideración que las dos pasadas que es que Puerto de Caballos es incapaz de poderse fortificar por ser bahía abierta que tan señores de ella son los que vienen como los que están dentro y lo son más los que vienen por venir apercibidos para acometer v los que están dentro descuidados y desarmados y la artillería abatida y las naos con gente que así están en los puertos de estas partes y esto lo digo como testigo de vista en diez años que ha que ando por estas partes lo que más verá V. M., en las relaciones. A mi poco discurso y por lo que he visto me parece que no es cosa que convenga al servicio de Su Majestad menos al bien común de sus vasallos y como he visto este camino y el de Nombre de Dios por eso me atrevo a decir esto que con más facilidad se atravesaron diez y ocho leguas de tierra que no setenta y más teniendo Puertobelo a doce leguas el rio de Chagres por donde sube toda la ropa de volumen hasta la casa de Cruces que no es de poco efecto y todo esto se desea bien entender y en esto Su Majestad hará lo que fuese servido y su Real Consejo.

—Heme ocupado en esta jornada de Honduras nueve meses y los siete con cinco cabalgaduras porque de otra manera no se puede caminar en estas partes porque se ha de llevar la cama y comida y haber caminado gran parte de camino por despoblado que han sido más de seiscientas leguas las que se han caminado donde he quedado empeñado en más de mil ducados dejando aparte los trabajos que se han pasado suplico a V. M., que me favorezca en que Su Majestad me mande dar ayuda de costa con que me pueda desempeñar teniendo consideración que mis trabajos han sido mayores que los otros por haber acudido así al hacer de los trazos como a las relaciones.

.... y Nuestro Señor guarde a V. M., como sus servidores deseamos y de la Habana a 10 de febrero de 1591 años. —Bautista Antonelli.

En la Razón y Parecer de don Francisco de Valverde, datado en Trujillo, a 24 de agosto de 1590, se lee:

—Saliendo de Puerto Caballos por el camino bajo se va al Rancho de Chamalucón (Chamalachón) que hay cuatro leguas de arcabuco y la tierra es de muy mala calidad, húmeda y pantanosa, de suerte con ser verano había bellacos pasos; puédese abrir este camino para que mejore algo, pero no de suerte que pueda dejar de ser en invierno ruin, y en verano bueno; llegados al Rancho, no hay pasto porque es arcabuco.

"Desde el Rancho se va al Río Blanco, hay tres leguas del propio arcabuco y de algo mejor calidad que las cuatro pasadas, pero también no buenas, y en invierno dicen tienen mucho lodo.

"Desde el Río Blanco al Hato del Fraile hay tres leguas del propio arcabuco y de algo mejor calidad que las cuatro pasadas; casi tres de monte y de la calidad dicha como la primera. Por unas quebradas que bajan de tierra y por unas lagunas y ciénagas que hace el Río de Chamalucón, y aúnque estas tres leguas últimas de arcabuco podrán tener deshecho, poniendo el camino por la halda de la misma sierra y abriéndole como el de atrás ha menester que por lo menos será necesario abrirle ochenta pasos para que se oree y el sol y el aire le enjuguen que como está ahora no le toca en todo el año.

"Por la mala calidad de estas diez leguas de monte y la falta de pasto en ellas que es grande inconveniente hace que los arrieros tengan afición a otro camino que llamaron el de arriba que es tres leguas más corto que el de abajo; vase por este camino por arroyos de

365

piedra y agua y dicen que en invierno llevan por él las arrias al agua de ordinario a la barriga de las mulas. Las otras dos tercias partes de este camino que la una como está dicho se va por arroyos de agua, son reventones y cuestas de muy mala calidad, porque son cuchillas que con el curso del tiempo y poco aderezo han hecho callejones que en el estado en que están es temeraria cosa andar este camino. Podríase aderezar para las dichas arrias de manera que pudiesen bien trajinarle y pasarle que hay desde el Puerto de Caballos al Hato del Tesorero que es sabana en un día, que serán seis leguas y media y no padecerán tanto como el camino bajo por la falta de pasto.

"Huyendo y deseando excusar los inconvenientes del uno y otro camino había noticia que el Río de Chamalucón pasaba cuando más una legua de la caldera (hoy Laguna de Alvarado) y que se podría traer a ella con facilidad y que por este Río podrán subir las mercaderías hasta el Hato del Fraile donde podría haber almacenes y las arrias podrán venir allí a recibirlas y tendrían buen pasto y grandes sabanas donde entretenerse y rehacerse del camino que hubiesen traído, hízose diligencia para que una persona de las que más experiencia tenía de la caldera y estero que subía por ella con negros e indios macheteasen lo que hubiese hasta Chamalucón, y en el ínterin que macheteaban hasta ir a salir al Río desde el Hato del Fraile donde se hallaron dos canoas, bajamos por el Río abajo yéndole sondando y reconociendo las calidades que tiene para poderse navegar y hallamos que desde la dicha Estancia del Fraile a la boca del Río hay diez leguas y a lo que muestra y parece por la parte que más se llega a la caldera es por la del Rancho cuatro leguas del Puerto de Caballos y más de dos y media de la dicha caldera, y este Río tiene braza y media de fondo desde el Hato del Fraile hasta donde entra en la mar, tendrá de ancho sesenta pasos, no tiene caudal ninguno, lleva tan gran mansedumbre que le juzgarían por estero, en el banco o canal que hace al entrar en la mar tiene ocho palmos de agua y buena barra de calidad que con facilidad bien podrían entrar fragatas y barcos cargados y subir por él arriba con sus palancas hasta el dicho Hato del Fraile, limpiando algunos pasos donde se ha juntado madera, que se podrá hacer con mucha facilidad y poca costa. Desde la barra y boca de este Río al Puerto de Caballos hay tres leguas y media y con los terrenales todo el año podrán venir saliendo a medianoche del Puerto de Caballos a amanecer sobre dicho Río, y en entrando la brisa, entran en él a la vela y si no hubiese entrado, atorándose podrán con mucha facilidad.

"Desde el Hato del Fraile a la ciudad de San Pedro hay tres leguas de camino llano y de buena calidad.

"Desde San Pedro al Río Ulúa hay seis leguas, es el camino en algunas partes pantanoso y que tiene necesidad de que le abran para que en invierno se pueda trajinar, son pedazos de monte.

"Entre San Pedro y este Río de Ulúa (probablemente en Santiago) dos leguas de San Pedro se ha de pasar el Río Chamolucón la más parte del año tiene vado. Pero en el dicho tiempo de las aguas detiene y pásanlo ahora en cannas; ha menester puente; podríase hacer poco más arriba de donde se pasa ahora; será de ciento y veinte pies de ancho; costoso porque dicen que es Río de grandes avenidas y así será menester que sea buen puente; tiene piedra y cal al pie.

"El Río de Ulúa es río muy caudaloso y según dicen de grandes acogidas; a mi parecer será dificultosa cosa y muy costosa hacer puente en él porque va tan tendido que tiene más de doscientos pasos de ancho, y cuando lleva agua se tiende más de cuatrocientos y los barrancos de él son de tierra movediza; podríase hacer barcas en él, y con facilidad pasarían.

"Desde el Río de Ulúa a la Estancia de Armenta por el camino de abajo que es el que se habrá de andar hay siete leguas de muchas ciénagas y entre ellas la que llaman del Cimarrón, que en la aspereza del invierno dicen la pasan mulas casi a vuelapié; tiene algunos deshechos aunque bien trabajosos, y que hasta ahora no los han intentado ni abierto los que cursan este camino, porque por las partes que se pueden desechar es de unas piedras muy grandes y que según es la tierra podría ser que apartadas las piedras el suelo tuviese bien ruin calidad; tiene de largo menos de cuarto de legua.

"Cinco leguas del Río de Ulúa se pasa el Río Blanco. Río caudaloso que ha menester puente porque detiene lo más del invierno; tiene buena comodidad para hacer el puente de madera porque no tiene más de cuarenta pies de ancho; no es rápido en su corriente; y río que con el agua no hace sino henchir; en la ribera del río hay muchos árboles de que poder hacer el puente, como son madera de cacao, robles y encino, y parece que bastaría y sería muy durable el puente de madera; y habiendo de ser de piedra sería muy costoso porque el dicho Río todos sus barrancos son de tierra muerta y la piedra tiene cerca, pero no en su ribera; no me parece bueno para cal y así será menester traerla de dos leguas de allí.

"Desde la Estancia de Armenta al pueblo de Aramani (¿San Francisco, o Santa Cruz de Yojoa?) hay cuatro leguas, es tierra más enjuta que la pasada y de buena calidad; pásanse dos ríos que no estorban el paso aunque el que está junto Aramaní llevaba tanta agua que con poco más podría detener aunque dicen que las acogidas tiene muy cerca.

"Desde Puerto de Caballos a Aramani no hay pueblos de indios y está todo despoblado, salvo las estancias que hay en el camino que en la que más gente hay, hay un negro y tres o cuatro indios; tiene Aramani quince indios casados.

"Desde Aramani al pueblo de Miámbar (Meámbar) hay cinco leguas, tierra doblada y fragosa; pásanse tres ríos; ninguno dice estorba el paso; parece ser así porque tienen las acogidas muy cerca; es camino tieso y que podrá tener buenos deshechos en algunos pasos fragosos; tiene sesenta indios casados.

"Desde Miámbar a los Ranchos (¿El Carrizal, o Las Cuevas, hoy Trinidad?) hay cuatro leguas, hay tres ríos, no estorban el paso por tener la acogida cerca; es camino tieso y de muy buena calidad, aunque fragoso.

"Desde los Ranchos al Maniani (en el valle del Espino) hay tres leguas. Pásanse tres ríos el uno junto a los Ranchos, no detiene por tener la acogida cerca legua y media.

"De los Ranchos se pasa el Río Comayagua, va muy caudaloso; tiene necesidad de puente podrásele hacer, tendrá ochenta pasos de ancho; junto al pueblo de Maniani se pasa el otro río, no detiene porque es la acogida cerca; y tiene sesenta indios casados.

"Desde Maniani a la ciudad de Comayagua hay tres leguas y media de camino tieso; y la mayor parte de él áspero; pasase un arroyo dos veces, y el río de la ciudad junto a ella, de muy linda agua, que es de donde ella bebe.

"Desde el Puerto de Caballos a la ciudad de Comayagua hay cuarenta y seis leguas, por el camino de abajo y cuarenta y tres por el camino de arriba. Parece imposible que puedan ir carros, porque la aspereza de la tierra y humedades de la propia tierra es de peor calidad que la aspereza, como es desde la Estancia de Armenta hasta Puerto de Caballos que nadarían en lodo los carros y porque de esto se tiene entera noticia y procurando desechar lo más dificultoso, que es desde el Maniani hasta la Estancia de Armenta, al parecer del capitán Diego Ochoa de Leguizamo que había ofrecido a V. M., y asegurándole que el camino que se andaba se podía aderezar con facilidad para que anduviesen carretas, y oyendo a los vecinos de Comayagua la imposibilidad que había hasta la dicha Estancia por la aspereza de las sierras, bajadas y subidas irremediables, salió de Comayagua con Francisco de Cádiz, mestizo de mucha experiencia en aquella tierra, y Pero Velásquez, negro horro (libre) que tenía vista mucha parte de ella y algunos indios de Miámbar y de Maniani, pueblos en el camino y que sus milpas las tienen derramadas y puestas cuatro y seis leguas a la redonda de sus hogares, ocasión con que tienen vista y hollada toda aquella tierra, anduvieron diez o doce días y al cabo de ellos escribió el dicho Diego Ochoa de Leguizamo cómo tenía hallado camino para carros y por donde sin mucha costa pudiesen ir, volvimos desde los Ranchos de Miámbar al Río de Comayagua, llevando por guías al dicho Francisco de Cádiz y los indios de Maniani que lo habían sido del dicho Leguízamo y empezamos a entrar por la Estancia de Andino y obra de legua y media pareció que la tierra que pudieran ir carros desde allí empezó a haber tantas asperezas hasta el Río de Comayagua y no sólo era la tierra aparejada para echar camino por ella, pero ni mulas de carga, porque es fragosísima y tanto que en gran parte de las Indias no hay otra que lo sea más; es toda tierra quebrada, llena de reventones inaccesibles y habíanse de tomar tres o cuatro cañadas que en lloviendo dos días de ellas no pudiera pasar nadie, con esto fuimos de acuerdo de volver a los Ranchos de Miámbar y seguir el camino real que es de la calidad dicha.

"Desde la ciudad de Valladolid del Valle de Comayagua hasta el pueblo de Amaní (Lamani) hay cinco leguas y en ellas un río caudaloso donde es menester puente de madera de ochenta pasos de ancho; tendrá piedra y cal al pie de la obra, y la piedra muy cerca; en esta ciudad hay yeso muy bueno; tiene este valle siete leguas de longitud y tres y media de latitud; tiene muchas estancias de ganado mayor y menor; dase en este valle trigo en abundancia, maíz, habas, y garbanzos, frijoles y todos los otros géneros de legumbres que se siembran; hay muchas frutas, uvas, membrillos y parece la tierra apacible para que se den en ella todo lo que se sembrase; hay muchas lechugas, coles, cebollas, no tiene árbol que no sea fructífero; podríase regar todo este valle porque tiene el río principal y otros cinco de donde se puede regar, sin que casi quede cosa en todas las siete leguas que no rieguen; es aparejado si tuviera gente que lo cultivara para dar muchos bastimentos y así padecen necesidad algunos años, y este principalmente de trigo y maíz en toda su jurisdicción si no es en el propio valle, comían este año los indios plátanos en lugar de maíz; y en el valle había la hanega a catorce reales y así fué menester que comprásemos y trajésemos el necesario hasta Puerto de Caballos y valía en el propio valle a catorce reales; tiene esta ciudad cien vecinos.

"Del Amani a los Ranchos del Obispo (Rancho Grande) hay cuatro leguas; tierra áspera y que la carretera si se hubiese de hacer será muy costosa y dificultosa para arrias, es camino tieso.

"Desde los Ranchos del Obispo al pueblo de Agüenqueterique (Aguanquelí, o Aguanqueterique) hay tres leguas que todas ellas son pedregosas y ásperas, pero podrán ir carros; tiene este pueblo cuarenta vecinos.

"Desde Agüenqueterique al pueblo de Locterique (Lauterique) hay tres leguas camino tieso algo fragoso de buena calidad para recuas; parece imposible echar por él carretas; para arrias podría tener deshechos en algunos rebentones; tiene este pueblo cincuenta indios casados.

"Desde el Locterique al pueblo de Apazapo hay tres leguas; las dos de aspereza y de tiesa tierra; tengo por imposible hacer por aquí camino de carros; para recuas es de buena calidad; tiene necesidad de deshechar algunas vueltas y tiene comodidad para ello; tiene este pueblo veinte y cuatro indios casados.

"Del Apazapo al pueblo de Guascorán (Goascorán) hay tres leguas de buen camino que para carros no tiene necesidad sino deshechar dos o tres pasos; tiene este pueblo veinte y cinco vecinos.

"Viendo la dificultad que desde Agüenqueterique hay al pueblo de Apazapo que son seis leguas para poder ir carros por él volvimos a tomar el camino por otro que sale a la Estancia de Francisco Pérez que el capitán Ochoa de Leguizamo y el Francisco Pérez habían ido por él para tentar la calidad de él; aseguraron era de mejor disposición que el que se anda ahora; y así salimos de Agüenqueterique que hay media legua del dicho pueblo, se va a pasar el Río de Guascorán; es río caudaloso y que tiene necesidad forzosa de puente, porque suele detener muchos días. Tiene comodidad de puente porque los cimientos de él hicieron naturaleza; tendrá cuarenta y cinco pasos de ancho; puédese hacer de un arco; hay al pie de la obra piedra de cal y buenas canteras. De allí al puerto que llaman San Francisco es buen camino; desde este portezuelo hasta la Cacualpa de Tecla obra de dos leguas y media; lo más de ellas me pareció imposible hacer carretera; es de muchas laderas muy deshechas llenas de mil quiebras grandes, de suerte que mi entendimiento no alcanza la posibilidad de hacer camino para carretas y así no me parece que sin grandísima costa se podría hacer y entonces no lo tendría por durable por ser la tierra que con las aguas se derrumba con mucha facilidad. A Bautista Antonelly y a Diego López de Quintero les pareció posible; no lo alcanzo a entender; creo de la experiencia de Bautista Antonelly que será como lo dice. Para recuas será camino más fácil que el otro y el puente que se ha de hacer en Guascorán mucho menos costoso que el que se había de hacer junto al propio pueblo de Guascorán.

"Desde la Cacualpa de Tecla hasta donde se vienen a juntar el camino viejo con este que se ha de andar habrá tres leguas y media de camino tieso y llano; hay tres ríos que no detienen; y otro que llaman el de Los Sauces; se ha de hacer puente en él como también se habrá de hacer por el otro camino que lo que este nuevo tendrá será sólo no ser tan poblado, aunque las poblaciones son tan ruines y de tan poca consideración que no se puede hacer caso de ellas. En lugar de los pueblos de Locterique y Apazapo y Guascorán tiene la Estancia de Francisco Pérez donde poder hacer noche y será menester, habiéndose de andar hacer ventas y de los pueblos acudan ahora a sustentarlas a los principios.

"Desde Guascorán a la Estancia de Batres hay cuatro leguas que por el camino que se vino y se ha de andar es de buena calidad y que con pocos deshechos se excusan tres o cuatro pasos de ciénagas que había; pasóse el Río de Guascorán y el de Pazaquina (Pasaquina) y el de el asiento viejo de Cizama junto a la Estancia de Batres; ha menester puente el Río de Guascorán y pareció que se le podía hacer mil pasos arriba del propio pueblo; será puente muy costoso aunque tiene la piedra y cal al pie de la obra, porque el Río es muy caudaloso y uno de los arcos de este puente será más de cincuenta pasos; y ha menester luego el puente en el río de Los Sauces que entra allí junto en el Guascorán y asimismo el del Río Pazaquina.

"Desde la Estancia de Batres hasta el Asiento de Francisco López Quintero, que es el lugar que pareció más conveniente para la población que se hubiese de hacer en Fonseca hay dos leguas y media, que no yendo por el camino ordinario sino apartándose por el que se señaló, será muy buen camino y tieso y por donde podrán ir carretas.

"Habiendo de ser el camino desde la ciudad de Comayagua hasta el Asiento de Fonseca de carros ha menester gran cantidad de alcantarillas que, con los puentes ya dichos, y el abrir del camino como conviene todo costará muy gran cantidad de dinero".

En atención a la importancia del negocio de que viene tratándose aquí el Rey de España libró también la siguiente instrucción:

"El licenciado Gedeón de Hinojosa de mi Real Consejo de las Indias y mi presidente de la Casa de la Contratación de Sevilla el maestre de campo Juan de Tejada, don Francisco de Valverde y el ingeniero Bautista Antoneli van a la provincia de Honduras a ver el Puerto de Caballos y Bahía de Fonseca y el camino que hay de la una a la otra parte para lo que se trata de mudar allí la descarga de las flotas y porque siendo como es este negocio de tanta consideración e importancia conviene mirar mucho en él os mando que llegados que sean a esa ciudad el virrey don García de Mendoza y los sobredichos maestre de campo don Francisco de Valverde y el ingeniero llaméis a Antonio de Guevara de mi Consejo de Hacienda y con ellos, y mis jueces, oficiales de esa Casa hagáis en ella junta de algunos pilotos, maestres, mercaderas y otras personas de experiencia y entendimiento concurriendo en la dicha junta Juan García de Hermosilla que ha muchos años trata de esta mudanza y el capitán Pedro Ochoa de Leguizamo y estando todos juntos propongáis lo que se tiene entendido del puerto y sitio de la ciudad del Nombre de Dios y es peligro de vidas y haciendas y riesgo que en ambas cosas se padecen allí con tanta experiencia como se ha tenido y tiene y la continua y cómo cada día se va empeorando el puerto y llegándose de manera que viene a ser forzoso mudar de allí la contratación así por lo sobredicho como por ser el camino para Panamá peligroso, áspero y costoso y sujeto a otras incomodidades y la tierra infructífera y de tan mal temple que demás de no haber en ella indios naturales se entiende que han muerto allí más de cuarenta y seis mil personas de enfermedades y que de lo de Honduras se entiende por las relaciones e informaciones que se han visto y otros muchos pareceres de personas inteligentes por ser el dicho Puerto de Caballos muy bueno y limpio y muy grande y que tiene dentro una caldera con una boca de cincuenta pasos a la entrada en que así sin amarras pueden estar gran cantidad de navíos y que tiene la comarca abundante y fértil de todos los mantenimientos necesarios y para sustentar la gente de las flotas y hacer provisión para la vuelta y madera y otros materiales en abundancia para reparar los navíos y que podrán ir hasta cerca de allí juntas las flotas de Tierra Firme y Nueva España con mucha más seguridad de los tiempos porque con la derrota que habían de llevar se excusarían de los huracanes de la costa de Santo Domingo y Cuba y casi de los nortes de Nueva España porque en lo de Trujillo por donde han de pasar no han tan forzosos y continuos y que esta navegación a la ir es más corta que la de Tierra Firme y que la que ahora se hace a la Nueva España y mucho más sin comparación la vuelta y que asimismo se refiere ser la dicha Bahía de Fonseca muy capaz y de buena comarca y que en ella hay disposición y comodidad para hacer navíos y está en muy buen paraje para el Perú adonde se va en mucho menos tiempo y con más seguridad que desde Panamá y para la Nueva España y las Filipinas y China y que es camino desde el dicho Puerto de Caballos a la Bahía es bueno y en él hay algunas poblaciones de españoles y que andan bien por ellos bestias de carga y se puede mejorar con mucha facilidad y sin mucha costa para que anden carros y que hay allí muchas bestias de carga y ganado vacuno y ofrecimiento de parte de la provincia de pasar las mercaderías del puerto a la bahía a menos de la mitad de lo que cuesta de Nombre de Dios a Panamá y de ello sacar con que se aderezar y reparar los dichos caminos y que demás de las comodidades referidas se representan otras muchas que se podrían allí preguntar al dicho Juan García de Hermosilla lo cual todo muy bien entendido y oído muy atentamente lo que cada uno en particular quisiere decir v el pro y contra que en cada cosa de por sí les pareciere que se podría seguir de esta mudanza y las advertencias que se entendiere convendrá apuntar para tratarse, proseguirse y efectuarse y de los otros medios que se les ofrecieren haréis que todo se ponga por escrito muy extensamente y una copia de ello daréis a los dichos maestre de campo don Francisco de Valverde y el ingeniero para que vayan más alumbrados y capaces y otra me enviaréis para que junto con los papeles que acá están a este propósito se guarde para cuando venga lo demás y con ello se vea y determine este negocio.—Hecha en Madrid a veinte y tres de noviembre de mil y quinientos y ochenta y ocho años.—Yo el rey.— Por mandado del rey nuestro señor.—Juan de Ibarra".

Como era de suponerse los vecinos y autoridades de la ciudad de Panamá tratarían por todos los medios a su alcance de oponerse a la mudanza de tal navegación y al efecto procedieron a tener juntas consultivas y seguir toda clase de investigación, como se desprende de varios documentos inéditos y de los cuales aquí se copia lo que sigue:

—Información que se hizo en Panamá en veinte de noviembre de 1590 en los daños e inconvenientes que tiene la navegación del Puerto y Bahía de Caballos, mudada en Nombre de Dios.

—La ciudad de Panamá sobre los daños e inconvenientes que se siguen en mudarse la navegación a Honduras.

—El Puerto de Caballos no es puerto sino playa de mucho riesgo de ordinariamente por ser travesía de norte y huracanes—costa muy obscura que con dificultad se reconoce.

—Que un navío de 111 toneladas arriba no puede ni salir—entran cargados que se han de descargar.

—Que cría mucha broma.

—Que no se puede navegar aquella costa sino por junio por los muchos nortes y tormentas y no hay otro puerto donde los navíos se puedan reparar.

—El sitio donde está la bahía de Puerto de Caballos es muy mala tierra, muy baja, anegadiza, de muchos mosquitos.

—La gente del pueblo poca y muy pobre.

—La tierra muy necesitada y falta de bastimentos, poco cultivada, de poca fertilidad, no tiene cabaña en distancia de 10 leguas.

—Que de Puerto de Caballos a la Bahía de Fonseca hay 80 leguas.

—Las 10 leguas primeras de Puerto de Caballos a este puerto es muy mal camino de montañas y ciénegas y ríos y atolladeros.

—Que es tan mal camino que en 60 mulas no se hallan 10 que lo puedan andar cargadas y éstas llaman mulas golferas.

—Esperar que las pocas golferas pasen una flota que se acabará y la plata de Su Majestad.

—Desde el pueblo de este Puerto a Comayagua que hay 30 leguas es lo mismo el demás camino es áspero de montañas muy ásperas.

—Desde la Bahía de Fonseca se ha de ir y pasar el Golfo de Fonseca y del Papagayo que todo el año es muy tormentoso y de muchos peligros y riesgos.

—La mayor parte del año cubierta de nubla que apenas se conoce que han de venir a reconocer las islas de Coiba, jurisdicción de Panamá.

—Desde Panamá van viento en popa hasta Paita tierra del Perú con mucha brevedad.

—Si los navíos que salen de Fonseca quisieren atravesar desde el Golfo de Fonseca a la costa del Perú de más de ser la navegación muy peligrosa por las tormentas lo es por las corrientes contra vías y grandes calmas.

—Que desde la Bahía de Fonseca hasta tomar la costa de Panamá no hay donde se reparar un navío si se viera necesidad.

—La navegación desde Panamá al Perú no tiene estos inconvenientes y es muy corta.

Muy Poderoso Señor:

Juan de Aluear en nombre de la ciudad de Panamá de la provincia de Tierra Firme digo para que conste a V. A., de los daños e inconvenientes que tiene la navegación al puerto y bahía de Caballos y el camino desde allí al puerto y bahía de Fonseca navegación de allí al Pirú y dé las calidades y sitios de los dichos puertos y si se hubiese de mudar allí la navegación y derecha descarga de las flotas que van de estos Reinos de Castilla al puerto de la ciudad del Nombre de Dios como lo han pretendido y pretenden los de la provincia de Honduras hace presentación de esta información por donde consta todo lo dicho....

Preguntas del licenciado Hinojosa a quien Su Majestad cometió las diligencias que aquí están hechas.

—Los puntos que se han de tratar sobre la mudanza de la navegación de las flotas del Perú del puerto de Nombre de Dios al de Honduras:

—Lo primero qué navegación es la de aquí a Honduras.

—Qué tal es el puerto de Honduras.

—Qué tal es la tierra así de temple como de fertilidad y materiales para los navíos.

—Qué camino hay desde el puerto de Honduras a la Bahía de Fonseca si es llano y sin pantanos y abundante de mantenimientos bagaje y cuántas leguas tendrá y si se podría echar el río de Chamalachón en la caldera de Puerto de Caballos de suerte que por él se pueda salir doce leguas y con esto se facilita el camino.

—Qué tal es la Bahía de Fonseca así de grandeza y limpieza como de—seguridad de travesías de vientos.

—Qué navegación hay de la Bahía de Fonseca al Perú y si es segura y de vientos largos—y si hay allí buena comodidad para hacer navíos.

—Qué tal es el puerto de Nombre de Dios así de capacidad para el beneficio de las mismas y qué camino hay de allí a Panamá y si es áspero y bien proveído de bastimentos y bagaje.

—Cuál es más fácil navegación para el Perú desde la Bahía de Fonseca o de Panamá así de ida como de vuelta.

——Puesto que la navegación de las flotas del Perú, fuese a propósito por Honduras qué daños se seguirían de desamparar el puerto de Nombre de Dios y qué forma se podría tener en sustentar toda la tierra del Nombre de Dios y Panamá.

Y, como era de esperarse, los apuntamientos anteriores fueron contestados por varias personas; pero aquí solamente ofrecemos dos pareceres, uno en contra y otro en favor de la dicha mudanza de la navegación del puerto de Nombre de Dios a Puerto de Caballos.

# CONTRA LA NAVEGACIÓN DE HONDURAS Y PUERTO DE CABALLOS

—El capitán Antonio Jorge de pasar el trato y comercio del: Puerto de Nombre de Dios al de Caballos provincia de Honduras.

—Muchos días ha que tengo notado las causas por donde el Rey nuestro señor y los señores de su Real Consejo de las Indias no suelen sacar a luz la verdad de lo que pretenden.

—La primera pregunta que no se hacen semejantes juntas con sólo la gente experta en ambas navegaciones y la segunda porque son alteraciones que sólo se fundan en razones sin tener otros principios y como no se puede dar por una parte una razón tan buena que por la otra no se de casi otra tan buena o mejor faltando principios a que acudir para verificar cuál de los dos es mejor razón quedase la verdad obscurecida y esto es lo que nos quiere dar a entender aquel proverbio común que dice que por alterar mucho se pierde la verdad...

—Cuanto al primer artículo que trata qué navegación hay de esta ciudad de Sevilla a Honduras y qué tal es el Puerto de Caballos y temple de la tierra y fertilidad—Digo que aquella navegación sin comparación es más trabajosa y peligrosa que la de Tierra Firme porque además de los huracanes de la costa de Santo Domingo y Cuba el dicho Puerto de Caballos es costa brava y mucho peor puerto que el de Nombre de Dios sin tener abrigo más que las playas.... tierra muy continuada de tempestades casi la mayor parte del año enferma y de pocos mantenimientos en tanta estrechez que cuando hay tres o cuatro naos en aquella costa las islas de la Guanaja y Goayaba, que son las que la sustentan no son poderosas para sustentar los vecinos de Trujillo y Puerto de Caballos con no tener cada una de estas dos ciudades arriba de setenta vecinos.

—Cuanto al segundo artículo sobre la distancia que hay del dicho Puerto de Caballos a la Bahía de Fonseca es cosa notoria que demás de las 24 leguas que hay del dicho Puerto de Caballos a las casas del Golfo Dulce donde los barcos van a descargar la ropa hay de estas dichas casas a la Bahía de Fonseca sesenta leguas poco más o menos que la primera jornada del Rancho Quemado es tan pésimo camino como el de Capira, que es el camino de Nombre de Dios a Panamá, y a lo que este artículo dice la tierra adentro—es fértil de muchos mantenimientos, carnes y pan de trigo y de mucha abundancia de bagajes aunque no de manera que basten a pasar la ropa de cuarenta naos que suelen ir a Nombre de Dios dentro de un año porque sólo con no contener aquella costa más de tres o cuatro navíos en ocho meses no transportan su ropa de una mar a otra por ser mucha la distancia.

—En lo que toca al tercer capítulo sobre traer el Río de Chamalachón a la caldera demás de ser cosa dificultosa tengo lo por impertinente porque cuanto abriere el dicho Río en tiempo de agua en la mar lo volvería a cegar por ser el fondo de arena y tierra muy continuada de temporales y de aquí consta que con ser el Golfo Dulce de tanta abundancia de aguas como es no ha sido poderoso para abrir canal a su boca por la dicha razón de ser el fondo de arena y mucha continuación de temporales y así los barcos que van a entrar con la ropa tienen necesidad de coligar en la boca porque de otra manera no pueden entrar en el dicho Golfo.

—Cuanto al cuarto artículo sobre si la Bahía de Fonseca está en mejor puesto que la de Panamá para navegar de ella con más facilidad al Perú—digo que es verdad por estar más a barlovento que la dicha Bahía de Panamá aunque es justo que se tenga por de poca consideración pues que todo el trabajo de llevar la ropa al Perú no consiste en salir más de la una Bahía que de la otra sino que en pasar la dicha ropa por tierra de una mar a otra y habiendo como hay tanta distancia de camino del Golfo Dulce a la dicha Bahía de Fonseca, sin comparación es menor trabajo llevarla de las casas de Cruces que son por el río adentro de Chagre a Panamá de donde no hay más de cinco leguas camino que se anda en menos de un día.

—Cuanto al quinto capítulo sobre si el puerto de Nombre de Dios es peligroso a los que navegamos aquella costa nos consta que parte del mes de diciembre todo el mes de enero y parte del de febrero que todo puede ser espacio de dos meses es puerto peligroso algunos años y no todos por razón de los nortes que en este tiempo suelen ventar.

—Cuanto al sexto capítulo sobre navegarse más fácil de la dicha Bahía de Fonseca que de la de Panamá me remito a lo que tengo dicho en el cuarto artículo.

—Cuanto a los daños que se seguirían de mudar el dicho comercia de Tierra Firme a la provincia de Honduras serían grandísimos porque la grosedad de aquella costa vendría en mucha disminución desde el Cabo de la Bela, Santa Marta, Cartagena, Tolú, Nombre de Dios, Veragua y Panamá demás de que quitándosele el trato sería toda la costa menos continuada de gente por cuya causa tendría necesidad de que Su Majestad hiciese dobladas costas en su guarda porque si ahora trae dos galeras serían necesarias seis mudándose el comercio y por el consiguiente en la costa de Honduras convendría traer galeras o galeones lo que tengo por muy dificultoso por ser la costa más enferma y falta sí de comidas como de puerto donde poderse abrigar lo que todo se podría remediar sin mudar el comercio con que Su Majestad mande mudar el puerto de Nombre de Dios a Portobelo que es bahía cerrada y segura de todos los temporales lugar aparejado para que con sólo media docena de piezas de artillería los vecinos se puedan defender con mucha facilidad de todo género de corsarios y si los primeros descubridores no usaron esta bahía fué porque los indios no sabían otro camino sino es el que ahora se usa del Nombre de Dios a Panamá, después que los negros cimarrones se alzaron con el monte han descubierto otro desde el dicho Puertobelo a la dicha Panamá el cual con alguna costa se podría remediar de manera que todos lo tengan por mejor que no el que ahora se usa y así concluyendo digo que es mucho peor puerto el de Caballos que el de Nombre de Dios y que pasando la navegación de Panamá al Perú con los inconvenientes que hay en pasar la ropa de la costa de Honduras a la Bahía de Fonseca es más fácil la navegación por la vía de Panamá y costa de Tierra Firme que no por el Puerto de Caballos pues consta que en sólo un día se pasa de la casa de Cruces a Panamá y por ser este mi parecer lo firmo en mi nombre.—(firma y rúbrica).—Antonio Jorge.

## POR EL PUERTO DE CABALLOS

—Don Diego Ladrón de Guevara estando al presente en esta ciudad de Sevilla y vecino de la ciudad de Comayagua que es en la provincia de Honduras donde tiene su casa, mujer e hijos, de más tiempo de ochenta y seis años, y Diego Hernández de Meza vecino de esta ciudad de Sevilla y vecino que fué y es de la ciudad de Trujillo de la provincia de Honduras de cincuenta años a esta parte en donde de presente tiene sus casas y haciendas respondiendo a lo que por vuestra señoría nos ha sido mandado sobre que diésemos nuestro parecer del pro o daño que se podría seguir de mudar la contratación y pase para Perú del Nombre de Dios de la Mar del Norte y de Panamá y se pasase a Puerto de Caballos puerto de la Mar del Norte y al Puerto de Fonseca puerto de la Mar del Sur y dejando de tratar de las dificultades de la una navegación y de la otra por no ser como no somos marineros ni hombres de la mar en cuanto a lo que toca al sitio del pueblo y del Puerto de Caballos y del camino que hay desde el puerto al de Fonseca habiéndolo entre conferido y deseando que se acierte e informe a Su Majestad de la verdad y de lo que conviene hacer decimos que el pueblo de Puerto de Caballos es y será tan habitable como lo es el Nombre de Dios y mejor y que. cada día lo sería con el comercio de la mucha gente limpiando y talando todos sus alrededores tiene una bahía abierta muy buena y muy capaz para muchas naos, tiene por travesía el viento noroeste y cuando las naos se hallan y ven que el tiempo es mucho largan las amarras por la mano y se meten en una caldera que tienen las naos a sotavento donde están seguras de cualquier tormenta y viento que sean.

De Puerto de Caballos a la ciudad de San Pedro hay nueve leguas y para salir del dicho Puerto de Caballos para la dicha ciudad de San Pedro hay dos caminos por el camino de arriba que hay las dichas nueve leguas hay luego en saliendo del Puerto una serranía muy alta y muy fragosa y muy montosa que dura más de cuatro leguas hasta salir a los llanos y praderas que en las Indias llamamos sabanas habrá otro tanto de camino para la dicha ciudad de San Pedro, este camino es tan áspero y de tal manera que no se podrá por él caminar ni se puede desechar ni adobar porque la propia calidad de la tierra es de manera que todo cuanto se cortare y adobare en un año se destruiría en un solo día de aguas y así este camino no es en ninguna consideración. El otro camino es por lo llano por donde se deshecha la sierra arriba dicha es de más de quince leguas de camino desde el Puerto a San Pedro y este camino va entre la falda de la sierra y un río que llaman Chamalucón, este camino es inandable e inhabitable es todo lo más de él por agua, es todo de ciénagas y tembladeras y lagunas y es de tal manera que por malo que es el de la sierra se camina y lo tienen por mejor que no éste y así no es camino de consideración. De la ciudad de San Pedro a la ciudad de Comayagua hay veinte y ocho leguas es todo camino para arrias bueno en demás estando cortado y desechado no es camino para carros ni para carretas porque a una mano hay en él muchas cuestas. Desde la ciudad de Comayagua a la Bahía de Fonseca hay treinta leguas este camino de presente mucha parta de él no se camina por no ser menester es cosa cierta que este caminó por la mayor parte de él es de cuestas y en alguna manera agro para subir y bajar y más abriéndolo y aderezándolo será camino para arrias bueno mas no será camino para carros ni carretas para poder salir del puerto las mercaderías y poder conseguir lo que se pretende así a nosotros como a todos los que aquella tierra conquistaron y poblaron y ha sido negocio en que se ha hablado muchas veces que por la poca posibilidad que en aquella tierra hay no se ha puesto en efecto es que desde el valle donde está la ciudad de San Pedro viene un río pacífico, sosegado, con mucha agua y fondo bastante el cual río todas las personas que vienen de Comayagua, de la provincia de Nicaragua, de las villas de San Miguel y San Salvador y la Trinidad y otras partes vienen a proveerse al Puerto de Caballos a tres leguas antes de llegar a la ciudad de San Pedro pasan todas en una canoa que es como si dijésemos acá en Castilla en una barca, este río va por esta tierra llana y sale a la mar dos leguas al este de la punta de Puerto Caballos en costa brava y de tumbo de cuya causa siempre tiene la boca cerrada de tal manera que ni se puede salir por él a la mar ni de la mar se puede entrar en él, este río viene por la tierra llana que hemos dicho y con todo el sosiego que se puede desear y hace un camino por detrás de la caldera de Puerto de Caballos distancia de una legua antes menos que más, esta legua es de tierra muy llana y muy poco más alta que las aguas del río y de la caldera son todas de una arboleda muy grande que se llaman arcabucos, si este río de Chamalachón abriendo una zanja desde el río a la caldera por donde el dicho río entrase en la caldera saldrían las mercaderías con mucha facilidad sin ningún contraste de mar ni de tierra en barcas y en canoas desde el dicho Puerto de Caballos hasta donde es el paso de la canoa doce leguas del Puerto con lo cual se desechaban los dos malos caminos dichos y se facilitaba y aliviaba mucho la costa y trabajo y mudándose el pueblo de San Pedro de donde ahora está al descargadero de las mercaderías que es donde está la dicha canoa que sería fácil de mudarlo por la autoridad y provecho que se le seguirían y porque allí en aquel desierto hay muchos prados y sabanas para sustento de las arrias de lo cual carece Puerto de Caballos, decimos que echándose este río en la caldera se podría tratar y haber las menos dificultades porque sin esto no hay para qué tratar de ninguna cosa. Toda la tierra tiene muchos ganados, tiene muchos caballos y mulas y es fértil de las cosechas de la tierra y en Comayagua y en la ciudad de Gracias a Dios cogen mucho trigo y esto que hemos dicho es lo que nos parece salvo otras personas que lo entiendan mejor. —(firmas y rúbricas)—don Diego Ladrón de Guevara.—Diego Hernández de Meza.

Como puede apreciarse por los datos anteriores y por el plano elaborado por el ingeniero Antoneli, cuanto por razón de la configuración del territorio de Honduras con su gran depresión norte—sur, el camino de referencia correspondía en sus partes esenciales con el trazado del Ferrocarril Interoceánico propuesto por E. G. Squier, W. N. Jeffers, S. W. Woodhouse y D. C. Hitchcock, basado en los levantamientos geodésicos y topográficos de Owen y Barnett, en la sección norte, y de E. Belcher, en lo relativo a la del sur.

Este camino, indudablemente, empezó a usarse en la comunicación entre ambos mares a partir de la fecha en que lo abrieron Valverde y demás comisionados por el rey de España, puesto que Pedro Banegas, marinero natural de la ciudad de Cádiz, en la testificación que rindió en la ciudad de Panamá en diez y seis del mes de octubre de mil y quinientos y noventa años, habla de haber cruzado el territorio de Honduras desde Puerto de Caballos en parte a lo largo del Río Chamalachón hasta cuatro leguas al oriente de San Pedro y luego hasta dar "a un pueblo de indios que se llama Yoro de la jurisdicción de Comayagua que es el primer pueblo donde el dicho camino viene a salir" y desde allí a la "Choluteca donde se aparta el dicho camino doce o catorce leguas antes de llegar a la bahía de Fonseca, que según lo que este testigo vió del camino y por averlo andado como dho es ay del puerto de cavallos a la dha vaia de fonseca las ochenta leguas que la pregunta dixe poco más o menos y esto dixe e responde a esta pregunta".

El propósito de abrir una ruta interoceánica a través de Honduras viene a ser contemporáneo de la conquista y colonización y, prescindiendo de otros proyectos contemplados de tiempo en tiempo, en el año de 1607, con el entusiasmo que hubo con la apertura del puerto de Santo Tomás de Castilla, renació en el ánimo de los miembros del Ayuntamiento de la ciudad de Guatemala un plan "más patriótico que realizable y que se había promovido ya en años anteriores". Tal era la de obtener una resolución del soberano para que el comercio de España con el Perú y demás países situados en las costas del Pacífico, dejase de hacerse por Nombre de Dios y Panamá y tomase la vía de Santo Tomás al Golfo de Fonseca".

Finalmente, en cumplimiento de lo mandado por el rey en su instrucción, don Francisco de Valverde, presentó un "memorial de todos los pueblos que hay en la jurisdicción de San Miguel y villa de la Choluteca que es comarca del puerto de Fonseca y de la provincia de Honduras que están en el camino real del dicho puerto hasta el de Caballos, y diez leguas comarcanas al dicho camino con las legumbres que se cogen en algunos de ellos y los indios que cada un pueblo tiene:

## LEGUAS QUE HAY DE LOS PUEBLOS A FONSECA

Ciudad de San Miguel....

18—Oxucar que es el primer pueblo de esta banda del Río Lempa y distante de él una legua, está al poniente, tiene 30 indios, cógese en él cacao, maíz y algodón

Indios: 30

15—Agua—cayo en el camino real tiene cuarenta indios, cogen cacao, maíz y algodón

Indios: 40

14—Xiquilisco tiene 30 indios, está en el camino real, cogen los mismos frutos ...

Indios: 30

12—Cocelotan a la banda de la costa tiene cincuenta indios, cogen los mismos frutos

Indios: 50

10—Eroyquin en la costa, tiene 30 indios, los mismos frutos y muchas legumbres

Indios: 30

8—Guiragualtic en la costa, tiene 50 indios, cogen los mismos frutos...

Indios: 50

10—Xocoaran en la costa, tiene cincuenta indios, los mismos frutos...

Indios: 50

7—Chilanguera en la costa, tiene veinte y tres indios, los mismos frutos...

Indios: 23

5—Indipuca en la costa, tiene 15 indios, los mismos frutos...

Indios: 15

2—Caluantic en la costa, tiene diez indios, los mismos frutos...

Indios: 10

1—Arama, una legua de la bahía y puerto, tiene 12 indios, cogen maíz y son pescadores...

Indios: 12

Amapal en la playa, 15 indios. Hacen sal y cogen mucho pescado y tienen frutos de la tierra...

Indios: 15

Todos estos pueblos están a una y dos leguas y en la playa del mar pasado el Río de Lempa y los que se siguen están a la banda del poniente y en el camino real, y distan del puerto las leguas de la margén:

8—Elenguayquin tiene 50 indios, digo, 20 indios, cogen cacao, maíz y algodón y muchas frutas...

Indios: 20

7—Guaymetic tiene 50 indios, los mismos frutos...

Indios: 50

7—Chiriloa tiene trece indios, cogen los mismos' frutos...

Indios: 13

7—Xocoran, veinte vecinos, cogen los mismos frutos...

Indios: 20

5—Yocoaquin tiene 30 indios, cógese en él mucha hortaliza y frutos de Castilla y mucho maíz y cañas dulces...

Indios: 30

4—Yayantic diez y siete indios, cogen mucho maíz y otras legumbres y frutos de la tierra...

Indios: 17

3—Monleo tiene 20 indios, cogen maíz y algodón...

Indios: 20

10—Quelapa tiene 40 indios, cogen mucha pita para jarcia, mucho algodón, cacao y maiz...

Indios: 40

10—Moncacgua tiene 50 indios, cogen lo propio que el de arriba...

Indios: 50

10—Tangolona tiene 20 indios, cogen lo propio...

Indios: 20

10—Hualania tiene 50 indios, cogen lo propio...

Indios: 50

11—Chapeltic tiene 50 indios, cogen lo propio...

Indios: 50

11—Tacorrostic tiene 50 indios, cogen lo mismo...

Indios: 50

11—Huataxiao tiene 40 indios, cogen lo mismo...

Indios: 40

10—Yamagual y Zenzembra tiene 60 vecinos, cogen lo mismo y son dos pueblos que están juntos...

Indios: 60

9—Gotera tiene 75 indios, cogen lo mismo...

Indios: 75

17—Acalcoyuca tiene 40 indios, cogen lo propio y es tierra para trigo...

Indios: 40

16—Tecapa tiene 40 indios, cogen lo propio, hay en este pueblo un minero de piedra azufre...

Indios: 40

15—Capotitan tiene 20 indios, cogen lo propio...

Indios: 20

12—Jacuapa tiene 16 indios, cogen lo propio...

Indios: 16

11—Guatapoca tiene 15 indios, cogen maíz y algodón...

Indios: 15

22—Lolotic tiene 30 indios, cogen maíz y algodón...

Indios: 30

10—Chilanga tiene 60 indios, cogen maíz y algodón...

Indios: 60

12—Yaloquin tiene 30 indios, cogen lo mismo...

Indios: 30

12—Capecapera tiene 20 indios, cogen lo propio...

Indios: 20

19—Gualchotie tiene 20 indios, cogen lo mismo...

Indios: 20

20—Xiotic tiene 40 indios, cogen lo mismo...

Indios: 40

18—Cecore tiene 60 indios, cogen lo propio…

Indios: 60

14—Cinhual tiene 30 indios, cogen cacao, maíz y algodón…

Indios: 30

15—Cacaohuatic tiene 30 indios, cogen lo mismo...

Indios: 30

13—Ocicalar 27 indios, cogen miel, cacao y maíz...

Indios: 27

15—Gualacape tiene 14 indios, cogen lo mismo...

Indios:14

14—Mianguera tiene 20 indios, cogen lo mismo...

Indios: 20

16—Jocoatic tiene 18 indios, cogen lo mismo...

Indios: 20

18—Perquin tiene 24 indios, cogen lo propio...

Indios: 24

18—Arambala tiene 15 indios, cogen lo propio...

Indios: 15

21—Torala tiene 28 indios, cogen lo propio...

Indios: 28

4—Paquina tiene 13 indios, cogen lo propio...

Indios: 13

Los pueblos siguientes están en el camino real como se viene a Comayagua de Fonseca y su comarca:

4—Anamorox al poniente tiene 30 indios, y dista del camino real cuatro leguas, cogen maíz y algodón...

Indios: 30

4—Ocopo y Liquilique al poniente son dos pueblecillos, tienen 19 indios, cogen lo mismo...

Indios: 19

5—Polorox al poniente tiene 20 indios, cogen lo propio...

Indios: 20

4—Capicri al poniente tiene 17 indios, cogen lo propio...

Indios: I7

6—Guazcoran en el camino real 6 leguas de Fonseca tiene 20 indios, cogen lo propio…

Indios: 20

## MINAS DOS LEGUAS DE ESTE PUEBLO. —RICAS

—Acapoco en el camino real tiene 24 indios, cogen los mismos frutos...

Indios: 24

2—Mongoya tiene 10 indios, está del puerto 2 leguas al oriente, cogen lo mismo…

Indios: 10

11—Mexicanos que está junto a San Miguel, son 13 indios...

Indios: 13

## LAS ISLAS

En la isla de la Comixagua hay dos pueblos el uno llamado la Teca y la Comixagua tienen 110 indios, cogen maíz, están en la boca, del puerto….

Indios: 110

—La Miangola esta isla tiene un pueblo de la jurisdicción de la Chuluteca y tiene 20 indios, cogen maíz…

Indios: 20

---

Total de Indios: 1,439

Los pueblos que se siguen de la jurisdicción de la Villa de Xeres de la Frontera que llaman la Chuluteca que empiezan del Río de Nacaome para la provincia de Nicaragua:

2—Nacargo tiene 20 indios, cogen mucho maíz, está dos leguas de la Bahía de Fonseca y tiene un estero...

Indios: 20

—Nacaome tiene 40 indios, cogen mucho maíz, pescado y ostiones y hacen sal…

Indios: 40

—Guazerope tiene 24 indios, cogen maíz y pescado...

Indios: 24

—Pizpiri tiene 80 indios, cogen miel, maíz y hacen sal y mucho pescado....

Indios: 80

—Gualala tiene 40 indios, tienen sal, pescado y maiz....

Indios: 40

—Tapatoca tiene 40 indios, cogen lo propio...

Indios: 40

Ola tiene 13 indios, cogen mucho algodón, maíz y pescado y otras legumbres…

Indios: 13

VILLA DE XERES DE ESPANOLES

—Namacihuy tiene 40 indios, cogen lo mismo…

Indios: 40

—Cacacale tiene 20) indios, cogen lo mismo...

Indios: 20

—Yayoran tiene 30 indios, cogen maíz y hacen sal, pescado y algodón, cogen en abundancia...

Indios: 30

—Namoacucipar tiene 50 indios, cogen lo propio...

Indios: 50

—Guynhuyna tiene 15 indios, cogen lo propio...

Indios: 15

## MINAS

Junto a este puerto al oriente están unas minas que llaman de San Juan y Corpus Christi donde se ha sacado y se sacará gran suma de oro, dejáronse de labrar por la pobreza de los dueños y porque se cegaron.

—Comayna tiene 18 indios, cogen lo mismo...

Indios: 18

—Moconyguareyna tiene 40 indios, cogen lo mismo que los pueblos de arriba

Indios: 40

—Sequichigui tiene 80 indios, cogen lo mismo.

Indios: 80

—Comoto tiene 60 indios, cogen lo mismo

Indios: 60

—Linaca tiene 40 indios, cogen miel, algodón, maíz, pescado y en todos los pueblos muchas frutas de la tierra

Indios: 40

---

### Total de Indios: 663

---

Aquí acaban los pueblos de las dos jurisdicciones que están del puerto y del camino real las leguas de la margen y los que se siguen son de la provincia de Honduras que están en el camino real y doce leguas en su comarca:

## LEGUAS QUE HAY DE LOS PUEBLOS A LA CIUDAD DE COMAYAGUA

Indios:

15—El pueblo de Lotirique y Tecla están juntos, tienen 50 indios casados, distan de la ciudad 15 leguas

Indios: 50

11—Aguenqueterique 40 indios y once leguas y está en el camino real

Indios: 40

5—Lamani está en el camino real y tiene 50 vecinos y dista de la ciudad 5 leguas

Indios: 50

Estos tres pueblos tienen en su comarca y 15 leguas apartados de ellos y del camino real los pueblos siguientes:

3—Curarén tiene 20 vecinos tres leguas del camino real
Indios: 20

5—Lubaren tiene 40 vecinos y dista cinco leguas del camino real y de las minas de Guazcoran tres
Indios: 40

5—Reritoca tiene 60 vecinos, dista lo mismo
Indios: 60

15—Jojona tiene 40 vecinos
Indios: 40

15—Santanaula 80 vecinos en el mismo paraje
Indios: 80

19—Tatanula 60 vecinos
Indios: 60

18—Comayagua—Teguacigalpa 80 vecinos
Indios: 80

18—Tegucigalpa 80 vecinos en el mismo paraje
Indios: 80

10—Tamara 100 vecinos
Indios: 100

10—Lepaterique 40 vecinos
Indios: 40

26—Xamastlan veinte vecinos
Indios: 20

20—Tupacinte 20 vecinos
Indios: 20

17—Liquitimaya 20 vecinos
Indios: 20

26—Guaymaca 30 vecinos veinte y seis leguas de la ciudad
Indios: 30

26—Urica 15 vecinos en el mismo paraje
Indios:15

26—Tapali 20 vecinos en el mismo paraje
Indios: 20

16—Guarabuqui tiene 70 vecinos
Indios: 70

15—Culaco tiene 30 vecinos
Indios: 30
12—Agalteca tiene 80 vecinos
Indios: 30
1/2—Xeto tiene 36 vecinos, está media legua de la ciudad
Indios: 36
1/2—Comayagüela 25 vecinos, dista lo mismo
Indios: 25
—Mexicapa tiene 15 vecinos, junto a la— ciudad
Indios: 15
2—Ajuterique tiene 40 vecinos, dista dos leguas
Indios: 40
2—Lexamani tiene 60 vecinos
Indios: 60

LA CIUDAD DE VALLADOLID
3—Cayngala tiene 80 vecinos. tierra fría en la tierra
Indios: 80
3—Roteca tiene 20 vecinos
Indios: 20
5—Juala y Quelapa dos pueblos tienen 70 vecinos
Indios: 70
12—Tatumbla tiene 20 vecinos
Indios: 20
12—Yugugula tiene 15 vecinos en el mismo paraje
Indios: 15
12—Marcala y Xocola tienen 30 vecinos en el paraje
Indios: 30
9—Amilaton tiene 30 vecinos
Indios: 30
9—Cururu tiene 80 vecinos en el mismo paraje
Indios: 80
6—Guaxiquito tiene 30 vecinos
Indios: 30
7—Cacaoterique tiene 30 vecinos
Indios: 30
6—Tambla tiene 60 vecinos

Indios: 60

8—Chinacla tiene 40 vecinos, dista ocho leguas
Indios: 40

3—Chapolura tiene 60 vecinos y dista del camino real dos leguas
Indios: 60

3—Maniani tiene 60 vecinos, está en el camino real
Indios: 60

9—Miambar tiene 60 vecinos en el camino real
Indios: 60

13—Aramani tiene 15 vecinos en el camino real
Indios: 15

5—Ciguatepet tiene 50 vecinos, dista de la ciudad cinco leguas
Indios: 50

5—Cacao tiene 30 vecinos en el mismo paraje
Indios: 30

9—Taulabe tiene 30 vecinos
Indios: 30

9—Xaetique y Cicubit tienen 20 vecinos
Indios: 20

9—Quelala tiene 20 vecinos, nueve leguas de la ciudad
Indios: 20

---

## Total de Indios: 1,666

---

Todos estos pueblos son de la jurisdicción de la ciudad de Comayagua, que hay en ellos los indios de la suma. Los pueblos que se siguen son de la ciudad de Gracias a Dios que está de la de Comayagua veinte y seis leguas y todos los más pueblos caen hacia el camino de Puerto de Caballos, aúnque apartados:

## LEGUAS QUE HAY DE LOS PUEBLOS A LA CIUDAD DE GRACIAS A DIOS

La ciudad de Gracias a Dios tiene ciento y veinte vecinos españoles.

18—Suchitepeque tiene, 20 indios casados
Indios: 20

18—Gualala tiene 60 vecinos en el paraje mismo
Indios: 60
16—Tenesa tiene.60 vecinos es corregimiento
Indios: 60
15—Quezaltepepet tiene 90 vecinos
Indios: 90
8—Carcamo tiene 30 vecinos
Indios: 30
5—Eiaxagua tiene 20 vecinos
Indios: 20
5—Macholoa tiene 30 vecinos
Indios: 30
5—Lepahera tiene 20 vecinos
Indios: 20
12—Posta tiene 60 vecinos
Indios: 60
12—Yamala tiene 30 vecinos
Indios: 30
12—Cililaca tiene 30 vecinos
Indios: 30
12—Xalapa tiene 30 vecinos
Indios: 30
14—Ojuera tiene 30 vecinos
Indios: 30
14—Malera tiene 60 vecinos
Indios: 60
2—Layguala tiene 60 vecinos
Indios: 60
5—San Juan tiene 80 vecinos
Indios: 80
7—Toxomon tiene 20 vecinos
Indios: 20
9—Tenambla tiene 40 vecinos
Indios: 40
11—Xalarabez tiene 20 vecinos, dista de la ciudad once leguas
Indios: 20
4—Cayquin tiene 20 vecinos

Indios: 20
6—Coloete tiene 60 vecinos
Indios: 60
8—Colocula tiene 40 vecinos
Indios: 40
11—Tamala tiene 40 vecinos
Indios: 40
14—Tentambla tiene 40 vecinos
Indios: 40
16—Guarita tiene 60 vecinos
Indios: 60
18—Colopele tiene 60 vecinos
Indios: 60
18—Cena tiene 30 vecinos
Indios: 30
18—Xuajunlaca tiene 40 vecinos en el paraje
Indios: 40
16—Gualcincin tiene ciento y diez vecinos
Indios: 110
16—Maxatique tiene 30 vecinos
Indios: 30
20—Xoconguera tiene 36 vecinos
Indios: 36
20—Pirahera tiene 20 vecinos
Indios: 20
20—Xamaxca tiene 60 vecinos
Indios: 60
22—Guarajambala tiene 15 vecinos
Indios: 15
15—Moncagua tiene 50 vecinos
Indios: 50
I2—Cerquín tiene 40 vecinos
Indios: 40
9—Gualmoaca tiene 50 vecinos
Indios: 50
9—Cotonguera tiene 15 vecinos
Indios: 15

12—Cacaojerique tiene 20 indios casados
Indios: 20
3—Lacampa tiene 20 vecinos
Indios: 20
3—Talua y Cutelagua tiene 30 vecinos
Indios: 60
5—Xualcha tiene 60 vecinos
Indios: 60
8—Teupacinti 60 vecinos
Indios: 60
12—Cambicambique tiene 60 vecinos
Indios: 60
13—Xocoyuca y Guacinti tienen 40 vecinos
Indios: 40
20—Ocotepeque tiene sesenta vecinos
Indios: 60
12—Corquín tiene 50 vecinos
Indios: 50
7—Cucuyagua tiene 20 vecinos
Indios: 20
5—Opoa tiene 30 vecinos
Indios: 30
7—Cacayliqui tiene 20 vecinos
Indios: 20
11—Laxigua tiene 80 vecinos.
Indios: 30
18—Chinamiti tiene 40 vecinos
Indios: 40
18—Copán tiene 30 vecinos, está veinte y ocho leguas de la ciudad
Indios: 30

---

Total de Indios: 1,888

---

Todos estos pueblos son jurisdicción de Gracias a Dios y tienen los indios de la suma.

Los pueblos que se siguen son de la jurisdicción de la ciudad de San Jorge del Valle de Olancho provincia de Honduras.

## LEGUAS QUE HAY DE LOS PUEBLOS A LA CIUDAD LA CIUDAD DE SAN JORGE

6—Los Taycones que están todos en una congregación debajo de un cura en seis barrios, son 80 indios casados.
Indios: 80
3—Juticalpa tiene 20 vecinos
Indios: 20
14—Cosacial tiene 20 vecinos
Indios: 20
12—Laguina tiene 15 vecinos
Indios: 15
6—Capota tiene 20 vecinos.
Indios: 20
6—Circacomayagua tiene 20 vecinos
Indios: 20
9—Jano tiene 30 vecinos
Indios: 30
9—Laguta tiene 40 vecinos
Indios: 40
12—Chincona tiene 60 vecinos
Indios: 60
15—Tijilque tiene 40 indios casados
Indios: 40
15—Yupiricano 40 vecinos.
Indios: 40
16—Mantocanola tiene 40 vecinos
Indios: 40
14—Metapa tiene 30 vecinos
Indios: 30
15—Yupitilenca tiene 14 vecinos
Indios: 14

Total de Indios 464

Estos indios tienen su jurisdicción en la ciudad de San Jorge y está de la ciudad de Comayagua veinte y ocho leguas y otras tantas de la ciudad de Trujillo.

Los pueblos que se siguen son de la ciudad de Trujillo que está de la de Comayagua cincuenta leguas.

## LEGUAS QUE HAY DE LOS PUEBLOS A LA CIUDAD DE TRUJILLO

### LA CIUDAD DE TRUJILLO

16—Agalteca tiene 60 indios casados y dista de la ciudad diez y seis leguas.

Indios: 60

14—Maloa tiene 14 vecinos

Indios: 14

14—Juyja tiene 40 vecinos en el paraje

Indios: 40

13—Coyra tiene 40 vecinos

Indios: 40

13—Tocoa tiene 50 vecinos en el paraje

Indios: 50

12—Guacura y Moaca tienen 40 vecinos

Indios: 40

12—Monterjuca tiene 30 vecinos

Indios: 30

14—Tepusseca tiene 15 vecinos

Indios:15

14—Tomalamazagual tiene 20 vecinos

Indios: 20

7—Papayeca tiene 8 vecinos.

Indios: 8

24—Papaloteca tiene 12 vecinos, está en la costa de la mar

Indios: 12

20—Monguiche tiene 30 vecinos, está en la costa del mar

Indios: 30

14—Ochoa 20 vecinos en la costa.

Indios: 20

—Estos cuatro pueblos de la costa: Tople, Minguepa, Curubare que tienen 22vecinos, tres leguas de Trujillo, son pescadores

Indios: 22

Isla de la Guanaja 60 vecinos, catorce leguas por la mar.

Elen isla 15 vecinos en el paraje.

Roatán isla 20 vecinos otro tanto de travesía.

Estos pueblos tienen la jurisdicción de Trujillo la cual está de la ciudad de Comayagua cincuenta leguas.

500 indios casados.

## JURISDICCIÓN DE SAN PEDRO PROVINCIA DE HONDURAS

- Teconal y Estagua 20 vecinos catorce leguas.
- Ylamatepet 30 vecinos doce leguas.
- China 26 vecinos doce leguas.
- Chumba 20 vecinos en el paraje.
- Petoa 14 vecinos once leguas.
- Acapa 20 vecinos quince leguas.
- Nacó 5 vecinos cinco leguas.
- Mopala 14 vecinos en el paraje.
- Lemoa 24 vecinos ocho leguas.
- Jia 8 vecinos en el paraje.
- Spinoncal 30 vecinos en el paraje.
- Tibombo 20 vecinos siete leguas de San Pedro.
- Quelequele 24 vecinos ocho leguas de San Pedro.
- Timojol 24 vecinos en el paraje.
- Santiago 13 vecinos en el paraje.
- Tihuma 30 vecinos en el paraje.
- Otrotapalte junto con este pueblo 13 vecinos.
- Jisegua 40 vecinos ocho leguas a diez leguas.

Esto es la jurisdicción de San Pedro y parte de estos indios acuden a Puerto de Caballos por estar cerca.

- 376 indios casados.

# JURISDICCIÓN DE PUERTO DE CABALLOS

- Masca y Omoa juntos 34 vecinos 40 leguas.
- Amatique 30 vecinos catorce leguas.
- La isla de Utila 40 vecinos, veinte leguas de el puerto por la mar. Estos son los indios de Puerto de Caballos.
- Indios: 104
- Por manera que tiene esta provincia de Honduras 5,786 indios tributarios.
- Tiene por conquistar unos indios en la costa de la mar que se llaman Toquegua, junto a Puerto de Caballos.

> (Firma y rúbrica) Don Francisco de Valverde.

# LLUVIA DE PIRATAS... EN LA COSTA DEL NORTE

**EN LA RELACIÓN** del cosmógrafo mayor de Indias, don Juan Bautista Muñoz, comisionado por el rey de España en 1783 para instruir un expediente sobre la despoblación de Trujillo por ingleses y holandeses, pérdida de que aún se conservaba tradición en la Capitanía General de Guatemala, puede leerse que, gobernando don Jorge de Alvarado, por ausencia del Adelantado don Pedro del mismo apellido, cuando fué a la conquista de las "Islas y tierra firme del Mar del Sur", el rey de Francia enviaba sus corsarios a las Indias desde 1534. De Portobelo y de Panamá recibía don Jorge, unas veces por la navegación del norte y otras por los puertos del sur, las malas nuevas de la toma y saqueo de Santa Marta y de Cartagena en el reino de Nueva Granada. Para estar al tanto de dichos acontecimientos don Jorge dispuso que, en Guatemala, Nicaragua, Trujillo y demás lugares de importancia, hubiesen siempre correos listos para salir con despachos en cualquier momento. "Si venía uno a Guatemala, dos horas después salía de allí otro con órdenes oportunas". "Preocupábale principalmente la costa de Honduras, por lo desamparado de sus costas".

Por su parte, el historiador francés Mauricio Besson, cita a cierto "don García de Gelís" (¿don Diego García de Celís?) y consigna la presencia de una banda de piratas franceses por 1537 en la isla de Guerino, "frente a la costa de Honduras". Pero, si bien podría suponerse que la tal Guerino fuese la isla de Guanaja, lo probable es una referencia al pequeño y desguarnecido puerto de El Guarico, en la Española, refugio seguro de piratas y contrabandistas desde fecha muy temprana.

En todo caso, los corsarios franceses infestaban ya el Mar Caribe y tenían en conmoción a los españoles en las islas y la Tierra Firme. Prueba de ello viene a ser un pasaje de la carta de don Francisco Marroquín, al Emperador, en 10 de mayo de 1537, quien había ido a Méjico con el objeto de trasladarse a España, a consagrarse obispo de Guatemala, que dice: "Pésame en el ánima por la disensión con el rey de Francia; siempre oramos a Dios por la paz y concordia y por la prosperidad y —victoria de V. M., pues nos consta la mucha razón y sus santos deseos...

"Trajeron estos navíos nuevas de los corsarios muchos que andan por la mar y de los navíos que habían tomado; parecióle al virrey y a todos ser temeraria la partida, hasta saber otras mejores nuevas; y con esto estoy aquí en México suspenso, que menos puedo volver a Guatemala si no es con mucho trabajo, que es tiempo de aguas y los ríos muy crecidos y peligrosos…"

También se tiene noticia de que doña Beatriz de Herrera, esposa de don Francisco de Montejo, y su hija Catalina, juntamente con su comitiva, estuvieron a punto de caer en manos de corsarios franceses durante su viaje a Honduras—Higueras desde Veracruz, vía la Habana, en 1537.

Finalmente, la Audiencia de Santo Domingo informa al rey, en 1545, lo siguiente:

"…. por esta real audiencia, se hizo relación a V. Mt., de los daños y robos q. por acá hizieron el año pasado ciertos navíos de corsarios de francia q. pasaron a estas mares y después de nosotros venidos tenemos nueva que…se apartaron los dhos. corsarios y el un parte de los qu. llevava con veynte dos frances fue apartar a honduras donde fue tomada y los tienen presos y otra nao q. hazia mucha agua fue a reparar a la ysla de cuba de cabo al puerto q. dizen de matanza de donde salió tomó una nao q. venía de la nueva españa y les robó lo q. traya …"

Ante tales amenazas hay que suponer que la Corona daría mandamientos para que se construyese un fuerte en Puerto de Caballos que venía siendo ya considerado como el más importante en la provincia de Honduras.

En todo caso, por Cédula de 1564, se ordena que las naos destinadas a Honduras viniesen con la flota de Nueva España; en otra de 1596, que esas naves tuviesen licencia de separarse en la Isla de Pinos y cabo de San Antonio y, por último, en otra de 1608, que cada buque llevase ocho piezas de artillería. Estas naves son las que el Br. D. Domingo Juarroz, apellida la Flotilla de Honduras, e identifica la Isla de Pinos con Guanaja.

Hubert Howe Bancroft, escribe que, a principios de 1561 se tuvo noticia de la salida de una escuadra inglesa rumbo a las Indias y con ello el gobierno de Madrid libró instrucciones a las autoridades coloniales para que se tomasen las providencias necesarias a fin de resistir cualquier ataque. d Sin embargo, no se sabe que los ingleses hicieran intento en aquella ocasión de poner pie en tierra en ningún punto. Pero cuatro años más tarde, mientras Inglaterra y España estaban en paz, Guillermo Párker, llegó a la costa del Darién, ostensiblemente con el deseo de comerciar con los indios, y salió una flotilla española a impedírselo. Párker rehusó retirarse y cuando fué atacado logró rechazar al enemigo y le apresó una nave. El embajador de España en Londres presentó reclamaciones en términos enérgicos; pero la reina Isabel, no sólo justificó la acción del inglés sino que se mostró muy complacida de él.

**CONFORME AL** conocimiento que hemos adquirido el primer amago pirático sobre la costa del norte de la provincia de Honduras ocurrió en 1572 y lo efectuó, probablemente, Guillermo (Guillaume) le Testu, famoso hugonote, que había recibido de manos del rey de Francia una finísima espada con la empuñadura y guarnición cuajados de piedras preciosas en premio a sus robos y ponderados trabajos cartográficos relativos al Nuevo Mundo. Más tarde, este caballero cooperaría con Francisco Drake en los asaltos contra Nombre de Dios y Panamá, y en uno de los cuales había de perecer poco después de haber obsequiado al inglés la mencionada espada. Y, Drake, que era tan supersticioso como cualquier torero español, se apresuró a donar el arma susodicha al cabecilla de los cimarrones en recompensa de sus servicios en aquellos lances.

Sin embargo, hay que anotar las expediciones de los piratas franceses frente a la costa septentrional de Centro América en 1570 al mando del capitán Pablo (Paul)Blondel, llamado Bland, por los ingleses.

Pero en los primeros días del mes de enero de 1572, consta, que el presidente y gobernador de la Audiencia de Guatemala, doctor Antonio González, llamó a algunos individuos del Ayuntamiento y les dió noticia de que habían llegado a Puerto de Caballos tres navíos franceses y una chalupa con "corsarios luteranos", que venían a ver qué daños podían hacer en el país; y que era necesario prepararse a rechazarlos. Se reunió el Cabildo, y dada cuenta del asunto, acordaron ir a decir al presidente que estaban prontos los consejales a acudir a la defensa con sus armas y caballos; empero, se debía nombrar un oidor que se pusiera al frente de la jornada, y designar al miembro del mismo Ayuntamiento que debería hacer las funciones de alférez real. Parece que don Antonio no se mostró muy dispuesto a seguir aquellas instrucciones, pues, según dijeron los regidores que se avocaron con él, contestó secamente que "no había lugar".

En acta de Cabildo de 14 de enero de 1572, puede verse: ". . .. e luego los dichos señores justicia e regidores dijeron, que esta noche pasada el muy ilustre señor doctor Antonio González presidente e gobernador a algunos de sus mercedes avia enviado a llamar, e avia hecho saber como avian venido a puerto de Caballos tres navíos de franceses e una chalupa, e que eran corsarios luteranos, e que venían a robar e acer el mal e daño que pudiesen, e que se diese orden como se resistiesén los dichos corsarios, e sobre ello les dixo otras palabras; e que agora era justo que en este Cabildo se tratase sobre lo susodicho por los dichos justicia e regidores".

En consecuencia, prosigue en el acta: "Se acordó que esta ciudad fuese a ofrecer al señor presidente e ir todos con sus armas e caballos en servicio de su majestad a resistir a los dichos franceses, e darle las gracias del buen proveymiento que avia echo, e asi mismo con la suplicación de que fuese para una jornada como esta por general un oidor de esta Real Audiencia, como solía acerse en semejantes negocios, e que la bandera del alférez, que avia de ser en la dicha jornada, fuese persona de este Cabildo el que la llevase".

"En la tarde volvió a hacerse Cabildo, y como la jornada era breve, y hasta ahora su señoría no había proveido salieron a tratar con él acerca de ello, y qué persona de este Cabildo fuese por alférez general y luego volvieron y dijeron que tratando con el señor presidente les había respondido, que no había lugar".

Los vecinos de Guatemala —comenta García Peláez— observantes de las ordenanzas que regían en la materia, desde luego se prestaban e instaban para una defensa, no siendo de olvidar que entre sus regidores existía y firmaba el conquistador Bernal Díaz del Castillo; mas no hallaron en su gobernador igual actitud; era letrado que sólo provocó a la deliberación sin resolver cosa alguna, sino dar una repulsa forence, y quedó en eso.

Aparte de que su señoría era letrado, era lo cierto que sabía ya que a toda vela venía desde España don Pedro de Villalobos a reemplazarlo en el cargo.

Tocante a las tales ordenanzas, hechas por don Pedro de Alvarado, para lo militar contenían lo siguiente:

"El que tuviere dos mil indios de repartimiento tenga siempre prevenidas sus armas duplicadas, ballestas, escopetas, saetas, y dos caballos sustentados, y pueda todo dentro de una hora servir.

"El que tuviere mil, la mitad, es decir, no duplicadas las armas y caballos.

"El que tuviere quinientos, una ballesta y saetas, o escopeta y su espada y daga; y que todos limpien cada tres meses sus armas".

Afortunadamente, los franceses luteranos no saltaron a tierra, que, de hacerlo, no hubieran encontrado resistencia ninguna, puesto que tanto la costa del norte de Guatemala como la de Honduras estaban desguarnecidas por completo.

Este desamparo no era por falta de recursos económicos. En una Relación de la renta que Su Majestad tenía por entonces en la provincia de Honduras, aparece:

"Valen los tributos que Su Majestad tiene en la provincia de Honduras de los pueblos de indios que están en su real corona en cada un año mil y cuatrocientos y sesenta y cinco pesos. Fundición: los derechos de la fundición de la dicha provincia valieron el año de 1573 mil y quince pesos. Almojarifazgo: Iten tiene su Majestad en la dicha provincia los derechos del almojarifazgo de las mercaderías que vienen en las naos que cada año vienen de Castilla a los puertos de Caballos y Trujillo de la dicha provincia que es la más renta que Su Majestad tiene en aquella provincia en lo cual no puede haber número cierto porque según las mercaderías vienen así vale más o menos'.

Don Francisco de Valverde, en su relación citada ya, al tratar acerca de Puerto de Caballos, consigna estos datos:

"La villa y puerto de San Juan de Caballos está en quince grados y medio grados y tiene dos partes: la primera es bahía. La segunda, puerto que le hace una caldera (Laguna de Alvarado). Hace esta bahía la punta que llaman de España y la punta de Omoa, que la una con la otra corre nordeste sudeste, y hay otra punta que cierra más esta bahía dos leguas más adentro de la de Omoa, que llaman Tulián por un río del cual toma nombre; corre con la de España nordeste sudoeste; estas dos puntas hacen la bahía. De esta punta de España hasta El Palmar que es donde los navíos suelen y acostumbran surgir y el mejor y más seguro lugar de toda la bahía hay 12,10 y 11 brazas de fondo, hasta venir a ponerse en 7 y 8 que es donde surgen como se verá por la planta y demostración. Está esta bahía descubierta al viento noroeste, y noroeste no meten mar demasiada porque tiene la costa de Bacalar a diez y seis leguas y a ocho las islas y bajos que echa la costa dicha, y como el viento tiene poca fuerza y la mar ha quebrado en estas partes no mete mar que dañe; en esta bahía hase visto por experiencia que después que se descubrió no se ha perdido nao en ella. La calidad de la playa es arena y así aunque una nao se desamarre y cobarde vuelve a salir con facilidad como se ha visto. Esta bahía es abierta y de naturaleza como parecerá por la planta y demostración de ella que no se puede defender al enemigo la entrada en ella ni la ofensa de las naos que estuviesen en ella porque en la parte que pareció más conveniente la fortificación y fuerza es la punta junto a la caldera a cuyo abrigo pudieran estar surtas en cuatro brazas 20 naos. Estas pueden ser ofendidas por las popas tomando el enemigo las propias naos por su amparo y defensa de suerte que de la dicha fuerza no puede él ser ofendido. Pero hasta 6 naos bien me parece a mí que estarían seguras al reparo de la fuerza, pues el enemigo no las puede ofender con la pujanza que lo fuerza a ofenderle y defenderlas.

La otra segunda parte que es puerto, es una caldera que está poco más de media legua de la punta de España, puerto tan abrigado y seguro que cualquier nao que estuviere surto en ella puede estar con una amarra de esparto; tiene la canal de esta caldera 32 o 33 pasos de canal y tres brazas y un codo largos de agua que son más de diez codos. Podrán entrar por esta canal naos cargadas de 300 toneladas. Han de entrar de una en una y no pueden entrar sino con terral y con él bien pueden entrar desde el reír del día hasta las nueve que dura. Una flota armada por grande que sea y si alguna nao cobardase que es cosa fácil podrá salir con brevedad por ser arena y mar muerta la boca de la dicha caldera. Estando dentro en este puerto y caldera cualesquier navíos no podrán ser ofendidos del enemigo habiendo fuerza que se lo defienda conforme a la planta. Dentro de esta caldera hay cuatro brazas de fondo, y no más, por la parte del Río del Marqués (nombre dado en honor de Hernán Cortés, probablemente, y hoy llamado Río de Medina), que será 500 pasos el dicho río de la boca de la caldera, hay dos bajos de arena de poca consideración.

La punta de España y su costa hacia Chamalucón y Trujillo hace una ensenada que se junta con la caldera por algunas partes como un cuarto de legua es monte muy cerrado y tierra muy anegadiza y que por allí no me parece puedan ser ofendidos los navíos que estuvieren en la caldera, así porque las costas de la mar por la parte que allí se junta es brava como poderlo defender. Respecto del mal país y la ofensa a de ser con artillería y la tierra y su mala naturaleza no es para que se pueda hacer por allí.

Tiene lastre esta bahía y puerto en la punta y Río de Tulián que es una legua poco menos de la caldera y de donde los navíos surgen ahora, y acabado aquel, de la punta de Omoa adelante, que son dos leguas y más hay gran cantidad de él.

Todas las mercaderías que se descargasen de la caldera o bahía se echarán en tierra sin mojar los pies en ella que es una de las cosas que en el Nombre de Dios más dañan la salud de los marineros y haciendas de los dueños de naos por las averías que hacen dando con los fondos en el mar por la mucha que mete la brisa y todos los tiempos allí de ordinario.

El asiento que tiene la villa en este puerto parece el más sano que se podía escoger porque está EN LA PLAYA EN LA COSTA DE TULIAN MEDIA LEGUA DE LA CALDERA y allí le bañan los vientos, y la experiencia muestra que los que viven en ella tienen salud y que los que vienen no la pierden por la calidad de la tierra; y las enfermedades hacen sus cursos como en las demás partes; críanse niños de buen color y con salud. Adonde parecía que este lugar pudiera tener asiento y defensa era junto a la caldera opuesto a la punta donde se había de hacer la fuerza y defensa es poco sitio y tiene dos ciénagas que son esteros a las espaldas que no puede dejar de acortar mucho la población y hacer daño a la salud de los habitadores, y el agua la habrá de tener más de un cuarto de legua y tratar de traerla; no parece que la tierra tiene comodidad por ser  por donde a de venir pantanosa, y así donde parece que el lugar pudiera estar con más salud, más seguridad es en la cuesta a cuyo pie está el propio Río del Marqués, que allí parece que se podía hacer defensa y sería lugar sano por estar levantado y tendría el agua al pie de él; y donde está ahora no puede tener defensa.

Tienen los navíos que estuviesen en esta bahía y puerto agua en abundancia porque tiene la villa el Río del Marqués, que entra en la caldera y el de la punta de Tulián que cualquiera de ellos puede dar agua a una armada.

En el Puerto de Caballos las armadas y flotas que en el estado que tiene fuesen a él podrían tener bastimentos de las islas de Guanaxa, Utila, la Guayaba hasta en la cantidad dicha de 7,200 cargas de cazabe y 700 hanegas de maíz, alguna cantidad de puercos, aúnque por no haberse dado a ello no tienen mucho, gallinas, frutas de la tierra de todo género, como son plátanos y piñas y camotes, y habiendo en estas islas quien ayudase a los indios a cultivarlas podrían dar mucha más cantidad.

Tienen comodidad para mucha más cantidad como se cogería si hubiese salida de los bastimentos; estará puesta cada armada harina en el puerto de Caballos, a nueve reales que a este precio se ha hecho contratación. De la ciudad de Gracias a Dios que está 39 leguas de dicho puerto la tierra adentro podría proveerse en el estado que está ahora de 5,000 a 6,000 arrobas de harina, garbanzo, fríjoles, habas, tocino y quesos y esto no sería ahora en mucha cantidad por la poca gente que tiene. De la ciudad de San Pedro y del Río de Ulúa se proveería de otras 4,000 hanegas de maíz que esto es todo como tenerlo en casa.

Para la fuerza y su fábrica y para las casas que se hubiesen de edificar tiene buenas canteras cerca y cal, en la isla de Utila, que es 20 leguas por la mar, del dicho puerto, allí le habrá con gran abundancia, y según me informan, podrá estar puesta la hanega, en Puerto de Caballos, a 4 reales, porque la navegación es fácil y segura.

De carne podrá ser proveído el Puerto de Caballos de vaca para pasar en la carnicería de la jurisdicción de San Pedro y de la de Comayagua, que la habrá en abundancia, de cecinas de la ciudad de Trujillo y su jurisdicción, que tiene más de 30,000 cabezas de ganado mayor como está dicho. Andando el tiempo podrá tener ganado menor y ser socorrido el Puerto con el de la jurisdicción de Comayagua y hay ahora alguno, y de la dicha ciudad de Trujillo, donde dicen hay muy buena calidad para él, y ahora de presente le hay en dos hatos que, por no tenerla por granjería, ni tener salida, no la crían ni tienen.

Puerto de Caballos tiene ciento y cuatro indios, proveela de carne San Pedro y estos indios de cazabe, gallinas y maíz.

La ciudad de San Pedro que está catorce leguas del Puerto de Caballos, tiene tan mal nombre de salud como el Nombre de Dios; está en pestilencial sitio al abrigo de una sierra donde no le dan aires; y las aguas que beben son pestilenciales; hay poco que mudar porque no tiene más de ocho vecinos; y tiene tierra donde poder elegir un buen sitio. Hasta aquí la información que da don Francisco de Valverde.

Mientras don Francisco de Valverde trataba de la mudanza del tráfico y navegación del Nombre de Dios a Puerto de Caballos, el marino Pedro Banegas exponía que el pueblo de este puerto estaba asentado en una baja media ladera casi llana en la costa, "porque la mar bota junto a las casas de él y en medio del dicho pueblo junto a la iglesia tiene ciénagas de agua y atolladeros que en se lloviendo queda cercada la iglesia de aguas por lo cual en tiempo de invierno de ordinario los vecinos y gente del dicho pueblo andan con zuecos por la mucha agua y lodazares que hay por ser el puerto muy húmedo e lluvioso y además de esto es muy caliente". Y más adelante agregaba que había "poca gente en el dicho puerto de Caballos y la mayor parte de ella en general muy pobre y que todo está cercado de montañas y ciénagas por lo cual no se da ni hay en el dicho puerto ni pueblo ningunos mantenimientos y todo le viene de fuera y acarreto por lo cual siempre hay necesidad de pan y carne porque todo le viene de fuera ni en el dicho pueblo hay indios que puedan cultivar la tierra ni hacer mantenimientos y aunque los hubiera ella no es dispuesta para fructificarse y que la carne le viene de fuera parte y cuando allí llega entra tan flaca y magra que no se puede comer ni se comiera sino fuera por la mucha necesidad que hay de comida y que forzosamente se ha de comer de ella o morir de hambre...."

El piloto Rodrigo Tello dice: "El dicho pueblo Puerto de Caballos está poblado en la ribera del río en tierra baja, que todas las veces que sale ese río de madre con avenidas que son muchas de ordinario porque siempre llueve mucho le baña y anega su sitio de modo que este testigo ha visto la iglesia de él cercada de agua y por todo el asiento del dicho pueblo no se podía andar y después que el río baja quedaba muchos lodos y a causa de la mucha humedad y también porque la tierra está caliente ha visto este testigo que de la gente de las naos que allí vienen enferma mucha y se mueren ...."

Finalmente, Gaspar de Arguijo manifestaba que como siempre ha sido corto el trato y donde no han acudido más que dos o tres navíos en cada un año ha sido menester poco sitio poblado de casas en el Puerto de Caballos las cuales se hacían cercadas de cañas, "que lo podrán ser tablas como las de Nombre de Dios y la cubierta es de hoja de palmas de lustre como de paja, porque no hay disposición para hacer tapias, teja ni ladrillo y se podrá rozar y desmontar mayor sitio del que ahora fuese menester...." "Puerto de Caballos es muy enfermo que no se puede andar en el pueblo sino es con zuecos de palo y no tiene cazabi ni maíz para comer sino viene de fuera de Utila y de Guanaja que son islas fuera de la tierra firme y muchas veces no puede venir por ser los tiempos contrarios y mueren de hambre en el dicho pueblo y por falta de ello comen plátanos asados..." "Puerto de la caldera una legua de la ciudad que dicho puerto de Caballos es muy pequeño cercado de manglares y tiene muchos bajíos.... que la gente de Puerto de Caballos es muy poca y muy pobre y la tierra muy necesitada e falta de bastimentos o poco cultivada y de menos fertilidad no tiene cabaña en distancia de diez leguas y en el pueblo no hay indios ni hasta el pueblo de San Pedro que es diez leguas de allí no tienen ganado y de veinte leguas traen la carne y en el camino hay muchos tigres encarnizados".

En términos generales en toda la provincia de Honduras no había entonces arriba de doscientos españoles y éstos se hallaban regados por distintos rumbos; pero dándose la ostentación de tener dos gobernadores: su señoría don Alonso Ortiz de Elgueta, en Trujillo, o en su estancia cercana, y su señoría don Hernando de Bermejo, en el pueblecillo de Agalteca, en el actual Departamento de Morazán, ambos en afanosos empeños de minería y en labores de campo. Por la gracia de Dios aquellos colonizadores vivían dedicados en hacer trabajar a sus esclavos negros e indios a fin de que unos y otros se ganasen el sustento con el sudor de su frente y para decirlo bíblicamente...

## AÑO 1573

**EN LA TARDE** del Jueves Santo del año 1573 llegó a la isla de Guanaja una pequeña fragata hacía su viaje de regreso a Inglaterra con los ducados que le rindió su asalto a Nombre de Dios y la captura de una de las recuas que conducía el tesoro del Perú.

Con los ingleses iban dos españoles tomados prisioneros en el Cabo de Camarón, quienes habían acompañado siete años antes al licenciado don Alonso Ortiz de Elgueta en la conquista y población de la Taguzgalpa o Tauzgalpa y los cuales, por su mala suerte, también habían caído en manos de los indios. Frente a Guanaja los hispanos dieron a entender a los ingleses que ellos podrían lograr que los naturales de la isla les diesen cantidad de cazabe y cuanto hubiesen menester; pero al verse libres se alzaron con los indios y luego se trasladaron con algunos de éstos a Trujillo en una canoa con el fin de dar cuenta de la presencia de aquellos piratas. De Trujillo salieron inmediatamente cuarenta hombres armados en un pequeño velero en busca de los ingleses para prenderlos o matarles, que todo sería lo mismo. Mas, cuando llegaron frente a Guanaja no había ya ni rastro de los intrusos.

Parece que Drake se detuvo frontero al Cabo de Camarón para hacer algunos arreglos en uno de sus barcos y sería en tal ocasión, cuando el famoso bandolero cortó en Honduras la primera caoba que llegó a Inglaterra y la cual daría tablones para un precioso escritorio que el pirata obsequió a su reina. Sobre este mueble Isabel escribiría después aquellas misivas a Felipe II. cargadas de latín y de falsas promesas ....

La presencia de piratas en aguas de la provincia de Honduras hizo que las autoridades de la Capitanía General de Guatemala ordenasen la construcción en Trujillo, en 1575, de un pequeño fuerte defendido por cuatro cañones reforzados más tarde por un reducto con 17 pedreros. Y desde tal fecha tocaría a los gobernadores combatir y perseguir a los "luteranos hasta que Inglaterra hubo de celebrar tratados especiales con España con el fin de que los "vasallos de Su Majestad Británica", no fuesen inquietados, o molestados bajo ningún pretexto en su ocupación de cortar, cargar y transportar el palo de tinte en las costas del Golfo de Honduras....

## AÑO 1576

**COMO SUELE** decirse, por un pelo, no se llevó la palma de ser el primero en saquear la ciudad de Trujillo un simple mercader aventurero" de Bristol llamado Andrés Bárker.

Este caballero había llevado al comienzo del año 1576 un cargamento de mercaderías de contrabando a las islas Canarias, y allí fué apresado por las autoridades españolas que también le confiscaron barco y hacienda. Iracundo mister Bárker con tan inaudito atropello a los "derechos del hombre", cuando logra verse libre y de vuelta a su patria, se decide a organizar otra expedición en busca de resarcirse de sus pérdidas y con tal objeto en el mes de junio de ese año zarpa de Plymouth con dos navíos rumbo a las Indias.

Después de haber tocado en varios sitios en los que hubo insignificante botín, Bárker se presenta frente a las bocas del Chagres y manda hacia el interior del país un grupo de sus hombres con el intento de que se hiciesen de la amistad de unos cuantos cimarrones y servirse luego de ellos como guías. La treta no le sale con éxito, y se dirige más tarde a la costa de Honduras, imaginándose grandes riquezas en la captura de Trujillo. Hasta aquí pareciera que Bárker aún no se había enterado que los vecinos de esa ciudad y "los nobles de España que venían por el Puerto de Caballos", se proveían de cuanto podían suministrarles los indios de las islas Guanajes, para no morir de hambre.

En su recorrido Bárker se topó con una pequeña embarcación que conducía un cargamento de armas y unas pocas barras de oro y todo cae sin resistencia en sus manos. En la isla llamada Francisco se aprovisiona de cantidad de cazabe y de otras vituallas. A bordo de la capitana celebra junta de guerra; pero en ella ocurren graves disensiones con el capitán, cuyo nombre no consigna el historiador Bancroft, y el hombre de mar obliga al hombre de mostrador a ganar a nado la playa de la dicha isla junto con treinta de sus parciales para salvar la vida. La mala estrella del respetable mercader quiso que al pisar la arena cayeran sobre ellos unos tantos españoles acompañados de indios flecheros y en la refriega que sostienen perecen nueve ingleses, incluso mister Bárker.

Convertido en jefe de la pandilla el capitán ordena que un destacamento de su gente se apodere de la ciudad de Trujillo, como en efecto sucede sin gran esfuerzo, pues, a la verdad en ella no había entonces arriba de cincuenta españoles avecindados y de éstos muchos se hallaban fuera o en sus estancias. El saqueo produce una cantidad considerable de aceite y muchas barricas del sonado y ruidoso vino Aljarafe, mas no logran ni una chispa de oro. Mientras los ladrones hurgan hasta los fondos de los cofres de los trujillanos, uno de aquéllos se da cuenta que se acercaban al puerto dos o tres veleros españoles y con tal razón en la prisa de ponerse todos a salvo se habían de quedar en la ciudad ocho ingleses que, en manos de los españoles, por descontado se da que no llegarían a viejos.

Los demás largaron velas con destino a Inglaterra, pero con tan mala fortuna que fueron sorprendidos en alta mar por un violento huracán. Naufraga uno de sus barcos, se ahogan catorce hombres y se pierde casi todo el botín. Su fracaso fué tan grande que a la hora del reparto no le tocó a cada inglés ni tres ducados.

Un informe dado por la Real Audiencia, siendo su presidente el doctor González, muestra que el capitán Diego López había servido en cosas de guerra y en la defensa de la ciudad y puerto de Trujillo, donde él vivía, alcanzando algunas buenas suertes contra los piratas.

El propio capitán, dirigiéndose al rey de España, en 10 de mayo de 1577, sobre una capitulación que había mandado hacer con la Audiencia para la conquista y población de la Taguzgalpa, llamada ya Nueva Cartago, a la vez que pedía su real confirmación, indicaba que la costa y comarca de la provincia de Honduras estaban expuestas a los asaltos piráticos, y convenía que sus puertos se poblasen de españoles.

En otro informe del año 1581, dice la Audiencia, respecto del bizarro capitán López: "después de lo cual tuvo otra victoria contra el capitán Vasca (?), inglés corsario que en la isla de Guanaja le cortó la cabeza y mató otros de sus compañeros".

Nuevamente, como resultado del ataque a Trujillo la Audiencia hacía saber al rey, que sería "menester para su fortificación hacer un baluarte, en que se podrán gastar ochocientos ducados, y además serán menester cuatro piezas de artillería de buen tamaño que alcancen a todo el puerto, y doscientos ducados cada año para munición y para reparos, porque la gento es toda necesitada".

## AÑO 1578

PRINCIPIO del año 1578, don Alonso de Contreras Guevara, gobernador de Honduras, tuvo noticia que algunos piratas se dirigían al Golfo Dulce y se apresura a dar cuenta de ello al capitán general doctor don Pedro de Villalobos. Este, que aguardaba a su sustituto, el Lic. Diego García de Valverde, no dió mayor atención al asunto y creyendo que sería bastante para la defensa del Golfo mandó a don Juan de Céspedes, alcalde mayor de la Verapaz, que se hallaba en la ciudad de Guatemala, disfrutando de su "eterna primavera", con ocho o diez hombres mal armados y los cuales había de tomar en el camino. Al mismo tiempo don Pedro dispone que Contreras Guevara se traslade a la ciudad de Guatemala para el esclarecimiento de cierto pleito promovido por fray Pedro Ortiz, que, desde Comayagua, le había acusado de negligencia y poco celo por el mejoramiento intelectual de la provincia y de no haberse interesado en la reducción y evangelización de los indios.

El Cabildo de la ciudad de Guatemala no consideró prudente dicho mandado, y por convocatoria de sus alcaldes ordinarios Sancho de Baraona y Hernando de Guzmán, se propuso por el regidor Alvaro de Paz, pedir por el procurador síndico de la Real Audiencia, se suspendiera dicho mandamiento y se ordenara encarecidamente a Contreras Guevara, que defendiese aquellos puertos, por ser bien y pro de toda la tierra. Mas, "estos ministros sordos a estas voces, y muy despiertos a sus pasiones, trayendo al gobernador a esta capital y quedando la tierra sin gobierno dieron lugar muy oportuno al pirata para la asolación de toda ella".

Y con larga ocasión de otros avisos —refiere don Francisco Antonio de Fuentes y Guzmán—y sucesos infortunados en nuestros puertos, que desde entonces continuaron, gobernando el propio Villalobos, volvió Juan de Torres Medinilla, alcalde ordinario, y Juan de Cuéllar su compañero a estimular el celo del Cabildo para que moviese el ánimo del propio presidente Villalobos, a que mudase el Puerto de Caballos a otra parte más conveniente.... Mas sin embargo de estos clamores y de la experiencia de los sucesos infaustos, la prescripción de las repúblicas, y males más armígeros de aquellos tiempos aún no bastaron a ablandar la dureza del presidente, infausto en su gobierno con frecuentes exploraciones de piratas por ambos mares…

Lo demás del acontecimiento lo refiere don Alonso de Contreras Guevara en carta al rey, desde la ciudad de Guatemala, datada en 30 de enero de 1580:

"Después que sirvo a Vuestra Majestad, en esta provincia ningunos enemigos han hecho daño en ella ni en su costa a Dios las gracias, y unos que tomaron tierra en una isla ahora dos años (1578) se volvieron al agua con las manos en las cabezas, como a Vuestra Majestad, ya por otras se ha escrito; y teniendo yo noticia por aquel tiempo que un corsario inglés iba la vuelta del Golfo Dulce fuera de esta jurisdicción envié a Diego Martín de Angulo, mi teniente que era en Puerto de Caballos, que luego saliese y enviase con un navío de dos que había surtos en el dicho puerto de los de España la vuelta del Golfo en seguimiento del corsario y lo procurase prender o matar.

"El presidente Villalobos no teniendo este negocio en tanto mandó al Golfo a don Juan de Céspedes, alcalde mayor de la Verapaz, empero sin gente ni armas con que le pudiese defender y habiendo entrado el corsario por el río del Golfo con indios que tomó que le guiasen y saltando en tierra de noche disparando arcabuces fué forzado a don Juan retirarse por no tener aparejo para defenderlo, y el corsario robó en el Golfo y se volvió a sus fragatas y saliendo del río a la mar se topó con el navío que el dicho mi teniente había armado y despachado para buscarle con un capitán y cuarenta hombres, mató siete hombres al enemigo y con todo eso por llevar navío de remos se les escurrió por entre unos bajíos por los cuales no le pudo seguir por ser nuestro navío grande, mas hallaron en otra parte de la costa otro bajel que era de la misma compañía con siete ingleses, y prendieron los y llevados al Puerto (de Caballos) se hizo justicia de los seis y al otro, que era mozo se le otorgó la apelación.

"Entendido de lo que pasaba bajé con la presteza posible al Puerto, y considerando que el enemigo no llevaba un navío para poder volver a Inglaterra ni desembarcar, armé un navío grande con dos bajeles pequeños de los que había en el puerto con sesenta soldados y veinte marineros y con la artillería, munición y bastimentos necesarios, con designio de buscarle y seguirle y pelear con otros dos navíos que se tenía nueva habían salido poco ha del puerto de Ocoa en la Española publicando que venían a esta costa, si los encontrase; y así con tiempos no favorables y con no poco riesgo de mi persona, porque por buscar al corsario en las islas me metí en los bajeles donde me ví muchas veces casi ahogado, mas en todo este tiempo no hallé al enemigo ni rastro de él y así me hube de volver al Puerto porque era ya tiempo de ponerse el navío en que yo iba y los demás a la carga para la vuelta a España, todo lo cual hice a mi costa sin que de esta salida ni de la que mi teniente despachó costase a la caja de Vuestra Majestad, un peso ... de todo lo cual, que es verdad, y lo que pasa por parte de algunos émulos que en esta tierra he ganado por hacer justicia, se hizo a Vuestra Majestad relación contraria, y tal que bastó para que se mandase librar cédulas contra mí para que me castigasen ejemplarmente si pareciese haber descuido o negligencia en el caso. En cumplimiento de esta cédula la Audiencia procede y me mandó parecer personalmente en esta Corte donde me tienen encarcelado y gastado, fuera de mi casa y del territorio donde pudiera estar sirviendo a Vuestra Majestad, que es lo que más siento..."

El fiscal de la Audiencia, licenciado don Eugenio de Salazar, en su Informe de 18 de marzo de 1578, sobre la conquista del Guaymi y Bocas del Drago por Diego de Artieda, completa con otras noticias lo concerniente a la incursión antes referida.

".... Escribí a V. M., en el navío de aviso de agosto pasado parecieron por esta costa dos fragatas de corsarios, que decían ser ingleses, con catorce remos por banda, y que, habiendo saltado en la isla de la Guanaja, cerca de Trujillo, el capitán de aquella ciudad con alguna gente pasó a la Guanaja y tomándolos descuidados les dió Santiago. Y mató algunos de ellos y los demás acudieron a sus navíos y se hicieron a la mar; parece que las reliquias de éstos, como no traían navíos para engolfarse, no se han ido volvieron a parecer en una de las fragatas y en una barca o lancha a vista de Puerto de Caballos por el mes de enero pasado, enderezando hacia la punta de Manabique, con designio de ponerse a la boca del río del Golfo para tomar las barcas que fuesen y viniesen con ropa del puerto de Golfo Dulce, y así tomaron algunas que descuidadas cayeron en sus manos, y siendo Vuestro presidente avisado de esto, despachó luego orden de recaudo a Vuestro gobernador de Honduras y al Puerto de Caballos, y también envió al Golfo a Vuestro alcalde mayor de la Verapaz, que se halló a la sazón en esta ciudad; sin embargo de estas prevenciones los corsarios, metidos en una barca que robaron y guiados por unos indios que tomaron en unas canoas se atrevieron a meterse por el río del Golfo arriba, y llegaron al Golfo a media noche, el 19 de febrero, y saltaron en tierra disparando arcabuces; la gente del Golfo, que era poca, sobresaltada desamparó las casas e hízose al monte y ellos tomaron la ropa de casa que allí hallaron, que no era en mucha cantidad, y poco dinero que había y hasta 200 botijas de vino, y sin hacer otro daño se volvieron a embarcar e ir el río abajo; en este ínterin había salido de Puerto de Caballos un buen navío con capitán y gente aderezada para los buscar; y encontrolos a la salida del río cuando volvían con su presa y mató cinco de ellos, y los demás huyendo se metieron en los bajíos donde el navío no los pudo seguir y dejaron en tierra una caja con dinero. Vuestro presidente, sabido que habían saltado en el Golfo, despachó de aquí un capitán con gente y recaudo, el cual se tiene entendido los habrá seguido, y que mediante Dios no se le podrán escapar, porque no deben de quedar ya 20 o 25 de todos ellos, y trata Vuestro presidente de dar orden cómo las mercaderías que se metieren en aquella estancia del Golfo Dulce estén más seguras de aquí adelante".

Por su parte, el licenciado Villalobos, en carta a Su Majestad, de 17 de marzo de 1578, sólo concede un breve comentario al mismo asunto, y dice:

"Ya tengo escrito a V. M., cómo se han ensañado los corsarios a correr esta costa del Nombre de Dios, Veragua y Desaguadero, Trujillo, Puerto de Caballos, hasta el Golfo Dulce, y como tenía vehemente sospecha habían de entrar el río arriba al Golfo y con esta sospecha dije a don Juan de Céspedes que estaba en esta ciudad a quien V. M., proveyó por alcalde mayor de la Verapaz que cae aquello en su jurisdicción estando de camino para ir a Cobán que es la cabecera de su partido dejase este camino y fuese al Golfo Dulce y de allí cerca llevase consigo ocho o diez soldados que estaban en el camino. El fué como se lo dije, y a 19 de febrero a las nueve de la noche llegaron dos lanchas de ingleses a las casas del Golfo donde tienen sus mercaderías para traer a esta ciudad los mercaderes…"

## AÑO 1595

**SABEMOS POR** la Relación de don Alonso de Contreras Guevara, que la villa de San Juan de Puerto de Caballos, en 1582, sólo tenía ocho españoles avecindados, y tres pueblos en su jurisdicción con un total de sesenta indios tributarios, encomendados a Pedro Jaymes y Martín Pérez. En la villa residía en el tiempo que en el puerto estaban las naos de España un teniente de gobernador, llamado

Pedro Manuel Pimentel, que servía el oficio y administraba justicia sin salario, llevando sólo sus derechos.

A la descarga y despacho de los navíos iban los oficiales de la Real Hacienda de la provincia, y por este trabajo recibía cada uno de ellos cincuenta mil maravedís de ayuda de costa demás de su salario.

En la villa había un alcalde ordinario, alguacil mayor y dos regidores de los vecinos de ella y de los mercaderes que acudían a estar y residir en el Puerto.

El oficio de escribano público y de registros y avalaciones, estaba vaco desde la muerte de don Álvaro Sarmiento, que había pagado a Su Majestad novecientos y quince tostones por el título y merced.

La ciudad de San Pedro contaba veinte vecinos, veinte y siete pueblos en su jurisdicción con cuatrocientos y quince indios tributarios.

En San Pedro se nombraban en cada un año dos alcaldes ordinarios y un alguacil mayor, y los primeros conocían de todas las causas civiles y criminales que se ofrecían en la ciudad y su jurisdicción, como los demás alcaldes ordinarios de los pueblos españoles de la provincia. Había dos regidores perpetuos proveídos por el rey que eran el contador Pedro Romero y el tesorero Juan de Bustillo, oficiales de la Real Hacienda, demás de los cuales se nombraban en cada un año otros tres regidores cadañeros de los vecinos de la dicha ciudad. No había escribano real ni público, más que un escribano nombrado por la Audiencia, y que se llamaba Juan de Azcurra, y como el oficio no tenía sustancia nadie lo pedía ni pretendía. No se proveía en la ciudad ni en su jurisdicción ningún alcalde mayor ni corregidor.

Como la guerra entre Francia y España seguía rota, a mediados de 1595, aparecieron frente a San Juan de Puerto de Caballos cuatro buques con corsarios galos, que robaron y dieron fuego a la población, poniendo en fuga a sus pocos moradores. El historiador don Rómulo E. Durón, fija este acontecimiento en 1592. Los enemigos se habían avituallado de cazabe en Guanaja y apresado algunos pequeños veleros de la contratación de las Islas de la Bahía con la tierra firme. Un negro escapado de Trujillo se juntó a ellos dándoles informe acerca de aquella ciudad y prometiendo ayudarles en su captura. Mas, los corsarios después de un ligero amago de tomar tierra resolvieron alejarse y caer sobre Puerto de Caballos, como hemos visto.

Enardecidos con la victoria tan fácilmente lograda, quisieron continuar sobre San Pedro; pero fueron atajados por el comendador don Jerónimo Sánchez de Carranza, residente a la sazón en esta ciudad, comisionado por el presidente don Francisco de Sande o Sandi, para reparar el camino de Puerto de Caballos a la ciudad de Guatemala, y quien marchó a su encuentro al frente de unos pocos españoles, algunos vaqueros, arrieros e indios flecheros de Ulúa.

Ahora bien, don Jerónimo sucedió, según el propio historiador Durón, y otros autores, en la gobernación de Honduras a don Rodrigo Ponce de León, en 1589, y cesó en sus funciones en 1594, luego de ser residenciado por el mismo Ponce de León, quien volvió a la gobernación de la provincia.

El comendador Carranza, en carta para el Cabildo de la ciudad de Guatemala, con fecha 27 de agosto de 1595, que acompaña con una información de testigos, da cuenta por extenso del susodicho encuentro y batalla.

Y fué que, habiendo puesto una emboscada a los invasores, logró quitarles en el primer estregón cuarenta mulas y caballos que habían robado. Persiguiéndoles activamente se sitúa en posición favorable y los franceses, cuyo número no pasaba de treinta, rompen el fuego e hieren a unos cuantos de los hombres de Carranza. ¡Pero éste y los suyos hacen una especie de retirada para reforzarse y no dejando tiempo al enemigo de cargar de nuevo sus armas, siempre al grito de Santiago! se lanzan furiosamente contra los invasores peleando con ellos desde el lavadero hasta la carnicería de la villa. Los piratas fueron desbaratados, murieron algunos de ellos en la recia contienda y siete cayeron prisioneros, que se cambiaron por varios españoles tomados por el enemigo en Puerto de Caballos. Tres días después los franceses se hacen a la vela, "blasfemando y declarando—según un historiador inglés— que ni ellos ni los ingleses habían sufrido un desastre parecido en ninguna de las otras partes de las Indias".

Estos y otros méritos y servicios del capitán Carranza serían base para que, años más tarde, se concediese a doña Jerónima de Carranza Jirón de Alvarado una valiosa encomienda:

"Y la dicha doña Jerónima de Carranza Jirón de Alvarado, se le hace la dicha merced de la posesión de ciento y cincuenta pesos que ha de haber en la forma que dicho es, por los méritos y servicios de sus ascendientes…Y nieta por la vía paterna del comendador Jerónimo de Carranza, caballero del Hábito de Cristo. El cual sirvió a Su Majestad personalmente en la reducción y posesión del reino de Algarve y su comarca, campo de Ubique y otras provincias y lugares de Portugal, con poder especial de la Real Persona, y con título y nombramiento de capitán general de la Caballería del dicho reino del Algarve. Y a continuación de estos servicios habiendo venido a estas partes por gobernador y capitán general de la provincia de Honduras, los hizo a Su Majestad muy aventajados en el ejercicio de estos cargos y en ocasiones que en el discurso de ellos se ofrecieron en particular los años de noventa y cuatro, noventa y cinco, y noventa y seis con los encuentros y batallas que tuvo en el Puerto de Caballos y ciudad de San Pedro de aquella provincia, para su defensa con los enemigos corsarios ingleses, flamencos y franceses, que vinieron con escuadras de navíos a robar la plata de Su Majestad y haciendas que iban en las naos que en aquella ocasión estaban surtas en dicho puerto, peleando por su persona con notable ánimo y esfuerzo, saliendo herido y vencedor, haciendo huir a los enemigos con muerte y prisión de muchos".

## AÑO 1598 (?)

**POR ESTE TIEMPO** se habían hallado ya los ricos minerales de plata de Goascorán, San Marcos, Agalteca, Tegucigalpa y Apazapo que, regularmente, daban de seis a diez onzas por quintal, aún cuando ninguno de ellos se trabajaba en grande por falta de azogue y de operarios. El azogue venía de la metrópoli en la renombrada flotilla compuesta de dos o tres pequeños bajeles que hacían la carrera cuando Dios y los piratas lo permitían y, por tanto, el mercurio se vendía en la provincia a sesenta ducados el quintal. Los barcos además conducían todas las mercaderías que había menester las provincias de Guatemala y Honduras, principalmente, y a su vuelta a España llevaban los productos de ambos países.

El capitán inglés Guillermo Párker, Parque, Parquiero, Parche, o Parchero, distintos nombres con que figura en las crónicas de los españoles, enterado de tantas riquezas, a juicio de algunos autores, primero se presenta con intento de pillar la flotilla que debía llegar en 1598 y para tantear la fuerza y medios de resistencia en los puertos de Honduras. A la cuenta, las cautelas que se dice tomaba el pirata eran innecesarias, porque Parker y su compañero sir Antonio Shirley, habían saqueado ya Trujillo y Puerto de Caballos, por lo menos en dos ocasiones anteriores, consignándose en la crónica inglesa de la expedición en 1596, que Puerto de Caballos "era el lugar más pobre y miserable de todas las Indias". Por otra parte, los piratas de todas las naciones tenían entendido entonces que los puertos de la provincia de Honduras carecían de recursos humanos y bélicos necesarios para su defensa. Los pueblos de españoles más cercanos, como San Pedro y San Jorge de Olancho, se hallaban en igualdad de condiciones y faltos de caminos que permitiesen a sus pocos moradores acudir al menester con la premura del caso.

Fué la intención del pirata tan proterva, o nuestro destino tan severo —escribe Fuentes y Guzmán—, que en mucho tiempo, aún no parece se les dió un año de sociego a estas provincias; porque en los tiempos de que vamos haciendo esta mención, todo lo que se experimentaba, eran sacos de las poblaciones de la costa de Honduras, robos de navíos, y quemazones de otros a los cuales por hallarlos desvalijados, llevados de la rabia de su natural ambición les dieron fuego...

"Y así por el año de 1598 acometió Guillermo Parquiero, conducido de Juan Venturate, con una escuadra de navíos a Puerto de Caballos, en donde logró un gran pillaje de tinta añil, zarzaparrilla, cueros, liquidámbar, cacao, vainilla, y otros géneros preciosos....y el presidente doctor Alonso Criado de Castilla con el escarmiento, aúnque se tuvo aviso de la muerte de Guillermo Parquiero, y de la justicia que se hizo con Juan Venturate en lo de Yucatán, y que las naves del enemigo quedaron desgaritadas, y una apresada por don Alonso de Vargas Machuca, que le siguió el alcance por mar, hizo estuviese más apunto la gente de Trujillo, Olancho, Yoro y otros lugares de aquella costa de Honduras, para en el caso que se pudiese ofrecer por lo frecuente de nuestras adversidades; pero llegada la terminación del año de 1599, y los principios del de 1600, volvió a aportar a Puerto de Caballos la propia escuadra con un nuevo cabo, que según quiera la fama, y la incidencia de historias de otras provincias, y aún de las nuestras, era este capitán Antonio Ser yo con quien había hecho alianza Guillermo Parquiero".

"Pero acercándose al Puerto de Caballos y echando los bajeles al agua dió muestras de querer saltar a tierra, y esta resolución era alentada de que parecía poca gente de la nuestra en la playa; y así se acercó a la ribera, hasta saltar en tierra trescientos y cincuenta ingleses, que marchando para ponerse a tiro de nuestra infantería, que no pasaba de sesenta hombres, siendo entonces desprecio del enemigo, estos nuestros defensores también de industria se acercaron, y llegándose a la distancia conveniente se dispararon a un tiempo mismo las armas de fuego de la una y otra parte; fué el enemigo cortado de improviso por las espaldas de ciento y veinte jinetes armados de lanzas, y medias lanzas, que descomponiendo el escuadrón inglés, con turbación, y espanto de ellos, hicieron grande estrago con muerte de cuarenta y siete de sus ingleses, no dejándolos afirmarse, ni nuestros infantes escopeteros, ni la caballería, en cuyo conflicto y gran peligro, hizo señal de retirar el enemigo inglés, embarcándose brevemente sin parar en aquella costa, ni aparecer después en el espacio de tres años".

El historiador don José Milla acepta como factible todo lo antes referido; pero sospecha que Fuentes y Guzmán, al consignarlo así pudo haber confundido ese combate con el que sostuvo el capitán don Jerónimo Sánchez de Carranza en 1595.

Aparte de tal reparo, la presencia de Juan Venturate ya no era posible por 1598, porque si las historias de las otras provincias son válidas, don Juan solamente hubo de piratear una vez en su vida. Y fué en 1597, cuando siendo vecino muy distinguido y honorable de la villa de Campeche, se unió al mismo Parker para el pillaje de el dicho lugar. En la precipitada fuga y grueso descalabro que finalmente sufrieron los asaltantes, Venturate fué capturado, reducido a prisión, condenado a muerte y ejecutado sin demora, "con el terrible suplicio de arrancarle con tenazas, por pedazos, la carne". Y, tocante al viejo lobo de mar, Párker, en cuya valentía y audacia no fué superado ni por el mismo Drake, en 1601 seguía siendo el jefe de una pandilla como de 150 desalmados y con los cuales logró adueñarse de Portobelo que, con su poderoso fuerte llamado San Jerónimo, venía considerándose inexpugnable.

AÑO 1603

**CON LA MARCA** de fábrica, "hinchada, ampulosa y alambicada", de don Francisco Antonio de Fuentes y Guzmán, corre por las páginas de la Historia de Centro América, la descomunal hazaña del capitán don Juan de Monasterio Vide.

"Mas no cesando en sus intentos, y noticiados, y con el cebo de los considerables intereses, que cada día veían entrar en sus tierras y que eran producidos de semejantes robos, sucediéndose para lograrlos unos piratas a otros, parece en la ocasión que vamos a referir según la duración, y gran perseverancia que tuvo en la mar del Norte aquel perniciosísimo pirata Pie de Palo y su aliado y compañero Diego el Mulato, criollo de la Habana y fué el que aportó por el año 1603 a las costas de Honduras, a tiempo que en Puerto de Caballos estaba recibiendo la carga de las dos naos de su cargo el capitán Juan de Monasterio, joven de veintitrés años de edad, y de excelente valor; pero en la mayor oportunidad de su trabajo, y cuando más descuidado, tuvo el aviso y la noticia de que se encaminaban para el puerto ocho navíos, de a cuatrocientas toneladas, y cinco lanchas, en que traían mil cuatrocientos hombres; pero el capitán Monasterio, muy militar y muy católico, haciendo aquella noche del día 17 de febrero, después de pasar muestra, y de exhortar a su gente, quien toda se confesó, y previniese para resistir aquella opugnación que amenazaba, y que siendo cierta podía cada cual recelar el peligro de su vida, mandando después de ejecutada esta acción católica, armar y poner a punto de guerra sus dos naos, y que aquella noche se tuviese todo cuidado, prevención, estando la gente embarcada en vela, pero al esclarecer el día se le repitió otro aviso de venirse acercando el enemigo, que se avistó brevemente doblando el cabo de la Punta de Castilla para entrar al Puerto de Caballos, y sin dar tiempo a otra disposición, ni más que acometer a nuestras naos del primer encuentro, y disparar de su artillería, más numerosa que la nuestra dejaron rendida la almiranta apresándola con la gente, y no poco interés de su carga. Volvió el pirata con más brío a acometer a la capitana de Monasterio engolosinado con la presa de la almiranta; pero cuando entendió hallarle desflaquecido de ánimo, abordando a la capitana. ésta a gran manejo de armas, siendo el primero el capitán español a todas ocasiones le hizo apartarse de su capitana, segunda, y tercera vez le abordó el enemigo con gran esfuerzo y ferocidad. Pero resistiendo con no menos valor y constancia que al principio, fué otras tantas rechazado, y rebatido el enemigo de nuestra capitana; pero visto la valiente resistencia de un mozo de solos veintitrés años, acordó el enemigo acometerle con toda su armada echando gente en la almiranta apresada, para tener esta fuerza más contra aquella constante valentía, no sólo no decreció ni le hizo menguar un solo instante a su valor aquella nueva acometida, pero le fué admiración al pirata, el ver la diligencia, valor y gobierno militar, con que el cabo español con la espada y una rodela, acudía presto y advertido a todas partes, pareciendo que con la falta de sus soldados se revestía de nuevo esfuerzo, pero calmado el viento, o como quieren algunos, vuelto en contra de nuestra capitana, descaeciendo el sol para el ocaso, y quedando el capitán Juan de Monasterio con cinco soldados, y él herido, con su capitana tan gravemente maltratada, que no admitió reparo, para poder servir después, quedó prisionero enviándolo con sus cinco soldados a la capitana del pirata; donde a la verdad si el enemigo fuera honrado, y su cabo apreciador de los buenos soldados, pudiera haber experimentado el capitán Monasterio después de la pérdida de sus navíos, de su caudal, y el de los otros españoles, que también perdieron la vida en la refriega, el buen trato, y estimación que suelen hacer de hombres iguales los excelentes capitanes; más esta congregación de naciones lo ejecutó al contrario, con este admirable mozo, pues en un mes que le tuvieron preso, sobre querer que declarase dónde ocultaba el resto de la carga, y de que el Monasterio estaba falto de noticia, porque la gente de tierra, con previa y peregrina disposición, y presteza la habían retirado a los montes, le tuvieron a punto de quitarle la vida por dos veces. Quedaron muertos de la parte del enemigo en la perseverancia de la batalla, ciento y sesenta hombres, y sus naos con gran necesidad de carenaje, y de arbolarlas para poderse hacer a la mar....."

Nuevamente, don José Milla se recrea poniendo quites y objeciones a esta relación, advirtiendo que lo escrito por Fuentes y Guzmán, fué sustancialmente copiado por Juarros, aúnque sin decir éste de donde lo toma. Antes que aquél había referido el hecho casi en los mismos términos, el cronista fray Antonio Remesal, que "vino a Guatemala el año 1613, es decir, diez, solamente después de la fecha en que se supone haber ocurrido el suceso". A pesar de esto—sigue comentando Millanos parece difícil que una sola embarcación, tripulada por unos pocos hombres, por más denodados que se les suponga, hubiesen podido resistir un día entero a ocho navíos y cinco lanchas con más de mil hombres. Y nos afirma en la idea de que debe ser esto una pura invención, el no encontrar una sola palabra del suceso en las cartas que el Ayuntamiento dirigía al rey, y que no habría dejado de referir un hecho tan extraordinario y honorífico a la gente del país. "Los cronistas Jiménez (fray Francisco) y Vásquez (fray Francisco), contemporáneos de Fuentes y Guzmán, guardan completo silencio sobre el suceso y por último encontramos en las Memorias de García Peláez una noticia que viene a dejar en la categoría de simple leyenda el combate naval del 17 de febrero de 1603 delante de Puerto de Caballos".

En efecto, García Peláez, dice, que a fines de febrero de 1603 llegó a Puerto de Caballos el capitán Monasterio, con mercaderías de registro, en un navío y un bajel; y que, sabiéndolo en Guatemala, entraron en cuidado, por el riesgo que corrían así los barcos, como las mercancías. Que con esto el Cabildo dispuso, en 15 de marzo, ir en corporación a ver al presidente y a la Audiencia y representarles los graves daños que hacían los corsarios en Puerto de Caballos y Golfo Dulce y suplicarles mandasen poner guarnición en ellos; como también que nombrasen una persona de confianza que viese un puerto que decían había en la punta de Manabique. "Parece que quien dió noticia de este puerto fué un antiguo piloto, muy práctico en las costas de Honduras, llamado Francisco Navarro".

"Mientras meditaban lo que deberían hacer respecto a la solicitud del Ayuntamiento, Monasterio descargó y condujo sus mercaderías; pero el atraso que no padeció en el puerto tuvo en la capital, pues por sentencia de revista dada por la Audiencia en 31 de julio del propio año de 1603, que corre a fojas 41 del volumen 3° de Acuerdos de

Justicia, le fueron decomisadas muchas de ellas que venían fuera de registro, y entre otras,1,532botijas de vino, de las cuales las últimas 32 habían quedado y se hallaron en el navío".

Se ve, pues, cuan diferente es ese hecho de la hazaña que refieren Remesal y Fuentes y Guzmán y que reprodujo Juarros— concluye Milla. Mientras estos autores suponen a Monasterio peleando con los piratas y prisionero durante un mes, desembarcaba sus efectos tranquilamente, los traía y entendía en el decomiso de muchos de ellos. "La hazaña cambia completamente de carácter, y el joven capitán de veintitrés años, que peleó como un héroe contra ingleses y franceses (así lo dice Remesal) viene a quedar reducido a un simple mercader con sus puntos de contrabandista. Quizá toda esta historia de la batalla naval del capitán Monasterio en el año de 1603, no sea otra cosa más que una confusión con otro encuentro, bastante parecido, que se dice haber tenido lugar a mediados de 1607 y de que daba noticia el Ayuntamiento en carta al rey, que, aunque sin fecha en la Colección impresa, se deduce de alguno de sus pasajes que debió ser de dicho año".

Por lo que hace al pirata llamado en esta relación, Pie de Palo, quizá venga de perlas lo siguiente: en la historia de la piratería hubo un bandolero con este apodo y dos con el de Pierna de Palo. El primero era el muy temido marino y pirata, el holandés (algunos autores dicen que era inglés) Cornelio Carnelizoon Jool's, o Joels, muerto, probablemente, en 1632 al naufragar su barco frente a las costas de Cuba. Los otros dos llamados Pierna de Palo, Peg—leg, en inglés, y Jambe—de—bois, en francés, fueron: Francisco le Clerc, quien, como hemos visto en páginas anteriores, realizó en 10 de julio de 1555, en compañía de Jacobo de Sores, uno de los asaltos más desastrosos que sufriera la Habana en el siglo XVI; y el famoso almirante holandés Pedro Keyn o Heyn (1628).

Y, respecto a Diego el Mulato, Diego Díaz, Dieguillo, Diego Lucifer, como le apodaban los españoles, o el Duque, como él solía distinguirse a sí mismo, era criollo de la Habana, si bien algunos autores se empeñan en considerarlo nacido en Campeche. Diego fué bautizado en aquella ciudad siendo su padrino el capitán Domingo Galván Romero, viejo vecino de la villa de Campeche. Parece que Dieguillo muy joven se trasladó a este último lugar a vivir al lado de su padrino, que era todo un gran señor, y medrar bajo su protección. Mas, habiendo recibido en la villa de Campeche una bofetada que injustamente le propinó el capitán Domingo Rodríguez Calvo, para vengarse de los españoles por mayor se alzó y se unió a una banda de ladrones que comandaba el holandés Pierna de palo, y que merodeaba por aquella costa.

Tomás Gage, quien acompañó como capellán protestante, a Penn y a Venables, en sus asaltos contra Santo Domingo y en la captura de Jamaica, refiere que Dieguillo por haber sido maltratado en Campeche por el propio gobernador, se arriesgó en una canoa y se puso al mar, donde halló varios navíos de piratas holandeses que aguardaban y esperaban hacer alguna presa. "Dios quiso que abordara felizmente estos bajeles donde él esperaba encontrar más favor que entre sus compatriotas; se entregó a ellos y les prometió servirles fielmente contra los de su nación que lo habían maltratado, y aún azotado en Campeche, según supe después". Metiendo siempre las narices en todo, Gage, cuenta que él tuvo la fortuna de conocer en la Habana a la madre del Mulato y a quien, seguramente, le daría la noticia de haber sido desvalijado por el hijo suyo en alta mar sin que le dejase otra cosa que el balandrán que llevaba encima.

El tiempo andando, el Duque le daría fuego a la ciudad de Trujillo y habiendo hecho muchas presas en el Golfo y costa de Honduras, se traslada a Portugal, donde abrigaba la esperanza de ser favorecido por el duque de Braganza, a fin de volver al Caribe como su asociado con una escuadra completa. Otros autores dicen que Dieguillo, enriquecido en su oficio, pasó a una ciudad holandesa a vivir sus últimos años en compañía de la duquesa de Lucifer, una mulata cubana zumbadora…

## AÑO 1607

**POR ESTE MISMO** año —narra Fuentes y Guzmán— volvió a aportar a nuestras costas del norte el capitán Monasterio, si bien no sabremos afirmar si de la vuelta de España, o acaso de las Canarias, o de las islas de Barlovento, y la Habana, comercio entonces corriente y libre, hasta que el gobierno de don Francisco de Escobedo, que se mandó suspender por abiertas quejas del comercio de Sevilla… pero no hallando en la ocasión defendido y seguro el nuevo Puerto de Santo Tomás de Castilla, le fué preciso a Monasterio el haber de surgir con sus navíos en el antiguo Puerto de Caballos, en donde hizo la descarga de sus mercaderías, con el recelo y sobresalto a que conducía el grande costo de la experiencia, mas no le salió vano su pensamiento, aconteciéndole al cargar sus naves para la vuelta de España, lo que en el primer viaje, porque empezándose a conducir la carga desde la ciudad de Guatemala al Puerto, se tuvo noticia de que algunos buques enemigos andaban a barlovento de nuestras costas, y estando ya para empezar a embarcar los frutos, tuvo aviso el Monasterio de haberse visto la armada enemiga entre la isla de San Millán y Cabo de Camarón, en demanda de la Punta de Castilla, más casi al mismo tiempo del aviso, fueron nuestras naves como improvisadamente asaltadas de doce urcas holandesas dejándose ver doblando el Cabo para el Puerto, más detenidas algo con tarda navegación por el viento contrario que les hizo retroceder al enemigo al abrigo de la isla de Utila, le dio tiempo a Monasterio para disponer y encabezar sus naves, que fueron acometidas prestamente, y sin intervención de tiempo de las doce urcas de Holanda, viéndose en un punto tremendamente resonar la confusión de los tiros de artillería de una y otra parte, y oscurecerse el día con la espesura de sus humos, duró este encuentro sin desastre todo el día, hasta que el sol separó las dos armadas cayendo en la jurisdicción de las tinieblas; mas no porque el día primero fué largo, y trabajoso el combate dejó la protervia y audacia del holandés confiado en la desigualdad de las fuerzas de provocar en su abono a la fortuna ,tornando a renovar la pelea al esclarecer el día.

Fué sin comparación mayor el esfuerzo, y horror de esta batalla que el de la primera, teniendo también la duración de todo el día sin que en las primeras horas se reconociera ventaja; pero mediando el día a la continuación de los tiros se empezó a ver alguna parte de mal suceso con muerte de algunos soldados de la una, y otra parte; pero mayor número de la del enemigo, y no escarmentado en su desastre, y más instigado y enfurecido en ver que al número de sus embarcaciones, no se rendían aquellos dos navíos, que había juzgado por suyos, con menos diligencia y costo de lo que experimentaba su desesperación, volvió a nueva batalla, renovándola por otros nueve días, en los cuales casi reconoció el holandés una desolación en sus navíos, con pérdida de mucha gente de ellos; pero aún fué mayor su tribulación y conflicto cuando más esforzadas y ligeras nuestras naves, y nuestra gente más encendida, y vigoroza contrala valiente bizarría de sus holandeses le echaron una de sus urcas a pique, con gran destrozo de las demás, que ya casi faltas de arboladura, les era imposible el mantenerse, con grave y manifiesto sentimiento, perdido su barco y mucha gente, y la más señalada en el valor, y disciplina militar, y sin haber conseguido su codicia la grande presa que esperaba de 760 cajas de tinta añil, crecida porción de zarza, cacao, vainilla, achiote, cueros, y otros géneros que apetecía su avaricia, fuera de alguna cantidad de plata, habiendo desde el primer aviso el propio capitán Monasterio, con otras cinco personas retirado a los montes, la cantidad de cajas de añil, género entonces el más precioso de todos, escondiéndolas hacia la parte de tierra que corre al Golfo Dulce".

Aquí para el cronista, sin consignar el final de esta extraordinaria contienda. Pero, bajándose a tierra, informa que el capitán Monasterio había tomado en 1610 por su cuenta el gran trabajo de fortificar, y hacer seguro el Puerto de Santo Tomás de Castilla, levantando sobre peñas con vivos una plataforma, con siete piezas de artillería, que quitándolas a sus navíos las donó al rey, para seguridad de aquel puerto.

"Pero aún de aquella suerte no pudo prevalecer allí —continúa Fuentes y Guzmán—, pasándose después al Golfo Dulce, en donde hoy yace en forma regular un buen castillo, levantado después de su desmantelo, por orden del presidente general de la artillería don Jacinto de Barrios Leal, y la disposición, arte e inteligencia y plano del sargento mayor e ingeniero mayor de esta plaza de Guatemala, don Andrés Ortiz de Urbina". En la actualidad de este renombrado castillo sólo existen las ruinas bañadas constantemente por las aguas del Lago.

Con motivo, pues, de los frecuentes asaltos a Puerto de Caballos por parte de los enemigos, se hizo la indicación de que había un surgidero de muy buenas condiciones en la punta de Atique o Manabique, y los mercaderes de la ciudad de Guatemala, solicitaron el nombramiento de persona que fuese a examinarlo. "Esto ocurría a mediados de marzo de 1603. En mayo siguiente, volvió a instar el

Ayuntamiento y propuso fuese a desempeñar la comisión el oidor Alonso Gómez de Abaúnza. El presidente objetó la indicación, alegando falta de fondos y pretendiendo que los mercaderes los proporcionasen, negáronse éstos, diciendo que ellos pagaban exactamente los derechos de entrada por sus mercaderías que introducían por Puerto de Caballos y Golfo Dulce, y que al rey correspondía fortificar y dar seguridad a aquellos puertos, como lo había hecho con los de Veracruz, Portobelo, la Habana, Santo Domingo y Puerto Rico. En estas y otras cuestiones semejantes se pasó el resto del año, sin que se diese providencia para el reconocimiento del surgidero de Manabique.

"En 1604 tomó el Ayuntamiento el asunto con mayor empeño, nombrando al alcalde primero don Esteban Alvarado, y al regidor don Carlos Vásquez de Coronado, para que fuesen a practicar el reconocimiento. Se destinaron a los gastos 1,250 tostones, de fondos de propios. Los comisionados pidieron instrucciones al presidente, y éste los remitió al Cabildo para que se los diese".

"Encargóse a los vecinos particulares que los extendieran, y salió la comisión, que pronto dió buena cuenta de su encargo. El 7 de marzo encontró el excelente puerto indicado por Navarro, a que daban el nombre de Atique (o Manabique) que se cambió en el de Santo Tomás de Castílla, por el día en que se descubrió y por el apellido del presidente, que a la verdad no parece haber hecho mucho en el asunto. El rey gratificó aquel servicio, dando al alcalde Alvarado tres mil tostones de renta en encomienda de indios y al piloto Navarro mil doscientos. Al presidente Criado de Castilla le llamó al Supremo Consejo de Indias, dignidad de que no gozó, por haber muerto; y entonces el mérito del padre fué recompensado (dicen los autores, aúnque no explican cómo) en el hijo don Andrés de Castilla".

Don Antonio de Herrera, dice: "El doctor Alonso Criado de Castilla, presidente de la Audiencia de Guatemala, con gran resolución y prudencia mudó del Puerto de Caballos el comercio y contratación al que decían de Amatique, y le llamó de Santo Tomás de Castilla, porque tal día se entró en él, y pobló la villa donde se tienen todas las comodidades y seguridades necesarias de los piratas..."

"Se abrió un camino de herradura hasta la capital, por las montañas que salen a Esquipulas y Chiquimula, y aunque el presidente gastó en él una gran suma de dinero de la Real Hacienda, nunca pasó de malo, agregándose a lo fragoso de él, lo despoblado y falto de forrajes para las recuas que conducían los efectos, circunstancias que influyeron en que muy pronto se abandonase el puerto cuyo descubrimiento se había considerado tan importante".

Con la apertura del puerto de Santo Tomás de Castilla que, podría considerarse como "un monumento de la crasa ignorancia" de aquellas autoridades de la Capitanía General de Guatemala, no se daría solución favorable al problema del transporte interior de la provincia ni mayores seguridades al comercio marítimo. En cambio, se causó grandes perjuicios a Honduras y, como remate, a más de doscientos indios que vivían en la falda de la serranía de Esquipulas y entre Puerto de Caballos y las inmediaciones del surgidero de Amatique, los cuales al ser trasladado a Santo Tomás de Castilla perecieron en breve tiempo a causa de lo mortífero de aquella zona y la falta de ayuda o protección por parte del gobierno de Guatemala. Estos pobres indios, llamados Loquehuas o Loqueguas, a juicio del clérigo Juan de Zelaya, eran ya católicos, apostólicos y romanos, puesto que enviado por el señor obispo de Honduras, sin aguardar las circunstancias que se requieren y su Prelado le advirtió, los tenía bautizados a todos "con tan poca doctrina que apenas sabíanlas cuanto, y más entenderlas no solo lo que contienen, pero ni aún el lenguaje por ser en latín y en romance".

Tanto los vecinos de la ciudad de Valladolid del Valle de Comayagua como el Cabildo Secular de la ciudad de Trujillo, presentaron al rey reclamaciones contra la intención del presidente de la Audiencia de Guatemala de trasladar la contratación al puerto de Santo Tomás de Castilla y de llevar la artillería de Trujillo para fortificarlo.

Cuando se movió el asunto de la mudanza, el procurador de la ciudad de Comayagua, en 1583, dirigió al rey la comunicación siguiente:

"Muy Poderoso Señor:

Domingo de Orive en nombre de la ciudad de Valladolid del Valle de Comayagua de las provincias de Honduras dice: que habiendo venido a su noticia que por parte de la ciudad de Guatemala se hacía instancia para mudar y quitar el Puerto de Caballos de la dicha ciudad de Valladolid a la Punta de Manabique y que para ello la Audiencia de Guatemala había dado provisión a Juan de Cuéllar los dichos sus partes entendiendo que si lo susodicho se hiciere Vuestra Alteza sería muy deservido y la dicha provincia sería destruida a lo cual no se debía dar lugar porque se comenzará a labrar gran suma de minas de oro y plata de que los reales quintos son muy aumentados y los inconvenientes que resultarán de hacerse lo que la dicha ciudad de Guatemala pretende son muy notorios...

Y la Punta de Manabique donde quieren asentar el dicho Puerto de Caballos es tierra baja anegadiza muy enferma de mosquitos todo el año y de grandísimas ciénagas y toda aquella costa es tierra muy enferma a cuya causa se tiene por cosa cierta que todos los que fuesen de estos reinos morirían en la dicha Punta de Manabique por lo dicho y si el dicho Puerto de Caballos se mudase le sería forzoso despoblarle.... y las naos grandes que fuesen de estos reinos con mercaderías en demanda de la dicha Punta de Manabique irían en gran riesgo por ser tierra tan estrecha y haber tantas islas y tierra baja cerca de la dicha Punta que, con poco temporal, forzosamente se perderían y particularmente a la salida.... y sería grande daño que aquella provincia recibiría como de todo lo dicho y otras cosas más particularmente constará por esta información que presento y por parecer del gobernador de la dicha provincia de Honduras.

Suplico a Vuestra Alteza que teniendo consideración a todo lo susodicho y a que si la dicha ciudad de Guatemala ha intentado se mude el dicho Puerto ha sido y es por el aprovechamiento de los mercaderes a causa de que algunos de ellos son del Cabildo de la dicha ciudad y Juan de Cuéllar a quien se cometió este negocio lo es y lo pretenden por sus intereses sin tener consideración al daño que la dicha provincia de Honduras recibe...".

El gobernador de Honduras, don Alonso de Contreras Guevara, presentó un informe sobre el mismo asunto en el que puede verse lo que sigue:

Católica Real Majestad:

Alonso de Contreras Guevara, gobernador de esta provincia de Honduras por Vuestra Majestad, digo que esta información pasó ante mí y es cierta y verdadera y los testigos en ella contenidos son fidedignos y en cuanto a el parecer que se me pide declaro no convenir a el Real servicio de Vuestra Majestad que el Puerto de Caballos de esta provincia se despueble y el comercio y contratación de él se mude a otra parte por muchas razones.... y esta novedad que ahora se pretende por la ciudad de Santiago de Guatemala se ha entendido ser de ella inventor un hombre variable de los que en estas partes suele haber muchos que por embaimientos pretenden sus intereses, Vuestra Majestad sea servido de mandar que se sobresee esta mudanza hasta que se mire los inconvenientes que de ella se podrían seguir y esto doy por mi parecer

En buen romance, con la mudanza del puerto los mercaderes de la ciudad de Guatemala sólo pretendían poder meter mercancías de contrabando por Santo Tomás de Castilla con mayores facilidades que por Puerto de Caballos. Mas, en esta materia, sabemos ya que en las Indias fueron siempre los comerciantes hispanos juntamente con los criollos los principales delincuentes. Y, como resultado de tal práctica, los extranjeros en connivencia con los transgresores llegarían a considerar el contrabando como si fuera una ocupación legítima y regular.

Don Juan de Guerra y Ayala, en la Relación de la visita que hizo a la gobernación de Honduras, dice:

"(Don Alonso Criado de Castilla) ha quitado la jurisdicción a los gobernadores con ser de este gobierno y usar allí los oficiales reales de esta provincia sus oficios y el obispo poner curas y vicarios y ha nombrado por alcalde mayor (en Santo Tomás de Castilla) a un—Juan de Monasterio dueño de un navío que anda por la mar y deja un teniente en tierra no obstante que Vuestra Majestad me ha dado título de lo descubierto y por descubrir....".

## FIESTAS REALES

**MIRABAN LOS** enemigos a Trujillo como el blanco de sus ojos—escribe don Juan Bautista Muñoz, cosmógrafo mayor de Indias— ya porque su puerto era la escala de cuantos navíos iban al de Caballos, y demás de aquella provincia, ya principalmente por ser el único que les resistía la entrada. Solía haber en él dos compañías de arcabuceros si amenazaba riesgo, y una parte de ellas en ningún tiempo faltaba. En 1599 se fortificó con artillería. Con esta defensa y el valor de los vecinos fueron rechazados los enemigos repetidas veces. Méritos que en 1608 justamente opuso la ciudad al intento del presidente de Guatemala quien acababa de pasar la contratación de Puerto de Caballos despoblado, y desierto a la sazón por las continuas invasiones de los corsarios, al de Amatique o Santo Tomás de Castilla, al cual como obra suya quería ennoblecer y fortificar, quitando la artillería del fuerte de Trujillo.

Los historiadores centroamericanos más autorizados se muestran contestes en cuanto a que la Capitanía General siempre careció de un cuerpo de tropas regular y organizado que hiciera su defensa, y, aun cuando se halla mención de batallones, escuadrones, compañías de infantería y de caballería, en la realidad los unos y los otros estaban formados de gente colecticia en su mayoría indios, con armas y cañones pocos y viejos. El vestuario y equipo de esas flamantes milicias se costeaba, durante mucho tiempo, de un fondo aleatorio consistente en un real de aumento sobre cada libra de tabaco. estancado: si en un año cualquiera el esfíngido o el mosaico (para no mencionar otras plagas y enfermedades) atacaba a la delicada y jugosa hoja, la tropa no se cambiaba de uniforme.

De esas milicias era primer inspector el Capitán General de Guatemala y había, además, un subinspector para infantería y caballería. La artillería tuvo un coronel jefe. Los gobernadores de provincias eran considerados como comandantes generales y estaban sujetos al Capitán General.

Como dice Batres Jáuregui, las tales milicias lucían en todo su esplendor en la capital de Guatemala, y en menor grado en las capitales de provincias, durante las fiestas reales, en los recibimientos de presidentes de la Audiencia o de gobernadores y en la festividad religiosa del santo patrón. Entonces se gastaba por todas partes considerables sumas de tostones. Cuando la fiesta era real, o sea, celebración de nacimiento del rey, fecha de su coronación, nacimiento del heredero al trono, las autoridades civiles y militares solían ir por las calles de pueblos y ciudades con el estandarte de España y el pendón del lugar en un gran despliegue de milicias.... Nunca faltaba en fiestas y holgorios tiros de pólvora, luminarias, mascaradas, adornos de puertas y ventanas, juegos de cañas, repique de campanas y aún corridas de toros. Así las cosas, los indios muy pronto llegarían a aficionarse tanto a los cohetes y cohetillos, que no volverían a enterrar a sus deudos y amigos sin el estampido de la pólvora. Y, en lo del repique, conocido es que habían de pagar al cura o al campanero, que todo era igual.

Cuando la fiesta era de mayor suntuosidad en la ciudad de Guatemala había "peñol de los indios", que se presentaban a la usanza de su gentilidad, desnudos con sólo sus mastates, pintados y adornados con plumas de guacamayos y pericos, y sus arcos y flechas despuntados y otros con varas y rodelas; tras estos venían otros muchos, tocando varios instrumentos indígenas; seguían distintas danzas bien ordenadas y vistosas por la diversidad y costo de sus vestidos (pagados por la ciudad) y matices de lucidas plumas, con que iban adornados. El peñol era cubierto de hierbas y flores, y ramas de árboles; en éstas colocaban muchos monos, guacamayos, ardillas y otros animalillos; formaban en el monte artificial algunas grutas, en que ponían dantas, ciervos, jabalíes y pizotes; y en la cima del peñol hacían una casilla, que llamaban la "casa del rey".

Y, cuando se presentaban piratas en alguno de los puertos, la función era de esta forma: en la ciudad de Guatemala se mandaba a hacer unos cuantos cargamentos de totoposte, los encomenderos limpiaban sus armas, los oidores se disputaban entre si el cargo de capitán general en la jornada, y los regidores, por llevar el estandarte real. Luego que llegaba la noticia de haber sido saqueado o incendiado tal o cual pueblo en la costa, los improvisados defensores se acababan de comer las tortas hechas de harina de maíz, muy tostadas, y los bizarros y fogueados coroneles y capitanes enfundaban sus espadas para el nuevo menester.

En los puertos asaltados la fiesta pasaba en esta guisa: el señor teniente de gobernador, si era mozo y valiente, o se hallaba en su puesto, acudía a los encomenderos y éstos a sus indios y negros para salir a combatir contra el hereje. Pero, con frecuencia, encomenderos, indios y negros, eran inútiles en el manejo de las armas, por no usarlas —como había de informar el ingeniero don Luis Diez Navarro—, acerca de la provincia de Honduras cien años nada menos después de la hora en que se ha dicho que Trujillo siempre tuvo dos compañías de arcabuceros si amenazaba riesgo.

Tomás Gage, quien vísitó Trujillo por 1638, dice: "Cuando yo estuve en este país, los holandeses atacaron a Trujillo, que es el puerto más considerable de Comayagua y Honduras, y lo tomaron después de una corta resistencia; la mayor parte de los habitantes se escaparon a los bosques, teniendo más confianza en sus piernas que en la fuerza de sus brazos, y de sus armas; porque todos los habitantes de este país no tienen ni ánimo ni valor. Pero los holandeses lejos de fortificar esta plaza e internarse en el país, y después de haberlo fortificado venirse a hacer otro tanto en el Golfo, como se decía por todo el país de Guatemala, donde no había persona alguna que pudiese resistirles, abandonaron Trujillo contentándose con un mediano botín, de lo que se alegraron tanto los españoles que hicieron procesiones públicas para dar Gracias a Dios, y manifestar el regocijo que tenían de haber escapado de peligro tan grande".

"En Trujillo —informaba don Juan de Guerra y Ayala, en 1608— tomé cuenta a la justicia y regimiento de cinco a seis mil tostones que Vuestra. Majestad les ha dado de más de veinte años a esta parte para su fortificación, y hallé algunos dineros mal gastados contraviniendo el fin para que Vuestra Majestad los dió, que reservé para la residencia y en lo demás he hallado un inconveniente que me tiene perplejo y no saldré de él hasta que Vuestra Majestad me mande lo que tengo de hacer. Es el caso que Vuestra Majestad dio aquella ciudad para su fortificación la renta que digo que debe de montar más de cien mil tostones lo caído. Poco más o menos estos han ido gastando por orden de la justicia y reglamento en hacer trincheras cada año de fagina y en hacer un bohío de paja, hinchando las trincheras de tierra que como edificio de tan poca importancia cada año tiene necesidad de renovarlo y gastar de nuevo, porque las aguas lo arruinan de manera que cada año hacen nuevo gasto y que de necesidad se ha ir continuando, o sea de fortificar por la traza que dejó Antonelo con que quedaría permanente la fortificación en que se ha de gastar una gran suma sin duda es ver que se continúa lo que hasta aquí y se van haciendo trincheras de fagina y paja se gasta el dinero mal gastado, y si quiero fortificarlo por la traza de Antonelo ha de ser de muy gran costo y que después de hecho no se dé qué importancia es la plaza de

Trujillo a Vuestra Majestad, ni qué se hace en fortificarla, pues para la provisión de esta provincia no vale nada el puerto ni es posible trajinarse, porque hay sesenta leguas de esta ciudad (Comayagua) a él antes ha sido azote para esta provincia y para sus vecinos que los tiene pobres ir de socorro aquel puerto tan trasmano y de tan mal camino.

Y que cuando llegan allá cuando sea, así que haya enemigos en el tiempo que viene el aviso y se junta la gente y va habría harto lugar para asolarlo sin que aprovechase su ida la fortificación hecha. Y que se hiciere no impide ni puede impedir que entren todos los navíos en la bahía y estén surtos todo el tiempo que gustaren, por ser abierta de tres leguas de ancho. De aprovechamiento ni almojarifazgo no es fuerte sino con un poco de monte que por muchas partes no está la arremetida a cincuenta pasos. Penoso de mosquitos, enfermo, de suerte que cuando esté fortificado por la traza de Antonelo y se haya trabajado y gastado mucho en ello, como sin duda se ha de hacer, si se hace apretado de frutos y sacado el grano será de muy poca importancia y los daños muy graves y de considerar. Porque además de los dichos vecinos como se halla abierta están el más del año en velas continuas y que si no les viene de comer de la isla Guanaja no comen. Y Vuestra Majestad tendría en aquella fuerza muy buena artillería que pudiera servir en otra de más importancia, y se podrían retirar los vecinos a su valle dos leguas de allí a donde podrían estar sin cuidado regalados y se podrían juntar con ellos los pocos vecinos de Olancho y hacerse un buen lugar dejando en el puerto una casa grande para que se recogieran las mercaderías que viniesen de España para ellos que con las recuas de mulas que tienen muy buenas las pondrían en su casa siendo tan cerca dándoles Vuestra Majestad por algún breve tiempo la renta que ahora da para fortificación, para ayuda de hacer sus casas con que se conseguirían muchos fines buenos y excusarán tantos daños y molestias como reciben los vecinos de esta gobernación en ir a defender plaza de tan poca importancia....

"Por cédula de Vuestra Majestad he querido tomar cuenta a los oficiales reales, porque Vuestra Majestad manda se haga así a principios de enero de cada año. Y ni he hallado libro ni oficial real a quien tomarla, y dos tenientes que dejaron dicen como parece por su respuesta, que envío con ésta, que el presidente de la Audiencia de Guatemala tiene los libros y que los oficiales reales ha más de cuatro años que están fuera de esta gobernación ganando el salario como si estuvieran en ella, entretenidos en pleitos en razón de los delitos que han cometido en sus oficios y deudas que deben, y la Real caja hecha arca de niños llena de prendas sin que de dos años se le haya llevado a Vuestra Majestad un real....

"En esta provincia está por obispo don fray Gaspar de Andrada de loables costumbres de condición tan vidriosa y presuntuoso que querría usar con todos de hermano mayor y de la jurisdicción eclesiástica y seglar a su voluntad, sin que nadie le vaya a la mano con tanto imperio e hinchazón que no ha habido gobernador después que está en esta tierra con quien no haya tenido quiebras y rencillas muy graves...".

En junio de 1644, se dispuso pedir al vecindario de la ciudad de Guatemala un donativo para cubrir el gasto que iba a tenerse en armamento y soldados, sin perjuicio de que repusieran los mercaderes la cantidad de 3,350 pesos que se habían tomado de la Caja real para mantener cuarenta hombres que estuvieron en Trujillo, aguardando unos barcos que debían venir de España con mercancías. Y en el mismo año, habiéndose mandado a Trujillo cincuenta arcabuces para su defensa se previno al gobernador de Honduras los entregase a personas que PUDIERAN PAGARLOS a costo y costas.

Cosa de mieles fué lo acontecido en 1604 a don Juan de Vergara, porque la Junta de Hacienda de la ciudad de Guatemala, en resolución de 6 de febrero, no accedió a que se le pagaran veinte o veinte y cuatro mil tostones que había gastado de su propio peculio en sustentar la gente de guerra que hizo la defensa de una flota surta en Puerto de Caballos en ese mismo año.

Y, por este orden es muy interesante lo contenido en un documento de 1792, librado por la Real Junta Provisional de la ciudad de Comayagua, que dice:

"Tomóse la correspondiente liquidación de las cantidades a que ascienden los nueve meses de prest que se les debe a esta tropa como lo afirman los ministros de Trujillo y lo contextan los testigos examinados; y asimismo. el importe de los prest de los sargentos, cabos y tambores, y el de los soldados difuntos, y el de los 1914 medias raciones, al respecto y según se acostumbra en atención al certificado del teniente ministro de Río Tinto; Y hecha esta liquidación procédase a hacer el efectivo pago a los interesados mediante a la urgente necesidad para no causarles el perjuicio irreparable que puede irrogarles de que se demoren en esta ciudad después de tan larga ausencia de sus casas, y las enfermedades que padecen contraídas en el real servicio...

## AÑO 1613....

POR ESTE TIEMPO aún los piratas de menos categoría navegaban frente a las costas del norte de Honduras y de Guatemala con tanta confianza y seguridad como si fuesen los verdaderos dueños de ellas y tomaban sin resistencia ninguna cuanto hallaban de provecho en Puerto de Caballos o en Santo Tomás de Castilla, casi despoblados y en ruinas.

De las islas Guanaja, Utila y Roatán, principalmente, habían hecho puntos donde ocultarse y abastecerse de lo que podían dar sus primitivos moradores que, por las buenas o por las malas, también se veían forzados a suministrar noticias y gente práctica de las costas cercanas que les ayudase a recorrerlas. Como resultado de esto, en la ciudad de Guatemala menudeaban las llamadas juntas de guerra en las que se trataba con insistencia de trasladar a los insulanos a tierra firme, incendiar sus chozas y talar sus sementeras. Mientras estas y otras materias se discutían por parte de las autoridades de la Capitanía general, los intrusos se hacían de mayor número de parciales entre los indios mosquitos a los cuales inducían sin mayor esfuerzo a secundarlos en sus robos y asesinatos no sólo en las comarcas fronteras al mar sino en las del interior de la provincia de Honduras.

Hasta cierto grado, y en comparación con Puerto de Caballos o Santo Tomás de Castilla, la ciudad de Trujillo situada a 48 pies sobre el nivel del mar, con sus 25 o 30 bohios y los impenetrables montes que la cubrían por la espalda, era la única plaza que aquellos piratas miraban con algún recelo no tanto porque ella en si fuese en extremo fuerte por naturaleza, cuanto por saber que los más de sus moradores hispanos, mulatos y mestizos, gran parte del año residían en sus haciendas.

En 1630 se dice que la ciudad contaba ya con unos cien o más vecinos, los más de ellos andaluces y vizcaínos y que, a pesar de hallarse defendida por un baluarte con diez y siete piezas de artillería de bronce y varios pedreros, fué tomada por los holandeses bajo el mando conjunto de Pedro Heyn y Pedro Ita, los cuales destruyeron y talaron cuanto no pudo escapar de su codicia y crueldad.

En ese mismo año el gobernador de Honduras, don Francisco Martínez de la Riva Montansantander, representó ante las autoridades superiores de la Capitanía general, la necesidad de asistir permanentemente en Trujillo por lo menos cincuenta soldados; y por la tardanza en proveerse su petición condujo allí los más vecinos que pudo de los otros pueblos comarcanos. A esta diligencia se debió la victoria contra seis urcas y dos pataches de holandeses que, en 1632, intentaron capturar la ciudad y las naves cargadas que estaban en la bahía.

En esa ocasión el pirata recibió bastante daño y temiendo el señor gobernador que volviese a tomar desquite armó hasta sesenta hombres entre mulatos, negros libres y todos los españoles hábiles en el manejo de las armas de fuego. Mas, don Francisco fué mandado preso a la ciudad de Guatemala de orden de la Audiencia, por desacato y malos tratamientos con el obispo de Honduras y los oficiales del rey.

El gobernador interino, don Juan de Miranda, puesto por la Audiencia, licenció algunos soldados, y a otros quitó los cargos dándolos a visoños. De suerte que, cuando volvieron los holandeses con ocho grandes navíos, tomaron fácilmente la ciudad en 15 de julio de 1633, la saquearon y quemaron, arruinaron el baluarte y se llevaron la artillería. Trujillo—dice un informe— era la llave y puerta de todas estas tierras y duró su prosperidad hasta ese mismo año. Después otros piratas harían teatro de sus depredaciones la ciudad, la boca del Río de Ulúa, Omoa y convertirían el Cabo de Gracias a Dios en su cuartel general.

En la situación dicha el presidente de la Audiencia, licenciado don Álvaro de Quiñonez y Osorio, había de pasar muchos años de su gobierno haciendo en vano frecuentes instancias ante el rey con el fin de que se pusiese en Trujillo por lo menos cuatro o seis bocas de fuego de alcance como antes y se mantuviesen a ración y sueldo hasta treinta soldados con su cabo.

En marzo de 1638 dos urcas de holandeses y franceses, entraron en la bahía de Trujillo bajo el mando de un pirata nombrado en la

Relación, Gareabuc, el cual después de mantener por un tiempo atemorizados a los vecinos, se resolvió finalmente a saquear la ciudad. Ese bandido era, probablemente, el caballero Pedro Belain d' Esnambuc, o d'Enambuc, amigo y protegido del cardenal Richelieu. En la expedición que luego se organizó para perseguirle tomaron parte muy activa el alférez don Alonso de Oseguera y Quevedo y el cabo don Francisco Pérez, según consta en sus probanzas respectivas.

En abril de ese mismo año surgió frente a Punta de Castilla un corsario inglés y estuvo allí algunos días, esperando si acudían naves de España para robarlas y haciendo teatro de sus pillajes la boca del Río de Ulúa, Omoa y Golfo Dulce, mientras hizo del Cabo Gracias a Dios cuartel general. El cosmógrafo Muñoz supone que este ladrón vendría por precursor del gobernador de los ingleses establecidos en Santa Catalina, y en tal evento se trataba, indudablemente, del capitán Daniel Elfrith. Traía una flota de cinco veleros, entró en el puerto y se apoderó de Trujillo en 16 de junio de 1638. Los vecinos no hicieron ninguna resistencia; pero habiendo tenido tiempo de sobra para poner a salvo sus bienes, los piratas no lograron sino un miserable botín. En 6 de julio siguiente Elfrith desalojó la plaza para perseguir dos barcos mercantes que venían de España y que habían sido avistados en el Golfo de Honduras, los cuales hubiera capturado si advertidos por los vigías de la costa no huyeran a toda vela. Luego se dice que hubo en la bahía de Trujillo una como reunión general de perros de mar; pero siendo que no había ya cosa ninguna que robar no saltaron más a tierra.

## AÑO 1639

**CON MOTIVO DE** los saqueos e incendios efectuados en Trujillo y de la concentración de fuerzas piráticas en el Golfo de Honduras, antes mencionados, el presidente de la Audiencia de Guatemala libró mandamiento al gobernador de Honduras, don Francisco de Ávila y Lugo, acusado años más tarde y castigado por contrabandear con los portugueses, que rindiera un informe sobre las condiciones que prevalecían en las Islas de la Bahía y acerca de la política que debía seguir el gobierno respecto a sus moradores indígenas en general. La información de Ávila y Lugo, datada en

Comayagua en primero de noviembre de 1639, aparece publicada primero en inglés por E. G. Squier en su libro The States of Central América, y en parte contiene lo siguiente:

"El primer puerto y el que debe tenerse más en cuenta para la despoblación de las Islas Guanajas, es Trujillo, porque están en su jurisdicción y es el que tienen más cercano en tierra firme y también por estar poblado de españoles, cosa que no sucede con los otros puertos como son: Munguiche, Triunfo de la Cruz, Río Sal, Puerto de Caballos, Santo Tomás de Castilla, llamado también Amatique, y Golfo Dulce. Conviene tener presente que solamente Trujillo está habitado por españoles y el cual puede ser fortificado con facilidad y hacerse inexpugnable, mientras que los otros están sin españoles ni tienen indios, y tocante a su fortificación no ofrecen las mismas ventajas que Trujillo.

"En las Islas Guanajas hay cuatro poblaciones llamadas Guanaja, Masa, Roata y Utila. Estas islas pueden describirse mejor en orden comenzando de oriente a poniente. La primera es Guanaja de la cual han tomado su nombre las demás, es decir, Guanajas. La segunda es Guayama, llamada por la mayoría de los cosmógrafos Aguaiciba, y por los españoles y portugueses, Masa y Roata, en razón de tener dos pueblos de indios con estos nombres que están separados el uno del otro por un estrecho canal que no admite navegación ni de barcos de poco calado, de manera que las dos porciones se consideran como una sola isla. La tercera es Utila en donde se halla el puerto de este mismo nombre. En conjunto estas islas tienen al presente cerca de ciento y veinte tributarios, más o menos, e incluyendo mujeres y niños, unas cuatrocientas almas.

"Adyacentes, y alrededor de estas islas hay muchos cayos (los llamados Mayaguera, son 7) y además numerosas isletas inhabitadas, de las cuales merecen citarse por su mayor importancia Guaidica, Elen y Francisco.

"La isla de Guanaja está al norte y a poco menos de siete leguas del Cabo de Honduras; tiene cosa de seis leguas de largo y tres de ancho, es elevada, puede verse a gran distancia del mar y tiene un puerto con dos entradas, de las cuales la mejor es el canal de Cayo de Pajarito. Este puerto está en la extremidad occidental de la isla y por él se llega a la población llamada Guanaja, que hoy tiene ochenta y cuatro tributarios, cuyas contribuciones sirven para ayudar al pago de las vigías del puerto de Trujillo y Punta de Castilla; pero ni estas contribuciones ni otras que actualmente se cobran con tal fin, alcanzan a cubrir los gastos y la diferencia se llena con los tributos que pagan los vecinos más cercanos de los puertos de atalaya.

"El pueblo de Guanaja, que tenía más de sesenta casas y su iglesia, fué quemado por los holandeses en febrero de este mismo año (1639). La primera casa que incendiaron fué la del cacique Alonso Gaitán, contra quien se instruye juicio por tratos que él y otros indios han tenido y tienen con nuestros enemigos holandeses, flamencos, ingleses y franceses. Resulta que un indio llamado Soto fué de esta isla en dicho mes con los holandeses al Golfo Dulce a enseñarles los almacenes de tinta de añil, de lo cual robaron más de 400 cajas, demás del vino y otros efectos que suman más de cien mil ducados. Este mismo ayudó también a esconder el añil y otras mercaderías que los piratas no pudieron llevarse y cuyo paradero no ha podido averiguarse, porque Soto fué muerto por un español a quien había ofendido en tiempos pasados. No obstante, sobre este asunto todavía queda la esperanza de hacerse alguna averiguación por medio de otro indio de Utila, que se dice Alonso, quien voluntariamente se ofreció como auxiliar de nuestros enemigos en los primeros días de septiembre de este año. Soto era nieto del cacique Alonso Gaitán, por parte de su hijo Jorge, y a juicio de todos los naturales de las dichas islas era el mejor amigo que tenían los piratas y el sujeto mejor enterado de sus movimientos.

"La fertilidad de Guanaja y de las otras islas es muy grande y produce yuca y otras raíces suculentas, abunda en palmeras y otros árboles frutales. Los indios de estas islas en su mayoría conocen el español, son muy industriosos y hacen lazos y otros trabajos de mahagua (majagua, voz caribe, Hibiscus tileaceus) que sacan de la corteza de los árboles y saben fabricar alquitrán, pez y cal. Son hábiles pescadores y buenos marinos, y han sido ocupados por los habitantes de Trujillo en transportar mercancías y pasajeros desde hace muchos años. Sirven también como tequitinos (del azteca, tequill, trabajo) en las obras públicas de aquel puerto y como proveedores de pescado, cazabe y maíz, que ellos cultivan y preparan.

"La isla de Guayama o Guaiciba, donde están las poblaciones de Masa y Roata, está al oeste—noroeste del Cabo de Honduras, y no al suroroeste, como ponen los portugueses en sus cartas de marear. En las poblaciones de Masa y Roata hay un total de catorce tributarios, pero sólo cuatro o cinco pagan contribución juntamente con los de Guanaja;el tributo de los demás lo recibe el encomendero Cosme González. Esta isla tiene una longitud de seis leguas y una anchura de tres. La parte oriental es alta y llana, mientras que la septentrional es ancha y sin puerto. En la porción meridional hay dos puertos, y más allá de ellos se ven los cayos que se tienden de oriente a poniente. El puerto más importante se llama Barreros, por ciertas barrancas rojas que se ven desde el mar y que señalan la isla. Los pueblos de Roata y Masa fueron quemados por los mismos holandeses y flamencos, el primero en julio y el segundo, en septiembre de este año.

"Los indios, aunque pocos, son buenos y más sumisos que los de Guanaja, especialmente los de Roata, que son trabajadores y fieles. Los moradores de ambos pueblos sufren mucho de los zancudos y se han disminuido por esta causa, no obstante que la isla es tan fértil como Guanaja, y produce las mismas frutas y palos de tinte.

"La tercera isla habitada es Utila, distante cosa de cinco leguas de Guayama,y casi del mismo tamaño. Está cubierta de árboles, y al lado del oriente tiene una montaña redonda que se inclina al occidente, y más hacia al sudeste tiene un pequeño promontorio llamado de las Palmas.

"La isla de Utila tiene veinte y dos tributarios, que están encomendados a don Andrés Martín de Zúñiga. A causa de la excelencia de su puerto, esta isla es muy frecuentada por los enemigos de los españoles, y, últimamente, en el mes de septiembre de este mismo año la población entera fué incendiada por los holandeses, que llegaron en una chalupa y en pequeñas embarcaciones; en los meses de julio y agosto, hicieron un reconocimiento de las costas e islas de Honduras, desembarcando en Puerto de Caballos y penetrando hasta los almacenes guiados por indios que conocían el lugar. De allí fueron a la boca del Río de Ulúa y a Omoa, donde un español reunió algunos indios, que desde la playa los amenazaron con sus flechas, por cuyo motivo dieron la vela para Golfo Dulce, donde entraron con una balandra y unos veinte hombres; pero al oír los tambores y arcabuces del buque del capitán Francisco de Santillán, hicieron como si abatieran su bandera, y por este medio capturaron a uno de los soldados del capitán de Santillán, a quien dieron tormento con fuego. Lo interrogaron y tomaron su declaración por escrito, y habiéndolo curado, lo pusieron en una canoa para que volviese a Golfo Dulce. La canoa se perdió, pero el hombre se salvó.

"Los piratas se fueron entonces a Utila con dos buques, llevando cuánta gente podían contener. Después de echar ancla se dirigieron en busca del cacique de la isla en compañía de un negro libre que se dice Mateo Mandador, pero cuyo nombre verdadero, según él mismo, es Mateo Velasco, y como remeros de una canoa dos indios de Guanaja, uno llamado Alonso, nieto del cacique de la isla, quien tan pronto como desembarcó volvió a juntarse con los piratas, y el otro que se decía Juan Redondo. Velasco y Redondo habían sido enviados a la isla en busca de cazabe por el encomendero don Andrés Martín de Zúñiga desde Munguiche. Al toparse con los piratas en el puerto escondieron su canoa en una ensenada, y salieron a tierra para irse al monte luego de haber visto a muchos de los holandeses desarmados recorriendo el pueblo; pero no hallando a ninguno de los indios, porque todos habían huido a sus milpas con el negro libre. Alonso se incorporó a los piratas y a la mañana siguiente con unos cuarenta hombres armados de pistolas y chuzos, rodeó a los indios y trató de matar al negro; pero éste pudo escapar en compañía de Juan Redondo y juntamente con nueve indios se fueron en una canoa para Munguiche y de allí a Trujillo, donde rindieron declaraciones.

"Los piratas hicieron prisionero al cacique de Utila y lo tuvieron a bordo de la chalupa cinco días, encadenándolo durante la noche. En el mismo barco estaba el señor Mejía, alcalde, y un indio de Guanaja, quien le contó al cacique que ambos habían sido forzados a embarcarse, mientras Alonso andaba libre a bordo. Durante los días de prisión conocieron a un pirata llamado Pedro, que hablaba español y se decía ser católico, quien les refirió que había estado antes en la isla y les dió pormenores acerca de los acontecimientos del Golfo Dulce, añadiendo que el jefe de la pandilla pensaba ir a la Isla de Pinos y costa de la Habana a juntarse con otros buques de su compañía, que traían refuerzos, para dar un asalto general sobre la costa de Honduras por la Cuaresma del año siguiente de 1640. Antes de hacerse a la vela los piratas pusieron en libertad al cacique y dieron fuego al pueblo y su iglesia. Todo esto ha sido certificado en las declaraciones del mismo cacique y de un regidor de la isla, como también por el negro Mateo y Juan Redondo, que todos saben el español.

"De Utila los piratas se trasladaron a Roatán, que incendiaron, y de allí a la bahía de Trujillo echando anclas frente a Punta de Castilla por cuatro días y luego zarparon rumbo a Guanaja, a mediados de septiembre, y no volvieron a presentarse desde tal tiempo".

Ávila y Lugo, en su informe, no da opinión en forma específica sobre la propuesta despoblación de las Islas de la Bahía. A pesar de ello en dos entradas que constituyen otros tantos faros luminosos de las cosas de los españoles en las Indias, los isleños fueron arrancados de su suelo y sus hogares para meterlos sin amparo de nada ni de nadie en las costas insalubres entre Puerto de Caballos y Golfo Dulce, a excepción de unos pocos que fueron trasladados a Comayagua para que no tuviesen más comunicación y trato con "herejes perniciosos".

Siempre con la idea fija de que los naturales de las Islas de la Bahía eran amigos o encubridores de los piratas que infestaban las costas de Honduras, las autoridades superiores de la Capitanía general de Guatemala, y, para colmo, un reverendo coadjutor de Comayagua, fray Luis de Cañizares, no cesaban de instar al gobierno de Madrid que mandase trasladar en masa a los insulanos a tierra firme, sin pensar, como apunta Bancroft, y la experiencia en Santo Domingo había demostrado ya a los españoles, que la medida inicua y torpe volvería la situación más crítica para sus propios intereses, "pues los salteadores podían lanzarse de aquellas islas como aves de rapiña y caer sobre el comercio de los mares o hacer inesperados desembarcos en la tierra firme".

Así, en la primera deportación hicieron salir de las Islas alrededor de setecientos indios, talando las cementeras que tenían y destruyendo sus pobres chozas. En la segunda, don Juan Ordóñez de Romana, como ejecutor, acompañado de sesenta soldados de la ciudad de Guatemala y veinte tomados en Puerto de Caballos, se hizo el extrañamiento de los pocos que aún habían quedado inclinados sobre la tierra de sus mayores.

Esas providencias quizá parecieron justificadas cuando se tuvo notica que el famoso Dieguillo, al volver a las Islas, después de la primera extracción de los indios se vió forzado a retirarse por hambre con pérdida y mortandad de sus hombres. Don Antonio de Lara Mongrobejo, Capitán general, y sus asesores técnicos, (pues eran conocidos ya por todas partes, (se dice que andaban en palmas. ¡Claro! Si en las Islas de la Bahía no quedaba indio ninguno que pudiese colocar semillas en el agujero, tampoco florecerían piratas. Pero lo que había de ocurrir cuando se acabase el maíz y el cazabe en las Islas solo el diablo lo sabría ....

El hambre que entonces sufrió, Diego Díaz la saciaría con apetito feroz en Trujillo en 1641, cuando se presenta con cuatro naves y con toda facilidad se adueña de la ciudad, donde se detiene cerca de un mes. Luego se atreve a entrar como doce leguas la tierra adentro cometiendo cuantos excesos de robos y torpezas puedan imaginarse, y más hiciera —dice el cronista—si el gobernador de Honduras, don Melchor Alonso de Tamayo, no le cortara los pasos en el camino de la villa de Olancho, enfrentándosele con una compañía de sus mejores soldados. A Olancho iba el Duque con noticia de haber allí mucho añil y cantidad de pepitas de oro y poca resistencia. Mas, don Melchor, resuelto a morir antes que dejarle pasar, le arremete con sesenta y dos hombres armados en una emboscada, da muerte a trece de los invasores y a los demás obliga a retroceder sobre Trujillo. Iracundo el Mulato con esta derrota, quema los pocos bohíos de esta ciudad y después de cometer algunos atracos en el Golfo y costa de Honduras —como queda ya indicado— se larga rumbo a Portugal o a Holanda.

## AÑO 1643

**PARA LOS VECINOS** y autoridades de la ciudad de Guatemala el año 1643 todo era preocupación vehemente, miedo o pavor. Un ocioso regó entonces la noticia de la ocupación del puerto de Iztapa por una banda de filibusteros. Luego se tiene nueva efectiva que la ciudad de Trujillo había sido invadida en los primeros meses de dicho año por un pirata holandés. La población contaba ya unos 150 españoles, "en su mayor parte andaluces y vascongados, gente pacífica", sin mencionar los indios y los negros esclavos. Aunque fortificada, fué tomada fácilmente, debido a la ausencia del gobernador don Francisco Ávila y Lugo, y en breve quedó talada y saqueada, sin que se repusiera en muchos años de aquel desastre. La mayoría de nuestros historiadores atribuye sin fundamento estas depredaciones al capitán holandés Juan o Nicolás van Horn, nacido en Ostende. Sin embargo, todos los autores extranjeros que han tratado de las piraterías en el Nuevo Mundo en el siglo XVII están contestes en afirmar que Van Horn salió por primera vez de Inglaterra rumbo a las Antillas en 1681 como comandante de los barcos mercantes María y Marta, este último conocido también por el apodo de San Nicolás. A su paso frente a Cádiz desembarcó allí parte de sus hombres para robarse cuatro cañones y luego se dirigió a las islas Canarias y a la costa de Guinea, apresando navíos de distintas nacionalidades y capturando negros hasta por noviembre de 1682 en que llegó a la ciudad de Santo Domingo. En abril de 1683 reunió bajo su mando unos 300 bucaneros en Petit Goave y se juntó más tarde en el Golfo de Honduras con el filibustero flamenco—español Laurent de Graff y su lugarteniente el caballero francés Grammont con quienes emprendió un ataque sobre el puerto de Campeche y Veracruz en 1685. "Van Horn había comenzado como marino y a fuerza de economías pudo guardar algunos centenares de pesos. Enlistado en la marina de Francia, cuando esta nación estuvo en guerra con Holanda, ayudó a sus nuevos amos contra su patria apresando varios navíos mercantes. La paz de Nimega (1678) no le detuvo. Insurreccionado contra Francia, dijo a sus hombres que la guerra era el único medio de enriquecerse con rapidez y que en lo de adelante no haría distinción entre franceses, ingleses, holandeses o españoles. A punto de ser aprehendido por el almirante d'Estrées, logró esquivarlo con maña y desplegando sus velas se largó rumbo a las Antillas". Poco después del asalto de Veracruz, Laurent de Graff, que tenía viejas rencillas con Van Horn por cuestiones de intereses y con motivo del reparto del botín habido en dicho lugar, las liquidó en una riña con su compañero y éste salió con una leve herida en el puño derecho que a consecuencia de gangrena se lo llevó a los infiernos quince días más tarde.

En 1642 se había decidido y llevado a cabo la despoblación de las Islas de la Bahía; pero la medida no produjo el efecto deseado. "Los excelentes fondeaderos, el buen clima y los recursos naturales de ellas las señalaban a los filibusteros como ventajosas estaciones, e inmediatamente después de su evacuación se establecieron los ingleses en Roatán y Guanaja".

Estas posesiones —dice el historiador Juarros— les eran sumamente ventajosas y proporcionalmente perjudiciales a los españoles, porque estando próximas al continente, los piratas podían cometer en él sus agresiones siempre que les plugiese e interceptar fácilmente el comercio entre el reino de Guatemala y la metrópoli.

Así las cosas, en medio de tantas calamidades y tribulaciones, su señoría el presidente de la Real Audiencia, licenciado Diego de Avendaño, manda que se levanten las milicias, que se adiestren los hombres en el manejo de las armas y, como de costumbre, los regidores porfían por el oficio de alférez cuando se presentara la ocasión...

A don Melchor Alonso de Tamayo, se le previene que asista en Trujillo a donde Avendaño, hace la promesa de mandar cincuenta soldados con buenos arcabuces y muy finos mosquetes.

Estando, pues, en estas disposiciones para rechazar a los futuros adversarios, a mediados de 1643, se presenta frente a Trujillo el capitán Guillermo Jackson, pirata puritano y digno émulo de Francisco Drake, con dieciséis navíos y hasta 1,500 hombres, en su mayoría colonos puritanos de las posesiones inglesas en Norte América, provisto de patente por el conde de Warwick, almirante de la Marina Británica por el Parlamento Largo, y con duplicados del Gran Sello. Jackson tomó la ciudad sin disparar un tiro en 20 de julio, saqueó lo poco que halló allí y en las estancias de la comarca; levantó planos de todo; visitó las Islas de la Bahía con fines semejantes y, por último, se largó en 26 de agosto siguiente rumbo a San Cristóbal y Barbados.

Afortunadamente, acerca de esta incursión se dispone del jugoso informe de don Andrés Martín de Zúñiga, alcalde ordinario de la ciudad, quien cayó prisionero en el primer momento. Su captura la efectuaron los piratas una noche en la estancia del capitán Hernando el Zarco, y cuando don Andrés en compañía de Juan Soldado y del ayudante de sargento mayor, Roque de Vargas, aprovechándose de la obscuridad, trataba de conseguir algunos plátanos para aliviar el hambre de varios vecinos que se habían ocultado en la misma estancia.

Don Andrés, dice: "El jueves, 3 horas anochecido, nos acometieron cien fariseos que estaban emboscados. Nos amarraron con recias cuerdas y pensando los piratas que allí se hallaba el gobernador don Melchor Alonso de Tamayo entraron con grande saña y alboroto. Yo, que sabía el gobernador se había refugiado en la estancia de Santo Domingo, hice valer mi calidad de alcalde para responder a los interrogatorios de los ingleses, quienes amenazaban con el tormento si no descubríamos el paradero del gobernador, pues, decían, que por su captura les había ofrecido su capitán mil ducados".

Al fin los bandidos desistieron de torturar a sus prisioneros y otro día los llevaron a presencia de su jefe. Don Andrés y sus compañeros, según refiere el señor alcalde, estaban todos tan temerosos como hambrientos y fué aquí cuando don Andrés lució las mejores galas de su ingenio, diciendo a míster Jackson:

—Háganos su merced el favor de un bocado que no podemos tenernos en pie, y así agradecidos estaremos prestos a cumplir con lo que mandare.

Se les dió de comer de aquellos alimentos tan sanos y nutritivos de la cocina de los Padres Peregrinos y con esto los españoles quedaron tan satisfechos, que don Andrés, exclamó: ¡Dios sea loado que quiso que este tirano remediase nuestra gran necesidad!

Jackson insistía en saber dónde se había ocultado el gobernador, pero Martín de Zúñiga, fecundo en mañas, le declara que, al segundo día, precisamente, de haber llegado ellos frente a la ciudad todos los vecinos se habían ido al monte incluso don Melchor, el cual antes de la desbandada, por cierto, le había dado a él instrucciones de que juntase gente y combatiese a los enemigos hasta vencer o morir, agregando:

—Por eso quisiera pedir a su merced que se humanase, y no eche más sus soldados al monte donde se llenarán de garrapatas, porque morirían muchas mujeres y niños, y todos son pobres y no tienen riquezas.

El pirata prometió condescender a su petición, y dió contraorden para que ya no fuesen a buscar al señor gobernador seiscientos hombres armados que tenía listos con ese fin.

A poco míster Jackson se mostraría bastante interesado de saber la distancia y caminos para la ciudad de Guatemala, así como era de

452

fuerte la Muy Noble y Leal Ciudad de los Caballeros de Santiago de Guatemala. En este punto don Andrés ponderó las dificultades de tomar la plaza por el grueso número de sus milicias y en cuanto a lo de los caminos no hubo necesidad de que mintiese.

No obstante, Jackson juró que tendría el placer de repicar con las campanas de la catedral de Guatemala en la primavera próxima cuando se presentaría con su gente para presenciar también una de las "partidas estelares" o el clásico peñol de los indios.

Mientras el sagaz alcalde estuvo prisionero hizo amistad con tres piratas irlandeses muy católicos y de ellos obtuvo un noticiario interesantísimo, que luego comunicó al presidente de la Audiencia. Entre otras cosas: que aquel pirata había prometido al Parlamento Largo entregar los tesoros de la ciudad de Guatemala en el mes de marzo siguiente, y que su venida a Trujillo era conocer la ciudad y fortificarse allí más tarde levantando una muralla con dos mil hombres de guarnición. El invierno lo pasaría en Roatán, donde aguardaría veinte navíos más que tenían los puritanos en San Cristóbal con diez mil hombres que estaban listos en Bermuda. Finalmente, que en la bahía. de Lisboa había más de cien barcos en tres escuadras: una francesa, otra inglesa, y la tercera, holandesa, con las cuales tomarían Cartagena de Indias, contando con la cooperación de los portugueses.

Después de una permanencia de diecisiete días los piratas se alejaron de Trujillo, convertida en una hoguera, llevándose cautivos a unos cuantos negros y mulatos para que les hiciesen cazabe en abundancia y como treinta españoles, entre los cuales se contaban el Beneficiado don Jacinto de Varela, el capitán don Francisco Mejía de Tovar, alcalde ordinario, don Juan Soldado, el sargento mayor don Roque de Vargas, el capitán don Juan Francisco Pérez, don Miguel de Churruca, alguacil mayor, el sargento don Lorenzo López y los religiosos Francisco de Moncada y Jerónimo de la Parra. A don Andrés lo dejaron libre y sano para que contara el cuento.

Con esa sarta de noticias, sin contar la cruda realidad de los hechos, en la ciudad de Guatemala hubo nuevas juntas de guerra y en la primera de ellas se resuelve, por corta providencia, mandar cegar todos los llamados caminos hacia Puerto de Caballos, fortificar Golfo Dulce y despoblar Trujillo, aun cuando a esto último se conviene despachar el asunto en consulta para que el rey decidiese como fuere de justicia.

En otra junta el Capitán general expone la urgencia de prepararse para la primavera entrante y no verse sorprendidos por el ataque anunciado por los ingleses. Propone que se buscase la forma más práctica de fortificar Trujillo y mantener allí, por lo menos, doscientos hombres bien armados con su condestable y artilleros. Pues, el Capitán general, decía: Es terrible que se pierda la opinión, diciendo este enemigo cogió una ciudad, como dirá, no siendo más que unos tristes bahareques.

Y, era cierto, Trujillo estaba en plena decadencia y sus pocos vecinos españoles se guarecían en casas con techo de paja y oían misa los domingos en una iglesia destartalada y pobrísima.

El Capitán general —agregaba— que se hallaban reunidos en Golfo Dulce seiscientos hombres con un buen número de indios flecheros y más de trescientos caballos. Esta fuera, desde luego, era sostenida con la contribución de los mercaderes de la ciudad de Guatemala.

Pero la mayoría de los asistentes a las dichas juntas era de parecer que se quemasen los ranchos de la ciudad de Trujillo y que no quedase persona ninguna en el lugar. Otro tanto debía de hacerse con los pueblos de indios de la costa de Honduras, trasladando sus moradores, unos a Olancho, y otros, como los de Puerto de Caballos, a San Pedro. Las haciendas y estancias de ganado de rodeo, yeguas y caballos se internarían, a efecto de que los enemigos encontrasen las comarcas desiertas y sin posibilidades de avituallamiento.

Respecto a los doscientos soldados que proponía el Capitán general para guarnición de Trujillo, se llegó a la conclusión de no ser suficientes para hacer frente a una invasión como la que se decía vendría en lo futuro. Por último, se consideró muy conveniente mandar retirar la tropa del Golfo Dulce y regresar los hombres que habían acudido de San Salvador y de San Miguel, porque hasta la primavera no era de temerse un ataque allí en vista de que en los otros meses el mar se ponía bravo.

Esta última disposición hubo de reconsiderarse muy pronto con la nueva del gobernador de Honduras de la vuelta de algunos piratas y su desembarco en la costa.

Buscando que todo marchase por las vías legales, las autoridades de Guatemala, acordaron pedir parecer al gobernador de la provincia sobre la conveniencia o no de fortificar Trujillo, y don Melchor, para evitarse nuevas hambres o por quitarse la carga de encima, manifestó lo siguiente:

"El puerto no era, ni lo sería útil al rey, como lo fué en tiempos pasados, porque los corsarios franceses, ingleses y holandeses, sabían que en las Islas de la Bahía encontraban otros más seguros; y en lo futuro no llegarían fragatas ni barcos de Campeche ni de la Habana. Tampoco estaría bien a los del comercio de esa costa poner a riesgo sus haciendas, porque sería darle tesoros al enemigo para que hiciera la guerra a los españoles".

Tocante a la defensa de la ciudad —afirmaba don Melchor— que sería necesario murallas muy altas, tanto por la parte del monte como frente al mar, y que la artillería se pudiese jugar sin embarazo, con sus terraplenes, cortinas, caballeros y fosos. La ciudad fundaba su fuerza en el monte que bajaba hasta cerca de la playa, pero en aquella fecha todo lo había ya talado el enemigo, de manera que tenía puntos débiles por todos lados y sería indispensable muchos soldados para su defensa. Había que construir también un fuerte donde se levantaba el convento de San Francisco, que era el más alto en la ciudad. En previsión del ataque anunciado, el gobernador aconsejaba retirar tierra adentro los pueblos de Masca y Omay (Omoa) que estaban cerca de Puerto de Caballos, como también que se obstruyesen todos los caminos y se mantuviesen atalayas.

Insistiendo sobre lo indefenso de Trujillo, don Melchor, escribió: "Que hoy según está de práctico el enemigo no se puede defender con quinientos hombres, bien municionados y con artillería, fuera de parecer, se despoblase y talase todo y las estancias y frutos, derribar las murallas por si el enemigo viniere con intento de situarse en él no halle abrigo, ni qué comer, pues no se puede fortificar el puerto aunque será necesario haya en él vigías". Para reforzar su punto de vista, decía que en Trujillo el maíz era poco y en corto tiempo se arruinaba, la harina a los dos meses ya no era de provecho, y la pólvora, por la misma humedad sufría daño, todo lo cual remachaba la conveniencia de que se desmantelara el pueblo a la mayor brevedad posible, se quemaran las pocas casas que aún quedaban en pie, y no se permitiera lo habitaran pardos ni otra gente ninguna.

Llegó por fin la primavera de 1644, y los ingleses no hicieron la invasión a la ciudad de Guatemala. Mas, en los primeros días de marzo de ese mismo año arribaron algunos de ellos a Trujillo en dos naves y después de quemar las chozas y robar los cofres de los vecinos, se largaron hacia Golfo Dulce a unirse con otras pandillas que merodeaban por allí.

Vino también carta del rey a la Audiencia, que contenía lo siguiente:

"Y habiéndose visto en mi junta de guerra de las Indias para resolver con más plena noticia la materia, se volvieron a reconocer las cartas que vos y esa mi Audiencia separadamente me escribisteis en primero y dos de octubre de seiscientos cuarenta y tres, diez y veinte y cinco de marzo y seis de agosto de seiscientos cuarenta y cuatro, con ciertos autos y tres del obispo y gobernador de Honduras y ciudad de Honduras y ciudad de Trujillo, de los años cuarenta y dos, 43 y 44, que todas contienen las entradas del enemigo a Trujillo, daños que ha hecho, y lo que convendría disponer para la defensa de esa provincia y conferido todo, en la dicha junta de guerra con lo que dijo mi fiscal respecto de que para hacer la fortificación del Puerto de Santo Tomás de Castilla, y los demás que referís, se considera que mi hacienda no está en estado de que se intente a su costa por hallarse tan gastada y las muchas ocasiones que instan a que es necesario acudir con ella y siendo tan en beneficio de esas provincias el hacerlas, sabréis si los naturales graciosamente y sin gravarles en nada, querrán ellos de su bondad, venir en hacer por su seguridad el gasto de esas fortificaciones y si lo hicieren se les podría admitir, y entonces se verá dónde será más conveniente hacer la fortificación y en qué forma...."

Pues bien, mientras el rey de las Españas en su hacienda no tenía un solo maravedí para gastar en la fortificación de los puertos de las provincias de Honduras y Guatemala, los piratas, en busca de tesoros no respetarían ni los huesos de los misioneros españoles que vinieron a la conquista pacífica de la Taguzgalpa.

El cronista fray Francisco Vásquez, al tratar del viaje de fray Cristóbal Martínez de la Puerta y de fray Luis de San José o Vetancour, en 1616, dice:

"Infausto fué para este reino el año de 1643, pues en él habiendo llegado a Guatemala, por vía de la Veracruz, la nueva del mal suceso de Cataluña, y levantamiento de Portugal, consumó los desconsuelos de toda la lastimosa noticia de la invasión que hizo el hereje holandés en la ciudad de Trujillo, talando, quemando y destruyéndolo todo, hasta poner en el último desaliento y fatal ruina aquel felicísimo puerto, y aquella deleitosa y utilísima ciudad .... Además de ser tantos y tan justos los motivos de sentimiento para todo el reino por perder un puerto tan acomodado para el comercio de España, los insulsos, sacrilegios y abominaciones que cometió el hereje, fueron tales y tantos que aún las piedras hicieron reventar de dolor.

"En la ocasión de esta invasión, que fué por el mes de agosto de 1643, como saqueasen y profanasen los templos los corsarios, y viesen en la iglesia parroquial el sepulcro del V. P. Fr. Cristóbal Martínez, que estaba rotulado y sobresalía por las señas que allí se dicen, entraron codiciosos en consideración que allí hallarían algunos tesoros, o que habrían enterrado a quien como amigo de Dios veneraban, con joyas y preseas. Cavaron y desquiciaron la loza y como no hallaron lo que pensaban, sino solamente los huesos del venerable varón los dejaron sin hacerles notable agravio, sino solamente el tratarlos como cosa común, y no segregada de los demás difuntos. A este tiempo el cura, que había escapado con diligencia las imágenes y vasos sagrados, acordándose del cadáver del P. Fr. Cristóbal, viniéndole en pensamiento que harían con él algunas ignominias los herejes, como facinerosos y protervos, que habían hecho o estaban haciendo en el templo del convento de N. P. S. Francisco, revestido y lleno de celo de la honra de Dios, y devoción de aquel venerable cuerpo, que había sido órgano del Espíritu Santo, vino como una leona a la iglesia, con temerario valor a defender con armas y sermones su iglesia; más fue presta la herética crueldad en obrar mal, que cercándole algunos con intento de llevarle vivo, prisionero, para que con dilatada muerte pagase su osadía, se resistió con tanto valor, que sólo le faltó éste con el alma, abriendo tantas bocas en su cuerpo aquellos pérfidos con heridas multiplicadas, que casi hecho pedazos le dejaron en su misma sangre envuelto y en la misma iglesia tendido.

"Habiendo advertido los corsarios en el tabernáculo, que había sido del Santo Crucifijo, que faltaba de él la efigie de Nuestro Redentor y del trono de Nuestra Señora su imagen, como frenéticos y poseídos del demonio, hechos furias infernales, no logrando su designio que era ver reducidas a cenizas las sagradas imágenes, como canes rabiosos las buscaron por el rastro, y no paró su pérfida diligencia hasta hallarlas; destrozaron impíamente una y otra imagen a fuerza de alfanjazos y fuertes golpes de chuzos.

Con seguridad los herejes a que se refiere el cronista Vásquez, pertenecían a las fuerzas del conde Juan Mauricio de Nassau—Siegen, "uno de los mejores retoños de una estirpe gloriosa", quien, como gobernante, almirante y capitán general de la colonia brasileña de propiedad de la Compañía Holandesa de las Indias occidentales, se mantenía informado por medio de una multitud de contrabandistas y piratas de todo lo que ocurría dentro de la extensa zona de sus operaciones en el Nuevo Mundo.

## AÑO 1646

SEGUN QUEDA indicado, con la autorización del gobierno de Madrid se llevó a cabo en 1642, y años más tarde, la total despoblación de las Islas de la Bahía. Esta medida, en todo caso descabellada, tenía por finalidad impedir que los piratas que infestaban el Mar Caribe no encontrasen el abrigo y los auxilios que se decía les proporcionaban aquellos insulanos. Mas, con indios o sin ellos, parece que los ingleses, principalmente, habían tomado pie sobre Roatán y Guanaja, con ánimo de poseerlas por suyas, mucho antes de 1642.

Cuando los ingleses efectuaron su primer desembarco con fines de dominación, los isleños —como dice Fuentes y Guzmán— haciendo "de la necesidad virtud mostraron grato el semblante a la soldadesca y cabo inglés... porque los naturales de las dichas islas infieles y desleales al rey, y aún a la religión, teniendo mucho antes de la ocasión que referimos, trato y amistad con semejante nación, desde que infestó nuestros países la osadía y contumacia de Guillermo Parchero, quisieron por su infancia, y su simulación darles grata acogida a los ingleses...

Desde sus nuevos establecimientos en otras islas del Caribe, los británicos contando al menos con la aquiescencia de su gobierno, puesto que Carlos I, había dado licencia al conde de Warwick, para la organización de una especie de factoría en el Cabo de Gracias a Dios, puritanos y no puritanos, se dedicaron impunemente al robo en las costas de Centro América y en las de Méjico, como también a interceptar el comercio y navegación de España con las dichas colonias. Como hemos visto, la Compañía de Providencia, valiéndose del pirata Elfrith, entre otros, había logrado ya mucho en cuanto a sus planes de posesión de la costa de la Mosquitia y sobre las Islas de la Bahía.

Antes de la última extracción de los isleños, un mísero e infeliz pirata, cuyo nombre no registran las crónicas, que tenía su guarida en Roatán, y solamente disponía de un pequeño velero, acompañado de unos ochenta hombres en su mayoría indios de aquella isla en canoas, hace una entrada triunfal en Trujillo en 31 de diciembre de 1646. Como los vecinos de la ciudad huyeran al monte, el pirata no hizo otra cosa que dar muerte a un viejo español y a un negro, y llevarse prisioneros dos esclavos africanos para que le preparasen cantidad de cazabe. Al mes siguiente volvió, entrando por la madrugada, cogió algunos españoles entre hombres, mujeres y niños, cometiendo en todos ellos los crímenes más horribles y luego se regresó tranquilamente a "su isla".

Era tan poca la fuerza militar de las provincias de Honduras y de Guatemala, que no fué posible hacer la captura de ese asesino ni con el socorro de dos naves mercantes de España que arribaron por entonces a Santo Tomás de Castilla, ni forzarlo a que se retirara del campo de sus constantes depredaciones.

## AÑO 1650

**CON LA LLEGADA** de Oliverio Crómwell al poder, la piratería en manos de austeros y rígidos puritanos, tomaría auge tan grande que los gobernadores de Guatemala y de Cuba, y el presidente de la Audiencia de Santo Domingo, llegan a un acuerdo de organizar en 1650una expedición militar con el fin de limpiar de ingleses la isla de Roatán. No obstante, se dispone de algunos documentos oficiales en que aparece un desalojo de tal enemigo de las islas de Utila y Roatán en 1647.

De la Habana salió una flota compuesta de cuatro barcos de guerra bajo las órdenes del general don Francisco de Villalba y Toledo. Venía don Francisco con todos los aparatos y aparejos correspondientes a la empresa y con tanto brío y premura de caer sobre los ingleses, que no se detuvo en puerto ninguno de Guatemala ni de Honduras, para informarse mejor de los medios defensivos y ofensivos de que disponía su adversario en Roatán. En tales condiciones la violenta y fuerte arremetida que hicieron los atacantes terminó en un gran desastre con pérdida de muchos muertos y heridos por su parte. Las crónicas hablan que los españoles pusieron pie a tierra una hora antes del toque de diana, no pudiendo tomar desprevenidos a los ingleses por razón de la imprudencia de un soldado que disparó su arcabuz antes del minuto fijado.

Los ingleses habían levantado una larga trinchera, con su1 correspondiente foso, para la defensa del desembarcadero, y dada la voz de alarma se cubrió el campo de hombres, que, al acercarse los españoles, dispararon sus armas, aunque sin causarles hasta allí mucho daño, probablemente porque la falta de luz les impidió dirigir sus tiros con acierto.

Continuó el combate, y al brillar el sol con todo su esplendor, el general hispano—cubano pudo advertir que un lado de aquella trinchera no estaba cubierto y mandó un oficial con 50 soldados por ese punto. Pero la operación no tuvo mejor resultado que la proyectada sorpresa, porque el piquete se halló con una ciénaga que hacía imposible el acceso por aquella parte.

Siguió el ataque durante todo el día, sin que los asaltantes consiguieran ventaja importante. Se quemó tanta pólvora que, ya no les alcanzaba para los cañones y quedaron sin balas para los mosquetes, y con riesgo de pasar la noche en tierra de enemigos, "y en sitio ni explorado ni conocido", al bueno de Villalba y Toledo, no le quedó más recurso que retirarse de la contienda y poner proa con su gente hacia Santo Tomás de Castilla. Escarmentado y mohíno, don Francisco dió cuenta de su descalabro al Capitán general de Guatemala, licenciado don Antonio de Lara Mongrobejo. Este mandó al capitán don Francisco de Fuentes y Guzmán, padre del autor de la

Recordación Florida, a cuyo cargo estaba la sala de armas y casa de pólvora, que, por cuenta de Su Majestad, entregase a Villalba y Toledo quince botijas de pólvora y siete quintales de pelotas para que pudiese volver a la carga contra los ingleses. Se ordenó también que marcharan a incorporarse a las fuerzas expedicionarias los capitanes Martín de Alvarado y Guzmán, y Juan Bautista de Chavarría, el primero al frente de cincuenta hombres de la capital, y el segundo, con otros tantos que tomaría de los corregimientos de Chiquimula y Acasaguastlán.

Partieron los capitanes —escribe Fuentes y Guzmán— con cuanta prisa les fue dable a juntarse a la armada. Sin embargo, Villalba y Toledo no volvió a presentarse frente a la costa de Roatán sino tres meses después, en marzo, y en tal ocasión venía de Santo Domingo con otros cuatro buques armados en guerra.

"Los ingleses esperaban el ataque en sus fortificaciones y de mucho arrojo necesitaron los españoles para ser dueños de la victoria. Por fin pudieron desembarcar e ir tomando las defensas inglesas, una a una, hasta hacerlos internarse en la selva, dejando el campo libre por un momento luego de haberse largado en sus embarcaciones por el otro puerto de la isla".

Los expedicionarios sufrieron lo indecible. El invierno aquel año se presentó con crudeza fuera de lo natural. Perdidos en la espesa y cerrada breña, con lodo hasta el pecho, picados de mosquitos, enfermos y mordidos muchos hombres por las culebras llamadas por los isleños contrabandistas, cuando llegaron al pueblo, "con los vientres crecidos y levantados con tal extremo que les impedía, y embarazaba su peso el movimiento natural, tuvieron gran desquite al hallar cantidad de provisiones de ollas puestas al fuego llenas de puerco, gallinas de la tierra, y muchos tamales de maíz, plátanos y vino de coyol en abundancia, que tenían prevenido los ingleses para su gusto de aquel día.

Villalba y Toledo, mandó echar recogida de cuantos indios asomaron las narices, se quemaron las viviendas y talaron las cementeras, dejando la isla de Roatán, y las otras del archipiélago hondureño, completamente desiertas hasta cuando los ingleses volvieron a ocuparlas más tarde.

Entretanto, los herejes buscaron otras guaridas, que hallaron a entera satisfacción en las provincias del Chol, Manché, Mopán y Tipú, a lo largo de la costa de Verapaz y Lacandón, desde el Golfo Dulce hasta Yucatán y, por aquello de "América para los americanos", todavía están en Belice.

### AÑO 1664

**EN 13 DE JULIO** de 1643, don Juan de Bustamante Herrera, gobernador de Honduras, informaba al rey, lo siguiente:

"Luego que llegué al gobierno de Honduras visité los puertos de mar de ella que son Trujillo y Puerto de Caballos que son los más infestados del enemigo de ordinario y habiendo reconocido estar desmantelados e indefensos por falta de armas hice lista de la necesarias para la defensa de la tierra y no las envió y aunque hoy que me hallo en esta ciudad (Guatemala) y con nuevas de que el enemigo anda en estas costas se las he pedido no resuelve sobre esta materia aunque Vuestra Majestad tiene mandado se gaste el situado de Trujillo en estas prevenciones con lo cual me hallo sin defensa para cualquier invasión que el enemigo intente doy cuenta de ello a Vuestra Majestad para que mande en el caso lo que convenga al Real servicio de Vuestra Majestad, cuya católica persona guarde nuestro Señor como la Cristiandad ha menester".

La defensa, pues, de los puertos de Honduras estaba entregada completamente al cuidado de sus pocos vecinos. Sin soldados, sin armas, sin pertrechos, sin jefes militares, "lo extraño es que la España haya conservado esta colonia, que tenía, a muy corta distancia de sus costas del norte, enemigos audaces, ambiciosos, acostumbrados a la guerra y a quienes habría costado muy poco apoderarse de ella".

Después de 1643 en que los holandeses saquearon y arruinaron las iglesias y la población y concluyó el comercio por no tener salida los frutos, el rey mandó cerrar el tales y trapiches, se perdieron los capitales y obras pías, obligando a los unos a regresar a España; a otros, como los Batres y Arrivillagas (familias muy ricas) venir a esta capital (Guatemala) y otros se murieron".

"Ciento cuarenta y cinco años estuvo el puerto cerrado y los ingleses en posesión de necesitaba para la vida, porque los minerales continuaron dando plata y los ingleses introduciendo el contrabando por todas partes, sin que bastace el celo de algunos gobernadores que envió el rey a estorbarlo".

Bajo el gobierno de don Juan de Suazo y Otalora, en 1664, se presenta frente a Trujillo el capitán Jackman, antiguo compañero de Morgan y Morris, en unión de treinta hombres y después de haber descansado un tiempo en la isla de Roatán, la ciudad arde nuevamente de punta a punta, como castigo a sus moradores por haber huido al monte llevándose sus pobres haberes en vez de acudir con bastimentos al pirata que, por cierto, había enarbolado bandera española.

A tantas calamidades en la costa del norte vendría a sumarse la presencia de bandas de forajidos en las del sur, que llenaron de consternación a los españoles en Honduras, aun cuando sus intereses económicos y sociales eran de muy escasa significación en estas últimas regiones y comarcas.

A consecuencia de la nueva destrucción de Trujillo, hubo serios motines en la capital de la provincia, de tanta gravedad, que tuvo que salir huyendo hacia Guatemala el

Ilustrísimo señor obispo doctor Juan Merlo de la Puente, que gobernaba con incansable celo e hizo la torre y parte de la iglesia catedral de Comayagua, y padeció tanto en defensa de la jurisdicción de la Iglesia, que mereció el dictado de Mártir de la Inmunidad Eclesiástica.

El Capitán general envió al capitán don Pedro de Aguilar Lazo de la Vega, que se había lucido en luchas contra los piratas en el Golfo Dulce, a que acudiera a la pacificación de Honduras y a la defensa de Trujillo. Lazo de la Vega con facilidad logró lo primero y en cuanto a lo último, se dice que fortificó aquel puerto lo mejor posible y armó unos cuantos pequeños veleros para custodia de los barcos mercantes que allí llegasen de España.

## ANO 1666 (?)

**LA MAYORÍA DE** nuestros historiadores fija la incursión de el Olonés a la provincia de Honduras en 1666; otros retrotraen tal suceso al año 1650, y don Rómulo E. Durón, lo señala en 1660. Lo cierto, es que el héroe de la Tortuga, como le llamaban los piratas, o el

Carnicero, como le apodaban los españoles, emprendió esta empresa, que fué la última, el año 1668. En todo caso, el Lolonés bien merece un párrafo especial.

Se ignora su verdadero nombre. Pero lo mismo se le distingue por el capitán Francisco, o Juan David Nau, o simplemente Nau, conocido mejor por el Olonés, Olonais o L'Ollonais.

Dícese que nació en 1630 en la antigua provincia de Poitou en Francia, o más precisamente, en el lugar llamado Les Sables d'Olonne (Las Arenas de Olonne), un puerto de la Vendée, y que murió en 1668 o 1671, en la isla Barú, Golfo de Darién, a manos de un grupo de indios que hicieron pedazos el cuerpo, vivo aún, y arrojaron sus miembros a una hoguera que habían encendido para el efecto. Así no quedó ni el más leve despojo de aquel hombre sin entrañas, de aquella criatura terrible y maléfica. Es realmente edificante saber que este asesino murió en la misma forma cruel que había puesto en práctica para torturar a sus víctimas.

A la edad de veinte años se embarcó en La Rochela, como uno de los cientos de esclavos blancos que venían de Francia a las llamadas Islas de América, o para huir de la acción de una justicia muy severa "para sus incipientes delitos, prometiéndose hacer fortuna como criado de una plantación". Antes de cumplir el período de servidumbre dio muerte a su amo de un hachazo en la cabeza y se marchó a Santo Domingo en cuyos bosques hizo vida de bucanero y luego, por la misma ley de las cosas, se transformó en pirata. Expulsados los bucaneros de aquella costa por los españoles, Nau se refugió en la Tortuga donde se distinguió por su fuerza y osadía, de modo que al cabo de algún tiempo fué considerado como capitán de navío. En compañía de otros de su oficio armó un pequeño velero e hizo varias presas de menor importancia; pero con tan mala fortuna que todo lo había de perder en un naufragio. El tiempo andando, Nau llegó a conquistar la estimación del caballero de la Place, Federico Deschamps, quien manejó las cosas de aquella isla hasta el 6 de junio de 1665, fecha en que entregó la colonia a un noble de Anjou, Bertrand de Ogerón de la Bouere, designado gobernador por la Compañía adquiriente de la misma. El señor de la Place había habilitado a Nau de un barco e insinuádole (así dice Esquemeling) que buscase fortuna en el mar. Esta dama le colmó de favores, pues en corto lapso adquirió grandes riquezas. "Mas como la fortuna muy raras veces es constante, después de algún tiempo le volvió la espalda".

El principio de su desastre fué que, en una terrible tormenta, perdió su navío en las costas de Campeche. Todos los hombres fueron salvados, pero, llegados a tierra, los españoles les persiguieron matando a la mayor parte, e hiriendo también al Olonés.

No sabiendo éste cómo escapar pensó en salvar su vida por medio de una estratagema: tomó varios puñados de arena y mezclándola con la sangre de sus propias heridas se embadurnó la cara y otras partes del cuerpo. Entonces, ocultándose con gran destreza entre los muertos, permaneció inmóvil hasta que los españoles se marcharon del campo de la lucha.

Ya que se habían ido, Nau se retiró al bosque, vendó sus heridas y las cuidó hasta sanar y entonces se dirigió a la ciudad de Campeche perfectamente disfrazado, según la moda española, con la ropa de uno de los castellanos tendidos en el lugar de la batalla. En la ciudad habiéndose atraído a algunos esclavos franceses, una noche, se fugó con ellos en una canoa robada y se largó rumbo a la Tortuga.

Mientras los compañeros del pirata aprisionados por los españoles permanecían encerrados en sus calabozos, el Olonés se había paseado tranquilamente por las calles de la ciudad. A los cautivos preguntábanles:

—¿Qué pasó con su capitán?

Y ellos respondían invariablemente:

—Está muerto.

Esa noticia ponía muy alegres a los campechanos o campechanenses. Por su parte, el Carnicero, que había asistido a las grandes demostraciones de júbilo por su muerte, pudo llegar sano y salvo al lado de sus compañeros tortuguenses.

Hallóse pobre de nuevo, más, su ascendiente era tan grande que consiguió bien pronto que la "Familia Bien Avenida" lo ayudara facilitándole un pequeño barco en que se hizo a la vela con veintiún hombres escogidos con ánimo de apoderarse de los buques que hacían la travesía entre Los Cayos y la Habana. Aquí conviene anotar que, hasta entonces, los filibusteros habían confinado su atención a las carabelas y galeones de España, haciendo sólo eventuales incursiones en tierra para procurarse agua y sustento. Nau concibió un nuevo plan: tirarse a fondo sobre las posesiones del rey de España en las costas. A poco los escritores británicos pretenderían adornar con semejante privilegio de invención a sir Henry Morgan; pero, hay que dar lo que es de César a César...

Dirigióse, pues, a la costa septentrional de Cuba donde se hallaba situado el pueblecillo llamado Los Cayos, que tenía un próspero comercio de cabotaje con tabaco, azúcar y cueros. El pirata imaginó conseguir allí un rico botín; pero los moradores del lugar avistaron su nave mucho antes de que pudiese acercarse y enviaron un mensaje a la Habana avisando la presencia de aquel salteador.

El gobernador de Cuba, don Francisco Dávila Orejón y Gastón, quizá por lo de orejón u orejudo, no dió mayor crédito a la noticia de ser el Olonés el capitán del velero que habían divisado, porque había sido ya informado oficialmente de la muerte del despiadado bribón. Sin embargo, como se trataba de asunto de piratas don Francisco envió una corbeta de 10 cañones tripulada por noventa voluntarios con orden expresa de no regresar hasta haber dado con los herejes y exterminarlos a todos. Para este fin el señor gobernador hizo embarcar en la corbeta a un negro verdugo y la orden, desde luego, excluía al jefe de la cuadrilla, el ccual,en caso de ser hecho prisionero, debía ser conducido vivo a la Habana.

Pero sucedió que el Olonés y sus compinches tuvieron conocimiento del buque despachado contra ellos, y en lugar de rehuir el encuentro, salieron a luchar con los cubano—españoles en el Río Estero, donde la dicha corbeta había hecho fondo. Durante la noche atraparon a unos cuantos pescadores y por la fuerza les obligaron a indicar la entrada del puerto. Así pudieron arrimarse al barco adversario. Los centinelas de éste dieron el alto y los pescadores secuestrados y un pirata que hablaba el español a la perfección, respondieron diciendo que aquel velero era de la ciudad y sus tripulantes regresaban a sus hogares. Inquiriéronles si habían visto algún navío enemigo por los alrededores, a lo que, amilanados los pescadores ante los puñales de los piratas, contestaron que ninguno, y con esta seguridad se tranquilizaron los hombres enviados por su Señoría el gobernador de Cuba.

Con las primeras luces del alba los filibusteros acostalaron su velero a la corbeta y se lanzaron al abordaje. La lucha, dicen, que fué brutal y cuerpo a cuerpo, mas vencieron los herejes, decapitando seguidamente uno a uno a los que no habían muerto en la pelea.Como era su costumbre, capitán, oficiales y marineros fueron decapitados por el propio sable de Lolonés. El pobre negro verdugo, que se hallaba entre los sobrevivientes, rogó con lágrimas como huevos de paloma que le perdonasen la vida, prometiendo constituirse en esclavo del capitán de la pandilla y darle todos los informes que demandase acerca de las cosas de Cuba. El Olonés pareció aceptar la proposición y comenzó a interrogar al negro y cuando hubo terminado, mandó que le cortasen la cabeza. De todos los que formaban la dotación de la corbeta sólo dejó con vida a un hombre para enviarlo a la Habana con un mensaje dirigido al gobernador, en el que decía: "De hoy en adelante no daré cuartel a ningún español no importa quién sea. Tengo firme seguridad de poder ejecutar algún día en vuestra persona lo mismo que en los que aquí enviasteis con el navío, con el cual os figurabais hacerlo conmigo y mis compañeros".

El bueno de don Francisco, impuesto del recado, juró vengarse de cuantos filibusteros hallase a mano y se proponía emprender una batida general para exterminarlos; mas, habiéndole hecho notar algunos vecinos de la Habana que, si tal hacía la ciudad, sin medios efectivos para su defensa, viviría en constante zozobra por temor a una expedición pirática contra ella, desistió de su propósito e inútil balandrónada. Y, para música vamos

Con esta hazaña, cuando llegó el año 1667, al Olonés no le faltaron ni barcos ni hombres con que tripularlos y luchar contra los españoles de las prósperas ciudades de Maracaibo y Gibraltar, en las cuales recogió nada menos que la suma de doscientos sesenta mil piezas de a ocho, a más de efectos de toda clase.

Después de haber gastado en francachela y borrachera hasta la última piastra del saqueo anterior, Nau se prepara seguidamente para una invasión a la costa de Tierra Firme. Las condiciones naturales de la navegación por la zona propuesta en determinados meses del año vienen en comprobación de que el Olonés y su compañero Miguel el Vasco, antiguo y muy temible filibustero de la Tortuga, no emprenderían su viaje, sino cuando menos en 1668.

Esquemeling refiere que, desde la pequeña población de Matamaná, situada en la costa sur de la isla de Cuba, con seis barcos y setecientos hombres, partió Lolonés rumbo a Cabo de Gracias a Dios que "está en la latitud 15 grados norte y a más de cien leguas de la Isla de Pinos". Mas, habiéndolos sorprendido una gran calma fueron a dar por el reflujo del mar al Golfo de Honduras. De allí trataron de retomar su destino pero tanto las corrientes como los vientos les fueron contrarios. El barco en que iba el Olonés se retrasó más que los otros no logrando reunírseles. Los piratas confrontaron una gran escasez de provisiones por el tiempo largo que habían gastado en la travesía. Apremiados por esta circunstancia decidieron efectuar un desembarco para avituallarse y lo hicieron, en sus lanchas, por el río llamado Xagua (Hubert Howe Bancroft, y otros, escriben Río Jagua o Río Sarz; y el primero cita, además, el West—Ind. Spieghel, que pone el Xagua en la costa de Yucatán), en cuyas márgenes moraban algunas tribus de indios y a quienes los filibusteros despojaron de cuanto tenían, como maíz, ganado, cerdos y aves de corral. No contentos con tales despojos, acordaron permanecer por aquellas comarcas yendo en canoas de un punto a otro saqueando sistemáticamente los poblados de la costa.

Así llegaron hasta el más importante de aquellos puertos, donde los españoles tienen almacenaje de mercaderías que reciben del interior del país y que permanecen allí hasta que llegan los buques, llamado "Puerto Caballos. Allí se apoderó de un navío de veinte y cuatro cañones y tras robar los almacenes y pillarlo todo, incendiaron las chozas del pueblo y su iglesia. El Olonés sometió a los hombres que pudo atrapar a los más crueles tormentos para que confesaran dónde se habían escondido los tesoros. En presencia de sus prisioneros, como hacía siempre, empezó por cortarle la lengua a uno de aquellos infelices para aterrorizar a los demás, y luego comenzó a cercenarle miembro por miembro hasta que el desdichado murió. Sus hombres exterminaron a todos los cautivos salvo dos a quienes el Olonés escogió para que le guiasen hasta San Pedro Sula, "que distaba del puerto unas doce leguas". Con trescientos malhechores emprendió aquel camino dejando en Puerto de Caballos el resto de su gente al mando del holandés Van Vin, como segundo en la pandilla.

A tres leguas del punto de partida y, probablemente, en el sitio hoy todavía llamado El Rancho, por el camino viejo, los invasores se hallan con un cuerpo de tropa española que se había colocado allí en la espera. Aunque los defensores lucharon con valor sin igual, la furia de los piratas superó su coraje, resultando al final, tras terrible batalla, totalmente vencedores, dejando los españoles en el campo gran número de muertos y heridos. En la versión francesa del libro de Esquemeling, apenas se habla de treinta muertos y heridos por parte de los forajidos, como saldos de los distintos combates que sostuvieron hasta lograr la captura de San Pedro Sula. Sin embargo, Esquemeling, dice que tuvieron un apreciable número de bajas. Luego de rematar a todos los españoles heridos, Nau comenzó a interrogar a algunos de sus prisioneros para que le informasen si había otras emboscadas puestas más adelante y si existía otro camino que lo llevase a San Pedro Sula con más seguridad y en menor tiempo. Como los interrogados manifestasen ignorar lo uno y lo otro, el Olonés, montando en su pronta cólera se abalanzó sobre uno de aquellos prisioneros y de un golpe de alfanje le abrió el pecho hasta el vientre e introduciendo su mano en la herida le arrancó el corazón. Con aquella víscera aún palpitante en la mano y "mordisqueándola con sus dientes de lobo hambriento", se acercó a los demás españoles que, helados de terror, no acertaban a comprender lo que veían, diciéndoles:

—Uno a uno les voy a arrancar a todos el corazón, como lo he hecho a este hombre, si no me guían hasta la ciudad por el camino libre de enemigos.

Con esto, todos prometieron conducir a los bandidos por donde no encontrarían españoles armados, pero no lo consiguieron porque de nuevo fueron atacados en forma sorpresiva. Habiendo tenido que dar la espalda, Nau lanzaba improperios contra los españoles, prometiendo que los exterminaría a todos, y a grito herido, exclamaba:

—Juro a Dios que todos los españoles me las pagarán.

Continuando la marcha al día siguiente los piratas dieron con otro contingente de soldados y empeñado el combate se batieron con tal desesperación que, en menos de una hora, pusieron en fuga a los sampedranos. Nau y los suyos siguieron adelante; más, todavía no se habían repuesto del cansancio de la lucha que acababan de sostener cuando un nuevo pelotón les cayó encima. Esta tropa se dice que era mucho mayor que las anteriores. Los piratas no se arredraron por ello y haciendo uso de pequeñas granadas de mano lograron poner en desbandada a sus contrarios y diéronse a perseguirlos bombardeándoles en tal forma que muy pronto llegaron hasta la ciudad de San Pedro Sula. La entrada de ésta se hallaba defendida por una fuerte barricada, y en torno de la población crecía un cerco de cierto árbol espinoso que imposibilitaba el acceso por ninguno de sus lados. Al tener a buena distancia a los invasores los sampedranos comenzaron a enviarles andanada tras andanada con sus cañones que tenían preparados para el efecto. Los asaltantes desplegando toda la sagacidad de que eran capaces manteniéndose agazapados para luego lanzarse sobre la barricada y el cerco con sus hachas y arrojando sus mortíferas bombas, si bien lograron poner fuera de combate a muchos de aquellos defensores, después de cruenta lucha se vieron forzados a batirse en retirada.

Después de un breve descanso los bandidos volvieron a la carga, haciéndolo con tanto denuedo que ya próxima la noche, los sitiados pidieron una tregua de dos horas para atender a los muertos y heridos. Seguramente, dice Esquemeling, abrigaban la ilusión de poner sus cosas de valor a salvo en ese lapso; pero el Olonés no concedió la suspensión de hostilidades que se le pedía sino a condición de que sus hombres entrasen en la ciudad, y una vez dentro de la población impidió que cosa ninguna de la que había en ella fuese retirado. Entregados luego al saqueo parece que los piratas sufrieron una enorme decepción porque no hallaron otro tesoro que una cantidad de tinta añil con valor de 40,000 escudos.

Al regresar a Puerto de Caballos, Nau pudo enterarse que sus compañeros habían emprendido una fructífera expedición al Golfo Dulce y habido noticia de una embarcación de España con rico cargamento que estaba próxima a llegar a dicho puerto. Después de poner algunos de sus hombres en dos canoas a la mira del navío anunciado y llamado Urca, el Carnicero se retiró con el resto de su gente a una isla al otro lado del Golfo a reparar sus embarcaciones y a tomar algún descanso.

En la isla—refiere Esquemeling—los piratas se proveyeron de cantidad de carne de una clase de tortuga muy estimada por su exquisito sabor y muy abundante en aquella costa. También hallaron un producto muy singular, "consistente en una especie de brea, bastante diferente de la pez de Europa, que se acumulaba en la playa". Esta materia—según el mismo historiador—era simplemente cera que las corrientes marinas arrastraban de algún territorio cercano donde había muchas abejas. Y, agrega, que algunos naturalistas afirmaban que se producía, como el ámbar, por la acción del agua salada sobre la miel o la cera.

A respecto de tal substancia llamada ámbar gris que, como sabemos, se extrae del intestino del cachalote, Guillermo Dampier, refiere, que un tal Benjamín Barker, "persona digna de crédito, encontró en la playa de una de las Islas de la Bahía, un pedazo de aquella materia con peso mayor de cien libras, de color obscuro, casi negro, tan blanda como el queso, con olor muy fragante y con sabor parecido al de la cera de abeja".

Luego de incursionar a lo largo de las costas de Honduras, Guatemala y Yucatán, y de hacer la captura de la Urca en el cual sólo hallaron barricas de vino, lingotes de hierro y unos cuantos bultos de papel, el Olonés, citó a sus oficiales a una junta de guerra para decidir lo que convenía hacer en lo sucesivo, proponiéndoles una correría por el interior de Guatemala. Pero aquéllos que eran bisoños en el oficio y se habían forjado la idea de enriquecerse pronto, se opusieron al proyecto de Nau, contando con Van Vin, dueño ya del barco apresado en Puerto de Caballos, y Pedro Picardo, y optaron por volver a la Tortuga.

Nau y sus parciales continuaron haciendo un recorrido a lo largo de la costa de Tierra Firme hasta cerca de Veragua. Después de sufrir algunos descalabros en luchas con los españoles y los indios, y de perder su navío frente a las Islas de las Perlas, el Olonés y un grupo de sus hombres fueron a dar con sus huesos, puesto que cayeron en manos de los darienses y estos indios vengaron a la Humanidad dando muerte a Lolonés.

EN ESTE AÑO SE ajustan dos convenios de grandes consecuencias para las cosas y gente de los territorios llamados hasta el momento por los españoles Tologalpa y Taguzgalpa, que luego se conocerían bajo la común denominación de Mosquitia por una tribu de indios guerreros que se daban el nombre de miss kitos, misquitos, o algo así por el estilo. Por el primero de dichos tratados, la Gran Bretaña y la Mosquitia celebran una alianza ofensiva y defensiva que, si bien no sería tomada en serio más adelante, hubo de servir a los ingleses para proseguir en sus intentos de apoderarse de aquellas regiones y en donde tenían desde hacía ya algunos años sus pequeños y míseros establecimientos dedicados al comercio y corte de madera.

Por el último, España e Inglaterra suscriben una convención o tratado que contiene un artículo, el séptimo, que literalmente dice: "El rey de la Gran Bretaña, sus herederos y sucesores, conservarán y poseerán siempre con pleno derecho de dominio soberano, las propiedades y posesiones en todas las tierras, países, islas, colonias y dominios cualquiera que sea la parte en que se hallen en las Indias occidentales o en cualquier parte de América en que dicho rey de la Gran Bretaña y sus súbditos sean dueños o de que estén en posesión actualmente".

Y cuando viene 1671, los amanuenses del rey de las Españas tienen que trabajar afanosamente, porque, habiéndose enterado el monarca que Trujillo y Puerto de Caballos estaban despoblados y sin fortificaciones, había de mandar en julio al Capitán general, don Fernando Francisco de Escobedo, pasase a reconocer personalmente a Puerto de Caballos y diese cuenta minuciosa de su inspección por medio del Consejo Supremo de Indias; y por real cédula de noviembre, se le previene al gobernador de Honduras, don Pedro de Godoy Ponce de León, el mayor cuidado en los puertos, por anunciarse que los ingleses y franceses procuraban unirse para hacer una considerable invasión.

Como era de rigor, don Pedro, contesta dos años más tarde, y dice:

"Por Cédula y real carta de V. M., su fecha en Madrid a veinte de noviembre de mil y seiscientos y setenta y uno me manda V. M., esté con todo desvelo y cuidado en los puertos de esta provincia por entenderse las Compañías de Inglaterra y Francia se procuran unir para hacer alguna considerable invasión en estos puertos y costas de las Indias y que procure fortificarme y prevenir los tenientes de ellos con gente y pertrechos de guerra. Y a esto se me ofrece decir a V. M., que en esta provincia hay dos puertos el uno llamado Trujillo y el otro Puerto de Caballos distancia el uno del otro cerca de cien leguas ambos surtos y despoblados sin fortificación ni aún el de una atalaya las que piden por su capacidad deben ser muy grandes con mucha artillería y gente de guerra, cosa imposible el poderle yo hacer por la cortedad de esta provincia y Vuestras cajas reales son tan cortos los efectos que entran en ellas que no alcanzan a las salidas de consignaciones de gastos de ministros seculares y eclesiásticos.

"La prevención que tengo es vigías en ambos a dos puertos que avisan a unos pueblecillos que están die o doce leguas la tierra adentro de las velas que ven en los puertos y los movimientos de ellos ponemos en arma y procuramos defender no entren las tierras adentro y así señora son tan cortas las fuerzas de esta provincia que no se podrán juntar 400 hombres españoles, mestizos, mulatos y negros que tomen armas para su defensa y éstos la mitad llevarán chuzos y picas por no tener armas de fuego con que siempre que venga con fuerza será señor de los puertos pues lo es hoy más que nosotros molestándonos cada día y en lo que he reconocido en el servicio de Vuestra Majestad los años que me ha ocupado en Vuestros reales ejércitos es que las provincias tienen dos géneros de defensa: el uno es el estar muy bien fortificadas con muchos soldados y pertrechos de guerra; y la otra es: ser estériles y despobladas pues se consume el enemigo en traer los víveres al lomo y el no poder sustentar por esta razón mucha gente, esto para la invasión de tierra adentro no para que no pueda fortificarse en estos puertos, y haciendo pie en ellos hacerse poco a poco dueños de la provincia. Comayagua y abril 30 de 1673.

En ese mismo año, don Fernando Francisco, avisa al gobierno de Madrid, que, con arreglo al encargo, había estado en Comayagua y que no obstante el mal estado de salud del gobernador, don Pedro, éste le acompañó a Puerto de Caballos, yendo con ellos el maestre de campo don Francisco de Castro Ayala.

Escobedo regresó a Guatemala, vía Golfo Dulce, después de haber hecho la inspección del puerto, dejando a Castro Ayala para que hiciese algunos trabajos que mejorarían las condiciones de aquel lugar, entre otros, el desvío del desagüe del pequeño Río del Marqués; pero ni esa obra ni las demás se terminaron por haberse enfermado el comisionado y por la oposición del gobernador de la provincia, por lo cual Castro Ayala hubo de volverse a la ciudad de Guatemala con fuertes calenturas y panzaverdete.

Mientras estas cosas ocurrían en Honduras, los filibusteros constituían ya una banda poderosa que contaba, por entonces, con una pareja sensacional: Mansvelt y Morgan.

Eduardo Mansvelt, mejor conocido entre los ingleses por Mansfield, y entre los españoles por Manflas, cuyo lugar de nacimiento se ignora, si bien se supone que era holandés originario de Curazao, se había hecho de gran reputación al servicio de los británicos en Jamaica, y tanto éstos como los franceses y los holandeses, reconocían en él a un jefe predestinado al cual seguían sin chistar hasta el fin del mundo. Entre sus muchas hazañas son dignas de contar que figuraba como uno de los primeros que cruzara a pie el istmo de Darién hasta la costa del mar del Sur, y su ascenso por el río San Juan cuando logró saquear e incendiar la ciudad de Granada, con el correspondiente descenso por la porción meridional de Costa Rica, quemando establecimientos españoles y destruyendo imágenes en las iglesias.

Pero, en los años últimos de su vida Manflas tendría una idea estupenda: la creación de una república de filibusteros ciento por ciento democrática. Para este fin escogió la isla rocosa de San Luis de Providencia, frente a Nicaragua, Costa Rica, Panamá y el Darién, de poco más de dos 'leguas en su mayor longitud, con una espaciosa bahía, fácil de volverla inexpugnable y, cosa rara en su especie, colocada en la ruta marítima más transitada por las flotas de España que hacían la carrera con la Tierra Firme.

En la primera ocasión que se le presenta, Manflas, en compañía del capitán Hattsell, se lanza sobre dicho islote, defendido entonces por una escasa guarnición que, tomada por sorpresa, cae vencida después de una lucha heroica y desigual. Logrado su propósito, fortifica el lugar lo mejor que puede por el momento y deja una fuerza de cien soldados juntamente con un grupo de esclavos negros al mando de un tal caballero Simón, francés de pura estirpe. Después se hace a la vela rumbo a Jamaica en busca de refuerzos y de auxilio por parte del gobernador de la isla, Tomás Modyford. Mas éste, que venía siendo un cordial y entusiasta protector de filibusteros a los cuales nunca negaba su valiosa ayuda, hubo de rechazar el plan de Manflas, alegando que con el establecimiento en San Luis de Providencia se restaría importancia militar y política a Jamaica, y prohibió so pena de la vida cualquier reclutamiento de hombres para semejante obra. Manflas, descorazonado, se embarcó de vuelta a la Tortuga y poco después murió, súbitamente. Algunos autores pretenden que habiendo caído en manos de los españoles y llevado a Portobelo fue decapitado en la plaza pública. Su muerte fué, indudablemente, un terrible golpe para la causa del republicanismo en la tierra. Pero quedaban con vida Crómwell y Morgan.

Enrique o Juan Morgan nació en Llanrhymmy en Monmouthshire, en Gales, en el año 1635. Su padre, Roberto Morgan, era un labrador medianamente acomodado y tenido en su pueblo con el respeto que allí se dispensaba a los propietarios de tierras. No sintiendo el joven Morgan inclinación ninguna por los trabajos del campo, pronto se dirigió a la costa en busca de oficio más de acuerdo con sus aspiraciones, e inducido probablemente por su tío y futuro suegro el teniente coronel Eduardo, Morgan, se embarcó rumbo a Barbados donde fué vendido como esclavo blanco. Habiendo recobrado su libertad se trasladó a Jamaica y allí se enganchó con una pandilla de filibusteros que se hacían a la mar en dos pequeñas embarcaciones.

Tras hacer dos o tres viajes a buena cuenta en su compañía, habiéndole sido la suerte propicia, se asoció inmediatamente con otro grupo de malhechores a los cuales propuso que comprasen un barquichuelo para hacer el negocio por acciones. Aceptada su proposición y habiendo demostrado tan excepcionales capacidades, sus compinches le dan la comandancia de la cuadrilla.

Todo esto era entonces laudable y meritorio; además, Morgan tenía una fe de hierro y entre las frases evangélicas que echaron hondas raíces en su espíritu fué aquella de San Pablo: Cada cual recibirá su recompensa según su trabajo. Sin embargo, el hombre tuvo un momento falso en su vida y fué cuando entabló juicio por difamación contra los editores ingleses del libro de Esquemeling. "Lo que parece haberle molestado más que el haber sido retratado como un monstruo en el trato que daba a los prisioneros fué el que se le representase como de humilde cuna y el que se dijera que había sido vendido por sus padres para servir de peón en Barbados. Ganó el pleito y se le concedieron doscientas libras esterlinas de indemnización y públicas excusas que leía en cada una de las ciudades inglesas un pregonero especial. Empero, como desagravio. y alabanza del bribón, las ediciones subsiguientes de tan valiosa e inapreciable fuente de información aparecerían en Inglaterra y en los otros países de Europa enemigos de España tan clarificadas y espumosas como el mejor champaña, es decir, al gusto de los ingleses, al gusto de los holandeses, o al gusto de los franceses.

Solamente los cronistas españoles seguirían pintando a Morgan quemando poblaciones, colgando de los pulgares a los prisioneros, metiéndoles cerillas encendidas entre los dedos o achicharrándoles el rostro con hojas untadas de materias inflamables. Conste que, entre los tormentos favoritos que aplicaba a sus víctimas, contábase el de quemarles los pies o colocarlas en hamacas, poniéndoles debajo un fuego lento. "Su vida entera es un poema que admira e indigna; para él no existió ni piedad para el vencido, ni distinción de sexo, ni consideración de ninguna clase que le detuviera: robó, degolló, quemó, violó. Cargado de riquezas, pues, Morgan era de los que pillaba su parte del botín a sus compañeros, fijó su residencia en Jamaica, en donde se casó con una prima suya; el rey Carlos II le dió la dignidad de caballero y comisario del Almirantazgo, y terminó sus días en paz y lleno de honores".

A la muerte del anciano jefe de los filibusteros, Mansvelt, por derecho de acrecer, Morgan se convirtió en su guía y en la dirección de sus empresas no descuidó la conquista del territorio centroamericano, o mejor diciendo, en la destrucción del poderío de España en América por todos los rumbos. En este anhelo sir Henry Morgan sembraría la desolación y el espanto en Roatán y Trujillo, en compañía de los capitanes Morris y Jackman.

A poco de la captura de San Luis de Providencia por los filibusteros, el gobernador de la provincia de Costa Rica, don Juan Pérez de Guzmán, caballero de la Orden de Santiago, consideró sumamente perjudicial para los intereses del rey de España, y de los particulares, que aquella isla estuviese ocupada por los herejes, "porque desde allí haciéndose cada vez más fuertes no podría preverse hasta dónde llegarían más tarde sus conquistas'.

Habiéndose puesto de acuerdo con el gobernador de Cartagena de Indias para lanzar a los ladrones de aquella isla, este último cooperó a la semejante jornada con la fragata San Pedro, un galeón, una goleta y cien hombres de tropa incluso 20 mulatos. Con ese refuerzo Pérez de Guzmán se hace a la mar a bordo del San Vicente, magnífico barco, bien artillado y muy velero, con su capitán don Sancho Jiménez, y 270 soldados más entre los cuales se contaban 44 españoles, 29 mulatos de Panamá, 12 indios flecheros, 37 esclavos, 7buenos artilleros, 2 oficiales, 2 pilotos, un cirujano barbero y un fraile de la Orden de San Francisco.

Así de aparejados y con viento un tanto contrario llegan los libertadores frente a San Luis de Providencia sin más novedad que haber "hecho ancla en un punto denominado Quita Sueño, donde se comprobó que se había perdido un bote en la travesía".

Tan pronto como los filibusteros los avistaron los recibieron con tres disparos de cañón que fueron contestados inmediatamente. A pesar de este saludo poco acogedor el capitán Jiménez envió a tierra uno de sus oficiales portador de un ultimátum pidiendo a los herejes rendir la isla al rey de España y amenazándolos que de negarse haría un terrible escarmiento en los hombres. El caballero Simón respondió todavía que con anterioridad la isla era propiedad del rey de Inglaterra, y que no la entregaría, aunque hubieran de perder todos la vida en la defensa de ella.

Emprendido el ataque por el seleccionado que llevaba Pérez de Guzmán, los filibusteros en número de 72 por todos fueron vencidos al final y aún después de haber cargado sus cañones con los pedazos de los tubos del órgano de la iglesia, que caían sobre los atacantes como brasas del infierno. Hecho el recuento de las víctimas se vió que los intrusos, aunque habían tenido un gran número de heridos, sólo aparecían seis muertos. Por parte de la tropa de Pérez y Guzmán murió un negro y quedaron heridos varios soldados más. Se requisaron 800 libras de pólvora, 200 libras de balas y otros pertrechos y armas. Pero, la mejor adquisición fué la de dos españoles que, secundando a los herejes, habían tomado armas contra su rey, por lo cual fueron condenados a muerte, y ejecutados sin demora ninguna.

Estando los vencedores en la isla se avistó un buque inglés que se acercaba, y don Juan, haciendo uso de una estratagema muy propia de piratas, mandó al caballero Simón que enarbolásse pabellón británico y que fuese a bordo de aquel navío para que su dotación no sospechase que la isla estaba en poder de españoles. Cumplió el francés lo indicado y en tal forma se logró la captura de la nave con 14 hombres y una mujer con su hijo. Puestos en tierra, el caballero Simón, con gálicas maneras, mostrando a los españoles, dijo a los ingleses:

—¡Corbleu! Hermanos, os presento al patrón Santiago.

Todos los prisioneros fueron trasladados a Portobelo de donde algunos se mandaron a Panamá a trabajar en la construcción y reparación del castillo "San Jerónimo".

LA costa de la fértil Mosquitia fue donada por el rey de España a don Diego García de Palacio, para que la gobernase y poblase bajo ciertas condiciones especiales; pero aquel insigne licenciado no hizo uso ninguno de su concesión y aun cuando tampoco hubo de visitar la región, dejó consignado que las costumbres de sus moradores "eran las de salvajes que poco se diferenciaban de los brutos. Vagaban por espesas montañas sin cuidarse ni de las lluvias, ni de las fieras, ni de reptiles venenosos; llevaban por todo vestido una faja atada en medio del cuerpo e iban armados con una lanza que en la punta tenía un diente de lagarto (caimán). Sus alimentos estaban limitados al plátano, el pescado y las frutas silvestres".

Antes y después, el gobierno de Madrid otorgó privilegios semejantes a otros españoles, entre ellos el capitán Diego López (1576), sin que se lograsen resultados prácticos. De suerte que, la Mosquitia había de permanecer en su primitivo estado hasta la época del filibusterismo.

Después de su descubrimiento por Colón hasta la mitad del siglo XVII, más o menos, los pocos europeos que visitaran esa extensa costa parece que no dejaron relación escrita acerca de ella, o en último caso, los datos más antiguos que se conocen sólo sirven, por lo regular, para obscurecer el "problema étnico mosquito", como pasa respecto al término "chontal", que hoy se ignora si era aplicado a los primitivos pobladores de la comarca o a una tribu invasora establecida entre aquéllos.

Hoy se acepta que la costa propiamente dicha y la porción interior del país con montañas de escasa elevación estaban habitadas por gente que actualmente recibe los nombres de moscos, mosquitos, mousticks, miskitos o sumos. Cuando esa costa se convierte en guarida de piratas de distintas naciones con su estación principal en Cabo de Gracias a Dios, la unión o confederación de los blancos con los indios da como resultado que los últimos, en posesión de armas de fuego, que cambiaban por esclavos y provisiones, se vuelven terribles expoliadores de las tribus vecinas de tierra adentro y atacantes incansables de los puntos ocupados por los españoles a lo largo de la porción marginal del territorio centroamericano frente al Mar Caribe.

Las acuciosas investigaciones modernas tienden a demostrar que los llamados mosquitos vivían, originalmente, entre Cabo de Gracias a Dios y el Río Vava (Wawa) que, según Esquemeling, en 1672 estaban divididos en dos subtribus: la una en el Cabo, y la otra, en un lugar no identificado, y que se llamaba Mostique, probablemente Sandeve o Sandy Bay. Siglo y medio más tarde esos subgrupos se habían extendido sobre las riberas de los ríos más importantes que hay entre Cabo de Gracias a Dios y el San Juan o Desaguadero.

Como hemos visto en páginas anteriores los mosquitos recibieron una fuerte infusión de sangre negra que llegaría a ser predominante entre los pueblos conocidos con las denominaciones de baldam y cabo. Los primeros, establecidos en las inmediaciones de Sandy Bay, cuando los europeos entraron en su primer contacto con ellos, y que se han trasladado en los últimos años en gran número a la Laguna de las Perlas; y los segundos, a lo largo de la costa entre Sandy Bay y el Río Grande.

Luego tenemos un embrollo etnológico. Los man, que se mueven a las márgenes del Río Patuca, donde absorben a los payas que no se retiran más hacia el poniente del país. Los vanqui (wanki), que después de larga permanencia en el valle del Río Wanks o Segovia, se desplazan por las riberas superiores de dicho río. Los tavira (tawira), que hoy viven cerca del mar entre Sandy Bay y el Río Grande. Tanto los man como los vanqui, llaman a los moscos, que habitan al sur del Cabo de Gracias a Dios, tavira, es decir, peludos; mientras los baldam y cabo, se proclaman a sí mismos "verdaderos mosquitos". En cambio, los moscos aplican en sentido genérico el término sumo, a un grupo de tribus que hablan un dialecto muy parecido al suyo y que habitan, principalmente, en los valles al poniente de las costas de Honduras y de Nicaragua. Acerca de todas estas tribus no se conoce ninguna relación o documento escrito en el siglo XVI.

Los tvahca (twahka), que habitan en cinco pueblecillos situados a lo largo de la porción media del Río Patuca, unos han sido lentamente absorvidos por los mosquitos y otros se han retirado a las secciones inferiores de los ríos Vaspuk (Waspuk), Lakus, Vava (Wawa), Cuculaya, Hamsaco, Prinzapolca y Grande. Los panamaca se hallan en las márgenes de los principales tributarios del Segovia, excepto dos grupos que moran en las porciones superiores de los ríos Prinzapolca y Grande. Los bavahca (bawahka) fueron arrojados por los tavahca de las riberas de los ríos Vava y Cuculaya y hoy habitan en las orillas del Bambana. Finalmente, los ulva, que vivían original y principalmente en Nicaragua, con el correr del tiempo se extendieron por Honduras, penetrando hasta la sección oriental de El Salvador, compartiendo tierras con los chorotegas, nahuatlan y, probablemente, con los lenca, matagalpa y otras tribus.

En la segunda mitad del siglo XVII, los filibusteros, en su mayoría ingleses, se adueñaron casi en lo absoluto de la costa de la Mosquitia y nombraron a un supuesto cacique o a uno de los hijos suyos como "gobernador general" de la comarca bajo la jurisdicción de la principal autoridad de Jamaica. Poco tiempo más tarde, los ingleses crearon en la misma costa un "protectorado" y aún mandaron allí tropa, llevándose a su vez, a Jamaica, como doscientos indios en calidad de soldados para destinarlos en la captura de los cimarrones amotinados en aquella isla.

El gobierno de Madrid protestó ante esos actos de usurpación de sus derechos y en cumplimiento de lo estipulado en el tratado de paz de 1786, los ingleses evacuaron el territorio mosquito. En relación con aquel convenio las autoridades de Jamaica envían al ministro británico un Memorial en son de protesta por haber cedido Su Majestad al rey de España, "los indios y costa de la Mosquitia que constituían la provincia más segura e importante que tenía la Gran Bretaña en las Indias occidentales, y que le pertenecía por el título más perfecto y puro de soberanía".

Y, cuando los pueblos de la Capitanía General de Guatemala celebraban su independencia de España, los ingleses habían de volver a la carga con otro fingido "protectorado" sobre un territorio que se dilataba desde el Cabo de Gracias a Dios hasta la Laguna de Chiriquí y, más tarde, por el sur hasta el río San Juan. Los llamados monarcas mosquitos gobernaron hasta 1860, cuando los ingleses se retiran de la Mosquitia, reconociendo los derechos de Honduras y de Nicaragua.

En el cuadro general del asunto mosquito hay detalles de sumo interés y algunos muy pintorescos. Veamos, por ejemplo, la Coronación de Oldman.

481

En 1687 los ingleses radicados en la costa de la Mosquitia se llevan a Kingston al hijo del "gobernador general" o cacique de la comarca, un muchacho de menos de veinte años de edad, llamado Oldman y quien se dice que había estudiado en una de las mejores universidades británicas, para que pidiese a nombre de su pueblo la protección de la Corona Británica. Hans Slone, hace la crónica del acto en que Tomás Modyford, duque de Albemarle, dirige la fiesta de la coronación en el palacio del gobierno de Jamaica. A falta de corona el duque se vale de un viejo sombrero de alta copa para ceñir la cabeza del ungido, levantando a continuación el consiguiente documento de aquella investidura y el cual, llevado después a conocimiento del gobierno británico, éste "no agregó más al procedimiento, sin duda, por encontrarse en aquellos días en paz y buena amistad con el rey de España. Oldman, al concluir el acto de su Coronación, salió corriendo a quitarse la ropa con que lo habían vestido o disfrazado y a subirse a un árbol en el patio del palacio con ánimo de esconderse entre las ramas. Cuando lograron bajarlo de allí para los toques finales de la comedia, el duque ceremoniosamente presenta al nuevo rey un pliego de papel cualquiera con sello de la gobernación de Jamaica en señal de aprobación por parte del rey de Inglaterra.

En 1740, el caballero Eduardo Trewlaney, gobernador de Jamaica, escribe a Tomás Pelham Holles, duque de Newcastle, para sugerirle la conveniencia de apoderarse del territorio mosquito valiéndose de sus propios indios y de un centenar de ingleses que allí estaban establecidos. De cierto que esos ingleses —según Trewlaney— eran sujetos que "no podían vivir en ninguna otra parte del mundo". Una vez que se hubiese logrado esto, se procedería a efectuar una insurrección general de los indios de las provincias de la Capitanía General de Guatemala contra las autoridades del rey de España.

Y como inicio del proyecto aludido el gobernador de Jamaica encargó del asunto a un tal Roberto Hodgson, quien desembarcó en la costa de la Mosquitia cargado con regalos, o sea, aguardiente, para el "rey Eduardo" y su "almirante" Dilly, "general" Hobby (hobby, caballito, juguete), y el "capitán" Jumper (jumper, saltador, brincador), nombres, oficios y dignidades con que los ingleses se divertían en distinguir o apodar a unos cuantos pobres diablos entre los naturales del Reino Mosquito.

Entretanto, el rey Eduardo tenía como primer ministro, o asesor técnico y jurídico, a un inglés que nombraba las autoridades en distintos lugares del reino y sus agentes particulares para llevar adelante la total dominación del territorio. Esos agentes, por lo regular, eran zambos que tenían grande influencia sobre los mosquitos y eran sus verdaderos tiranos. Estaban autorizados por el rey para castigar por sí y ejecutivamente los delitos leves, mientras los criminales eran ventilados en Jamaica, donde también eran conducidos los delincuentes y sentenciados a presidio mayor o a muerte. Otras faltas se penaban con multas de une, dos o más vacas, por cuya razón los agentes se hacían dueños muy pronto de gran cantidad de ganado, siendo que las multas quedan en su poder. Los agentes, además, tenían en cada lugar habitado policías que les mantenían en conocimiento de lo que sucedía y que pudiese servir para imponer el rigor de la justicia inglesa.

Hodgson, famoso contrabandista e inspirador de sublevaciones contra el gobierno español, tan pronto como llegó a la Mosquitia, le hizo relación de todo al gobernador Trewlaney, diciendo, entre otras cosas, lo siguiente:

"Como el rey Eduardo estaba enterado de mi llegada (en 13 de marzo) mandó a decirme que me vería el día siguiente y cuando se presentó venía acompañado de muchos de sus capitanes. Le leí la carta de vuestra excelencia y también el pliego que contenía el objeto de mi embajada. Cuando les expliqué, por medio de un intérprete, el motivo de mi viaje también les recomendé encarecidamente que tratasen por todos los medios posibles de cultivar la amistad y unión con las demás tribus vecinas, especialmente con aquellas que estaban sujetas a la dominación de los españoles, y que les ofreciesen su ayuda para recobrar su libertad. Aprobaron todo cuanto les dije y señalaron el día 16 para una reunión con el gobernador Juan Briton, y sus capitanes, a fin de oir el resto de lo que yo tuviese que añadir".

"El 16 volvieron todos ellos con excepción del almirante Dilly y el coronel Morgan, quienes, como el coronel Hobby y sus capitanes, se hallaban tan lejos (en Sandy Bay) que no fueron convocados; pero, como su presencia no era indispensable, procedí a recordarles que, habiéndose dado por súbditos de nuestro rey desde hacía tanto tiempo, el gobernador de Jamaica me había encargado de tomar posesión del país a nombre de Su Majestad Británica, preguntándoles si tenían algo que objetar al respecto. Contestaron que no tenían cosa ninguna que oponer y que se sentían contentos con mi llegada. Luego puse lo concertado en forma escrita y le di lectura, punto por punto, preguntando en cada caso si lo aprobaban y respetarían. De modo unánime declararon todos estar de acuerdo y entonces volví a dar lectura a la "Constitución", haciendo que flotara al viento el pabellón de la Gran Bretaña y con salvas de artillería cada vez que se daba por terminado de leer uno a uno los artículos contenidos en el dicho documento. Les ofrecí luchar personalmente en defensa de su nación y tratar de obtener para ellos ayuda y protección por parte de Inglaterra.

En la expresada relación, Hodgson se disculpa de que el "pliego constitutivo" fuese tan "ceremonioso en su contenido", y más adelante, con una ingenuidad que sorprende en tan formidable embajador, confiesa que, careciendo de conocimiento de que la Mosquitia estuviese sujeta a potencia europea alguna, había pensado que sería más conveniente que los mosquitos demandasen "por aclamación" la soberanía británica. Refiriéndose a la persona del rey de mosquitos apunta que era "un mozo de menos de veinte años de edad, y que sería muy conveniente llevarle a Jamaica para darle un baño de ilustración y pulimento a fin de hacer de él un verdadero monarca útil a los intereses de la Gran Bretaña".

"El 18 el rey y sus capitanes —agrega Hodgson— de mutuo propio volvieron a consultarme acerca de un plan para embestir sobre los españoles. Más, teniendo yo noticia de la próxima venida del capitán Jumper, y tomando en cuenta que no estaban presentes ni el gobernador, ni el almirante Dilly, ni el coronel Morgan, les aconsejé que dejasen el asunto para cuando estos hombres viniesen a otra reunión. El rey me visitó acompañado de la reina madre y los capitanes con sus respectivas esposas. En la francachela que hubo no bastó la cantidad de aguardiente que yo tenía disponible".

Unos días más tarde —continúa Hodgson— se presentó un pirata llamado Andrés Stewart, que tenía promesa de los mosquitos de acompañarlo en su expedición por el Río Cocelejo.

En este punto Hodgson trató de hacer que desistiesen del propósito a fin de que le siguiesen a él en su ataque contra San Juan de Veragua. Pero los mosquitos, como fieles cumplidores de la palabra empeñada, optaron por dividirse en dos grupos para que ambas correrías pudiesen efectuarse sin contratiempo ninguno.

En otra carta fechada en la Laguna de Chiriquí, Hodgson, le pide al gobernador de Jamaica unos cuantos despachos con nombres en blanco para fabricar más almirantes, generales y coroneles entre los nuevos súbditos de Su Majestad Británica y, de manera muy encarecida, el envío de algunos soldados ingleses para custodia de su preciosa persona, "porque su vida corre más peligro a manos de los mosquitos que de las de los mismos españoles".

Logrado, pues, el dominio de la costa de la Mosquitia, por la magia y hechizo de Hodgson, éste fué nombrado "Superintendente" de la comarca bajo la jurisdicción del gobierno de Jamaica, y acto seguido da comienzo la llegada al país de buen número de ingleses como "pacíficos plantadores", o agricultores.

Andando el tiempo, o en 1783, el coronel Roberto Hodgson, hijo del anterior, fue hecho prisionero de guerra frente a la costa de Portobelo y toda la correspondencia en su poder cayó en manos de las autoridades españolas. Entre otros documentos figuraban los siguientes:

Relación de la primera Expedición a la Costa de Mosquitos,

Zesión de la Costa de Mosquitos a favor de la Gran Bretaña en 16 de marzo de 1639—40.

Carta de los havitantes de la Bahía de Honduras al Gobernador Trewlany: Su fecha 28 de abril de 1743,

Noticias sobre la Costa y partes de Nueva España, y proyecto para el ataque de Guate—mala y su conservación por el Capitán Lea, y

Sobre el origen, progreso y fin de la Expedición echa a el Lago de Nicaragua en 1780.

En vista de los preparativos que hacían los gobernadores de Honduras, Nicaragua y Guatemala, para expulsar a los ingleses de la costa de mosquitos, el gobernador de Jamaica dió instrucciones al superintendente de aquella comarca, que notificara a las autoridades coloniales que, "el objeto de tener allí un Superintendente era más bien para garantizar las vidas y haciendas de los españoles tan terriblemente amenazados por los indios". Años más tarde, el almirante Carlos Knowles, nuevo gobernador de Jamaica, emplearía procedimientos dilatorios semejantes, y en una de sus cartas para el presidente de la Audiencia de Guatemala, decía, muy piadosamente: "los pobres indios no atinan con el partido que deben tomar ante las pretensiones de dominación de su comarca tanto por parte de España como de Inglaterra". Así, pues, para solucionar este conflicto espiritual, las autoridades de Guatemala se llevaron a aquella capital unos cuantos zambos y allí los hicieron jurar, por aclamación, que todos tomarían las armas contra los ingleses en defensa del rey católico, apostólico y romano.

Estos y otros acontecimientos precipitaron una guerra entre Inglaterra y España, y para poner término a la sangrienta lucha, en 30 de enero de 1783, se firmaron preliminares de paz, celebrándose a seguidas, en 3 de septiembre siguiente, en Versalles, un tratado definitivo de paz, en el cual se confirmaron casi todas las bases de los preliminares.

Esta Convención, aunque había hecho cesar la guerra y al parecer cortado el apoyo que, con pretextos y formas diferentes, daba el gobierno británico a los "pacíficos plantadores", contenía el germen de posteriores disputas, puesto que, en uno de los artículos del tratado de referencia se había estipulado que los "ingleses abandonarían todos los establecimientos que tuvieran en el continente español". Y era claro que las dos últimas palabras darían ocasión más tarde para una de las argucias más encantadoras que se conocen acerca del incumplimiento de los llamados tratados internacionales. Su Majestad Británica, alegó con la geografía en la mano que la Mosquitia no estaba en el continente español, ¡sino en el Nuevo Mundo!

El gobierno de Madrid reclamó contra la chistosa interpretación, sosteniendo que la intención de comprender los establecimientos ingleses sobre la costa de la Capitanía General de Guatemala estaba límpida y terminante. Mas, en la discusión de este punto resultó que ambos gobiernos convinieron en explicar, ampliar y cumplir lo estipulado en el tratado de paz, celebrándose al efecto en Londres, a 14 días del mes de julio de 1786, una Convención complementaria, en la que se reconoció la soberanía de España sobre el territorio mosquito, estipulándose la completa desocupación de los establecimientos que los ingleses tenían allí.

Parece que por 1757 había ya menos homogeneidad racial entre los mosquitos, y al efecto, el segundo de los Hodgson, dice que constituían tres estados independientes los unos de los otros. Los habitantes del extremo sur hasta Bragmans eran indios puros y tenían un cacique con el nombre de gobernador; los que se hallaban extendidos hasta el pequeño Río Negro, en su mayoría zambos, eran gobernados por un rey, y los que moraban más al poniente, una mezcla de indio y zambo, tenían un jefe que recibía el dictado de general. En cuanto a poderío, las tres tribus estaban más o menos equiparadas; pero aquella que tenía un rey, recibía más apoyo de los ingleses, y su nombramiento e insignia, que era un bastón, los otorgaba el gobernador de Jamaica.

El historiador Jacobo Burney entra en una serie de consideraciones muy peregrinas sobre la devolución que hizo Inglaterra de la costa de la Mosquitia y de otros territorios que había usurpado en las provincias de Honduras y de Nicaragua, y poniendo cara de plañidero, dice:

"Cómo se hubiera muerto de pena y dolor Dampier, si hubiese podido pensar que una gente tan provechosa, sencilla y leal, cuando quedó fuera del gobierno y guía de los ingleses había de caer en las garras de los españoles, que la han llevado a su completa ruina y destrucción. Muchos años antes de tan doloroso e irreflexivo acontecimiento, el gobierno de Inglaterra había tomado posesión con justo título del territorio mosquito y erigido allí fuertes defendidos por ingleses para seguridad y tranquilidad de los naturales".

Ahora veamos el reverso de la medalla. Cuando en el territorio de la Mosquitia se producía carey, rubia, maíz, algodón, yuca y plátano, el cacique, en día de fiesta, se vestía a la española, con peluca; en otras ocasiones llevaba un casacón y una banda, sin camisa ni calzones. Bajo el ala bienhechora de los ingleses ni sus propios súbditos le prestaban obediencia y tanto las determinaciones de "buen gobierno", como lo relativo a robos, correrías y asaltos, se tomaban entre los capitanes con el voto decisivo del inglés. De forma que, cuando los mosquitos se volvieron piratas a la manera de los hombres blancos, su comarca fué haciéndose cada día más pobre, principalmente, porque los británicos vendían a los indios aguardiente, pólvora y armas de fuego, a precios muy altos ...

Pues bien, cuando hubo de sonar la hora de proceder a la expulsión de los ingleses y desmantelamiento de sus fuertes, el comisionado español, teniente coronel don Gabriel de Hervias, intentó ver y platicar con el flamante rey de mosquitos, pero éste mandó al capitán Hunter, la carta siguiente:

"Sandy Bay, 7 de marzo de 1787.

Mi mayor amigo capitán Hunter: Con el hombre blanco Guillermo Symes, recibí la carta de V. S., y del comisionado de tierra Mr. Hickey, en donde me expresa su llegada en compañía del comandante español y otros oficiales, y que tienen gran deseo de verme en el Cabo de Gracias a Dios; yo lo siento infinitamente, porque mi suma enfermedad me priva del honor de ver a V. S., y a ellos, porque al presente estoy indispuesto con catarro y violento acalenturado, y una lepra en las plantas de los pies que me priva de poder caminar, y asimismo indecente de poderme vestir de ninguna manera para presentarme delante de sujetos como V.ms., pues solamente me mantengo envuelto en sábanas.

"P.D.—Le ruego a V. S., me mande unos pliegos de papel para escribir; yo deseo en el corazón ver y dar la última despedida a todos mis viejos amigos los ingleses que han estado poblados en el Cabo.... Rey Jorge".

# UN ROBINSON CRUSOE "PELUDO"

**EN LA COSTA** de la Mosquitia era costumbre —según Esquemeling— que al llegar los piratas alquilasen una india para su servicio y atención, a cambio de un hacha o cualquier herramienta. Mientras el pirata permanecía en tierra, la india estaba en la obligación de proveer a su subsistencia con cuanto podía conseguir, como alimento, frutas, etcétera. También se otorgaba a los piratas libertad para desembarcar, cazar y divertirse cuanto querían, siempre que no cometiesen actos de hostilidad contra los moradores. A cambio de la moderada conducta de los piratas se les otorgaba permiso para comprar los avituallamientos que necesitaran para sus barcos.

Tan estrecha era la camaradería que existía entre los piratas e indios, que no era raro ver que algunos de éstos se embarcaran en los buques de aquéllos para hacer largas travesías, no volviendo a su tierra sino después de mucho tiempo. Era curioso —agrega Esquemeling— escuchar a muchos indios que hablaban inglés o francés, siendo también frecuente que más de un pirata hablara o entendiera el dialecto de los indios.

La extraordinaria habilidad con que manejaban estos indios la jabalina los hacía compañeros útiles, sobre todo tratándose de la pesca de manatíes. El territorio con treinta leguas de circunferencia estaba gobernado en forma comunal, pues los indios no tenían ni reyes ni príncipes. Tampoco mantenían intercambio ni amistad con otras tribus ni con los españoles, constituyendo un caso excepcional sus buenas relaciones con los piratas.

Desde otro punto de vista, Guillermo Dampier, hace un cálido elogio de los mosquitos: "Tienen mirada de lince y pueden distinguir un barco en alta mar a mayor distancia que nosotros". Poseían gran destreza para lanzar arpones, y por estas cualidades eran muy estimados y buscados de los piratas, pues uno o dos indios con la pesca que hacían durante un día sobraba comida para cien hombres a bordo. Cuando estaban con los piratas muy pronto aprendían el manejo de las armas de fuego y se tornaban admirables y finos tiradores. Eran valientes hasta la temeridad y nunca retrocedían ante ningún enemigo, porque ellos pensaban que sus camaradas los hombres blancos sabían bien lo que se hacía, y si éstos no se corrían los indios luchaban a pie firme hasta conseguir la victoria. Eran obedientes y amables con los piratas y por ello éstos les dispensaban respeto y consideración tanto en tierra como en el mar. Eran fieles cumplidores de su palabra y cuando se alejaban de los piratas bajo promesa de volver nunca dejaban de hacerlo aunque pasase mucho tiempo. Reconocían al rey de Inglaterra por su soberano y consideraban al gobernador de Jamaica como uno de los príncipes más poderosos de la tierra. Mientras estaban en compañía de los ingleses iban limpios y aseados, y se ponían vestidos a la europea; pero al regresar a su comarca, se quitaban la ropa y adoptaban la misma forma de vida del resto de su gente.

Pues bien, un indio mosquito al servicio del capitán Juan Watling en su expedición al Mar del Sur en 1688, mientras estaba dedicado a cazar cabras montaraces en la isla de Juan Fernández, se quedó allí completamente solo por tres años al salir huyendo los ingleses cuando avistaron una flotilla española que venía persiguiéndolos. Algunos marinos españoles que tuvieron noticia de la presencia de dicho indio, llamado Guillermo, trataron varias veces de sacarlo de la isla, pero él se obstinó en huir de ellos.

Por lo tanto, unos diez y seis años antes que el indómito y pendenciero Alejandro Selkirk, fuese desembarcado en la playa de la misma isla como castigo por haber reñido a bordo con el capitán Stradling, comandante del Cinco Puertos (Cinque Ports), para convertirse luego en el Robinsón Crusoe y dar base a concepciones idealistas acerca del bendito estado natural del género humano, un indio peludo de la Mosquitia, hubo de construir su bohío a media legua de la playa con pellejos de cabra, un tapesco de lo mismo y alimentarse de pescado, frutos silvestres y con la leche y carne de cabra. Valiéndose de un fragmento de pedernal transformó en sierra su cuchillo y cortó con ella el calibre de su escopeta cuando se le agotaron las municiones y la pólvora, para hacer de cada pedazo por medio del fuego y a golpes entre piedras, arpones, puntas de lanza, anzuelos y un cuchillo más largo. Y con esto aquel indio también exclamaría: ¡Soy el monarca de la tierra!

Cuando pasaron frente a la isla los navíos de los capitanes Juan Cook y Juan Eaton, a bordo de los cuales iban muchos de los piratas que habían acompañado a Watling, entre otros Guillermo Dampier o

Dampierra, movidos de curiosidad por la suerte que hubiese corrido el pobre indio, un grupo de ellos y otro mosquito llamado Robín, salieron en su busca en una lancha y tuvieron el placer de ver a Guillermo que los esperaba en la playa y más con tres cabras en barbacoa que les tenía preparado por haber divisado el navío inglés desde el día anterior. Guillermito, como le decían los ingleses, y Robín, al encontrarse y, según la usanza de su tierra, se saludaron postrándose uno y otro hasta tocar el suelo con la cabeza. Después de la comilona, ingleses y mosquitos, se reembarcaron alegremente...

## AÑO 1688

**HONDURAS FUÉ PUNTO** de reunión en 1688 de varias compañías de filibusteros ingleses y franceses que venían operando en ambos mares. Aquellos que llegaron con procedencia del Mar del Sur cruzando el territorio de las provincias de Nicaragua y Nueva Segovia, como en número de 250, eran en su mayoría franceses que habían pertenecido a la gente de Eduardo Davis o Davys; pero ahora estaban bajo el mando conjunto de Picard o Picardo, antiguo compañero de el Olonés, y de Jorge Hout. El caballero Ravenau de Lussan figuraba entre la chusma, puesto que, muy al contrario de lo que consignan algunos historiadores hondureños, el parisiense nunca pudo elevarse a la categoría de capitán o jefe, quizá por ser aficionado a escribir sobre las peripecias de su vida. En páginas subsiguientes ofreceremos algunos detalles acerca de la expedición organizada por los filibusteros en el Golfo de Fonseca y el comienzo de su marcha por tierra en primero de enero de 1688.

Aquí conviene anotar solamente que los malhechores bajaron al Cabo de Gracias a Dios en pequeñas balsas por la corriente del río Coco o Segovia y donde muchos se ahogaron. De Lussan dejó una vívida descripción de tal proeza. "Este río nace en las montañas de Segovia y desagua en el Mar del Norte en Cabo de Gracias a Dios, después de un largo recorrido con mucha rapidez sobre incontables rocas de prodigioso grandor y en terribles precipicios que no pueden imaginarse, tiene no menos de cien cataratas de todas clases que causan temor de verlas y hacen perder la cabeza al más valiente de sólo escuchar el ruido del agua al chocar contra las rocas formando tremendos remolinos. Todo esto es tan formidable que solamente aquellos que lo hemos experimentado podemos formarnos una idea completa. Para mí, que crucé por estos lugares, mientras viva tendré la mente llena de los peligros que he pasado y nunca olvidaré haberme hallado en ellos".

Líneas más adelante habla de la gran cantidad de banano que encontraron en las márgenes del río, "con lo que se alimentaron o se salvaron de morir de hambre, porque aun habiendo caza en abundancia", los filibusteros tenían húmeda la pólvora y no "servía para hacer cacería ninguna. De pasada, el pirata, corrige los mapas de los españoles que asignaban a dicho río una extensión en línea recta de ochenta leguas y, a la verdad, los filibusteros navegaron más de trescientas en algunos puntos con dirección sudeste antes de llegar a su desembocadura.

En Cabo de Gracias a Dios cincuenta de aquellos hombres, incluso Ravenau de Lussan, lograron embarcarse en un pequeño naví, inglés que se hizo a la vela en 14. de marzo de 1688, por la tarde, rumbo a Santo Domingo, pagando cada pirata por su persona cuarenta piezas de a ocho.

El resto de aquellos bandidos se juntó con otros doscientos o más, que habían entrado a la costa de la Mosquitia por el Mar del Norte, y pronto formaron dos pandillas. Una de éstas decidió internarse en la provincia de Honduras en busca de oro del Guayape sin lograr su intento por haberse perdide en los montes y tenido que sufrir grandes privaciones antes de hallar una salida hacia el Cabo de Gracias a Dios. La otra se lanzó sobre la ciudad de Trujillo y allí cometió toda clase de atrocidades, llevándose prisioneros al teniente de gobernador con 30 hombres más y veintidós mujeres, obteniendo por su rescate cinco mil pesos, pero pesos fuertes y no en moneda "macuquina".

Por lo que toca a estos cinco mil pesos no está demás tener presente que, desde 1649, con el auge que tomaron las minas en la provincia, cuando escaseó la moneda de curso legal, los dueños de aquellas empresas idearon suplir la necesidad, cortando las planchas de plata en hojas pequeñas, que corrían en las compras y las ventas; pero aceptadas de mala gana por los piratas y los ingleses en general, aun cuando estaban quintadas. De Lussan, dice que tales planchas por razón de su peso se tomaban en número de 80 a 100 por cada onza de oro en polvo.

Como comprobación de lo anterior en un contrato celebrado en 1793 entre la Junta Superior Provisional de Comayagua y un inglés llamado Esteban Winter, "para dar tablones de caoba para la compostura de las piraguas, y fábricas de Río Tinto y la iglesia que se estaba reedificando, y otras obras presentes e indispensables.... habiendo examinado con prolijidad en Junta el contrato hecho... lo hallamos regular siendo a 45 pesos fuertes la paga (por cada 48 pies de tablas de 4 pulgadas de grueso), y aunque se deja conocer el motivo que lo ocasiona hacer tanta diferencia de pesos fuertes a moneda macuquina, dejamos de tocar en ello, porque el señor Intendente y Junta Provisional de Comayagua conocerá el motivo que lo ocasiona".

De este curioso documento se desprende también que, por entonces, aún no había en la comarca de Río Tinto ni en Trujillo español ninguno que pudiese hacer un corte de madera tan perfecto como los ingleses y mucho menos que fuese capaz de cubicar tablas o tablones

Don Francisco Ordóñez de Solís, Gobernador de Honduras, en carta que dirigió al rey desde Comayagua a 18 de mayo de 1639, dice:

"Doy cuenta a V. M., como el día doce de junio del año pasado tomé la posesión de este gobierno estando el enemigo apoderado de la ciudad de Trujillo, y aprisionados sus vecinos, y procurando socorrerle y desalojar al enemigo, dejó la ciudad llevándose consigo prisioneros a los vecinos, y vino sobre el Puerto de Caballos de la jurisdicción de San Pedro a quien guarnecí con gente y retiré los frutos que en diferentes ranchos estaban en el camino, porque se apoderaba el enemigo de ellos, pretendió se le diese rescate por los prisioneros, en tinta añil y zarza, o los que había de pasar a cuchillo, niéguele la proposición, y solicité con todo cuidado el que no se le diesen ningunos frutos, ni bastimentos, y picado de esto echó en tierra al capitán Diego Diez Cano a quien había apresado en el navío Santa Cruz, sobre dicho Puerto de Caballos para cortarle la cabeza y se lo embarazó una nao de Inglaterra mercantil que estaba con ellos, pidiéndole le concediesen la vida hasta otro día que esperaba el rescate y se lo llevaron los ingleses a su navío y aquella noche le dieron una herida que con grandes ansias, y haciéndose pedazos amaneció muerto, echaron los demás prisioneros en tierra, y por su declaración dicen que era el pirata Coquezon (Juan Coxon), con doscientos hombres, y entre ellos parte de los que habían salido de la Mar del Sur con dos fragatas de poco porte y las demás embarcaciones piraguas de guerra ....".

"Luego puse por ejecución dar cumplimiento a las dos galeotas que ofrecí a V.M., en el río de Ulúa dentro de ocho meses, tomada la posesión de porte de treinta y dos codos de quilla, y habiendo reconocido lo mucho que continúan esta provincia los piratas con diferentes embarcaciones y los muchos ríos caudalosos, que tiene esta provincia, como son en Trujillo, el río de Aguán, que es por donde entró el enemigo y fué dueño de todo el valle de Lean en el valle de Yoro, y entra hasta cerca de la misma villa, Guayape en el valle de Olancho el Viejo, Chemelicón (Chamelecón), dos leguas de San Pedro, el río de Ulúa siete leguas, que por él ha entrado muchas veces y que no es capaz de ninguna fortaleza ni castillo esta provincia para su defensa".

En cédula remitida al presidente don Jacinto de Barrios Leal, en 31 de diciembre de 1689, aparece lo siguiente:

"A las noticias que me participasteis en carta de 29 de septiembre de 1688, añadís, que habiéndose juntado con los piratas del Mar del Norte los que salieron de la del Sur por el río de la Segovia, entraron en el valle de Trujillo por el río Aguán, incógnita hasta entonces su navegación, y echaron en tierra 400 hombres, que se dividieron en dos trozos, y que los unos se encaminaron a robar a Trujillo, y los otros a saquear a Olancho...".

Don Jacinto, en carta para el rey de 15 de abril de 1699, al tratar nuevamente sobre la incursión de referencia, escribe que el río Aguán tenía el desembarcadero media legua de Trujillo el Viejo. Con esta noticia se aclara, en parte, la duda que aún existe respecto al asiento de la primitiva villa de Trujillo y queda de manifiesto, por lo menos, que la población fué nuevamente desamparada por sus moradores después del asunto de que viene haciéndose relación.

## MÍSTER PITT

**DICHO SEA EN HONOR** de la verdad, Guillermo Pitt, quizá fué el primer inglés a ratos decente que puso los pies en la zona del Río Tinto o Negro en el siglo XVII. Pitt era natural de la isla de Bermuda y en Honduras comienza en 1699 por dedicarse al corte de madera y al contrabando con tanto éxito en ambas actividades que, al cabo de unos pocos años, sería el hombre más rico en toda la comarca. Conste que, según una carta informe de Julián Arriaga a Ricardo Wall en el Buen Retiro a 18 de octubre de 1757, Guillermo Pitt "arrojado de Walis (Belice) el año 1731, fomentó el palo de tinte con la mala fe de enviar allí (Río Tinto y sus inmediaciones) la tropa y familias que evacuaron a Roatán por el Tratado de Aix la Chapelle de 18 de octubre de 1748. Para mayor abundamiento en la Gacata Real de Jamaica de 5 de febrero de 1785, refiriéndose al odio que sentían los misquitos contra los españoles por las horribles crueldades practicadas con sus hermanos y en cuyas guerras con ellos ni les daban ni recibían cuartel, también aparece que "este espíritu de barbaridad se ha modificado bastante en los últimos años, por las representaciones humanas de Mr. Pitt, que ha residido en su país más de 40 años, con la más alta reputación por sus singulares buenas cualidades.

Este digno caballero se ha empleado laudablemente en redimir muchos españoles de ser muertos, y muchas veces ha logrado que los indios acepten un rescate por una parte de sus prisioneros, cuando no podía, procurar la libertad de todo el número de ellos. Si bien la colonia de Pitt no estaba comprendida en lo estipulado por el tratado suscrito por España e Inglaterra en 1670, el muy digno de míster Pitt actuó siempre como gobernador de los indios mosquitos y tuvo, por el derecho de la fuerza, bajo su jurisdicción algunas de las islas adyacentes a la costa del norte de la provincia.

Antes de la llegada de Pitt al país, los padres franciscanos fray Pedro de la Concepción, fray Raimundo de Barrientos y fray Rodrigo Betancourt, habían logrado sacar unos cuantos indios de los bosques de la Mosquitia, con los cuales fundaron un pueblecillo llamado Dolores, en la confluencia de los ríos Guayape y Guayambre, reducción que muy pronto sería invadida por los caribes, llevándose prisioneros a los frailes y a los indios, dejando sus chozas convertidas en ceniza. Las autoridades de Danlí, de que dependía aquella comarca, como tenencia de la Alcaldía Mayor de Tegucigalpa, no pudieron perseguir ni castigar a los malhechores por falta de armas y éstos no soltaron a los religiosos hasta que se pagó por ellos un buen rescate.

Esta incursión hubo de ser causa para que se despoblara también Santa María, pueblo fundado en las inmediaciones del Valle de Jamastrán. A fin de que los piratas, acompañados de indios sublevados, no entrasen a dicho valle y al de Cuzcateca, se mandó poner vigías por el alcalde mayor de Tegucigalpa, de orden del oidor don Juan Jerónimo Duardo, y se fijó un resguardo de tres soldados en el paraje llamado Los Limones y otro de dos en las cabeceras del río Siaslí.

Además del corte de madera que hacían los ingleses instalados en las cercanías de las reducciones de Santa María y de San Buenaventura, había el incitamento de las indias por ser, según fray Fernando Espino: blancas, amestizadas, apacibles, de muy buenas estaturas, por la mayor parte de lindos cuerpos y rostros y quienes "guardaban la virginidad hasta efectuar matrimonio porque si alguna india faltaba, ella y su compañero (indio, se entiende) perecían juntos, muertos a flechazos".

Muy pronto míster Pitt tituló su colonia como "Establecimiento de Su Majestad Británica", y el obispo de Comayagua se quejaría de que algunos indios pasasen al servicio de los ingleses y los cuales hacían circular entre ellos Biblias luteranas. Por esto una real cédula de 19 de noviembre de 1709 mandaba recoger hasta el último ejemplar del Sagrado Registro y es posible que los católicos los hayan quemado todos.

Empero, no todo sería color de rosa para los ingleses instalados en Belice, Roatán y Río Tinto, puesto que don Alonso Fernández de Heredia, gobernador de Honduras, informaba en 10 de marzo de 1748 al Ministro de Indias, don Zenón de Somodevilla y Bengoechea, marqués de la Ensenada, lo siguiente:

"Tengo dado cuenta a V. E., que luego que tomé posesión del gobierno de Honduras por muerte del coronel don Juan de Vera, se consiguió echar a los enemigos de Waliz, en donde había tiempo se hallaban establecidos, cuya operación y la de haberles privado de carnes frescas en Roatán, los tiene sumamente inquietos y rabiosos, juntamente con hallarse enteramente cortado el comercio ilícito que por aquella provincia había, que lo han manifestado con repetidos ataques, que por todas las tres de mi mando han intentado".

Ratificando lo anterior se dispone de la declaración hecha por el teniente inglés Tomás Timoteo Pendet, en Bacalar, año 1748, que dice:

"...que habiéndoles privado las carnes frescas que en años anteriores les suministraban de la costa de la provincia de Honduras, padecían gran mortandad, y que los que escapaban quedaban llenos de llagas y lazarinos, por las saladas con que se veían obligados a mantenerse, y que aunque los ingleses establecidos en Río Tinto y Aguán les socorrían con alguna vaca, que eran tan pocos que no bastaban, ni aún para los oficiales, y que el inglés llamado Guillermo Pitt, se hallaba con toda la ropa que dos años ha le habían traído de Jamaica, y que la mayor parte de dicha ropa estaba podrida, por no haber podido introducir ninguna de ellas en Honduras, y que los habitantes de la dicha provincia de miedo del castigo que se les había impuesto, y de la vigilancia con que se guardaban los caminos, no bajaban al trato".

En la Relación de varias noticias del seno de Honduras, que por orden del capitán de navío y comandante de la escuadra guardacosta de Barlovento, don Gutiérrez de Hervia, hace el capitán de fragata don Ignacio San Justo, en 4 de julio de 1752, a bordo de la fragata La Flora, al ancla en el puerto de Veracruz, puede leerse lo que sigue:

"En cuanto a las fuerzas enemigas que hay en aquel seno, digo que según las noticias que he podido adquirir en el tiempo que me mantuve en él, y del conocimiento que tengo de aquellas costas, sólo hay algunas piraguas que los indios mosquitos solían armar mientras duró la guerra pasada para ir a hacer desembarcos en las costas de la provincia de Comayagua, que están desiertas e internando tierra adentro saqueaban algún pueblecillo de indios mansos, y los prisioneros los vendían a los ingleses como esclavos; pero con solo saber que hay medio buque corsario, o armada de guerra que cruce ese seno, están desterrados todos los mosquitos, y no parecerá embarcación mosquita a la mar; y en todo el tiempo que yo he estado por esos parajes, no he visto ni he tenido noticia que hubiera embarcación alguna de ellos. En cuanto a la situación de los ingleses en ese seno, digo, que en las islas Guanaja, Burburata (Barbareta), Marata (Morat), la Elena, Roatán, Utila y en los cayos de Mayaguera, no hay al presente población alguna de ingleses, y sólo en el tiempo de la guerra pasada hubo población y guarnición de ingleses en la isla de Roatán, y la evacuaron después de estar hechas las paces, y sólo quedó en un cayo que está en el mismo puerto de Roatán llamado Cayo Lein, una mujer inglesa que últimamente cuando estuvo la galera San Fernando a reconocer dicho puerto, la desalojó y se la llevó a nuestra costa, para entregarla al gobernador de Comayagua; en la costa seste, oeste, desde el Cabo de Camarón, hasta el de Gracias a Dios, está de trecho en trecho poblada de familias inglesas, y donde más en Río Tinto, que está situado dos leguas al seste de dicho Cabo de Camarón, se mantiene muchos años ha un inglés llamado Guillermo Pitt con toda su familia, que consiste en su mujer, cuatro hijos: un varón de 18 años de edad y tres hembras, que una tiene 24, otra 16 y otra 8 años; y el dicho Guillermo es hombre de más de 60años, muy rico; tiene 300 esclavos entre negros, mulatos e indios, que los zambos se los vendieron, de los que cogieron en las Bocas del Toro (en Panamá); y además de los expresados hay ocho familias inglesas establecidas. Este sitio lo tiene Pitt fortificado con dos castillos, uno a la boca del río, y otro más arriba. El primero tiene 8 cañones del calibre de 6, y 24 pedreros; y en el segundo 6 cañones del mismo calibre, y 12 pedreros; y esta artillería está servida por los esclavos dichos, de Pitt, pues al presente no hay tropa, ni gobernador del rey de Inglaterra como antes, que se retiró a Jamaica el gobernador que estaba, llamado Guillermo Hudson (Hodgson) con 40 soldados por el mes de julio del año de 1751. Ese sitio es muy mal sano, y se le murió la mayor parte de la tropa que pasó a él después de la evacuación de Roatán; 18 leguas al seste de Río Tinto, que los ingleses llaman Blec River (Black River) está una grande laguna, conocida por la Laguna de Brons (de Bruss o de Cartina, que es el nombre con que primero fué conocida), por haberse llamado así su primer poblador inglés; y tiene una isla en medio que está muy poblada; y según las noticias que he podido adquirir habrá como unas 40 familias inglesas; la isla está fortificada, y sólo los esclavos de esas familias están muy proveídos de armas blancas y negras, y la dicha laguna tiene comunicación a la mar, y tiene en su entrada barra, con solo ocho pies de agua en plena mar; por dentro hay fondo suficiente para cualquier embarcación, de ocho hasta cinco brazas. Estas familias se mantienen haciendo comercio, que consiste en comprar a los zambos el carey y cortar tablones de caoba, de que abundan mucho aquellos montes; y venderlos a las embarcaciones que van desde Jamaica a dicha laguna cargadas de ropas, azúcar, aguardiente de caña, cuyos géneros los venden a los indios zambos, mosquitos; y también a los vasallos del rey, nuestro señor, que desde el pueblo de Sonajera (Sonaguera) y de toda la provincia de Comayagua, bajan con ganado mular y vacuno al Puerto de Trujillo, para venderlos a cambio de ropa, a los ingleses que están establecidos en toda la dicha costa, como también a los de Río Tinto y Laguna de Brons, que todos van a hacer el comercio a Trujillo, y los del pueblo de Sonajera, están continuamente comerciando con Guillermo Pitt, en Río Tinto; creo que sería muy útil que ese pueblo de Sonajera se quitase de esa inmediación y se estableciese tierra adentro a lo menos 20 leguas apartado de la costa, porque es la madriguera de los contrabandistas; y de esa forma podría atajarse en parte el trato ilícito; y con un par de embarcaciones corsarias que salgan de Omoa a recorrer esa costa, de forma que una se mantenga a la mar, hasta que venga la otra a remudarla, se evitará cuando no en el todo, la mayor parte. Todos estos ingleses de la costa dicha no tienen embarcaciones propias que poder armar, y sólo se entretienen en hacer sus comercios y en cultivar la tierra sembrándola de maíz, maniatos, frijoles, etc".

Sin fecha ni firma responsable, por estar incompleto el documento, se tiene la siguiente relación del estado de la costa de Honduras desde la bahía de Trujillo hasta el Río Tinto o Negro:

"En la costa de Trujillo, donde estaba la ciudad de este nombre (?), fecundísima, muy sana, abundante de pescado, principalmente manaty, bajando el cerro de La Ofrecedera, que abre camino entre las dos sabanas y la mar, por el volcán, se sale a la costa que está cerrada de monte inandable por su espesura, por la orilla del mar, en arena limpia, se va caminando hasta Río de Cristales, en cuyas márgenes estaba la ciudad de Trujillo, cuyas ruinas aún se dejan ver a pesar de que los ingleses acabaron de arruinarla, cuando tenían poblada la isla de Roatán; hay una llanura inmensa que dando vuelta al volcán

(Piedra Blanca), no pasa en cincuenta leguas, parte cerrada de montes por las sábanas de pinares, llenos aquéllas de palos—marías, ébanos, granadillos, caobas, cedros, etc.

Hablando de los ingleses: "...no hay cañón ni soldado alguno en todo este territorio, su trato corriente es cortar maderas para mandarlas a Londres, zarzaparrilla, y hacer algunos cortos trueques con los españoles, siendo pólvora el renglón de más consideración, lo demás no importará al año todo su trato independiente de las maderas que es mucho y de las zarzas cincuenta mil pesos a cuenta de lo que reciben cualquier cosa que se trueque...."

"Dos caminos hay de allí a Blac River, todos a la orilla del mar, pero a un cuarto de legua se separa uno que va por agua que hay una legua a Blac River y otro costa del mar frente de la población, quedando un arenal entre la mar y la laguna y del otro lado de éste está tendida la población, que consiste en el capitán Hodgson referido, el capitán Lauris que es también oficial del rey, y vive allí con licencia, el hijo del difunto Pitt, dos yernos y otras ocho o diez familias inglesas y otras tantas de mestizos entre los cuales habrá 400 negros. De esta población a la del general Tempiz, zambo, hay treinta leguas y en el Río Tinto o Negro viven cuatro o seis familias inglesas'.

Años más tarde, o sea por 1759, la situación de Pitt había mejorado bastante como resulta por la relación hecha por don Juan de Lara y Ortega por disposición del muy Ilustre señor Presidente don Alonso de Arcos y Moreno, Capitán general "de este Reino:

"La expresada situación, tiene dos reductos revestidos de tablas y arena, el uno que mira a la población, tiene seis cañones de el calibre de seis y veinte, y dos pedreros de a diez onzas de bala cada uno, como a dos cuadras de distancia y otro reducto, que mira a la entrada de la barra, revestido de lo mismo con cuatro cañones y trece pedreros, del mismo calibre que los de el primero. En dicha población hay una casa fuerte de tres altos cubierta de texamani, en donde vive el comandante don Roberto Hodgson, que es capitán de infantería, aquí hay veinte y cinco pedreros, montados en estacas a modo de pilotaje, inmediatamente esta casa, está el cuartel de infantería, con treinta soldados con todo el armamento correspondiente, y además tiene cada uno su par de pistolas; estos treinta hombres tienen un teniente y dos sargentos. En la expresada casa fuerte, hay existentes cuarenta y dos fusiles con sus bayonetas de pistolas. Como a ochenta varas de la casa fuerte está una pequeña casa de tablas, que sirve de almacén de pólvora. En toda esta población hay doscientos y trece casas cubiertas de palma inclusive las de los negros, y una de dos altos de texamani, donde vive un inglés llamado Consueri. De esta población al Río de Mistieri (que quiere decir de los mulatos) a la costa de sotavento tres leguas, hay una población de ingleses y mulatos, que contiene setenta y seis casas, éstos viven descuidados. Del otro lado de la Laguna está otra población de ingleses y mulatos, que tiene cincuenta y una casas y como media legua distante hay de mestizos, otra con setenta y siete casas. Así, los zambos mosquitos hay otra de catorce casas, y a poca distancia del Establecimiento principal hay dos cortas poblaciones. La una es de un inglés de fama, llamado Troxones, y la otra es de un negro llamado Antonio Urbina, criollo de Yoro, que le sirve a Pitt de mayordomo de su ganado; una y otra tienen diez casas. Arriba de Río Tinto tiene el inglés Pitt, una casa de campo que le llaman Pipirijil, ésta la gobierna un sobrino del dicho Pitt, tiene tres casas y más de sesenta mujeres; en este sitio hay muchos platanares, yuca, llames y más verduras. Poco más arriba hay dos ingleses, en el mismo trabajo con algunos negros. En todas estas poblaciones hay como treinta y seis ingleses de porte y fama, e inferiores a éstos como setenta, y como tres mil indios, zambos, mosquitos, bien armados y muy diestros en el fusil, y viven con mucha vigilancia, están formados en batallones con todos sus oficiales, tienen rey que se llama Jorge, gobernador que se llama Quin, tienen escriba inglés, para las correspondencias de Jamaica; estos indios trafican toda la costa, desde la boca del Río de San Juan, Cabo de Gracias a Dios, Barlovento; y por Sotavento no llegan más que hasta Río Guan, que los ingleses llaman Romano, estos indios defienden toda la costa y se consideran absolutos señores de ella, dando por razón, que no han sido conquistados por potencia alguna, y que así toda la costa es suya..."

En el tratado de paz que suscribieron los gobiernos de España e Inglaterra, en París, a primero de febrero de 1763, se consignó que Su Majestad Británica haría demoler todas las fortificaciones que habían erigido sus súbditos en la provincia de Honduras y otros puntos. En consecuencia, el gobernador de Honduras, don José Saenz

Bahamonde, comisionó al coronel de ingenieros don Luis Diez Navarro, para efectuar la destrucción de las fortalezas que tenían los ingleses en Río Tinto; pero se le opuso el capitán José Otuay, cumpliendo instrucciones del gobernador de Jamaica. Diez Navarro, considerando insuficientes sus fuerzas para un ataque, se retiró ofreciendo volver, y se dirigió a Comayagua dar cuenta de lo sucedido.

En su informe para el Capitán general de Guatemala, y para el marqués del Pozo Blanco, el ingeniero Diez Navarro, dice:

"Corriendo la costa por el mismo rumbo de poniente a levante, a 102 leguas de la boca del Golfo (Dulce), está el Río Tinto, el que es muy caudaloso y de buena barra. Baja de la Alcaldía mayor de Tegucigalpa y pasa por los dilatados valles de Olancho el Viejo. Es el paraje donde habita Guillermo Pitt (de nación inglesa) gobernador de los zambos y mosquitos y mantenedor de los comercios ilícitos de toda la costa. Es este inglés muy estimado de aquella provincia por la buena correspondencia que tiene con ellos; está poblado en las márgenes de dicho río en una pequeña isla que el mismo río forma en casas pajizas a distancia de cinco leguas del Cabo de Camarón y en su situación tiene un puertecillo que mira a la barra y varias piraguas armadas de indios mosquitos y zambos para resguardo, y muchos esclavos negros en su compañía, que manejan bien las armas y trabajan de día en el corte de madera de cedro".

"El Río de los Plátanos está de la boca del Golfo 106 leguas corriendo la costa al sureste. Es muy caudaloso. En él están poblados los ingleses y hay un teniente puesto por Pitt".

Y desde Comayagua en 29 de enero de 1779, el gobernador y comandante general de las armas de la provincia de Honduras, don José Sáenz Bahamonde, en vista del superior despacho proveído por su Señoría el señor Presidente de la Real Hacienda, Gobernador y Capitán general del reino de Guatemala, para efecto de que informase sobre lo que convenía al proyecto de hacer guerra al indio mosquito dentro de sus poblaciones, "con toda ingenuidad", manifiesta lo siguiente:

"...carecer de noticias, y relaciones verídicas del número de zambos que habitan la costa del Norte, desde Río Tinto hasta el Cabó de Gracias a Dios, y confinan por la parte del sur con las provincias de Costa Rica, Nicaragua, León, Segovia, Tegucigalpa y parte de ésta".

Pero más adelante agrega: "...por lo respectivo a la gente de esta provincia que a más de ser pusilánime no sabe manejar las armas, pues ya sucedió en años pasados haber salido o insultado en ancho un corto número de zambos y habiendo salido a acometerlo un capitán con una compañía de soldados y habiendo avistado al enemigo, cuando debieron acometerlo, huyeron dichos soldados dejando solo al capitán, por lo que éste se retiró precisado del desamparo; también hace presente al gobernador la escases de gente en esta provincia, pues aún no hay la precisa y necesaria para ocurrir a las cargas con que se haya como son la de guarnecer la frontera de Olancho y Olanchito por motivo de dichos zambos; el partido de Yoro extenuado del vecindario, y obligado a contribuir con cierto número a los trabajos de Omoa. El de Tencoa escaso de ladinos y también con el tequio (gravamen, tarea, faena, tributo, carga corporal que pesaba sobre los indios) de Omoa. El de San Pedro como inmediato a dicho Omoa soporta lo que se ofrece a dicho puerto en continuo cuidado a prender desertores de las Reales Obras. El de Gracias a Dios muy retirado de Olancho y quien asimismo contribuye a Omoa cuando se necesita, y éste ha abastecido con las siembras de tabaco al Real Estanco .... y su jurisdicción del mismo modo está contribuyendo con operarios y remuda de dos en dos meses para los dichos trabajos de Omoa de suerte que, según se halla la provincia, no sabe el gobernador cómo se pueda hacer la empresa con ella de modo que el suceso sea feliz...".

Siempre sobre lo mismo, don Domingo Cavello, sargento mayor de infantería de los Reales Ejércitos, gobernador por su Majestad de la provincia de Nicaragua, y comandante general de las armas de ella, "y sus cuatro Corregimientos", expone:

"En el gobierno de Comayagua, están establecidos los zambos y mosquitos, desde el Cabo de Gracias a Dios, hasta el Cabo de Camarón, o Monán, cuya punta forma el Puerto de Trujillo, e intermediando en este tránsito, el Cabo Falso, el Río Tinto Chiquito, Brus Laguna, Río Tinto y Cabo Camarí, se facilita la entrada a estos parajes por San Pedro y Olancho por los que por ellos puede aquel gobierno hacer su entrada, con el logro de los mismos progresos, que

503

lo pueden hacer los gobernadores de Costa Rica y Nicaragua, mayormente cuando las expediciones terrestres, se hagan a un mismo tiempo, estando en igual oportunidad las piraguas y balandras de S. M., que han de estar explorando la costa, y haciendo el corzo, no permitiéndoles entre a los enemigos ninguna embarcación inglesa de Jamaica, con armamento y municiones, que es uno de los mayores cuidados en que ha de poner todo su conato el Comandante de las Fuerzas Marítimas".

El 21 de septiembre de 1782, el gobernador de Guatemala, don Matías de Gálvez, que había tomado posesión de su cargo el 4 de abril de ese mismo año, ante una situación difícil por las derivaciones de la guerra contra Inglaterra, da cuenta de haber reconquistado del enemigo inglés el Puerto de Omoa, Roatán y los demás establecimientos en la provincia de Honduras, y participa que mantendrá una defensiva desde el Río San Juan hasta el Golfo Dulce.

Inmediatamente después de la expulsión de los ingleses de la isla de Roatán, don Matías, con una escuadrilla de la que formaban parte las fragatas Santa Matilde y Santa Cecilia, también logra desalojar al enemigo de sus establecimientos en el Río Tinto y tomadas las fortalezas de Quepriba y Criba, restablece plenamente el dominio de España en el Golfo de Honduras con la cooperación de las fuerzas de Campeche, mandadas por don Roberto Rivas, que se lanzaron al ataque de Belice. Al poco tiempo, no obstante, los ingleses recobraron Quepriba y Criba y.... la historia se vuelve muy larga. "Gálvez fuere compensado por sus éxitos, siendo nombrado primeramente Mariscal de Campo y después Teniente General. De su buen gobierno y excelentes condiciones de mando políticas y militares, quedó un gran recuerdo en Guatemala, donde se le llamaba padre de la Patria".

"Los documentos que agrego a éste —dice don Matías— desde el número 1 hasta 8 considero ser suficientes para informar a V. E., de los sucesos acaecidos desde el día 22 hasta el 31 de agosto.... La inhumanidad que cometieron los bárbaros negros mandados por los ingleses Campbell y Juan Smith pasando a cuchillo aquella guarnición rendida, tendrá en las historias de guerra pocos ejemplares; pero la guarnición de la Crivá capituló con el mayor honor como consta del tanto de ella, y yo le he aprobado a aquel comandante don

Tomás de Julia, que supo sacar de unas fuerzas superiores unos capítulos tan honrosos".

"Yo me veo al presente sin tropa veterana, todas las milicias cansadas y azotadas de tantas expediciones de forma que últimamente era una continua deserción de los de la tierra. En el día he dispuesto que todos los oficiales que se hallaban por fuera en distintas comisiones y puesto se arrimen a las fronteras para impedir el que se internen en el Reino y con mayor empeño a la plaza de Omoa; pues me temo venga la escuadra inglesa a demoler aquella fortaleza, pues su objeto me parece no será solo el recuperar la Crivá ya casi destruida y enteramente diez o doce poblaciones que tenían en el Río de Plátanos y sus cercanías distante doce leguas y todas las demás haciendas de trapiches".

"Tengo observado que los ingleses siempre me atacan por los meses de agosto y septiembre sin temor a los equinoccios, valiéndose de que las aguas no me dejan transportar tropas, municiones ni víveres".

## AÑO 1703

CON MOTIVO DE la guerra que a España hacían, aliados, Austria, Inglaterra y Holanda, el gobernador de Honduras, don Antonio de Montfort, y el alcalde mayor de Tegucigalpa, don Gabriel de Echeverría e Ibarra, tomaron medidas en 1703 para poner la costa del norte con alguna defensa. Pero luego se verifica una serie de cambios en las personas que ejercían el cargo de gobernador por las inmoralidades que cometían, y uno de éstos, don Enrique Hocman o Logman, acusado de contrabandear con los enemigos de su rey, hubo de salir del territorio de la Capitanía General huyendo de la justicia.

Las disposiciones del carácter defensivo del gobernador de Montfort quedaron justificadas muy pronto, puesto que un considerable número de ingleses asociados con unos 200 zambos después de robar e incendiar poblados en la provincia de Nueva Segovia, se internaron en la de Honduras y cayeron sobre el pueblo de indios llamado Lemoa, a orillas del Río de Ulúa, en 25 de mayo de 1704, lo quemaron, se repartieron en la iglesia el botín que habían conseguido, se llevaron cautivas a veinte personas del lugar, inclusive doce mujeres, y luego se dieron a saquear impunemente los otros pueblos de la comarca, cometiendo toda clase de vejaciones y asesinatos. Meses más tarde volvieron a Lemoa, después de haber recorrido hasta el pueblo de Amatique.

En 1707 y 1710, nuevas partidas de ingleses acompañados de zambos y mosquitos, cometen incontables depredaciones en los poblados de los indios mansos de la costa del norte de Honduras. Suerte grande era que, por entonces, sólo como quinientos zambos tenían fusiles que sus amigos les cambiaban a razón de un esclavo por escopeta; y fusil que se arruinaba, descompuesto se quedaba, porque los infelices zambos o mosquitos no contaban entre ellos con herreros ni fraguas, ni había ingleses que hicieran reparaciones desinteresadamente.

Y mandarlos a componer a Jamaica costaba más que comprarlos nuevos. Por otra parte, para librarse de ser objeto de tal cambio los payas, que venían siendo vendidos por esclavos, optaron por aliarse con los zambos y los mosquitos y pronto llegarían a ser más temibles que todos ellos juntos con sus lanzas, espadas y demás armas cortas.

Mientras los enemigos efectuaban sus constantes y afortunadas incursiones, del llamado Reino de Guatemala, se decía: "...pasando ya a tratar de los medios para el exterminio (de los malhechores) sea lo primero, que en todo el distrito de esta Capitanía General de Guatemala, aunque tiene varios puertos de mar, no hay balandras, bergantines, botes, fragatas ni chalupas, ni de nuestro católico rey, ni de particular alguno, y lo más que hay es tal cual canoa o piragua, y ponerse a fabricarlos de cuenta de Su Majestad, es gastar dinero en vano. Llegase a esto, que ni en esta ciudad de Guatemala, ni en todo el reino hay gente marítima, y sólo se hallan tal cual mulato en el obispado de Comayagua, en San Pedro Sula, Yoro y Trujillo, que esté acostumbrado a andar en la mar; pero todos los demás sólo entienden de mercancías, ingenios de azúcar y haciendas de ganado, y aunque muestran buen ánimo el mareo los postra".

En 1716, don Ambrosio Tomás de Santaella Melgarejo, oidor de la Audiencia de Guatemala, escribía al rey:

En vista de carta del presidente de esta Audiencia, don Toribio de Cosio, y trece cuadernos de autos que la acompañan y de informe del reverendo obispo de Nicaragua, doctor don Fray Benito Garret, mandó V. M., por su real cédula de 30 de abril de 1714, se diesen por Vuestro presidente las más prontas providencias para el exterminio de los zambos e ingleses que habitan la Isla de Mosquitos y costa del Mar del Norte, causando casi continuas hostilidades a los vecinos hacendados de las provincias de Nicaragua, la Segovia, Theusigalpa, Comayagua y valle de Matina y otras muchas perniciosas consecuencias que de sus impuros procedimientos resultan: lo cual con la relación de los autos se nos hizo en la Junta de guerra que se formó el día 20 de febrero de 1715 para que por escrito diésemos los concurrentes nuestro parecer y deseoso yo de que V. M., consiguiese los felices éxitos que anhela mi agradecido amor, me apliqué a registrar todos los autos de la materia, procurando reducir a un breve mapa el plantón y situaciones para más facilitar los faustos efectos del real servicio como lo consiguió mi desvelada intención en el que acompaño a ésta con el parecer a la letra que dí a Vuestro presidente, excitándole a que sin perder tiempo se ejecutase lo mandado por V. M., siendo de este mismo dictamen los más prácticos y peritos que asistieron a dicha Junta".

"Pero viendo que en más de año y medio no se ha dado principio a tan santa obra, como la de la expulsión de dichos zambos a que justamente nos empeña el cristianísimo celo de V. M., he tenido por mi obligación darle cuenta, como lo hago, a fin de que reconozca V.M. mi rendida obediencia a sus preceptos y lo conveniente que será la desolación de tan perjudiciales bárbaros.

Mientras el señor oidor ponía picas en el señor presidente. de la Audiencia, el apodado rey de aquellos bárbaros extendía patentes de corzo a todo su gusto y sabor a sus vasallos, los cuales no sólo robaban los pueblos de la costa de Honduras, sino que se aventuraban a pillar pequeñas embarcaciones mercantes en alta mar.

Desde San Pedro Sula, en 17 de marzo de 1716, don Enrique Logman, informaba a la autoridad superior de la Capitanía General, que con fecha 10 de ese mismo mes y año había recibido carta del capitán don Diego Matheos de los Yjuelos, lugarteniente del Partido de Olancho el Viejo, en que figuraba un capítulo del tenor siguiente:

"Doy cuenta a V. S., cómo el día seis de este corriente mes de febrero salí para Catacamas con las dos compañías que tiene este Partido por haberme avisado el alcalde de Catacamas se hallaban afligidos por tener aviso de un indio ladino de las montañas, cristiano, llamado Juan de Herrera, que se crio y bautizó en este Partido, lo que los indios payas que habían quedado de salir a poblarse con los Escotos, venían con la mala intención coligados con zambos y negros para caer a Catacamas, y este Partido y esta propia noticia también la envió un inglés que ha muchos años está viviendo entre ellos, dicen es cristiano, después a un mismo tiempo me escribe el capitán Antonio del Herrera dándome la misma noticia, por lo que me obligó a salir con la gente, pero sin armas; también lo sabe V. S., que no hay arma que pueda servir, y también tengo notificado a V. S., que por mes hará dos años no hay vigías, en fin señor fui a Catacamas donde puse el Real dando todas las providencias necesarias que el tiempo ofreció proveyendo de vigías de los propios indios de Catacamas, dicen que se vieron diez y seis canoas y sólo se dejaron ver como unas diez en que vieron los indios que quedaron con el capitán don Juan de Escoto de salir y estuvieron seis días y no hallando a dicho capitán don Juan se fueron, aunque hablaron con el alférez y Sargento de Conquistas, a quien dejaron una sarta de nudos en un cordel o correa, dando a entender los días que tardarán en volver que hace cinco meses, yo después que se fueron envié cuarenta hombres y cuatro indios a que exploraran todo el Río abajo y arriba por si volvían, pareciéndole estábamos descuidados los cuales estuvieron dos días y no viendo nada se volvieron y yo me retiré con la gente, mandando por auto que ninguno hiciera ausencia de su casa o viaje largo por el tiempo de ocho días, no he dicho a V. S. el paraje en que se vieron las canoas, fué en el rio que llaman de Puan y encuentros de Guayape, también después de la retirada de la gente me dijo un indio de los payas que es maestro de uno de los pueblos que llaman San Sebastián que vió el indio ya citado Juan de Herrera el que habían estos indios muerto a un mulato capitán y a algunos de su gente sobre reaprehenderlos y estorbarles el venir a este Partido a hacer daño y ordenaron una bebida de chicha y los embriagaron y mataron; señor la gente de este Partido así indios como ladinos se hallan muy afligidos sobre no haber armas ni municiones y yo también lo estoy, y así V. S. vea la mejor providencia que se pudiera dar para que estas armas que hay se aliñen o vengan algunas de Comayagua pólvora y velas porque se teme que esta semana santa no vengan a hacer alguna picardía sobre venir todos los vecinos a Manto a cumplir con el precepto anual".

"Para cuya insinuación escribí luego a los oficiales reales de Comayagua para que con toda brevedad hiciesen remisión a dicho mi teniente de veinte y cinco armas las mejores, veinte libras de pólvora y demás municiones que de todo doy cuenta a V. S., para las más providencias que fuere servido del servicio de Su Majestad la divina guarde la ilustre persona de V. S., muchos años".

Contra esos enemigos hubo de mostrarse siempre muy animoso don Diego Gutiérrez de Argüelles, como gobernador de Honduras. Al tener noticia por el teniente de Trujillo que los zambos se alistaban para penetrar hasta Olancho por el mes de noviembre de 1720, contando con el auxilio que les darían los payas y los patucos, el gobernador libró instrucciones a don José V. San Martín, maestre de campo de la provincia, para que se trasladase a Olancho con la gente y armas que pudiese conseguir y amparase los pueblos más cercanos a Río Tinto. A la vez Gutiérrez de Argüelles suplicó al Capitán general que diese órdenes al gobernador de Nicaragua a fin de que mandase ciento cincuenta fusiles de los almacenes de Granada. Pero su señoría el gobernador se hizo el sordo.

No obstante, con tan escasos recursos militares Gutiérrez de Argüelles había logrado una brillante victoria el año anterior contra el famoso Jeremías Rey del Mosquito, que había salido a capturar indios tributarios de los españoles en algunos pueblos, y subiendo por el río Chamelecón intentó devastar los lugares llamados Jicamay o Ticamaya y Candelaria la Vieja, en las cercanías de Choloma.

Después de esa venturosa acción de armas, el comandante de los guardacostas, don José Amaya, en compañía del capitán don Pablo Escobar, atacaron tres piraguas tripuladas por unos 500 zambos y 200 ingleses cerca de Cayos Cochinos. Los españoles apresaron dos ingleses y dieron muerte a 27 enemigos, y los demás se dieron a la fuga. Hay que añadir que los guardacostas habían sido construidos a expensas del mismo Gutiérrez de Argüelles y los gastos de la expedición cubiertos en parte con trescientos pesos que dio el Reverendo señor obispo de Comayagua, fray Juan Pérez de Carpintero.

En 1730, los ingleses, zambos, mosquitos y payas, con la cooperación de los indios llamados jicaques, al mando de un oficial inglés, y en número de 500 hombres, hicieron una invasión al Partido de Olancho y el territorio de Danlí, armados de lanzas y flechas, escopetas y carabinas y tres piezas pequeñas de artillería. Se llevaron cuarenta prisioneros, de los cuales sólo consiguieron por vía de rescate de una mujer cuarenta pesos fuertes.

Don Manuel de Castilla y Portugal, gobernador de Honduras, y don Clemente de Arauz, alcalde mayor de Tegucigalpa, justamente alarmados y temerosos de la osadía que venían mostrando los herejes, trataron de organizar una expedición conjunta con ánimo de penetrar hasta la Mosquitia con unos mil soldados resueltos a no dar cuartel a nadie. Mientras se llevaba a cabo pláticas y preparativos al respecto, los enemigos se volvieron tranquilamente a sus madrigueras. Las autoridades de Danlí, "se limitaron a poner vigías en el cerro denominado Poteca y en otro punto apropiado del pueblo viejo de Santa María".

Por su parte, el rey de España, pedía informes a la Audiencia de Guatemala sobre los últimos acontecimientos en las provincias de Honduras y de Nicaragua y, lógicamente, en cumplimiento de su mandato se despachan noticias y nuevas a montones.

Entre otras providencias, la Audiencia comisionó a don Clemente de Arauz que practicara una visita a la región de los mosquitos, y por la relación que dió en su oportunidad se ve que aquellos indios tenían ya embarcaciones en gran número y abundancia de bastimentos, armas y municiones adquiridos en Jamaica, a buen precio. El presidente Rivera Villalón, informaba a Su Majestad que proyectaba la construcción de dos fuertes, uno en Matina y otro en Trujillo; pero sólo se levantó entonces el de Matina hecho de madera y con una pequeña guarnición.

Ocho años más tarde, en 25 de mayo, los zambos en número de 147, bien armados, cayeron por sorpresa sobre el pueblo de Catacamas. Subieron por el Río Frío en dieciocho canoas, que dejaron muy abajo del pueblo, se internaron al valle y atacaron por donde menos se pensaba luego de burlar a los vigías puestos en los dos caminos por donde antes solían hacer sus entradas. Saquearon la casa donde se guardaban los ornamentos religiosos, despojaron a las imágenes de sus vestiduras y se llevaron cautivos a cincuenta y nueve vecinos. Mas, el tiroteo que hicieron en el asalto fué oído por los moradores de El Real y como fuera día de revista militar, los milicianos en número de 110 que habían concurrido al pueblo, se aprestaron a luchar con los invasores en el punto donde éstos dejaran sus canoas y con armas desiguales lograron desbaratarlos y hacerles once muertos y muchos heridos.

El teniente del Partido de Olancho, capitán don José de Zelaya, dió parte de lo sucedido al gobernador de Honduras, teniente coronel don Francisco de Parga, y su ilustre señoría, convocó a Junta de guerra, y con su dictamen, en 9 de junio de 1738, se dispuso que el sargento mayor don Juan Antonio Busca, pasara al pueblo de Manto, cabecera de aquel Partido, a entregarle a su teniente diez y ocho armas de fuego, dos arrobas de pólvora y dos de balas, yendo de pueblo en pueblo en busca de bastimentos para él y su gente.

Fuera de esto, el señor gobernador hizo público su propósito de ir en persona en reconocimiento ide las fronteras y avenidas por donde acostumbraba el enemigo invadir el Partido de Olancho; pero al final se concretó a dar mandamiento al teniente de aquel Partido y pedirle que, cuando volviesen los invasores, se parase como hombre. Acto seguido informó de todo al Capitán general y éste, no solamente aprobó todo lo actuado en aquella ocasión, sino que mandó librar nuevas instrucciones para defensa de la provincia.

Pero no siempre los indios rebeldes se quedarían riendo de sus fechorías. En marzo de 1739 Matías Linares, indio del pueblo de Lemoa, en las márgenes del Río de Ulúa, fué condenado por la Audiencia, a la pena ordinaria de muerte, por haber auxiliado a los zambos que saquearon a Getegua y Candelaria, seguido de incendios y destrucción tan grande que los dichos pueblos desaparecieron para siempre jamás. En primera instancia falló el teniente de San Pedro Sula, v en esta ciudad se ejecutó la sentencia. Linares fue conducido al suplicio en bestia de albarda, por las calles, y acompañado del pregonero que hacía conocer los crímenes por el reo cometidos, descuartizado en pocos minutos y después se mandó colocar sus pies y manos en los puntos más próximos a los lugares de sus hechos de violencia.

**SIN ÁNIMO DE** restarle mérito al ingeniero don Luis Diez Navarro, cuyas indicaciones se dice fueron suficientes para mover al rey de España a pensar en la fortificación del puerto de Omoa, conviene tener presente que, en 28 de marzo de 1743, el gobernador de Honduras, don Tomás de Arana, escribía al monarca sobre la población que intentaban fundar los ingleses en la costa de la provincia y acerca de la conveniencia de construir un fuerte en Omoa para mayor seguridad de sus dominios.

Este pueblo había sido asaltado por los ingleses un año antes, según consta del informe de Gutiérrez de Argüelles, fechado en la ciudad de Valladolid de Comayagua, en 30 de junio de 1742, y que dice:

"En esta ocasión remito, en las cuales constan las gloriosas dos funciones que he logrado con las pocas milicias de estas fronteras la una el día veinte y dos de marzo de este presente año. Sobre el puerto de Omoa de esta Capitanía General contra los enemigos levantados ingleses de nuestra santa fe, que, con un navío de treinta y seis cañones, dos balandras, dos piraguas, cuatro callucos (cayuco), y 230 hombres de desembarco vinieron a dicho pueblo de Omoa. E hicieron una fortificación regular guarnecida de artillería y con las balandras hicieron correrías en las costas, con el ánimo de saquearme la ciudad de San Pedro y los pueblos de su contorno tributarios de S. M.

"El dicho día 22 ataqué a los referidos levantados. Apoderéme de la fortificación y de 8 cañones, dos pedreros, porción de balas y granadas. Obligué a los enemigos a dar fuego al navío sin que de él y de las rancherías que tenían hechas en tierra quedasen señales escapándose por debajo de mi fuego en las balandras y embarcaciones chicas y dejando al rey mi señor libre y desembarazado el puerto. Con diez y siete prisioneros y 65 hombres que perdieron entre muertos y heridos".

Don Antonio de Alcedo, al tratar sobre el origen de la piratería inglesa en las costas que baña el Mar Caribe, consigna lo siguiente:

"Tienen el mismo nombre que esta provincia (Honduras) una bahía de ella muy grande y cómoda entre el cabo de Honduras y el de Campeche, extremidad oriental de la provincia de Yucatán. Es célebre esta bahía por el establecimiento que los ingleses hicieron para cortar el palo de tinte y que ha sido motivo de muchas diferencias en varias ocasiones de las dos Cortes de Madrid y Londres. El paraje que eligieron para esto es, según el caballero Uringe, una gran llanura, la mayor parte pantanosa y llena de lagunas; en tiempo de seca cuando los cortadores tienen porción de árboles cortados fabrican una cabaña en que habitan, quitan la corteza a los árboles y los amontonan haciendo canales debajo de modo que cuando las lluvias inundan el terreno, bajan flotando por ellos hasta el desembarcadero, donde los compradores pagan a 5 libras esterlinas de Jamaica la tonelada; al principio hacían este tráfico los ingleses en la bahía de Campeche; pero echados de allí por los españoles se trasladaron a esta costa de Honduras, donde se han mantenido a fuerza de armas, aumentándose hasta el número de 1,500 entre maestros y oficiales de corte; en el tiempo a propósito para éste van en busca de los árboles que están dispuestos en línea por algunas millas, cortan las ramas en trozos grandes, que dejan en tierra hasta que las lluvias los arrastran a el río, de donde los transportan en canoas al almacén grande en la barcadera; el mozo que se dedica a este tráfico empieza de marinero asalariado por una tonelada de palo de campeche cada mes; si es sobrio y de buena conducta, con el tiempo une sus fondos con los del patrón y luego sigue el comercio con independencia; todos estos trabajadores eligen un rey, que los gobierna por leyes que forma él, y las embarcaciones que entran en la bahía están bajo de custodia, y van a buscar la madera en barcos chatos, casi siempre de noche, para entrarla a bordo de día. Cuando los marineros en Jamaica se ven perseguidos por deudas o delitos se embarcan para la bahía de Honduras; el equipaje que llevan consiste en provisión de hachas, escoplos, sierras, cuchillos grandes, una piedra de afilar, un fusil, pólvora, balas y perdigones, que todo lo encierran en una arca, y una tienda liada con una cuerda; su ocupación es cortarla madera más cerca del mar que es posible, y las tartanas de la Nueva Inglaterra que van a Jamaica, si no encuentran allí carga, vienen a esta bahía a buscarla; muchas veces juntan montones los cortadores antes del tiempo, y si los dejan solos no se atreve nadie a tomarlos. Este tráfico se hizo una madriguera de piratas, y después una espelunca de ladrones; y los malhechores de Jamaica, Martinica, Curazao y demás islas, acostumbraban buscar gente en la bahía que eran atrevidos, hechos a la fatiga, bien armados, y buenos marineros. El año de 1722 se interrumpió este comercio por cinco fragatas españolas que tomaron y quemaron doce embarcaciones, destruyeron los establecimientos que tenían, y la madera cortada, pasando a cuchillo los colonos; pero después de algunos años, volvieron a establecerlo, y últimamente se les ha concedido permiso por el rey de España con ciertos límites y condiciones".

Después de la supresión de este comercio parece que un grupo de aquellos ingleses intentó establecerse en la isla de Roatán en 1724 y la cual se hallaba enteramente deshabitada por hombres blancos. La noticia fue comunicada por el diario Boston New Letter con motivo del acontecimiento siguiente:

El día viernes 13 de junio de 1722 el pirata Eduardo Low o Loe, nacido en Westminster, Inglaterra, hizo la captura de unos cuantos norteamericanos mientras se hallaban dedicados a la pesca en Shelburne, en la costa de Nueva Escocia, y entre los cuales figuraba Felipe Ashton, de 20 años de edad, originario de Marblehead, en Massachusetts.

El joven Ashton logró salir de las garras del bandido cuando éste arribó a Roatán en busca de aguada y leña, y allí permaneció solitario como año y medio hasta que se presentó un reducido grupo de ingleses procedentes de tierra firme. A poco volvió Low a la isla y en la lucha que sostuvieron con él y su gente murió la mayor parte de los ingleses, salvándose Ashton por milagro. Luego pudo embarcarse en el bergantín Salem, que había echado el ancla frente a otra de aquellas islas y regresar a Marblehead a reunirse con su familia.

El capitán Eduardo o Ned Low —según su biógrafo— en la niñez había recibido la educación propia de la gente de su clase. Muy pronto dió pruebas inequívocas de su extraordinaria vocación por el hurto y toda clase de vicios menores y mayores. En temprana edad se hace a la vela con un hermano suyo y cuando aparece en Boston figura como mozo en un taller de cordaje. Después de haber visitado el patrio suelo vuelve a la misma ciudad, se pelea con su patrón y se engancha en una balandra que salía para la Bahía de Honduras a cargar madera. En uno de aquellos establecimientos de la costa se queda Low trabajando; pero a poca arma riña con su nuevo jefe y le lanza un tiro de fusil con tan mala puntería que da muerte a un inglés de los que allí estaban presentes. Huyendo del crimen se apodera de una embarcación en compañía de algunos de sus amigos, iza un pabellón negro, jura exterminio y muerte a sus semejantes y recorre los mares. Andando el tiempo, Low se asocia con Jorge Lowther, que tenía una brillante reputación como malhechor, y ambos ejercen el oficio hasta que, lograda la captura de un bergantín, el primero lo toma por su cuenta propia para continuar en su oficio.

Con buena fortuna consigue muchas presas valiosas, pues, como verdadero pirata lo mismo atacaba barcos ingleses, franceses, portugueses, norteamericanos, españoles o piraguas de indios.

En ocasión de sus recorridos por la Bahía de Honduras para robar palo de campeche en los establecimientos de sus connacionales, al avistar un pequeño barco español que había hecho presa de otro inglés, Low enarbola el pabellón de Castilla y sin mayor dificultad se apodera de ambas naves. Da libertad a cinco prisioneros británicos, descuartiza a los españoles uno a uno, se apropia de las mercaderías y demás efectos a bordo de los dos navíos, devuelve a los ingleses el que les pertenecía y quema el otro.

Low —dice el autor de The Pirates Own Book— nunca se mostraría satisfecho del robo y del crimen, pasó por este mundo como una tempestad satánica y nadie entre los piratas ingleses le igualó por su barbarie.

## ANO 1744

**LOS INGLESES** —como sabemos— volvieron a posesionarse de Roatán en 1742 y, además, fortificaron la desembocadura del Río Tinto y Cabo de Gracias a Dios. A la vez hicieron un desembarco en Trujillo que se dice estaba defendida por 17 piezas de artillería en el Morro y algunos pedreros, talaron y destruyeron la ciudad y se llevaron algunos materiales de fortificación que necesitaban "para su isla".

Don Pedro Rivera Villalón, presidente, gobernador y Capitán general de Guatemala, había informado también acerca de las ventajas que ofrecían los puertos de Trujillo y Matina para levantar en ellos fortalezas, teniendo en cuenta el poco valor que podría invertirse en la obra, "prescindiendo al parecer, de toda consideración militar".

El nuevo Capitán general, licenciado don Tomás de Rivera y Santa Cruz, no contento con los informes recibidos hasta entonces y para dar cumplimiento a una real cédula de 30 de agosto de 1740, que ordenaba la construcción de un castillo, en las costas de Honduras, con el fin de que sirviese de ante mural a la provincia y de surgidero a la goleta guarda—costas, que "debía ponerse" para defensa de la región, dispuso mandar en 9 de enero de 1743, al ingeniero real don Luis Diez Navarro, con el carácter de inspector de presidios a que reconociese los puertos, calas y bocas de los ríos de toda la costa del Mar del Norte en la jurisdicción de la Capitanía General de Guatemala.

El informe de Diez Navarro, de 17 de julio de 1744, constituye sin lugar a dudas una de las fuentes más valiosas para poder formarse una idea clara de las condiciones políticas, sociales y militares de la provincia de Honduras a mediados del siglo XVIII, y de él tomamos los datos siguientes:

"Habiendo venido a esta capital (Guatemala) de orden de S. M., de la de México para ejecutar los dos trabajos fuertes que a S. M., le fueron propuestos, el uno en el puerto de Trujillo en la costa de Honduras, y el otro en la boca del Río de Matina, ambos en la mar del Norte, en jurisdicción de esta Capitanía General, con el fin de sujetar con ellos a los indios mosquitos, zambos y a los ingleses levantados que están poblados en la dicha costa, en dominios de S. M., y al mismo tiempo evitar con embarcaciones corsarias los ilícitos comercios que los ingleses de Jamaica están haciendo en ellas; y viendo V.S., que de los dos dichos fuertes está hecho el uno, que es el de la boca del Río de Matina y remoto el poder construir el del puerto de Trujillo, por estar en la presente guerra, por lo que se debe recelar prudencialmente nos lo estorben los enemigos ingleses con mucha facilidad, así por la inmediación en que está esta nación en la costa, como por la nueva población hecha por ellos en la isla de Roatán, desde el mes de junio pasado, de mil setecientos cuarenta y dos, atendiendo a estas circunstancias fué V. S., servicio de mandar pasase al reconocimiento de los presidios, plazas y puertos de dicha costa, y de la mar del Sur.

"El Golfo de Honduras, es el paraje donde vienen los registros de este reino: es una grande ensenada, formada de la costa de Beliz, y la de Honduras. No tiene fuerte, ni defensa alguna a donde acogerse dichos navíos, y el mayor daño es, que se quedan por el poco fondo a tres o cuatro leguas de la tierra, en medio del Golfo, en donde corren peligro de ser cogidos de corsarios o piratas, de los poblados en estas costas.

"Dichas bodegas (las renombradas de Golfo Dulce), son unos ranchos de horcones, con techos de paja, que hacen los dueños de los registros, para libertar la carga de las lluvias, aunque ni la libertan de las grandes humedades con que es perjudicada la tierra, ni tampoco de los enemigos que pueden entrar a robarla, subiendo por el Río Motagua, que está a ocho leguas a barlovento de dicho Golfo y da vuelta por inmediato a dichas bodegas; es muy caudaloso y da lugar con su mucho fondo, a que suban piraguas de gran porte por él. Como lo han hecho en años pasados.

"Dura la descarga del navío, y la conducción de los géneros a esta capital (Guatemala) de diez a doce meses; y cuesta infinito trabajo el conducirla del navío a las bodegas. Del navío se saca en lanchas y piraguas, hasta remontar la boca de la barra, y después se carga en balandras, hasta ponerla en las bodegas, que todo viene a ser tres leguas de mar, catorce de río, y seis de Laguna Dulce, y ochenta hasta esta capital, con grandísimos trabajos, costos, riesgos y averías, y mucha dilación, cuyos tránsitos desde el navío a esta ciudad, componen ciento y tres leguas.

"Dicho puerto de Omoa, está en el Partido de San Pedro de Sula, cabecera de dicho Partido, distante 16 leguas del puerto; hay otro pueblo de indios, a distancia de 12 leguas, llamado la Candelaria Vieja.

"Este puerto es el más seguro, limpio y recogido de toda la costa de Honduras, por cuyo motivo me ha parecido a propósito para que sea fortificado, a menos costo y riesgo, que otro cualquiera de dicha costa: ofrece muchas comodidades, y muy favorables consecuencias para este reino, los que diré:

"La primera: Que podrán asistir en él las embarcaciones corsarias que S. M., tiene determinado se armen para dicha costa.

"La segunda: Podrán llegar los registros de este reino, en donde lograrán la seguridad en el puerto en sus géneros, y en la salud. Conducirán su carga a esta capital, con menos costos, ningunas averías, y más breve, no obstante estar dicho paraje más distante de esta capital, que el Golfo, treinta y siete leguas.

"La tercera: Carenarán sus embarcaciones, cuando lo necesitaren, con mucha facilidad, por ser puerto muy a propósito para ello, se pueden poner astilleros, bajo del tiro del cañón, tiene muchas maderas de cedro, y otras para este efecto, y hay muchos árboles para balandras, y otras embarcaciones.

"La cuarta: Conseguirán los registros tener carga de valor para su regreso a España. Las tintas, las conseguirán en dicho puerto, con más comodidad que en el Golfo, el cacao se da en dicho Partido, en abundancia. Y viniendo a él el navío de registro, y otras embarcaciones comerciantes, de los dominicos de S. M., aumentarán las huertas. La zarza, y el palo de brasil es mucho el que se da en la costa, y el palo es mejor que el de Balis. Se da mucha vainilla, muchos y exquisitos bálsamos, miel de avejas y cera. Todo lo referido se da silvestre. Hay otras infinitas cosas, que el mismo comercio irá descubriendo, y los moradores se aplicarán a cultivarlas por el logro de sus intereses. Tiene esta jurisdicción, dos partidos de minería, que con el comercio se pondrán en corriente.

"La quinta: Se aumentarán por medio de los comercios, los reales haberes, y rentas eclesiásticas, y los vasallos de todo el reino, lograrán el crece de sus caudales, y redundará en bien público; no habrá tantos ociosos como hay hoy, por no tener en que ejercitarse, ni salida de los frutos; cultivarán las dilatadas y fértiles tierras que dicho Partido tiene perdidas, y todo el reino se fertilizará.

"La sexta: Se logrará el que se puable esta tierra con los forasteros que con el comercio ocurran a ella, de los que se quedan muchos, como sucede en todos los puertos del mundo.

"La séptima: Quedará defendido el reino por esta parte, que es por donde con mucha facilidad se pueden introducir enemigos, por las varias entradas que tiene la costa de ríos, por donde pueden internar más de cincuenta leguas.

"La octava: Dicha provincia corre de Oeste a Este, desde el Río Motagua, hasta el puerto de Trujillo, con 60 leguas poco más o menos;

518

y de Norte a Sur, con las mismas. De toda ella ocurrirán a dicho puerto de Omoa, a sus comercios, y lograrán algún alivio por medio de su trabajo, del que hoy carecen.

"La novena: Que las embarcaciones corsarias de S. M., están desde dicho puerto inmediatas al Golfo y costa de Balis, y al Cabo de Gracias a Dios y Matina. Los que limpiarán de enemigos y comercios ilícitos la costa, y conseguido que sea, los indios mosquitos y zambos, irán cada día a menos, porque siendo boyantes por mar y tierra nuestras armas, se habrán de reducir, o irse a las colonias inglesas, para librarse de ser prisioneros o muertos por nosotros. Lo mismo ejecutarán los ingleses que están poblados en nuestra costa, por la misma razón.

"La décima: No será mucho que la nueva población por los ingleses de la isla de Roatán no subsista, viendo perdidas las esperanzas de la comunicación en sus ilícitos comercios, a que se han dirigido.

"La undécima: Fuera muy conveniente y del servicio de ambas Majestades, se desalojen de dicha isla los ingleses, antes de emprender cosa alguna, en estas costas, porque pueden con la inmediación estorbar nuestras operaciones. Asimismo, fuera acertado, darles a los mosquitos un asalto, entrando por la provincia de la Segovia y por la de Matagalpa, aunque no fuera más que a espantarlos de nuestras inmediaciones, y coger algunos, que sirvan de prácticos cuando se ofrezca, como hizo don Francisco de Mora Pacheco, corregidor que es de dicha provincia de Matagalpa, quien habiendo entrado por su Partido, sacó 40 de ellos, hombres, mujeres y niños, los que puso en poder del gobernador de León, don José Lacayo, de los que se han reducido muchos, en menos tiempo de el de un año que ha que se sacaron.

"Duodécima: Sin duda alguna, se poblarán muchos a la cercanía y defensa de dicho puerto, así por las muchas y fértiles tierras que tiene, y especialísimas aguas, como también por lograr el usufructo del interés que dejan los pasajeros. Y el castillo logrará con la inmediación de pueblos, tener socorros prontos en caso que se ofrezca.

"La décimatercia: Está distante dicho puerto de esta capital, por caminos abiertos, 140 leguas.

"En caso que S. M., sea servido aprobar el que se fortifique dicho puerto de Omoa, en lugar del de Trujillo (como tiene mandado) en consideración de las utilidades que a este reino se le siguen, como por las razones que van dichas se verifica, me parece suficiente fortificación la de un cuadrado con sus cuatro baluartes, foso entrada encubierta, y esplanada o puerta, como el que entre los planos presento a V. S., por duplicados, con el nombre de Proyecto de un Cuadrado, para el puerto de Omoa, el que se deberá guarnecer con cuatrocientos hombres, los doscientos de ellos sería muy favorable vengan de España, que hayan servido en las tropas, y si pudieran ser casados fuera muy conveniente al servicio (aunque es contra las reales ordenanzas, las que en estos países no se pueden llevar a la letra) con lo que se conseguirán dos cosas profícuas: La primera, la mayor seguridad de éstos, que vivan sosegados y exentos de lo mucho con que son perseguidos los solteros en estos reinos, del pecado de la lujuria. Y lo segundo, que, teniendo sus mujeres e hijos, en el castillo, no se huirán con facilidad, y a pocos años se verán pobladores honrados en toda la provincia y se harán soldados afectos al castillo, por ser muchos naturales de él.

"Asimismo, será conveniente al real servicio, vengan entre dichos soldados, algunos oficiales de carpinteros de lo blanco, albañiles, herreros carpinteros de ribera, calafates, sastres, zapateros, con que se logrará el que S. M., esté bien servido, en sus fábricas, pagándoles a los que trabajasen en ellas, la mitad del jornal que debía ganar cada uno en su oficio, sólo el día que trabajen de cuenta de S. M., y además, ganarán el sueldo de tales soldados; también logrará de este beneficio, aquella provincia porque en toda ella se carece de operarios de los mencionados oficios.

"Será preciso vengan artilleros de España, y así éstos, como los soldados y oficiales de los mencionados oficios, enseñarán a los del país, y con sus genios rasgados, y ningún temor de las armas los desvelarán del grande que tienen concebido de ellas, y de los enemigos, por lo que luego que los ven huyen, sin hacerles rostro, aunque sean menos en número.

"Dado caso que entre los soldados no vengan los oficiales mencionados, o a lo menos los carpinteros de lo blanco, y albañiles, será preciso sacarlos de esta capital, por no haberlos en aquella provincia. Y siendo los segundos indios tributarios se seguirá el atraso de éstos a la Real Hacienda, y ellos no vivirán gustosos, por carecer de sus casas y familias. Los carpinteros de esta ciudad, son mulatos, los que no querrán dejar su patrio suelo y amor de sus familias, sino por interés de crecido salario, o se habrán de llevar unos y otros, por fuerza lo que no tiene ninguna cuenta para el real servicio, porque siendo esta gente floja, cuando hacen su oficio voluntario, peores serán estando forzados, por lo que tengo por más conveniente vengan de España como llevo dicho.

"Respecto al mucho ámbito que tiene el castillo, se podrán admitir dentro de él, algunos moradores paisanos, sin sueldo, además de los cuatrocientos soldados mencionados, a lo que servirán también en caso que se ofrezca de defenderlo, para cuyo fin, pongo las viviendas que se muestran en la plaza de dicho proyecto.

"También podrán estar dentro, algunos almacenes donde descargue el navío de registro y demás embarcaciones, sus géneros (en el ínterin que se transportan a esta ciudad y otras partes) para la mayor seguridad de ellos, cuyo almacenaje deberán pagar los interesados, siempre que los ocupen.

"No hay duda que con estos preparativos, se pueden esperar consecuencias favorables a estas provincias, y muchos infieles se reducirán a nuestra santa fe. Y en particular los indios jicaques, payas, patucos y chatos, que son los que están más inmediatos a nuestras poblaciones, los que no tienen comunicación con los ingleses, por lo que no son expertos en las armas de fuego.

"Según lo que tengo comprendido del reino, en lo que tengo andado, e informes que he tomado de lo que no he visto, me parece es indispensable, el fortificar dicho puerto de Omoa, aún cuando S. M., sea servido se lleve a debido efecto se fortifique el de Trujillo, y dejando a Omoa en el estado que está podrán los ingleses, zambos y mosquitos de la costa, acogerse a él, y hacerse fuertes con mucha facilidad, por la ninguna defensa que tiene aquella provincia, en lo que experimentarán crecidos intereses en sus comercios ilícitos, por la mayor inmediación a esta capital, y a lo más pingüe del reino. Y también lograrán en dicho paraje, la pesca de tortuga de carey, y de la común que abunda. Lo que fuera más sensible, que no el que se mantengan en el paraje que hoy están por estar más dilatado de esta capital, en tierras casi inútiles, por anegadizas, y como en una punta o rinconada, que hace extremo al reino.

"Y dado caso que S. M., sea servido conformarse con que se fortifique dicho puerto de Omoa, y no el de Trujillo, por las razones que del primero llevo expuestas, y las que diré del segundo en su lugar, es evidente, según la situación del puerto de Trujillo, que no lo fortificarán los ingleses, así por lo abierto de su bahía, como por ser preciso gastar crecidas cantidades de pesos para que quede seguro, siendo los intereses que pueden tener manteniéndolo, los mismos que hoy tienen sin fortificarlo, y de cualquier suerte que lo fortifiquen, será fácil el volvérselo a quitar, por lo abierto de su bahía, y descubierto de la tierra. Y dado caso que lo tomen y se hicieran fuertes en él, es de menor importancia que dichos enemigos posean éste, que no el que consigan el otro.

"El puerto de Omoa, se puede fortificar con un fuerte, y a menos costo que el de Trujillo, por ser más recogido en su bahía, no quedando esta seguridad en el referido de Trujillo, aun haciéndole tres o cuatro fuertes.

"Los caminos para internar la tierra adentro, desde el puerto de Trujillo están dominados de zambos y mosquitos, y los de Omoa de nosotros, por lo que se hace más dificultoso la conducción de víveres y socorros, del primero que la del segundo.

"Puede llegar al de Omoa el registro, por la inmediación a esta capital, y por los caminos buenos para la conducción de los géneros, el de Trujillo no tiene comodidad alguna para que lleguen dichos registros, por lo distante que está de esta capital, y por lo áspero de sus caminos y grandes ríos.

"Es el territorio de Omoa más fértil, y abundante de frutos que el de Trujillo, y en particular de cacao y tintas. Más cómodo para ser poblado, y están los enemigos a más distancia de Omoa que no de Trujillo.

"Se puede socorrer al puerto de Omoa, desde las poblaciones nuestras, a cualquier hora y sin riesgo de enemigos nuestros, y el de Trujillo será lo contrario, porque pueden los enemigos zambos, mosquitos e ingleses, impedirlo en todos tiempos, y los ríos de detenerlo, circunstancia que en todo dan al puerto de Omoa la primacía.

"El puerto de Caballos, está a distancia de tres leguas y media del puerto de Omoa, en altura de quince grados 23 minutos y 300 grados y 8 minutos de longitud. Se forma de dos ensenadas. La primera es una gran bahía en la que pueden asistir embarcaciones como balandras y barcos pequeños. Y la segunda es un puerto cerrado, con cien pasos de boca, que tiene la forma de una bolsa, dentro es hondable, pero en su entrada no tiene arriba de tres palmos de agua por lo que no es a propósito para embarcaciones grandes, y entran piraguas lanchas y canoas. En dicho puerto se hace comercio ilícito en todos tiempos, por lo favorable que es para este efecto. Pertenece al Partido de San Pedro Sula, como también el puerto Sal.

"Saliendo del puerto de Caballos, caminando la costa al levante están los ríos de Chamelecón, el de Ulúa, y el de Los Leones, el puerto Sal, y el playón de Triunfo de la Cruz, y otros pequeños portezuelos y ríos que en todos hacen comercios ilícitos, por ser la tierra a propósito para ello por lo despoblado, lo que no se puede remediar, a menos que con crecidos gastos, o con los corsarios que S. M., tiene determinado haya en estas costas.

"Desde el Río de Ulúa, hasta el puerto de Trujillo, entre la costa y nuestras poblaciones, que están en partes distantes, más de 40 leguas de dicha costa, habitan indios jicaques en rancherías. Son enemigos de los zambos e indios mosquitos, y temen mucho a los ingleses, por lo que me parece no será difícil su reducción, entrándoles con algún rigor que les cause miedo, porque como hay entre ellos muchos que son cristianos, y se han pasado por no pagar los tributos, y vivir con todas libertades, será difícil conseguirlo de otra manera. Son capaces estos indios reducidos a nuestra santa fe, a hacerles contrarresto a los zambos y mosquitos, yendo acompañados de algunos españoles, por la mala voluntad que a dichos zambos les tienen nacida de los daños que de ellos han recibido.

"Adelante de los ríos y puertos, arriba mencionados, están el puerto de Trujillo, distante del Golfo 68 leguas, y de esta capital por tierra 237, y de la de Comayagua (a donde pertenece su jurisdicción) 95. La población más inmediata a dicho puerto es Sonaguera, está a 20 leguas caminando de Norte a Sur de dicho puerto, parte del camino montuoso, y cubierto de árboles.

"Dicho puerto, es donde tiene S. M., mandado se ejecute una fortificación para defensa de él, y destrucción de los ilícitos comercios. Y me parece conveniente y del real servicio no se ponga en práctica, hasta que V. S., dé cuenta a S. M., con este mi parecer, en el que van reflexionadas las causas y defectos de él, para no exponer los crecidos gastos que ocasionará a la Real Hacienda.

"Lo primero, es considerar la gran distancia que hay de una costa a otra del puerto, puesto tiene seis leguas en la boca, de Punta de Castilla a Punta de Quemara; la Isla Blanca (que está casi en medio del puerto), a lo más cerca de tierra hay legua y media, y de largo desde la boca, tiene como tres leguas hasta su extremo.

"Lo segundo, es que, si se hace un fuerte en cualquier parte de la ensenada, no podrá éste defender lo restante de ella, por la mucha distancia que hay de una costa a otra, y podrán estar embarcaciones enemigas dado fondo a vista del castillo, sin ser ofendidas y aún atacar las que hubiese en el puerto nuestras.

"Lo tercero, que aunque se hicieran uno, dos o más fortificaciones, con que se defendiese la bahía (que no es dable) no se conseguiría quedase la tierra defendida de zambos y mosquitos, porque internándose éstos por el Río Aguán, cortarían los socorros con gran facilidad, por cuyo motivo, será preciso para mantener el puerto hacer varios fuertes, o presidios, desde Sonaguera en adelante, para contener las avenidas de dichos enemigos, o que bajasen los socorros acompañados con tan crecidas escoltas de soldados, que superitase el número de ellos, lo que ocasionaría a la Real Hacienda insoportables gastos, e ignorando los enemigos que pueden salir al encuentro, se debe dudar la gente que nosotros necesitaríamos para hacerles contrarresto, por cuyo motivo irán siempre dichos socorros expuestos a perderse, y por consiguiente, lo estarán las fortificaciones del puerto, luego que les falten los socorros.

"Siempre que dichos enemigos puedan hacernos perjuicios y hostilizar la tierra lo harán instados de los ingleses, quienes con el mayor estudio lo solicitan. Y no se deben reputar a estos indios zambos, como a los de tierra adentro de Nueva España, porque aquéllos son bárbaros, y sus armas flechas y arco, y éstos son muy expertos, y sus armas fusil, bayonetas y sable, frascos y cartucheras, y muy diestros en el manejo de ellas, y están hechos a vencer a los de estas tierras, que no les tienen temor alguno, aunque sean más en número, que el que ellos traen, porque tienen reconocida la cobardía en los nuestros y torpeza en el manejo de las armas.

"Lo cuarto, y no de menor consideración, que siendo la gente que ha de servir para estos casos la más inmediata al puerto, que son los de Sonaguera, San Jorge de Olanchito, y Olancho el Viejo, afectos a los ingleses, por el fin particular de sus intereses, en los ilícitos comercios en que están viciados, no es dable emprender cosa alguna de que no les anticipen aviso. Y cuando se descubriesen los hechores de tal maldad, y por la justicia se quisiera castigar, en llegando a su noticia, separarán a los zambos, como ahora lo hacen cada día, de que resultará tener estos enemigos más y como caseros más perjudiciales aún sin estas circunstancias, se deben reputar a estos mulatos, por nuestros mayores enemigos y del rey, de que hay muchas experiencias.

"La inmediación de las poblaciones de los ingleses, zambos y mosquitos, de la costa dan margen a pulsar con la mayor reflexión, estas dificultades, que bien consideradas, son dignas de alguna atención en la mente de S. M., quien no desea otra cosa que el aumento de sus dominios, paz en ellos, propagación en la fe, y lauro de sus armas. Pero todo esto lo desea S. M., sin descrédito de las, tan hechas a vencer enemigos de nuestra santa fe, cuanto la experiencia nos lo enseña.

"Fortificando por ahora el puerto de Omoa. para conseguir las ventajas que llevo referidas, y lograr el aumento que ofrecen a la Real Hacienda, y a este reino y limpiar la costa de los mencionados enemigos, con las embarcaciones de corso; en adelante si conviene se podrá fortificar el puerto de Trujillo, para mayor seguridad del reino, lo que no será tan difícil entonces como lo será ahora, ni tan costoso a la Real Hacienda.

"Toda la costa de la gobernación de Honduras, empieza desde el Río Motagua y acaba en el puerto de Trujillo, la que tiene de largo 60 leguas. Los pueblos más inmediatos a dicha costa son: en el partido de San Pedro de Sula, la Candelaria Vieja, que está distante de los puertos de Omoa y Caballos, como 12 leguas de buen camino; dicho pueblo es de indios, es muy pequeño y están indefensos.

"La Candelaria Nueva está dos días de camino del Río de Leones, y como 40 leguas de la costa, está en el Partido de Yoro, es pueblo de indios jicaques conquistados de pocos años a esta parte, que se compone de trece indios y diez mujeres, los que no son capaces de tomar armas ni hacer ninguna defensa.

"La ciudad de Sonaguera, es la parte más al Este de dicha provincia, está a 20 leguas del puerto de Trujillo, parte del camino áspero y todo montuoso. Pertenece a la jurisdicción de San Jorge de Olanchito, es población de mulatos; hay pocos vecinos y no tiene forma de ciudad, sino de un pueblo ruin y mal gobernado.

"Desde el Río de Ulúa, hasta la villa de Yoro, corriendo de Este a Oeste, paralelo con la costa, en distancia de más de 40 leguas, va el camino que sale de San Pedro de Sula para Yoro, por entre montañas que de un lado y otro de dicho camino, están poseídas de indios jicaques, de los que no reciben ningún daño los pasajeros, aunque vayan solos, y hagan noche en medio de los campos por no haber pueblos en donde hacer paradas.

"Todas las demás ciudades, villas y pueblos de lo interior de la tierra de dicha gobernación son habitados de mulatos, hay pocos indios, y menos españoles. Dichos mulatos no pagan tributos porque se nombran soldados de la costa. Son tan torpes en el manejo de las armas de fuego, que más les embarazan que les sirven de defensa. En las revistas que pasé, vi que algunos metieron primero la bala en el fusil que la pólvora. Cuando marchan (que siempre es a caballo) llevan el fusil atravesado en el asiento, de suerte, que van tropezando con las ramas del camino, embarazándoles esto menos, que el llevarlas como deben. Son cobardes por naturaleza para toda función de honra, y atrevidos por inclinación par, toda maldad. No son capaces para fiarles cosa de empeño, a menos que yendo comandados de españoles. Los españoles del país son tan inútiles como los mulatos en el manejo de las armas, por no usarlas; motivo porque considero a dicha provincia indefensa, y por consiguiente expuesta a que hagan los enemigos cualquier entrada en ella, sin que haya resistencia.

"Corriendo la costa al Este—Oeste, hay varios ríos caudalosos, navegables con piraguas con las que pueden internar muchas leguas la tierra adentro, los que salen del gobierno de Comayagua, provincia de Teguzigalpa, de la Segovia y provincia de Matagalpa, cuyos nombres son: el Río Aguán, el de Los Leones, y Río Tinto, Río de Payas, el de Plátanos, y otros muchos que no son de tanta importancia.

"Dichos ríos están poblados y sus bocas de ingleses, levantados, y en el interior habitan los zambos, gente mitad de negros, mulatos, zambos indios, ingleses y españoles, y otras varias naciones, que, por delincuentes en sus patrias, se refugian en este sitio, por la libertad de conciencia que gozan en él. Los indios mosquitos están más adelante, y llegan hasta el Cabo de Gracias a Dios y bocas del Río de San Juan. Y así unos como otros sirven a los ingleses para ayudarles a ejecutar sus maldades, los que les remuneran con pólvora, balas y armas, y en este paraje está el Cabo Camarón.

"Adelante de los mencionados ríos por el mismo rumbo, está el puerto de Cartago y el Cabo de Gracias a Dios, uno y otros poblados por los ingleses.

"Aunque se pueden discurrir modos para la expulsión de estas malvadas gentes, no es posible conseguirlo, por lo inútil de los soldados milicianos de estas tierras. Lo impenetrable de los montes y anegadizo de los llanos, a menos que haciendo algún gasto a la Real Hacienda, y entrando con soldados españoles por la costa con piraguas, y por tierra con los mencionados milicianos, comandados de buenos y prácticos oficiales.

"Después de haber reconocido la costa, viendo parte y lo que no pude ver informándome de los sujetos que encontré más prácticos de ella, entré la tierra adentro como 40 leguas, por no poder caminar por dicha costa, por serlo poblado de zambos y mosquitos, siguiendo el rumbo de poniente a levante, pasé por la alcaldía mayor de Teguzigalpa, y de ésta entré en la Segovia, después fui al corregimiento de Matagalpa, Cebaco y Chontales. Me informé de la provincia de Tologalpa, que es el extremo de la tierra por esta parte, y donde habitan los mosquitos, y está el Cabo de Gracias a Dios, cuya jurisdicción comprende desde el Río Aguán hasta las bocas del Río de San Juan".

## AÑO 1745

**PARA QUE ATENDIERA** a la defensa de la provincia de Honduras que se hallaba en las condiciones indicadas antes, construyera fortalezas en la costa donde no las hubiera, repeliera con la fuerza a los enemigos ingleses, zambos, mosquitos, y persiguiera el comercio ilícito, que, descaradamente hacían aún los oficiales del rey, dispuso el monarca de España, por cédula expedida en San Ildefonso, a 23 de agosto de 1745, nombrar al coronel don Juan de Vera, gobernador y comandante general de Honduras, señalándole por límites desde donde terminaban los de Yucatán hasta el Cabo de Gracias a Dios.

Don Juan debía dar cumplimiento entre otras instrucciones, a las siguientes:

"Para que podáis reducir a práctica la intención con que Os he conferido estos empleos, debeléis y extirpéis el comercio ilícito, que, por ingleses, y otros extranjeros, y por los expresados indios se hace en ellas con ruina de mis vasallos, y notorio perjuicio de mi real servicio, y erario.

"Primeramente tendréis entendido, que por hallarme informado de los perniciosos designios que los ingleses meditan sobre las costas de Honduras, atraídos del comercio que mantienen con los habitantes de ellas, Os he nombrado para los expresados empleos, con la extensión que contiene vuestro título, para que así más autorizado, y ampliada la jurisdicción podáis mejor ocurrir a las cosas que se ofrezcan de mi servicio, como lo confío de vuestro celo, y lo persuade vuestro mérito y conducta.

"Procuraréis informaros del mismo gobernador (el de Yucatán), y de otras personas de quien entendieres puedan tener noticia, o práctica del estado en que se hayan los ingleses en las islas de Roatán, Guanaja, Masaguera, y Utila, de los establecimientos que han hecho, fortificaciones que hayan construido, poblaciones que hubieren situado, familias que hayan conducido y de las fuerzas de tierra y mar con que se hallen así en las citadas islas como en cualquier otro paraje de tierra firme de aquellas costas.

"Entre otros medios me han propuesto aquellos oficiales reales, que para el expresado fin sería muy útil mantener doce hombres con un cabo que corriesen continuamente la costa, y contemplando que es corto número para acudir a todas partes, he resuelto que sean treinta dragones montados con dos cabos, para que unidos, o divididos en dos partidas, o más, según lo hallareis conveniente, puedan emplearse en cubrir los parajes más expuestos, y en celar e impedir el comercio.

"Os pondréis de acuerdo con los dichos oficiales reales (de Guatemala) para levantar los referidos treinta dragones, montarlos, armarlos, y equiparlos, cuidando sean hombres de confianza, y nombraréis dos cabos de vuestra estimación, haciéndoles observar exacta disciplina militar; y reglaréis el prest, y sueldos que deban gozar, pues para ello os doy todo el poder y facultad necesaria; y me daréis cuenta de lo que en esto ejecutareis, para obtener mi real aprobación.

"En los demás puntos contenidos en las citadas cartas de oficiales reales, procuraréis, de acuerdo con ellos, poner en ejecución los que hallareis más aceptables, precisos, o útiles, singularmente por lo tocante al comercio ilícito; pues quitando ese fomento, se verán los ingleses en la necesidad de abandonar sus establecimientos, y principalmente si les faltaren los víveres, y ganados que hasta ahora les han dado los naturales.

"Siendo lo que en este punto causa más cuidado, y merece más atención las dichas poblaciones que los ingleses han hecho en Río Tinto, y en Aguán, cuidaréis con preferencia hostilizarlos, por todos los medios, empleando (si lo hallareis factible) las milicias de aquella provincia, atacándolos vivamente, hasta asolar aquellas poblaciones, y quitarles toda esperanza de volverse a establecer en ellas, para lo cual procuraréis embarazar la negación de los ríos por donde trafican, y se proveen, cortándola con faginas, piedras, empalizadas, valiéndoos para ésto y lo demás de los arbitrios que os sugiere la prudencia, y conocimiento de aquellos parajes, y vuestras experiencias militares.

"El mariscal de campo don Pedro de Rivera Villalón, siendo presidente de Guatemala, me representó en carta de 25 de agosto de 1740, había resuelto fortificar el puerto de Trujillo, así para evitar el comercio ilícito, como para preservar aquel puerto y costa de alguna invasión de los ingleses establecidos ya en Roatán, y os lo advierto para que cuidéis de que este proyecto tenga efecto, y paséis personalmente a visitar aquel paraje, y reconocer las obras que sean necesarias a estos fines.

"Por lo tocante a la fortificación del puerto de Omoa, que me han propuesto los oficiales reales de Comayagua, doy orden al presidente para que haga pasar allí al ingeniero don Luis Diez Navarro, a reconocerlo, y que forme planos de las obras que hayan de construirse, de que os entregará copias que me remitiréis, y tratando con él sobre esta materia, me expondréis lo que os parezca debe ejecutarse, a fin que yo resuelva lo que tuviere por conveniente, y cuidaréis así vos, con el referido ingeniero, que todas las obras que se proyecten y las de aumento, o reparos que se ejecuten en las fortificaciones que se hallan construidas, sean reducidas, moderadas, y solo las precisas, a defender, o cubrir los parajes que deben asegurar, pues a ello obliga la facilidad de poder guarnecer con menos gente la fortaleza, y defenderla; y vuestra obligación a excusar gastos superfluos e inútiles a mi Real Hacienda, sobre que os mando apliquéis la mayor atención, y examen.

"He mandado se os entreguen (con esta Instrucción) copias de las órdenes dadas por mí y expedidas por mi Supremo Consejo de Indias, en 30 de agosto de 1739, al virey de Nueva España, al presidente de Guatemala, a aquella Audiencia, a los gobernadores de la Habana, y Yucatán, y a los oficiales reales de Guatemala, para que respectivamente concurriesen, contribuyesen a hostilizar a los indios zambos mosquitos; os enteráis de ellas, y estaréis a lo que en este punto os ordenare el gobernador y capitán general de Yucatán, a quien se da noticia de vuestro destino, y orden para que ejecute lo que en este importante asunto conviniere; y vos cuidaréis de comunicarle cualquier operación, o proyecto que para el mismo fin consideréis preciso para proceder con acuerdo, y con el auxilio, o por vos solo (según pareciere) a hacer la guerra, perseguir, develar o atraer a los referidos indios, y en todo lo que necesitéis socorros de gente, caudal, armas, pertrechos, municiones, y otra cualquier cosa conducente, lo pediréis oportunamente a los expresados sujetos, según corresponda, y convenga, pues estando las más de las poblaciones que aquella gente tiene dentro del distrito de la jurisdicción que os he señalado, confío de vuestro celo, y conducta no omitiréis diligencia que conduzca a librar aquellas costas de los insultos que padecen, y que a su abrigo cometen mis enemigos.

"Sí para el logro de estas ideas os pareciere conveniente reglar las milicias de aquella provincia, sobre el pie de las de España, u otro que allí sea más adaptable, y útil, podréis hacerlo cuidando de gravar lo menos que sea posible, a los habitantes de ella, y de evitar desperdicios de mi Real Hacienda.

"Para los gastos que se puedan ofrecer para la práctica de estas ideas, ocurriréis al presidente de Guatemala, a quien he ordenado os apronte todo lo necesario, así de los caudales que hubiere en las cajas de Comayagua, en las de Guatemala, u otras de aquel reino; y cuidaréis muy particularmente de que se distribuyen y apliquen con utilidad y economía.

"Para lo mucho que importa contener a los extranjeros, y poner freno a la insaciable codicia con que intentan extraer las riquezas de aquellos dominios, fomentaréis el corso y para él la fábrica o compra de embarcaciones; y exhortaréis a los armadores a ejercitarse en él, ofreciéndoles recompensas y premios en mi real nombre, para que persigan a los ingleses, o cualesquiera otros extranjeros, que practiquen el comercio ilícito, y a los indios zambos mosquitos, insultándoles en sus poblaciones, y rancherías, asolándoselas y castigándoles hasta exterminarlos o reducirlos a una segura obediencia; y os repito el más extremo preciso encargo sobre este punto, por ser uno de los medios más seguros para conseguir los fines que se desean".

Don Juan de Vera llegó a Guatemala en 1746, y luego se trasladó a Comayagua, donde tomó posesión de su cargo en 11 de febrero siguiente. A poco escribía al rey, dando cuenta que en la provincia sólo había un establecimiento inglés en un islote, cerca de Río Tinto, en que se mantenía desde hacía trece años Guillermo Pitt, con treinta o cuarenta esclavos negros, dedicado al corte de maderas preciosas que mandaba a Jamaica y de allá recibía ropas que venía introduciendo al país hasta que él (don Juan) se lo impidiera con los dragones que tenía colocados en los caminos de aquella comarca.

Activo y fiel cumplidor de las instrucciones que recibiera de su rey, a su paso por Campeche, don Juan, organizó allí un contingente de tropa al mando del ingeniero don Enrique Díaz Pimienta, con orden de pasar en la goleta real a Honduras. Esos soldados y su jefe no se saben que llegaran nunca a su destino, y desgraciadamente, don Juan de Vera sólo gobernó cuatro meses por haberle sobrevenido la muerte en 6 de junio de 1747de un ataque de apoplejía. Al fallecimiento del coronel De Vera, dando cumplimiento a reales órdenes, el brigadier don Alonso Fernández de Heredia, nombró teniente de gobernador y comandante general de Honduras a don Diego Tablada, con las mismas facultades de que estaba investido don Juan, y para los mismos territorios, y quien tomó posesión de su cargo en 14 de junio de 1747.

## AÑO 1748

**MUCHAS COSAS** habían de ocurrir en el campo de los enemigos, mientras se hacía cambio de autoridades en Honduras o se formulaban planes para su defensa y ennoblecimiento. En 1740 los indios mosquitos otorgaron nueva concesión a favor de Inglaterra, y consecuente con esto, los ingleses construyeron fuertes en su territorio y ejecutaron otros actos de formal soberanía. Un año después, Jorge II, sin el conocimiento del gobierno de Madrid, manda que Roberto Hodgson y Guillermo Pitt, asuman el carácter de jueces de la población inglesa y éstos para ejercer sus funciones fijan su residencia en Roatán, que era tenida como el principal establecimiento británico en la Bahía de Honduras.

Ahora bien, para proveer la vacante causada por la muerte de don Juan de Vera, por decreto de 26 de octubre de 1748, el rey nombró para el gobierno de Honduras a don Pantaleón Ibáñez Cuevas, coronel de los Reales ejércitos. Don Pantaleón vino primeramente a Guatemala por Veracruz, donde desembarcó con la mujer suya en enero de 1751, y al encontrarse en aquel puerto dirigió una carta al virrey de Méjico, don Francisco de Güemes y Horcasitas Gordon y Sáenz de Villamolinedo, conde de Revillagigedo, con quien tenía que entenderse para desalojar a los ingleses de Río Tinto y de otras partes de Honduras. El gobierno de Madrid —como hemos visto— había dado instrucciones al virrey y al gobernador de Yucatán, a fin de que ayudasen con los recursos posibles hasta obtener la liberación de los territorios usurpados.

El conde de Revillagigedo, en amable y gentil respuesta, felicita de todo corazón a Ibáñez Cuevas por la prueba de confianza de que había sido objeto al conferírsele el mando de Honduras, en circunstancias tan difíciles; deséale feliz viaje en su camino por tierra hasta Comayagua, y manifiéstale que, a su paso por la ciudad de Guatemala, tendría ocasión de apreciar las recomendables dotes del Capitán General don José de Araujo y Río, con quien estaba en el deber de guardar la armonía apetecible. Agregaba que, desde mayo de 1749, el rey le había prevenido a él y al gobernador de Yucatán auxiliasen al de Honduras en el lleno de su delicada misión: que Su Majestad, tenía noticia que todavía por 1750 se mantenían los ingleses en Río Tinto, en Roatán y en otras partes de Honduras, contra lo acordado en el tratado de paz suscrito últimamente y sin dar libertad a los indios hechos prisioneros durante la guerra. Tocante a lo de los auxilios, don Francisco, decía, que éstos podrían consistir en dinero, "no en armas, porque no las tenía".

Don Pantaleón tomó posesión de sus cargos en Comayagua el 2 de junio de 1751, y en 7 de ese mismo mes le escribía al gobernador de Campeche, marqués de Iscar:

"Su Majestad, Dios le guarde, me manda que, por tener encargado a V. S., la importancia de la evacuación de las islas de Roatán, Guanaja, Utila y Masariega, como la que deben ejecutar los ingleses situados en el Río Tinto y otros del dominio de nuestro gobierno, concurra subordinado a cuanto la experiencia militar de V.S., disponga en este asunto....

"Igualmente me manda S. M., que separados los ingleses de la isla de Roatán atienda a su resguardo ocupándola, y destinando un cabo militar y la tropa que comprenda conveniente, que V. S., me deberá dar en cuya inteligencia y la de que le supongo coercionado por el brigadier don Alonso de Heredia, de la constitución de aquel paraje podrá v. S., mandarme lo que debo ejecutar, y en el ínterin cubrir aquel puerto como v. S., halle conveniente".

Por real cédula de 26 de abril de 1751 había sido nombrado gobernador y Capitán General y presidente de la Audiencia de Guatemala el mariscal de campo don José Vásquez Prego Montoso y Sotomayor. Entre las facultades que se le confirieron figura la relativa a la empresa de expulsar a los ingleses y sujetar a los indios zambos mosquitos, como aparece en el párrafo siguiente:

"La disposición y dirección de la citada empresa se dio por la mayor graduación militar al gobernador de Yucatán don Antonio de Benavides, pero habiendo ya cesado éste en aquel empleo y ser vos a quien principalmente debe tocar su expulsión por la inmediación en que se hallan las referidas islas de las costas y provincias de la jurisdicción de Guatemala, es mi real ánimo que, en el caso de que por el gobernador de Yucatán citado o el de Honduras no se haya pasado a la expresada expulsión y a reducir a los indios zambos mosquitos a mi obediencia, y a impedir que los ingleses subsistan en sus establecimientos, paséis desde luego a hacer poner en práctica todo cuanto tengo mandado por las citadas órdenes de 22 de septiembre del año próximo pasado comunicadas al virrey de Nueva España".

En primero de enero de 1752, Vásquez Prego, previno a Ibáñez Cuevas enviarle un estado del Destacamento de Dragones montados que estaba encargado de formar el coronel De Vera, y que reuniera esa tropa en Comayagua, en donde había de mantenerse hasta nueva orden.

A esto Ibáñez Cuevas contesta que de los veinte que la componían, sólo se hallaban cinco en la ciudad, puesto que los restantes se encontraban a distancia de 78 leguas de ella, y si desamparaba los lugares que ocupaban en la costa no habría providencia que contuviera a los naturales, "por naturaleza propensos al desorden y a introducir en los pueblos de los miserables indios mansos a los zambos mosquitos para que los llevasen por esclavos'.

Vásquez Prego se disgustó con la respuesta y ordenó al gobernador que retirara las dos pequeñas partidas de dragones que estaban destacadas en los parajes citados, incorporando el todo en Comayagua, en donde subsistiría hasta que él providenciara el destino que debía tener aquella tropa.

De lo anterior resulta claro que, mientras el gobernador de Honduras parecía preocuparse de la defensa de las costas de la provincia, el Capitán General de Guatemala se complacía en hacer prevalecer su propia autoridad, ante todo. Ibáñez Cuevas pidió que se le libertara de estar bajo las órdenes de Vásquez Prego; pero no hubo necesidad de tanto porque éste murió en junio de 1753. En el año siguiente el gobernador de Honduras pasó a Guatemala y de allí escribió al rey, quejándose de no habérsele conferido su nombramiento como estaba dispuesto en el real decreto de 26 de octubre de 1748. Más tarde, don Pantaleón Ibáñez Cuevas fué nombrado gobernador de Nicaragua para substituir a don Melchor Vidal de Lorca.

En 21 de junio de 1753, don Pantaleón informaba al gobierno de Madrid:

"Con carta de 15 del corriente me dirigió abierta el oidor decano de la Audiencia de este reino la orden de V. E., de 7 de mayo del año pasado de 52 a que acompaña una copia de la que en la misma fecha se comunicó al ingeniero don Luis Diez Navarro, relativa, una, y otra a lo resuelto por S. M., sobre el método que debe observarse en la construcción de las fortificaciones que han de hacerse para resguardo de las costas de esta provincia, previniéndome en la que me corresponde concurra por mi parte con cuantos auxilios sean precisos para el logro de lo resuelto por S. M., en el asunto y que al mismo tiempo, y tomando todas las noticias conducentes, exponga lo que se me ofrezca, en razón de si será conveniente ejecutar alguna otra fortificación, a más de la de Omoa, en las cercanías de Trujillo, Laguna de Nicaragua, o boca del Río de Matina, para facilitar la expulsión de los extranjeros, o piratas, que se acogieron a las islas de Roatán, Guanaja y Utila; cuya orden, y copia me expresa el citado decano, habérsele remitido con otros papeles por los albaceas del difunto don José Vásquez Prego.

"De la retardación tan notable de esta orden, y habérseme remitido sin cubierta por el decano a quien la entregaron los citados albaceas, comprenderá V. E., el ningún mérito que para tan importante servicio llevó de mi persona, en el tiempo de su gobierno el difunto don José Vásquez, y cuan de intento procuró excluirme de toda intervención y concurso en aquella importancia, después de haberme ocasionado graves quebrantos y pesadumbres queriendo obligarme a que le diese recibo de este pliego que nunca me remitió y el mismo hecho ha manifestado haberlo suprimido en su poder.

"Al citado ingeniero tengo pedida noticia del estado de aquellas obras con la individualidad que me ha parecido debida para instruir a su Majestad. Pero por ahora según tengo entendido de voz común, y hecho cargo de la importancia, y críticas circunstancias del día, no puedo dejar de hacer presente a V. E., que aquellas obras se hallan muy poco adelantadas, y en el estado de no exceder de una débil estacada (como expuse a V.E., en 15 de mayo del corriente año) lo que puedo atribuir al poco método, y reglas con que se emprendió, y ha continuado aquella fábrica; faltando desde el principio el departamento necesario; de que se ha podido originar el descrédito con que han corrido aquellas obras, y acaso por la corrupción de los víveres, y algún descuido que haya habido en su construcción, la epidemia tan fatal que se ha experimentado desde los principios, con notable mortandad de los operarios, y otros empleados.

"Si bien en hoy en día se duda el verdadero origen de los estragos, y muertes que se han observado, en los que han acudido, y subsistido en aquel destino, en vista de haber fallecido en él dos hijas del ingeniero, un tal Fuente fría substituto de oficial real, y el contador interino de estas cajas (habiendo antes estado a los últimos el tesorero) y en suma el presidente (Vásquez Prego) que estuvo sólo 24 días, de cuya numerosa familia si han libertado la vida, dos o tres, se hallan a la fecha con poca esperanza de ella, no pudiendo de estas personas presumirse que les haya faltado regalo, ni alimentos frescos y delicados.

"Y porque contemplo que el presidente por la indisposición con que salió de Omoa, y de que murió, no podría ni tendría tiempo de informar al rey, el estado de aquellas obras, y lo que habría reconocido preciso para su continuación. Tampoco puedo dejar de exponer el que (según he sabido de positivo) desaprobó todo lo ejecutado allí por el ingeniero a quien trató de inhábil y se enardeció de suerte que aseguran haber puesto las manos en su persona, asiéndole del cuello de la casaca, y arrebatándole públicamente, el bastón de las manos lo retuvo en su poder cinco o seis días; y que con igual desplaza, increpó a los demás empleados en aquel destino diciéndoles que aún no pagaban con las cabezas. A lo que se siguió despedir a varios de los referidos empleados, y a otros que había hecho acudir para emplearles".

Hay que advertir que el brigadier don Alonso Fernández de Heredia, que más tarde sería nombrado Capitán General de Guatemala, había estado poco antes en Honduras, como gobernador, y a la sazón se hallaba ejerciendo el mismo cargo en Nicaragua, con facultades para hacer la guerra a los ingleses y reducir a los zambos e indios mosquitos. De suerte que, Ibáñez Cuevas, no atinaba con la línea de conducta a seguir en el desempeño de su cargo militar, y menos si se atiende a que el delegado del rey en Campeche también estaba provisto de instrucciones para contribuir militarmente a la salida de los ingleses de Roatán y demás lugares por ellos ocupados. Fuera de esto, en Nicaragua se encontraba a mediados de 1751 un agente del gobernador de Jamaica, tratando con Fernández de Heredia respecto al abandono de que se habla y que, por un motivo u otro, había venido difiriéndose.

El celoso coronel Ibáñez Cuevas no quería, pues, incurrir en irregularidad alguna en el real servicio, y dirigió una nota al gobernador de Nicaragua, diciéndole que a él o al de Yucatán, como oficiales de mayor graduación que la suya, correspondía el mando de las fuerzas de mar y tierra que debieran emplearse con el fin enunciado. Caso de resolverse darle a él la dirección en la empresa, Ibáñez Cuevas, advertía, que con gusto comenzaría pronto la función.

Sin embargo, el gobernador de Honduras, para el mejor arreglo de las cosas, instaba al de Nicaragua a que pasase a Comayagua a conferenciar con él y disponer lo relativo a la expedición.

En Golfo Dulce, entre tanto, permanecía una galera enviada por el gobernador de Yucatán para las operaciones militares que debieran llevarse a cabo, y en el río Motagua otra construida por el oficial del ejército don Pedro Truco. Este había permanecido hasta el 2 de junio de 1751 ejerciendo de un modo provisional el gobierno de Honduras, y parecía adornado de las necesarias dotes para tomar el mando de aquellas embarcaciones y en las cuales se pensaba conducir la tropa que iría al puerto de Roatán, cuando el Capitán General de Guatemala remitiese los pertrechos y demás elementos indispensables al objeto indicado. Tratábase también de despoblar a Belice, y para todos estos fines el brigadier Fernández de Heredia contaba, además, con varias embarcaciones pequeñas en el Lago de Nicaragua, las que, unidas a las antes referidas, debían dirigirse a Río Tinto, para expulsar a los ingleses de aquellos lugares.

Mientras se resolvían las dudas en que acerca del mando de las fuerzas se hallaba el coronel Ibáñez Cuevas, dispuso éste publicar un bando en la ciudad de Comayagua y otros puntos principales de la provincia, a fin de encontrar pobladores para Roatán, de conformidad con lo dispuesto en real cédula de 8 de mayo de 1748, y juzgaba que también sería conveniente mandar a esa isla a los vagos y mal entretenidos para que allí se estableciesen y trabajasen, punto sobre el cual había dirigido consulta a la Real Audiencia de Guatemala.

Finalmente, hechos los preparativos para atacar a los ingleses, éstos abandonaron los lugares por ellos ocupados.

# EL CASTILLO DE SAN FERNANDO DE OMOA

**DON ROQUE BARCIA,** dice: Quitemos a un vocablo su idea y dejará de ser vocablo...El vocablo no es nada, no vale nada, nada significa, sino en cuanto es el nuncio de algo que sucede en el alma del hombre...

El castillo de Omoa, durante la dominación de España era un fuerte, una simple construcción destinada a proteger los buques y las costas del norte de las provincias de la Capitanía General de Guatemala del ataque de los piratas y corsarios que infestaban el Mar de las Antillas; bajo el gobierno republicano unitario, "del pueblo, por el pueblo y para el pueblo", la fortaleza hubo de convertirse en un presidio, y nada más, un establecimiento penitenciario dentro de cuyas dos más húmedas, estrechas y mefíticas celdas apodadas la Carmona y la Carmonita la vida del penado no duraba dos lunaciones sucesivas.

Fernando VI, llamado por los españoles, el "Rey de la Paz", en su tiempo introdujo en España novedades que fueron entonces consideradas como grandes adelantos, entre ellas, la primera empresa de coches de alquiler, y en la provincia de Honduras, ordenó la construcción de una fortaleza en Omoa que, desde unos veinte y cinco años antes, venía siendo aduana de registro, y a la cual se le dió el nombre de Castillo de San Fernando de Omoa.

La construcción de este fuerte se inició, probablemente, a mediados del año de 1752, bajo la dirección del ingeniero don Luis Diez Navarro; su segundo don Francisco Álvarez, dibujó muchos planos sucesivos para informar en cada caso del estado en que iba el trabajo concluido, finalmente por el ingeniero don José Ferminor, en 1775.

La obra se hizo por medio de arbitrios creados sobre la mercadería y demás efectos de importación y exportación por el Mar del Norte de las provincias de Honduras y Guatemala, principalmente, sobre todo el comercio de tintes que era el de mayor importancia con base de un impuesto de 4 pesos sobre cada zurrón de añil de 214 libras, y por cédula de 12 de diciembre de 1764, se fijó el impuesto al añil que salía por los puertos del Mar del Sur, gravamen que, una vez concluida la fortaleza, se aplicó al Monte de Piedad, cuando se fundó en 1783.

En total se ha calculado en unos dos millones de pesos, en los tiempos de la colonia, la cantidad invertida en la edificación del renombrado castillo.

Varios presidentes y Capitanes generales visitaron en persona la obra en construcción y les costó la vida semejante celo en el cumplimiento de sus deberes, entre otros, el teniente general don José Vásquez Prego Montoso y Sotomayor, en 1753, el mariscal de campo, don Pedro de Salazar, en 1771, y el capitán de navío, don Joaquín de Aguirre y Oquendo.

La piedra para la real obra se sacó de Utila y de los cayos de Palica, según informa en 1760 don Joaquín del Castillo al gobernador de Guatemala, con motivo de haber tomado plaza de piloto en Omoa. Los trabajadores que ejecutaban la construcción, en sus comienzos fueron blancos, pero se morían en una proporción lastimosa por lo mal sano del lugar. Para substituirlos vinieron negros esclavos, los cuales quedaron radicados en Omoa y se multiplicaron como por milagro. En 1806 aún había una población de 506almas de esta gente, que llamaban esclavos del rey, o de la Real Hacienda, y en su mantenimiento se gastaban 19,000 pesos anuales sacados de las cajas reales. "Por el sistema defectuoso, que llegó a ser irremediable, de la administración colonial, estos esclavos no eran utilizados en obras públicas, sino que los españoles que allí vivían los explotaban en su propio servicio y beneficio. Cuando se notó esta anomalía, se quiso remediar, pero no se pudo; ya había intereses creados de poderosos peninsulares. Por fin, en 1811, se resolvió que se declaraba libres a tales esclavos y se mandó que se les distribuyera tierras con la obligación de quedar escritos al suelo, esto es, de no trasladar su domicilio a otra parte".

En las inmediaciones del Castillo poseía el rey de España una finca agrícola, llamada Cuyamel, servida por esclavos negros y administrada tan mal, seguramente, como lo relativo a la fortificación.

"Digamos, por último, que una de las cosas que retardaron la defensa de la costa del norte fué la resistencia que ponían los ricos y comerciantes privilegiados de la ciudad de Guatemala, con el interés de ejercer un monopolio sobre el comercio y de auspiciar el contrabando con los mismos ingleses, que tan pingües utilidades les dejaba. Bien claro lo dicen al rey los oficiales reales de Comayagua, cuando le informan en carta de 3 de diciembre de 1746, que los hombres influyentes de aquella ciudad se oponían a la fortificación de Trujillo, con el fin de que solamente hubiera surgidero, arribada o registro de buques de comercio, en el Golfo Dulce".

Según informe al gobierno de Madrid, fechado en 20 de abril de 1768, con distinción del estado de las armas en buenas, medianas, e inútiles, el Castillo de San Fernando de Omoa, tenía la siguiente dotación en servicio:

- Calibre de 24, montados  6 buenos,
- Calibre de 12, montados  2 buenos,
- Calibre de 4, montados 4 buenos
- Pedreros de a libra, desmontados 100 buenos.

Siguen cucharas con asta para todos calibres; lanada, sacatrapos y rascadores con asta, lo mismo. Cuerda, 54 mazos.

Balas rasas de bronce de a 18, 122; de a 4, 311 y de a 1,115.

Balas rasas de fierro de 24, 890; de a 4, 1,500. Metralla en sacos de a 24 a 12,8677, y además 120 arrobas de suelta. Siguen fusiles, buenos, 200; medianos, 395 e inútiles, 751. Palanquetas de a 24, 192 y de a 18, 608. Piedras de chispa, cartucheras y rascadores. Granadas de mano, medianas, 480; moldes de fundir bala, mediana, 14; planchas de plomo, 278; cartuchos de fusil, buenos, 4,500; balas, arrobas, 142 y pólvora, quintales,338.

Todo el armamento con que se había reforzado el Castillo de Omoa —comenta el doctor Rafael González Sol—, que parecía darle una potencia irresistible, tanto para el ataque como para la defensa, resultó inútil hacia fines de 1779 en que habiéndose declarado la guerra entre España e Inglaterra, vino un asalto de fuerzas inglesas sobre el Castillo, al cual tomaron y desmantelaron, llevándose la mejor artillería, quemaron el pueblo, se apoderaron del puerto y saquearon todos los haberes de valía que encontraron a mano, obstaculizando de esta manera la vía marítima por donde salía la mercadería y caudales del rey y de los particulares; y aunque parezca mentira no hallaron los ingleses ninguna resistencia en el fuerte ni en las tropas de avanzada, habiéndose rendido el comandante Simón Desnaux y oficiales, quedando en rehenes el segundo comandante y dos capellanes, siendo en seguida desalojados sus soldados y desterrados muchos de sus habitantes.

A fines de octubre de dicho año de 1779 se tuvo noticia en la ciudad de Guatemala que los ingleses habían tomado el Castillo de Omoa en ese mismo mes. El presidente don Matías de Gálvez organizó rápidamente sus tropas y se trasladó a Quesailica, luego a San Pedro Sula, y, por último, a Omoa logrando desalojar de la plaza a los enemigos el 28 de noviembre siguiente. Juarros afirma que cuando don Matías llegó con su batallón de infantería, un escuadrón de dragones y los cuerpos de milicia de tránsito por Chiquimula, ya habían desocupado el Castillo los ingleses.

En cambio, García Pelaez, expone documentos que comprueban lo contrario, entre otros los siguientes: una consulta de 22 de septiembre de 1780 recomendando los servicios de Felipe Gallegos, que dice: "En la conquista de Moa (Omoa), a mi vista, haciendo de sargento de granaderos, se mantuvo con la mayor firmeza, sosteniendo a los desterrados, que abrieron la trinchera bajo el fuego de la artillería", y otra de 26 del mismo mes relativa al sargento mayor de las milicias de Comayagua, que dice: "se distinguió mucho en la defensa del río de. Omoa, distante del castillo menos de 600 varas, manteniéndose en aquel puesto, mientras no se rindió el fuerte, sin permitir a los enemigos hacer aguada, ni tomar carne fresca, como lo intentaban con esfuerzo", y otra de 24 de septiembre de 1781 de don Antonio Esquarsi, soldado de batallón de infantería, que dice: "en la reconquista del Castillo de Omoa, a mi vista, y lado operó con serenidad y valor sumo, despreciando los fuegos del enemigo en las partes más expuestas, y objeto de la artillería del Castillo, único en observar al descubierto los fogonazos, para gobierno mío en aquella ocasión".

No fueron éstos —agrega García Pelaez— los únicos méritos recomendados, debiendo haberlo sido oportunamente el de don Fernando de Porras, que por ello pasó a coronel de infantería siéndolo antes de milicias de Chiquimula; el capitán don Félix Domínguez a teniente coronel, y a los capitanes los ayudantes don Francisco Troncoso, don Luis Méndez de Sotomayor, don Miguel Hermosilla y don Ventura Gálvez, de cuyos reales despachos aparece recibo. En fin, puede reputarse como segunda campaña habida con europeos, después de la de los trujillanos en 1644.

"La situación se agravaba por la inminencia del ataque inglés; el barco español San Carlos había caído en su poder y se disponían a nuevas hazañas; Gálvez solicitó recursos de Cuba, de Méjico, de Nueva Granada y del Yucatán." Los de Bacalar acudieron a Omoa y en camino desalojaron los establecimientos ingleses de Río Hondo y de Río Nuevo de Belice (1780).

"Inglaterra había enviado poderosos refuerzos: seis buques de guerra, con ciento sesenta y dos cañones y dos mil quinientos soldados de línea irlandeses. Una de las fragatas tenía por jefe a Nelson, que entonces contaba veintitrés años. Después de un sitio de veinte días lograron rendir el castillo de San Juan de Nicaragua, heroicamente defendido por doscientos cincuenta soldados, mandados por el comandante don Juan de Ayssa y su segundo don Pedro Brizzo (abril de 1780). Gálvez atacó al siguiente año a los ingleses, que padecían terriblemente la insalubridad del clima, y huyeron, después de perder cinco mil hombres y un millón de libras esterlinas.

Una fuerza naval de Jamaica —consigna Rafael Heliodoro Valle— atacó la fortaleza de Omoa en 1779, tomando parte en la acción Horacio Nelson, quien comandaba la corbeta Badger. Dicho ataque fué la revancha que los ingleses tomaron después del ataque que los españoles hicieron al Cayo de San Jorge, cerca de Belice. Al año siguiente debido al rigor del clima se fueron de Omoa rumbo a San Juan del Sur.

Quizá por lo desdoroso del comportamiento de los ingleses en Omoa, los principales biógrafos de Horacio Nelson no lo hacen figurar en aquella jornada, si bien por entonces había sido comandante del bergantín Badger y de la fragata Hinchinbrook, en aguas del Nuevo Mundo. Sin embargo, se dice que Nelson tomó parte activa en el servicio por primera vez en la expedición a "San Juan de Nicaragua" en 1780, y de donde regresó a su patria en estado agónico. Un año más tarde fué nombrado comandante de la fragata Albemarle, que tenía como base de operaciones Terranova y la costa de Norteamérica.

Acerca del ataque de los ingleses a Omoa y de la conducta de Simón Desnaux en la Revista de Indias (año IV, núm. 11) aparece lo siguiente:

Era Simón Desnaux teniente coronel de ingenieros en Segundo de los Reales ejércitos, natural de Levrina, y tenía a la sazón 40 años.

Al comienzo de su declaración, en el proceso incoado por orden de don Matías de Gálvez, dice: "La causa de su arresto es porque habiendo pasado a mandar de interino el indefenso fuerte de Omoa, con la seguridad de suministrársele todo lo necesario, nada recibió después para defenderse, pues cuando se hubiera observado lo que manda la Ordenanza tomo IV, parte 3, Tít, V artículo 1o. o lo que previene el plan de defensa que de orden del rey hizo el brigadier don Agustín Crame; y en defecto de todo esto cuando se hubiera seguido el dictamen que dió el señor Auditor de Guerra y Decano de la Audiencia don Joaquín Plaza que está presente en la Junta de 28 de agosto próximo anterior, o se le hubiera remitido lo que pidió en oficio de 18 del mismo o como cualquiera de estos cuatro casos no se podía perder el fuerte de Omoa, es consecuente que hoy sustituiría la gloria antes de que llegase su guarnición, la pólvora y armas hasta el extremo de la fuga precipitada que hicieron los esclavos y mulatos y dieron motivo a la pérdida de la plaza y, por consiguiente, a su arresto".

En los folios siguientes demuestra con claridad cómo su aceptación a tal empresa sólo fue debido a las promesas y seguridades dadas por Gálvez en un primer momento, los cuales se hallan concretas en un párrafo de la orden del Capitán General al decir: "Hallando por conveniente que con motivo de la declaración de guerra pase vuestra merced a encargarse del mando del fuerte de Omoa, prevengo a vuestra merced que esta misma confianza que hago sea motivo de aquel desempeño que espero de vos, y a este fin pedirá cuanto auxilio necesite, dejando a su arbitrio tomar todas las providencias que considere oportunas para el incidente de la guerra actual, para que suministrando a vuestra merced todo lo necesario quede el rey servido".

Pero inmediatamente después de aceptado el mando pudo comprobar la poca disposición del Jefe para hacer los envíos, pues según el mismo le dijo de palabra no esperaba que los ingleses fueran a Omoa. Desnaux, ante todo, protestó respetuosamente diciendo: "Y a fin que luego que se me reconozca por comandante del fuerte de Omoa tenga la obligación de defenderlo, suplico a V.S., tenga a bien suministrarme estos socorros al tiempo de mi partida, a fin de ordenar desde luego el servicio de la plaza en consideración a todo suceso, y que en ella esté a lo menos un oficial de guardia, siendo tanto más precisa la tropa en el principio cuanto en la actualidad está casi indefenso el fuerte".

A una sugerencia hecha por Desnaux, sobre medidas de defensa de la plaza se le contestó serían adoptadas en Junta, a la cual asistió entre otros Diez Navarro. Los principales puntos de la proposición de Desnaux son: "toda fortificación que carece de obras externas está expuesta a un asalto". "La campaña que debe servir de glacis (explanada) ha de arrazarse, derribando cuantos ranchos existan al alcance del cañón, y esta máxima de fortificación, no admite excepción alguna, aúnque en la práctica se comprende el hospital, las oficinas reales y la mayor parte del vecindario, estos perjuicios son de menos peso que cubrir al enemigo en las inmediaciones del Castillo y facilitarle su conquista"; medida ya propuesta en el magnífico "Plan Crame", de defensa de esta plaza, principal inspirador del sistema seguido por Desnaux, "corregir los estorbos a la defensa, principalmente el de la contraescarpa", añadiendo: "estando levantada la contraescarpa, propone con sólido fundamento don Agustín Crame formar contra ella el terraplén de la explanada, cuya obra aúnque de costo muy considerable, es muy precisa, pues hoy permite el acceso al pie de la fortaleza y queda el enemigo debajo del cañón para batir con cualquier calibre".

Todas estas medidas propuestas a la parte exterior de la fortificación y por no haber sido llevadas a efecto en su debido tiempo, se hizo imposible la contención del enemigo en la noche del 16 de octubre de 1779.

En la Junta ya aludida se demostró gran frialdad por todos los componentes, obligando ella a intervenir el Auditor que dijo: "Toda la tropa debe ir a Omoa, el reino lo defenderán los hombres blancos, y yo mismo tomaré la casaca y la espada; no se repare en gastos, pues no hay ejemplo de que el erario esté tan franco como en esta ocasión, y el millón que se pida a México sea con la calidad de por ahora".

Siguiendo la declaración, dijo Simón Desnaux haber llegado a Omoa el 24 de septiembre a las 10 de la mañana, y a la una y media de la tarde, "de aquel propio día descubrió cuatro velas que viniendo del Golfo con rumbo al puerto los reconoció por enemigos, lo que confirmaron capitanes prácticos de a bordo, y a consecuencia tomó algunas disposiciones aquella noche. Entre ellas la de pedir pólvora a los barcos españoles surtos en el puerto y juntar la gente disponible para un posible ataque"; dispuso el encomendar a la tripulación de los barcos una batería baja que había en la plaza, y con estos preparativos esperó al enemigo, que a eso de las dos de la tarde hizo acercar al fuerte una goleta con pabellón español, y como ya estaba afianzado el de la plaza se disparó una bala, y retirada mar adentro entró una fragata, también con bandera española afirmada con bala; pero como antes se habían visto que perseguían a un bote nuestro se les consideró enemigos, y así, bajo pabellones de la misma nación, se batió la fragata con el fuerte, quedando aquella maltrecha; las otras dos, aunque se presentaron, fué fuera del tiro del cañón y se apartaron pronto, observando que las lanchas se comunicaban recíprocamente y que variaban las provisiones como manifestando emprender algún combate o ataque por tierra, y al caer el sol echaron bandera inglesa, y separándose del puerto se mantuvieron a la capa; que a media noche volvieron a caer sobre la puntilla, sin duda para hacer alguna tentativa en orden a los barcos españoles interesados en tintas; pero en precaución de un desembarco estaban dispuestas por el declarante dos sorpresas de negros con machetes a la orden del segundo comandante Ferrándiz, y había botes de guardia", sin embargo añade, no tenían mucha confianza en su gente por lo atrasado que estaban los pagos, y consecuencia de ello era el poco interés que demostraban en la defensa. Retirados por último los barcos ingleses la noche o madrugada del 26, dio cuenta de toda la función a la superioridad pidiendo nuevamente, refuerzos, material, etc., y durante el tiempo mediado entre el 28 de septiembre y el 17 de octubre, como esperaba la vuelta del enemigo se dedicó con más vigor que nunca a preparar la futura defensa.

El segundo y definitivo ataque, pues, ocasionó la pérdida de la plaza.

Lo narra así: "A las cinco de la mañana del 16 de octubre avisaron los vigías que se descubrían velas inglesas, y poco después eran dos fragatas, un navío, un paquebot, un bergantín y otros buques armados que por todos componían hasta 12; en vista de que esta era una expedición formal, y que aún no había llegado la guarnición y socorros que se esperaban, se tomaron cuantas medidas dictó la necesidad y podían meditarse en un fuerte totalmente indefenso. Se promulgó un bando con pena de la vida a todo vecino que no se presentase al toque de la generala, y ésta se tocó a renglón seguido; se extrajeron los 45.000 pesos del rey en la conformidad que ha relatado.... preparándose rápidamente la defensa".

"El 17 se participó que ya el enemigo había hecho desembarco y que venían zambos por Puerto de Caballos, y aunque salieron los negros a atacarlos, no se pudo impedir que aquéllos se situaran en la loma, por lo cual, se les hizo fuego montando en el baluarte grande tres cañones con bastante trabajo, porque está a medio terraplén".

"Ese mismo día avisaron los vigías que la escuadra fondeaba en Puerto Caballos, y habían sorprendido a la vigía de Barrancas".

En las horas siguientes se bajaron algunos cañones de los barcos, colocándolos en el Castillo, pero se tropezaba con la dificultad de no disponer de número suficiente de tropa para manejarlos; a la tarde de ese día se presentaron los barcos, y rompieron fuego contra el Castillo, que, recibiendo de las dos fragatas y el navío, le correspondió con el mayor ardor, resultando una gloriosa defensa de nuestra parte. En la operación hace destacar a los oficiales de artillería Dastier, Ferrándiz, Toll y Tomé.

Continuando dice: "Y cuando ya la población exterior estaba incendiada por los enemigos situados en la superioridad de la loma, cuya fusilería se acercaba en partidas a la plaza, y cuando ésta se hallaba más empeñada la escuadra llegó un tambor con la carta llena de promesas y con amenazas, la cual fué contestada con una negativa cortés, pero firme".

Es de notar cómo por no haberse llegado a construir el torreón en la punta de afuera pudieron acercarse sin temor los navíos enemigos y encerrar en la ensenada a la pequeña flotilla.

Más adelante dice la declaración: "En esto avisaron los oficiales artilleros que apenas quedaban 300 cartuchos de pólvora inútil, por lo que se mandó distribuir el fuego con economía, lo que no pudo ocultarse al enemigo, a quien se trató de desalojar de la loma (que era el pensamiento más adecuado) y se encontró con la gran dificultad de no haber hombres expertos en el uso del fusil, y que éstos estaban inaccesibles, por lo que se apeló al recurso único de esperar de Guatemala los socorros de pólvora y guarnición que se esperaban por momentos, y ver si ésta rompía las comunicaciones ya cortadas, resistiendo así en condiciones cada vez más desfavorables.

El día 18 se formaron troneras en las caras de los baluartes y se montaron 6 cañones con sumo trabajo, por estar el uno de ellos sin terraplén, y se hubieran montado otros en la cortina, pero ya sólo se podía disparar un cañonazo cada cuarto de hora con corto alcance, y recelando por lo indefenso alguna escalada, salió el comandante don Juan Dastier a reconocer lo exterior de la plaza y halló que, levantada la contraescarpa del foso sin terraplén, y con toda la comunicación al campo, era un abrigo al enemigo y un obstáculo a la defensa.

Al amanecer del día siguiente, 19 de octubre, hicieron fuego graneado las baterías de la loma, a que correspondió la plaza con el suyo, habiendo logrado esto, por los oficiales Clerac y Méndez, desmontarles dos piezas al enemigo, quien pausó algunas horas sus tiros, pero siguiendo después con igual empeño, no pudo la fortaleza sino limitarse a un tiro cada cuarto de hora.

# INGLESES, MOSQUITOS Y ZAMBOS

**EL TENIENTE DE** dragones don Eugenio Pérez, desde Comayagua en 24 de noviembre de 1766, informa lo siguiente:

"Que siendo el terreno que ocupan los indios jicaques de Lean y Mulia muy fragoso de espesísimos bosques, que comprende en circunferencia como ciento y cincuenta leguas, antes más que menos, y que por la parte del norte confina con la mar, en donde desemboca el Río Lean, capaz de navegar piraguas, y subir éstas hasta muy arriba, y cerca de un paraje nombrado Santa Catarina, que abraza lo más del centro de las montañas, que por la parte del oriente, confinan con los valles de Olanchito, y Yoro, por la del sur con el Río de Sulaco, que se une con el de Comayagua, y por la del poniente los divide el Río de Ulúa, a quien se unen los antecedentes, cuyo Ulúa también desemboca a la mar, de suerte, que los indios gentiles, ocupan una bolsa de terreno rodeado en el modo referido: con que para que se pudiesen hacer entradas, que se proponen es necesario, y considero muy preciso precaver antes el que el Río de Lean se registre por la mar, de tiempo en tiempo, con tres o cuatro piraguas, bien armadas cuya providencia se puede tomar del puerto de Omoa, para embarazar el importante fin de que por el dicho Río se introduzcan ingleses mezclados con zambos mosquitos en solicitud del comercio del trato ilícito que hacen por él en piraguas, y que de esto redunda (como me informó don Bartolomé Gilibert (Gilbert),intérprete de Guillermo Pitt cuando estuve en Río Tinto) la comunicación, y trato familiar con los jicaques en el mencionado Lean, quienes me aseguró recibían de ellos navajas, cuchillos, y otras menudencias, con que, sin duda, hecha la amistad, y comunicación con éstos acaecerá aperarlos de armas de fuego y atraerlos a su devoción cuanto antes han sido los jicaques adversísimos a los ingleses y zambos, como sucedió por los años de veinte y cuatro (1724) que habiendo venido porción considerable de piraguas de zambos, armados de guerra, y mezclados con ingleses que desembarcaron en Puerto Sal, de donde abrieron camino para las montañas a salir a los pueblos de Ulúa, en que trabajaron algún tiempo, y observados por los mismos jicaques, éstos avisaron anticipadamente a los pueblos de Ulúa, para que se preparasen y no fuesen insultados, y despreciando los continuos avisos de los jicaques, se verificó el ataque e insultos, y de hecho arruinaron el pueblo de Tiuma, matando mucha gente en que pereció el Padre cura llevándose considerable número de personas de ambos sexos, y cuando los dichos zambos tuvieron atrevimiento a hostilizar a tanta distancia como la que hay de mucho más allá de Río Tinto hasta los pueblos de Ulúa venciendo grandes dificultades como se consideran, con cuanta más razón teniendo más inmediato el terreno de los jicaques, y con la facilidad de Río de Lean navegable, cómo no se podrá temer que en pocos años hagan una mezcla difícil de contener, y que cuando no fuese así, sobre las malicias de los jicaques, les impriman especies que imposibiliten en el todo la reducción a Nuestra Santa Fe."

Y, por su parte, don Eugenio, daba cuenta al gobernador Bahomonde, en junio de 1767, de haber hecho una reducción de indios batucos o patucos en Telica, Partido de Olancho, con el nombre de San Buenaventura, y de que esperaba traer a poblado a los payas de Río Tinto, a un sitio llamado Siguaté.

El gobernador interino de Honduras, coronel don Antonio Ferrándiz, practicó en 1770 una visita a gran número de poblaciones de la provincia. En su expedición hasta el noreste, fundó el Nuevo Pueblo, de indios payas, cerca del Río Tinto; pidió un cura para la misión de franciscanos establecida en aquella región y escribió una relación muy interesante de su visita; "el rey manifestó lo que se había hecho acreedor a sus piedades el gobernador Ferrándiz".

En tanto como se desarrollaban los sucesos referidos, 300 ingleses se internaron en el territorio de Honduras, subiendo por el Río de Chamelecón. El gobernador les salió al encuentro con fuerzas suficientes, y después de dos combates sangrientos los puso en fuga. Pero en 1771, el rey de mosquitos, llamado Aníbal, emprende una correría hasta la boca del Río Matina.

En 23 de noviembre y 10 de diciembre de 1768, el doctor don Felipe Romana y Herrera, del Consejo de Su Majestad y fiscal de la Real Audiencia de Guatemala, había propuesto que los gobernadores de Comayagua, Nicaragua y Costa Rica, cada uno de por sí, examinasen con atención por lo respectivo a su territorio si era útil el proyecto de hacer guerra a los mosquitos y zambos, dentro de sus poblaciones y montañas, con qué fuerzas y caudales, o si discurrían otro medio de embarazar los perjuicios hasta entonces experimentados, de menos costo y efectivo, o si juzgaban último y necesario el propuesto por él, en el supuesto de que cada uno en su territorio, como comandante militar de la provincia había de poner en práctica los medios y expedición que propusiere.

En relación a esta materia, don Domingo Cavello, sargento mayor de la infantería de los Reales ejércitos, gobernador por Su Majestad de la provincia de Nicaragua, y comandante general de las Armas de ella, y sus cuatro corregimientos, expone lo siguiente:

"Para la consecución de la empresa es menester hacer sus expediciones por tierra de los gobiernos de Comayagua, Costa Rica y esta provincia de Nicaragua, en la estación del verano... que es desde el mes de noviembre hasta el de abril, en cuyo tiempo está el terreno de sus situaciones seco, y caminable porque en los otros seis meses, es imposible a causa de lo mucho que llueve, y las inundaciones que subirán Ríos y Lagunas, que se hallan en aquellos territorios, disponiendo que la tropa de Milicias, que pase a estas expediciones, se les socorra con el correspondiente préstamo y vayan armados, a toda satisfacción, según lo requiere el caso en inteligencia de carecerse mucho de estos pertrechos en las tres referidas Provincias".

"Como la Gobernación de Nicaragua es la más confina con los dichos zambos, y mosquitos, comprendiendo su territorio desde el Río del Tortuguero, hasta el Cabo de Gracias a Dios, en cuyo intermedio están las jurisdicciones del Río de San Juan, los Chontales, Mathagalpa, y la Segovia, puede por cada uno de estos parajes, disponer el Gobernador hacer su salida, con un trozo de suficiente gente, mandada por persona de su satisfacción... En el gobierno de Comayagua, están establecidos los zambos y mosquitos, desde el Cabo de Gracias a Dios, hasta el Cabo de Camarón, o Román, cuya punta forma el Puerto de Trujillo, e intermediando en este tránsito, el Cabo Falso, el Río Tinto Chiquito, Brus Laguna, Río Tinto, y Cabo de Camarón, se facilita la entrada a estos parajes por San Pedro Sula, y Olancho por los que por ellos puede aquel Gobierno hacer su entrada, con el logro de los mismos progresos, que lo pueden hacer los Gobernadores de Costa Rica y Nicaragua..."

Por Real orden de 22 de noviembre de 1775, dirigida al presidente de Guatemala, se le dice: "Tiénese aquí noticias de que en Londres se trata por unos particulares ingleses de hacer establecimiento formal en la costa de Mosquitos, en paraje de los más inmediatos a nuestras posesiones, para cuyo objeto se hallan apadrinados de los propios indios, quienes han enviado comisionados a aquella corte para entablar este pensamiento con los sujetos que deben embarcarse a ponerle en ejecución; y debiendo recelarse resultas nada favorable, aunque la empresa sea sólo de individuos particulares, pues de éstos trascendería a adoptarle la nación entera si consiguiesen radicarse en forma e hiciesen presentes sus utilidades y nuestro perjuicio, me manda el Rey prevenir a V. S., tome las más vivas providencias para averiguar el paraje donde emprendan los ingleses establecerse y atajar estos principios; a cuyo fin doy este mismo aviso a los gobernadores de Nicaragua, Costa Rica y Comayagua encargándoles que en cuanto permitan las fuerzas de cada uno, cooperen a que no se verifique, y que de todo lo que puedan informarse con certeza den cuenta prontamente a V.S., para que con sus oportunas providencias se haga ilusoria la idea del expresado establecimiento, de cuyas resultas me dará V.S., puntuales noticias para la de Su Majestad".

Tres años más tarde, se dice, que había en la costa del norte de Honduras no menos de 450 ingleses con sus establecimientos desde Punta Blanca siguiendo la zona marginal hasta el Cabo de Gracias a Dios al norte; y siguiendo después al noroeste hasta Cabo Román, frente a la isla de Roatán. No se encontraba, en fin, una sola boca de río, ni una isleta en donde no hubiera británicos en constante trato con los zambos y mosquitos; pero en la provincia su principal establecimiento era Río Tinto, y fuera de ella, las islas de San Andrés y Providencia, y los puertos de Bluefields y Laguna de Perlas.

En 24 de septiembre de 1781, se tuvo noticia en Trujillo que 300 negros habían invadido la isla de Roatán y habían construido tres fuertes en el puerto principal de la isla. La nueva se comunicó a Comayagua, y de allí a Guatemala. El presidente don Matías de Gálvez, llamó a las armas las milicias de Honduras, El Salvador, Nicaragua y Guatemala, reunió un ejército de 900 hombres, entre los cuales tomaron parte activa "200 soldados voluntarios de Gracias al mando de don Miguel Machado, quien los equipó y pagó a sus expensas", y se embarcó en Omoa, en dos buques de guerra españoles, la Santa Matilde y la Santa Cecilia, derrotando a los invasores el 16 de marzo de 1782, destruyéndoles sus habitaciones en número de 500.

Finalmente, con motivo de haberse devuelto al gobierno español las islas de Roatán y los territorios de Río Tinto y Cabo de Gracias a Dios, en virtud del tratado celebrado con Inglaterra el año de 1783, ampliado en 1786, y mandado establecer por el rey de España colonias españolas en dichos lugares, el obispo de Comayagua nombró capellanes en Roatán, Río Tinto y Cabo de Gracias a Dios, acordando que los expresados religiosos quedaban sujetos al capellán de Trujillo, que tenía el cargo de Vicario Foráneo.

El famoso establecimiento de Río Tinto fué entregado a las autoridades hispanas por Guillermo Pitt Laurie, hijo del superintendente inglés de Belice, y el ingeniero don Antonio Porta y Costas, tomó la posesión en 29 de agosto de 1788, enarbolando el pabellón de España y dando comienzo a la construcción de siete galeras para esperar una expedición que venía de Guatemala.

# GALLEGOS, ASTURIANOS Y CANARIENSES

**CUANDO EL FRANCÓFILO** "rey albañil", Carlos III, intentó una colonización formal en las provincias de Honduras y de Nicaragua, la cosa no salió vestida a la francesa, con casaca, peluca y medias de seda.

"Señor Presidente de Guatemala:

He prevenido a V. S., de orden del rey, entre otras cosas, y con fecha 24 de septiembre último, que Su Majestad tiene determinado se formen cuatro poblaciones españolas bien precabidas y defendidas en Río Tinto, Cabo de Gracias a Dios, Bluefields y embocadura del río de San Juan, y que su real voluntad es que con gentes de ese reino, y bajo las convenientes precauciones, de V. S., principio desde luego a estos establecimientos, en inteligencia de que de esta península o de Canarias se les enviarán algunas familias con qué aumentarlos y reforzarlos en vista de lo que V.S., informe y proponga sobre el asunto. Ahora advierto a V. S., haber resuelto el rey con informe y acuerdo de la Junta de Estado, que para dicho objeto se colecten y envíen a V. S., con la posible brevedad ciento y cincuenta familias de labradores y artesanos pobres de Galicia y Asturias, y sesenta de Canarias, bien entendido que el ánimo de Su Majestad es que en los citados pueblos, en la isla de Roatán, demás parajes de la costa que más convenga ocupar se establezcan unidas y mezcladas las familias de ese reino y las de este para que se auxilien las unas a las otras y se dediquen todas al trabajo con honrada emulación... El Prado, 23 de enero de 1787".

Para que se diera cumplimiento a esta real orden, se comisionaron al marqués de Branciforte, comandante general de las islas Canarias, y a don Bartolomé de Cosabuena, juez de Indias, para que colectasen las 150 familias y las embarcaran con rumbo a Trujillo.

Hallar familias españolas que quisiesen salir entonces de su patria no era problema de ninguna consideración, pues, frescos estaban aún los recuerdos de la insurrección popular madrilaña ocasionada por la disposición del ministro don Leopoldo Gregorio Borja y Acevedo, marqués de Esquilache, que imponía el uso de la capa corta y el sombrero de tres picos. De suerte que, en menos tiempo de lo supuesto, se colectaron hasta 156familias que fueron embarcadas con destino a Trujillo, como sigue: en la Polaca, 40 familias,260 personas; en la fragata El Infante Don Fernando, 41 familias, 252 personas; en la fragata Nuestra Señora de Lepa, que partió de la Coruña, 27 familias, todas las cuales fueron recibidas gentilmente en el puerto trujillano por el gobernador e intendente de la provincia de Comayagua y comandante de las costas de Trujillo, don Juan Nepomuceno de Quezada.

La suerte que corrieron esos pobres gallegos, asturianos y canarienses, don Ramón de Anguiano se encargaría de ponerlo en claro en su Informe de 15 de diciembre de 1818: defendieron con mucha bizarría la plaza de Trujillo y el que está informado que ha no haber sido por ellos se hubieran apoderado los ingleses de dicha plaza. Y además, éstos como más civilizados podrán servir para gobernar inmediatamente a los caribes a las órdenes del jefe principal de Trujillo.

INFORME rendido por el gobernador de la provincia de Honduras, don Juan Antonio de Tornos. Año 1816.

En Trujillo hay una porción de pueblos de negros caribes que en el día no bajan de ocho, y el número de estos negros podrá ascender de ocho a diez mil almas, aumentándose prodigiosamente por la poligamia. El año de 1697 en número de 2,000 depositaron los ingleses a estos negros en la isla de Roatán; y en el mismo año fueron trasladados a Trujillo en cuyas inmediaciones están establecidos. Su ejercicio es la pesca y el contrabando, y si Su Majestad no se digna mandar su más pronta internación y división es de esperar que en breve se hagan dueños de nuestra costa del norte por sí solos o unidos con los zambos.

Yo sería un vasallo infiel e indigno de servir al Rey, si no expusiese a S. M., que no tiene número el de contrabandistas en ese reino, y que casi cuanto se viste en él es inglés.

Las tropas que componen la fuerza de esta provincia son el Batallón de Milicias de Olancho, el Escuadrón de Dragones de Yoro, y seis Compañías sueltas de Infantería; dos en esta ciudad (Comayagua); dos en el Partido de San Pedro de Sula; y dos en el de Gracias, que deben hacer la fuerza total de 1,360, infantes y 200 caballos. El Batallón de Olancho no tiene coronel ni otro jefe que el teniente coronel, pues el sargento mayor veterano hace más de tres años que está separado de su Cuerpo, y en el día en Guatemala con segunda licencia del Capitán General, Tampoco tiene este Cuerpo ninguno de sus dos ayudantes de sueldo, y difícilmente se creerá su actual desorganización y mal estado.

El Escuadrón de Dragones de Yoro aunque tiene coronel me es desconocido porque lleva cinco años de residir en la Habana. No tiene teniente coronel, y el sargento mayor veterano hace dos años que está separado de su Cuerpo mandando el Puerto de Trujillo. Su estado es el mismo del Batallón de Olancho.

De las Compañías sueltas, las dos de esta ciudad se conservan en un mediano pie; las demás como los Cuerpos están en el mayor abandono, costando al Rey cada año sin estar las armas el Batallón de Olancho y Escuadrón de Yoro 12,372 pesos fuertes para pago de plazas veteranas. Las Compañías sueltas de esta ciudad no tienen alguna plaza de sueldo, y solo una las de Gracias y otra las de San Pedro de Sula; y de las mismas Compañías de esta ciudad hay sobre las armas dos cabos y ocho soldados de constante servicio por su convenio y mayor ahorro para Guardias de la Caja Real y el gobierno, siendo la única tropa sobre ellas en toda esta vasta provincia mantenida sin embargo fiel al Rey Nuestro Señor y en tranquilidad.

Una Compañía del Real Cuerpo de Artillería está asignada a esta ciudad de fuerza total por Reglamento de 121 plazas, un capitán, un teniente, y dos subtenientes: Cuesta al Rey cada año completa 24,798 pesos fuertes, pero en el día no lo está. Da destacamentos a la capital de Guatemala, a los puertos de Trujillo y Omoa, a la ciudad de San Salvador, al Castillo del Golfo, y al Presidio del Petén. Su estado es el mismo que el de las Milicias, y en esta ciudad a que está asignada nunca pasan de 20 los artilleros que tienen a su cargo 10 reos de la insurrección de Granada y el Almacén de la pólvora.

Comercio: El que hace esta provincia es interior con la capital y las del reino, si se exceptúan algunas remesas de añiles y zarzaparrillas que se hacen a la Habana y en retorno vienen caldos (guarapo, jugo de la caña de azúcar), cera, géneros de todas clases y una que otra vez algunos otros artículos. El renglón de verdadera utilidad que se exporta de ella es el ganado vacuno que surte a Guatemala y San Salvador, por que otros menores que permitan unos

Partidos con otros, y conducen para el surtimiento de esta ciudad no merecen nombre de comercio.

De la capital de Guatemala y provincia de San Salvador vienen comúnmente en cambio de ganados o su producto ropas que llaman de la tierra por ser de sus fábricas, con que se visten las clases medianas e inferiores.

La fertilidad natural y sin algún auxilio de estas montañas y valles, produce varios artículos de valor. Tales son la vainilla silvestre de excelente calidad, cuyo beneficio desconocido aquí acabo de adquirir, y hecha ya la experiencia del mejor resultado, puede proporcionar que se dediquen a fomentar una planta de tanta estimación; las caobas y cedros; y diferentes especies de bálsamos, gomas y resinas. Sin embargo los caminos (dando este nombre a sendas por precipicios espantosos, y montañas desiertas en muchas leguas) y los ríos caudalosos sin que se conozca un solo puente, convidan poco al comercio; pero de estos mismos se podría sacar utilidad para hacerle a poca costa porque son navegables el de Aguán, el de Ulúa y el de Lean, con otros que entran en ellos desaguando en el mar del Norte, y facilitan el comercio clandestino con Valiz y Jamaica, que es el verdadero que se hace en todo este reino con tal franqueza y continuación cual si no estuviese prohibido con tan justas penas.

Agricultura: A 292 años de conquistada esta provincia difícilmente podrá creerse su atraso en el cultivo y labranza de la tierra siendo tal la fertilidad que el maíz da muy comúnmente tres cosechas al año, y la uva dos. Sin embargo, es tan rara que su precio en esta ciudad es a medio peso fuerte la libra. El xiquilite (jiquilite) que produce la tinta añil, el azúcar, cacao, café, la pimienta de Tabasco, el tabaco, el arroz, el trigo, la cebada y el algodón, se dan en los varios Partidos de la provincia; pero son casi invencibles la pereza y desidia de sus habitantes, y además su alimento es tan grosero como abundante sin trabajo. No son escasas las haciendas de caña y en todo el resto del mundo no creo que se haga uso de azúcar de peor calidad que la que producen. Todo su conato pues se cifra en las haciendas de ganados que las hay considerables, siendo el precio común de una vaca de 8 a 9 pesos fuertes, el de una mula domada 25 y 12 el de un caballo, cuyos cascos no necesitan de herraduras con ser estos caminos los más ásperos.

Industria: Si expusiese a V.E., que es desconocido hasta este nombre en esta provincia podría dejar de molestar más su atención, pero debo desempeñar mi obligación para que S. M., tenga verdadero conocimiento de Honduras. Todas sus fábricas están reducidas a unos telares sencillos e imperfectos en que hacen un género de algodón llamado manta para vestirse, de gran consumo en el país. Hay unos cuantos alfareros que hacen la loza más ordinaria que he visto, y entre todos los oficios necesarios para la vida cómoda no se conoce un solo hombre que pueda llamarse maestro.

INFORME del gobernador don Ramón de Anguiano. Año 1818.

Y contrayéndome a la provincia de Honduras, digo: que por las Crónicas de San Francisco y los papeles antiguos que he leído de aquellos tiempos primeros, consta que la abundancia de oro y plata que se halló en aquella provincia, llamó la atención de los españoles y vinieron tantas gentes a ella que de repente se encontró poblada, obligando a enviar de esta capital (Guatemala), un oidor con tres padres de San Francisco que reunieran a los indios en pueblos y formarles iglesias: cuya buena obra se acabó en poco tiempo y desde entonces no se han podido volver a reedificar; aunque tienen caudal en sus Comunidades; y dicen dichos papeles que los muchos españoles que en poco tiempo se hicieron ricos, fundaron Capellanías, y obras pías, a cargo de los padres de San Francisco, cuyos capitales fueron a rédito a otros muchos que estaban sin ocupación, y levantaron con ellos un sin número de haciendas de cacao y cañaverales, que junto con los demás frutos que tan feraz terreno proporciona, se hacía un comercio muy activo desde el puerto (de Trujillo) a los demás que de todo carecían.

# AL ESCLARECER LA INDEPENDENCIA

SI bien la independencia de Centroamérica se operó pacíficamente, a diferencia de las otras colonias americanas, en la gesta emancipadora no faltaría la bandera negra del pirata, llamado entonces insurgente. Desde luego, aquello tuvo antecedentes.

En primero de mayo de 1820, don José María Palomar, comandante de la ciudad de Trujillo, escribe al gobernador y Capitán General de Guatemala, don Carlos de Urrutia y Montoya, lo que sigue:

"Excelentísimo Señor: El 21 de abril del corriente, a las seis de la mañana, hizo la vigía de Capiro la señal de escuadra por el lado de barlovento y, en consecuencia, deseando saber la clase de buques de que se componía, y rumbo a qué se dirigía, habiéndoseme presentado don Santiago Godoy, persona de conocimiento, a subir a la atalaya para su reconocimiento, lo comisioné para el efecto, y al mismo tiempo envié al alférez de dragones de Yoro, don Antonio Jurado, y al de igual clase de la Compañía fija de esta plaza, don Carlos Barreiro, a los puestos avanzados, situados en la costa derecha e izquierda de la plaza, con órdenes mías para que se auxiliasen los unos a los otros inmediatos, según lo exigiese la necesidad. Estos puestos se extienden, los de la derecha hasta la boca de la ría de Guaymoreto a una legua de la ciudad, estando cubierta toda esta distancia por cinco puestos avanzados con sus parapetos de fagina; y los de la izquierda, por siete, que se extiende hasta el Campamento a igual distancia de la playa, cada uno de ellos cubierto con diez individuos de la tropa de la guarnición.

A las 11 de la mañana regresó don Santiago Godoy de la atalaya, y me informa de que una escuadrilla compuesta de 14 velas se encaminaba hacia el puerto, y que había oído un tiro de cañón, sin duda como señal de reunión. Al toque de generala acuden las tropas y vecindario ocupando aquéllas los puestos que con anticipación tenían designados, y encargándose éste de una trinchera provisional que había mandado formar al Este de la batería de San José, en la punta de una loma que domina el desembarcadero, calle de la playa, calzada, avenidas del Río Negro, caribal y alguna parte del pueblo, en la que se montaron una culebrina de a 12 y dos obuses de a 8. En este estado en que cada oficial, soldado y vecino ocupa ya su puesto respectivo, a las 11 y media empieza a entrar en el puerto, remontando la punta de Castilla, la escuadra enemiga, sigue adelantándose hacia el fondeadero como dando tregua para la reunión de sus últimos buques, a las dos y media acabó de entrar formándose en línea al frente de las baterías donde fondearon fuera del tiro de cañón, arbolando todos una bandera de dos fajas azules y una blanca en el medio, y en ésta un escudo, componiéndose toda la fuerza naval que estaba al frente de dos bergantines goletas, cuatro goletas, cuatro pailebotes, un falucho y una balandra.

En seguida, como a las 4, uno de los bergantines echa su bote al agua, el que se dirige al desembarcadero con bandera blanca, conduciendo un oficial, lo que observado por mi desde la batería principal en que me hallaba, me dirijo a la playa, y doy orden para que un sargento y diez soldados lo reciban al momento de saltar en tierra, y vendándole los ojos, me lo conduzcan a la casa más inmediata del desembarcadero, donde me preparaba para recibirlo, y habiéndoseme presentado me entregó los pliegos que conducía: uno de ellos era de intimación de Aury para la entrega de la plaza, dando por término perentorio una hora, y los otros una proclama y una carta firmada por un tal Mérida, que se llama diputado por Caracas, de todos los cuales remito a V. E., copia certificada con los números 1, 2 y 3, quedando en esta Comandancia archivados los originales. Instruido de su contenido, lo despacho respondiéndole de palabras que consultaría con mis oficiales; y, en consecuencia, los convoco a consejo de guerra, y habiéndoles informado de las proposiciones de Aury con exhibición de sus propios pliegos, concuerdan todos uniformemente, en que se desprecien sin darles contestación alguna, pues que no era compatible de las armas de S. M., entrar en convenio con un hombre que no tiene más representación que la que se quería suponer, y que se debía esperar hiciese uso de las fuerzas con que amenazaba. En virtud de esta determinación, que en todo se conformaba con mis ideas, me mantuve en expectación de las operaciones del enemigo, pues ni en el resto de la tarde, ni en toda la noche hizo movimiento alguno.

El 22, a las 5 y media de la mañana, mandé arbolar el pabellón español afirmándolo con un cañonazo con bala. En seguida lo hace igualmente el enemigo con bandera blanca, a los pocos momentos reitera segundo cañonazo y, observando que nada se le contestaba, tira el tercero arbolando el pabellón insurgente, empieza a maniobrar desfilando los buques sobre su izquierda con dirección a la ría de Guaymoreto; reunidos aquí con las lanchas al agua, reconocen la trinchera que guarda este puesto, rompen contra ella el fuego de bala y metralla, hasta lograr allanarla y hacer que la tropa que la guarnecía se retirase al camino cubierto, en donde se sostuvo despreciando el horroroso fuego que a quema ropa le hacía el falucho y los dos bergantines que había destacado el enemigo para proteger el desembarco que intentaba verificar por este punto, lo que advertido por el comandante de esta avanzada, el teniente caribe Nicolás Montero, se adelanta, y parapetado con su gente en los escombros de la propia trinchera, tira una descarga cerrada de fusilería a la tropa que del falucho que se empezaba a embarcar en las lanchas, y en seguida con un fuego graneado contiene por dos ocasiones la tentativa del enemigo; pero cargando éste con mayor empeño con los dichos buques y otras dos goletas que vinieron a su auxilio, logran con su fuego vivo de metralla hacer retirar nuestras tropas a la primera y segunda avanzada, replegándose hasta la tercera trinchera; y quedando por ellos esta parte de la costa, hacen el desembarco por el punto indicado, echando en tierra como cuatrocientos hombres y 15 caballos, empiezan éstos a avanzar formados en columnas, y el fuego de los buques, protegiendo su marcha, les facilita continuar sin mayor obstáculo hasta la cuarta trinchera, en la que son recibidos por las avanzadas que habían venido retirándose y la tropa que de la plaza había mandado para su refuerzo, y no pudiendo resistir el enemigo estas fuerzas se retira, después de haber tenido algunos muertos y heridos, cuyo daño, observado por los buques se aproximan para batir esta trinchera, y con su vivo fuego de metralla obligan a nuestras tropas a desampararla con la pérdida del teniente de caribes Pedro María, que murió, y la de dos soldados heridos, y retirándose se pone a cubierto de la quinta trinchera; a este punto sólo avanzó la vanguardia del enemigo en número de 10 a 12 caballos, y como treinta de infantería; pero inmediatamente es rechazada por los nuestros, y se retira a todo escape a reunirse con el total de sus fuerzas que se había situado en el tercer puesto, desde donde ya no se atrevió a adelantarse, al mismo tiempo la mayor parte de los buques empiezan a desfilar sobre las baterías de la plaza, haciéndoles fuego en toda la línea, el que es recibido con serenidad, rompiéndole éstas el de su artillería desde las 9 y media de la mañana y sosteniéndole incesantemente hasta las dos de la tarde, a cuyo tiempo, alejándose los buques del cañón de las baterías, cesó el fuego de una y otra parte.

Habiendo observado a este tiempo, desde el fuerte en donde estaba atendiendo a las operaciones del enemigo, que un destacamento de su tropa intentaba introducirse por el monte, ordené que saliese una avanzada para reconocer la falda de Capiro y avenidas del caribal, por si acaso intentaban introducirse por retaguardia en la población; en efecto, salió como había pensado, pues se encuentra con el enemigo que venía franqueándose camino, ya fuese con aquí el objeto, ya con el de excitar alguna de nuestras posiciones en la costa, y a pocos tiros salen dispersos y se retiran al punto de donde se habían destacado. Viendo el enemigo frustrado su intento renueva el fuego como a la media hora, con mayor empeño, y el de nuestras baterías le corresponde con el mismo denuedo que lo había hecho antes; conoce por fin el enemigo que sus esfuerzos eran vanos para desanimarnos, y como a las 4 de la tarde se retira del todo, incorporándose con los demás buques que sostenían la tropa desembarcada, sin hacer otro movimiento en el resto de la tarde; al anochecer pasé personalmente a reforzar las avanzadas de la derecha y demás puestos de la costa, por si intentaba el enemigo hacer algún otro esfuerzo por otro punto, se pasa toda la noche sin observarle otra operación que la de golpear reparando las averías de sus buques.

A la madrugada del día siguiente, 23, se reembarcaron sigilosamente, dejando en la plaza sus caballos, algunos morrales de galletas y frascos de aguardiente, dándose los buques a la vela al momento de amanecer. Inmediatamente mandé 10 hombres a reconocer el campo del enemigo, y después de su exploración vuelven a darme cuenta de haber reembarcado todas sus tropas a las 4 de la mañana, y que nuestras avanzadas ocupaban ya las mismas posiciones que conservaban antes del ataque, y desplegándose los buques en línea por mitad de la bahía, salen de ella a poco remontando la punta de Castilla, a cuya vigía tira cada uno de ellos al paso una descarga de fusilería; pero sin causar daño. Todo el resto de este día y del siguiente, 24, permanecieron a la vista del puerto, dando bordadas de una parte a la otra, desapareciendo por último en la noche de este día, sin saberse de fijo el rumbo que siguieron, habiendo sido el resultado de esta acción la vergonzosa fuga del enemigo, con la pérdida de sobre 40 hombres, entre muertos y heridos, todos sus caballos, y la avería conocida de cuatro buques, no pudiéndose asegurar la que habrán tenido los restantes ni la gente que habrá perdido a su bordo, consistiendo la nuestra en un muerto y dos heridos, y de éstos haber fallecido uno. En la tarde del 23, después que el enemigo había evacuado nuestra bahía, pasé con asistencia de la oficialidad y vecindario, a la capilla real, para dar gracias al Todo Poderoso por la victoria conseguida por las armas españolas, en donde el R. P. C. y C. R. entonó el Te Deum, y de acuerdo con el mismo R. P. dispuse que el 29 se celebrasen las exequias por los fallecidos en la acción, y el siguiente, misa en acción de gracias, todo con asistencia de las Corporaciones.

Tal ha sido, Excelentísimo señor, el éxito de la expedición tanto tiempo proyectada por el aventurero Aury contra este puerto y sus quiméricos planes se han desvanecido a la vista de la bizarría y ardor con que se han portado las tropas todas y vecindario de esta plaza, que tengo el honor de mandar, por lo que faltaría a mi deber si no recomendase a la alta consideración de V. E., los particulares servicios que en esta ocasión han hecho a la nación y reino, tanto oficiales como soldados y vecinos, habiéndose hecho acreedores a las gracias con que V. E., tenga a bien premiarlos, pues no ha habido distinción entre los que han ido a las manos con el enemigo y los que han estado ocupando los fuertes y demás puntos que de necesidad debían custodiarse.

**REAL PALACIO**, 13 de mayo de 1820. En atención al feliz suceso que lograron las armas españolas en la plaza de Trujillo contra el pirata Aury en los días consecutivos 21, 22 y 23 de abril próximo pasado, en que el comandante, oficiales, tropa de la guarnición y vecindario de aquella ciudad se condujeron tan honrosa y gloriosamente, según se expresa por menor en el parte que procede y noticias particulares de la acción, concedo, a nombre del Rey, nuestro señor, al teniente coronel don José María Palomar, comandante interino de dicha plaza, el grado de coronel, y el grado inmediato de ejército a sus actuales empleos a cada uno de los cuatro oficiales que concurrieron a las Juntas de guerra en que se acordó despreciar la intimación del pirata y resistir a sus fuerzas, que lo fueron don Fernando López, teniente de la Compañía fija y comandante accidental de ella; don Manuel Fernández, teniente del Real cuerpo de artillería y comandante allí de esta arma; don Antonio Jurado, alférez del Escuadrón de Dragones de Yoro, y don Carlos Barreiro, subteniente de la Compañía fija; debiendo el comandante de la plaza proponer aquellos premios o distinciones que parezcan proporcionadas a cada clase de tropas y personas del vecindario que más se hayan distinguido, dando, entre tanto, a nombre de Su Majestad y mío, las más expresivas gracias a todos los habitantes de la misma plaza; y debiéndose abonar desde el día de la acción a la viuda del teniente de morenos José María Zapialla, y a la de Justo Fariñas una pensión de la cuarta parta de los sueldos que aquéllos, según su clase, debían disfrutar, y al herido, capitán de la misma clase, Francisco Demani, le concedo desde luego la medalla de oro con el Real Busto que he dispuesto remitir por el correo, para en el Real nombre se la ponga el gobernador interino, y en caso de quedar inútil se le abonará desde el mismo día de la acción el sueldo íntegro asignado a su empleo en el Reglamento.

Imprímase y circúlese esta parte con el presente decreto, de que se tomarán las razones convenientes en los oficios de Real Hacienda que corresponda, y comuníquese por orden de la plaza a todos los cuerpos militares para su satisfacción y estímulo. Urrutia.

El libertador Aury y su compañero Mérida se presentaron frente a Omoa el 25 del mismo mes de abril y por dos días lucharon por efectuar un desembarco; pero fueron rechazados por el comandante interino del Puerto, don Eusebio Menéndez, quien dio inmediata cuenta de lo sucedido al gobernador de Honduras, don José Gregorio Tinoco de Contreras. Después de este nuevo descalabro los insurgentes se lanzaron sobre los almacenes de Izabal. Tinoco de Contreras salió de Comayagua el 8 de mayo siguiente a proteger Omoa llevando la Compañía de Milicianos de aquella ciudad, las dos de Gracias y otra del Batallón de Olancho. A su paso por la ciudad de San Pedro Sula, se le incorporaron muchos voluntarios.

Como consecuencia de esta invasión don Carlos de Urrutia y Montoya, fué instado por don Mariano de Aycinena, síndico primero del Ayuntamiento de la ciudad de Guatemala, a que variara ciertas medidas promulgadas por el gobierno colonial en relación con las rutas del comercio de la. provincia.

A ello, don Carlos, responde:

Cuando en cumplimiento de la Real cédula del caso se emprendió el proyecto de la navegación del río Motagua para hacer de él las extracciones marítimas del comercio, fue expresamente sin perjuicio de que pudiesen también hacerse por el del Golfo, si allí conviene al comercio mismo, y esta libertad da a entender bastantemente los objetos de beneficencia que me inspiraron entonces aquella providencia, así en no dejar al gremio sin conducto por donde hiciese su giro, como en no obligarle a que exclusivamente lo verificase por el Motagua, en ocasión de hallarse en su estado rústico y natural...

La invasión de piratas insurgentes que en mayo del año próximo pasado sufrió el Castillo del Golfo, y consiguientemente al Establecimiento de Izabal me obligaron a tomar medidas concernientes a precaver la repetición con inminente peligro de que se extendiese a lo interior del reino, que como su gobernador debo defender; y con este objeto tuve a bien proscribir el tráfico del Comercio por dicho punto, a fin de que alejando de él los motivos de intereses, se alejasen también los que intentasen saquearlo, hasta saberse. Esta providencia que, en la sustancia equivale a la de cerrarse los puertos en el caso de enemigos, es muy conforme con lo que el Rey nuestro señor, tiene mandado sobre la clausura de dicho Puerto...

Si la Compañía del Golfo que por disposición mía pasó a reforzar Omoa no se hubiese hallado allí, es muy posible que los piratas que después de haber sido rechazados en Trujillo atacaron a Omoa hubiesen tomado este Puerto y Plaza y que pasando después al Río del Golfo hubieran vuelto a tomar el Castillo, robado cuanto hubiese como ha sucedido el año pasado y acaso introducidos algún tanto en las provincias de Chiquimula y Verapaz...

Si hubiese fondos para tener fortificados y guarnecidos estos puertos sería muy bueno; pero cuando no hay como sucede en este reino para sostenerlos todos, un buen general debe asegurar los que más interesan. La calificación de cuáles son más interesantes, es reservada al Capitán General.

Fundados en estos principios de la ciencia militar, he dado mis disposiciones, y acaba de ser todo el mundo, de ser testigo, que Trujillo y Omoa han sido atacados porque los enemigos los han estimado sin duda de más importancia que el Río del Golfo (que aún estando abandonado) no ha sido objeto de su expedición sin duda porque no podía tener un interés para esa clase de enemigos.

Por más seguro que al Síndico y a los demás vocales del Ayuntamiento y a algunas otras parezca el Río del Golfo es preciso que estaban equivocados. A más de mis principios militares despaché un capitán facultativo a conocer científicamente el punto del llamado Castillo de San Felipe. De su informe resulta que aquello no era fuerte defendible y para ponerlo en estado para que lo fuera era preciso construir una fortificación que exige tiempo y dinero bastante, y que era menester una guarnición cuyo costo exige gastos que excedan al interés del punto. Lo enfermizo de él (que acaso es la primera causa del atraso de la población de la provincia de Chiquimula por que ha sido sepulcro de tantos hombres) es otra consideración muy justa para un gobernador que debe economizar los sacrificios de las vidas de los súbditos para cuya conservación lo ha puesto el Rey. Otras de las principales obligaciones, es precaver que el enemigo engrose debilitando el estado. Por esto ni buques ni intereses debo permitir, donde fácilmente puedan ser presa del mismo enemigo.

Por qué Omoa y Trujillo están fortificados, he limitado a estos puntos el comercio por ese lado de la costa...

En fin, mis medidas están tomadas según los principios me convencen es lo mejor para la conservación de este reino. Nadie me ganaría a proyectar, si las circunstancias del tiempo y del país, no se opusieran a los proyectos...

En la Memoria del estado político y eclesiástico de la Capitanía General de Guatemala, y proyecto de división de ocho provincias, para otras tantas diputaciones provinciales, jefes políticos, intendentes y obispos, presentada a las Cortes de Cádiz por el doctor don José Mariano Montes, párroco primero del Sagrario de la Catedral de Guatemala, y diputado por el Partido de Sonsonate, en 1821, puede leerse:

**COMAYAGUA DE HONDURAS,** Intendencia de este nombre, con los Partidos de Comayagua y Tegucigalpa, y las nueve subdelegaciones de Gracias a Dios, San Pedro Sula, Tencoa, Yoro, Olanchito, Olancho Viejo, Tegucigalpa, Choluteca y Trujillo.

Tiene 35 curatos en 145 pueblos y 231 valles y de habitantes 93,501 por el censo de 1791. Su extensión de ancho y largo es más que lo de León. con seis puertos en sus costas del Norte que son: Omoa, Puerto Caballos, Puerto Sal, Triunfo de la Cruz, Trujillo y Cartago,130 leguas del Río del Golfo, en tierras de indios bravos, con las islas de Roatán y Guanaja, a 18 leguas de Trujillo, con la extensión de 45 a 50 millas de largo y de ancho de 6 a 10. Su fondeadero es bastante capaz y seguro; su terreno montuoso, seco y cálido, sano, sin habitantes, escaso de agua, y abundante de caza; varias veces ha sido tomada por los ingleses esta isla, y la última vez fué reconquistada en 1797; por el Sur tiene en la ensenada de la Conchagua los ríos de Nacaome y de Choluteca, navegables desde el mar hasta lo interior de algunos pueblos.

Toda la extensión de esta Provincia está regada de innumerables ríos. Su clima es cálido y húmedo en lo general, muy despoblado, montuoso, y enfermizo, pero muy fértil.

Sus producciones son maíz, frijol, arroz, trigo, frutas, cacao, azúcar, algodón, tabaco y abundante de ganado vacuno y caballar. Hay ricos minerales de plata y oro, que se trabajan en casi toda la Provincia, y en ella está situado el célebre río de Guayape, de donde se saca mezclado con sus arenas el oro en polvo de palleta, que es el mejor.

Hay maderas de todas clases, resinas y yerbas medicinales; se cosecha poco añil, pero bueno, y en el pueblo de Copán y los Llanos está puesta la principal factoría de tabaco.

## AÑO 1579

**EN LA COLECCIÓN** de Documentos Antiguos, que dió a luz don Luciano Luna, en 1857, figura una carta del Cabildo de la ciudad de Guatemala dirigida al Rey, en la cual puede leerse lo que sigue:

"Por el mes de abril pasado (año 1579), se tuvo en esta ciudad aviso, como en el mar del Sur andaba un corsario llamado Francisco Drake, inglés, con un navío que había entrado por el estrecho que llaman de Magallanes, y corrido todas las costas desde el estrecho hasta estas provincias, y robado los puertos de Chile, Arica, Callao de Lima, y el navío que traía a Panamá el dinero de S. M., y de particulares (es decir, el famoso Navío del Oro, la Gloria del mar del Sur o Nuestra Señora de la Concepción, conocido comúnmente a lo largo de aquella costa, entre los españoles, por Cacafuego, o Spitfire, según los ingleses), para lo enviar a esos reinos y otros robos en gran cantidad, que le fue todo fácil, aunque trajera menos fuerza, por estar en toda esta mar y puertos del Sur tan descuidados de semejante suceso, como si fuera imposible.

Luego que se tuvo el aviso, el licenciado García de Valverde, presidente de esta Real Audiencia y Gobernador General en su distrito, con parecer de la Audiencia y de toda la gente principal de esta ciudad, acordó de hacer armada contra el corsario, lo cual se puso en ejecución. Y el presidente con su valor y suficiencia tomó estas providencias tan de veras, y con tanto cuidado y diligencia, que, con estar estas provincias tan desapercibidas de lo necesario para este efecto, en breve tiempo apercibió tres navíos y una lancha, que pudieron ser habidos, e hizo hacer cinco gruesas piezas de artillería de bronce muy buenas (cosa dificultosísima).

Envió a México y a otras partes por pólvora y otros cañones pequeños, esmeriles, mosquetes y otras cosas necesarias, y juntó doscientos hombres de guerra, que fuesen en los navíos, supliendo su prudencia todas las dificultades que en el discurso de este aparato se ofrecieron, que no fueron pocas. A todo lo cual acudieron los vecinos encomenderos, con la voluntad y cuidado que siempre han tenido y tienen para servir a V. M., con gasto de sus haciendas y trabajo de sus personas.

"Y fueron en busca del enemigo más de trescientas leguas, por la costa hasta el puerto de Acapulco de la Nueva España, donde toparon un navío que venía de la China, por la misma costa fueron avisados como no le habían topado, ni tenido nueva de él. Y así por esto, como porque la gente de la armada había enfermado en el puerto de Acapulco, y por otras causas que al general le pareció, no porfió más en buscar el corsario y se volvió, de que el presidente recibió gran pena, diciendo ser contra la orden que él había dado. Porque por muchas evidencias se creía le habían de hallar en la ensenada de la California, reparándose él, su gente y navío, de muchas necesidades que forzosamente había de traer de tan largo viaje, y estarle así ordenado al dicho general por la instrucción que se le dió, por lo cual fué luego el general preso en esta ciudad, y lo está, de todo lo cual la Audiencia Real dará a V. M., cuenta, a la cual nos remitimos. De esta ciudad de Santiago de Guatemala, a 24 días de marzo de 1580. C. R. M. Lope Rodríguez de las Narillas. Gregorio de Polanco. Alonso de Vides. Gaspar de Rosales. Bernal Diaz del Castillo. Diego Ramírez. Alonso López Utiel de San Martin. Por mandado de la Justicia e Regidores. Juan de Guevara".

El Cabildo de la ciudad de Guatemala en su Memorial para el Rey informa sobre este acontecimiento en términos muy parecidos a los anteriores.

Por su parte, don José Milla, dice, que no había buques, ni armas, ni municiones, ni un cuerpo de milicias de que pudiera echarse mano para una expedición. "Todo esto se proveyó en el menor tiempo posible. Pudieron conseguirse tres navíos y una lancha pertenecientes a unos mercaderes, y con gran trabajo se fundieron cinco piezas de artillería, grandes y de bronce. Enviaron a México por otros cañones pequeños, haciendo también esmeriles, mosquetes y pólvora y organizaron doscientos soldados, que se embarcaron en los buques, al mando de un don Diego de Herrera, que había venido de España quince años antes con el empleo de Gobernador de Honduras, y no sabemos si sería el mismo a quien el Rey había mandado imponer un castigo por la información contra el fiscal Salazar". Tocante a esto último, el propio historiador Milla, consigna que, en los días mismos de haber tomado posesión de la presidencia, gobernación y capitanía general, el licenciado García de Valverde, en el mes de noviembre de 1578, ocurrieron serios desagrados con motivo de cierta enemistad entre los individuos de la Real Audiencia y su fiscal, licenciado Eugenio de Salazar.

"No atreviéndose los oidores a proceder directamente contra este ministro, encontraron en don Diego de Herrera, uno de los alcaldes ordinarios de la ciudad, un instrumento dócil de sus malos designios. Hicieron que instruyera una información en que se le imputaba y pretendía probársele que favorecía indebidamente a los parientes de su mujer y la remitieron a España. Vista en el Consejo de Indias, este tribunal, o porque no consideró fundados los cargos, o porque juzgó que el alcalde había excedido los límites de su jurisdicción, reprobó lo hecho y dió orden a la Audiencia para que castigase a Herrera".

Dos años de prisión costóle al infortunado don Diego de Herrera, sea el que fuere, el improvisado general y almirante de aquella flotilla, el no haber dado caza a Drake. Cosa difícil de realizar aun tomando en cuenta sólo el factor tiempo. Porque, cuando pudo salir la expedición, el pirata había desistido ya de navegar por las zonas frías del Norte en demanda del legendario estrecho de Anián (estrecho de Bering) e iba de regreso a Inglaterra por el Cabo de Buena Esperanza.

¿Quién es este capitán Swan? ¿Es el mismo que dió su nombre a las islas Santanillas? Fué de los filibusteros o piratas que dominaban el mar Caribe y después de sus expediciones en él pasó a la mar del Sur? No hay datos al respecto.

Suponiendo que el capitán Swan de que se habla en el libro citado (Central American and Mexico Pilot) sea el mismo pirata de que hablan Lussan y Dampier, y que él haya dado nombre a las islas, suposición a la cual pudiera contribuir acaso el hecho de llamarse Cygnet su barco, ¿en qué se fundan los autores para decir que este capitán y su gente fueron los primeros en poner los pies allí? Está demostrado que estas islas fueron descubiertas desde antes de 1520; y es imposible que no hallan desembarcado en ellas los navegantes que les pusieron el nombre de San Millan primero, el de Santanillas, después, y el de Sanihla y Santillana, más tarde...

Tratando, pues, de las Islas del Cisne o Santanillas, que están situadas a 98 millas hacia el norte de la Punta Patuca, los historiadores, Rómulo E. Durón y Augusto C. Coello, documentándose principalmente con Humbert Howe Bancroft, agregan:

"Por el año de 1680 pasaron algunos (piratas) a la mar del Sur por el estrecho de Magallanes. Un capitán Swams pasó por el mismo estrecho a la mar del Sur con una fragata de 16 cañones, perteneciente al duque de York (más tarde, Jacobo II, Rey de la Gran Bretaña e Irlanda). Había sido enviado con el pretexto de venir a tratar con los españoles, pero con el verdadero objeto de formar el plano y tomar la situación de las villas y puertos de aquella mar.

El capitán David, que encontró esta fragata, hizo venir a bordo de la suya al capitán Swams, y lo amenazó con prenderlo si no hacía la guerra como él y con él. Swams, viéndose el más débil, prefirió ceder al pirata a caer como presa. Bancroft, que sigue la narración de Dampier, escribe Davis, en lugar de David y Swan en vez de Swams. Dice que éste era capitán de la Cygnet, y se le reunió con Peter Harris, sobrino del bucanero del mismo nombre, que pereció luchando frente a Panamá en 1680: que Swan había recibido de varios comerciantes de Londres una carga de mercaderías para negociar en estos mares, pero Harris y sus camaradas lo compelieron a unirse a los filibusteros".

Sabemos por varios autores que un grupo de sesenta filibusteros reunidos en la costa de Virginia, luego de haber vendido y disfrutado de los efectos robados en una expedición anterior, organizaron un viaje a buena cuenta por el Mar del Sur, y salieron de la bahía de Chesapeake a 3 de agosto de 1683.

Muchos de tales hombres, como Guillermo Dampier, Leonel Wafer y Juan Cook, eran piratas experimentados y no hacía mucho que habían acompañado a Bartolomé Sharp, el Charpe de las crónicas de los españoles; otros llegarían a ser valiosas adquisiciones, como Eduardo Davis y Ambrosio Cowley. Dampier, Wafer y Cowley, además, dejarían muy interesantes relaciones de la dicha expedición y en las cuales se ve a los filibusteros en la cúspide de su gloria.

Bajo el mando de Cook los mencionados piratas se dirigieron a las Islas de Cabo Verde y la costa de Guinea, donde apresaron un barco más grande que el suyo que llamaron jocosamente el Deleite del Soltero (Bachelor's Delight) y en el cual se hicieron a la vela rumbo a la costa de Chile por el Cabo de Hornos.

No lejos de la isla de Juan Fernández se les unió Juan Eaton con su navío el Nicolás (Nicholas), y todos juntos después de una corta permanencia en la dicha isla zarparon hacia las Galápagos a lo largo de la costa del Perú. En esta travesía murió Cook y asumió el mando de la pandilla el capitán Davis. "Luego de incursionar por la costa de la Nueva España (hay que tener presente que por aquella época se daba una extensión mayor a dicho territorio) y de hacer la captura de algunas embarcaciones, hubo serias divergencias entre Eaton y Davis por motivo del reparto y vino la consiguiente separación de ambos capitanes". Eaton después de efectuar varios pillajes en el mar y en las costas americanas sobre el Pacífico, pasó a las Indias Orientales en compañía de Cowley para volver más tarde a Inglaterra.

Entre tanto, Eduardo Davis, según una de las tantas versiones conocidas, se juntó con otra banda de confederados que venía a bordo del Cygnet y su capitán Swan, "y fue en esta ocasión cuando Dampier volvió a ver a su viejo amigo Basilio Ringrose quien había pirateado con Sharp y acompañaba a Swan". Ambos capitanes unieron sus fuerzas y se dirigieron a la costa de Panamá por donde tenían la seguridad de conseguir valioso botín. Allí se les incorporaron tres grupos de filibusteros resueltos a correr cualquier clase de aventura después de haber cruzado a pie el istmo. Una de estas pandillas contaba con 200 franceses y 80 ingleses al mando del capitán Grogniet; la otra con 180ingleses y su capitán Tonwley, y la tercera, con un número igual que el anterior bajo las órdenes de Le Picard, viejo camarada de Enrique Morgan y de Juan David Nau. En este grupo se hallaba el caballero Raveneau de Lussan, único de aquellos franceses que escribiría un Diario sobre tal expedición. El tiempo andando a estos malhechores se incorporarían otros hasta llegar a sumar todos no menos de mil hombres.

Eduardo Davis, cuyo primer nombre era Juan, según Esquemeling, que lo conoció personalmente, figura como flamenco en las Relaciones de Dampier y De Lussan, y ambos escriben: David. Pero en el Diccionario de Biografía Nacional (Dictionary of National Biography) y en otros textos, aparece como Eduardo Davis.

"Aunque bucanero —escribe Jacobo Burney en su Historia Cronológica (Chronological History)— Davis era un hombre de verdadero mérito. Era un comandante excelente, valiente, pero no precipitado, y dotado de un grado superior de prudencia, moderación y firmeza, cualidades que con generalidad faltaban a los bucaneros. Su persona no está manchada con actos de crueldad y, por el contrario, mientras ejerció el mando refrenó la ferocidad de sus compañeros. No es pequeño testimonio de su habilidad el que todos los bucaneros en el Mar del Sur, en su tiempo, se pusiesen bajo sus órdenes y le tributasen obediencia como jefe, sin que se suscitasen rivalidades".

Las correrías de Davis y de Swan frente a la costa panameña obedecían al deseo de apoderarse de los tesoros del Rey de España que serían trasladados en esos meses de Lima a la ciudad de Panamá. Por dicha el Virrey del Perú, que tuvo noticia de la presencia de aquellos ladrones en el Mar del Sur, ordenó que la flota fuese acompañada de una escuadra compuesta de 7 barcos bien artillados con 2,500 soldados que llegó a la bahía de Panamá sin ser avistada por ellos, se bajó a tierra el valioso cargamento y la escuadra tomó posición cerca de la costa para entrar en acción caso de ser necesario.

Davis, sin embargo, emprendió el ataque contra los españoles; pero la indisciplina de sus hombres y la falta de cooperación por parte de Grogniet y de Swan (este último se mostró en tal ocasión con mucha cobardía), dió como resultado un triunfo completo de las armas hispanas y el consiguiente retiro de los filibusteros en aquella parte del Continente americano.

Jorge Wycherley en su Bucaneros del Pacífico (Buccaners of The Pacific) y quien sigue la relación de Dampier, ofrece un cuadro histórico en varios aspectos distinto del anterior:

Al separarse Eaton de Davis en el "Golfo de Amapalla", en 2 de septiembre de 1684, este último tomó rumbo al Perú en La Venganza, y luego de recorrer aquella costa en todas las direcciones, se trasladó a la Isla de Plata, conocida entonces también con el nombre de Isla de Drake, y de allí mandó a un grupo de sus hombres contra un pueblecillo de indios llamado Marta. Los piratas saltaron a tierra al clarear el día para encontrarse con que los moradores del lugar habían huido al monte a la media noche. No obstante, allí pudieron enterarse que el Virrey del Perú había dispuesto que todas las embarcaciones costeras de los españoles fuesen destruidas, que se matasen hasta las cabras monteses en la Isla de Plata y que los moradores de aquellas comarcas se mantuviesen alerta y con las provisiones más indispensables listas para poder guardar el bulto en el momento de urgencia.

Mientras los filibusteros se hallaban sin saber qué partido tomar por el momento apareció ante ellos el Cygnet con su capitán Swan, precisamente, en 2 de octubre de ese mismo año. El navío estaba cargado de ricas mercancías de propiedad de algunos londinenses y Swan, hasta la fecha, un marino honrado y celoso de su profesión, había sido comisionado por ellos, para traficar con los países extranjeros. Pero habiendo encontrado la oposición de los españoles para el dicho trato a lo largo de las costas sudamericanas, su tripulación le forzó a recibir a bordo a un grupo de filibusteros en la bahía de Nicoya, los cuales habían cruzado el istmo bajo el mando del capitán Pedro Harris, sobrino de otro comandante del mismo nombre y apellido, muerto años antes en un ataque a Panamá.

Como la mayor parte de tal mercadería no era ya necesaria para piratear, Swan dio a sus nuevos camaradas cuanto quisieron tomar de ella a crédito, mandó echar al mar muchos efectos y se reservó lo más indispensable juntamente con los objetos de hierro como lastre. Al tomar esta resolución —apunta Dampier— el capitán Swan sabía que se jugaba su última carta y que no podría volver más a su patria, como habría de suceder. Al incorporarse Grogniet a esta pandilla ofreció a los capitanes Davis y Swan cartas patentes firmadas por el gobernador de Petit Goave, en Haiti. Davis aceptó la suya gustosamente; en cambio, Swan declaró que él tenía una concedida por el duque de York.

Ravenau de Lussan en su Viaje al Mar del Sur con los filibusteros de América, responsable del cambio en la gráfica de los capitanes Swan, Davis y Harris, cuyos nombres escribe Suams, David y Henry, respectivamente, al referirse a la flota de los dichos filibusteros dice que constaba de ocho navíos con velas cuadradas y dos pequeñas barcas. La fragata de 32 cañones que comandaba Davis servía de almiranta o barco insignia y en ella se celebraban las llamadas juntas de guerra y era, por tanto, el navío más preciado en aquella expedición pirática. El Cygnet con su capitán Swan desempeñaba la función de vicealmiranta. Al mando de Townley, o Tonwnsley, estaban dos pequeñas embarcaciones. El quinto era un buque sin artillería y su capitán Grogniet, o Grognier. El sexto era un pequeño velero a cargo de un tal capitán Brandy. El séptimo era un brulote que comandaba Samely. El octavo era una barca larga bajo la dirección de un oficial con un destacamento de la flota. El noveno y el décimo eran las susodichas barcas o lanchas en que navegaban los hombres que cruzaron el istmo a pie y una estaba con su capitán Harris, y la otra con un oficial cuyo nombre ni apellido no figuran en la lista de referencia. Con excepción del francés Grogniet y del flamenco Davis, todos los demás capitanes eran ingleses.

El Cygnet había entrado al Mar del Sur por el estrecho de Magallanes un poco antes que los demás navíos que tomaban parte en esta expedición. De Lussan consigna que un ingeniero a su bordo le manifestó a él que aquel barco pertenecía al duque de York y que, con el pretexto de venir a traficar con los españoles, en realidad había sido armado y equipado para levantar planos y reconocer poblaciones y la configuración en general de las costas bañadas por el Mar del Sur. Que al toparse Davis con Swan hizo que éste viniese a bordo de su nave y lo amenazó con prenderlo si no hacía la guerra contra los españoles como él y con él. Swan, viéndose el más débil, prefirió ceder al forbante a caer como preso, o en las propias palabras De Lussan: il aima mieux ceder au Forban que d'etre pris. Luego ambos capitanes capturaron algunas presas quedándose con los efectos que les parecía de más valor y dando fuego al resto, juntamente con los buques así conseguidos.

De acuerdo con James Burney en su Historia de los Bucaneros de América (History of The Buccaneers of America), fué el capitán Eaton quien informó a sus compinches de la presencia del Cygnet en el Mar del Sur y cuyo comandante, Swan, había salido de Londres para un viaje de negocio con mercancías de propiedad de una corporación de londinenses y con licencia del duque de York, por entonces "Lord Alto Almirante de Inglaterra".

El Cygnet y el Nicolás se juntaron a la entrada del estrecho de Magallanes y ambos penetraron al Mar del Sur, pero luego se vieron separados por el mal tiempo.

Davis logró apresar muy pronto tres navíos españoles a la altura de las islas llamadas Lobos de la Mar que se dirigían a Panamá cargados de harina. Por algunos de los tripulantes de esos barcos se tuvo noticia que el Cygnet había tocado Baldivia y que con tal motivo el Virrey del Perú dió mandamiento para que el tesoro que saldría para Panamá fuese trasladado de nuevo a tierra en espera de una mejor oportunidad. Con esta información Davis y su gente determinaron llevar sus presas primero a las Galápagos y después dirigirse hacia la costa de Nueva España.

Los historiadores Burney y Gosse, afirman que el Cygnet fué armado y equipado en Londres con fines de negocio con las Indias Occidentales. En Baldivia, al enterarse Swan que los españoles estaban ya al corriente de la presencia de piratas por aquellas costas, hizo declaración en el sentido de que él navegaba hacia las Indias Orientales por el Cabo de Buena Esperanza pero las tempestades le forzaron a buscar su meta por el estrecho de Magallanes. Luego se vió atacado por los españoles que hirieron a algunos de sus hombres con muerte de dos de ellos. A pesar de esto el capitán Swan continuó en su intento de traficar pacíficamente en los puertos de Chile y del Perú, sin éxito ninguno. Cerca del Golfo de Nicoya se topó con una banda de filibusteros y éstos le obligaron a tomarlos a bordo de su nave y, finalmente, a instancias suyas, a seguir su oficio para luchar contra los españoles, que sin motivo justificado le habían atacado tan cruelmente. La banda de filibusteros con quienes se asoció Swan tenía por comandante a Pedro Harris y con éste firmó un convenio por el cual tendría derecho de retirar de cada presa la décima parte a beneficio de los armadores del Cygnet en pago de las mercaderías que iban a su bordo. Asimismo, fué concertado que Swan continuaría como capitán del navío y para dar acomodo a muchos de sus nuevos amigos, hubo de lanzar al mar una buena cantidad del cargamento.

Después de piratear a lo largo de la costa de Centro América y de Méjico, Swan se trasladó a las Indias Orientales y frente a Mindanao fué desposeído del mando del Cygnet por un tal Juan Reed, o Read, de origen jamaiqueño. A éste le sucedió una serie de comandantes de la misma nave y la cual en estado ruinoso se fué al fondo en aguas de Madagascar. En cuanto al capitán Swan, cuyo primer nombre no figura en ninguna de las obras que hemos podido consultar, parece que murió en Mindanao, pues tampoco hay constancia de su regreso a Inglaterra.

De lo expuesto se colige que Suams, Swan, o Swon (palabras que significan cisne), o de cualquier forma que haya sido el apelativo, como capitán del Cygnet (del latín cygnus, o cycnus: cisne) no se cruzaría por las islas San Millan, o Santanillas, etcétera, ni como pirata ni como honrado comerciante aventurero y, finalmente, no hay base ninguna para suponer que las islas muy hondureñas llamadas hoy del Cisne tomasen este nombre para sublimar la memoria de un marino que nunca las visitó.

## AÑO 1683.

**EN LOS PRIMEROS** meses de 1683, los capitanes Juan Cook o Cooke, Ambrosio Cowley, Juan Eaton y Eduardo Davis, hacían un recorrido sin mayor provecho a lo largo de la costa del poniente de Sur América y en vista de ello, acordaron incursionar en un nuevo campo de operaciones comenzando por un ataque al puerto de El Realejo para luego caer sobre la ciudad de León, en Nicaragua, cuyas riquezas en uno y otro lugar eran demasiado ponderadas. Mas, cuando llegaron a principios de julio de ese mismo año frente a Cabo Blanco, en la entrada del Golfo de Nicoya, en Costa Rica, la enfermedad de que venía padeciendo Cooke desde la isla de Juan Fernández se lo llevó a la tumba y asumió el mando de la pandilla el capitán Davis. Mientras doce de aquellos hombres que saltaron a tierra enterraban a su compañero fueron advertidos por tres o cuatro negros cimarrones que los españoles de la costa habían sido informados por el presidente de Panamá de la presencia de piratas a fin de que tomasen las medidas del caso. A poco este grupo de piratas fué atacado por fuerzas muy superiores y a nado lograron volver a sus naves. A pesar de esto, los filibusteros se dirigieron a El Realejo y a donde llegaron el 23 de julio para encontrarse con que, sus moradores también los esperaban armados y listos a la defensa.

Por el estado ruinoso de sus embarcaciones y con ánimo de carenarlas decidieron en 27 de dicho mes trasladarse al "Golfo o Bahía de Amapalla" —como figura en la Relación de Dampier— "que penetra en el país de ocho a diez leguas". "En la entrada del lado Sur de este Golfo está el volcán de Casivina (Cosigüina), de 12°, 40' latitud norte; y en la del norte el de San Miguel (Conchagua). En este Golfo hay muchas islas bajas con excepción de dos llamadas Amapalla y Mangera (Amapala o Isla del Tigre y Meanguera o Mianguera), a dos millas de distancia la una de la otra y entre ellas el mejor canal del Golfo.

Los filibusteros entraron al Golfo de Fonseca precisamente por este canal y con dos lanchas Davis hizo un desembarco en un pueblecillo en la isla de Santa María Magdalena o Mianguera, cuyos pobladores al principio se mantuvieron a buena distancia de los invasores; pero habiendo logrado éstos la captura de un fraile español y de algunos indios, por ellos se enteraron que había dos pequeños pueblos de indígenas en la Isla del Tigre o Amapalla hacia los cuales se encaminaron inmediatamente.

Al acercarse a uno de estos pueblos sus moradores les interrogaron sobre quiénes eran y lo que buscaban allí. Por medio de un intérprete Davis contestó que todos eran vizcaínos enviados por su rey a limpiar el mar de piratas y que llegaban a la isla para carenar sus naves. En este pueblo —dice Dampier— no había más español que el fraile y solamente uno de los indios hablaba un poco de castellano por lo cual servía cómo "secretario" e intérprete del religioso. Después de lo manifestado por los piratas los vecinos entraron en confianza y con el padre cura a la cabeza los llevaron hasta el poblado que se hallaba en' la cima de una colina.

En cada uno de los pueblecillos de la Isla del Tigre y en el de Meanguera, había una iglesia muy bonita y en las cuales oficiaba el dicho misionero impartiendo sus enseñanzas en el dialecto de los indios. Pude observar —escribe Dampier— que, en todos los pueblos de indios bajo el gobierno de los españoles, las imágenes de María Santísima y de los otros santos están pintados con un color parecido al de los indios y vestidos en parte como ellos; sin embargo, en aquellos pueblos donde la población de españoles es mayor los santos en las iglesias son iguales a los adorados en Europa.

Los barcos piratas echaron ancla frente a la costa del levante de la Isla del Tigre. En las otras islas del Golfo había cultivos de maíz y plátano y crianza de ganado y aves de corral, con abundancia de ciruelo cuyo fruto al madurar "se llenaba de gusanos".

Los filibusteros se adueñaron de cuantas reses quisieron de una de aquellas islas contando con la cooperación de los indios que recibieron en cambio mercancías y efectos de valor insignificante. Con su innata maldad aquellos malhechores acordaron no retirarse de la isla sin dar una muestra de su ferocidad y a la fuerza metían a los indios en la iglesia cuando uno de tales bandidos en estado de ebriedad golpeó atrozmente a un pobre indio y. como consecuencia, los demás se dieron a la fuga y fueron perseguidos a tiros con muerte de algunos de ellos incluyendo el "secretario" del señor cura.

Tocante a esta incursión, Cowley sólo consigna estas pocas palabras en su diario: "De El Realejo nos hicimos a la vela para el Golfo de San Miguel, donde asaltamos dos islas: una de ellas poblada de indios, y la otra con abundancia de ganado".

Después de haber carenado y reparado sus navíos, hubo un serio disgusto entre Eaton y Davis, por razón del reparto del botín habido en todos sus robos, y el primero en compañía de Cówley se largó rumbo a la costa del Perú. Al día siguiente, 3 de septiembre, Davis y su gente tomaron la misma dirección habiendo puesto en libertad al misionero y dejando en la playa de la isla unos cuantos sacos con harina como pago a los tormentos y pillerías que hicieron a los indios.

Relacionado con esta incursión se dispone de dos documentos muy importantes y publicados por el licenciado Antonio R. Vallejo.

"El General Don Enrique Enríquez de Guzmán Canº De la Orden de Alcántara del Concejo de Su Majestad (hemos adoptado la moderna ortografía) en el real de guerra y de la junta de guerra de Indias y de la de Armadas presidente de la Audiencia de Guatemala, gobernador y Capitán General en su distrito. Por cuanto en ocasión de haber el enemigo corsario inglés que anda en la mar del Sur, entrado el día de la Magdalena pasado de este presente año como a la una de la noche en la isla de Santa María Magdalena que llaman la Mianguera de la jurisdicción de la Alcaldía Mayor de las Minas de Tegucigalpa los indios vecinos y naturales de ellas ocurrieron a este gobierno superior representado haber dicho enemigo apoderándose de su pueblo con dos navíos y seis piraguas en donde estuvo un mes entero dando carena y robándoles en este tiempo quitándoles todo lo que tenían así suyo como del tributo recogido del tercio de San Juan de este presente año, llevándoles todas las alhajas de plata y de su iglesia lámparas, cálices, patenas, vinajeras y todo cuanto había de valor, dejándolo todo en miserable estado, porque después de haber robado la iglesia y casas y en ellas quebrado sillas y cajas pasó a quitarles las gallinas y más de sesenta reses rejegas (mansas) que tenían de sus cofradías y además de lo referido hizo pedazos toda la ropa de su poner de los indios y de sus mujeres que se habían retirado al monte dejándolo todo asolado, ofreciendo volver a dicha isla dentro de seis meses a dar carena, de que han quedado todos tan horrorizados y temerosos de dicho enemigo; pidiendo y suplicando se les mandase conceder licencia para mudarse de dicha isla a tierra firme en un paraje que está junto al pueblo de Colama (en la jurisdicción de Choluteca, que figuraba todavía en 1684 a 1685, en la nómina de los pueblos de la provincia de Comayagua) y corre hasta la mar desembarazado por ser realengo y que no tiene poseedor alguno y fuera de peligro del enemigo y que el Alcalde Mayor registrase el sitio señalando las tierras necesarias para la nueva población y las menesterosas para las siembras de los vecinos con los ejidos para el común; relevándoseles de la paga de tributo por el tiempo que refirieron de que se dió vista al señor oidor fiscal y con lo que dijese se remitió a la Real Audiencia; y dijo en cuanto a la licencia para mudarse a tierra firme al paraje que insinuaban en su escrito parecerle sería muy conveniente mudar a estos indios de la dicha isla y que en ella cegasen los pozos de agua dulce para lo cual se les podría conceder la licencia que pedían y mandar que el Alcalde Mayor viese y reconociese el paraje que referían y si hay algún inconveniente en dejar poblar en él a dichos indios.

Dándosele comisión para que en uno u otro caso les señalase sitio y paraje en que poblasen con las tierras de que necesitasen, advirtiéndole convendría mucho que estos indios no tuviesen comunicación a la mar ni cómo salir con embarcaciones a ella por hallarse indiciados con el enemigo parciarios y en cuanto a la relevación y remisión de tributos dijo lo que consta de su respuesta; y vistos los autos por los señores de la Real Audiencia proveyeran lo que se contiene y declara en uno de dos del corriente en el particular de la Relevación y remisión y sobre la licencia para poblarse en tierra firme se remitieron los autos a este gobierno superior donde tocaría y vistos por mí en él; por otro proveí mandé librar y libro el presente. Por el cual doy y concedo licencia a los indios de la isla de Santa María Magdalena que llaman la Mianguera para mudarse de ella a tierra firme en otro paraje quedando dicha isla desamparada e inhabitable y ciegos los pozos de agua dulce por si el enemigo volviere a invadirla no halle en ella cosa alguna de que poderse aprovechar. Y cometo y mando al capitán don Antonio de Ayala, Alcalde Mayor de la jurisdicción de las Minas de Tegucigalpa y Teniente de Capitán General en ella que siendo requerido con este despacho por parte de dichos indios reciba información de la utilidad y conveniencia que de ellos se les sigue; y vea y reconozca el paraje que refieren junto al pueblo de Colama y si hay algún inconveniente el que se pueblen en él; dicho paraje, y en caso de no haberle les señale sitio y paraje en que pueblen con las tierras de que se necesitaren para las siembras de les vecinos según el número de ellos con los ejidos que se acostumbran para el común sin perjuicio del tercero, advirtiendo convendrá mucho que estos indios no tengan comunicación a la mar ni cómo salir con embarcaciones a ella; por hallarse indiciados de parciarios con el enemigo como lo representó el señor oidor fiscal en su respuesta, haciendo el dicho Alcalde Mayor razón de todo lo referido los autos y diligencias convenientes para lo cual le doy comisión en debida forma y lo cumpla puntualmente sin hacer en contrario pena de doscientos pesos de oro para la Real

Cámara y a falta de escribano real se lo notifique quien supiere leer y escribir por ante testigos. Fechado en la ciudad de Santiago de Guatemala en siete días del mes de octubre, de mil y seiscientos y ochenta y cuatro años, D. Enrique Enriquez. Por mandado de su Señoría. Miguel Calderón y Rojas".

Formado el expediente con todos los informes indispensables, Su Majestad, dictó la siguiente real cédula:

"Don Carlos por la gracia de Dios rey de Castilla... Por cuanto en ocasión de haber el enemigo corsario inglés que anda en la mar del Sur entrado el día de la Magdalena pasado de este presente año como a la una de la noche en la isla de Santa María Magdalena que llaman la Meanguera de la jurisdicción de la Alcaldía Mayor de las Minas de Tegucigalpa... Y respecto de haber quedado en tan miserable estado no se cobrase de ellos el tributo del tercio de San Juan pasado de este presente año que tienen recogido con lo de las bulas ni se les compeliese a su paga por serles imposible la satisfacción y haber quedado tan pobres que andan de casa en casa para haber el pasar careciendo de su sustento y vestuario preciso pidieron justicia de que se dió vista a mi oidor fiscal y con lo que dijese se remitió a mi Audiencia y Real cancillería que reside en la ciudad de Santiago de Guatemala y dijo parecerle muy conveniente mudar a estos indios de la dicha isla y que en ella se cegasen los pozos de agua dulce...

Y en cuanto a la paga del tributo del tercio de San Juan que dicen están debiendo por haberse llevado el enemigo los reales que tenían para su paga se proveyese en este lo que pareciese más conveniente según el estado en que hoy se hallan dichos indios y que es cierto no les dejaron los enemigos efectos de qué poderles satisfacer. Y en lo demás que pretendían sobre la remisión de el tributo por dos años aunque esto se haya prohibido por reales cédulas para en otros casos le pareció a mi fiscal por lo regular de este que para que pudiesen poblarse en tierra firme hacer sus casas e iglesia y plantar de nuevo sus siembras se les podría conceder por un año la remisión y no más con tal que a su costa fabricasen iglesia y demás necesario de ella y vistos los autos por mi presidente y oidor en la dicha mi Audiencia a los dos del corriente proveyeron uno que su tenor dice así: Relévese al pueblo de Mianguera de la paga de tributo del tercio de San Juan pasado de este año que están debiendo; y sobre la licencia para poblarse en tierra firme se remiten los autos al gobierno donde toca —y estando ya mudados y poblados se les haga remisión de tributos por dos años para que hagan su iglesia y funden el pueblo— y para que lo proveído tenga cumplido efecto con acuerdo de los dichos mi presidente y oidores libro la presente carta. Por la cual en cumplimiento del auto proveído por la dicha mi Audiencia su soincerta releve al pueblo de Santa María Magdalena de la Mianguera de la paga del tributo del tercio de San Juan pasado de este presente año de la data que están debiendo, y estando ya mudados y poblados los indios de él; en virtud de la licencia del gobierno superior para poblarse en tierra firme les hago remisión de sus tributos por dos años para que hagan su iglesia y funden el pueblo; y en esta conformidad mando no se cobren de ellos los tributos de los dos años de esta remisión ni el del tercio de San Juan pasado de este año que están debiendo por la persona o personas a cuyo cargo está y estuviere la cobranza ni sobre ello se les haga agravio, molestia y vejación y las justicias, jueces y personas a quienes tocare así lo cumplan y hagan guardar, cumplir y ejecutar puntualmente sin hacer ni consentir se haga cosa en contrario pena de mi merced, y de doscientos pesos de oro para mi Cámara y fisco y a falta de escribano real lea y notifique esta mi carta a quien y como convenga cualquiera persona que sepa leer y escribir por ante testigos asiente la notificación para que conste y original se vuelva a la parte de estos indios para en guarda de su derecho".

El Alcalde Mayor, don Antonio de Ayala, envió a Pedro Núñez, español, a la isla de Meanguera a cegar los pozos de agua dulce y a quemar las casas. "Y habiéndose reconocido no ser conveniente el paraje que los indios habían pedido, se escogió para que se poblaran el pueblo de Nacaome. en el que sólo se hallaba un indio natural de él y cuatro indios forasteros de diferentes pueblos".

Así —dice el licenciado Vallejo— concluyó Mianguera. Pero los piratas volverían al Golfo de Fonseca.

## AÑO 1688

**LO IMPRODUCTIVO QUE** venían resultando ya para los filibusteros sus correrías por el Mar del Sur, la paz hecha entre los españoles y los indios del Darién, que les cerraba el paso por tierra de que habían disfrutado ampliamente y las concesiones de indulto promulgadas por las autoridades inglesas y francesas en las islas antillanas, contribuyeron a que tales bandoleros decidiesen volver cuanto antes a sus viejos nidos en el Mar Caribe. Algunos de ellos lo hicieron por el estrecho de Magallanes y otros por tierra cruzando las provincias de Honduras, Nicaragua y Nueva Segovia.

Aquéllos que optaron por esta última ruta pertenecían en su mayor parte a la pandilla de Eduardo Davis, casi todos eran franceses y estaban ahora bajo el mando conjunto de Le Picard y de Jorge Hout.

En grupo de 250 hombres llegaron al Golfo de Fonseca hacia finales del mes de julio de 1687 y allí se juntaron con otros 30 que habían militado con Francisco Grogniet, muerto en 2 de mayo de ese mismo año a consecuencia de heridas que recibiera en un asalto a Guayaquil. y los cuales se habían separado con anterioridad de dicho capitán para incursionar a lo largo de la costa de California.

Con el deseo de reunirse todos en el Golfo de Fonseca para emprender el viaje por tierra y mientras llegaban los demás, muchos de estos malhechores continuaron navegando frente a la costa de Méjico y lograron la captura del pueblo de Tehuantepec, o Tecuantepeque, como aparece escrito en una de sus crónicas, y Guatulco, sin obtener mayor provecho económico en ambas empresas.

En los primeros días de diciembre volvieron a juntarse en el Golfo de Fonseca y con el propósito de reconocer el territorio que tendrían que andar para salir al Mar del Norte, en 18 de dicho mes desembarcó en tierra firme de Honduras un destacamento de sesenta filibusteros. Conforme a la Relación de Ravenau De Lussan, esos hombres caminaron todo ese día sin hallar habitante ninguno en toda la comarca y al medio día del siguiente, cincuenta de ellos se regresaron al Golfo cansados y decepcionados de tanta soledad ni tener cosa que robar o con que sustentarse. Los veinte hombres restantes siguieron la marcha, muy pronto dieron con un camino real y lograron hacer la captura de tres hondureños a caballo que fueron interrogados minuciosamente. Luego llegaron a Choluteca (Chicoteca, según De Lussan), guarnecida por 400 soldados y en lucha sin igual se apoderaron de la ciudad donde hicieron cincuenta vecinos prisioneros, convirtieron la iglesia en cuartel general y se disponían a pasar allí la noche tranquilamente, cuando habida cuenta que los soldados y demás pobladores se alistaban para nueva contienda, dieron muerte a sus presos con excepción de cuatro y emprendieron el viaje de regreso a juntarse con el resto de sus compañeros.

La información suministrada por los presos, más el conocimiento del terreno adquirido hasta el momento, sirvió para que los filibusteros emprendiesen su viaje propuesto cuanto antes y mientras hacían los arreglos necesarios como distribuir el orden de la marcha, destrucción de sus embarcaciones y traslado de sus efectos y armas a tierra firme desde una de las islas más cercanas, salió un destacamento de cien hombres en busca de caballos y mulas con tanta fortuna que al regresar venían con sesenta y ocho bestias que fueron repartidas entre las cuatro compañías organizadas ya para llevar en ellas las provisiones y algunos piratas enfermos.

A poco de haber destruido sus naves, salvo una galera y las canoas, se presentó frente a la Isla del Tigre un barco armado español sin ofrecer nada contra los bandoleros y, por tanto, éstos pudieron continuar sus preparativos de viaje con absoluta confianza y seguridad. Conforme a las crónicas de los españoles ese navío era del Perú y había sido enviado a luchar contra los piratas por las autoridades de Panamá con 250 hombres y provisiones de boca y de guerra.

Así las cosas, en primero de enero de 1688, los filibusteros, en número de 480, se trasladaron a tierra firme divididos en cuatro grupos como queda indicado y llevando, además, ochenta prisioneros como guías o sirviendo como mozos de carga.

Reunidos todos en tierra se hizo reparto de todas las riquezas habidas en las varias correrías y, como era de rigor, muchos de los piratas muy pronto quedaron pobres por haber perdido al juego la parte del botín que les había correspondido. Luego se tuvo noticia que 18 de tales perdidosos, so pretexto de falta de equidad en el reparto de los bienes, se habían confabulado para matar y robar en el camino a los más gananciosos. Descubierto que fué este abominable designio, los capitanes mandaron que cada pirata pusiese en el suelo su propio tesoro a fin de que los menos proveídos pudiesen tomar una parte de la riqueza común a condición de reintegrar dos terceras porciones de cuanto tomasen a sus dueños cuando llegasen a Santo Domingo. También sucedió que muchos de los piratas tenían más plata en barras y en moneda de lo que podían llevar personalmente, y hubo de convenirse con los compañeros pobres en que prestasen su ayuda para tal fin a base de un cincuenta por ciento que les tocaría cuando estuviesen sanos y salvos frente al Mar Caribe. En lo relativo al oro y piedras preciosas la paga por su conducción fué convenido en forma convencional. Y en esta ocasión, como en otras más, el noble caballero parisiense De Lussan habría de lucir las mejores galas de su ingenio, puesto que, dueño según confesión propia de treinta mil piastras en oro, perlas, joyas y piedras preciosas para evitar la muerte o la pérdida de sus haberes, repartió voluntariamente entre sus amigos de confianza el total de su riqueza.

En 2 de enero por la mañana los piratas dieron comienzo a su marcha por tierra, llevando una vanguardia de diez hombres por cada compañía y la cual era relevada al cabo de veinte y cuatro horas. Ese día caminaron cuatro leguas experimentando, como en los venideros, las dificultades y grandes penalidades propias en una región deshabitada y desprovista de medios de subsistencia, teniendo que pasar la noche a campo raso por temor de verse acometidos por los españoles. Uno de esos primeros días los filibusteros vieron que a distancia los perseguía un cuerpo de tropa enemiga que con sus clarines y trompetas les ponía música en el camino y espanto en el corazón.

En 9 de ese mismo mes, al medio día, a pesar de la vigilancia desplegada por los piratas, éstos serían saludados por los españoles en lo más espeso de una serranía con ruido de mosquetes y muerte de dos hombres en la refriega. Este fue —escribe De Lussan— el único contratiempo que tuvimos antes de hacer la captura del pueblo de Nueva Segovia en 11 de enero.

Aquellos ladrones y asesinos antes de abandonar el territorio hondureño en su porción meridional también llegaron a tocarle con sus balas el hábito a fray Antonio Margil de Jesús, mientras atravesaba las calientes regiones de Nacaome y Choluteca, acompañado de fray Melchor López de Jesús, "santos de España y de América".

Después vendría el asalto por sorpresa sobre la tropa que comandaba el capitán don Francisco Beltrán de Figueroa, enviada por el Alcalde Mayor de Tegucigalpa, don José Fernández de Córdova, en 14 de enero en el lugar llamado El Almorzadero, cerca de Nueva Segovia, que terminó con el desastre de las armas del rey de España y muerte del capitán español.

Conforme a la relación del propio De Lussan ocurrió que los filibusteros después de once días de marcha llegaron a Nueva Segovia; pero el pueblo estaba desierto, sus moradores no habían dejado ninguna cosa de provisiones y los invasores permanecieron allí solamente veinte y cuatro horas. Al salir de un valle se hallaron frente a un campo fortificado que les obstruía el paso sin otra alternativa que tener que luchar contra un adversario bien armado. Sin embargo, los piratas se valieron entonces de una estratagema muy sencilla: hicieron desfilar frente al enemigo un pelotón de 80 hombres con toda la recua de mulas y caballos de que disponían y, por la noche, los demás filibusteros escalaron una colina para lanzarse contra los españoles por la retaguardia. Los "hidalgos" en vista de tales preparativos e intenciones abandonaron el campo donde habría de librarse la batalla.

Los hombres que llevan el convoy fueron atacados más tarde por 300 españoles, quienes, antes de comenzar el combate mandaron emisario para pedirles que se rindiesen ante el rey de España con la condición de ayudarles a conducirse pacíficamente hasta el Mar del Norte bajo custodia. Los filibusteros no aceptaron estos términos y dió comienzo una lucha muy encarnizada y en la cual, cómo hemos visto, se almorzaron a don Francisco Beltrán de Figueroa. Y con esto los filibusteros no tuvieron ya obstáculo por parte de sus enemigos para llegar al Cabo de Gracias a Dios por el Río Segovia conocido también como Río Grande del Coco, Río de Oro, Río Herbias, Río Wank, Río Yare, o Río del Cabo.

Cubierto, pues, el ciclo de la verdadera piratería en las costas centroamericanas del Mar del Sur, quedaría la gran ilusión: Tisingal, o Tinsigal.

Acerca del verdadero sitio de las ricas minas de Tisingal, buscadas sin resultado en Costa Rica, copiamos aquí el estudio por el doctor A. v Frantzius, traducido del alemán por E. Twight:

"Sin embargo se lee en casi todos los escritos que tratan de Costa Rica, que este país debe su nombre a la abundancia de oro que encierra, que las minas de Tisingal, que apenas cedían en riqueza a las de Potosí, fueron en otro tiempo trabajadas por los españoles; pero que, a consecuencia de una sublevación en que los indios asesinaron a los españoles fueron abandonadas y no se han podido encontrar de nuevo.

"La obra más antigua en que encontré el nombre de Tisingal es el Diccionario Geográfico de América, por. Alcedo, del año de 1786, que parece haber gozado del mayor crédito entre los españoles de aquella época. Dice Alcedo de Costa Rica: "Dieronle: el nombre de Costa Rica los españoles por el mucho oro y plata que encierra en sus minas; y de la que llaman Tisingal se ha sacado por menos riqueza que del cerro de Potosí en el Perú.

"Este pasaje de Alcedo es de la mayor importancia, porque todos los autores posteriores, al mencionar Tisingal, no hacen sino repetir, casi palabra por palabra, lo que nos comunica Alcedo.

"Quiso la casualidad que llegara a mis noticias que, en libro en inglés, recientemente publicado, bajo el título de The History of the Buccaneers of America, contiene algunos datos sobre Tisingal.

"Hasta entonces eché de ver lo que hasta allí me había pasado por alto, debido a una lectura demasiado rápida y superficial, y era que el nombre estaba escrito Tinsigal, y no Tisingal.

"Me fijé en seguida en un pasaje en que un general habla de un nuevo gobernador de Tinsigal, de donde se desprende con toda certidumbre, que Tinsigal debía ser una de las capitales de aquella comarca, no era remoto pues que fuera Tegucigalpa, capital de provincia situada en aquellas partes. Del atento examen de todos los demás pasajes, resulta confirmada mi suposición hasta la evidencia.

"El autor de la relación, que también fué el jefe (?) de aquella asombrosa expedición en la cual no causa menos admiración, era un tal Sieur Ravenau'de Lussan, quien, desde 1684, había estado corriendo como filibustero las aventuras—más raras en la costa del Pacífico, y quién en 1687, determinó por último regresar a Francia, su patria, con toda su cuadrilla, compuesta de 280 hombres. Hallándose sus buques en malísimo estado resolvió Lussan atravesar por el nunca usado camino de la bahía de Conchagua (Fonseca)pasando por Choluteca y Segovia, donde construyó balsas y en ellas bajó aquel río correntoso y lleno de raudales, llegando al fin al Cabo de Gracias a Dios, en donde se embarcó y llegó felizmente a su patria.

"Antes de dar principio a la narración de su viaje, habla en términos generales de la costa occidental de América y compara la misma costa de Centro América con la de Sub-América.

"El país que se extiende desde la bahía de Salt Pits (el Golfo de Nicoya, antes llamado Golfo de las Salinas) hasta Acapulco es el que en el mar del Sur está mejor poblado, y hay allí además varias famosas y muy ricas ciudades, se hallan allí. también más minas de oro que en el Perú, aunque el metal no es tan fino; y las de Tinsigal solas, son más estimadas por los españoles que las minas de Potosí; y por consiguiente no es sin razón que esta costa occidental es llamada Costa Rica, aunque este nombre se aplique solamente a una pequeña parte de esta vasta región".

"En tercer lugar, viene muy al caso y es exactísima la comparación entre Tegucigalpa y Potosí; porque aún en estos últimos tiempos encontramos igual comparación en Roberto Glasgow Dunlop, que casi en los mismos términos la expresa, cuando dice: "Los tesoros en riquísimos metales que se hallan en los alrededores de Tegucigalpa, sobrepujan a los de las afamadas minas de Potosí en Bolivia". Hay que tener asimismo en cuenta que ambos lugares comprenden extensos distritos minerales que ha algunos siglos eran ya célebres por su enorme riqueza en metales de plata.

"Tegucigalpa es también el nombre de un departamento (hoy Morazán) y de una ciudad situada en su centro. Este departamento comprende 10, y antes contuvo 13, distritos minerales, cada uno de los cuales tiene muchas minas.

"Para formarse una idea de la riqueza de estas minas, es menester saber que, en el siglo pasado, una sola de ellas, la Guayavilla, en un período de cincuenta años, produjo doce millones de pesos plata; que otra mina, la más célebre de todas, el Corpus, dió rendimientos tan increíblemente ricos, que hubo que crear una real caja, especialmente para ella, a fin de recaudar los derechos conforme a la ley. Estas dos ricas minas estaban en el famoso mineral de Yuscarán. Otro distrito mineral, llamado San Antonio, contiene él solo más de 30 minas.

Es evidente que Alcedo, cuando acopió materiales de geografía americana para su Diccionario, tuviera a la vista, leyera y aprovechara el citado pasaje de Lussan. Pero con suprimir del texto la frase "y las solas minas de Tinsigal son más estimadas, etc", y sin tener en cuenta las palabras que siguen, cayó en el error de suponer que Tinsigal estaba en la provincia de Costa Rica, y en el mismo error arrastró en pos de si a cuantos autores aprovecharon su obra.

"Algo más preciso sobre la situación de Tisingal se obtiene de otro pasaje en que Lussan habla de tres hombres de su grupo que fueron hechos prisioneros, y que durante su prisión oyeron relaciones tan halagadoras de la riqueza de una mina situada en las cercanías de Tisingal, que aúnque más tarde se les puso en libertad, mediante un cambio de prisioneros, desertaron para volver a juntarse con los españoles, y se empeñaron en persuadir a muchos de sus compañeros que hicieran otro tanto. El pasaje: "La importantísima mina de oro estaba a 14 leguas de la costa (es decir, de la bahía de Conchagua) y a igual distancia de Tisingal". Esta distancia de 24 leguas, si tomanos en cuenta las vueltas del camino, corresponde con bastante exactitud a la posición de la ciudad de Tegucigalpa, que, en línea recta, está poco más o menos, a 25 leguas de la costa.

"Y en efecto, el conjunto de la narración nos demuestra que por Tisingal se ha de entender Tegucigalpa, cuando, en otras partes de su obra Lussan hace referencia a aquel nombre al describirnos su atrevida marcha de un océano al otro...

"Lussan fondeó en la Isla del Tigre (Amapala) y desembarcó su tripulación en número de 280 hombres, el 25 de diciembre de 1687; y dividiéndola en cuatro compañías, emprendió la marcha el 2 de enero de 1688. El 8 del mismo mes llegó cerca de la ciudad de Choluteca, ya sorprendida y tomada el 19 de diciembre por un puñado de su gente, que sin embargo la abandonó al día siguiente. Aquí sus avanzadas lograron sorprender y capturar a un español, a quien obligaron a dar cuenta de las fuerzas del enemigo.

Refirió: que todas debían unirse para disputarle el paso, y que ya estaban al juntarse con los 300 hombres, que debían llegar de Tisingal. Efectivamente el mismo día avistaron los 300 hombres; pero éstos esquivaron el encuentro, permaneciendo varios días como cuerpo de observación a ambos flancos de los invasores, marchando por una espesa selva de pinos, pero siempre a distancia, de modo que éstos nunca llegaron a verlos, sino que únicamente oían sus toques de corneta.

"El día 11 llegaron a la ciudad de Segovia, que poca resistencia les opuso, contentándose los españoles, amparados con los pinos que allí formaban un espeso bosque, con hacer de vez en cuando algunos disparos, retirándose en seguida y abandonando la ciudad al enemigo. Desgraciadamente para éste, no encontró allí víveres, porque los españoles los había todos destruido o llevadóselos.

"Por dicha tomaron a un prisionero que hubo de llevarlos al Río Segovia, distante todavía 20 leguas de allí, pues los guías que los habían conducido hasta este lugar, no conocían más adelante.

"Al día siguiente emprendieron viaje, y después de una marcha en extremo pesada, sobre lomas espesamente montuosas, el 13 de enero se encontraron en un estrecho valle con todas las fuerzas enemigas, reunidas en tres campos fortificados con buenas trincheras que dominaban el valle y cerraban completamente el paso; además, el camino que daba vueltas por las honduras del valle, estaba cerrado por barricadas en varios puntos. En tan crítica situación, resolvieron adoptar el siguiente plan de campaña: para engañar al enemigo, dejaron en el campamento ochenta hombres que debían entretener los fuegos durante la noche y hacer disparos, para hacer creer a los españoles que no habían levantado el campo, mientras tanto, la demás gente, favorecida por la luz de la luna, bajaría al valle, y, subiendo por el lado opuesto, daría vuelta a las trincheras del enemigo, para poder, al siguiente día, atacar por la retaguardia a los españoles que nada sospechaban. Lograron tan bien su intento, que hicieron una horrible carnicería en sus enemigos, quienes, después de una corta pero desesperada lucha, se pusieron en fuga sin poder rehacerse. En este combate mataron al general español y le hallaron una carta muy importante para nuestro asunto, cuyo título dice así:

## CARTA ESCRISTA POR EL GENERAL DE LA PROVINCIA DE COSTA RICA AL COMANDANTE EN JEFE DE LAS TRINCHERAS, FECHA 6 DE ENERO DE 1688.

"Por esta dirección se ve otra vez que Lussan da también a Honduras el nombre de Costa Rica, por otra parte, la fecha de la carta concuerda perfectamente con la distancia a Tegucigalpa, en donde se encontraba el asiento del gobierno. A principios de enero había llegado allí la noticia del desembarco de los piratas, efectuada a fines de diciembre; algunos días más se emplearían en preparativos bélicos; así es que bien pudo el general de Tegucigalpa escribir el 6 de enero al comandante de las trincheras, quien recibió la carta pocos días después, es decir, antes del 14 del mismo mes.

"En dicha carta se encuentran estas palabras: "Iba a enviar a usted 8,000 hombres, a no haber sido porque usted mandó avisar que serían suficientes 1,500". Y más adelante dice: "Si aconteciera que algunos de ellos lograran atravesar la montaña, don Rodrigo Sarmado, el nuevo gobernador de Tinsigal (en 1687 quedó en carácter de gobernador en Comayagua don Sancho Ordóñez; en el mismo año a don Antonio de Ayala sucedió en la Alcaldía Mayor de Tegucigalpa, don José Fernández de Córdoba, y en 1688, entró al gobierno de la Capitanía General, don Jacinto de Barrios Leal), tiene orden de caerles encima por la retaguardia, a la cabeza de 300 hombres tan luego como estén empeñados en el combate.

"Solo en una ciudad capital podían reunirse en breve tiempo 8,000 hombres porque solo allí se acostumbraba tener sobre las armas un número considerable de gente".

# HASTA LA ÚLTIMA GOTA DE SU SANGRE...

**SIN HACER MENCIÓN** de las constantes amenazas de los piratas o insurgentes en el año de 1818 frente a la costa de Centro América en el Golfo de Fonseca, ni la captura del bergantín Nuestra Señora de Guadalupe, llamado también El Gallardo, a la altura de Sonsonate, o de los bergantines San Antonio y Neptuno y las goletas Sofía y Loreto, del comercio de Nicaragua, en El Realejo, el subdelegado de San Alejo, en la provincia de San Salvador, don Felipe Santos, en 8 de abril de 1819, participó al comandante general de las armas de la provincia de Comayagua, que varias embarcaciones de proporciones considerables se alcanzaban a ver ancladas entre los puertos de Conchagua y El Tigre, de donde se había destacado una lancha con 20 hombres de tripulación, negros e ingleses con el objeto de medir la profundidad de las aguas, con dirección a la isla de Zacate Grande.

El gobernador e intendente de Comayagua, don José Tinoco de Contreras, luego que fué impuesto del parte referido y de los que comunicaron los tenientes de Nacaomey Choluteca, dió orden al comandante interino de la villa de Tegucigalpa, capitán don Francisco Sanmartín, que hiciera salir inmediatamente 25 hombres, al mando del subteniente don Juan Antonio Inestroza, para que se pusiera a las órdenes del comandante del Partido de Choluteca, don Justo José Herrera. Igual número ordenó que saliera para Nacaome, bajo el mando del subteniente don José Miguel Lardizabal. Y al capitán graduado de teniente coronel, don Andrés Brito, que salió de la ciudad de Comayagua con 100 hombres en 14 de abril del mismo año, se le confirió la defensa de la costa del sur.

Pero don José Gregorio Tinoco de Contreras, hizo algo más, porque con este motivo dirigió a los habitantes de la provincia de Comayagua la proclama que dice:

"Don José Gregorio Tinoco de Contreras, Caballero de la Real y Militar orden de San Hermenegildo, condecorado con la Cruz de Zaragoza y del Segundo Ejército, Coronel de los Reales Ejércitos, Comandante General de las Armas de la Segunda Brigada de Milicias Provinciales, y Subinspector de ellas, Gobernador Militar y Político e Intendente de esta Provincia. Habitantes de la Provincia de

Comayagua: El Gobernador Intendente y Comandante General de las Armas de ella, se dirige a vosotros con el objeto de recordaros la gloria y fama de vuestra fidelidad, de anunciaros que se presenta otro motivo de distinguiros, previniendo al mismo tiempo los peligros de que estáis amenazados. Vuestra acreditada lealtad a nuestro Augusto Soberano, y obedeciendo a las legítimas Autoridades os han preservado de la seducción de los perversos interesados en las revoluciones para sacar el fruto de ellas, que han logrado en los pueblos y reinos que la verificaron, que por públicos y notorios no los refiero, os han librado hasta hoy de sufrir iguales desastres y ser despojados de vuestras propiedades, mujeres e hijos, y de ser sumergidos en las miserias en que hoy se hallan por esta causa algunos puntos.

Tengo por errada la máxima o política de ocultar el peligro o disminuirlo, siendo mi opinión la de manifestaros con toda su gravedad sus resultados y consecuencias. No una nación que guarda las leyes de la guerra y el derecho de gentes, que cumple su capitulación y promesas, es la que trata de invadir nuestra provincia, sino una reunión de piratas, con el proyecto de despojaros de vuestras haciendas y bienes, asesinaros y saciar su brutalidad en vuestras mujeres e hijas, ocultando sus designios con promesas lisonjeras mientras aseguran el golpe tomando puntos ventajosos para ofenderos... La costa del Norte o los puertos de ella, la del Sur, en los de El Realejo, Choluteca, Nacaome y Guascorán, son por ahora por donde los piratas intentan hacer desembarcos para talar esta provincia, que creen con equivocación sin fuerzas bastantes para defenderse, sin acordarse que son españoles y pardos descendientes de éstos los que las poseen, que sus circunstancias locales la constituyen en una seguridad inexpugnable, que se halla a la cabeza del Reino un jefe que no descansa procurando su felicidad, y que su gobernador, unido a la lealtad de sus súbditos, antes de ver el sacrificio que pretenden perpetrar los piratas en los habitantes de su provincia, tendrá la gloria de derramar con ellos hasta la última gota de su sangre, sin exponer vuestras vidas según la disposición local del terreno, obrando con actividad y arreglo a las instrucciones que he comunicado a los comandantes militares y justicias, no penetrarán un paso en vuestras posesiones.

Reflexiona que, si no os oponéis con el mayor ardor y constancia a la entrada de estos bandidos criminales a vuestras tierras, tendréis que pasar por el dolor de sufrir daños que se os ocasionarán de toda especie, y por último el ultraje a nuestra divina Religión. En este lance seré con vosotros, y los que os distingáis en acciones heroicas y otras generosas en defensa del Estado y la patria, recomendaré su mérito a Su Majestad, por conducto del Excelentísimo señor Capitán General del Reinó. Comayagua, abril de 14 de 1819. José Tinoco.

El licenciado don Narciso Mallol, Abogado de los Reales Concejos, condecorado con la Cruz de Distinción de Madrid, Alcalde Mayor de la Provincia de Tegucigalpa, dirigió al Capitán General de Guatemala, don Carlos de Urrutia y Montoya, una comunicación en 20 de abril de 1819, que dice:

"Excmo. Sr:

Con motivo de verse amenazada de piratas la ensenada de la Conchagua que se forma desde este punto al de Choluteca y presenta en esta jurisdicción una playa de más de veinte leguas con pueblos saqueados, muchas veces el señor Comandante General de Armas del Distrito de Honduras a quien di parte en el momento que me avisaron los tenientes respectivos, ha estimado por conveniente la reunión de fuerzas militares en los dos puntos de Choluteca y Nacaome, y me ha pedido socorro la gente de armas como lo he verificado considerándolo caso indispensable y que no admitía esperar órdenes superiores de V. E., aunque hago esta insinuación para que se sirva aprobar mi procedimiento, previniéndome si debo seguir pagando la tropa.

Con este motivo hago presente a V. E., que las existencias en mi poder son de corta consideración, tanto por las remisiones que tengo hechas a la Caja matriz, cuanto por ser de poco movimiento los ramos que tengo a mi cargo, pues el principal de Real Hacienda y único que, produjo en el año anterior más de, treinta mil pesos, corre a cargo del Administrador de Rescates de esta villa, a fin de que si V. E., lo tiene a bien se sirva mandar este a disposición de estos gastos precisos, no solo el citado ramo de quintos, sino también el producido de: alcabalas, tabacos y pólvora, comunicándome al efecto las órdenes necesarias y que correspondan por los jefes de cada uno.

...Agobiado de males que me tienen en cura, y de los continuos disgustos que me ha ocasionado esta comandancia accidental de que hablaré a V. E., he trabajado de día y de noche para alarmar a la defensa a un país sin fuerza ninguna militar, y comunicarlo todo al señor Comandante General de Armas para las disposiciones que tuviere a bien tomar... Tega. abril 20 de 1819. Narciso Mallol".

El teniente don Justo José Herrera, para calmar el pánico y ansiedad que produjo la noticia de la presencia de los piratas o insurgentes en el Golfo de Fonseca, dirigió a los vecinos de Choluteca una proclama cuyo texto es el siguiente:

"Serenaos, habitantes del Partido de Choluteca, serenaos: porque si hay piratas sobre vuestra costa, o por mejor decir, osos, lobos y panteras, que, no acabando de devorarse por sus mismas garras intentan teñirlas en vuestra inocente sangre, hay también fusiles, bayonetas, pólvora y balas, que destinó el señor Comandante General de la Provincia para vuestra conservación y defensa, y una compañía de jóvenes voluntarios, honrados de Fernando VII, cuyo celo, valor y patriotismo basta para eludir los negros designios de esos monstruos que encubrió la naturaleza con figura de hombre, o con más propiedad, fieras con fisonomía de hombre y con espíritu de demonios. Sí; tal es el concepto que debéis formaros de una gente cruel, libre y por todo respecto abominable: ella roba, cuanto se le presenta a la vista, sin respetar los vasos de nuestros más augustos sacrificios, lacera las formas en que está Jesucristo con toda la plenitud de sus dos naturalezas; incendia los altares y templos de nuestras adoraciones y cultos; profana escandalosamente la virtud de la castidad, aún de aquellas personas que la han consagrado a Dios; atropellan, en una palabra, nuestra sagrada religión, nuestras justas leyes, los derechos imprescriptibles de nuestra soberanía, la propiedad de toda clase de persona, y hasta las mismas vidas de los que se oponen a sus delitos. ¡Oh! la historia nos presenta ejemplos de tan indudable verdad, que horrorizan cuanto llenan de compasión, pero que igualmente preservan reglas a que os podáis ajustar para precaveros de los males que otros lugares han sufrido. Las principales son: vivir en el santo temor de Dios: amaros íntimamente unos a otros; conservarse fieles inflexivamente al Rey; observar sus leyes, obedecer ciegamente a los superiores; y estar prontos con calor heroico para cuando llegue el caso de pelear con un enemigo que Dios sabrá señalarle límites a su obstinación. De este modo no temáis. Contad conmigo, ya como juez, como amigo o como hermano: os juro morir en vuestra defensa antes que ver hollado por la inmunda planta del enemigo el suelo de vuestra patria. Esperadlo de mí, que os amo y os he dado pruebas de esta verdad. Di conmigo Viva la Religión, el Rey y la Patria, ¡y mueran los piratas a manos del ilustre vecindario de Choluteca! Dichosos los que llenaréis estos deberes, porque después que disfrutéis los premios y honores que os prepara desde su trono el Augusto, Fernando, os abrirá el cielo sus puertas para recibiros en el más glorioso triunfo que os deseo... Choluteca, mayo 1 de 1819. Justo José Herrera".

Las distintas fuerzas que despachó don José Gregorio a la defensa de las costas del Golfo de Fonseca deberían ser apostadas en los parajes por donde el enemigo pudiera internarse, en pequeñas partidas de diez, quince o veinte hombres que, tomando los desfiladeros, hicieran un fuego vivo y graneado, capaz de rechazarlo.

"Al intento, el 14 (de abril) temprano saldrían de Comayagua seis mil cartuchos embalados, ochenta fusiles y trescientas piedras de chispa. De ellos, luego que llegaran a Choluteca, se distribuirían cuarenta fusiles, dos mil cartuchos y cien piedras de chispa en aquella compañía, igual número para la de Nacaome, y lo restante para la tropa de Olancho que estaría para llegar".

"El capitán don Francisco Sanmartín dió cuenta a Tinoco del oficio del subteniente Lardizábal que éste remitió con un parte de don Manuel Lucas Sierra, teniente de Nacaome, avisando que el enemigo se había retirado. Tinoco contestó que los cincuenta hombres que el 15 de abril iban a salir para Choluteca y Nacaome debían continuar su marcha, como lo había dispuesto, sin embargo, del aviso, porque aun siendo cierto que el enemigo se hubiera retirado, podía ser con la idea de atacar con mayores fuerzas, debiéndose ahora que daban tiempo reforzar los puntos que pudieran ser invadidos".

"Sanmartín le daba cuenta además a Tinoco de que el Alcalde Mayor de Tegucigalpa se había negado a socorrer treinta hombres que tenía listos, y de los disgustos que, con ocasión de la Comandancia accidental de Armas, tenía con Mallol.

"Tinoco le dijo que no era necesario acuartelar aquellos treinta hombres, y que no se debía tomar en la villa de Tegucigalpa más providencias militares que las que la Comandancia General ordenase.

"Y para evitar los disgustos de que se quejaba y choques y resentimientos, dispuso que le entregase la Comandancia al teniente don José Serra Vijil.

"No habiendo fondo de qué. disponer, Herrera dió orden a las haciendas de que suministrasen a las vigías los alimentos necesarios, porque el estar colocadas éstas cerca de aquéllas redundaba en su seguridad. Sin embargo, la dueña de San Bernardo dió a su mayordomo órdenes en contra, con poca consideración al estado del Erario y a las circunstancias.

"Ya el 8 de mayo se habían dejado de presentar en el Golfo de Fonseca los piratas o insurgentes que se habían estado avistando; pero el comandante del destacamento de Comayagua, teniente coronel don Andrés Brito, desconfiando de aquéllos y deseando estar listos para cualquier acontecimiento inesperado, hizo que el teniente de Nacaome publicara por bando varias prevenciones encaminadas a la seguridad y a la defensa.

"Un tiro de fusil a cualquier hora del día o de la noche y toque de generala en la guardia de prevención del cuartel del destacamento de Comayagua, servirían de señal para tomar las armas por noticias de enemigos en la costa del Distrito o acometiendo, la villa.

"A esa seña, los vecinos y demás paisanos, estantes y habitantes en la villa, acudirían a la casa del teniente de alcalde mayor con las mejores armas que tuvieran. Allí se formaría un cuerpo que se destinaría a lo que acordaran el teniente y el comandante para la defensa.

"Las mujeres, los niños, los enfermos y los demás incapaces para tomar las armas, dejando sus casas e intereses se reunirían, a la señal, en las casas de la plaza, en donde se les pondría custodia que los guardara y los pusiera a cubierto de todo ultraje. Por medio del mismo resguardo se les proveería de alimentos y se les procurarían los auxilios posibles en las circunstancias.

"El Padre Cura permanecería en la iglesia o en su casa, para estar pronto a ocurrir a donde se le llamara a suministrar los auxilios espirituales.

"Los paisanos que faltasen a lo prevenido incurrirían en la negra nota de cobardes, infieles y desagradecidos a su suelo, y serían castigados con todo el rigor que detallaban las leyes. Serían premiados si, como buenos patriotas, defendían su Patria, la Religión y el Estado".

Y, en despedida, venga esta canción pirata:

Saltamos a su cubierta
Y entramos a sangre y fuego;
La echamos a pique luego
En la mar grande y desierta.
¡Venid, que estamos alerta!

www.ingramcontent.com/pod-product-compliance
Lightning Source LLC
Chambersburg PA
CBHW061544120626
46550CB00004B/1354